中國典籍與文化論叢

第十八輯

全國高等院校古籍整理研究工作委員會
《中國典籍與文化》編輯部

CHINESE CLASSICS & CULTURE
ESSAYS COLLECTION

鳳凰出版社

圖書在版編目（CIP）數據

中國典籍與文化論叢. 第18輯 / 安平秋主編. -- 南京 : 鳳凰出版社, 2017.6
ISBN 978-7-5506-2622-5

Ⅰ. ①中… Ⅱ. ①安… Ⅲ. ①古籍－中國－文集②文化－中國－文集 Ⅳ. ①K203-53

中國版本圖書館CIP數據核字(2017)第158949號

書　　名	中國典籍與文化論叢（第十八輯）
主　　編	安平秋
責任編輯	王　劍
出版發行	鳳凰出版社(原江蘇古籍出版社) 發行部電話025-83223462
出版社地址	南京市中央路165號,郵編:210009
出版社網址	http://www.fhcbs.com
照　　排	南京凱建圖文製作有限公司
印　　刷	江蘇鳳凰通達印刷有限公司 南京市六合區冶山鎮,郵編:211523
開　　本	787×1092毫米　1/16
印　　張	24.25
字　　數	472千字
版　　次	2017年6月第1版　2017年6月第1次印刷
標準書號	ISBN 978-7-5506-2622-5
定　　價	96.00圓

(本書凡印裝錯誤可向承印廠調换,電話:025-57572508)

目　錄

《尚書注疏彙校》續記

杜澤遜

前記：余率門生從事《十三經注疏彙校》始於2012年3月，《尚書注疏彙校》於2014年3月完成初稿，歷時二載，先後與事者46人，所校之本自唐石經、宋刊單疏本、八行本、纂圖互注本、魏縣尉宅本、蒙古刻平水本、元刊岳本、十行本以下至於清代阮元刊本凡十八種，所輯前賢校記顧炎武、山井鼎、浦鏜、盧文弨、阮元等十五家，條分件繫，都六十餘萬言，已付中華書局製版。其間商榷疑似，成《〈尚書注疏〉彙校札記》，刊於《文史》2014年第1輯，而續有所得，董理有待。今逢紀念黄永年先生百年誕辰學術研討會，承二强學長之招，趨前學習，因就日記檢出若干，成此《續記》。

永年先生與先師王紹曾先生同出江陰，同好目録版本之學，而先師偏好目録，永年先生偏好版本，即其著述可知也。1986年山大古籍所研究生班到西安參觀訪學，請永年先生講版本學，時北大白化文先生赴甘肅敦煌考察，道出長安，永年先生邀作學術演講，亦特約山大學生旁聽，故所獲甚豐，所記憶者亦特深也。嗣購先生力作《古籍整理概論》讀之，大受教益，其餘各種如《〈舊唐書〉與〈新唐書〉》、《〈西遊證道書〉點校前言》、《述〈注坡詞〉》、《〈絳雲樓書目〉前言》、《古籍版本學》、《清代版本圖録》，皆誦讀之，愛不釋手，時時温習。

1994年余應邀參加《四庫全書存目叢書》編纂工作，住北大四年，先生爲學術顧問，數度來京開會，余與宋平生、辛德勇、劉玉才諸兄接駕送站，侍坐陪飯，隨遊琉璃廠書肆，屢承教誨，如在眼前。一次在海淀郵電療養院《四庫全書存目叢書》專家會議上，陪先生用膳，承詢里貫，恭對滕縣。先生隨吟明人李流芳詩句："穀城山曉青如黛，滕縣花開白似銀。"後王士禛過滕縣，有詩云："不見花開白似銀。"余問先生何時記住那麽多東西，先生云年青時看過商務印書館一本小書《王士禛詩》。先生以博聞强識爲學界稱道，此其例也。

1997年10月底，《四庫全書存目叢書》編輯工作結束，在北大光華樓會議室召開總結大會。先生到會發言，盛贊《四庫全書存目叢書》爲古籍整理一大功績，同時指出："還有一個成果，就是杜澤遜同志所撰《四庫存目標注》，是目録學上一大貢獻。"先生指著臺下澤遜説："希望快點出來。"

2001年，余主辦海峽兩岸中國文獻學研討會，請先生移駕東魯，會後留住數日，爲研究生講學，到山東省圖書館座談。先生賜詩一首，寫成條幅帶到濟南："歷下從來翰墨場，明湖觴詠亦輝光。紀阮簿録更承繼，合共前賢較短長。小詩賦呈澤遜先生。黄永年。"鈐"永年翰墨"印。會議期間，一次在桃園大酒店宴請與會專家，某君送舊書一册呈先生過目，先生略一展看，遞與澤遜，澤遜道:"此書年代不晚。"先生曰:"是嘛。"那是一册白棉紙、大黑口本,自出明中葉以前,先生似有考我之意,而對答如隱語,所謂心有靈犀乎?

2002年,《四庫存目標注》完成大半,余以經部並《序論》作爲博士論文,完成博士學業。當時外審專家有永年先生及崔富章、徐有富先生,均勉勵有加,而永年先生曾親自指導《標注》工作,教導甚多,故評語亦格外中肯。嘗聞劉師曉東先生云,二强學長見告:黄先生於澤遜獎掖有加。傅杰教授亦云,嘗聞黄先生誇獎二强教授及澤遜。前輩厚愛,正未可一二語盡之也。謹叙前緣,以諗來者,是爲前記。二〇一五年十月三日晚滕州後學杜澤遜於山東大學校經處。

目次

(一)《經典釋文》保存舊本異文之可貴;
(二)陸德明《經典釋文》經注摘句字體不能畫一;
(三)注疏本釋文失真;
(四)孔疏用俗語,有不明其義妄改之者;
(五)日本古寫本之助字;
(六)日本古本之不可盡信;
(七)敦煌本倒文;
(八)單疏、八行二本可貴;
(九)單疏、八行本關係密切;
(十)宋本之誤;
(十一)八行本脱字;
(十二)足利八行本修板之誤;
(十三)日本足利八行本修板當在元十行本之後;
(十四)足利八行本《尚書注疏》疑有嘉靖間修板;
(十五)《尚書要義》亦有釋文;
(十六)《要義》疏文與釋文混淆難辨;
(十七)《尚書》纂圖互注本(《四部叢刊》)有特異處;
(十八)魏縣尉宅本衍文;
(十九)魏縣尉宅本、十行本相近;
(二十)魏縣尉宅本、平水本之親緣關係;
(二十一)平水本偶有佳處;
(二十二)平水本釋文之訛;
(二十三)盧文弨或見平水本;
(二十四)阮元所見十行本當早於劉盼遂藏本;
(二十五)《盤庚》篇十行本誤字尤多,阮氏不盡校;
(二十六)永樂本所據爲元十行早期印本;
(二十七)李元陽閩本之誤;
(二十八)"太卜"誤"大小";
(二十九)北監本理校;

(三十) 北監本校改釋文之非;
(三十一) 北監本挖改;
(三十二) 毛本補脱文三十字,與宋本合;
(三十三) 毛本與魏縣尉宅本合;
(三十四) 乾隆重刊岳本《考證》之誤;
(三十五) 阮本不輕改字,有明判其誤而仍十行本之舊者;
(三十六) 阮本改字;
(三十七) 阮本改字之可議;
(三十八) 山井鼎誤讀孔傳;
(三十九) 文選樓本《七經孟子考文》之誤刻;
(四十) 浦鏜《正字》用《困學紀聞》未注明所出;
(四十一) 浦鏜誤校;
(四十二) 盧文弨用山井鼎《考文》而誤;
(四十三) 盧文弨《拾補》用山井鼎《考文》或生搬硬套;
(四十四) 盧文弨用山井鼎校日本古本可商;
(四十五) 盧文弨誤信日本古寫本;
(四十六) 盧文弨襲用浦鏜校;
(四十七) 盧文弨所謂"今本"指殿本;
(四十八) 阮元《校記》較山井鼎、盧文弨之進步;
(四十九) 阮元《校記》用山井鼎《考文》而誤;
(五十) 阮校與盧文弨或左,阮説不可盡從;
(五十一) 阮元《校記》强爲立説;
(五十二) 阮元《校記甲》或優於《校記乙》;
(五十三) 阮元《校記乙》誤讀《校記甲》;
(五十四) 阮元《校記乙》訛字;
(五十五) 阮元《校記乙》誤衍;
(五十六) 阮元《校記乙》之誤;
(五十七) 阮元《校記乙》"岳本"或爲"毛本"之誤之顯證;
(五十八)《尚書注疏彙校》之功用。

(一)《經典釋文》保存舊本異文之可貴

《金縢下》:"惟朕小子其新逆,我國家禮亦宜之。""新逆",孔傳解"新"爲"改過自新","逆"爲"遣使者迎之"。頗爲牽强。《經典釋文》云:"'新逆',馬本作'親迎'。"曾運乾《正讀》,顧頡剛、劉起釪《譯論》都采"親迎"説。《詩經·東山序》鄭箋云:"成王既得金縢之書,親迎周公也。"其論最近實。此則《釋文》存馬本異文之功也。

（二）陸德明《經典釋文》經注摘句字體不能畫一

《説命下》監本卷十第九頁十八行釋文："醋，七故反。"阮元《校記甲》："'醋'，盧本作'酢'，云：'舊"酢"作"醋"，今傳亦同，此後人所改也。陸氏於《内則》、《爾雅》竝作'酢'字，今據以改正。'按：《釋文》所摘經注，各據當時行本，雖一經之中，字體不能畫一，未可據《内則》、《爾雅》以改《尚書》。"

（三）注疏本釋文失真

《泰誓上》監本卷十一第一頁十行釋文："芮，如鋭反。虞、芮，二國名。"阮元《校記甲》："虞芮，如鋭反，二國名。十行本、毛本俱作'芮，如鋭反。虞、芮，二國名'。按：注疏本但取文便，未免失真。"此阮校揭例語，當留意之。

（四）孔疏用俗語，有不明其義妄改之者

《盤庚上》監本卷九第八頁十三行疏："遠近，謂徐促，言害至有早晚也。""徐促"，單、八、魏、平、永作"賒促"，毛、阮作"賖促"。阮元《校記甲》云："十行本亦作'賖'。"今檢十行本劉盼遂舊藏者，此頁版心上刻"正德十二年"，爲明修板，作"徐促"。閩、監從十行修板作"徐促"。毛本改"賖促"。殿本不從毛，而從監本作"徐促"。澤遜按：賒、賖通，本義爲借貸，引申爲緩，南北朝、隋、唐常用之。賖促，即緩急，即遠近。孔穎達疏偶用俗語，此其例也。十行正德修板改"賖"爲"徐"，是不知妄改，毛本改正爲"賖"，可貴，殆見宋本也。殿本不從毛，亦不解"賖促"之義。浦鏜謂"毛本誤'賖'"，是以不誤爲誤。黄懷信先生本用八行本作底本，而改"賖"爲"徐"，校記云："'徐'原誤'賖'，從《正字》説據阮本、李本、殿本改。"亦以不誤爲誤也。且阮本固作"賖"，不作"徐"，所謂"據阮本"，亦非也。

（五）日本古寫本之助字

《盤庚上》監本卷九第九頁四行注："則於身無所及。"山井鼎《考文》："[古本]下有'也之'二字。[下注]'是不若小民'[古本]下有'之也'二字。謹按：助字甚奇，恐誤寫。"阮元《校記甲》："按：古本此類甚多，顔介所謂'不得所益，誠可笑'者也。"

（六）日本古本之不可盡信

《微子之命》監本卷十三第三十八頁八行注："故周公作書以《善禾》名篇，

告天下。亡。”“善禾”,王、纂、岳作“嘉禾”。物觀《補遺》云:“[足利]宋板‘善’作‘嘉’。”山井鼎《考文》:“告天下亡,[古本]作‘布告天下亡也’。”盧文弨、阮元皆承用之。澤遜按:“亡”謂《嘉禾》篇亡佚。與“告天下”無涉。“布告天下亡也”,是以“天下亡”連讀,大謬。日本古本之不可盡信,於此可見一斑。又,物觀《補遺》謂足利宋板“善”作“嘉”,今檢北京國圖藏宋板則作“善”,知足利八行本乃後來修板,改“善”爲“嘉”。

(七) 敦煌本倒文

《西伯戡黎》監本卷十第十八頁十三行注:“反,報紂也。言汝罪惡衆多。”據《尚書正義定本校勘記》,敦煌本、岩崎本、《雲窗叢刻》本作:“反,報,報紂言也,汝罪惡衆多。”内野本、神宫本作:“反,報也,報紂也。言汝罪惡衆多。”山井鼎《考文》所校足利古寫本同。按:内野本、神宫本、足利本“言”字在“也”字下,與“汝罪”連讀,於義爲長。敦煌本、岩崎本、《雲窗》本當係誤倒。

(八) 單疏、八行二本可貴

《梓材》監本卷十四第三十八頁二行疏:“明爲政孜孜,因前基而修使善垣墉故也,皆詳而復言之。”“故”,單、八作“一”,後來各本作“故”。山井鼎云:“[宋板]‘故’作‘一’。”盧文弨改“故”爲“一”。按:盧改是也。當以“垣、墉一也,皆詳而復言之”爲一句。殿本以“使善垣墉故也”爲句,不通。阮元《校記甲》同山井鼎,不言是非。南昌本作“故”,不出校記,依例是以“故”爲是,“一”爲非,故不出校記。阮氏誤判。北京大學出版社本沿阮本作“故”,非也。黄懷信先生本用八行本,作“一”,是。

(九) 單疏、八行本關係密切

《洪範》監本卷十二第六頁十行疏:“《論語》‘允執其中’。”“執”,單、八作“報”。他本皆作“執”。

(十) 宋本之誤

《牧誓》監本卷十一第二十二頁十七行疏:“《列女傳》云:‘紂好酒淫樂,不離妲己。妲己所與言者貴之,妲己所憎者誅之。’”“與言”二字,單、八、魏、平均作“舉言”,毛本同宋板。永樂、閩、監均作“與言”。十行本此頁修板,作“舉言”。浦鏜《正字》改“與言”爲“譽”字,云:“‘譽’,監本誤分‘與言’二字。”盧文弨、阮元皆從浦説。阮云:“當據《列女傳》元文正之。”按《列女傳》作:“妲己之所譽貴之,妲己之所憎誅之。”爲對句。唯自單疏本已作“舉言”,則其誤由來已久，殆先誤“譽”爲“與言”二字，再誤爲“舉言”二字也。永樂本作“與言”尚存踪迹，其本頗劣，竟亦有可取之處。閩本作“與言”或沿永樂本，是閩本亦非草草也。毛本改“與言”爲“舉言”，殆盲從宋本，曷不一檢《列女傳》原書耶？

（十一）八行本脱字

《盤庚上》監本卷九第一頁十五行疏：“下傳云：‘殷，亳之別名。’則亳、殷即是一都。”八行本脱下“殷”字，《要義》同八行本。單疏、魏縣、平水、十行本均有下“殷”字。知《要義》從八行本出也。

（十二）足利八行本修板之誤

1.《洪範》監本卷十二第十頁七行疏：“貌必須恭，言乃可從，視必當明，聽必當聰，思必當通於微密也。”“乃”字各本同。山井鼎《考文》云：“[宋板]‘乃’作‘必’。”檢北京國圖八行本則作“乃”，與單、八、魏、平、十等本均同。知足利八行本作“必”爲修板所改。殆以上下四句均用“必”也。不知此“乃”與注文“則”相應。浦鏜、盧文弨、阮元皆以“必”爲是，予獨不以爲然。因題《古逸叢書三編》影印八行本眉端。

2.《金縢》監本卷十三第十六頁十五行疏：“公作《鴟鴞》之詩救其屬臣。”“救”，足利八行本作“敕”。山井鼎云：“[宋板]‘救’作‘敕’。”阮元《校記甲》、《校記乙》沿之，《定本校記》云：“‘救’，[足利]八行本誤作‘敕’。”今檢北京國圖八行本作“救”，不作“敕”。是足利本修板之誤也。

3.《大誥》監本卷十三第二十七頁十六行疏：“故我國家爲天下役事。”“國”，單疏、八行均作“周”。《定本校記》云：“‘周’，[足利]八行本誤作‘國’。”澤遜按：北京國圖藏八行本孔傳云：“我周家爲天下役事。”經文疏云：“我周家爲天下役事。”傳文疏云：“故我周家爲天下役事，揔言周家當救天下。”三“周家”相沿，傳文疏單、八作“周”是。魏縣、平水以下各本作“國”，乃形誤。足利八行本修板作“國”，顯誤。

（十三）日本足利八行本修板當在元十行本之後

《大誥》監本卷十三第十九頁十八行疏：“以殷餘民封康叔。”“封”，單、八、魏、平作“邦”。十行本（明修）作“封”，永樂本作“封”，閩、監、毛、殿皆從之作“封”。足利八行本作“封”，與北京國圖八行本不同，當是修板致誤。此句見《康誥》序，傳本作“封康叔”，而孔傳云“國康叔”，疏云：“古字邦封同，故漢有上邦、下邦縣，邦字如封字。此亦云邦康叔，若《分器》序云邦諸侯，故云國康叔。”是孔穎達所見本《康誥》亦作“邦康叔”。傳本誤作“封”耳。《大誥》疏宋本皆作“邦”，可證《康誥》序亦當作“邦”也。十行本殆依《康誥》序誤本改“封”也。足利八行本則又依十行本改《大誥》疏爲“封”，又在元以後也。

（十四）足利八行本《尚書注疏》疑有嘉靖間修板

《梓材》監本卷十四第三十八頁一行疏：“以事近而切者次之。”“切”字，單、八、魏、平、十、永作“功”。李元陽閩本作“切”，監、毛、殿沿閩本，則改“功”爲“切”自嘉靖閩本始。足利八行本“功”字作“切”，則其修板蓋參李元陽本也。按：“切”字是。

（十五）《尚書要義》亦有釋文

《微子》監本卷十第二十一頁七行疏：“湎然是齊同之意。”《要義》“湎”下雙行注“面善反”。澤遜按：釋文此條釋孔傳“沈湎”，魏了翁置於疏中，則魏氏所據乃無釋文之本，釋文乃魏氏擇要散入者，故與經注釋文本、經注疏釋文本格局不同。

（十六）《要義》疏文與釋文混淆難辨

《微子》監本卷十第二十一頁八行疏：“《説文》云：酗，醬也。”《要義》作：“《説文》云：酗况具醬詠也。”澤遜按：“况具”乃酗字反切，“詠”乃“醬”之直音。《釋文》云：“酗，况其反。”又云：“醬，音詠。”《要義》以音注與疏文相混，殊失其體。又音注夾於疏文中，亦可知魏了翁所據底本無《釋文》，故魏氏擇《釋文》之要者散入疏中，實則《釋文》爲孔傳作也。

（十七）《尚書》纂圖互注本（《四部叢刊》）有特異處

《武成》監本卷十一第三十五頁十二行注：“居位理事，必任能事。”“能事”，山井鼎《考文》云：“[古本]‘事’作‘士’”。《定本校記》云：敦煌本、内野本、神宫本、足利（寫本）、中原康隆手鈔本、清原宣賢手鈔本引家本“能事”均作“能士”。盧文弨亦據山井鼎校改爲“能士”。傳世刻本皆作“能事”，唯纂圖互注本作“能士”，與古本合。是可重者。

（十八）魏縣尉宅本衍文

《牧誓》監本卷十一第二十頁一行疏：“晦，冥也。昧亦晦義。”各本同。魏縣本作“晦，冥也。昧亦晦冥也。昧亦晦義”，衍“昧亦晦冥也”五字，乃上下二句雜糅。

（十九）魏縣尉宅本、十行本相近

《洪範》監本卷十二第三十四頁十七行疏："邦諸侯者。""邦"，魏、十、永作"拜"。

（二十）魏縣尉宅本、平水本之親緣關係

1.《泰誓上》監本卷十一第六頁十二行疏："障澤之水使不流洫謂之陂。""洫"，單、八、殿、庫作"溢"。魏、平作"洫"，十行以下各本從之作"洫"，皆誤。殿本正之，與宋本合。

2.《盤庚上》監本卷九第五頁七行疏："不欲往彼殷地。""地"，魏、平、十、永、閩作"也"。單、八作"地"，北監從閩本出，改"也"作"地"，與單、八合，甚是。魏、平同誤"也"，二本似較近。

3.《洪範》監本卷十二第二十二頁十五行注："將舉事而汝則有大疑。""汝"字各本同，唯魏縣、平水二本作"從"。

4.《大誥》監本卷十三第二十三頁十二行疏："所以大寶龜皆得繼天明者。""皆"，單、八作"能"，魏、平作"皆"，以下各本並從之作"皆"。似魏、平有版本關聯也。

（二十一）平水本偶有佳處

1.《泰誓上》監本卷十一第七頁三行疏："乃更爲銅柱，以膏塗之，亦加於炭火之上，使有罪者緣之，足滑跌墜入中。"《定本校記》："'入'，疑當作'火'。《太平御覽》卷八十三引《帝王世紀》云：'足滑跌墮火中。'"澤遜按：各本作"入"，唯平水本作"火"，與《御覽》引《帝王世紀》合，"火"字是也。《史記集解》引《列女傳》云"輒墜炭中"，"炭中"即"火中"也，作"入中"非。

2.《泰誓中》監本卷十一第十頁十二行注："言吉人竭日以爲善，凶人亦竭日以行惡。"釋文："竭，巨列反，又苦蓋反。"又下注"竭日不足"。"竭"字，注疏各本八行、魏縣、十行、永、閩、監、毛、殿均同。唯平水本作"渴"。其非注疏本李、王、纂、岳則皆作"渴"，與平水同。《經典釋文》宋本、徐本均作："渴，苦曷反，又苦蓋反。"浦鏜、盧文弨、阮元均以"竭"爲誤。則注疏本中唯平水本作"渴"爲不誤也。又音切"苦曷反"，至北監始改"巨列反"，以適應"竭"字，毛、殿均從北監。注疏本中改反切以北監爲多，是其一病。山井鼎《考文》云："《經典釋文》作'竭，苦曷反'。""竭"字宋板、徐本《釋文》均作"渴"，不知山井鼎何據，恐係訛誤也。

3.《洪範》監本卷十二第十一頁七行疏："《説命》云：'接下思恭，視遠惟明，聽德惟聰。'"各本同，唯平水本作《太甲》。《殿本考證》云："此本《太甲》文，

非《説命》也，監本誤作《説命》，今改正。”知殿本始改《説命》爲《太甲》。於此可見，舊本均誤，唯平水本是，殊可貴也。

（二十二）平水本釋文之訛

《盤庚上》監本卷九第八頁十行釋文：“越，本又作粵，音曰于也。”平水本“曰于也”誤“王伐反”。

（二十三）盧文弨或見平水本

《盤庚上》監本卷九第六頁二行釋文：“斆，户教反，下如字。”物觀《補遺》云：“《經典釋文》無‘下如字’三字。”浦鏜云：“衍‘下如字’三字。”阮元《校記甲》：“斆，户教反。此下葉本、十行本、毛本俱有‘下如字’三字。按：‘下’字盧文弨校作‘又’字，云‘依宋本’。”澤遜按：各本作“下如字”，唯平水本作“又如字”，甚是。盧改“又”，云“依宋本”，疑盧所見宋本即平水本也。

（二十四）阮元所見十行本當早於劉盼遂藏本

1.《金縢》監本卷十三第十六頁五行疏：“傳三叔至成王。”“三”，永、阮作“王”。阮元《校記甲》云：“‘三’，十行本誤作‘王’。”按：劉盼遂藏十行本此頁係明修板，作“三”。永樂本從元十行本出，阮元所見十行本與永樂本一致，則刷印當早於劉盼遂本，尚未修板作“三”也。阮刻作“王”，亦即《校記甲》所據者。

2.《大誥》監本卷十三第三十頁三行疏：“亦者，亦民之義也。”“民”，單、八、魏、平作“同”。閩、監作“民”。阮元《校記甲》云：“十行、閩、監俱作‘民’，是也。”阮元《校記乙》同。則阮所見十行本作“民”，檢永樂本亦作“民”，從十行元本也。唯《中華再造善本》影印劉盼遂舊藏十行本，此頁版心上刻“閩何校”，下刻“陳德禄”，乃嘉靖修板，“民”字作“同”。是嘉靖修板改“民”爲“同”，與單、八、魏、平合。浦鏜云：“‘民’，毛本誤‘同’。”盧文弨云：“毛本作‘亦同’二字不誤，改‘亦民’，非。”阮元《校記》則駁盧説云：“國家如此，民亦如此，故曰‘亦民之義’。”浦、盧、阮皆不見宋本。今校單、八、魏、平皆作“同”，知作“民”從元刊十行本始，永樂本沿之，閩、監亦沿之，皆誤。毛本改“同”，與單、八、魏、平合，當有舊本依據，未可輕視之也。十行嘉靖修板改“民”爲“同”，亦可貴。言版本校勘者每指修板之謬，其修板更正者亦或有之，此其例也。殿本從北監作“民”，不從毛本作“同”，亦是一疏。

3.《微子之命》監本卷十三第三十六頁九行疏：“正義曰僖十三年左傳。”“十三”，單、八、魏、平、永、殿作“十二”，是。阮元《校記甲》云：“‘三’，宋板、十行俱作‘二’，是也。”知阮元所見十行本作“十二”，與永樂本同，猶是原貌。劉盼遂藏本此頁爲明嘉靖修板，板心上刻“閩何校”，下刻“施肥”（刻工），“十二”

作“十三”，乃修板之誤，則阮元所見十行本早於劉盼遂藏十行本也。李元陽閩本作“十三”，是沿修板之誤，所據十行本亦晚於阮元所見本。監、毛則沿閩本之誤。阮本以所據十行本較早，“十二”不誤。是同一版本，印本早晚，不可不辨也。

（二十五）《盤庚》篇十行本誤字尤多，阮氏不盡校

《盤庚上》監本卷九第一頁十二行疏：“自湯至亳殷。”“殷”，十、永、阮作“怨”。阮元《校記甲》：“‘殷’，十行本誤作‘怨’。按：十行本此篇誤字尤多，今不盡校。”《校記乙》無此語，乃云：“岳本、閩本、明監本、毛本‘怨’作‘殷’。案：‘怨’字誤也。”此則阮氏《校記》甲、乙二本可互補者。

（二十六）永樂本所據爲元十行早期印本

《大誥》監本卷十三第二十頁五行疏：“爲武庚未集，恐有側心。”“側”，單、八、平、永均作“賊”，十行本此頁雕板頗早，無正德修板標志，字體亦與十行本原板相近，而“未”作“夫”，“賊”作“側”，永樂本仍作“未”、“賊”，則永樂本所據之十行本刷印更早也。十行本此板之修當在明初。又魏縣本“賊”作“則”，音近之訛，十行本修板作“側”，應是從魏縣本“則”字誤加單人旁而致也。賊→則→側，演變軌迹可循，閩、監、毛、殿皆作“側”，從十行修板之誤也。

（二十七）李元陽閩本之誤

《金縢》監本卷十三第十八頁十四行疏：“必爵弁者，承天變降服，亦如國家失道焉。”“失”，單、八、魏、平、十、永均作“未”，李元陽閩本作“失”，監、毛、殿均沿閩本。盧文弨《拾補》云：“毛本作‘失’，‘失’當作‘未’。《禮記・玉藻》曰：‘國家未道，則不充其服焉。’語本此。宋、元本皆不誤。”則閩本作“失”乃形近之訛。（阮元《校記乙》云“岳本作‘失’”。“岳”乃“毛”之誤。）

（二十八）“太卜”誤“大小”

《金縢》監本卷十三第十四頁六行疏：“大小三兆之下云。”“大小”，單、八、平作“太卜”，是。魏縣本誤“大卜”，十、永沿之，李元陽本誤“大小”，監本沿之。毛本改“大卜”，殆見魏縣本。殿本沿毛本。

（二十九）北監本理校

《洪範》監本卷十二第十一頁六行疏：“亦我所爲不乖剌也。”“剌”，單、八、魏、平、十、永、閩作“倒”。澤遜按：乖剌，古語，見《禮記》、《漢書》、《楚辭》、《三

國志》等。"乖倒"一詞見北宋陳瓘奏，謂"意語乖倒"，斥王安石、章惇，兩用之，見宋楊仲良《宋通鑒長編紀事本末》，又《歷代名臣奏議》。宋以前文獻未見。則北監所改當是。殆宋人熟悉"乖倒"一詞，遂誤"乖剌"爲"乖倒"。至北監覺其非而改之。毛、殿、庫作"刺"，沿北監本而小誤也。

（三十）北監本校改釋文之非

《盤庚上》監本卷九第八頁十行釋文："强，其兩反。""兩"，王、纂、魏、平作"丈"，與《釋文》合。十、永、閩誤作"文"。北監以"文"字不合，改爲"兩"。通則通矣，而非其舊。是北監校勘未檢《釋文》原書，依理改之也。毛本沿北監，至殿本改"丈"，則依《釋文》而復其舊。

（三十一）北監本挖改

《洪範》監本卷十二第八頁六行疏："水火者，百姓之所飲食也。""所"字筆畫粗大，顯係挖改。單、八、魏、平、十、永、閩各本作"求"，意者監本初亦作"求"，後校改之，是以"求"字爲誤也。毛、殿從之作"所"。阮元《校記乙》云："毛本'求'作'所'，與岳本合。'求'字誤也。"夫岳本無疏，此係疏文，何來"與岳本合"乎？是阮元《校記甲》以毛本爲底本，至《校記乙》改十行本爲底本，毛本爲校本，誤"毛"爲"岳"，覺其缺毛，更添毛本，余另有文討論之。改"求"爲"所"自監本始，毛從監耳。又山井鼎、物觀《考文補遺》亦以毛本爲底本，以校足利八行本，此條則失校。

（三十二）毛本補脱文三十字，與宋本合

《泰誓中》監本卷十一第十一頁十八行疏："日亡吾乃亡桀殺龍逄無剖心之事。""乃亡"下十、永、閩、監俱脱"矣。是桀亦賊虐諫輔，謂已有天命，而云過於桀者，《殷本紀》云紂剖比干觀其心"三十字。單、八、魏、平、要有此三十字。毛本補，與宋本合，當見宋本也。殿本從毛。

（三十三）毛本與魏縣尉宅本合

《泰誓上》監本卷十一第七頁七行注："父業未就之故。""父"字各本同，唯魏縣、毛本作"功"。

（三十四）乾隆重刻岳本《考證》之誤

《微子之命》監本卷十三第三十五頁十二行注："放桀邪淫蕩之德。"岳本

"邪淫蕩"作"邪虐湯"。其《考證》云:"'邪虐',殿本、監本並作'淫虐'。案:傳釋經,不當改'邪'作'淫'。"澤遜按:"邪虐",殿本、監本均作"邪淫",不作"淫虐",岳本《考證》誤。至其案語,亦文不對題。阮元《校記甲》、《校記乙》均引岳本《考證》,亦不知其誤。

(三十五) 阮本不輕改字,有明判其誤而仍十行本之舊者

《盤庚上》監本卷九第五頁九行疏:"今盤庚自耿遷于殷。""耿",十行本作"欲",阮元《校記甲》謂:"'耿',十行本誤作'欲'。"阮元《校記乙》謂:"毛本'欲'作'耿',是也。"而阮本仍作"欲",不改。張鈞衡《校記》云:"阮本'耿'作'欲',誤。"是拾阮氏之唾以攻阮,殊無謂也。又同上十行疏:"劉,殺。《釋詁》云。""云",單、八、平、永、毛、殿作"文"。十行、閩、監作"云"。阮元《校記乙》云:"毛本'云'作'文',是也。"而阮本仍作"云"。張鈞衡《校記》云:"阮本'文'作'云',誤。"亦蛇足。又按:以上二例十行本皆在卷九第四板,板心上刻"正德十二年",乃正德修板,永樂本"欲"作"耿"、"云"作"文",均不誤,永樂本從元十行出,可推知元十行本不誤,正德修板誤也。阮本從正德修板出,因其誤,倘見宋元舊本,均可校正。

(三十六) 阮本改字

《盤庚上》監本卷九第十頁三行疏:"曷何至禍害。""禍",十、永、閩作"怱"。阮元《校記甲》:"'禍',十行、閩本俱誤作'怱'。"《校記乙》:"傳曷何至怱害。閩本同。毛本'怱'作'禍',是也。今改正。"阮本果改爲"禍"字。

(三十七) 阮本改字之可議

《盤庚上》監本卷九第三頁二行疏:"題篇不目《盤庚誥》者。""目"字單、八、十、永、閩、監同,平作"自",乃"目"字誤加一筆。魏縣尉宅本作"曰",義通而非其舊。毛本作"曰",當依魏本,毛氏似嘗見魏本也。殿、庫從毛。阮元《校本甲》云:"宋板、十行、閩、監俱作'目'。"未置可否。物觀《補遺》云:"[宋板]'曰'作'目'。"盧據以改"曰"爲"目"。阮元《校記乙》云:"題篇不自《盤庚誥》者。宋本、閩本、明監本同。毛本'自'作'曰'。案:'曰'字是也,今正。"澤遜按:《校記乙》以十行本爲底本,十行本此頁板心上刻"正德十二年",作"目",不作"自",與宋八行本、閩本、明監本同。則《校記乙》誤刻"目"爲"自",二處均當訂正。又阮刻改爲"曰",亦有可議。當以"目"爲是。古書校勘,凡兩通者,自以舊本爲是。

（三十八）山井鼎誤讀孔傳

《微子之命》監本卷十三第三十五頁十四行注："德澤垂及後世。裔，末也。"山井鼎《考文》摘句作"後世裔末也"，是誤以"後世裔末"連讀。

（三十九）文選樓本《七經孟子考文》之誤刻

1.《盤庚上》監本卷九第四頁八行注："如顛仆之木，有用生蘖哉。"山井鼎《考文》："［古本］'哉'作'栽'，下有'也'字。謹按：考疏，古本似是。""古本"，文選樓本誤"古文"，日本享保本不誤。阮元《校記甲》、《校記乙》皆誤"古文"，《叢書集成初編》排印本亦誤"古文"。臺灣藝文印書館《百部叢書集成》影印《文選樓叢書》作"古本"，二字墨色濃，顯係後改。

2.《大誥》監本卷十三第二十六頁九行疏："上文大誥爾多邦，綏越爾御事。"山井鼎《考文》："上文大誥爾多邦，綏越爾御事。［宋板］無'綏'字。"澤遜按：摘句"上文"，文選樓本誤"上天"，《叢書集成初編》本沿之。日本享保刊本作"上文"，不誤。

（四十）浦鏜《正字》用《困學紀聞》未注明所出

《泰誓》題下："案昆氏説之云：古文作'大誓'，與'大誥'同。開元間衛包定今文始作'泰'。"按："昆氏"乃"晁氏"之訛。此見《困學紀聞》，阮元《校勘記》全引之，可參。浦氏未注所出也。

（四十一）浦鏜誤校

《洪範》監本卷十二第六頁九行疏："正義曰：皇，大。《釋詁》文。"浦云："案《爾雅》無文。"今檢《爾雅・釋詁》，確有此解。

（四十二）盧文弨用山井鼎《考文》而誤

《泰誓上》監本卷十一第三頁八行疏："於孟地置津。"單、十、永、閩、監、毛、殿同。八、要"於"下有"是"字，足利八行本同。魏縣尉宅本"於"下有"是於"二字。山井鼎《考文》："［宋板］'於'下有'是'字。"盧文弨《拾補》於"於"上加"是"字，云："'是'字毛本脱，宋本有。"是盧氏用山井鼎《考文》而誤"於下有是字"爲"於上有是字"。阮元《校記甲》云："'於'上宋板有'是'字。"《校記乙》同。是阮又沿盧誤。十行本從魏縣尉宅本出，而删"是於"二字，與單疏本合，閩、監、毛、殿沿十行本，均是。八行本衍"是"字，《要義》同，是《要義》從八行本出也。

（四十三）盧文弨《拾補》用山井鼎《考文》或生搬硬套

《高宗肜日》監本卷十第十四頁四行注:“不順德,言無義。”山井鼎《考文》於上文“雊鳴”條集中羅列《高宗肜日》古本孔傳句末有“也”字者十二條:“‘雊鳴’下、‘諫王’下、‘周曰繹’下……‘言無義’下、‘不改脩’下、‘有不永’下、‘如我所言’下、‘入其言’下共有‘也’字。”盧於“不順德言無義”下加“也”字,注云:“皆有。下句同。”其意謂“言無義”下古本有“也”字,下句“不改脩”下同。則“皆”字何指?是套用山井鼎之“共”字也,殊粗疏生硬。余録入《彙校》,譯爲:“[古本]皆有‘也’字。下句同。”仍不通暢,無可如何也。

《西伯戡黎》盧文弨《拾補》“咎惡也”下注“皆有”,“祖己後賢臣也”下注“皆有”,二處亦從山井鼎《考文》出,謂古本有“也”字,其“皆”字乃硬搬山井鼎“共有也字”之類習慣語,不知山井鼎羅列數條有“也”字者,總曰“共有也字”,或曰“並同”。盧氏既析出單條,則“皆”字不當沿用,宜徑注云:“古本有。”意謂:“毛本無‘也’字,古本有,今據補。”《群書拾補》以刻費支絀而節省文字,其情可憫,而竟至語義含混難解,則得不償失矣。

（四十四）盧文弨用山井鼎校日本古本可商

《泰誓中》北監本卷十一第十一頁十五行注:“命使下退桀命。”山井鼎《考文》:“[古本]‘桀’上有‘夏’字。”盧文弨《拾補》增“夏”字,作“命使下退夏桀命”。澤遜按:經文云:“天乃佑命成湯,降黜夏命。”孔傳:“言天助湯,命使下退桀命。”孔傳言商湯、夏桀、殷紂,大抵單言湯、桀、紂,不加商、夏、殷字。此日本古本作“夏桀”,當係讀者旁注混入正文。盧文弨據補孔傳正文,不可從。(張鑫龍君代檢《中國基本古籍庫》,《尚書注疏》中孔傳言“夏桀”僅五見,餘皆徑稱“桀”。)

（四十五）盧文弨誤信日本古寫本

《大誥》監本卷十三第二十七頁五行注:“言不得已。”山井鼎《考文》:“言不得已。[古本]‘已’上有‘以’字。”盧文弨《拾補》補“以”字,作“言不得以已”,云“毛本脱‘以’字”。澤遜按:各本無“以”字,唯足利古寫本有(《定本校記》云内野本、神宫本亦有“以”字)。經之疏文云:“此難須平,不可以已。”傳之疏文云:“言己職當静亂,不得以已也。”足利古本殆因疏文有“以”而妄改孔傳。單疏本起訖語作“傳我周至得已”,可知單疏本所據之底本亦無“以”字。盧據足利古本增孔傳一“以”字,非。

（四十六）盧文弨襲用浦鏜校

《大誥》監本卷十三第二十九頁十一行疏："故以民獻十夫。"浦鏜《正字》云："'十'，毛本誤'卜'。"盧文弨《拾補》出校，正文作"十夫"，而"十"下注"卜"，謂毛本誤"十"爲"卜"。今按毛本實作"十"，蓋浦所見本"十"字殘損爲"卜"也。盧氏殆未親校，徑用浦說。

（四十七）盧文弨所謂"今本"指殿本

《微子之命》監本卷十三第三十七頁十四行疏："拔而貢於天子。""於"，殿本、庫本作"之"，他本均作"於"。盧文弨《拾補》云："今本'於'作'之'，誤。"其"今本"乃殿本，蓋不欲直指官本也。

（四十八）阮元《校記》較山井鼎、盧文弨之進步

《大誥》監本卷十三第二十一頁九行經："延洪惟我幼沖人。"山井鼎《考文》云："[古本]'惟'下有'累'字。"盧文弨《拾補》沿其說。阮元《校記》云："'惟'下古本有'累'字。按：疏言'惟我幼童人，謂損累之，故傳加累字'。是孔穎達所見經文無'累'字。"澤遜按：經文無"累"字，傳云"惟累我幼童人成王"，增一"累"字。孔穎達所見經文確無"累"字。日本古本經文之"累"字當係據傳文誤增。阮說是。此依疏校經之佳例。

（四十九）阮元《校記》用山井鼎《考文》而誤

《泰誓上》監本卷十一第六頁十八行疏："是則亦封之義也。""則"，單、八、平、殿、庫作"剔"。山井鼎《考文》："是則亦封之義也。[宋板]'則'作'剔'。"盧文弨《拾補》改"則"爲"剔"，云毛本作"則"，誤。是從山井鼎校。阮元《校記甲》："是則亦封之義也。'封'，宋板作'剔'，是也。"《校記乙》同。澤遜按：阮元用山井鼎校，而誤"則"爲"封"，當作："'則'，宋板作'剔'，是也。"北京大學出版社本更據阮元誤校改爲"是則亦剔之義也"，殊謬。當改爲"是剔亦封之義也"。

（五十）阮校與盧文弨或左，阮說不盡可從

《洪範》監本卷十二第六頁十二行疏："下文更將此九類而演說之。""將"，單、八、魏、平、永、毛作"條"。十行本此頁爲修板，上刻"正德十二年"，"條"作"將"。從永樂本作"條"推測，元十行作"條"，正德修板誤爲"將"，閩、監、殿皆從十行修板作"將"。毛本改正爲"條"，當據舊本。盧文弨《拾補》云："元本、閩

本‘條’作‘將’，非。”阮元《校記甲》云：“十行、閩、監俱作‘將’。按：‘將’是也。”澤遜按：條，乃條列之義。下經文“一五行”至“稼穡作甘”疏云：“此以下，箕子所演陳禹所第疇名於上，條列說以成之。”即“條此九類而演說之”之義。盧說是。若“將”，乃“條”字形誤，十行本正德修板所爲，義淺且不可通，顯誤，阮說不可從。阮元《校記》案語多出段玉裁，好辯駁，頗有偏激强詞以奪理處，讀者自當區别對待。

（五十一）阮元《校記》强爲立說

《微子之命》監本卷十三第三十五頁十四行注：“汝微子，言能踐湯德。”阮元《校記甲》：“言能踐湯德。《纂傳》無‘言’字。按：傳上云‘汝微子’，謂經所謂‘汝’者，指微子也。此五字自爲一句，《纂傳》與上三字連讀，故删去‘言’字耳。”《校記乙》同。澤遜按：《微子之命》經文並無“汝”字，阮案非。孔傳“汝微子”，釋經文“爾惟踐修厥猷”之“爾”。依孔傳文例，“言”字用於釋經發端，則此八字當作：“言汝微子能踐湯德。”與上文孔傳“言汝祖成湯能齊德聖達”、下文孔傳“言微子敬慎能孝”例同。《纂傳》以“汝微子能踐湯德”連讀，似於義爲長。至删去“言”字，自不可取。

（五十二）阮元《校記甲》或優于《校記乙》

《泰誓上》監本卷十一第四頁四行疏：“古文《泰誓》，伐紂事。”“紂”下單、八、魏、平有“時”字，十行、閩、監無“時”字，顯脱。毛本補“時”字，與宋本合。阮元《校記甲》云：“十行、閩、監俱脱‘時’字。”《校記乙》則但云“毛本‘事’上有‘時’字”，不置可否。是未若《校記甲》爲優也。阮元《校記乙》較之《校記甲》似趨於保守、求穩，斷語减少。

（五十三）阮元《校記乙》誤讀《校記甲》

《盤庚上》監本卷九第九頁十三行注：“尚可刑戮絶之。”山井鼎《考文》：“[古本]‘之’作‘也’。”盧文弨《拾補》：“尚可得遏絶之。毛本‘得遏’作‘刑戮’，今從元本作‘得遏’。”盧所謂元本即十行本也。阮元所見十行本作“得遏”，與盧同。阮元《校記甲》：“尚可刑戮絶之。‘刑戮’，十行本作‘得遏’。‘之’，古本作‘也’。”是合山井鼎、盧文弨二校而言。阮元《校記乙》誤以“得遏之”三字連讀，云：“尚可得遏之絶之。毛本‘得遏之’作‘刑戮’二字。”阮元《校記乙》誤讀《校記甲》，殊異。又按，“刑戮”二字各本同，唯盧、阮所見十行本作“得遏”，阮元刻本從之。檢十行本此頁版心上刻“正德十二年”，乃正德修板，劉盼遂本作“刑戮”，二字肥大，顯係剜改。考永樂本從元十行出，而作“刑戮”，可推知元十行本作“刑戮”，正德修板誤爲“得遏”，後覺之，剜改爲“刑戮”。盧、阮所見十行本爲明正德修板未經剜改者，劉盼遂本則正德修板後又經剜改者。他本皆作“刑戮”，疏文亦但言“刑戮”，仍以“刑戮”爲是。盧説非也。

（五十四）阮元《校記乙》譌字

《泰誓上》監本卷十一第六頁十二行疏：“謂衣服采飾。”“衣”，魏、十、永、閩、阮作“不”，誤。阮元《校記甲》：“謂衣服采飾。衣，十行、閩本俱誤作‘不’。”《校記乙》：“謂不服采飾。閩本同。毛本‘不’作‘依’。按：所改是也。”澤遜按：毛本實作“衣”，《校記乙》誤“衣”爲“依”。

（五十五）阮元《校記乙》誤衍

《盤庚上》監本卷九第四頁六行注：“天將絶命。”山井鼎云：“［古本］‘命’上有‘汝’字。”阮元《校記甲》：“天將絶命。‘命’上古本有‘汝’字。”《校記乙》：“天將斷絶命。古本‘命’上有‘汝’字。”澤遜按：此經文“先王之烈”下注“天將絶命”校記。上文“天之斷命”注云：“是無知天將斷絶汝命。”此《校記乙》“斷”字承上而衍。阮刻正文亦無“斷”字。阮元《校記乙》多據阮元《校記甲》改寫改刻，偶有譌奪衍誤，此其一也，可據《校記甲》校正。

（五十六）阮元《校記乙》之誤

《牧誓》監本卷十一第二十一頁五行疏：“使其屬帥四夷之隸。”“帥”，十、永、閩、阮作“師”。阮元《校記乙》：“使其屬師四夷之隸。閩本同。毛本‘飾’作‘師’，所改是也。”按：“飾作師”當作“師作帥”，殆刻誤也。

（五十七）阮元《校記乙》“岳本”或爲“毛本”之誤之顯證

余嘗撰文揭示《校記乙》疏文校記“岳本”皆“毛本”之誤。《西伯戡黎》監本卷十第十八頁五行疏：“動悉違法。”《校記乙》：“動昔違法。宋板‘昔’作‘皆’，岳本作‘悉’。案：‘悉’字是也，毛本不誤。”此條明云毛本作“悉”不誤，而上文僅有“岳本作悉”一句，是“岳”字原稿必作“毛”字，刊板者誤“岳”耳。此顯證當時撰文忽之，當補。

（五十八）《尚書注疏彙校》之功用

《洪範》監本卷十二第二十六頁十三行疏：“卿士、庶民，謀有一從，亦是二從。”“謀”，單、八、魏、平、十、永、阮作“課”。則作“謀”自李元陽閩本始，監、毛、殿、庫從閩本。山井鼎《考文》：“謀有一從。［宋板］‘謀’作‘課’。”指出通行毛本與宋板不同。盧文弨《拾補》:"課有一從。毛本'課'作'謀'。'謀'當作'課'。"此係用山井鼎成果而更作判斷,以宋本爲是。阮元《校記甲》:"謀有一從。'謀',宋板、十行俱作'課'。"宋板,據山井鼎。十行,則阮元新校出者。而不置可否,是不從盧氏説也。阮元《校記乙》:"課有一從。宋板同,毛本'課'作'謀'。"與《校記甲》實同。澤遜按:盧説是,"謀"字乃"課"字形誤。"課"字義爲卜。經言卜筮結果計分三類:一、大同。即"汝則從,龜從,筮從,卿士從,庶民從。"二、三從二逆。更分三科:甲、"汝則從,龜從,筮從,卿士逆,庶民逆。"乙、"卿士從,龜從,筮從,汝則逆,庶民逆。"丙、"庶民從,龜從,筮從,汝則逆,卿士逆。"三、二從三逆。亦當分三科,而經文僅言一科:甲、"汝則從,龜從,筮逆,卿士逆,庶民逆。"故疏云:"此二從三逆,以汝與龜爲二從耳。卿士、庶民課有一從,亦是二從,凶吉亦同,故不復設文,同可知也。"故,卿士、庶民倘各卜得一從,即"二從三逆"三科中之乙、丙二科。可推知其文爲:乙、"卿士從,龜從,筮逆,汝則逆,庶民逆,作内吉,作外凶。"丙、"庶民從,龜從,筮逆,汝則逆,卿士逆,作内吉,作外凶。"依疏義,乙、丙二科省文。所謂"卿士、庶人課有一從",指乙、丙二種卜筮結果,"課"乃是按預設卜筮程序進行實驗之義,即"卜"。若作"謀",則于義全乖。李元陽誤"課"爲"謀",或因經文上云:"汝則有大疑,謀及乃心,謀及卿士,謀及庶人,謀及卜筮。"或因"謀""課"形相近。至北監、毛、殿、庫沿李元陽本作"謀"而不能察,則是未究"課有一從"之含義。清人所據多係毛本,故王鳴盛《尚書後案》、姚永樸《尚書誼略》引疏文皆作"謀一從",宋魏了翁《尚書要義》《四庫》本、明王樵《尚書日記》《四庫》本引疏文亦皆作"謀一從",是四庫館臣亦以"謀"爲是也。山井鼎首發其異;盧文弨據以判"謀"字爲非;阮元沿山井鼎而增校十行本,未置可否;皆揭於讀者而有功焉。唯山井鼎、阮元皆列閩、監爲校本,而不舉其異文,誤"課"爲"謀",或以爲毛氏之過,實李元陽之過也。至於王鳴盛、姚永樸致誤之由,或因毛本,後人更難察根源矣。今作彙校,既列各本之異,復舉山井、盧、阮舊校,庶可循流以溯源,盡知正變之軌迹矣。山井鼎首發之功,豈可以未判是非而小視哉!

宋惠洪《冷齋夜話》卷九《課術有驗無驗》:"有日者能課,使之課,無不奇中。"此"課"即"卜課"之義,余謂其義唐代即有之,孔穎達《尚書正義·洪範》:"卿士、庶民課有一從,亦是二從。""課"即"卜課"之義也。

本文録校賴門生王君曉静、李君振聚、姚君文昌、張君鑫龍成之,謹此申謝。

【作者簡介】 杜澤遜,1963 年生,山東大學儒學高等研究院古典文獻研究所教授,主要從事古籍目録版本校勘學研究工作。

敦煌本《周易·賁卦》正義校議
——北宋官校《五經正義》管窺之一

李　霖

【提　要】 唐抄本及其轉抄本往往與傳世刊本存在巨大差别。自北宋初年起，四部群籍紛紛在國子監校刻，形成標準權威的刊本。當時對唐抄典籍所作的校勘工作，是我們認識唐、宋文本之别的關鍵。本文先以宋刊單疏本《周易正義》校勘唐抄《賁卦》正義，通過分析各類異文，可以推知北宋校勘官對唐抄《周易正義》作了一系列規範體例、調整文句的工作，這些校勘工作得失互見。

【關鍵詞】 敦煌本《周易正義》　唐抄本　宋刊單疏本　北宋勘官

一、重校緣起

一百多年來，日本舊抄卷子、敦煌寫本以及層出不窮的新出簡帛古書，極大地拓展了我們對古籍的認知。以新出寫本文獻校讀傳世古籍，迅速成爲學術風尚。同時，如何認識寫本與刊本之間存在的大量異文，亟待從多方面進行深入研究。

北宋國子監刊刻四部群籍，是書籍史上的里程碑。此後，書籍主要以刊刻或抄寫刊本的方式流傳。此前，書籍主要以抄本的形式流傳，每一件抄本都有其个性；相對而言，刊本的文本则穩定得多[①]。以《五經正義》爲例，在貞觀十二年(638)以後歷經撰定、覆審和刊定，最終於永徽四年(653)頒行天下。此後三百多年，《正義》繼續以寫本形式流布。永徽四年所頒，應視爲最權威的版本(本文稱爲“《正義》原卷”)，帶有“定本”的色彩。然而到了北宋初年，《正義》抄本已是“舛訛漸滋，宗源莫究”[②]，朝廷遂有校定鏤版之議。北宋官方校勘唐抄《五經正義》後形成的最具權威的刊本，即具有確立“定本”的自覺，後來也確實

【基金項目】國家社會科學基金重大項目“臺灣經學文獻整理與研究(1945～2015)”(16ZDA181)；國家社會科學基金重大項目“日本《十三經注疏》文獻集成”(16ZDA109)。

① 見平岡武夫《村本文庫藏王校本白氏長慶集——走向宋刊本》，《東方學報》第45號，京都大學人文科學研究所，1973年9月。有葉純芳、喬秀岩先生譯文，見《版本目録學研究》第4輯，北京大學出版社，2013年8月。

② 北宋端拱元年(988)孔維上表語，見《尚書正義》單疏本及八行本卷首。

成爲了一切版本之祖，文本不再發生劇烈變化。在確立《正義》標準版本的過程中，北宋國子監的校勘官對唐抄《正義》做了怎樣的工作，多大程度上改變了唐抄《正義》的面貌，是本研究立意探討的問題①。這一討論，有助於我們更深刻地理解見存唐抄本與刊本之間的種種差異。

作爲本研究校録底本的敦煌本或日藏抄本，從寫本形制上看，其抄寫時間雖然未必盡在唐代，但從文本内容的差異考察，絶非任何宋刊本之轉抄，只能是唐抄或其轉抄本，皆可視爲唐抄本系統的文本。目前可以確認爲《五經正義》唐抄本或轉抄本的有：

臺北傅圖藏敦煌出土《周易·賁卦》正義抄本殘卷 188071

英藏吐峪溝遺址出土《尚書·吕刑》寫本殘片 Or.8212/630r（Toy.044）

德國舊藏吐魯番出土《毛詩·邶風·谷風》、《式微》寫本殘卷

日藏《毛詩·秦風·小戎》、《蒹葭》正義古抄本殘卷三件

俄藏敦煌出土《毛詩·大雅·思齊》正義抄本殘片 Дx.09328

英藏敦煌出土《毛詩·大雅·民勞》正義抄本殘卷 S.498

日藏《毛詩·大雅·韓奕》、《江漢》古寫本

英藏敦煌出土《禮記·禮運》正義抄本殘片 S.1057

法藏敦煌出土《禮記·郊特牲》正義抄本殘卷 P.3106B

英藏敦煌出土《禮記·郊特牲》正義抄本殘片 S.6070

日藏《禮記·曲禮》正義古抄本殘卷

法藏敦煌出土《左傳》哀公正義殘卷 P.3634V、P.3635V②

以上抄本均有學者作過校録或考證。這些研究往往著意於考較異文的優劣，較少注意異文可能揭示的宋人校勘工作，且囿於條件，校本往往未采用單疏刊本。

本研究通過重新校勘《五經正義》唐抄本或其轉抄本，討論北宋官方所作校勘工作，原當以北宋監刻單疏本爲校本，可惜北宋原刻無一傳存。幸賴南宋前期覆刻單疏本與北宋刊本高度接近③，比勘工作才得以進行。南宋覆本單疏已然闕佚的，只能通過宋刊系統的其他善本比核，推測宋刊單疏本的原貌。片面之處，在所難免。

---

① 本研究討論《五經正義》而不及唐人《周禮》、《儀禮》、《公羊》、《穀梁》四疏，主要是因爲未見此四種義疏的唐抄本存世。且北宋校刻《五經正義》應始自雍熙中（984—987）或更早，至淳化五年（994）刻完，之後又經覆校，至咸平二年（999）功畢頒行；校定《周禮》、《儀禮》、《公羊》、《穀梁》四疏則應始於淳化五年（994），成於景德二年（1005），二者非一時之事。

② 此外，阿部隆一曾提及日本尚有唐抄本系統《周易正義》的室町抄本，俟考。見氏著《關於金澤文庫舊藏鐮倉抄本〈周易正義〉與宋槧單疏本》，《金澤文庫研究》通卷 241 號，1976 年 9 月。後收録於《阿部隆一遺稿集》第一卷，第 500 頁。有陳捷先生譯文，見《中國文哲研究通訊》第 10 卷第 4 期，2000 年 12 月，第 24、25 頁。

③ 參拙文《宋刊群經單疏傳本討源》，《中國經學》第 17 輯，廣西師範大學出版社，2015 年 12 月。

本研究的校録文字，按原卷行序過録唐抄底本，行首用數字標序，有異文者劃綫，並標示刊本異文於相應位置下。異文的成因經過筆者甄别，爲便行文，前加[甲]、[乙]、[丙]、[丁]、[戊]五種分類記號。必要時出校語，説明分類理由及異文優劣。若許建平先生校記已經説明問題①，則不再贅述。異文分類符號如下：

[甲]：宋刊本有意改動（不含[丁]、[戊]兩類）。

[乙]：宋刊本無心脱誤。

[丙]：唐抄本有意調整（可能與唐抄《正義》主體不同）。

[丁]：唐抄本訛奪（假定唐抄《正義》主體不誤）。

[戊]：避諱改字、古今字、異體字（擇要）、假借字、虚字及同義形近字。

其他符號説明如下：

□：底本有一字殘泐。

[　　　]：底本有多字殘泐，空位大約對應筆者推算之字數。

[連]：底本此字缺損，據校本擬補。能勉强辨認者不加框。幾乎無法辨認者不取。

[甲]/[乙]：無法判斷異文屬於甲類還是乙類。

[戊]、[丁]：異文兼屬戊、丁兩類。

[?]：無法判斷異文類别。

（無）：刊本無此字。

甲、乙、丙、丁、戊的序列，大致體現本研究的重視程度。唐抄文本留存至今者，畢竟萬中無一，且傳本無一重復。本研究試圖據現存傳本推測宋人校勘所據唐抄《五經正義》“主體”的情況②（[甲]和[乙]），儘量排除具體抄本自身的“不穩定因素”（[丙]和[丁]）。爲便分析問題，大膽將異文歸類，並非確信某處異文必然是該原因所産生。鹵莽滅裂之處，絶不可免。[戊]類異文，是寫本常態，惟此類中的古今字，究係唐人原有，還是宋人所創，是本研究關注的問題。

探討北宋國子監的校勘工作，必須以大量文獻例證爲素材。本文先以傅圖藏敦煌本《周易·賁卦》正義爲例，分析勘官可能對唐抄《周易正義》作了哪些工作。

① 見張涌泉編《敦煌經部文獻合集》，中華書局，2008年。

② 本研究將唐抄本的主體情況視爲北宋校勘之資。所謂主體，乃不計具體抄本的不穩定因素，實際僅作爲抽象概念存在，並不指稱任何具體的卷子。

二、底本簡介

臺北“中央研究院”傅斯年圖書館藏敦煌卷子 188071 號，爲《周易正義》殘卷，起《賁卦》彖辭正義“以亨之與賁相連而釋”之“連”字，至六五正義“亦無待士之文”之“之”字，共 32 行，行 40 字左右(少至 37，多至 44 字)。無界欄。傅圖網站有書影。據機目原紙净長 40 cm，高 28 cm。

黄彰健先生介紹，此殘卷係抗戰勝利後，“中研院”史語所在北平所購①。許建平先生推測其原爲藏經洞之物，爲李盛鐸所竊，李氏去世後散出②。此卷的抄寫時代，蘇瑩輝先生說：“此本《易疏》殘卷，我曾一度寓目，其紙張的厚度，既不及敦煌所出一般唐、五代的卷子，色澤又不類初、盛唐寫本；但就書體言，似不能晚於五代。”③許建平先生說：“殘卷‘治’字不諱；‘棄’均寫作‘弃’，然‘婚’字或寫作‘婚’，‘媾’寫作‘媾’，皆爲避太宗之諱而成之别體。此等避諱情形，在敦煌寫卷中，應屬較晚時期的抄本。如果此寫卷確爲藏經洞寫本流失於外者，則其抄寫時代不應早於晚唐。”④許先生認爲此卷的時代上限在晚唐，可能不是純粹憑諱字得出的判斷。經許先生面授，方知此卷乃以硬筆書寫，這是在德宗貞元二年(786)敦煌陷蕃之後的抄寫習慣。至於此卷的時間下限，許先生認爲藏經洞在宋初封閉⑤，且所存宋代寫卷很少，此卷不應遲至宋代。

不論此卷抄寫於何時，今用南宋刊單疏本《周易正義》校之，文本差異極大。謂此卷子源出唐抄，斷無疑義。

三、文本校録

1. □連而釋所以亨下不得重結賁字也分⿰罡刂上而柔

戊(無) 戊剛 丁文柔

故小利有攸往者釋小利攸往義乹體在下今分乹

甲有攸 戊乾(下同，不再出校)戊

2. 之九二上向文飾坤之上六是分⿰罡刂上而文柔也弃此

戊剛 戊棄

① 黄彰健《唐寫本周易正義殘卷跋》，《大陸雜志》第 42 卷第 9 期，頁 296。

② 許建平《敦煌經籍叙録》，中華書局，2006 年，頁 59。

③ 蘇瑩輝《略論五經正義的原本格式及其標記經、傳、注文起訖情形》，《敦煌論集續編》，臺北：學生書局，1983 年，頁 82。

④ 許建平《周易正義(賁卦)》題解，張涌泉主編《敦煌經部文獻合集》，頁 96－97。

⑤ 關於藏經洞封閉的具體時間，學界存在不同的意見。榮新江先生考證，一般認爲晚於真宗咸平五年(1002)的材料，或者並非出自藏經洞，或者時間並不晚，藏經洞的封閉時間，當在咸平五年之後不久。説見氏著《敦煌學十八講》，北京大學出版社，2001 年，頁 91－95。

九二之中往居無位之地是奇善從惡往無大利故小利有
戊无 甲(無)丁/戊棄 戊无

3. 攸往也天文也者天爲體二象剛柔交錯成文是天文
丁之爲 戊、丁剛柔剛柔 戊文也

明以止人文者文明离也以止艮也同此文明之道裁止
丁文明 戊離 丁用

4. 於人之德之教此賁卦之象既有天文人文欲廣美天文
甲人是 丁人之 丁文德

人文之義聖人用以治於物也觀乎天文以察時變者言
戊用之

5. 聖人當觀視天文剛柔交相飾成以察四時變化
戊 丁交錯 丁成文

若四月純陽陰在其中靡草死也十月純陰用事陽
甲/丁純陽用事 戊靡

6. 在其中薺麥生也是觀柔而察時變也觀乎人文以
丁剛柔

化成天下者言聖王觀察天文人文則詩書礼樂之
丁人 丁(無) 戊禮

7. 謂當法此爲教而化成天下也　注坤之上六来居
甲/乙(無)

二位是柔来文剛也乾之九二分居上位分剛上而文柔之
甲至

8. 義也　正義曰坤之上六何以来居二位不居於三
戊來 甲初三

乹之九二何以分居上位不居於五者乹性剛亢故以已九二
戊 戊 戊

9. 居坤極坤性柔順不爲物首故以已上六下居乹二也
甲上居 戊甲之二位

且若柔不分居乹二剛不分居坤極則不得文明以
戊 戊

10. 正故也又陽本在上陰本在下應分剛而下分柔而上
丁止 戊

何由分剛向上分柔向下者今謂此本泰卦故也若

[戊]因 [戊]

11. 天地交泰則剛柔得相文若乾上坤下則是天地否閉

[戊] [戊](無) [丁]交 [戊]

剛柔不得相文故分剛而上分柔而下也　山下

[戊] [戊](無) [丁]交 [戊] [甲]象曰山

12. 有火賁至無敢折獄　正義曰云山下有火者欲

[甲]至 [甲](無) [甲]火賁

見火上照山有光明文飾也又取山舍火之光明象君

[丁]含

13. 子内舍文明以理庶政故云山下有火也以明庶政

[丁]含 [甲]火賁

者用此文章明達以理庶政也無敢折獄者勿得直

[甲]/[丁]治理 [戊]无

案：此抄行4“治”字徑書不避諱，但不能完全排除此行原省“治”字避諱的可能。本行兩見“以理庶政”，前一處刊本無“治”字，則不論抄本是否避“治”字諱，刊本此處所多“治”字當非避諱字回改。後一處多“治”字，文氣更暢，疑刊本有意增字，或此抄誤脱[①]。

14. 用果敢折斷獄訟　初九賁其趾至義弗乘　正

[乙]訟獄 [甲]弗乘也

義曰賁其趾舍車而徒者在賁之始以剛處下居於

[戊]

15. 無位弃於不義舍其不義之車而從有義徒步故

[甲]无位之地乃棄於不義 [丁]之徒步

云舍車而徒以其志行高潔不苟就輿乘是以義不

[戊]絜

16. 肯乘故象云義不乘也　六二賁其須至与上興　正

[甲]弗 [甲]上興也

義曰賁其須者須是上附於面六二上附於三似若

[甲]當上 [乙]若似

17. 賁飾其須也循其所履以附於上与上同爲興起故云与上

[戊]與 [甲]象云[戊]

---

① 許建平先生校記三九認爲：“《五經正義》成於高宗時，文中不應有‘治’字，此字蓋後人旁注誤入者。”（《敦煌經部文獻合集》，頁103）今不從此說。

興也　九三賁如至終莫之陵　正義曰賁如濡

甲濡如至之陵也

18. 如者賁如華餅之貌濡如潤澤之理居得其位与二

丁飾　戊

相比和合文飾而有潤澤故曰賁如濡如其美如此

19. 長保貞吉物莫之陵故象云永貞之吉終莫之陵　六

戊陵也

四賁如至終有尤也　正義曰賁如皤如者是素

甲(無)　丙无　丁皤是

20. 白之色六四有應在初欲往從之三爲己難故己

猶豫或欲文飾故賁如也或守質素故皤如也白馬翰

甲以

21. 如者但鮮潔其馬其色翰如徘徊待之未敢趣

戊絜　甲輒

進也匪寇婚媾者若非有九三爲已寇害乃得与初爲

戊寇　戊媾(下同)　甲(無)　戊寇(下同)　戊

22. 婚媾也六四當位疑者以其當位得与初爲應但

戊　甲象曰六四　戊

礙於三故居疑也若不當位則与初非應何須欲往致

甲遲　戊　甲而致遲

23. 疑也匪寇婚媾無尤者釋匪寇婚媾之義若待

戊　戊婚　戊　甲終无　戊

匪有寇難乃爲婚媾則終無尤過若犯寇難而爲婚

戊　戊婚　戊　戊无　戊　戊婚

24. 媾則終有尤也　六五賁於丘園至有憙

戊　戊于　甲(無)　戊喜也

案:此行及行26兩“憙”字,單疏刊本均作“喜”。《説文·喜部》:“喜,樂也。憙,説也。”段玉裁注云:“‘憙’與‘嗜’義同,與‘喜樂’義異。淺人不能分别,認爲一字,‘喜’行而‘憙’廢矣。”許建平先生據段氏之説,認爲此處“喜”爲正字,“憙”为抄本假借之字[①]。檢刊本諸經注疏,用“憙”字者三處[②],皆爲“嗜”

① 參見許建平《敦煌經部文獻合集》校記六五,頁105。

② 有桓公六年《穀梁傳》“陳侯憙獵”及《爾雅疏》單疏本《釋蟲》“蟦衙入耳”疏“憙入人耳”、《釋魚》“蛭蟣”疏“憙入人肉”。《爾雅疏》兩“憙”字,明李元陽本《爾雅注疏》均作“喜”字。

義，然用"喜"字者亦偶涉"嗜"義①，且據《經典釋文》所收古本異文，"喜"、"憙"曾一度混用②。前人之説有待商榷。

正義曰賁於丘園者丘園是質素之處六五處得尊位
戊 于

25. 爲飾之主若能施飾在於質素之處不華侈費
用則所束之帛戔戔衆多也吝終吉者初時儉約
戊 吝(下同，不再出校)

26. 是其吝也必儉約之吝乃得終吉而有憙也故云六五
甲 故是 戊 戊 戊 喜 甲 象云

之吉有憙也 注處得尊位至終吉 正義曰云爲
戊 喜 甲 至終吉也 甲 (無)

27. 爲飾之主爲飾之盛若宫室輿服之屬五爲飾主
丁 (無) 甲 (無) 戊 盛者

若施設華飾在於輿服宫館之物則大道損害也云施
甲 (無)

28. 飾丘園盛莫大焉者丘謂墟園謂圃唯草木所
甲 丘墟 甲 園圃

生是質素之處非華美之所若能施飾每事質素与
戊

29. 丘園相似盛莫大焉云故賁於束帛
甲 (無) 戊 于

言之則金銀珠玉之等皆是也若賁飾於此束帛珎寳則質
丁 丘園乃落者束帛財物也舉束帛言之 戊 珍寳

30. 素之道乃隕落也故云丘園乃落賁於丘園帛乃
戊 (無) 戊 落也 戊 于

戔戔者若設飾在於丘園質素之所則不麋費財物
戊 (無) 戊 縻

31. 帛乃戔戔衆多也諸儒以爲若賁飾束帛不用聘
甲 束帛 戊 聘

---

① 如舊刊《爾雅·釋蟲》(南宋刊八行本、十行本及元代平水曹氏刊本)"蜆縊女"注云"小黑蟲，赤頭，喜自經死，故曰'縊女'"，此"喜"字爲"嗜"義。單疏刊本《爾雅疏》兩引經注，亦作"喜"字。

② 前述《爾雅·釋蟲》注"喜"字，《釋文》出"憙"字，云"本今作'喜'"。又，南宋撫州官本《周易·履卦》九二注"不喜處盈"，單疏刊本《周易正義》及越刊八行本《周易注疏》疏文亦引作"不喜處盈"，而越刊八行本注文作"憙"字，《釋文》出"憙"字。

士則丘園之士乃彫落也若賁飾丘園之士束帛与之

[甲](無)　[乙](無)[戊]

32. 故束帛乃戔戔也諸家注易多爲此解但今案

輔嗣之注全無娉賢之意且爻之与象亦無待士之

[戊]无聘　[戊]

四、異文分析

（一）唐抄本

1. 文本特徵

全卷行列整齊，字字端楷，但從以下數例，可以窺知抄手的書寫態度並不嚴謹。

行21、22兩“婚”字徑書，未避“民”字諱，行23三處避諱作“婚”，一處作“婚”，審其字形，當有意從“婚”字描改爲“婚”，而上文未避諱者不再追改。

行4“欲廣美天文”前補入“人文”二字，行28“大焉”前補入“莫”字，與全卷同出一筆，亦皆抄寫時察覺脱文，隨文補入，非經重校。行3、16兩處顛倒符號亦然。

從此卷的以下疏失，可知抄手對經疏的具體内容並不在意。

此抄行11“剛柔得相文”、“剛柔不得相文”，兩“文”字顯係“交”字之誤。“交”、“文”字形相近，即便底本已誤作“文”①，稍讀文意即知其誤。知此卷抄手不過單純照録，並不關心文意。又，12、13“取山舍火之光明象君子内舍文明以理庶政”，兩“舍”字皆“含”之誤，亦形近而訛。

行3“‘文明以止，人文’者，文明，离也，以止，艮也”，後一“止”字寫作“正”，介乎“正”、“止”二字之間。行末“裁止”仍寫作“止”。至行9末至行10“則不得文明以正”，已誤“止”爲“正”。前文已見“文明以止”，其下猶誤作“正”，抄手無心於文本内容，可以確知。

行3“二象剛柔交錯成文是天文明以止”，“剛柔”及“文”下皆脱重文符號。行4“於人之德”，文意明顯不通，“人”下當脱重文符號。

殘卷全文約1270字，本文標爲[丁]類的約24處，粗略估計錯誤率至少有1.89%。文本訛誤較多，與此卷抄手不無關係。

2. 行款與《正義》原卷無關

此卷行26至27“正義曰云爲爲飾之主”云云，因換行而誤重“爲”字。倘若此抄之底本兩“爲”字一在行末，一在行首，則誤衍之字，甚易爲抄手察覺，可以推測重字當爲抄手之失，此卷每行起訖文字似不應與底本相同。然而考慮到此抄手對具體内容並不在意，仍不能排除底本已在換行時重字的可能。即

① “底本”指此敦煌寫卷所抄之本，下同。

便其底本如此，再追究底本所據之卷子，溯源而上，彼未誤之善本，此“爲”字必不在行端。知此卷行款，不得作爲推測唐抄《正義》主體乃至《正義》原卷行款的依據。

此抄行 29“云故賁於束帛言之則金銀珠玉之等皆是也”不可通，查刊本皆作“‘故賁于束帛，丘園乃落’者，束帛，財物也，舉束帛言之，則金銀珠玉之等皆是也”，知抄手涉數見之“束帛”誤脱“丘園乃落者束帛財物也舉束帛”十三字。脱文多至十三字而不覺，知此本每行字數與未誤之祖本不侔。益知此抄行款，不足據以唐抄《正義》主體乃至《正義》原卷之行款。

(二) 宋刊本之改定

1. 校定出文(甲)

黃彰健先生以單疏刊本所標經注起止，對照此卷出文[①]，極爲有見。傳世《周易正義》版本，僅單疏刊本尚存北宋監本之體裁，越刊八行本《周易注疏》已省經文起止[②]，其餘十行《兼義》本以下之疏文打散重排，出文亦重新擬寫，皆不得據以參證唐抄本出文。然黃先生認爲孔氏《正義》原本備載經注全文，後出之本或以意省略，或僅標起止，本文有不同看法。在此主要就此殘卷略述鄙見，其他唐抄本的情況另在本研究的後續文章中討論[③]。

此殘卷涵蓋 8 處出文，所指稱的經注起止文句與單疏刊本並無二致，而其出文所用文字竟無一條完全相同。此抄出文引用經注往往較刊本多出幾字，如行 14“初九賁其趾至義弗乘”，刊本無“義”字，但末多“也”字；行 26“注處得尊位至終吉”，刊本無“尊位”，但末多“也”字。行 7 出文与刊本差别最大，抄本作“注坤之上六，来居二位，是柔来文剛也；乹之九二，分居上位，分剛上而文柔之義也”，單疏刊本僅標起止作“注坤之上六至之義也”。查經注刊本整段注文作：“剛柔不分，文何由生。故坤之上六，來居二位，柔來文剛之義也。柔來文剛，居位得中，是以亨。乾之九二，分居上位，分剛上而文柔之義也。剛上文柔，不得中位，不若柔來文剛，故小利有攸往。”(下劃綫部分對應抄本之出文。)抄本出文較原注(以及《正義》刊本出文所指示的注文)少“柔來文剛，居位得中，是以亨”一句。抄本出文看似任意節略注文，然細辨疏文，實未解釋注文“居位得中，是以亨”。原注之“是以亨”及“故小利有攸往”兩句，其實已於開首卦辭“賁，亨，小利有攸往”句下疏释，《正義》毋庸在此重復。始知此處抄本出文與原注之不同，絶非淺人妄改，而反較刊本之出文更爲準確。

此處出文的由來，有兩種可能，一是唐抄《正義》主體與此相似，二是唐抄《正義》主體與刊本出文“注坤之上六至之義也”相似，後經唐代某位學者細辨，知其指代不明，便補充爲全文，並删去“柔來文剛，居位得中，是以亨”一句，其

---

① 黄彰健《唐寫本周易正義殘卷跋》。

② 参拙文《南宋越刊八行本注疏編纂考》，《文史》2012 年第 4 輯。

③ 本研究綜觀唐抄《毛詩》、《禮記》、《春秋正義》出文與宋刊單疏本的情況，可以確信《正義》原卷之出文，並非悉引經注全文。

寫本輾轉傳抄,訛誤叢生,此卷即其後嗣。考慮到後一種情況偶然因素太大,姑認爲唐抄《正義》主體的出文與此類似。

若寫卷此處出文尚存《正義》原式,則其餘 7 處僅標起止者,也應符合《正義》之舊。考察各處所標示之起止,皆整段經、注,未加節略,相應的疏文内容也幾乎涉及出文指示的整段經、注文句。因知標示起止和摘録原文這兩種出文方式,本具不同功用。《正義》原非就所有經注文句逐一解釋,若疏釋部分詞句則摘録原文,疏釋全段則標其起止。《周易正義》原本體例應如此,宋刊單疏本之出文則更多采用標示起止的方式,並規範爲起止各二、三字偶或四字,末有"也"字,即"某至某也"的句式。

此《周易正義》抄本出文,亦有擅改的痕迹。行 19 出文"六四賁如至終有尤也","有"顯係"无"(無)字之誤,假設《正義》原卷不誤,則誤字從何而來?原来此段疏文末尾作"終有尤也"(行 24),不妨設想某一抄手寫至"終有尤也",以爲出文作"无"(無)字有誤,遂回改出文,後來抄手沿襲其誤。其實只要稍讀疏文内容,或參照經注本《周易》,便不會致誤。知此抄及其祖本誤"有"者,皆未核查經注本。

宋初勘官所據諸抄,其出文可能不盡相同。校定出文,似不便僅就較精良之抄本照録或簡寫,而應另外參照經注本。此《周易正義》殘卷雖然抄寫較晚,亦能説明問題。如行 17 出文"九三賁如至終莫之陵",單疏刊本作"九三賁如濡如至之陵也",復增"濡如"二字,知其並非簡寫與此抄相同的出文而來,而係依據其他抄本或某一經注本。我們雖然没有史料可以證明勘官在唐抄《正義》之外,還參考了經注本,但經注本對校勘經疏而言,有則甚便,無則甚亂,不妨認爲其有。若然,此經注本宜具有"定本"的性質,否則校勘工作將不勝其擾。經注抄本遠較經疏繁多,未便直接參照,故校勘《正義》所據經注"定本"當爲石本或刊本。

倘以爲刊本出文僅照某一經注本寫定、不參考唐抄《正義》,又絶無可能。《正義》並非對經注文句逐一疏釋,尤以《春秋正義》不疏者最多。又如《毛詩·國風》疊句往往而是,前章已疏者,後章不容再疏。宋初勘官若盡棄唐抄本出文,僅憑經注本重新擬寫,何異於自尋煩惱。因疑宋初《正義》勘官乃以唐抄本所具出文爲基礎,參照某一具有"定本"性質的經注本,按照規範格式重定出文。

反觀此卷行 7 出文,刊本的改寫工作似未參照經注本。抄本出文原與疏文相符,刊本嫌其文繁,僅標起止數語,而不知新標起止實已孱入疏文未釋的文句。此處若有經注本參照,應更加審慎,此其一。抄本出文"之義也"一見,與今經注本兩見"之義也"不同①,刊本所標起止"注坤之上六至之義也"案之今經注本,指稱並不明確,存在歧義。若有經注本參照,不當如此,此其二。因而推知經注本在宋人校定出文的工作中,應處於從屬地位。

① 本文所謂今經注本之文字,皆以宋刊經注本。

2. 引用經注原文(甲)

抄本行 1"'分剛上而〔文〕柔,故小利有攸往'者,釋'小利攸往'義",單疏刊本於後句"小利攸往"多一"有"字,正對應卦辭"小利有攸往"。案此疏上句已引彖辭"小利有攸往",下句再引卦辭"小利有攸往"似嫌重復,省一"有"字亦可通。

行 12"'山下有火'者",行 13"故云'山下有火'也",刊本兩"火"字後均多"賁"字,正對應象辭"山下有火,賁"。此卷兩引象辭皆無"賁"字,當非抄手自行刪去。有無"賁"字,實未妨礙文意。

行 16"故象云義不乘也",刊本"不"作"弗",正照應象辭原文。"不"、"弗"語意全同。

此卷抄手對内容本不關心,以上數例當非抄手有意節引《周易》經傳,而是承襲底本或某一祖本。以常理度之,《正義》撰人引用經注,不必字字與原文相同。且經注文字本身,在寫本時代亦不斷變化。孔氏《正義》原卷經衆手傳抄,一仍其舊者有之,信手補全者或亦有之。至宋初校定刻梓時,倘若一一甄別抄本引經注有別於原文者,是否出於《正義》撰人原意,不但難於操作,而且意義不大。倘若校勘人一皆以直引某一具有"定本"性質的經注本者爲正,則最與《正義》刊本的定位契合。

3. 區別經與彖、象傳(甲)

唐抄及單疏刊本,爻辭與小象皆一併疏釋。如抄本行 16 出文"六二賁其須至与上興",包括爻辭"六二,賁其須"及象辭"象曰:賁其須,與上興也",下標"正義曰"三字統一疏解。在這種體例下,唐抄本之爻辭與象辭,在疏文中往往不多作區分,至單疏刊本始予以特別標示。如行 17"故云'与上興'也",刊本於"故"下增"象"字;行 22"'六四當位疑'者",刊本冠"象曰"二字於前;行 26"故云'六五之吉'"云云,刊本於"故"下增"象"字,皆明確象辭的界限,不與爻辭相混。

檢抄本行 16"故象云'義不乘'也",行 19"故象云'永貞之吉'"云云,已具"象"字,蓋唐抄《正義》"象"字有無不定,單疏刊本統一標"象"字,以成體例。至南宋《兼義》本,分拆疏文附於句後,其爻、象之疏文,各繫於爻辭、象辭之後,比單疏刊本更近一步,卻已打亂了疏文原有的編排。單疏刊本的做法,既貫徹了《正義》體例,又不傷《正義》原文。

以上所論皆小象傳,至於大象傳,《正義》本與卦辭、彖辭分別疏釋。抄本行 11 至 12 有《賁卦》象之出文,刊本增"象曰"二字於前。依此類推,唐抄本一卦之彖、象辭,其出文往往不具"彖曰"、"象曰"之提示語,至單疏刊本乃統一標識。易傳中的彖、象傳久與經合,唐人撰疏時可能已不太區分經、傳,北宋勘官統一於《正義》出文中標示彖、象之名,以示區別。

4. 整齊句式(戊)

《五經正義》在詮解、串講經注文意時,有一些慣用的句式,如"某者,某也”,“故云某也”,已有不少學者作過總結①。我們知道,唐寫本對虛詞的運用並不整齊統一,抄手多憑己意增删。其實在孔氏撰疏時,虛詞不必字字皆有用意,非如此不可。今對比此卷與宋刊單疏本,可以推知北宋勘官所面對的唐抄本中,“故云某也”之類的句式並不精準嚴格。我們看到的那些相對整齊的句式,很可能是北宋刊本固定下來的。

如抄本行2“故‘小利有攸往’也”,行20“故‘賁如’也”、“故‘皤如’也”,行13“故云‘山下有火’也”,各“也”字均非今經注本所有,雖然不能排除撰疏人所據經注本有“也”字或後來抄手增“也”字的可能,但例證多達四處,最大的可能是撰疏人增加了若干“也”字。因知唐抄《正義》原卷已有“故某(經注原文)也”或“故云某(經注原文)也”的句式,以區分段落。抄本行30“故云‘丘園乃落’”,“丘園乃落”是王弼注文,刊本多“也”字,蓋勘官增字以貫徹“故云某也”之句式。增字之後,連讀上句“乃隕落也”而下,又覺文氣不暢,刊本删上“也”字或出於此。

在“故云某也”句式中,若所引經注原文已有“也”字,疏文只保留一個“也”字。如抄本行16“故象云‘義不乘’也”,行17“故云‘与上興’也”,行26“故云‘六五之吉有憙’也”,今經注本已具“也”字,疏文不再另增。而行19“故象云‘永貞之吉,終莫之陵’”,今象辭有“也”字,抄本疏文無,刊本補之,亦勘官整齊句式的例證。

《正義》除以“故云某也”結成前文釋義之外,還以“某(經注原文)者”句式提引下文釋義,如抄本行16“‘賁其須’者,須是上附於面”。在抄本此句式中,間或以“云”字冠首,如行12“云‘山下有火’者”,行27至28“云‘施飾丘園盛莫大焉’者”,單疏刊本皆不取“云”字,與今本《正義》絶大多數無“云”字之文句保持一致。行26至27“云‘爲飾之主爲飾之盛’”②,刊本無首“云”字,末增“者”字,正對應《正義》“某(經注原文)者”的句式。若“云”字信爲刊本所删,則勘官爲整齊句式而對唐抄本所作加工,已經不止於虛詞(戊)。

宋刊本所整齊規範的句式或不止“故某也”、“故云某也”、“某者”三種。勘官的這類工作,與上文所論刊本調整出文、引用經注原文、有意區分《周易》經與傳,皆體現了北宋勘官的一個校勘原則:規範《正義》體例。

校勘原則的貫徹是相對的,不可能絶對執行。如行15“故云‘舍車而徒’”,末尾無“也”字,刊本也未另添。

5. 調整文句(甲、戊)

《正義》刊本在規範體例的同時,還隨時調整疏文的詞句。所改文句,或以其他抄本校勘,或依據勘官對文義的理解,或僅憑語感。不論是否有校本作依據,是非皆由勘官裁決。兹聊舉數事,以見端倪。

---

① 如張寶三、野間文史及龔鵬程先生。

② 今經注刊本作“爲飾之主飾之盛”,無後一“爲”字,單疏刊本亦無。此抄所多“爲”字,或《正義》原據注本如此,或撰疏人引用注文較爲隨意,或爲後來抄手所加。

此卷行14至15“居於無位，弃於不義，舍其不義之車，而從有義徒步”，刊本作“居於无位之地，乃棄於不義之車，而從有義之徒步”。“弃”、“舍”義同，“不義”与“不義之車”亦为一事，刊本省去從“不義”之理到“車”之象的過渡語句，並將抄本的兩、兩並列句，調整爲三句順承，似更簡練明白。

行11“剄柔得相文”、“剄柔不得相文”（“文”爲“交”字之誤），宋刊單疏本無“相”字。兩處皆如此，當非抄手隨意添加，而係原有，至刊本乃删去。有無“相”字，文意全同，删去則較簡潔。行28“丘謂墟，園謂圃”，刊本作“丘謂丘墟，園謂園圃”，二者文意並無差别，而刊本更明白易曉。

刊本調整文句，如第一例全句改動者較少，多數改動頗爲細微，語意的區别很小。除第二、三例“相交”与“交”、“墟、圃”与“丘墟、園圃”外，又如抄本行4“聖人用以治於物也”，刊本“用”後有“之”字；行8至9“九二居坤極”，刊本作“九二上居坤極”；行9“乹二”，刊本作“乾之二位”；行10“何由”，刊本作“何因”；行30“若設飾在於丘園”，刊本無“若”字，文意幾乎相同。

有些文句差别雖小，語意則已有區别。如行16“六二上附於三”，刊本“上”前有“當”字。玩其文意，無“當”者似爲實然，有“當”字則爲應然。行20“或欲文飾”，刊本“欲”作“以”字。“欲”为未然，“以”似已然。行21“趣進”，刊本作“輒進”。行22“居疑”，刊本作“遲疑”；併下文“致疑”，刊本改为“而致遲疑”。行31“丘園之土乃彫落也”，刊本無“彫”字。此五處文字不同，語意皆微有不同。又行8“来居二位，不居於三”，刊本“三”作“初三”，改三爻为初、三兩爻，經義已有差别。

以上例證，可以窺知北宋勘官調整《正義》文句之端倪。宋刊本與唐抄文句之别往往而是。大體言之，抄本稍顯隨意，而當更近於《正義》原本；刊本較爲精要，而已摻入宋人意見。二者往往不是是非對錯之别。同時，勘官所改，亦有值得商榷處。如前舉行8“坤之上六，何以来居二位，不居於三”，一卦上體之上爻，正對應下體之三爻，故以“不居於三”爲奇，刊本於“三”前增“初”字，則初、三兩爻皆在考慮范圍，便不如抄本妥當；下文“乹之九二，何以分居上位，不居於五者”，二爻亦與五爻相應，更證上文“初三”義有未安[①]。上举行30“若設飾在於丘園質素之所，則”云云，其句式与行29“若賁飾於此束帛玠賨，則”云云如出一轍，似不宜删“若”字。勘官可能以“設飾”之“設”字爲“若”之同義詞，不審“設”爲“設飾”之義（見行27），因删之。

6. 規範用字（戊）

抄本用字比較隨意，多簡寫、俗寫及今字，單疏刊本用字嚴謹，多用正字，並適當采用古字。如抄本各處簡寫之“礼”、“离”、“与”，單疏刊本皆作“禮”、“離”、“與”；俗写之“剄”、“乹”、“寇”、“丞”、“娉”，單疏刊本皆作“剛”、“乾”、“寇”、“吝”、“聘”，用正字。抄本用今字“無”，單疏刊本多改從《周易》經注本“无”字；抄本行15及21用今字“潔”，刊本皆用古字“絜”。又此抄本用“於”

---

① 參見許建平《敦煌經部文獻合集》校記三〇，頁102。

字，單疏刊本此節引經注作“于”，他處作“於”。“于”、“於”二字經注刊本皆用[①]，一般認爲“于”爲古字，“於”爲後人所改。今檢南宋撫州刊本《周易》經注全文，作“于”字者較多。撫州本作“于”者，單疏刊本出文標起止用“于”，疏文引經注原文亦作“于”，疏文他處用“於”字；撫州本作“於”者，單疏刊本亦作“於”。是單疏刊本引經注原文，往往保留其原文用字。此抄悉作“於”，不復區別。

7. 刊本之疏失（乙）

此卷行 14“獄訟”刊本作“訟獄”。案“獄”、“訟”義相近[②]，“獄訟”、“訟獄”雖皆成詞，然刊本《周易正義》其他各處皆作“獄訟”[③]。又檢群經注疏，除《孟子》經注有“訟獄”而疏文二者混用外[④]，他處無不作“獄訟”同此抄。考慮到北宋勘官注重規範體例的校勘原則，此處可能是刊本無意間顛倒。

行 16“似若”，單疏刊本作“若似”。二者詞義全同，然《周易正義》刊本他處皆作“似若”，此處宜從唐抄作“似若”，疑刊本無意間顛倒爲“若似”。

行 31“束帛与之”，刊本闕“束帛”二字，文義不暢，當係刊本誤脱。

北宋監本難免産生新的錯訛和疏漏。比起唐抄本可能存在的訛誤，刊本的錯誤相對較少。

五、總結

北宋國子監面對“舛訛漸滋，宗源莫究”的《五經正義》唐抄本，校勘形成標準的“定本”梓行，這一工作勢必在糾正抄本舛訛的同時，也泯滅了文本的個性和活力，甚至可能改變《正義》撰人的原意。本研究試圖通過重校唐抄《正義》，窺知當時校勘工作的具體情況，勘官對唐抄本做了何種程度的改定。

本文從唐抄《賁卦》正義與宋刊單疏本的異文分析得知，校勘官做了很多規範《周易正義》文本體例和用字的工作，如規範出文格式、引用經注時使用原文、區别《周易》經傳、整齊義疏句式、規範用字等。我們推測這類工作得以進行，在供校勘的諸多《正義》抄本之外，還離不開某一具有“定本”性質的經注本，以備勘官隨時參考。北宋勘官的規範化處理適應了刊本的定位，但也使《正義》文本喪失了靈活性，不盡符合孔氏《正義》文本的原貌，尤其是對出文的一些改動並不準確。除了規範化的處理，勘官也對疏文的語句作了一些微小

① 阮元《儀禮注疏校勘記》序云：“于，通作‘於’，唐石經‘于’字一千四百四十三，‘於’字一百四十二，莫詳其義例。”

② 《周禮·地官·大司徒》“凡萬民之不服教而有獄訟者”，鄭玄注云：“争罪曰獄，争財曰訟”，賈公彦疏云：“獄訟相對，故獄爲争罪，訟爲争財。若獄訟不相對，則争財亦爲獄。”

③ 參見許建平《敦煌經部文獻合集》校記四〇，頁 103。

④ 《孟子·萬章下》云“訟獄者不之堯之子而之舜”，又云“朝覲訟獄者不之益而之啓”，趙岐注云：“訟獄，獄不決其罪，故訟之。”然《史記·五帝本紀》述其事、《文選》陸機《答賈長淵詩》李善注引《孟子》均作“獄訟”，與趙岐章句本不同（詳見焦循《孟子正義》）。

的調整，這類改動得失互見，有時並不符合《正義》撰人原意。此外，宋刊本在確立標準版本的同時，也不可避免地存在少量錯誤和疏漏。

【作者簡介】 李霖，1983年生，歷史學博士，中山大學博雅學院、中國古文獻研究所副教授，古典學研究中心副主任。致力於中國經學史、版本目録學領域的研究。近年關注漢代《詩經》學、《史記》學。

蜀石經《周禮夏官》殘字校理

王天然

【提　要】 本文期待依據趙坦所録趙魏校記復原蜀石經《周禮夏官》殘拓三十六行大貌，亦期待爲進一步討論寫本經籍向刊本經籍過度提供依據。由校理可知，參校諸本與趙校"今本"多同，這體現的正是五代兩宋國子監校刊《周禮》後文本趨同的情況；而趙校所示蜀石經異文，則透露出寫本時代文本參差的面貌。

【關鍵詞】 蜀石經　周禮　夏官

一、弁言

蜀石經《周禮夏官》殘拓三十六行①，先爲趙魏（晋齋）所得並有摹本，後歸汪繼培②。現原拓及趙氏摹本均不知存世否③，而趙坦（寬夫）所録趙魏校記尚存④。本文一方面期待依據趙校復原三十六行殘拓大貌，另一方面也期待爲進一步討論寫本經籍向刊本經籍過度提供依據。

本次校理以趙魏校勘所用汲古閣本爲底本⑤，將其校記所出蜀石經之文劃綫標明。趙坦跋言殘拓起自"陪乘"、終於"種馬一"⑥，現爲清晰計，略補前後闕文，以"〖〗"括出。趙坦所録趙魏校記，題曰"趙校"。馮登府《石經補考》卷九《蜀石經考異・周禮殘碑》中有按語數條，題曰"馮按"。在此基礎上，參校版本十六種、音義一種，參考校勘記類文獻五種，題曰"校理"。今依阮元《十三經注疏校勘記》舊例略叙所據各本如下：

（一）單經本

1. 唐開成石經本《周禮》，今據臺北"國立中央圖書館"所攝李石曾舊

---

① 劉體乾（健之）舊藏蜀石經《周禮》殘拓行款爲半頁六行，故此《夏官》殘拓當爲三開、六個半頁。

② 詳見馮登府《石經補考・蜀石經考異》，《續修四庫全書》第184册，上海古籍出版社，2002年，頁94。

③ 據馮登府《石經補考》可知道光初年原拓、摹本尚存。

④ 詳見《蜀石經殘字三種》，《續修四庫全書》第184册，頁459－461。

⑤ 汲古閣本《十三經注疏》翻刻刷印情況較爲複雜，今以"東京大學東洋文化研究所所藏漢籍善本全文影像資料庫"公布的汲古閣刊本《周禮注疏》爲底本（編號：A189400，網絡鏈接：http://shanben.ioc.u－tokyo.ac.jp/main_p.php? nu＝A189400&order＝rn_no&no＝00019）。

⑥ 詳見《蜀石經殘字三種》，《續修四庫全書》第184册，頁461。

藏明拓本、中華書局影印民國十五年皕忍堂刊影摹雙鉤本校勘，簡稱"唐石經本"。

2. 宋刻遞修《八經》之一本《周禮》，今據國家圖書館藏膠片校勘(索書號:8633)，簡稱"八經本"。

(二) 經注本

1. 宋婺州市門巷唐宅刻本《周禮》，今據《中華再造善本》影印國家圖書館藏本校勘，簡稱"唐宅本"。

2. 金刻十一行本《周禮》，今據《中華再造善本》影印國家圖書館藏本校勘，簡稱"金刻本"。

(三) 經注附釋文本

1. 北京大學圖書館藏宋刻本《周禮》，有重言、重意，今據《中華再造善本》影印本校勘，簡稱"北大本"。

2. 宋刻十二行本《纂圖互注周禮》，今據《中華再造善本》影印國家圖書館藏本校勘，簡稱"纂圖本"。

3. 宋刻《京本點校附音重言重意互注周禮》，今據《中華再造善本》影印上海圖書館藏本校勘，簡稱"京本"。

4. 宋刻本《周禮》，有清費念慈題識，今據國家圖書館藏膠片校勘(索書號:8635)，簡稱"費識本"。

5. 天禄琳琅舊藏宋刻九行本《周禮》，有重言，今據國家圖書館藏膠片校勘(索書號:014)，簡稱"天禄本"。

6. 葉德輝觀古堂舊藏明翻元岳氏本《周禮》，今據《四部叢刊》初編影印本校勘，簡稱"翻岳本"。

(四) 注疏本

1. 宋兩浙東路茶鹽司刻元明遞修八行本《周禮疏》，今據《中華再造善本》影印國家圖書館藏本、臺北故宫博物院影印本、北京大學圖書館藏殘本膠片(索書號:LSB/9074)、董康誦芬室影印北京大學藏本校勘，簡稱"八行本"。

2. 元刻明修十行本，據南宋建陽坊刻十行本翻刻，今據《中華再造善本》影印北京市文物局藏《十三經注疏》之《附釋音周禮注疏》本校勘，簡稱"十行本"。

3. 明嘉靖李元陽福建刊本《十三經注疏》之《周禮注疏》，今據"東方學デジタル圖書館"公布的京都大學人文科學研究所藏山井鼎、山井璞助識語本校勘[1]，簡稱"李元陽本"。

4. 清乾隆四年武英殿校刊本《十三經注疏》之《周禮注疏》，今據北京大學圖書館藏本校勘(索書號:SB/094.42/1080.1)，簡稱"武英殿本"。

5. 清嘉慶阮元江西南昌府學刊本《十三經注疏》之《附釋音周禮注

① 網絡鏈接:http://kanji.zinbun.kyoto－u.ac.jp/db－machine/toho/html/top.html 。

疏》，今據藝文印書館影印本校勘，簡稱"阮刻本"。

（五）單疏本

京都大學附屬圖書館藏《周禮疏》殘抄本，其源當爲宋刊單疏本[①]。今據"京都大學電子圖書館貴重資料画像"公布的彩色書影校勘[②]，簡稱"單疏本"。

（六）音義

宋刻宋元遞修本陸德明《經典釋文》，此書雖經宋人改篡[③]，但仍是瞭解中古時期經書異文的重要文獻。今據《中華再造善本》影印國家圖書館藏本，簡稱"釋文"。

（七）校勘記類文獻

1. 清阮元江西南昌府學刻本《十三經注疏》附校勘記，另有文選樓單行本《十三經注疏校勘記》。今據藝文印書館影印本《十三經注疏》所附校記、《續修四庫全書》影印文選樓本，簡稱"阮校"。值得注意的是，阮校中保存了部分宋余仁仲本《周禮》異文，余本今已不可見，賴阮校可略窺其貌。

2. 清黄丕烈曾校刊經注本《周禮》並附札記一卷，收入《士禮居叢書》。黄氏札記具有校記性質，今據廣陵書社影印本，簡稱"黄札"。

3. 宋刻經注附釋文巾箱殘本《周禮》，舊藏陸心源皕宋樓，現藏日本静嘉堂文庫，此本雖暫時無法寓目，但據陸氏《宋槧巾箱本周禮跋》亦可略知其中異文，簡稱"陸跋"。

4. 孫詒讓《周禮正義略例十二凡》云嘗校蜀石經《秋官》殘拓，但未見馮登府《石經考異》所引《夏官》殘字[④]，而《正義》文中實有馮氏《考異》所録蜀石經異文，故《正義》有一修訂過程，由此可知。而孫氏《十三經注疏校記·周禮注疏校記》亦取馮登府《考異》所引蜀石經《夏官》數條，可見此類《校記》晚成[⑤]。今據中華書局點校本《周禮正義》、《十三經注疏校記》，簡稱"孫疏"、"孫校"。

5. 日本加藤虎之亮《周禮經注疏音義校勘記》引據文獻十四類一百九十餘部，今據東京無窮會影印本，簡稱"虎校"。

由校理可知，參校諸本與趙校"今本"（汲古閣注疏本）多同，這體現的正是五代兩宋國子監校刊《周禮》後文本趨同的情況；而趙校所示蜀石經異文，則透

① 詳見李霖《宋刊群經義疏的校刻與編印》，北京大學博士學位論文，2012年6月，頁63－64。

② 網絡鏈接：http://edb.kulib.kyoto－u.ac.jp/exhibit/s132/s132cont.html 。

③ 詳見王利器《〈經典釋文〉考》，《曉傳書齋集》，華東師範大學出版社，1998年，頁9。

④ 《周禮正義略例十二凡》云："又馮登府《石經考異》載有《夏官》殘拓，今未見。"詳見孫詒讓《周禮正義》，汪少華點校，中華書局，2015年，頁7。

⑤ 雪克《輯校説明》云："知孫氏校經蓋不止一遍，札記實有先後，非一時之作。"又云："説《校記》中包含了他晚年的校經手筆，應該是有根據的。"詳見孫詒讓《十三經注疏校記》，雪克輯校，中華書局，2009年，頁1、2。

露出寫本時代文本參差的面貌。具體而言，蜀石經異文有如下特點：其一，蜀石經異文偶有勝於今傳諸本者，但不宜誇大其文獻價值①。其二，蜀石經異文未必勝於今傳諸本，但其反映的可能正是文本流變的複雜形態。其三，蜀石經注文句末助字（也、者）多與"今本"及參校刊本存在出入②，保存的正是寫本的痕迹。

二、校理

〖**齊右，掌祭祀、會同、賓客，前齊車，王乘則持馬，行則**〗**陪乘。**（齊車，金路，王自整齊之車[1]。前之者，已駕王未乘時也[2]。陪車乘参，謂居左也[3]。齊右與齊僕同車，而有祭祀之事，則兼玉路之右也[4]，然則戎右兼田右與?）**凡有牲事，則前馬。**（王見牲則拱而式，居馬前卻行[5]，備驚奔也。《曲禮》曰："國君下宗廟，式齊牛。"）

【1】趙校："今本多'也'字。"

校理：據趙坦題記可知"今本"指汲古閣注疏本。唐宅本、金刻本、北大本、纂圖本、京本、費識本、天禄本、翻岳本、八行本、十行本、李元陽本、武英殿本、阮刻本同趙校今本。

【2】趙校："今本作'未乘之時'。"

校理：汲古閣本作"王未乘之時"，金刻本、北大本、纂圖本、京本、費識本、天禄本、翻岳本、八行本、十行本、李元陽本、武英殿本、阮刻本同。單疏本釋注引作"云'前之者，已駕王未乘之時'者"，亦同今本。唐宅本作"王未成之時"，恐誤。汲古閣本"已"作"巳"，今徑改。

【3】趙校："此譌。今本作'陪乘，参乘，謂車右也'。"馮按："石經作'陪車参乘，謂居左也'。案，石經誤也。"

校理：馮按所引蜀石經"陪車乘参"作"陪車参乘"，今暫以趙校爲據。唐宅本、金刻本、北大本、纂圖本、京本、費識本、天禄本、翻岳本、八行本、十行本、武英殿本、阮刻本同趙校今本。單疏本釋注引作"云'陪乘'者"，蓋亦同今本。李元陽本"車右"作"居右"。經云"王乘則持馬，行則陪乘"，顯然"陪乘"與"持馬"相對而表動作③，今傳刊本鄭注多作"陪乘，参乘，謂車右也"，則以"車右"釋"陪乘"。蜀石經"謂居左也"或涉上文《戎右》鄭注"充之者，謂居左也"而誤，但也存在另一種可能，即以"居某"解"陪乘"，正以動釋動，然"右"誤"左"耳。今傳刊本中李元陽本"車右"作"居右"，恐怕並無版本依據，蓋因不滿於以名釋動，而進行"理校"的結果。蜀石經異文反映的可能正是文本流變的複雜形態，當然這一形態未必更接近鄭注原貌。

---

① 吴騫曾評價蜀石經《毛詩》殘本云："雖其間衍脱譌舛要亦不免，然究優於世本遠矣。"蜀石經《周禮》性質與《毛詩》接近，均訛誤甚多，吴説恐有誇大之嫌。詳見吴騫《蜀石經毛詩考異序》，《歷代石經研究資料輯刊》第8册，北京圖書館出版社，2005年，頁458。

② 敦煌寫本、日藏古寫本中亦常見此類現象。

③ 下"道右"經云"王出入，則持馬陪乘"，亦對舉。

【4】趙校："今本無'也'字。"

校理：唐宅本、金刻本、北大本、纂圖本、京本、費識本、天禄本、翻岳本、八行本、十行本、李元陽本、武英殿本、阮刻本同趙校今本。單疏本釋注引作"云'齊右與齊僕同車，而有祭祀之事，則兼玉路之右'者"，亦同今本。金刻本、天禄本"玉"作"王"，恐誤。虎校云"毛云：玉作土，誤"①，"毛云"指宋毛居正《六經正誤》，則毛氏所見又有誤作"土"者。

【5】校理：費識本、天禄本、汲古閣本"卻"作"郤"，今徑改。

道右，掌前道車。王出入，則持馬陪乘，如齊車之儀。（道車，象路【6】。王行道德之車。）**自車上諭命于從車。**（自，由也【7】。）**詔王之車儀。**（顧式之屬。）**王式則下前馬，王下則以蓋從。**（以蓋從，表尊者【8】。）

【6】趙校："今本多'也'字。"

校理：唐宅本、金刻本、北大本、纂圖本、京本、費識本、天禄本、翻岳本、八行本、十行本、李元陽本、武英殿本、阮刻本同趙校今本。單疏本釋注引作"云'道車，象路也。王行道德之車'者"，亦同今本。

【7】趙校："今本無'也'字。"

校理：唐宅本、金刻本、北大本、纂圖本、京本、費識本、天禄本、翻岳本、八行本、李元陽本、武英殿本同趙校今本。十行本、阮刻本作"自田"，恐誤。

【8】趙校："今本無'者'字。"

校理：唐宅本、金刻本、北大本、纂圖本、京本、費識本、天禄本、翻岳本、八行本、十行本、李元陽本、武英殿本、阮刻本、單疏本同趙校今本。天禄本、十行本"蓋"作"盖"，此類字形從簡現象在二本中較爲常見②。

大馭，掌馭玉路以祀。及犯軷，王自左馭，馭下祝，登，受轡，犯軷，遂驅之。（行山曰軷。犯之者，封土爲山象，以菩芻棘栢爲神主，既祭之，以車轢之而去，喻無險難也。《春秋傳》曰"跋涉山川"。自，由也。王由左馭，禁制馬，使不行也。故書"軷"作"罰"，杜子春云："罰當爲軷【9】。軷讀爲別異之別，謂祖道、轢軷也【10】。《詩》云：'載謀載惟，取蕭祭脂，取羝以軷。'詩家説曰：將出，祖道，犯軷之祭也。《聘禮》曰：'乃舍軷，飲酒于其側。'禮家説：亦道祭也【11】。"）**及祭，酌僕，僕左執轡，右祭兩軹，祭軌【12】，乃飲。**（故書"軹"爲"軒"，"軌"爲"範"【13】。杜子春云："文當如此。'左'不當重，重非是也【14】。"書亦或如子春之言【15】。又云："軒當作軹，軹謂兩轊也。其或言軷，亦非是書【16】。"又云："範當爲軌【17】，軌謂車前軾【18】。"或讀軒爲簪笄之笄。）**凡馭路，行以《肆夏》，趨以《采薺》。**（凡馭路，謂五路也。《肆夏》、《采薺》，樂章也。行謂大寢至路門也【19】，趨謂路門至應門也【20】。）**凡馭路儀，以鸞和爲節。**（舒疾之法【21】。鸞在衡，和在軾，皆以金爲鈴。）

【9】趙校："今本'當'誤作'賞'。"馮按："今誤作'賞'，石經是。"

校理：唐宅本、金刻本、北大本、纂圖本、京本、費識本、天禄本、翻岳本、八

---

① ［日］加藤虎之亮《周禮經注疏音義校勘記》，東京無窮會影印本，1958年，卷三二，頁41。

② 可參看張麗娟《宋代經書注疏刊刻研究》，北京大學出版社，2013年，頁220、375。

行本、十行本、李元陽本、武英殿本、阮刻本作“當”,皆不誤。

【10】趙校:“今本‘轢軷’下多‘磔犬’二字。”

校理:唐宅本、金刻本、纂圖本、京本、費識本、天禄本、翻岳本、八行本、武英殿本、阮刻本同趙校今本。釋文亦出“磔犬”二字,其所據本亦同今本。北大本、十行本、李元陽本作“磔大”,恐誤。

【11】趙校:“今本作‘亦謂道祭’。”

校理:唐宅本、金刻本、北大本、纂圖本、京本、費識本、天禄本、翻岳本、八行本、李元陽本、武英殿本同趙校今本。單疏本標注起止作“行山至道祭”,當亦同今本。十行本、阮刻本作“亦謂時祭”,恐誤。

【12】趙校:“今本‘軓’作‘軌’。”馮按:“當作‘軓’,宋余本、閩本作‘軓’,與石經合。”

校理:唐石經本此處闕損。八經本、唐宅本、金刻本、纂圖本、京本、天禄本、翻岳本、八行本、十行本、武英殿本、阮刻本作“軓”。釋文出“祭軓”二字,其所據本亦作“軓”。北大本、費識本、李元陽本同趙校今本,恐誤。阮校云“余本、嘉靖本同。唐石經缺。閩、監、毛本‘軓’誤‘軌’”、“宋本九經、宋附釋音本皆作‘軓’”①。

【13】趙校:“今本‘軓’作‘軌’。”

校理:唐宅本、翻岳本、八行本、李元陽本、武英殿本作“軓”。釋文“祭軓”下云“音犯,注軓同”,蓋其所據本亦作“軓”。阮校云“嘉靖本、毛本同,誤也。余本、閩、監本‘軌’作‘軓’”②,是余本亦同蜀石經本,不誤。纂圖本、京本、費識本、天禄本、十行本、阮刻本同趙校今本;金刻本作“軏”③;北大本作“軏”;陸跋云“大馭注‘軌爲範’,軌不誤軌”④,據此宋巾箱本似作“軌”⑤,恐皆誤。黄札云“‘軓’誤‘軌’,岳本‘軓’,小字本同,今訂正”⑥。孫疏云“‘軓’,舊本誤‘軌’,今依蜀石經及宋本正”⑦。是黄氏、孫氏均以作“軓”爲正。

【14】趙校:“今本無‘也’字。”

校理:唐宅本、金刻本、北大本、纂圖本、京本、費識本、天禄本、翻岳本、八行本、十行本、李元陽本、武英殿本、阮刻本同趙校今本。

【15】趙校:“今本無‘之’字。”

校理:唐宅本、金刻本、北大本、纂圖本、京本、費識本、天禄本、翻岳本、八

---

① [清]阮元《十三經注疏·周禮》,藝文印書館,2007年,頁493。

② [清]阮元《十三經注疏·周禮》,頁493。

③ 關於金刻本性質的推測,可參看葉純芳、喬秀岩《金刻本〈周禮〉商榷——兼論婺州本〈周禮〉》,此文認爲金刻本的底本爲宋監本。詳見《版本目録學研究》第五輯,北京大學出版社,2014年,頁511-529。

④ [清]陸心源《儀顧堂續跋》,《國家圖書館藏古籍題跋叢刊》第18册,北京圖書館出版社,2002年,頁316。

⑤ 此處須覈原本,故不作定論,暫列出備考。

⑥ [清]黄丕烈《士禮居黄氏叢書》,廣陵書社,2010年,頁220。

⑦ [清]孫詒讓《周禮正義》,頁3120。

行本、十行本、李元陽本、武英殿本、阮刻本同趙校今本。

【16】趙校："今本無'書'字。"

校理：唐宅本、金刻本、北大本、纂圖本、京本、費識本、天禄本、翻岳本、八行本、十行本、李元陽本、武英殿本、阮刻本同趙校今本。

【17】趙校："今本作'軌當為軓'。"[①]馮按："石經是也。"

校理：唐宅本、京本、費識本、天禄本、翻岳本、八行本、武英殿本作"軓當爲軋"，阮校云"余本、岳本作'軓當爲軋'"[②]，是余本同唐宅諸本；北大本、纂圖本、十行本作"軌當爲軋"；釋文出"軌當"二字，其所據本蓋亦作"軌"；金刻本、阮刻本作"軌當爲軓"；李元陽本作"軓當爲範"，恐皆誤。孫疏云"段玉裁改爲'軋當爲軓，軓謂車軾前也'，云：'故書爲軋，杜子春言軋當爲軓，鄭君從杜。《詩·匏有苦葉·正義》引此注云：故書軓爲範。杜子春云：範當爲軓。軓，車軾前。其所據《周禮》注未誤也，惟軋字作範爲誤耳。《周禮正義》作軓當爲軋，誤倒。'"，孫疏又引徐養原説"但軋字詩疏亦作範，軓範同音，古或通用，則作範似無不可"，孫氏以爲段徐二説並通，並云"《詩》疏所引，與上文'軓爲範'之範字同，蜀石經亦正與彼合"[③]。虎校云"浦作'範當爲軓'，云從《詩》疏校。邵瑛云：此及《輈人》注竝當作'軓'爲正，而今本作'軌'、作'軏'，皆形近寫刻誤"[④]。

【18】趙校："今本作'軋謂車軾前也'。"

校理：唐宅本、金刻本、費識本、翻岳本、八行本、武英殿本同趙校今本。單疏本釋注引作"云'軓當爲軋，軋謂車軾前也'者"，亦同今本。北大本、京本、天禄本、十行本、阮刻本作"軋謂車前軾也"。纂圖本、李元陽本作"範謂車前軾也"。阮校云"余本、監本並同，閩本'軋'改'範'，皆誤也。賈疏、嘉靖本、毛本作'軋謂車軾前'，當據正，今本作'前軾'誤倒"[⑤]。虎校云"戴震云：'軾前'誤作'前軾'，考疏内及《詩》疏所引皆不誤"[⑥]。今傳刊本文字參差，當從蜀石經作"軓"，而從今本作"軾前"。

【19】趙校："今本無'也'字。"

校理：唐宅本、金刻本、北大本、纂圖本、京本、費識本、天禄本、翻岳本、八行本、十行本、李元陽本、武英殿本、阮刻本同趙校今本。單疏本釋注云"知'行謂大寢至路門，趨謂路門至應門'者"，當亦同今本。唐宅本"大"作"人"形，蓋板片磨損所致。

【20】趙校："今本無'也'字。"

校理：唐宅本、金刻本、北大本、纂圖本、京本、費識本、天禄本、翻岳本、八行本、十行本、李元陽本、武英殿本、阮刻本同趙校今本。單疏本標注起止作"凡馭至應門"，當亦同今本。

---

① 汲古閣本"為"作"爲"。

②⑤ [清]阮元《十三經注疏·周禮》，頁493。

③ [清]孫詒讓《周禮正義》，頁3122。

④ [日]加藤虎之亮《周禮經注疏音義校勘記》卷三二，頁47。

⑥ [日]加藤虎之亮《周禮經注疏音義校勘記》卷三二，頁48。

【21】趙校:"今本多'也'字。"

校理:唐宅本、金刻本、北大本、纂圖本、京本、費識本、天禄本、翻岳本、八行本、十行本、李元陽本、武英殿本、阮刻本同趙校今本。

戎僕,掌馭戎車。(戎車,革路也。師出,王乘以自將。)**掌王倅車之政,正其服。**(倅,副也。服謂象乘戎車者之衣服【22】。)**犯軷,如玉路之儀。凡巡守及兵車之會【23】,亦如之。**(如在軍。)**掌凡戎車之儀。**(凡戎車,衆之兵車【24】。《尚書》曰【25】:"武王戎車三百兩。")

【22】趙校:"今本'象'作'衆'。"馮按:"石經誤。"

校理:唐宅本、金刻本、北大本、纂圖本、京本、費識本、天禄本、翻岳本、八行本、十行本、李元陽本、武英殿本、阮刻本同趙校今本,單疏本釋注引作"衆乘戎車者之衣服",亦同今本,皆不誤。

【23】校理:八經本、唐宅本、北大本、纂圖本、費識本、天禄本、十行本同汲古閣本作"廵",唐石經本、金刻本、京本、翻岳本、八行本、李元陽本、武英殿本、阮刻本作"巡"。趙氏此處未出校,不知蜀石經作何字。但蜀石經《秋官·大行人》"十有二歲王巡守殷國"、《秋官·掌客》"王巡守、殷國"、《考工記·玉人》"天子以巡守"字皆作"巡",此處作"巡"的可能性較大①。

【24】趙校:"今本多'也'字。"

校理:唐宅本、金刻本、北大本、纂圖本、京本、費識本、天禄本、翻岳本、八行本、十行本、李元陽本、武英殿本、阮刻本同趙校今本。

【25】趙校:"今本作'書序曰'。"

校理:唐宅本、金刻本、北大本、纂圖本、京本、費識本、天禄本、翻岳本、八行本、十行本、李元陽本、武英殿本、阮刻本同趙校今本。

齊僕,掌馭金路以賔。(以待賔客。)**朝覲宗遇饗食,皆乘金路,其灋儀各以等爲車送逆之節【26】。**(節,謂王乘車迎賔客及送相去遠近也【27】。上公九十步,矦伯七十步,子男五十步。《司儀職》曰"車迎拜辱"【28】,又曰"及出車送"。)

【26】趙校:"今本'以'字下有'其'字。"

校理:唐石經本、八經本、唐宅本、金刻本、北大本、纂圖本、京本、費識本、天禄本、翻岳本、八行本、十行本、李元陽本、武英殿本、阮刻本同趙校今本。金刻本無"逆"字,恐誤。

【27】趙校:"今本作'相去遠近之數'。"馮按:"九十步、七十步、五十步皆遠近之數也,當有'之數'二字。"

校理:唐宅本、金刻本、北大本、纂圖本、京本、費識本、天禄本、翻岳本、八行本、十行本、李元陽本、武英殿本、阮刻本同趙校今本。金刻本、天禄本"數"

① 蜀石經《周禮秋官司寇》、《冬官考工記》殘拓原件現藏國家圖書館,另可參1926年劉體乾影印本。

作"数",此類字形從簡現象在二本中較爲常見。

【28】趙校:"今本作'車逆'。"馮按:"二字通,然作'逆'爲古。"

校理:唐宅本、金刻本、北大本、纂圖本、京本、費識本、天禄本、翻岳本、八行本、十行本、李元陽本、武英殿本、阮刻本同趙校今本。陸跋云"齊僕注'車逆拜辱',逆不誤送"①,據此宋巾箱本似作"逆"②,亦同今本。阮校云"嘉靖本'逆'誤'送'"③。黄札云"'逆'誤'送',今依《司儀》訂正,岳本逆,小字本、互注本同"④。"迎"、"逆"實爲同義替换,蓋蜀石經所據本以易懂之"迎"字替代理解上存在隔膜之"逆"字。

道僕,掌馭象路以朝夕、燕出入,其灋儀如齊車。(朝夕,朝暮夕【29】。)**掌貳車之政令。**(貳亦副也【30】。)

【29】趙校:"今本作'朝朝,莫夕'。"馮按:"石經脱一'朝'字。"

校理:汲古閣本作"朝夕,朝朝,莫夕",唐宅本、金刻本、北大本、纂圖本、京本、費識本、天禄本、翻岳本、八行本、十行本、李元陽本、武英殿本、阮刻本、單疏本同。釋文出"朝朝"、"莫夕",其所據本亦同今本,皆不誤。

【30】趙校:"今本無'也'字。"

校理:唐宅本、金刻本、北大本、纂圖本、京本、費識本、天禄本、翻岳本、八行本、十行本、李元陽本、武英殿本、阮刻本、單疏本同趙校今本。十行本"貳"作"二",此類字形從簡現象在元翻宋刻十行本中較爲常見。

田僕,掌馭田路以田以鄙。(田路,木路也。田,田獵【31】。鄙,循行縣鄙。)**掌佐車之政。**(佐亦副也【32】。)**設驅逆之車,**(驅,驅獸使前趨獲【33】。逆,禦還之【34】,使不出圍也【35】。)**令獲者植旌,**(以告獲也。植,樹也。)**及獻,比禽。**(田弊,獲者各獻其禽。比,種物相從次數之。)**凡田,王提馬而走,諸侯晉,大夫馳。**(提,猶舉也。晉,猶抑也。使人扣而舉之【36】、抑之,皆止奔也。馳,故不扣【37】。)

【31】趙校:"今本多'也'字。"

校理:唐宅本、金刻本、北大本、纂圖本、京本、費識本、天禄本、翻岳本、八行本、十行本、李元陽本、武英殿本、阮刻本同趙校今本。單疏本釋注引作"云'田,田獵也'者",亦同今本。

【32】趙校:"今本無'也'字。"

校理:唐宅本、金刻本、北大本、纂圖本、京本、費識本、天禄本、翻岳本、八行本、十行本、李元陽本、武英殿本、阮刻本、單疏本同趙校今本。

【33】趙校:"今本'獸'作'禽'。"

校理:唐宅本、金刻本、北大本、纂圖本、京本、費識本、天禄本、翻岳本、八

---

① [清]陸心源《儀顧堂續跋》,頁316。

② 此處須覈原本,故不作定論,暫列出備考。

③ [清]阮元《十三經注疏·周禮》,頁493。

④ [清]黄丕烈《士禮居黄氏叢書》,頁220。

行本、十行本、李元陽本、武英殿本、阮刻本同趙校今本。

【34】趙校："今本'禦'作'衙'。"馮按："'衙'本又作'御',亦通'禦','衙'借字。"

校理：唐宅本、金刻本、北大本、纂圖本、京本、費識本、天禄本、翻岳本、八行本、十行本、李元陽本、武英殿本、阮刻本同趙校今本。釋文出"逆衙"二字,下云"本又作御",則其所見或本作"御"。孫疏云"《毛詩·秦風·駟驖》孔疏引此注亦作'御'。衙、御、禦字並通。惠士奇云:禦借作衙,古音同也。《後漢北海相景君銘》曰'强衙改節,微弱蒙恩'。案:惠説是也。《漢石門頌》'綏億衙疆',亦以禦爲衙。衙還之使不出圍,謂軼獸將出圍,迎御令還,不得出,《大司馬》注云'逆,逆要不得令走'是也"①。虎校云"《毛詩》疏'衙'作'御',《御覽》誤'銜'"②。蜀石經所據本作"禦",或爲文本流變過程中破讀假借的結果,此"禦"當訓"迎"。

【35】趙校："今本無'也'字。"

校理：唐宅本、金刻本、北大本、纂圖本、京本、費識本、天禄本、翻岳本、八行本、十行本、李元陽本、武英殿本、阮刻本同趙校今本。單疏本標注起止作"驅驅至出圍",當亦同今本。

【36】校理：趙校此處未出校,蓋蜀石經同汲古閣本作"扣"。唐宅本、金刻本、北大本、費識本、翻岳本、八行本、武英殿本作"扣"。釋文出"人扣"二字,其所據本亦作"扣"。纂圖本、京本、天禄本、十行本、李元陽本、阮刻本作"叩"。阮校云"余本、閩本同。嘉靖本、監、毛本'叩'作'扣',此本下亦作'扣'。案,《釋文》作'扣',余本載音義同。按,《説文》'扣,牽馬也',故此注云'使人扣而舉之',不得作'叩','叩'字《説文》所無,'敂'之俗體也"③。

【37】趙校："今本'故'作'放'。"馮按："注'提,猶舉也。晉,猶抑也。使人叩而舉之、抑之,皆止奔也。馳,故不扣',義作'故'字長。"

校理：唐宅本、金刻本、北大本、纂圖本、京本、費識本、天禄本、翻岳本、八行本、十行本、李元陽本、武英殿本、阮刻本同趙校今本,皆不誤。孫校云"'放',馮引蜀石經作'故',誤"④。馮説恐非,此注訓"馳",其間並無因果關係。蜀石經作"故",蓋爲"放"字形訛。

<u>馭夫</u>,掌馭貳車、從車、使車。(<u>貳車,象路之副</u>【38】。<u>從車,戎路、田路之副</u>【39】。使車,驅逆之車。)**分公馬而駕治之。**(乘調六種之馬。)

【38】趙校："今本多'也'字。"

校理：唐宅本、金刻本、北大本、纂圖本、京本、費識本、天禄本、翻岳本、八行本、十行本、李元陽本、武英殿本、阮刻本同趙校今本。十行本"貳"作"二",

---

① [清]孫詒讓《周禮正義》,頁3134。

② [日]加藤虎之亮《周禮經注疏音義校勘記》,卷三二,頁53-54。

③ [清]阮元《十三經注疏·周禮》,頁493。

④ 《十三經注疏校記》,頁235。

此類字形從簡現象在元翻宋刻十行本中較爲常見。虎校云"《毛詩》疏脱'也'"①,與蜀石經同。

【39】趙校:"今本多'也'字。"

校理:唐宅本、金刻本、北大本、纂圖本、京本、費識本、天禄本、翻岳本、八行本、十行本、李元陽本、武英殿本、阮刻本同趙校今本。

校人【40】,掌王馬之政。(政,謂差擇養乘之政【41】。《月令》曰:"班馬政。")**辨六馬之屬:種馬一〖物,戎馬一物,齊馬一物,道馬一物,田馬一物,駑馬一物。〗**

【40】校理:汲古閣本"校"作"挍",唐石經本、八經本、唐宅本、金刻本、北大本、纂圖本、京本、費識本、天禄本、翻岳本、八行本、十行本、李元陽本、武英殿本、阮刻本、單疏本作"校"。釋文出"校人"二字,其所據本亦作"校"。阮校云"唐石經、《釋文》、諸本同。毛本改從手。按,从手者大誤"②。然段玉裁《説文解字注》云"但訂以《周禮》鄭注,則漢時固有從手之挍矣"③。孫疏云"錢大昕云:《説文》手部無挍字。漢碑木旁字多作手旁,此隸體之變,非别有挍字。六朝俗師妄生分别,而陸亦從而和之。……案:錢斥陸本之誤,是也。……據《釋文》,蓋六朝時寫本經注五'校'字,或皆作從手之'挍'"④。趙校此處標出"校人"二字,但未出校。據蜀石經《秋官・蠻隸》"掌役校人養馬"作"校",此處作"校"的可能性較大。

【41】趙校:"今本'政'作'數',多'也'字。"馮按:"辨六馬,是差擇養馬之數也。"

校理:唐宅本、金刻本、北大本、纂圖本、京本、費識本、天禄本、翻岳本、八行本、十行本、李元陽本、武英殿本、阮刻本同趙校今本。單疏本釋注引作"鄭云'政謂差擇養乘之數也'者",亦同今本。金刻本、國家圖書館藏八行本、臺北故宫博物院藏八行本"數"作"数",此類字形從簡現象在三本中較爲常見⑤。孫疏云"數,《石經考異》引蜀石經作'政',亦通"⑥。虎校云"集本'乘'作'馬'、'數'作'政',訂本删'也'"⑦,"集本"指元陳友仁《周禮集説》本、"訂本"指宋王與之《東巖周禮訂義》本,集本作"政"、訂本無"也"與蜀石經同。

---

① [日]加藤虎之亮《周禮經注疏音義校勘記》卷三二,頁55。

② [清]阮元《十三經注疏・周禮》,頁506。

③ [清]段玉裁《説文解字注》,上海古籍出版社,1981年,頁267。

④ [清]孫詒讓《周禮正義》,頁2730－2731。

⑤ 北京大學圖書館藏八行本、董康誦芬室影印北京大學藏本作"數"。國家圖書館本、臺北"故宫博物院"本均經宋、元、明遞修,而北京大學本於宋時修補,刷印較早。詳見張麗娟《宋代經書注疏刊刻研究》,頁303。

⑥ [清]孫詒讓《周禮正義》,頁3138。

⑦ [日]加藤虎之亮《周禮經注疏音義校勘記》卷三三,頁1。

三、附録

最後附識蜀石經《周禮夏官》殘字著録四則，説明文字以“()”括出，異體字則進行了統一，不再出注：

1. 趙坦跋《周禮夏官殘字校記》

蜀石經《周禮》殘字搨本自《夏官》齊右“陪乘”二字起，至馭夫“種馬一”止①，凡三十六行，每行大字十四或十五，小字每行或十八或十九或二十不一。吾宗晋齋先生得于紹興，今歸汪君繼培。晋齋先生以汲古閣注疏本校之，頗有異文。爰取石經字標于上，而注其異于下。嘉慶十六年(1811)八月十七日，仁和趙坦録②。

2. 吴騫跋《周禮夏官殘字校記》

辛未(1811)冬日仁和趙茂才寬夫以手校蜀石經《周禮夏官》殘字見遺，當與《左傳》殘字合訂爲一，庶幾蜀石經三種俱全矣。吴騫志(鈐“騫”朱文圓印、“拜經”朱文長方印)③。

3. 馮登府《蜀石經考異・周禮殘碑》

茲殘本趙晋齋魏得之蕭山市上，今歸汪繼培。晋齋曾手摹其文，未暇細釋。經自《夏官》齊右“陪乘”二字起，至馭夫“種馬一”止④，凡三十六行，每行大字十四或十五，小字每行十八、十九、二十不等。以汲古閣毛本校之，頗有足資訂譌者。其虚字增益無關義理者略之，以有晋齋手摹本在不復重見耳⑤。

4. 朱昌燕《蜀石經殘字三種》題記

同治庚午(1870)余於武林書肆獲舊鈔本蜀石經《毛詩》二卷，首頁有隸書“何氏夢華館藏書”七大字，並録趙松雪跋書後一則；次頁鈐以“何印元錫”、“夢華館藏書印”二方；末頁復鈐以“錢唐何氏夢華館嘉慶甲子所得書”一方。古色古香，珍之篋笥已三十年矣。茲吾友徐君蓉初亦得一本，爲拜經吴氏故物，繕寫雖不及何本之精而有黄蕘圃主政墨筆校、陳仲魚孝廉朱筆覆校。兔牀明經又將趙寬夫茂才所斠《周禮》殘字、張芑堂徵君所斠《左傳》殘字補鈔合訂爲蜀石經三種，且各自爲跋，則較何本更善矣。前後所鈐有吴兔牀書藉印等十一方，紅潤如新。余借勘一過，留案頭匝月，爰綴數語以歸之。光緒己亥(1899)秋九月沙濱朱昌燕記(鈐“臣印昌燕”

---

①④ “馭夫”當爲“校人”。

② 《蜀石經殘字三種》,《續修四庫全書》第184册，頁461。

③ 《蜀石經殘字三種》,《續修四庫全書》第184册，頁461－462。

⑤ 馮登府《石經補考》卷九,《續修四庫全書》第184册，頁94。

白文方印)①。

2014年12月22日初稿
2015年8月1日二稿
2016年7月4日三稿
2016年8月27日改定

【作者簡介】 王天然,1983年生,現爲中國社會科學院歷史研究所助理研究員,主要從事經部文獻、出土文獻與版本目録學研究。

① 《蜀石經殘字三種》,《續修四庫全書》第184册,頁375-376。

中華書局本《容齋隨筆》補校

凌郁之

【提　要】 中華書局校點本《容齋隨筆》，以《四部叢刊續編》本爲底本，參校衆本，後出轉精。但正如昔人所云"校書如掃落葉"，難以窮盡，間有一些異文，應出校而未出校。本文補校100條。

【關鍵詞】 容齋隨筆　校勘　考按　商補

2005年，中華書局出版孔凡禮先生校點本《容齋隨筆》，（本文簡稱"中華本"。文中每條所標頁碼，均據此本。）以《四部叢刊續編》本爲底本，參校衆本，後出轉精。偶有罅漏，學者已有指出，如江濤《新整理本〈容齋隨筆〉刊誤》（《温州大學學報》2012年第5期），凌英《中華書局本〈容齋隨筆〉點校商補》（《三明學院學報》2014年3期）。本人近年主持國家社科基金項目《〈容齋隨筆〉箋證》，經常覆檢《四部叢刊續編》本（簡稱"叢刊本"）、文淵閣《四庫全書》本（簡稱"四庫本"）、上海古籍出版社1978年點校本（簡稱"上古本"，係據清光緒元年重校同治年間洪氏刊本標點整理），並與中華本對校，發現一些異文，皆應出校而未出校者，輒識於書眉，今迻録如次（凡與江、凌二家所校相同者，本文不録），間加考按。或苦無旁證，而異文於文義亦可通，則不復强斷其是非。

每條先摘録中華本原文，末注明所在《五筆》之卷目及頁碼。凡涉異文之處，加著重號標識。商校文字則以按語形式另起一行。《隨筆》原文止録相關文字，無關文句從略。

1. 孔傳《續六帖》，采摭唐事殊有工。（《隨筆》卷一《淺妄書》，頁6）

按："工"，上古本作"功"。馬端臨《文獻通考》卷二一五《經籍考》引作"工"。陳景雲《韓集點勘》卷二《答道士寄樹雞注》條引作"功"。

2. 有司供張設樂，悉拜王府官屬，而不書此事。（《隨筆》卷三《唐人告命》，頁43）

按："張"，四庫本、上古本作"帳"。孫志祖《文選考異》卷一《西京賦》"張甲乙而襲翠被"條："'張'，一本校改'帳'。案'張'、'帳'古字本通，如'供帳'古衹作'供張'也。"

3. 至天禧始拜相，距景德凡十四年。（《隨筆》卷四《野史不可信》，頁53）

按："天禧"、"景德"，四庫本、上古本分别作"天禧元年"、"景德初元"。

【基金項目】本文爲作者所主持國家社科基金項目（項目編號13BZW086）的階段性成果。

4. 夫適野而見巨迹，人將走避之不暇，豈復故故踐履，以求不可知之機祥？（《隨筆》卷七《姜嫄簡狄》，頁 94）

按："故故"，四庫本、上古本作"故欲"。陳耀文《經典稽疑》卷下、鄭方坤《經稗》卷六引《隨筆》亦作"故欲"。

5. 衣裳器物亦然，在首曰義髻，在衣曰義襴、義領，合中小合曰義子之類是也。（《隨筆》卷八《人物以義爲名》，頁 106）

按："小合"，四庫本、上古本作"小合子"。陳元龍《格致鏡原》卷五二《日用器物類四》引《容齋隨筆》亦作"小合子"。

6. 漢武末年，巫蠱事起，自皇太子、公主、皇孫皆不得其死，悲傷愁沮，群臣上壽，拒不舉觴，以天下付之八歲兒。（《隨筆》卷八《人君壽考》，頁 107）

按："拒"，四庫本作"推"。

7. 秦、漢之際，楚懷王以牧羊小兒爲項氏所立，首尾才三年。（《隨筆》卷九《楚懷王》，頁 122）

按："漢"，四庫本、上古本作"楚"。

8. 此數者，皆能自制命，非碌碌孱王受令於强臣者，故終不能全於項氏。（《隨筆》卷九《楚懷王》，頁 122）

按："王"，上古本作"主"。

9. 子弟游官遠地，往往飲泣不寧，謁急奔命，故及無事日，不敢爲之。（《隨筆》卷一〇《致仕之失》，頁 133）

按："官"，上古本、叢刊本作"宦"，是。

10. 及引入宫，王生從後呼曰……（《隨筆》卷一〇《水衡都尉二事》，頁 134）

按："從"，四庫本、上古本作"隨"。

11. 文帝隆寬待下，聖德固爾，而成帝亦能容之，後世難及也。（《隨筆》卷一一《誼向觸諱》，頁 145）

按："隆"，四庫本、上古本作"以"。

12. 柔舉宗適河北，邈果叛操。（《隨筆》卷一二《漢士擇所從》，頁 158）

按："宗"，四庫本、上古本作"家"。

13. 元魏以陸俟爲懷荒鎮將，高車諸莫弗訟俟嚴急無恩。（《隨筆》卷一三《裴潜陸俟》，頁 171）

按："訟"，叢刊本作"誦"。《魏書》卷四〇《陸俟傳》、《資治通鑒》卷一二二，俱作"訟"。

14. 大叔不忍猛而寬，是以致萑苻之盗，故孔子有寬猛相濟之説。（《隨筆》卷一三《裴潜陸俟》，頁 171）

按："萑"，四庫本、上古本作"萑"，是。事見《左傳》昭二十年。

15. 桂旗不動，蘭幄牙設。（《隨筆》卷一三《東坡羅浮詩》，頁 173）

按："牙"，上古本作"互"。按《集異記》"蔡少霞"篇、《太平廣記》卷五五《蔡少霞》（注出《集異記》），俱作"互"。

16. 翠鳳千旗，紫霓溜褥。（《隨筆》卷一三《東坡羅浮詩》，頁 173）

按："千"，四庫本、叢刊本作"干"。上古本作"於"。疑作"干"是。干旗，猶干旄、干旌,旌旗也。《詩·鄘風》有《干旄》篇,注詳《正義》。

17. 予謂《三百篇》固有所謂女婦小賤所爲,若周公、召康公、穆公、衛武公、芮伯、凡伯、尹吉甫、仍叔、家父、蘇公、宋襄公、秦康公、史克、公子素,其姓氏明見於《大序》,可一概論之乎?(《隨筆》卷一四《張文潛論詩》,頁178)

按:"公子素其",上古本作"公子奚斯"。據《詩序》,當是公子素。

18. 在洛四十餘年,至今廟食。(《隨筆》卷一四《張全義治洛》,頁181)

按:"洛",四庫本、上古本作"任"。考此條出《洛陽搢紳舊聞記》卷二《齊王張令公外傳》,作"在洛四十餘年"。

19. 此解圍一策也。帝深以爲然,而執政恐其無成,議竟不決,唐遂以亡。皇家靖康之難,胡騎犯闕,孤軍深入,後無重援,亦有出奇計乞用師擣燕者,天未悔禍,噬齊弗及,可勝歎哉!(《續筆》卷一《存亡大計》,頁223)

按:"策"、"齊",四庫本、上古本分别作"算"、"臍"。焦竑《俗書刊誤》卷一:"《左氏》:'後君噬齊。'(郁之按:《左傳》莊六年。)與'臍'同。"

20. 自後紀其所行尤詳,仍每事必有君子一説。(《續筆》卷六《鄭莊公》,頁291)

按:"仍",四庫本、上古本作"然"。

21. 兩部分列三銓,曰尚書銓,尚書主之;曰東銓,曰西銓,侍郎二人主之。(《續筆》卷一一《兵部名存》,頁352)

按:"分列三銓",四庫本、叢刊本、上古本"分"作"各"。《文獻通考》卷五二《職官考六》引《隨筆》亦作"各"。

22. 又别一書曰《尹子》,五卷,共十九篇,其言論膚淺,多及釋氏,蓋晋、宋時細人所作,非此之謂也。(《續筆》卷一四《尹文子》,頁387)

按:"細人",四庫本、上古本作"衲人"。《文獻通考》卷二一二《經籍考》引《隨筆》作"細人"。

23. 唐高力士於太宗陵寢宫,見梳箱一、柞木梳一、黑角篦一、草根刷子一,歎曰:"先帝親正皇極,以致升平,隨身服用,唯留此物。將欲傳示子孫,永存節儉。"具以奏聞。明皇詣陵,至寢宫,問所留示者何在,力士捧跪上。上跪奉,肅敬如不可勝,曰:"夜光之珍,垂棘之璧,將何以喻此!"即命史官書之典册。(《續筆》卷一四《帝王訓儉》,頁387)

按:"喻",四庫本、上古本作"愈"。考此事見郭湜《高力士傳》,云:"夜光之珍,垂棘之璧,將以喻此,曾何足言!"(《説郛》卷一一一下)則爲"比喻"之義。

24. 并計丁口課調,亦科錢。(《續筆》卷一六《宋齊丘》,頁418)

按:"并",四庫本、上古本作"算"。《文獻通考》卷三《田賦考三》引《隨筆》此條,作"并"。

25. 林鍾爲地統,未之衝丑,故爲地正,商以十二月爲正,地統,故以《坤》爲首。黄鍾爲天統,子爲天正。周以十一月爲正,天統,故以《乾》爲天首。(《續筆》卷一六《三易之名》,頁422)

按:"天首",四庫本、上古本無"天"字。按"以《乾》爲首",與前文"以《坤》

爲首”正相對，“天”字疑衍。

26. 予得朱并所作《忠義録》於其子杕，乃爲作傳於《四朝史》中，蓋惜其無傳也。（《續筆》卷一六《忠臣名不傳》，頁 423）

按：“并”，四庫本、叢刊本、上古本均作“弁”，是。朱弁字少章，徽州婺源人，事迹具《宋史》卷三七三本傳。

27. 又有旗幡令、閃壓令、拋打令。（《續筆》卷一六《唐人酒令》，頁 424）

按：“壓”，中華本無“厂”頭。四庫本、上古本作“壓”，是。趙與旹《賓退録》卷四引《續筆》本條，亦作“壓”。

28.《武成》之書不可盡信，非止“血流標杵”一端也。（《三筆》卷一《武成之書》，頁 430）

按：“標”，上古本作“漂”，是。孔《傳》：“血流漂舂杵。”

29. 唐韋執誼自宰相貶崖州司户，刺史命攝軍事衙推，牒詞云：“前件官久在相廷，頗諳公事，幸期佐理，勿憚縻賢。”（《三筆》卷一《朱崖遷客》，頁 436）

按：“相廷”，四庫本、上古本作“朝廷”。按，《太平廣記》卷四九七《韋執誼》條所引牒詞作“相廷”。曾慥《類説》卷三一《續世説》“州攝衙推”條所引牒詞作“朝廷”。

30. 明皇開元三年，御史大夫宋璟坐監朝堂杖人杖輕，貶睦州刺史，姚崇爲宰相，弗能止，盧懷慎亦爲相，御疾亟，表言璟明時重器，所坐者小，望垂矜録，上深納之。（《三筆》卷一《張士貴宋璟》，頁 437）

按：“御疾亟”，四庫本、叢刊本、上古本，無“御”字。疑衍。考《隨筆》此處出《資治通鑒》卷二一一《唐玄宗紀》開元四年十一月，“黄門監盧懷慎疾亟，上表薦宋璟”一節，無“御”字。《文獻通考》卷一六六《刑考五》引《隨筆》，作“疾亟”，亦無“御”字。

31. 兩《漢書》所載人姓氏，有後世不著見者甚多，漫紀於此，以助氏族書之脱遺。複姓如：……告星賜……（《三筆》卷二《漢人希姓》，頁 447）

按：“告星賜”，上古本作“浩星賜”，是。《漢書》卷六九《趙充國傳》：“浩星賜迎説充國。”鄧展曰：“浩星，姓。賜，名也。”林寶《元和姓纂》卷七《三十二晧》“浩星”條：“漢有浩星公，治《穀梁》。《李廣傳》有浩星公。又浩星賜，充國所善。”

32. 舉之則使上天，案之當使入地。（《三筆》卷二《魏收作史》，頁 450）

按：“案”，四庫本、叢刊本、上古本均作“按”。“按”、“案”，此處不可通用，應作“按”。魏收此言，見《北齊書》卷三七、《北史》卷五六《魏收傳》，作“按”。

33. 張忠定公詠，……出知益州，就加兵部郎中，入爲户部，使馬知節自益徙延，難其代。（《三筆》卷五《張詠傳》，頁 480）

按：“使”，四庫本、上古本作“後”，是。按《宋史》卷二九三《張詠傳》：“五年，馬知節自益徙延州，朝議擇可代者，真宗以詠前在蜀治行優異，復命知益州。”

34. 高抑崇居明州城中，率一歲四五訪其廬。（《三筆》卷六《賢士隱居者》，頁

491)

按:上古本“高抑崇”後有“閎”字。按本條下文有抑崇曰:“閎終歲讀書。”知“閎”乃“抑崇”之名。袁桷《延祐四明志》卷四《人物考·先賢·蔣季莊》引《三筆》作“高閎抑崇”。

35. 東坡賦詩……,《元長老納裙》云“乞與佯狂老萬回”。(《三筆》卷六《東坡詩用老字》,頁 494)

按:“納”,四庫本、上古本作“衲”,是。《元長老衲裙》詩,即《以玉帶施元長老元以衲裙相報次韻》(《東坡全集》卷一四)。

36. 讀者以爲駢儷精切。(《三筆》卷六《用人文字之失》,頁 497)

按:“儷”,四庫本、上古本作“麗”。

37. 瓜田李下之疑,唐人不議也。(《三筆》卷六《白公夜聞歌者》,頁 498)

按:“議”,四庫本、上古本作“譏”。

38. 紹興中,王洋元勃一絶句云:“塞外風煙能記否,……”(《三筆》卷六《琵琶亭詩》,頁 500)

按:“風”,上古本作“烽”。《四庫全書總目》卷一五六《東牟集》提要引《三筆》作“風”。厲鶚《宋詩紀事》卷四〇據《三筆》録此詩,亦作“風”。

39. 乾道二年,葉顒以前參知政事召還爲知樞密院,未受告而拜左相,邁當制,以新除如樞密院結銜。(《三筆》卷七《趙丞相除拜》,頁 513)

按:“新除如”,“如”,四庫本、叢刊本、上古本,並作“知”,是。《宋宰輔編年録》卷一七:乾道二年十二月甲申,顒“自新除知樞密院事除左通奉大夫、左僕射同平章事、兼樞密使”。

40. 唐昭宗光化三年十二月,左補闕韋莊奏:“據臣所知,則有李賀、皇甫松……俱無顯過,皆有奇才。……”(《三筆》卷七《唐昭宗恤録儒士》,頁 513)

按:“過”,上古本作“遇”。考韋莊所奏見《唐摭言》卷一〇《韋莊奏請追贈不及第人近代者》,作“遇”。

41.《追封皇弟四子邵王詞》曰:……(《三筆》卷八《吾家四六》,頁 523)

按:“弟”,四庫本、上古本作“第”,是。按《宋史》卷三三《孝宗紀》:乾道二年九月辛酉,“追封子恪爲邵王,謚曰悼肅”。《宋史全文》卷二八《宋光宗》:孝宗四子,第四子“未命而夭,追賜名恪,贈使相,封邵王”。四庫本“邵”訛作“郡”。

42.《王彦贈官詞》曰:“申帶礪以丹書之誓,方休甲第之功臣;挂衣冠於神虎之門,竟失戍營之校尉。”(《三筆》卷八《吾家四六》,頁 523)

按:“戍”,上古本作“戊”。洪邁《王彦贈官詞》此句,蓋用東漢戊校尉耿恭之典故。《後漢書》卷四九《耿恭傳》:“始置西域都護、戊己校尉。乃以恭爲戊己校尉,屯後王部金蒲城;謁者關寵爲戊己校尉,屯前王柳中城。”殿本注有劉攽曰:“案戊己本是兩校尉,故耿恭、關寵各爲一校。今都爲戊己校尉,蓋流俗不知《漢書》。以理觀之,恭是戊校,寵是己校也。”(《後漢書》卷二《明帝紀》殿本考證亦謂“戊己校尉耿恭”之“己”字“必後人所增”。)《漢書·百官公卿表》:“戊己校尉,元帝初元元年置。”師古注：“甲、乙、丙、丁、庚、辛、壬、癸皆有正位，唯戊、己寄治耳。今所置戊、己亦無常居，故取戊、己爲名也。有戊校尉，有己校尉。一説戊、己居中，鎮覆四方，今所置校尉亦處西域之中撫諸國也。”按《耿恭傳》，北匈奴圍恭，恭固守，章帝發兵迎之，歸至玉門，唯餘十三人。中郎將鄭衆上疏曰：“耿恭以單兵固守孤城，當匈奴之衝，對數萬之衆，連月踰年，心力困盡，鑿山爲井，煮弩爲糧，出於萬死無一生之望，前後殺傷醜虜數千百計，卒全忠勇，不爲大漢恥。恭之節義，古今未有。”容齋蓋以耿恭比王彦之忠勇也。

43. 又《周仁贈父詞》曰：“有子能賢，高舉而集吴地；受予顯服，會同而朝漢京。”（《三筆》卷八《吾家四六》，頁524）

按：中華本校勘記云：“‘又’原作‘大’，據祠本改。馬本爲空格。”（頁526）郁之按：四庫本“又”作“同”。叢刊本“又”作“大”。今考“又周仁”乃是“大周仁”之訛。《宋史·孝宗紀》：隆興元年五月，“金同知泗州大周仁降，尋爲節度使”。乾道六年三月，“贈彰國軍節度使大周仁爲太尉”。故“又”應作“大”。標點應作《大周仁贈父詞》。

44.《李翊碑》云“牂柯太守曾孫，謁者孫，從事君元子”之類是也。（《三筆》卷一一《碑志不書名》，頁551）

按：“柯”，四庫本、上古本作“牁”。“牂牁”、“牂牱”、“牂柯”，《史》、《漢》常通用。

45.《史記·天官書》云：“五潢，五帝居舍。”（《三筆》卷一一《鎮星爲福》，頁560）

按：“居”，四庫本、上古本作“車”。《史記》卷二七《天官書》、《漢書》卷二六《天文志》均作“車”。《文獻通考》卷二八〇《象緯考三》引《隨筆》作“居”。

46. 既至，坡曰：“至堪作詩，晚當奉戒。”（《三筆》卷一一《何公橋詩》，頁562）

按：“至”，四庫本、上古本作“正”。厲鶚《宋詩紀事》卷二一《何公橋詩》引《三筆》作“正”。

47.《論語》所記孔子與人語及門弟子並對其人問答，皆斥其名，未有稱字者，雖顔、冉高第，亦曰回、曰雍，唯至閔子，獨云子騫，終此書無指名。（《三筆》卷一二《閔子不名》，頁566）

按：“指”，四庫本、上古本作“損”。閔損，字子騫。《愛日齋叢抄》卷一引“洪景盧云”，即出本條，作“損”。陳士元《論語類考》卷六《人物考·閔子騫》引《三筆》，作“指”。

48. 又《登真觀御書閣記》言太宗飛帛，亦自稱“予”。（《三筆》卷一二《作文字要點檢》，頁572）

按：“飛帛”，四庫本、上古本作“飛白”。《記》見歐陽脩《文忠集》卷三九，作“飛白”。劉聲木《萇楚齋續筆》卷六《飛白録》：“飛白書始於漢之蔡邕。‘白’，古文原作‘帛’。”

49. 兖州先聖廟壁，嘗有題詩者云：“靈光殿古生秋草，曲阜城荒噪晚鴉。……”（《三筆》卷一五《題先聖廟詩》，頁604）

按:“噪”,四庫本、上古本作“散”。鄭方坤《全閩詩話》卷三《上官仲恭》條引《三筆》作“散”。廟壁題詩,事見孔傳《東家雜記》卷下《林》,作“噪”。

50. 季文子魏獻公。(《三筆》卷一五《季文子魏獻公》,頁605)

按:此條標題“魏獻公”,四庫本、上古本作“魏獻子”,是。考此條云:“晋魏獻子爲政。”事見《左傳》昭公二十八年。

51. 胡非之言曰:“勇有五等:……登高危之上,鵠立四望,顔色不變,此陶匠之勇也。”(《三筆》卷一五《隨巢胡非子》,頁608)

按:“匠”,四庫本、上古本作“岳”。《文獻通考》卷二一二《經籍考三十九》“隨巢子胡非子”條引《隨筆》作“岳”。《太平御覽》卷四三七《人事部七十六》引《胡非子》作“匠”。四庫本《意林》卷一《胡非子一卷》作“缶”。

52. 州郡疑獄許奏讞,蓋朝廷之仁恩。(《三筆》卷一六《奏讞疑獄》,頁618)

按:“仁”,四庫本、上古本作“深”。《文獻通考》卷一七〇《刑考九》引《隨筆》作“仁”。

53. 唐貞元中,故懷澤縣主壻檢校贊善大夫竇克紹狀言:“臣頃以國親,超受寵禄,……”(《三筆》卷一六《郡縣主壻官》,頁625)

按:“受”,四庫本、上古本作“授”。《文獻通考》卷二五九《帝系考十》引《隨筆》作“受”。《册府元龜》卷六三〇《銓選部·條制第二》載狀,作“授”。王溥《唐會要》卷六《雜録》,作“受”。

54.《列子》載周穆王時,西極之國有化人來,王敬之若神。化人謁王同遊,王執化人之袪,騰而上者中天乃止。(《四筆》卷一《西極化人》,頁639)

按:“袪”,上古本作“祛”,是。《列子》張湛注:“祛,衣袖也。”

55. 國家故事,修注官次補必知制誥,惟趙康靖公以歐陽公位在下,而欲先遷,司馬公以力辭,三人皆除待制,其雜壓先後可見云。(《四筆》卷二《待制知制誥》,頁654)

按:“三人”,中華本孔凡禮先生校云:“‘人’原作‘字’,李本及王校本作‘人’,今據改。”四庫本亦作“三字”。“三字”即“知制誥”之别稱。《三筆》卷一二《侍從兩制》:“舍人官未至者,則云知制誥,故稱美之爲‘三字’。”而據《宋史·司馬光傳》,光所辭者,正是“知制誥”,亦即“三字”。故此處應作“三字”。標點亦當作相應改動。

56.《雷公炮炙論》:“……菟蓉並鱔魚作末,以黄精汁圓服之,可力倍常十也。”(《四筆》卷三《雷公炮炙論》,頁664)

按:“十”,四庫本、上古本作“日”。唐慎微《證類本草》卷一《雷公炮炙論序》、唐順之《稗編》卷六七《諸家二十五》録《四筆》本條,作“十”。

57. 香附子洗去皮毛,炒之焦熟,然後舉投水鉢内,候浸漬透徹,漉出,暴日中微燥,乃入擣臼,悉應手縻碎。(《四筆》卷三《治藥捷法》,頁665)

按:“縻”,四庫本、上古本作“糜”,是。唐順之《稗編》卷六七《諸家二十五》録洪邁《治藥捷法》,即《四筆》本條,作“糜”。

58. 剥苔弔斑林,角飯餌沉涿。(《四筆》卷四《會合聯句》,頁680)

按:“涿”,上古本作“冢”,是。《五百家注昌黎文集》卷八《會合聯句》,注云:“屈原沉於江中,故云沉塚。”《别本韓文考異》、《東雅堂昌黎集注》俱作“冢”。

59. 予意甚惡,呼曰:“如傳聞城中緩急,奈何?”遥應曰:“從衆。必不得已,先棄輜重,次衣衾,次書册,次卷軸,次古器。獨宋器者可自負抱,與身俱存亡,勿忘之!”徑馳馬去。(《四筆》卷五《趙德甫金石録》,頁686)

按:“宋器”,上古本作“宗器”。倪濤《六藝之一録》卷一二六《李易安金石録後序》,即據容齋節本,作“宗器”。《國語·晋語八》:“其宫不備其宗器。”韋昭注:“宗器,祭器。”

60. 今諸本韓集皆不載。近者莆田方崧卿考證訪蹟甚至。(《四筆》卷六《韓文公逸詩》,頁695)

按:“蹟”,四庫本、上古本作“賾”,是。《天禄琳琅書目》卷三《宋版集部》“新刊五百家注音辨昌黎先生文集”條,引《四筆》本條,作“賾”。

61. 有一人曰:“試往僨表,不得賞而己何傷!”往僨表,來謁吴起,起仕之長大夫。(《四筆》卷六《徙木僨表》,頁698)

按:“己”,四庫本、上古本作“已”,是。此句應點作:“不得賞而已,何傷?”考此典出《吕氏春秋》卷二五《似順論·慎小》篇,作“而已”。參許維遹《吕氏春秋集釋》(中華書局2009,頁674)。

62. 比得上饒所刊《滏水集》,……其《乞罷造戰車疏》云:“……今盡之極邊,戎狄乘勢而來,……”(《四筆》卷六《記李履中二事》,頁699)

按:“之”,四庫本、上古本作“在”。《疏》見李復《滏水集》(《永樂大典》輯本)卷一。

63. 是時,國祚如贅斿。(《四筆》卷六《乾寧覆試進士》,頁701)

按:“斿”,四庫本、上古本作“疣”。四庫本《黄御史集》卷末附録《隨筆》本條,亦作“疣”。按,董衝《唐書釋音》卷一五:“贅,朱芮切。斿,夷周切,旒也。”吴玉搢《别雅》卷二:“贅旒,贅瘤也。”蓋贅斿、贅疣義可通。

64. 黄滔《明皇回駕經馬嵬坡》:“……天顔愴恨,覺紅袖以難留。……”(《四筆》卷七《黄文江賦》,頁713)

按:“恨”,四庫本、上古本作“悢”。《黄御史集》卷一《明皇回駕經馬嵬賦》作“恨”。是書卷末附録《四筆》本條,亦作“恨”。《文選》卷九班彪《北征賦》:“心愴悢以傷懷。”李善注:“悢,悲也。悢,力上切。”五臣注本作“恨”。孫志祖《文選考異》卷三《與陳伯之書》“豈不愴悢”條:“何云:悢,力上切,詳《北征賦》注中。今諸刻作‘恨’者,非。”

65. 司馬公又言:“若令以正太師平章軍國重事,亦足以老尊成矣。”(《四筆》卷七《文潞公平章重事》,頁717)

按:“以老尊成”,四庫本、上古本作“以尊老成”,是。潘自牧《記纂淵海》卷二六《職官部》、富大用《古今事文類聚新集》卷二《三師部》引《事略》,均作“以尊老成”。

66. 舊傳有詩四句誦世人得意者云:"久旱逢甘雨,他鄉見故知,洞房花燭夜,金榜挂名時。"(《四筆》卷八《得意失意詩》,頁720)

按:"誦",上古本作"誇"。

67. 班彪、固父子,……探纂前紀,綴輯舊聞,以述《漢書》,起元高祖。(《四筆》卷八《歷代史本末》,頁729)

按:"探"、"元",上古本分别作"采"、"於"。四庫本作"探"、"於"。按《漢書·叙傳》作"探"、"元"。

68. 唐自高祖至於武宗,有《實録》,後唐修爲書,劉昫所上者是已,而猥釀無統。(《四筆》卷八《歷代史本末》,頁730)

按:"釀",四庫本、上古本作"雜"。《新唐書》卷一三二《劉、吴、韋、蔣、柳、沈傳》末贊云:"《舊史》之文,猥釀不綱。"

69. 如工侍轉户侍,禮侍轉兵侍,若係户侍,當改二丞,而宰相故事不歷丞,故直遷尚書。(《四筆》卷九《蔣魏公逸史》,頁733)

按:"歷",四庫本、上古本作"立"。尋繹文義,當作"歷"。

70. 池州銅陵縣孚貺侯廟,有唐中和二年二月一碑,其詞云:"……神久標奇紀,早揖英風,……"(《四筆》卷一〇《唐藩鎮行墨敕》,頁751)

按:"紀",四庫本、上古本作"絶"。彭大翼《山堂肆考》卷二三三《補遺·文史》"奇紀"條:"《文選》:'名標於奇紀。'謂奇書所載也。"孫綽《遊天台山賦》:"名標於奇紀。"(《文選注》卷一一)

71. 偃孫頗留意曆學,云按唐一行《大衍曆日度議》曰:"《顓頊曆》上元甲寅正月甲寅晨初合朔立春,……"(《四筆》卷一二《治曆明時》,頁776)

按:"顓頊曆",四庫本、上古本、叢刊本作"顓帝曆"。按顓帝,即顓頊;《顓帝曆》,即《顓頊曆》,參《玉海》卷九《律曆》"顓頊曆"條。

72.《謝侍講修史表》云:"數貞元之朝士,獨憐留落之孤踪。"(《四筆》卷一四《貞元朝士》,頁801)

按:"留落",上古本作"流落"。富大用《古今事文類聚新集》卷二三録洪邁《謝侍講兼修國史表》,作"流落"。二者義相通。吴玉搢《别雅》卷二:"留落,流落也。"

73. [蘇]武終於典屬國,蓋以篤老不任公卿之故。(《四筆》卷一六《漢重蘇子卿》,頁819)

按:"篤老",四庫本、上古本作"武老"。二者文義皆可通。

74. 汝南之汝陽、鮦陽、細陽、……(《四筆》卷一六《郡縣用陰陽字》,頁824)

按:"細",四庫本、上古本作"紬"。按司馬貞《史記索隱》卷二二:"細陽,《地理志》屬汝南。"此應作"細"。

75. 唐楊綰、崔佑甫、杜黄裳、李藩、裴垍,皆稱英宰,然考其履歷,皆未嘗爲刺史、縣令。(《五筆》卷一《唐宰相不歷守令》,頁838)

按:"縣令",四庫本、上古本作"守令"。按:"守令"乃郡守、縣令等地方官之通稱。"刺史守令"一詞,亦常見於史籍。如《後漢書》卷五四《馬援列傳》:

“刺史、守令，多出其家。”《隋書》卷二七《百官志》：“州、郡、縣制禄之法，刺史守令下車，各前取一時之秩。”蓋刺史之任，實爲重要之履歷，而“縣令”則否。疑應作“守”。

76. 十月二十夜月在張五度，而計都在翼二度，次夜月在張十七度，計都未動，相距才四度耳。（《五筆》卷二《月非望而食》，頁 845）

按：“計都未動”，四庫本、上古本“動”作“定”。《文獻通考》卷二八五《象緯考八》引《隨筆》作“動”。徐應秋《玉芝堂談薈》卷一八《交初交中》引作“定”。

77. 自李翰《蒙求》有“吕望非熊”之句。（《五筆》卷二《吕望非熊》，頁 847）

按：“翰”，四庫本、上古本作“瀚”，是。周嬰《卮林》卷四《述洪》“吕望非熊”條引《五筆》作“瀚”。詳《四庫全書總目》卷一三五《蒙求集注》提要。

78. 盧照鄰有疾，問孫思邈曰：“高醫愈疾奈何？”答曰：“……五緯縮贏，孛彗飛流，其危診也。……”（《五筆》卷二《孫馬兩公所言》，頁 851）

按：“診”，四庫本、上古本作“胗”。《説郛》卷七四下録洪邁《對雨編》“孫馬兩公所言”條，（郁之按：實即《五筆》本條。）亦作“胗”。考《隨筆》本條出《新唐書》卷一九六《孫思邈傳》，作“診”。按張杲《醫説》卷五“體有可已之疾”條引《唐書》作“沴”。劉肅《大唐新語》卷一〇《隱逸·孫思邈傳》，亦作“沴”。

79. 其一類鶩，奔走水上，不問腐草泥沙，唼唼然必盡索乃已，無一息少休，名曰漫畫。（《五筆》卷三《瀛莫間二禽》，頁 855）

按：“問”，四庫本、上古本作“閒”。考《五筆》本條實出朱翌《信天緣堂記》（見袁桷《延祐四明志》卷四《人物考·先賢》“朱翌”條），作“問”。又彭大翼《山堂肆考》卷二三七，及曹安《讕言長語》、吴景旭《歷代詩話》卷七七，所引本條，亦皆作“問”。“不問”猶“不分”。高翥《菊礀集·自題信天巢序》引《五筆》本條即作“分”。疑本應作“問”。

80. “翠微㔩葉重鬢唇，珠壓腰衱穩稱身。”（《五筆》卷四《作詩旨意》，頁 868）

按：“㔩”、“重”，四庫本、上古本分别作“匐”、“垂”。按，詩見杜甫《麗人行》。郭知達《九家集注杜詩》卷二、黄鶴《補注杜詩》卷二皆作“匐”、“垂”，注云：“‘匐’一作‘㔩’。”

81. 莊王爲平王之孫，則所嫁王姬當是娣妹。（《五筆》卷四《平王之孫》，頁 870）

按：“娣”，四庫本、上古本作“姊”，是。《春秋》魯莊公元年書“王姬歸於齊”，十一年又書“王姬歸於齊”，謂此兩王姬爲姊妹也。《説文》：“娣，女弟也。”

82. ［武］帝詳延天下方聞之士，咸登諸朝，……請著功令。（《五筆》卷四《漢武帝田蚡公孫弘》，頁 876－877）

按：“方聞”，四庫本、上古本作“多聞”。“功令”，四庫本、上古本作“爲令”。事見《漢書》卷八八《儒林傳》，作“方聞”、“功令”。

83. ［《左傳》］“允姓之姦，居于瓜州。”（《五筆》卷五《左傳州郡》，頁 886）

按：“姦”，四庫本、上古本作“戎”。《左傳》昭九年，杜預注：“允姓，陰戎之祖。”《正義》云：“言允姓之‘姦’者，謂其奸邪之人，惡言之也。”（《春秋左傳注疏》

卷四五）

84. 平原君使楚，客毛遂願行，……遂力請行，而折楚王，再言："吾君在前，叱者何也？"（《五筆》卷五《史記簡妙處》，頁888）

按："而"，四庫本、上古本作"面"。考《史記》卷七六《平原君列傳》謂"毛遂按劍而前曰"云云，則"面折"近是。

85. 唐大曆中，有鄒和尚者，始來小溪之繖山，教民黄氏以造霜之法。繖山在縣北寺十里，山前後爲蔗田者十之四，糖霜户十之三。（《五筆》卷六《糖霜譜》，頁895）

按："繖山在縣北寺十里"，四庫本、上古本、叢刊本作"繖山在縣北二十里"，是。考《五筆》本條出王灼《糖霜譜》第三篇，作"繖山在小溪縣涪江東二十里"。

86. 靖康夷虜之禍，忠義之士，死於守城，而得書史傳者，如汾州之張克戩、隆德之張確、懷之霍安國、代之史抗、建寧寨之楊震、震武之朱昭是已。（《五筆》卷六《李彦仙守陝》，頁895）

按："震武之朱昭"，四庫本、上古本"震"作"振"。朱昭，見《宋史》卷四四六《忠義列傳》，云："宣和末，爲震武城兵馬監押，攝知城事。"

87. 三年，婁宿孛堇自絳移屯蒲、解，諜知之，設伏於諸谷，鼓躁横突，俘馘十八，婁宿僅以身免。（《五筆》卷六《李彦仙守陝》，頁897）

按："躁"，四庫本、上古本作"噪"。宋李幼武纂集《宋名臣言行録别集》上卷十三《李彦仙》，作"譟"，通"噪"。《左傳》成五年，"華元享之，請鼓譟以出，鼓譟以復入。"注："出入輒擊鼓。"《穀梁》定十年，"齊人鼓譟而起。"注："群呼曰譟。"疑本作"譟"而訛作"躁"。

88. 自乾道以後，有旨，須曾任知縣，始得除臺、察。（《五筆》卷六《館職遷除》，頁903）

按："知縣"，四庫本、上古本作"爲縣"。《古今合璧事類備要後集》卷三六《三監門・秘書監》、《翰苑新書前集》卷二四"徑躋清要"條、富大用《古今事文類聚新集》卷二九《諸監部》"徑躋清要"條引《隨筆》均作"知縣"。

89. 欲徑躋清要者，則由著廷祕郎而拜左右二史。（《五筆》卷六《館職遷除》，頁903）

按："著廷祕郎"，上古本作"著遷祕郎"。四庫本作"著作遷祕郎"。富大用《古今事文類聚新集》卷二九《諸監部》"徑躋清要"條引作"著作祕郎"。考《宋史》卷一六四《職官四》，祕書省有著作郎、著作佐郎、祕書郎之職，故作"著廷祕郎"、"著作祕郎"於義均可通，惟不應作"遷"字。

90. 唐太宗初即位，直中書省張藴古上《大寶箴》，凡六百餘言，遂擢大理丞。《新唐史》雖具姓名於《文藝・謝偃傳》末，……（《五筆》卷七《張藴古大寶箴》，頁907）

按："雖具"，四庫本、上古本作"附其"。

91. 是時，坡公以非議者所起，故不暇更爲之説，似不必深攻合祭爲王莽所行，庶幾往復考頤，不至矛盾。（《五筆》卷七《敘西漢郊祀天地》，頁909）

按："頤"，四庫本、叢刊本、上古本均作"賾"，是。

92. 文人相承，以騫騰之騫爲軒昂掀舉之義，非也。……閔損字子騫，雖古聖賢命名制字，未必有所拘泥，若如虧少之義則涣然矣。（《五筆》卷七《騫騫二字義訓》，頁909）

按："騫騰"，上古本作"騫虧"。胡鳴玉《訂譌雜録》卷五《騫騫之辨》："騫字從鳥，音軒，鳥飛貌。杜詩：'詞華傾後輩，風雅靄孤騫。'韓詩：'得時方張王，挾勢欲騰騫。'皆押元韻。今人用飛騫字，誤從馬。"《小雅・天保》："不騫不崩。"毛《傳》云："騫，虧也。"（參王引之《春秋名字解詁》上"魯閔損"條）則"騫"有"虧"義，"騫"有"騰"義，而無所謂"騫騰"之詞，故應作"騫虧"。

93. 坡《酒經》……其詞云："南方之氓，以糯與秔……"（《五筆》卷八《醉翁亭記酒經》，頁923）

按："秔"，上古本作"粳"。

94. 其鍾情處竟不能忘，如云"病共樂天相伴住，春隨樊子一時歸"，"金羈駱馬近賣卻，羅袖柳枝尋放還"，"觴詠罷來賓閣閉，笙歌散後妓房空"是也。（《五筆》卷八《白公感石》，頁925）

按：上古本"是也"前有"皆"字。《説郛》卷七四下録洪邁《對雨編》"白公感石"條（即《五筆》本條）有"皆"字。

95. 居易代作謝表，其略云："臣遭遇盛明，不因人進……"（《五筆》卷八《長慶表章》，頁929）

按："盛"，四庫本、上古本作"聖"。《白氏長慶集》卷六一《爲宰相謝官表》作"盛"。

96. 元、白習制科，其書後分爲四卷，命曰《策林》。……此外曰《美謙遜》、《塞人望》、《政必成》、……凡七十五門。（《五筆》卷八《元白制科》，頁929）

按："政必成"，四庫本、上古本作"教必成"。《白氏長慶集》卷六二《策林》六有《教必成》。

97. ［白公］《不能忘情吟》一篇……其序云："……慘然立見拜，……"（《五筆》卷九《不能忘情吟》，頁931）

按："立見拜"，四庫本、上古本作"立且拜"。《白氏長慶集》卷七一《不能忘情吟》作"且"。

98. 五曰倭夷，《韓詩》之文也。（《五筆》卷九《委蛇字之變》，頁935）

按："倭"，上古本作"逶"。《經典釋文》卷六："倭遲，歷遠之貌。《韓詩》作'倭夷'。"

99. 九之與久，十之與拾，百之與柏亦然。（《五筆》卷九《一二三與壹貳叁同》，頁936）

按："柏"，上古本作"伯"。

100. 張碧《農父》詩云："運鋤耕劚侵星起，……"杜荀鶴《田翁》詩云："白髮星星筋力衰，……"（《五筆》卷一〇《農父田翁詩》，頁945）

按："侵晨起"，四庫本、上古本"星"作"晨"。"筋力衰"，四庫本、上古本"力"作"骨"。《農父》詩，見《萬首唐人絶句・七言》卷五〇，作"星"。《田翁》

詩，見《萬首唐人絶句·七言》卷五五，作“力”。鄭方坤《五代詩話》卷二《杜荀鶴》引《五筆》作“晨”、“骨”。

【作者簡介】 凌郁之，1968 年生，博士，蘇州科技大學人文學院教授，研究方向爲唐宋文學。

“殺”字别義及相關文獻記載疏證

王　剛

【提　要】 古代文獻記載中的某些“殺”字可以作爲古文“粲”字的省體，具有放、放逐的意思，其義涵與通常訓解爲誅殺、殺戮之意的“殺”字根本不同。“粲”爲先秦時古文，後逐漸湮没，訛變爲其他字體。若把本當釋爲“放”的“殺”字訓解爲“誅殺”的意思，就會對相關文獻記載産生誤解。以此分析古代典籍中與“殺”字相關的古史問題，便大都可以得到較爲合理的解釋。

【關鍵詞】 殺　别義　放逐　竹書紀年

在古代典籍中，“殺”字的義涵主要有兩種：一是誅殺、殺戮，二是衰減、等差[①]。但是如果我們將文獻中的“殺”字皆訓解爲上述兩種義項，便會發現與之相關的一些古史問題並不能得到合理的解釋，關於這一點，下文將有詳細的論述。本文在前人研究基礎上認爲，在相關文獻記載中，“殺”字其實並非誅殺或衰減、差等之意，而應當釋爲放、放逐。王國維、沈兼士等先生對此問題曾有所提及[②]，但是尚没有學者對“殺”爲什麽可以訓爲“放”做全面、深入的分析，更重要的是没有依據“殺”字之别義來分析和闡釋與之相關的古史問題，造成相關古史疑案長期懸而未决[③]，這是比較遺憾的。本文對“殺”字的義涵及其演變進行了詳細的梳理和論證，並重新審視了與之相關的文獻記載。疏誤之處，敬請方家教正。

---

① 《説文·殺部》云：“殺，戮也。”這是“殺”字最爲常見的一種用法。《廣雅·釋詁》謂：“殺，減也。”《儀禮·士冠禮》“以官爵人，德之殺也”，鄭玄注曰：“殺，猶衰也。”《荀子·大略》“仁之殺也”，楊倞注説：“殺，差等也。”“殺”字的第二重義項在古代典籍中也是比較常見的，不贅言。

② 王國維在《高宗肜日説》一文中詳細分析了相關甲骨卜辭和傳世文獻中有關孝己、祖己的記載，認爲卜辭和《尚書》中的祖己即《孔子家語》和《世説新語》等文獻中記載的孝己。孝己爲商王武丁之子，據《尚書·高宗肜日》記載，孝己在祖庚之時還在世，而《孔子家語·七十二弟子解》等卻記載説“武丁殺孝己”。兩種記載顯相牴牾，故王國維認爲《家語》中“武丁殺孝己”之“殺”字應該釋爲“放”，是武丁放逐孝己的意思，孝己並未被武丁誅死。詳參王國維《高宗肜日説》，《觀堂集林》卷一，中華書局，1959 年，頁 27－31。沈兼士先生通過對與“殺”字有關的一組同源字的考察，也説到“殺”有“放”的意思。參沈兼士《希、殺、蔡古語同原考》，原刊於《輔仁學志》第八卷第二期，後收入《沈兼士學術論文集》，中華書局，1986 年，頁 212－225。

③ 這突出表現在對《竹書紀年》“益干啓位，啓殺之”、“太甲殺伊尹”、“文丁殺季歷”三宗古史疑案的認識上，詳下文。

一、釋“殺”及相關諸字

“殺”字可釋爲“放”，王國維先生已言之：“古訓‘殺’爲放，非必誅死之謂。”[①]但王氏並未對此進行詳細的論述。“殺”字之所以可訓解爲“放”，實與古文“㲋”字有十分密切的關係。

《左傳》昭公元年和定公四年都有“周公殺管叔而蔡蔡叔”的記載，昭公元年謂：“周公殺管叔而蔡蔡叔，夫豈不愛？王室故也。”定公四年也説：“管、蔡啓商，惎間王室，王於是乎殺管叔而蔡蔡叔，以車七乘，徒七十人。”“蔡蔡叔”第一個“蔡”字應當如何理解？杜預注曰：“蔡，放也。”[②]這與其他典籍中的記載相符[③]。故周公對蔡叔的處置方式是“放”，杜預將上一“蔡”字解釋爲“放”是對的。

“蔡”字爲什麽能訓爲“放”？陸德明《經典詩文》謂：“上‘蔡’字音素葛反，《説文》作‘㲋’，音同。字從殺下米，云‘糅㲋，散之也’。”[④]《後漢書·樊儵傳》李賢注引《左傳》作：“周公殺管叔而㲋蔡叔……杜預注曰‘㲋，放也。’”[⑤]徐鍇《説文解字系傳》亦引《左傳》曰：“‘(周公)殺管叔而㲋蔡叔’，言放之若散米，《尚書》曰‘囚蔡叔于郭鄰’也。”[⑥]孔穎達《左傳正義》定公四年疏引《説文》云：

> 《説文》云：“㲋，散之也。從米，殺聲。”然則“㲋”字，殺下米也。“㲋”爲放散之義，故訓爲“放”也。隸書改作，已失字(昭公元年《疏》作“本”——作者注)體，“㲋”字不復可識，寫者全類“蔡”字，至有爲一“蔡”字，重點以讀之者。今定本作“蔡”，非也。[⑦]

考之《説文》，“米”部“㲋”條云：“糅㲋，散之也”，段玉裁注曰：“凡放散皆曰‘㲋’”[⑧]，即認爲“㲋”有放、散的意思[⑨]。《玉篇》與《説文》同，云：“㲋，放也，

---

① 王國維《高宗肜日説》，《觀堂集林》卷一，頁29。

② 《春秋左傳正義》，北京大學出版社，2000年，頁1326。

③ 《史記·管蔡世家》云：“周公旦承成王命伐誅武庚，殺管叔，而放蔡叔，遷之，與車十乘，徒七十人從。”《魯周公世家》、《衛康叔世家》與之同，此處“遷之”當指將蔡叔徙至遠方。《逸周書·作洛》篇作：“周公、召公内弭父兄，外撫諸侯……降辟三叔，王子禄父北奔，管叔經而卒，乃囚蔡叔于郭淩。”《古文尚書·蔡仲之命》亦謂：“惟周公位冢宰，正百工。群叔流言，乃致辟管叔于商，囚蔡叔于郭鄰，以車七乘。”所謂“囚蔡叔于郭淩(鄰)”或者就是指將蔡叔放逐、遷徙至某處，並限制其出入，這與放蔡叔實際上並無二致，兩種記載的内涵是一致的。

④ [唐]陸德明《經典釋文》卷一八《春秋左氏音義》之四，中華書局，1983年，頁272。

⑤ 《漢書》卷三三，中華書局，1965年，頁1123。

⑥ [南唐]徐鍇《説文解字系傳》卷一三，中華書局，1987年，頁145。

⑦ 《春秋左傳正義》，頁1785。昭公元年疏略同。

⑧ [東漢]許慎撰，[清]段玉裁注《説文解字注》，中華書局，1981年，頁333。

⑨ 放、散二字的含義大致相同，《禮記·樂記》“馬散之華山之陽而弗復乘，牛散之桃林之野而弗復服”，鄭玄注：“散，猶放也”。《韓詩外傳》卷三作：“馬放華山之陽示不復乘；牛放桃林之野示不復服也”，《史記·周本紀》作：“縱馬于華山之陽，放牛于桃林之虚”，可見放、散二字可相互替代。

《書》作'察'。"①所以《左傳》"蔡蔡叔"之上一"蔡"字原本作"𥻍","蔡蔡叔"當爲"𥻍蔡叔",是"放(逐)蔡叔"的意思。

那麽,"𥻍"字爲什麽會訛變爲"蔡"字呢?段玉裁認爲:"'𥻍'本謂'散米'……字僞作'蔡'耳,亦省作'殺'。"②"𥻍"字一方面因形音相近而被訛寫作"蔡",一方面亦可省寫爲"殺"。《説文》載"殺"字之古文有三種形體,即𢼛、𢽬、𣏂,其中第三體與《三體石經》的"𣏂"(即蔡侯之"蔡"字)字完全相同③,王國維認爲魏《三體石經》中的"𣏂"可釋爲"殺":"《説文》𣏂,古文殺……殺、蔡同音,可相通假。"④《蔡大師鼎》、《蔡姞簋》、《蔡侯鼎》等銅器銘文中又有"𡗜"字,容庚先生依據魏《三體石經》古文定爲"蔡"字:"魏三字石經古文作'𣏂',故得定爲'蔡'字。"⑤章太炎先生《新出三體石經考》亦云:

> 蔡侯"蔡"作"𣏂","蔡人"同,此古文"殺"字。"殺"、"蔡"聲通相借,如"殺三苗"、"蔡蔡叔",並借爲"𥻍"是也。孔沖遠説"蔡蔡叔"云:"隸書改作,'𥻍'字全類'蔡'字。"此則不然。正以古文重寫"𣏂"字,上"𣏂"借爲"殺",下"𣏂"借爲"蔡",隸書遂亦重寫"蔡"字而於音義分别之耳。《禹貢》"二百里蔡",馬云:"蔡,法也。受王者刑法而已。"亦即"蔡蔡叔"義。恐古文本亦作"𣏂",師讀蔡也。⑥

章氏並認爲:"'𣏂'爲古文'𢁁',亦爲古文'殺'。"⑦沈兼士先生也認爲:"《説文》'殺',古文或作'𣏂',與'𢁁'之古文'𣏂'形同。"并進而斷定"𢁁"、"殺"、"蔡"三字于古同文,即三字古文皆作"𣏂"⑧。唐蘭《古文字學導論》亦謂:"甲骨文習見'𣏂'字,即'𢁁'。'𢁁'可假借作'殺',也可假借作'蔡'。"⑨郭沫若、徐中舒亦持此觀點⑩。故知"殺"與"蔡"古音相近,二字聲通相借,古本通用。若此,則《左傳》"蔡蔡叔"之第一個"蔡"字之所以可以訓爲"放"就很顯然了,"殺"與"蔡"古文相近可通,而"殺"可以作爲"𥻍"字的省體,"𥻍"是"放、散"的意思,

---

① 《大廣益會玉篇》卷一五"米部",四部叢刊本。按,"察"當作"蔡"。張氏澤存堂本則云:"糭𥻍,散也,《書》作'蔡'",見《大廣益會玉篇》卷一五"米部",中華書局,2008年,頁75。

② [東漢]許慎撰,[清]段玉裁注《説文解字注》,頁333。

③ 何琳儀、黄德寬《説蔡》,四川聯合大學歷史系《徐中舒先生百年誕辰紀念文集》,巴蜀書社,1998年,頁187。裘錫圭先生也如此説,參《釋"求"》,裘錫圭《古文字論集》,中華書局,1992年,頁59。

④ 王國維《魏石經考》,轉引自唐蘭《殷墟文字記》,中華書局,1981年,頁40。

⑤ 容庚編著,張振林、馬國權摹補《金文編》,中華書局,1985年,頁36。但唐蘭先生認爲"𡗜"字從大,不應當釋爲"蔡",參唐蘭《殷墟文字記》,頁40。不過,在五十年代壽縣和淮南蔡家溝蔡侯墓發掘之後,有了考古材料的直接佐證,此字當釋爲"蔡"已毋庸置疑了。對此問題,唐先生後來的觀點應當也發生了改變,1977年他曾在自用的《殷墟文字記》的《釋𡗜》篇上批"此條誤"三字,見唐蘭《殷墟文字記》,頁122。

⑥ 章太炎《新出三體石經考》,《章氏叢書續編》之六,成都薛氏崇禮堂刻本,頁1095。

⑦ 轉引自沈兼士《𢁁、殺、蔡古語同原考》,《沈兼士學術論文集》,頁214。

⑧ 沈兼士《𢁁、殺、蔡古語同原考》,《沈兼士學術論文集》,頁212。

⑨ 唐蘭《古文字學導論》,齊魯書社,1981年,頁169。

⑩ 郭沫若《兩周金文辭大系圖録考釋》,科學出版社,1957年,頁177;徐中舒《甲骨文字典》,四川辭書出版社,2006年,頁55、329、1055。

故“蔡”可釋爲“放”。

“散”亦可訓爲“殺”。楊雄《方言》卷一云：“虔、劉、慘、㮣，殺也。”①“㮣(㪔)”字，《説文》云：“散，分離也”，于省吾先生認爲“㪔”即“散”之本字②。但裘錫圭先生認爲，㪔、散同音，上古爲一聲；而“㪔”和“殺”則是音義皆近的同源詞，訓“殺”的“散”是假借爲“㪔”的③。是知“殺”、“散”可以互訓，如東周兵器銘文中的“散戈”，何琳儀、徐在國認爲即是“殺戈”④。

也有觀點認爲，“蔡蔡叔”的第一個“蔡”字雖可釋爲“殺”，但並不一定是“𥝖”字的省寫，如清人惠棟認爲：

> 《禹貢》曰“二百里蔡”，鄭康成注云：“‘蔡’之言‘殺’(原注：鄭注《尚書大傳》云：‘蔡，衰也，衰猶殺也’)，減殺其賦。”減殺之猶末減也，叔非首謀，慮從末減之科，故不殺而囚之。如此則不必改字而意亦得矣。⑤

鄭玄認爲《禹貢》“二百里蔡”之“蔡”字可以借爲“殺”，“殺”字有衰、減之意，這在古書中比較常見。惠氏以此認爲“蔡蔡叔”即對蔡叔從輕處罰的意思，這固然不失爲一種説法，但是比較起來，不如釋爲“放蔡叔”更爲合理。鄭玄所謂“蔡，衰也，衰猶殺也”，這應當理解爲“殺”字的另一重義項，後世學者對此也曾有過論證。唐蘭先生曾將銅器銘文中的“”(蔡)字釋爲“”，後來又認爲其與甲骨文“”有關，並將後者釋爲“衰”⑥。《蔡公子果戈》中的“蔡”寫作“”，智龕(郭若愚)先生認爲：“三戈的‘蔡’字均作‘’，這是‘蔡’字的正體；傳世蔡器銘文大都作‘’，魏三體石經古文‘蔡’作‘’，這是‘蔡’字的簡體。其簡化的痕迹是：——。”⑦何琳儀、黃德寬贊成唐、智之説，認爲“”與“衰”不僅字形可以相通，而且音義也有著十分密切的關係，“()是‘衰’的簡化字，在兩周文字資料中，多借讀爲蔡，或借讀爲殺”⑧。故“蔡”與“殺”二字皆可釋爲衰、小之意，如《周禮·考工記》“輪人”職云：“叄分其輻之長而殺其一”，鄭玄注曰：“殺，衰小之也”⑨。因此，“殺”字應當有三重義項：誅殺、放(散)、衰(減)，誅殺當爲其本義，後兩項爲其別義。“殺”釋爲“放”是作爲“𥝖”字的省體，而釋爲“衰”或是因爲其與“蔡”、“衰”字形相近之故。故“殺”字的兩個別義似不應混淆，需加以區別。

上引《説文》所載的“殺”字古文的第二種形體則使“殺”字訛變爲“㪜”。

---

① [清]錢繹《方言箋疏》，上海古籍出版社，1984年，頁72。

② 于省吾《殷代的交通工具和驛傳制度》，《東北人民大學人文科學學報》1955年第2期，頁107。

③ 裘錫圭《甲骨文中所見的商代農業》，《裘錫圭學術文集·甲骨文卷》，復旦大學出版社，2012年，頁251。

④ 何琳儀《戰國文字通論》，江蘇教育出版社，2003年，頁91；徐在國《東周兵器銘文中幾個詞語的訓釋》，《古漢語研究》2005年第1期，頁65。

⑤ [清]惠棟《春秋左傳補注》卷四，皇清經解本，頁17。

⑥ 唐蘭《殷墟文字記》，頁122。

⑦ 智龕《蔡公子果戈》，《文物》1964年第7期，頁33。

⑧ 何琳儀、黃德寬《説蔡》，四川聯合大學歷史系《徐中舒先生百年誕辰紀念文集》，頁187。

⑨ 《周禮注疏》，北京大學出版社，2000年，頁1259。

《墨子·尚賢中》有"(桀、紂、幽、厲)率天下之民以詬天侮鬼,賊傲萬民"一句,王念孫認爲"傲"當作"殺",因爲:"《説文》敖字本作𢼸,殺字古文作'𣏂',二形相似,'𣏂'誤爲'敖',又誤爲'傲'耳。《墨子》多古字,後人不識,故傳寫多誤。此説桀紂幽厲之暴虐,故曰詬天侮鬼賊殺萬民,非謂其賤傲萬民也……《魯問》篇'賊敖百姓',《太平御覽》'兵部'七十七引'賊敖'作'賊殺',是其明證也。"下文又説《墨子·明鬼》篇之"殃傲"亦當爲"殃殺"[①]。孫詒讓贊同王説[②]。"敖"字在典籍中常常假借爲"傲","(敖)經傳假借爲倨傲字"[③],故"殺"字亦可訛爲"敖"、"傲"二字。"殺"與"敖"既可相通,而"敖"字在《説文》"放"部,其字從"從出、放",《説文》云:"敖,出遊也",那麽"敖"字本來或亦有"放"意。"殺"字古文𣏂與"敖"(𢼸)字字形絶相類似,難免豕虎傳訛,那麽我們是否又可推測"殺"之所以有"放"的意思還可能是假借爲"敖"的緣故,或者"殺"字與"放"字本來即因形近而相假借。這種推測或許並不是没有道理,古代典籍中的"殺"與"放"常常是相提並論的。實際上,放逐作爲一種懲罰手段有著深刻的歷史根源。氏族社會時期,人們聚族而居,個體對族群有著很强的依賴性,彼時最大最重的刑罰就是流放,即驅逐出本血緣團體氏族、部落之外,使在異族生活[④]。若將氏族成員趕出本氏族,他是很難繼續生存下去的,許多時候放逐就意味著死亡。

因此,不論是從文字上講還是從事實上講,"殺"與"放"都有著密切的關聯,這在典籍中也不乏相關事例。如《左傳》僖公二十六年載:"夔子不祀祝融與鬻熊,楚人讓之,對曰:'我先王熊摯有疾,鬼神弗赦而自竄於夔。吾是以失楚,又何祀焉?'"杜注云:"熊摯,楚嫡子,有疾不得嗣位,故别封爲夔子。"孔疏亦引《國語》孔晁注曰:"熊繹玄孫曰熊摯,有疾,楚人廢之,立其弟熊延。熊摯自棄於夔,子孫有功,王命爲夔子。"[⑤]而《史記·楚世家》卻記載:"熊渠卒,子熊摯紅立。摯紅卒,其弟弑而代立,曰熊延。"張守節《正義》引宋均注《樂緯》云:"熊渠嫡嗣曰熊摯,有惡疾,不得爲後,别居於夔,爲楚附庸,後王命曰夔子也。"[⑥]《左傳》所謂"自竄於夔"而失楚者當爲熊摯之子,《史記》所載熊延所弑者亦當是熊摯之子,兩者當爲同一人,這一點已有學者根據清華簡《楚居》的相關記載進行了論述[⑦]。那麽,《左傳》所載熊摯之子"自竄於夔"與《史記》所載熊延"弑而代立"就出現了矛盾。徐少華先生指出這是因爲我們對"弑"字的誤解導致的,並引《國語·楚語下》:"下虐上爲弑,上虐下爲討"爲證,認爲"弑"並不一定是殺的意思,"解爲篡奪、殘害可能更合適一些"[⑧]。徐先生所言很有道

---

① [清]王念孫《讀書雜志》"墨子"第一"賤、賤傲、殃傲"條,江蘇古籍出版社,2000年,頁566－567。

② [清]孫詒讓《墨子閒詁》,中華書局,2009年,頁60－61。

③ [東漢]許慎撰,[清]段玉裁注《説文解字注》,頁160。

④ 金景芳、吕紹綱《尚書·虞夏書新解》,遼寧古籍出版社,1996年,頁132。

⑤ 《春秋左傳正義》,頁497。

⑥ 《史記》(點校本二十四史修訂本)卷四〇,頁2032。

⑦ 李守奎《根據〈楚居〉解讀史書中熊渠至熊延世序之混亂》,《中國史研究》2011年第11期,頁86。

⑧ 徐少華《夔國歷史地理與文化遺存析論》,《中國史研究》2012年第2期,頁8－9。

理。實際上,“弑”、“殺”二字在典籍中常相互替代,《漢書・高帝紀上》“項羽爲無道,放殺其主”,顔師古注:“殺讀曰弑。諸弑君者,其例皆同。”[①]《爾雅・釋詁上》郝懿行義疏亦云:“(殺)通作弑。”[②]朱駿聲也認爲,“殺、弑雙聲”,“殺”字可假借爲“弑”[③]。段玉裁總結説:“經傳‘弑’、‘殺’二字轉寫既多僞亂,音家又或拘泥,中無定見,多有‘殺’讀‘弑’者。按,述其實則曰殺君,正其名則曰弑君。”[④]《史記》所謂“弑而代立”或可作“殺而代立”,實際上是指熊延將熊摯之子放逐的意思,這就與《左傳》“自竄於夔”的記載相契合了。

“椠”字在文獻中又僞作“粲”。《漢書・宣帝紀》載元康三年三月詔曰:

> 蓋聞象有罪,舜封之。骨肉之親粲而不殊。其封故昌邑王賀爲海昏侯。

同書《昌邑王傳》亦載此詔文,而作:

> 蓋聞象有罪,舜封之,骨肉之親,析而不殊。其封故昌邑王賀爲海昏侯,食邑四千户。

顔師古注謂:“粲,明也;殊,絶也。當明於仁恩不離絶也。”[⑤]此説頗謬。顧炎武《日知録》卷二六引荀悦《漢紀》曰:“蓋聞象有罪,而舜封之有庳,骨肉之親,放而不誅。其封故昌邑王賀爲海昏侯。”顧氏原注謂:“按《漢書》‘粲而不殊’,當作‘椠而不誅’。”[⑥]此説甚當。“析”有“分散”之意,與“椠”之“放散”之意近同。宋吴仁傑《兩漢書刊誤補遺》謂:“‘粲’與‘蔡’皆當作‘椠’,‘椠’于《説文》訓‘散’,而《昌邑王傳》亦載詔文作‘析而不殊’,“散”與“析”同義,則‘粲’爲‘椠’,審矣。顔依字釋之疑非。”[⑦]其駁顔氏之説甚力。清惠棟《春秋左傳補注》亦云:“嵇康《琴賦》云‘新衣翠粲’,李善云《子虚賦》‘翕呷翠粲’,張揖曰‘翠粲,衣聲也’。案《子虚賦》又作‘翠蔡’,愚謂《漢書》、《文選》‘粲’字皆‘椠’字之誤,‘椠’本與‘蔡’通,故又作‘蔡’。”[⑧]王念孫也認爲:“散、椠、蔡、粲語之轉,皆謂分散也。”[⑨]其他諸家之説大致與此相同。且上引《漢書・昌邑王傳》詔書後又載侍中衛尉金安上之言曰:“賀天之所棄,陛下至仁,復封爲列候。賀嚚頑放廢之人,不宜得奉宗廟朝聘之禮。”表明劉賀之爲海昏侯實與“放廢”無異。因此,上引“粲”字當爲“椠”字之訛變,實爲放廢、放逐之意。《漢書》所載詔文的

① 《漢書》卷一上,中華書局,1962年,頁35。

② [清]郝懿行《爾雅義疏》,《漢小學四種》(下),巴蜀書社,2001年,頁911。

③ [清]朱駿聲《説文通訓定聲》,中華書局,1984年,頁697。

④ [東漢]許慎撰,[清]段玉裁注《説文解字注》,頁120。

⑤ 《漢書》卷八,頁257。《昌邑王傳》“析而不殊”句顔注曰:“析,分也。殊,絶也”,見《漢書》卷六三,頁2769。

⑥ [清]顧炎武著,黄汝成集釋《日知録集釋》卷二六“荀悦漢紀”條,上海古籍出版社,2006年,頁1441。

⑦ [清]吴仁傑《兩漢書勘誤補遺》卷二“粲”條,文淵閣四庫全書本,頁34。

⑧ [清]惠棟《春秋左傳補注》卷四,皇清經解本,頁17。

⑨ [清]王念孫《讀書雜志》“漢書”第一“粲而不殊”條,頁188。

意思實際上是説:骨肉之親即使身犯重罪也只當放逐之而不當誅殺之。

綜上所述,"殺"字别義有二:一爲"放、散",一爲"衰、減",本文所關注的主要是前者。"殺"之所以可釋爲"放"當是作爲古文"𣤩"字的省體,後隸書改作,"𣤩"字不存,這就使得人們常常將作爲"𣤩"字省體的"殺"理解爲"誅殺"的意思,造成了對相關文獻記載的誤讀。

二、相關文獻記載疏證

基於上述分析,文獻中與"殺"字相關的記載就大多可以得到較爲合理的解釋。

(一)《孟子》"殺三苗于三危"

《孟子·萬章上》和《大戴禮記·五帝德》中有"殺三苗于三危"的記載,《史記·五帝本紀》作"遷三苗于三危",《莊子·在宥》作"投三苗于三危",《尚書·舜典》作"竄三苗于三危",《説文》又引《尚書》"竄三苗"作"𥨍三苗"①。"遷"可爲"放逐"之意,其義如《史記·屈原列傳》"頃襄王怒而遷之(屈原)"的"遷"字。"投"與"遷"字義相近,《禮記·樂記》"投殷之後于宋",鄭玄注曰:"投,舉徙之辭也"。"投三苗"陸德明《釋文》云:"崔本'投'作'殺',《尚書》作'竄三苗'者。"②"竄"與"𥨍"相通,《説文》訓"𥨍"爲"塞",與《廣雅》"𥨍,塞也"同,是"杜塞之使不得通中國"之意,即將三苗隔絶在中國之外③。而"竄"《説文》釋爲"匿,如鼠在穴中",段注謂:"《堯典》'竄三苗于三危',與言流、言放、言極一例,謂放之令自匿,故孟子作'殺三苗于三危',即《左傳》'𣤩蔡叔'之'𣤩'。'𣤩'爲正字,竄、殺爲同音假借。"④。段玉裁《尚書撰異》又云:"《孟子·萬章》篇'竄'作'殺','殺'非殺戮,即'竄'之假借字。"⑤段氏認爲《孟子》"殺三苗"之"殺"字與《尚書》"竄三苗"之竄字爲"𣤩"字之假借。《釋名·釋喪制》即徑以"竄"釋"殺":"罪人曰殺,殺,竄也,埋竄之使不復見也。"⑥可見二字相通。孫星衍也認爲"殺"當爲"𣤩"字之省⑦,王念孫、王引之亦如是説⑧。兩相比較,孫氏、二王之説與段氏的説法雖略有差異,但都認爲"殺"是"放"的意思,"經典竄、蔡、殺、𣤩四字同音通用,皆謂放流之也"⑨。

---

① [東漢]許慎《説文解字》,中華書局,1963年,頁151。

② [唐]陸德明《經典釋文》卷二七《莊子音義中》,中華書局,1983年,頁376。

③ 蔣善國《尚書綜述》,上海古籍出版社,1988年,頁57。

④ [東漢]許慎撰,[清]段玉裁注《説文解字注》,頁346。

⑤ [清]段玉裁《尚書撰異》卷一下,皇清經解本,頁19。

⑥ 《釋名》卷八《釋喪制》,叢書集成初編本,頁130。

⑦ [清]孫星衍《尚書今古文注疏》,中華書局,1986年,頁57。

⑧ [清]王引之《經義述聞》第十三"殺三苗"條,《清人注疏十三經(附經義述聞)》(五),中華書局,1998年,頁180。

⑨ [清]段玉裁《尚書撰異》卷一下,頁19。

(二)《孔子家語》"武丁殺孝己"

武丁是商代功績最爲顯赫的一位商王,廟號高宗[①]。在文獻記載中,孝己是武丁之子[②],祖己見於《尚書·高宗肜日》,祖己和孝己是不是一個人?武丁和祖己是什麽關係?歷來聚訟紛紜。但祖己即是孝己,武丁乃祖己之父,現在已經得到了多數學者的認同,王國維先生對此有過精到的論證,王氏並認爲《高宗肜日》中的祖己就是武丁之子孝己[③]。但是,在一些文獻中我們卻看到孝己的"死訊",如《孔子家語·七十二弟子解》載:

> (曾參)告其子曰:"高宗以後妻殺孝己,尹吉甫以後妻放伯奇。吾上不及高宗,中不比吉甫,庸知其得免於非乎?"

而《世説新語·言語》卻記載:

> 陳元方曰:"昔高宗放孝子孝己,尹吉甫放孝子伯奇,董仲舒放孝子符起。唯此三君,高明之君;唯此三子,忠臣孝子。"

劉孝標注引《帝王世紀》云:

> 高宗有賢子孝己,其母蚤死,高宗惑後妻之言,放之而死,天下哀之。[④]

以上三則材料,一説"殺孝己",一説"放孝己",一説"放之而死",三種説法,究竟誰是誰非?

實際上孝己並没有死,直到其弟祖庚的時候還活著,那麽"放之而死"的説法就不足爲訓了。武丁確實很可能如史書記載的那樣由於後妻的攛掇而"放孝己"。曹定云先生考證,孝己之母當爲"妣辛",即婦好[⑤]。但是甲骨卜辭顯示武丁有三位妻子受到周祭的享祭,除妣辛外還有妣戊、妣癸。曹定云先生通過對周祭卜辭和考古資料的分析認爲,在武丁的三個法定配偶中,婦好最先去世,是武丁的第一位妻子,婦好去世之時,約當武丁在位的中後期[⑥]。高宗子

---

① 《禮記·喪服四制》云:"高宗者,武丁。武丁者,殷之賢王也。"

② 《世説新語·言語》篇云:"高宗放孝子孝己";《太平御覽》卷八三引《帝王世系》云:"高宗有賢子孝己",《文選·長笛賦》李善注同;《荀子·性惡》篇楊倞注云:"孝己,殷高宗之太子";《吕氏春秋·必己》篇高誘注云:"孝己,殷高宗之子"。

③ 祖己只能是孝己,王國維認爲:"卜辭中,除先公先王外,雖伊尹、咸戊亦無王賓之稱,則祖己當是殷之先祖。而殷先王中沃甲亦稱祖甲,般庚亦稱祖庚,小乙亦稱祖乙,武丁亦稱祖丁。殷先王以'己'名者,以雍己、沃甲、般庚等例之,亦可稱祖己……考殷諸帝中,凡丁之子,無名'己'與'庚'者,惟武丁之子有孝己、有祖庚。則此辭乃祖甲所卜,父丁謂武丁,兄己、兄庚謂孝己、祖庚也。兄庚後稱祖庚,則兄己必亦後稱祖己。殷人祀其先祖,無論父子兄弟與已立未立,名禮皆同,是孝己得稱祖己無疑。"(王國維《高宗肜日説》,《觀堂集林》卷一,頁27-31)

④ [南朝]劉義慶著,[南朝]劉孝標注,余嘉錫箋疏《世説新語箋疏》,中華書局,1983年,頁71。

⑤ 曹定云《"婦好"、"孝己"關係考證——從婦好墓"司母辛"銘文談起》,《中原文物》1993年第3期,頁70-79。鄭振香、陳志達亦曾推測"司母辛"即爲婦好,參中國社會科學院考古研究所《殷墟婦好墓》,文物出版社,1980年,頁228。

⑥ 曹定云《"婦好"、"孝己"關係考證——從婦好墓"司母辛"銘文談起》,頁72。

嗣衆多,王位的争奪必然激烈,孝己之母婦好死後,作爲太子的孝己很有可能失寵,故文獻記載的"武丁放孝己"是可以信據的。但是爲什麽又出現了武丁"殺孝己"和"放之而死"的記載呢?這就牽涉到對"殺"字的理解了。王國維認爲:"古訓殺爲放,非必誅死之謂。"王氏的分析是合理的,《家語》"殺孝己"應當是"放孝己"的意思。

(三)《莊子》"堯殺長子"

《莊子・盜蹠》篇云:"堯殺長子。"堯之長子爲丹朱,這在文獻中有明確的記載。《尚書大傳》載:"堯爲天子,丹朱爲太子。"《史記・五帝本紀》云:"堯曰:'誰可順此事?'放齊曰:'嗣子丹朱開明。'"張守節《正義》引鄭玄語曰:"帝堯胤嗣之子,名曰丹朱。"①《漢書・董仲舒傳》亦載:"堯崩,天下不歸堯子丹朱而歸舜。"因此,《莊子》所言"長子"即是丹朱。

但是除《莊子》一書之外,文獻中再無關於"堯殺長子"的記載,而多記載"堯放丹朱"。如《韓詩外傳》卷八載:"父賢不過堯,而丹朱放。"《竹書紀年》亦載:"後稷放帝丹朱於丹水。"《漢書・律曆志》云:"(堯)使子丹朱處於丹淵爲諸侯。"於此可知堯並未殺其子丹朱,而是將其放於丹水。

既然丹朱並没有被殺,那麽《莊子》所言之"堯殺長子"又該怎樣理解呢?依本文所述,"殺"並不是誅殺的意思,而當是放逐之意。

(四)《韓非子》"舜殺弟"

《韓非子・忠孝》篇記載:

> 瞽瞍爲舜父而舜放之,象爲舜弟而殺之。放父殺弟,不可謂仁。

依《韓非子》之記載,舜有"放父殺弟"之舉。但是文獻中多有舜之弟象時欲殺舜的記載,卻絶然没有舜殺其弟象的蛛絲馬迹。王先慎云:"依上文'殺'上當有舜字。"②故《韓非子》所載確然爲"象爲舜弟而舜殺之"。若舜果真有"殺弟"之舉,則與千百年來帝舜的孝悌形象南轅北轍。雖然《韓非子》一書是法家典籍,但是於基本史實上應該不會出現如此明顯的錯誤,所以單從文本上來講舜"殺弟"是没有問題的。

舜真的有"殺弟"之舉嗎?這實際上是後人對《韓非子》文本的誤讀。文獻中關於舜有"殺弟"一事的記載只此一處,其他文獻的記載一般是説"封弟"或"放弟"、"流弟"。如《史記・五帝本紀》載:

> 舜之踐帝位,載天子旗,往朝父瞽叟,夔夔唯謹,如子道。封弟象爲諸侯。

張守節《正義》曰:

> 《帝王紀》云:"舜弟象封於有鼻。"《括地志》云:"鼻亭神在營道縣北六十里。故老傳云,舜葬九疑,象來至此,後人立祠,名爲鼻亭神。《輿地志》

---

① 《史記》(點校本二十四史修訂本)卷一,頁24。

② [清]王先慎《韓非子集解》,中華書局,1998年,頁467。

云:'零陵郡應陽縣東有山,山有象廟。'王隱《晉書》云:'本泉陵縣,北部東五里有鼻墟,象所封也。'"①

《莊子·盜蹠》篇載"舜流母弟",《漢書·武五子傳》亦載"蓋聞象有罪,舜封之",同篇又載"舜封象於有鼻"。上引幾處文獻均記載舜非但没有殺象,反而將其封於有鼻之地爲君。關於此事,《孟子·萬章上》所載最爲詳細:

> 萬章問曰:"象日以殺舜爲事。立爲天子則放之,何也?"孟子曰:"封之也;或曰,放焉。"萬章曰:"舜流共工於幽州,放驩兜於崇山,殺三苗于三危,殛鯀於羽山,四罪而天下咸服,誅不仁也。象至不仁,封之有庳。有庳之人奚罪焉?仁人固如是乎?在他人則誅之,在弟則封之?"曰:"仁人之於弟也,不藏怒焉,不宿怨焉,親愛之而已矣。親之,欲其貴也;愛之,欲其富也。封之有庳,富貴之也。身爲天子,弟爲匹夫,可謂親愛之乎?""敢問或曰放者,何謂也?"曰:"象不得有爲于其國,天子使吏治其國而納其貢税焉,故謂之放。豈得暴彼民哉?雖然,欲常常而見之,故源源而來,'不及貢,以政接於有庳。'此之謂也。"

按照孟子的説法,象不僅没有被誅殺,甚至連"放"都算不上,舜是將其封到了庳地做了諸侯。《孟子》所言雖然難免誇張,但與其他典籍記載相一致,舜没有殺弟是可以肯定的。所以,如若《韓非子》書中所載没有舛誤的話,舜"殺弟"之"殺"絶然不會是殺死的意思,而當是"放"、"放逐"之意,《韓非子》此段記載的本意當是舜"放弟"而非"殺弟"。陳奇猷《韓非子新校注》説:"舜放父殺弟未聞,但《史記·五帝本紀》舜父瞽叟與弟象屢欲殺舜,故舜放之殺之,亦甚可能。"②這種推斷是有失謹嚴的。

(五)《史記》等周公"殺武庚"

相關典籍如《史記》等多記有周公"殺武庚"之事,如:

> 周公乃奉成王命,興師東伐,作大誥。遂誅管叔,殺武庚。(《史記·魯周公世家》)
>
> 周公旦以成王命興師伐殷,殺武庚禄父、管叔,放蔡叔。(《史記·衛康叔世家》)

然而,關於此事《逸周書·作洛》篇卻有不同的記載:"王子禄父北奔。"認爲武庚並没有被殺,而是兵敗北逃。《作洛》篇是《逸周書》中可信性較高的幾篇之一,其記載值得我們重視。《逸周書》所載與《尚書》、《史記》何以有此差别,較爲合理的解釋是武庚並未被誅殺,而是逃往北方,亦即商人的老巢。"上古以來,無殺君之事。湯之於桀也,放之而已。使紂不自焚,武王未必不以湯之所以待桀者待紂。紂而自焚也,此武王之不幸也。"③因此,武庚作爲商王朝

---

① 《史記》(點校本二十四史修訂本)卷一,頁53。

② 陳奇猷《韓非子新校注》,上海古籍出版社,2000年,頁1156。

③ [清]顧炎武著,黄汝成集釋《日知録集釋》卷二"武王伐紂"條,頁86。

的繼承者,不太可能被周公所誅殺。所以《尚書》和《史記》中記載的“殺武庚”之“殺”就不能解釋爲“誅殺”,而應該理解爲“放”、“放逐”,武庚身敗逃亡,與被放逐無異。這種情况類似於相關典籍對“湯放桀”一事的記載,《禮記》、《孟子》等書多記載爲“湯放桀”,而《國語・魯語》的記載則是“桀奔南巢”。放與奔實際上是對這一史事的不同記法,只是叙述的主語不同罷了。楊朝明先生也有類似的觀點,他認爲,對於周人來説,武庚被誅殺與其北奔意義相近,所以武庚雖然實際可能是北奔,而文獻卻多記他是被誅殺①。這與本文所論不謀而合。

(六)《春秋》等“鄭伯克段于鄢”

《春秋》隱公元年載“夏,五月,鄭伯克段于鄢”,“克段”《公羊傳》和《穀梁傳》皆釋爲“殺段”之意。《公羊傳》云:“克之者何? 殺之也。殺之則曷爲謂之克? 大鄭伯之惡也。”可以看到《公羊》直接將“克”解釋爲“殺”。《穀梁傳》則云:“克者何? 能也。何能也? 能殺也。”則《穀梁傳》雖訓“克”爲“能”,但也認爲鄭伯殺段叔。可是我們知道段叔並没有死,《左傳》隱公元年載:“公伐諸鄢,五月辛丑,大叔出奔共。”《史記》與《左傳》記載相同,《鄭世家》云:“鄢潰,段出奔共。”且《左傳》隱公十一年尚記載鄭莊公之言曰:“寡人有弟,不能和協,而使餬其口于四方。”故共叔段實際上是出奔到共地而並未被殺。結合《左傳》傳文,“克”當以訓“勝”爲上,《玉篇》即云:“克,能也,獲也,勝也。”②

既然共叔段未死,《公羊》、《穀梁》爲何説鄭伯殺共叔段呢? 細考《公羊》、《穀梁》二傳關於本條史料之詮釋,其言皆有所本。《公羊傳》訓“克”爲“殺”與《爾雅・釋詁》同,《釋詁》云:“殺,克也。”《穀梁傳》訓“克”爲“能”與《爾雅・釋言》同,《釋言》云:“克,能也。”因此,雖然《公羊》、《穀梁》兩傳此處所載與他書不合,我們仍不能輕易否定之。其訓“克”爲“殺”或許並非没有道理。除《爾雅》之外,《竹書紀年》之記載更可爲證,唐陸淳《春秋啖趙集傳纂例》卷一云:

> 《竹書》自是晋史,其中有“鄭莊公殺公子聖”(原注:春秋作“段”)。③

其中“聖”與“段”形近而訛。唐代《竹書紀年》尚未亡佚,故陸氏當可得覽《紀年》原文,《紀年》所載之“鄭莊公殺公子段”應是比較可靠的。“蓋魏國之史書,大略與《春秋》皆多相應”(《晋書・束皙傳》),所以《公羊》、《穀梁》將“鄭伯克段于鄢”之“克”訓爲“殺”自在情理之中,兩傳的解釋某種程度上並無錯訛。《公羊》、《穀梁》之傳承皆可溯源於先秦之時,彼時去古未遠,兩傳經師於春秋時事之闡釋自不會出現明顯舛誤。而後世經師承繼師説,故仍訓“克”爲“殺”,但卻深文周納,曲爲解説。後世注家,包括杜預、孔穎達等人,都明顯受到《公羊》、《穀梁》二傳的影響。如《左傳》杜預注云:“段時出奔,而以‘克’爲文,明鄭伯志在於殺,難言其奔。”孔疏亦云:“志在於殺,故不言奔。”實際上,這些注解是難以講得通的。

---

① 楊朝明《周公東征史實詮説》,《史學月刊》2000年第6期,頁23。

② 《大廣益會玉篇》卷二九“克”部,北京:中華書局,1987年,頁131。

③ [唐]陸淳《春秋啖趙集傳纂例》卷一“趙氏損益義”,叢書集成初編本,頁9。

既然《公羊傳》、《穀梁傳》和《竹書紀年》都對“鄭伯殺段”言之鑿鑿，而據《左傳》和《史記》共叔段實際上並没有被誅殺，那麼其原因何在？楊伯峻先生在其《春秋左傳注》中雖然指出了這兩種截然不同的記載，但並未闡明個中緣由[①]。實際上，依本文觀點，此處之“殺”字當並非誅殺之意，應是“放”、“放逐”的意思。段叔戰敗奔逃，“餬其口於四方”，於鄭莊公言則爲放之、逐之，於叔段言則爲出亡、出奔。因此，《公羊傳》、《穀梁傳》、《竹書紀年》“殺”都可作“放”講，這樣相關典籍的記載就可以互相貫通。

（七）清華簡《傅説之命上》“乃殺一豕”

《清華簡三・傅説之命》上篇載：“佚仲時生子，生二戊豕。佚仲卜曰：‘我其殺之？我其已，勿殺。’勿殺是吉。”後來佚仲違卜，“乃殺一豕”。但是後文又出現了關於二豕的記載，“一豕乃還保以噬……一豕隨仲之自行”，可見前文之“一豕”實際並未被殺。李鋭認爲：“此處‘殺’當是‘椴’之省文，古書‘椴’常省爲‘殺’，乃放、流放之義，是説佚仲放了一豕。”[②]這一觀點是正確的。

三、《竹書紀年》三案疏解

上文考察了“殺”字的義涵並對與之相關的文獻記載做了一定的考證。除此之外，可能還有一些問題我們亦可以此爲切入點做相關的探究，其中最爲重要的無疑是《竹書紀年》中的“益干啓位，啓殺之”、“太甲殺伊尹”、“文丁殺季歷”三宗古史疑案。這三條記載均僅見於《竹書紀年》，而於其他文獻中缺乏堅實的佐證。故此自《紀年》出土以來，對其質疑、問難者代不乏人。就目前來講，較爲通行的觀點也是把傳統文獻與《紀年》所載兩説並存，不下論斷。若以本文觀點來重新檢視《紀年》三案，雖未必能使其涣然冰釋，但應當可以給我們提供解決這些問題的一個新的方向。

（一）“益干啓位，啓殺之”

《晋書・束皙傳》引《竹書紀年》云：“益干啓位，啓殺之。”啓與益之間的矛盾雖在《韓非子》、《戰國策》及上博簡《容成氏》中有些許蛛絲馬迹，但也只是説“啓攻益”，並没有啓殺益的記載[③]。《史記・夏本紀》對此事的記載是“益讓帝禹之子啓，而辟居箕山之陽”，《孟子・萬章》作“益避禹之子於箕山之陰”。而

---

① 楊伯峻《春秋左傳注》，中華書局，1990年，頁14。

② 李鋭《讀清華簡3劄記（二）》，孔子2000網 http://www.confucius2000.com/admin/list.asp?id=5516，2013年1月6日。亦可參看李鋭《清華簡〈傅説之命〉研究》注2，《深圳大學學報》2013年第6期，頁71。

③ 《韓非子・外儲説》：“古者禹死，將傳天下於益，啓之人因相與攻益而立啓。”下文又云：“禹愛益而任天下於益，已而以啓人爲吏。及老，而以啓爲不足任天下，故傳天下於益，而勢重盡在啓也。已而啓與友党攻益而奪之天下，是禹名傳天下於益，而實令啓自取之也。”《戰國策・燕策一》也載：“禹授益，而以啓爲吏。及老，而以啓爲不足任天下，傳之益也。啓與支黨攻益而奪之天下。是禹名傳天下于益，其實令啓自取之。”上博簡《容成氏》也有類似記載：“禹有子五人，不以其子爲后，見皋陶之賢也，而欲以爲后。皋陶乃五讓以天下之賢者，遂稱疾不出而死。禹於是乎讓益，啓於是乎攻益自取。”

頗受争議的《今本紀年》則云:“(帝啓)二年,費侯伯益出就國……六年,伯益薨,祠之。”關於箕山之地望,學者多認爲在禹都陽城之南,這種説法可能未必非常可靠。依當時之形勢而論,益避啓所居的箕山之陽(陰),只能是在伯益族居地内進可攻而退能守的戰略要地[①],而陽城周圍地區處於夏族統治的核心區域,因此益避啓於陽城之箕山頗有些不合情理。實際上,箕山並非只此一處,歷史上名箕山之山者不下十餘處,而山東境内就有多處,其可考者如益都(今青州)箕山[②]、甄城箕山[③]、費縣箕山[④]、莒縣箕山[⑤]等。益爲東夷之人,其在《史記·秦本紀》又稱柏翳、大費[⑥],則費地或當爲益之領地[⑦]。箕山之名與伯益族稱有比較密切的關聯[⑧],益所居之箕山更應當是上述四處中之一處,這樣才合於當時的情勢。所以,費和箕山之陽(陰)應大致屬於一個地方,“費侯伯益出就國”與“(益)辟居箕山之陽(陰)”兩則記載實際是一回事。啓只是將益放歸東夷,由於益回到了原來的部族領地,形式上就如同被放逐一樣。因此,

---

① 李江浙《秦人起源於範縣説》,《民族研究》1988年第4期,頁84。

② 《水經注》卷二六云:“巨洋水又東北合康浪水,水發縣西南峿山,無事樹木,而圓峭孤峙,巑岏分立。左思《齊都賦》曰‘峿嶺鎮其左’是也。”峿山又稱箕山,《太平寰宇紀》卷十八載:“益都縣……箕山,左思《齊都賦》云:‘箕嶺鎮其左。’《水經》云:‘箕山無樹木而圓峭。’又《郡國志》云:‘紀侯冢在箕山之陰。’”此“箕嶺”就是指益都箕山。

③ 《後漢書》卷一八《吴漢傳》載:“明年(建武四年),又率陳俊及前將軍王梁,擊破五校賊於臨平,追至東郡箕山,大破之。”東郡在今河南濮陽,包括現山東甄城。《濮州志》卷一《山川考》載:“箕山在州治東五十里,相傳許由所居。”([清]邵世昌修,[清]柴揆纂《濮州志》,清乾隆二十年刻本)今甄城有箕山遺址。

④ 《沂州府志》卷二《山川》記載:“旗山,(費)縣東南五十里,東泇水發源處。”(李希賢等修、潘遇莘等撰《沂州府志》,清乾隆二十五年刻本)《沂州志》卷一《山川》載:“東泇河,在州西南九十里,源出費縣箕山,逕州過卞莊入芙蓉湖。”([清]邵士修,[清]王埴纂《沂州志》,清康熙十三年刻本)則旗山即箕山。

⑤ 《水經》云:“濰水出琅邪箕縣濰山。”《水經注》卷二十六曰:“濰水導源濰山,許慎、吕忱云‘濰水出箕屋山’。《淮南子》曰‘濰水出覆舟山’,蓋廣異名也。”又載:“東北逕箕縣故城西,又西,析泉水注之。水出析泉縣北松山,東南流,逕析泉縣東,又東南,逕仲固山東北,流入於濰。地理志曰:‘至箕縣北入濰者也。”《尚書·禹貢》孔疏亦云:“《地理志》云‘濰水出琅琊箕屋山’。”王獻唐先生認爲箕屋山非一山之名,而是兩座山的合名,莒縣北部偏西,正有一個箕山,一個屋山,由此兩山發源之水,匯而爲濰水。濰水的發源地,總共有三種説法,而三種説法在實質上也是一致的:《水經》所指濰山,是北源的箕山;《淮南子》所指覆舟山,是南源的屋山;《漢志》所指箕屋山,是合箕山、屋山而言的。參王獻唐《山東古國考》,齊魯書社,1983年,頁151。《水經注》卷二六:“沭水左與箕山之水合,水出東諸縣西箕山,其水西南流注於沭水。”此處之箕山也即莒北之箕山,《漢書·地理志》記載的箕侯國當在此地,《太平寰宇記》亦謂箕縣故城在莒縣東北二百餘里,《沂州府志》謂在西北七十餘里,《重修莒志》謂在縣北境,雖詳細地址難以考知,但毫無疑問箕侯國、箕縣、箕山都與莒縣有著較爲密切的關係。

⑥ 《史記·秦本紀》載:“女華生大費……是爲柏翳。舜賜姓嬴氏。”司馬貞索引曰:“(大費)一名伯翳,《尚書》謂之伯益,《系本》、《漢書》謂之伯益是也。”劉恕《資治通鑒外紀》亦云:“柏翳、伯益乃一人,聲轉,故字異也。”也可參楊寬《伯益考》,《齊魯學報》1941年第1號;亦見氏著《中國上古史導論》,編入《古史辨》第七册;後收入《楊寬古史論文選集》,上海人民出版社,2003年,頁297-300。

⑦ 趙翼《陔餘叢考》卷五:“胡應麟據《汲冢書》有費侯、伯益之語,則大費乃伯益之封國。《史記》既云大費即柏翳,而伯益實封於費,可見柏翳即伯益也。”參趙翼《陔餘叢考》,商務印書館,1957年,頁91。

⑧ 王永波、張光明《益都得名與伯益古族新證》,《管子學刊》1992年第1期,頁89。

《紀年》“啓殺益”可以是啓放益的意思，“殺”是放逐之意。

（二）“太甲殺伊尹”

伊尹是殷商史上十分重要的人物，他輔佐成湯滅夏，後又輔佐太甲。據《史記》等典籍記載，太甲三年，因其“不明，暴虐”，“伊尹放之于桐宮”，之後伊尹“攝行政當國”。三年之後，太甲“悔過自責”，伊尹遂還政於太甲，並繼續輔弼商王，據載直至太甲之子沃丁時才去世。相關典籍所載多與《史記》同。

但是《竹書紀年》的記載卻大爲不同，《晋書·束晳傳》引《竹書紀年》曰：“太甲殺伊尹。”杜預《春秋經傳集解後序》引《竹書紀年》云：“仲壬崩，伊尹放太甲於桐宮，乃自立也。伊尹即位，放太甲七年，太甲潜出自桐，殺伊尹，乃立其子尹陟、尹奮，命複其父之田宅而中分之。”[①]在太甲放逐的三年裏，伊尹“攝行政當國”，這與西周初年周公攝政的情况非常相似，因此《紀年》説伊尹“乃自立也”、“伊尹即位”也無有不可。但《紀年》所謂“太甲潜出自桐，殺伊尹”則與其他文獻記載不相契合，故有學者認爲《紀年》之説與《左傳》、《國語》不和，係出於後人僞造[②]。當然，也有不少學者認爲《紀年》所載比較可靠，真實地反映了階級社會政治鬥争的慘烈，而《史記》、《孟子》所載很可能出於後世儒家的緣飾。

筆者傾向認爲，太甲不太可能殺伊尹。《古文尚書·咸有一德》云：“伊尹既復政厥辟，將告歸，乃陳戒於德”，伊尹在還政之後，容或與太甲有一些矛盾，但是太甲也没有必要將伊尹殺掉。伊尹後來“告歸”的可能性確實是比較大的，所謂“告歸”實際上就是指伊尹失去了繼續干預商朝政治的機會，其中的原因我們很難知曉，很可能與他和太甲在政治上的摩擦有關。伊尹被迫“告歸”，儼似太甲放歸伊尹。《紀年》所謂的“殺伊尹”，或者更可能的是“放逐”伊尹的意思。

（三）“文丁殺季歷”

文丁有没有殺季歷，自《竹書紀年》出土以來，就成了商周史上的一大懸案。在《紀年》出土之前，典籍中關於文丁的記載並不多。而《竹書紀年》卻大大豐富了我們對於季歷的瞭解，兹録之如下：

> （武乙）三十四年，周王季歷來朝，武乙賜地三十里，玉十瑴，馬八匹。
> 三十五年，周王季伐西落鬼方，俘二十翟王。
> （大丁）二年，周人伐燕京之戎，周師大敗。
> 四年，周人伐無余之戎，克之，周王季命爲殷牧師。
> 七年，周人伐始乎之戎，克之。
> 十一年，周人伐翳徒之戎，捷其三大夫。[③]

可以看到，王季的文治武功較之文王與武王也並不遜色。正是由於季歷在殷

① 以上兩條並參方詩銘、王修齡《古本竹書紀年輯證》，上海古籍出版社，1981年，頁23。

② 金景芳《中國奴隸社會史》，上海人民出版社，1983年，頁66。

③ 方詩銘、王修齡《古本竹書紀年輯證》，頁33－36。

商西陲漸有坐大之勢,威脅到了商王朝的統治,所以文丁對他起了戒心。《今本紀年》載,文丁十一年,季歷伐翳徒之戎,捷其三大夫,文丁趁季歷來朝獻捷的機會,終於將其囚禁,"執諸塞庫"[①],"塞庫"今不可考,庾信《齊王憲碑》云:"囚箕子於塞庫。"[②]也不知在何處。文丁應該并没有殺季歷,《今本紀年》謂:"季歷困而死。"[③]《吕氏春秋·孝行覽》也説:

> 王季歷困而死,文王苦之,有不忘羑里之醜,時未可也。武王事之,夙夜不懈,亦不忘王門之辱。

文丁只是將季歷囚禁起來,很可能即如《今本紀年》所説將王季放逐到某個地方,限制其行動。季歷被文丁"困而死",所以文王一直耿耿於懷。因此,筆者傾向認爲《竹書紀年》所謂"文丁殺季歷"或是文丁"放逐"季歷的意思。

《竹書紀年》作爲西晋時期出土的先秦古書,其文義難免古奥,而且由於秦漢之際文字的發展、演變,後人對於先秦文獻中的有關記載極易産生誤解,類似的事例在學術史上並不罕見。上述《紀年》三案由於缺乏相關文獻記載的有力證據,或者難免陷於孤證難立的境地。毫無疑問,對此三案的探究必須置於夏商周三代的歷史語境和政治視域中給予通盤的考慮,以疏解其與其他相關文獻記載的矛盾之處。本文已經論證,先秦文獻記載中的一些"殺"字可以理解爲放逐、流放之意,放逐作为一种刑罚方式是夏商周三代解決、紓緩族群矛盾和政治衝突的非常重要的手段與方法。筆者認爲,在此語境和視域中考察《紀年》三案問題才是比較恰當的。當然,古史茫昧,本文所論僅是管窺蠡測,祈讀者諸君賜正。

【作者簡介】 王剛,1987年生,上海大學历史系博士研究生,研究方向爲先秦史與中國早期國家。

---

①②③ 沈約《竹書紀年集解》,廣益書局,1936年,頁69。

《文選》李善注引讖緯的若干問題

蔡丹君

【提　要】 李善注《文選》的資料來源及其所呈現的知識結構，是深受學界關心的問題。本文從李善注引讖緯文獻入手，觀察李善對讖緯文獻的引書策略與注釋方式。經過對《文選》李善注引讖緯文獻進行全面分析，并將之與《後漢書》李賢注和《藝文類聚》進行對比，本文認爲李善注引讖緯資料時，深受唐代集注、類書潮流的影響，甚至可能在相當程度上直接使用了類書。而且，《文選》李善注與《後漢書》李賢注和《藝文類聚》所引的讖緯内容，應該來自於當時同一批處於主流地位的讖緯文獻。對主流文獻的提煉式引用，進一步促進了唐代公共知識的産生和强化。

【關鍵詞】 李善注　讖緯　類書

李善注《文選》採用了大量的讖緯文獻。清代學者汪師韓《文選理學權輿》卷二"注引群書目録上"列"緯候圖讖"七十八種，其中包括讖緯文獻六十種，加上鄭玄、宋均、宋衷三人的緯注十八種。經徐興無先生覆核統計，約七十種[①]。而若剔除其中原來的舊注[②]，可統計得出，由李善直接注出的讖緯文獻大約爲四十七種。即便如此，這個數量也比《後漢書》李賢注和《藝文類聚》所涉讖緯文獻種類都要多。[③] 且有相當一部分讖緯材料，獨見於《文選》李善注中。讖緯文獻大約形成于西漢成帝時期，經過哀、平、新三朝的發展，至光武帝時整理定型爲圖讖八十一篇，其後又有一定的增衍。種種原因——尤其是讖緯與政治權力鬥争關係過分密切，導致了讖緯文獻在曹魏、劉宋、蕭梁、元魏時都曾遭到禁毁，至隋代全面遭禁，從此内容散佚。李善注《文選》採用讖緯文獻，意味

【基金項目】本文受到中國社會科學院中華文藝思想通史項目資助。

① 汪師韓《文選理學權輿》卷二，叢書集成初編本，上海商務印書館，1935 年。

② 徐興無先生認爲，"李善注"中有《通系卦》《樂録圖》《孔録法》等不見於"七經緯"三十六篇的篇目，又有一些他書所有而"李善注"所無的如《帝驗期》《稽命曜》左、右《契》《威嬉拒》等篇目，還有一些值得懷疑的篇目如《尚書雒書》《春秋河圖揆命篇》等，汪氏未作出解釋，其實這些都是别本單行或增益的讖緯文獻。見徐興無《文選李善注引緯考論——兼及讖緯與漢魏六朝文學的關係》，《西北師大學報》(社會科學版)，2013 年第 4 期，頁 17 - 29。

③ 本文所涉《文選》李善注，皆引自四部叢刊涵芬樓藏宋版《六臣注〈文選〉》影印本，中華書局，2012 年；讖緯文獻則主要參考安居香山、中村璋八《緯書集成》，河北人民出版社，1994 年；董治安主編《兩漢全書》第三十三、三十四册，山東大學出版社，2009 年。所引《藝文類聚》内容，來自《宋本藝文類聚》，上海古籍出版社，2013 年。所引《後漢書》李賢注，來自《後漢書》，中華書局，1965 年。

著它開始被作爲文獻本身來對待。故而,此舉本身即意義非凡,它對於讖緯文獻的保存、流傳和理解,皆有裨益。

關於《文選》李善注的若干問題,首先需要了解其基本狀況。李善引用了哪些讖緯材料,而又没有引用哪些材料。他對讖緯文獻引用的數量規模,和其他史注、類書相比是怎樣的情况,這是需要探明的。

其次需要了解的是他的資料來源和引書策略。從前代研究可知,唐以前以及唐代的幾部史書注,包括晋以前人所作的《漢書音義》、南朝宋裴駰的《史記集解》和唐初顔師古的《漢書注》,李善注《文選》都曾或多或少地採納過①。而且,李善注引各家注疏時,喜用通行集注本,而這些集注本匯集的多是晋以前古注②。同樣需要弄清楚的是,李善從哪些文獻資料中獲得了這些讖緯文獻,他又是如何在《文選》注文中利用、呈現它們的。李善對讖緯文獻的處理方式,是對原文加以直接引用,還是加以了删略、整合。這都是值得關心的問題。

第三需要了解《文選》李善注的影響。張月云先生曾提及唐代李善注的風行情况,引《資暇録》中所載:"李氏《文選》有初注成者,覆注者,有三注、四注者,當時旋被傳寫。"③曹道衡先生也認爲,"李賢的《後漢書注》有一些地方曾採用和參考過《文選》李善注"④。在讖緯文獻方面,經過對比可以發現,《文選》李善注與李賢的《後漢書注》《藝文類聚》相似之處頗多。所以,《文選》李善注對讖緯文獻的擇選、分類和詮釋,對這些同時代的史注和類書産生影響是完全有可能的。因此,需要對讖緯文獻在《文選》李善注中"復活"對於一個時代所産生的文化影響,加以重估。

總之,爲探索這些問題,本文將聯繫李善注引讖緯文獻的具體内容、兩漢讖緯文獻和唐代前期讖緯文獻徵引的情况,來進行全面的考察。

一、引與不引:從李善注看唐代讖緯主流文獻的存在

剔除舊注,以"善曰"爲准,直接由李善注引的讖緯文獻約共四十七種,一百八十九條。⑤,其具體情况可見下表:

---

① 曹道衡《讀〈資暇録〉兼論〈文選〉李善注與五臣注異同》,見收於《漢魏六朝文學論文集》,廣西師範大學出版社,1999年,頁115-118。

② 孫少華,徐建委《從文獻到文本——先唐經典文本的抄撰與流變》,上海古籍出版社,2016年,頁143-148。

③ 張月云《宋刊〈文選〉李善單注本考》,見俞紹初、許逸民主編《中外學者文選學論集》,中華書局,1998年,頁813。

④ 曹道衡《讀〈資暇録〉兼論〈文選〉李善注與五臣注異同》,見收於《漢魏六朝文學論文集》,頁128。

⑤ 徐興無先生將舊注合併在内,統計得出其實數爲五百四十四條。他將李善注中保留的舊注也視爲是李善注。由於統計方式不同,故而與本文資料不同。他説:當然,本文所統計的"李善注"引緯,並非皆是李善撰作的注文,比如左思(太沖)《蜀都賦》:"遠則岷山之精,上爲井絡。天帝運期而會昌,景福肸饗而興作。"注曰:"《河圖括地象》曰:岷山之地,上爲井絡。帝以會昌,神以建福。上爲天井。言岷山之地,上爲東井維絡。岷山之精,上爲天之井星也。昌,慶也。言天帝于此會慶建福也。"此注文中没有"善曰",故其《河圖括地象》文爲劉逵(淵林)的舊注。見徐興無《〈文選〉李善注引緯考論——兼及讖緯與漢魏六朝文學的關係》,《西北師大學報》(社會科學版),2013年第4期,頁20。

類別	篇名與條數
易緯	《易乾鑿度》(8)《易辯終備》(1)《易通卦驗》(7)《易巛靈圖》(1)《易緯》(3)
尚書緯	《尚書琁璣鈐》(5)《尚書璿璣鈐》(1)《尚書雒書》(1)《尚書緯》(6)《尚書刑德考》(1)《尚書考靈耀》(6)《尚書帝命驗》(1)《尚書中候》(6)
春秋緯	《春秋緯》(4)《春秋漢含孳》(7)《春秋河圖揆命篇》(2)《春秋元命苞》(26)《春秋感精符》(3)《春秋感精記》(2)《春秋保乾圖》(4)《春秋合誠圖》(6)《春秋命歷序》(6)《春秋考異記》(1)《春秋文耀鉤》(2)《春秋運鬥樞》(8)《春秋命歷引》(1)《春秋考異郵》(6)《春秋孔録法》(1)《春秋説題辭》(3)《春秋潛潭巴》(6)
詩緯	《詩緯》(2)《詩含神霧》(1)
禮緯	《禮斗威儀》(4)《禮含文嘉》(3)《禮稽命徵》(1)
論語讖	《論語撰考讖》(1)《論語比考讖》(1)《論語讖》(3)
孝緯	《孝經鉤命決》(4)《孝經援神契》(12)
樂緯	《樂緯》(3)《樂葉圖》(1)《樂動聲儀》(10)《樂緯稽耀嘉》(1)《樂汁圖徵》(1)
河圖	《河圖括地象》(4)《河圖龍文》(1)《河圖帝通紀》(1)

對照《緯書集成》和《兩漢全書讖緯卷》,李善没有使用到的讖緯文獻非常多,大體可以統計如下:

類別	篇名
易緯	《易緯乾鑿度》《易緯乾坤鑿度》《坤鑿度》《易緯稽覽圖》《易緯乾元序制記》《易緯是類謀》《易緯坤靈圖》《易中孚傳》《易天人應》《易通統圖》《易運期》《易内傳》《易萌氣樞》《易内篇》《易傳太初篇》《易九息讖》《易緯禮觀書》《易緯紀》《易緯紀表》《易緯決象》《易通卦驗玄圖》《易河圖數》
尚書緯	《尚書運期授》《尚書洪範記》《敕省圖》《握河紀》(没有徵引,但是提到了)《運衡》《考河命》《題期》《立象》《儀明》《苗興》《契握》《雒予命》《稷起》《我應》《雒師謀》《摘雒戒》《霸免》《準纖哲》《覬期》
詩緯	《詩推度災》
春秋緯	《春秋佐助期》《春秋内事》《春秋圖》《春秋録圖》《春秋録運法》《春秋揆命篇》《春秋玉版讖》《春秋瑞應傳》《春秋感應圖》《春秋考曜文》《春秋聖洽符》《春秋甄懼度》《春秋少陽篇》《春秋括地象》《春秋説命徵》《春秋文義》《春秋鉤命訣》《春秋運期授》《春秋含文嘉》《春秋渾符》《春秋符》《春秋讖》
孝經緯	《孝經緯》《孝經中契》《孝經左契》《孝經右契》《孝經契》《孝經右秘》《孝經威嬉拒》《孝經章句》《孝經内記圖》《孝經雌雄圖》《孝經雌雄圖三光占》《孝經中黄讖》《孝經河圖》
論語讖	《論語緯》《論語摘輔象》《論語摘衰聖》《論語陰嬉讖》《論語崇爵讖》《論語素王受命讖》《論語紀滑讖》
禮緯	《禮緯》
樂緯	《樂緯》

续表

類别	篇名
河圖	《河圖秘徵》《河圖帝通紀》《河圖著命》《河圖説徵祥》《河圖説徵》《河圖説徵示》《河圖考靈曜》《河圖直鉤》《河圖提劉》《河圖會禺符》《河圖天靈》《河圖要元》《河圖時光紀》《河圖絳象》《圖緯絳象》《河圖皇参持》《河圖闓苞受河圖合古篇》《河圖赤伏符》《河圖括地象》《括地圖》《河圖帝覽嬉》《河圖稽命徵》《河圖稽耀鉤》《龍魚河圖》《河圖始開圖》《河圖握矩記》《河圖玉板》《河圖聖洽符》《河圖挺佐輔》《河圖録運法》《河圖龍文》《河圖龍帝記》《河圖龍表》《河圖考鉤》《河圖揆命篇》《河圖帝視萌》《河圖靈武帝篇》《河圖玉英》《河圖紀命符》《河圖表紀》《河圖八文》《河圖帝系譜》
洛書	《洛書》《洛書靈准聽》《洛書甄曜度》《洛書摘六辟》《雒書維罪級》《洛書寶號命》《洛書説禾》《洛書録運法》《洛書録運期》《洛書説徵示》《洛書兵鈐勢》《孔子河洛讖》《老子河洛讖》《甄曜度讖》《洛書紀》《洛書鬥中圖》《洛圖三光占》

李善爲何在衆多的讖緯文獻中選擇了這四十七種？在引與不引之間，一方面可能是李善主體選擇決定，而更大的可能性則可能是由當時讖緯文獻的存續面貌等客觀因素所決定的。因此，不妨聯繫與李善時代相近的兩部重要文獻:《後漢書》李賢注和《藝文類聚》，來比較和摸索它們在讖緯引書方面的共同特點。

《後漢書》李賢注所引讖緯文獻篇目爲三十種，共一〇九條，具體情況如下：

類别	篇名與條數
易緯	《易緯》(3)《易中孚象(傳)》(3)《易通卦驗》(1)《易稽覽圖》(3)《易乾鑿度》(3)
尚書緯	《尚書中候》(2)《尚書璿璣鈐》(1)《尚書考靈耀》(3)
春秋緯	《春秋緯》(4)《春秋漢含孳》(3)《春秋元命苞》(3)《春秋感精符》(7)《春秋保乾圖》(7)《春秋合誠圖》(3)《春秋命歷序》(1)《春秋運斗樞》(3)《春秋考異郵》(8)《春秋潛潭巴》(29)《春秋演孔圖》(1)《春秋文曜鉤》(1)
詩緯	無
禮緯	《禮鬥威儀》(1)《禮含文嘉》(3)《禮稽命徵》(1)
論語讖	無
孝緯	《孝經鉤命決》(1)《孝經援神契》(5)
樂緯	《樂葉圖》(1)《樂汁圖徵》(1)
河圖	《河圖》(1)《河圖括地象》(1)
洛書	《雒書》(1)

《藝文類聚》所引讖緯文獻篇目爲三十八中，共一百八十七條：

類别	篇名與條數
易緯	《易緯》(4)《易通卦驗》(3)《易坤靈圖》(1)

续表

類别	篇名與條數
尚書緯	《尚書中候》(17)《尚書璿璣鈐》(1)《尚書考靈耀》(1)《尚書緯》(2)《尚書刑德考》(1)
春秋緯	《春秋緯》(2)《春秋(漢)含孳》(1)《春秋元命苞》(32)《春秋感精符》(2)《春秋合誠圖》(2)《春秋命歷序》(1)《春秋運斗樞》(25)《春秋考異郵》(4)《春秋潛潭巴》(1)《春秋演孔圖》(1)《春秋佐易期》(1)《春秋説題辭》(2)
詩緯	《詩含神霧》(4)
禮緯	《禮斗威儀》(22)《禮含文嘉》(6)《禮稽命徵》(1)
論語讖	《論語讖》(1)《論語撰考讖》(1)
孝緯	《孝經緯》(3)《孝經援神契》(28)
樂緯	《樂緯》(2)《樂聲儀》(2)《樂動聲儀》(1)
河圖	《河圖》(1)《河圖葉光篇》(1)《河圖握拒起》(1)《龍魚河圖》(2)《河圖稽曜鉤》(1)《括地圖》(5)《地鏡圖》(1)
洛書	無

將以上三種文獻進行粗略的對比,即可以知道以下幾點:

首先,李賢注中有引而李善未引的讖緯篇目僅有:《易稽覽圖》《春秋演孔圖》《河圖》《雒書》四種,兩種文獻所引讖緯文獻重合種類爲二十六種。

其次,《藝文類聚》中引了,而李善注没有引的篇目有《易坤靈圖》《河圖葉光篇》《河圖握拒起》《龍魚河圖》《河圖稽曜鉤》《括地圖》《地鏡圖》《春秋佐易期》八種,兩種文獻所引讖緯文獻重合種類爲三十種。

第三,李善所没有注引的讖緯文獻,絶大部分也没有出現在《後漢書》李賢注和《藝文類聚》中。這些文獻在當時應該是存在的,只是可能没有進入到李賢、李善等人所關注的範疇之中。它們可能是散佚的,並不集中。

總之,結合以上比較可知,《文選》李善注與《後漢書》李賢注、《藝文類聚》這兩種文獻,在使用讖緯資料時所涉的篇目,具有非常高的重合度(本文没有具體舉例的《北堂書鈔》也有類似情况)。那麽,唐代前期所流傳的讖緯文獻,可能存在一批主流文獻。李賢、李善和歐陽詢等注釋、編纂者們,在搜集這些讖緯文獻時,可能使用的是同一資料來源。這些資料應該是相對集中的,至於它們以何種形式集中,則是下文需要繼續探討的。

二、李善注引讖緯文獻時的隱形分類

在看似雜亂的旁徵博引之中,李善使用讖緯文獻的規律,也不難尋見。李善在《文選》中使用讖緯文獻作爲注引,是頗有他的原則和策略的。李善注《文選》時對讖緯文獻的使用,並非散漫無章,而是主要針對了特定的語義類别。從全部《文選》李善注所引的讖緯文獻來看,李善注引讖緯文獻對文意加以解

釋,可以主要分爲這樣幾類:

(一) 符命

《文選》專列"符命"一類,視之爲文體,但僅有三篇入選。而事實上,中古之文,言及符命和藴含符命觀念的,遠不止這三篇。"符命"意在申明五德思想,論證王命之所歸。李善注《文選》大量徵引讖緯文獻的功勞之一,就是將那些具有符命意味的篇目和文義一一點出,揭示天道、王命等思想觀念在文章肌體之中的滲透,這就擴大了人們對於漢代以來符命觀念的發展和存續的了解。在李善注文的反映下,符命觀念的存在形式,並不限於蕭統所規定的"符命"文體。例如,在《文選》全部篇目中,班固《兩都賦》是李善引用讖緯文獻最多的。在《兩都賦》中,李善共徵引了《易乾鑿度》《尚書雒書》《春秋漢含孳》《春秋合誠圖》《春秋文耀鉤》《春秋元命苞》《詩緯》等八種讖緯文獻,注釋共有十餘處。通過這些讖緯文獻,李善在事實上解釋了《兩都賦》中的符命觀。

"録次相代"是李善注引讖緯文獻時解釋最爲頻繁的一個典故。這個典故,從漢代到六朝,經常出現在歌頌皇權的詩文中。"録次相代"這一用典出處,并不限於一種文獻。它在《春秋元命苞》《尚書琁璣鈐》《春秋漢含孳》等讖緯篇目中皆有出現。李善在注引時没有限於從一種文獻中加以取用,似乎有意兼顧到文獻的豐富性。

如釋《兩都賦》"佐命则垂统,辅翼则成化。流大汉之恺悌,荡亡秦之毒螫"一句,引《易乾鑿度》之語,云:"代者赤兑黄佐命。宋哀曰:此赤兑者,謂漢高帝也。黄者,火之子。"又注"盖以强幹弱枝,隆上都而觀萬國"云:"《春秋漢含孳》曰:强幹弱流,天之道。宋均曰:流猶枝也。"對於張衡《二京赋》"高祖膺籙受圖,順天行誅,杖朱旗而建大號"一句,李善注引《春秋命歷引》曰:"五德之運,徵符合應籙次相代。"從這裏也可以看出張衡不但對班固《兩都賦》的主旨頗有承襲,也對某些字句有直接化用之處。針對王融《永明十一年策秀才文五首》中"問秀才,朕秉籙御天,握樞臨極"一句,李善以三種讖緯文獻來注,而至爲重要的是以《尚書琁璣鈐》釋"秉籙"一語:"河圖,命紀也。圖,天地帝王終始存亡之期。録,代之矩籙,與録同也。"這一注釋在班彪《王命論》"未見運世無本,功德不紀,而得倔起在此位者也"一句之下,也有相似注引,李善注引《春秋元命苞》曰:"三德之運,應録次相代埤。"應吉甫《晋武帝華林園集詩》中的"五德更運,膺籙受符"之語,李善注引《春秋命歷序》曰:"五德之運同,徵合符膺,籙次相代。《春秋漢含孳》曰:天子受符,以辛日立號。"李善對李蕭遠《運命論》題注,亦引《春秋元命苞》注曰"五德之運,各象其類,興亡之名應籙以次相代。宋均曰:運籙,運也。《春秋元命苞》曰:命者,天下之命也。"對於陸機《漢高祖功臣頌》"沈迹中鄉,飛名帝録",李善引《尚書琁璣鈐》孔子曰:"五帝出,受録圖。向曰:高祖,中陽里人,故云中鄉也。飛名帝録,謂預應圖讖,如預飛名在其中。"

論證王命之所歸時,對於一些看似尋常的表達,李善注也有意給出讖緯文獻之出處。如對班叔皮《王命論》"故能爲鬼神所福饗,天下所歸往"一語,引《易乾鑿度》曰:"王者天下所歸。"又注刘越石《劝进表》"聖帝明王鑒其若此"

一語，引《易緯》曰："聖帝明王，所以致太平。"這兩處五臣注皆没有注釋，似乎是意思明白，無需注解，但李善注則引用讖緯文獻加注，對於更深地理解語意有幫助。

（二）三季

《文選》李善注中，涉及到三代之事，常從讖緯中引注。有時候這些材料並非是作爲正史記載之補充，而是以直接材料的面目出現的。三季遠古之事，在讖緯材料中描述的形式和内容相對都較爲豐富，而中古之文在這方面的典故來源，可能實有賴於讖緯文獻。

李善注引讖緯文獻説明者，首先主要是三代帝王。如注陸佐公《石闕銘叙》"似夏民之附成湯，殷士之窺周武，安老懷少，伐罪弔民（善本作人），農不遷業。市無易賈（五臣本作價）"一句，引《尚書中候》曰："天乙在薄，夏桀迷惑，諸鄰國襁負歸湯。"注顔延年《赭白馬賦》"實有騰光，吐圖疇德，瑞聖之符焉"，引《尚書中候》曰："帝堯即政七十載，修壇河洛，仲月辛日，禮備至於日稷，榮光出河，龍馬銜甲，赤文緑色，臨壇吐甲圖。宋均曰：稷，側也。"注《樂府詩十七首·君子有所思行》"甲第崇高闥，洞房結阿閣"一語，李善引《尚書中候》曰："昔黄帝軒轅，鳳皇巢阿閣。"任彦升《奉答勑示七夕詩啓》中"竊惟帝迹多緒，俯同不一，託情風什，希世罕工"，李善引《春秋合誠圖》曰："黄帝布迹，必稽功務法。宋均曰：迹，行迹，謂功績也。"又引《春秋保乾圖》曰："帝異緒。"注《奉答勑示七夕詩啓》"壼餘烈不泯，固陳力於異世"一句，李善引《春秋元命苞》曰："文王積善所潤之餘烈。"此外，"周武王獲白魚"是《文選》詩文中出現得較多的一個典故，李善注引讖緯文獻加以説明時，引用文字最爲詳細。如注王褒《四子講德論》中"東夷歸周武王獲白魚，而諸侯同辭"，李善引《春秋元命苞》曰："天命文王以九尾狐。"《尚書璿璣鈐》曰："武王得兵鈐謀，東觀白魚入舟，俯取以燎，八百諸侯順同。不謀魚者視用，無足翼從欲紂如魚，乃誅。"

除帝王外，李善對詩文中所涉上古名臣，也往往會以讖緯文獻加以説明。如注阮嗣宗《爲鄭沖勸晋王牋》"吕尚磻磎之漁者，一朝指麾，乃封營丘"，李善先引《尚書中候》曰："王即回駕水畔，至磻磎之水，吕尚釣於崖。"在如此解釋之後，再引《史記》曰："西伯以吕尚爲太師，武王東伐師，尚父左杖黄鉞，右把白旄，以誓武王。已平商，封尚父於齊營丘。"對於李蕭遠《運命論》"故彼四賢者，名載於籙圖，事應乎天人，其可格之賢愚哉"一語，李善以多篇讖緯文獻作爲注解，盡力將其中所涉故事交代完整，引曰："《春秋考異郵》曰：稽之籙圖，參於泰古。《易坤靈圖》曰：湯臣伊尹振鳥陵。《春秋命歷序》曰：文王受丹書，吕望佐昌發。《春秋保乾圖》曰：漢之一師爲張良，生韓之陂漢以興。《春秋感精記》曰：西秦東闕，謀襲鄭伯，晋戎同心，遮之殽谷，反呼。老人百里子哭語之，不知泣血何益。"如此排比羅列，可謂是將讖緯文獻中的相關故事儘量加以網羅。

與上文提及的"符命"引文一樣，李善注對於一些尋常名詞，做到務必挖掘其讖緯内涵。所涉三季故事，不回避其神秘化的特徵。如《洛神赋》"六龍儼其齊首，載雲車之容裔"，李善注引《春秋命歷序》曰："有神人右耳蒼，色大肩，駕六龍出輔，號曰神農，儼矜莊貌。”“人皇乘雲車出谷口。”同時又以《博物志》作爲補充：“漢武帝好道西王母，七月七日漏七刻，王母乘紫雲車而來。”這里將神農故事與讖緯中的神話傳説相聯繫，而“雲車”的概念也更爲具體。

（三）瑞應

李善注對於《文選》所選詩文中涉及瑞應之事，注釋十分詳細。如注陸佐公《石闕銘叙》“命旅致屯雲之應，登壇有降火之祥，龟筮協從，人祇響附”，李善引《尚書帝命驗》曰：“太子發渡河，中流火，流爲烏，其色赤。鄭玄曰：以魚燎於天，有火自上復于下，至于王屋，流爲烏。”“黄河清、里社鳴”是一個常見典故，在李蕭遠《运命论》中有“夫黄河清而聖人生，里社鳴而聖人出”一語，李善引《易乾鑿度》曰：“聖人受命，瑞應先見於河，河水先清，清變白，白變赤，赤變黑，黑變黄，各三日。”又引《春秋潜潭巴》曰：“里社明此，里有聖人出。其呴百姓，歸天辟亡。宋均曰：里社之君鳴，則教令行，教令明，惟聖人能之也。呴鳴之怒者，聖人怒則天辟亡矣。湯起放桀時，蓋此祥也。”與帝王相關的瑞應典故中，劉氏相關的瑞應故事極爲豐富。對於班固《兩都賦》中“及至大漢受命而都之也，仰悟東井之精，俯協河圖之靈”一語，李善引《春秋漢含孳》曰：“劉季握卯，金刀在軫北。字季，天下服。卯在東方，陽所立，仁且明。金在西方，陰所立，義成功。刀居右，字成章，刀擊秦，枉矢東流，水神哭祖龍。然則成功在西，故都長安。”李蕭遠《运命论》：“星虹樞電，昭聖德之符。夜哭聚雲鬱，興王之瑞。”李善引《春秋元命苞》曰：“大星如虹下，流華渚女節夢，意感生朱宣。宋均曰：華渚，渚名也。朱宣，少昊氏。《詩含神霧》曰：大電繞樞照郊野，感符寶生黄帝。”刘越石《劝进表》“一角之獸，連理之木，以爲休徵者，蓋有百數”，皆爲異物，李善引《春秋感精符》曰：“麟一角鳴，海内共一主也。王者不刳胎，不剖卵，則出於郊。《孝經援神契》曰：德至草木，則木連理。”

劉孝標《廣絶交論》中，“盖聖人握金鏡，闡風烈，龍驤蠖屈，從道汚（烏）隆。”李善釋曰：“言聖人懷明道而闡風化，如龍蠖之驤屈，盖從道之汚隆也。”又引《春秋孔録法》曰：“有人卯金刀，握天鏡。《雒書》曰：秦失金鏡。鄭玄曰：金鏡，喻明道也。《春秋考異郵》曰：後雖殊世風烈，猶合於持方。宋均曰：持方，受命者名也。”

五臣注在注釋一些具體内容時，往往以籠統之言一語概括，但李善注會在注引中交代具體所指。如注陸佐公《石闕銘一首（并序）》“雖革命殊乎因襲，揖讓異於干戈，而晷緯冥合，天人啓基（巨吏），克明俊德，大庇生民，其揆一也”一句，引《易乾鑿度》曰：“五緯順軌，四時和粟。”

關於此處的解釋，五臣解釋得十分平易，但也相對籠統：“銑曰：革，改也。襲，猶繼也。晷，影也，緯，星也。謂日月星皆有祥瑞之色也。”可見其僅以“祥瑞之色”作爲解釋。

（四）五行

李善對《文選》詩文中涉及到五行的内容較爲敏感，有一些在表面内容與五行觀念并無直接相關的字句，李善亦引讖緯文獻加以注明。如注束晳《補亡詩・崇丘》"何类不繁,何生不茂。物极其性,人永其寿",李善引《易乾鑿度》曰:"统者在上,方物常在,五位应时,群物遂性。"李少卿《答蘇武書一首》"陵謂足下當享茅土之薦受千乘之賞"一語,關於其中"茅土",李善注引《尚書緯》曰:"天子社,東方青,南方赤,西方白,北方黑。上冒以黄土將封諸侯,各取方土,苴以白茅,以爲社。"郭景纯《江赋》"保不虧而永固,禀元氣於靈和"一語,李善引《春秋元命苞》曰:"水者五行始焉,元氣之津液也。"

(五) 天文

在涉及到日月星辰的内容時,李善一般都會引讖緯文獻加以注解。謝庄《月賦》"日以陽德,月以陰靈"一語,李善注引了三種讖緯文獻加以説明:"《春秋説題辭》曰:陽精爲日。《易辯終備》曰:日之既,陽德消。鄭玄曰:'日既蝕,明盡也。'《春秋感精符》云:月者,陰之精。"五臣注的解釋十分簡略,"翰曰:'日月,陰陽之精也。'"其他關於日月之處,李善也儘量以讖緯文獻來加以解讀。如江淹雜体诗三十首之《謝臨川靈運遊山》"江海經邅回,山嶠備盈缺"引《春秋元命苞》曰:"月盈而闕者詘鄉尊。宋均曰:詘,還也。尊,君也。銑曰:邅,轉也。嶠,亦山也。盈,謂山。缺,謂谷。"顔延之《赭白馬賦》:"禀靈月駟,祖雲螭兮",李善引《春秋考異記》云:"地生月精爲馬。"

李善注引讖緯文獻,用於解釋北斗七星者尤多。顔延年《宋文皇帝元皇后哀策文一首》中"用集寳命仰陟天機"中的"天機",李善參考《尚書》中所説的"用集大命,又曰無墜天之降寳命,天璣喻帝位也",認爲是指文帝即位,故而機實爲璣。引《尚書考靈耀》曰:"璿璣玉衡,以齊七政。"陸士衡《贈尚書郎顧彦先二首》中"望舒離金虎,屏翳吐重陰"中的"金虎",李善引《尚書考靈耀》曰:"西方,秋虎。"扬雄《长杨赋》"是以玉衡正,而太階平也"一句,玉衡乃北斗,李善注引《春秋元命苞》曰:"常一不易,玉衡正,太階平出。"《二京赋》中,"集重陽之清瀓,瞰(勘)宛虹之長鬐(岐),察雲師之所憑,上飛闥而仰眺,正覩瑶光與玉繩"一語,李善注引《春秋運斗樞》曰:"北斗七星,第七曰瑶光。"《春秋元命苞》曰:"玉衡北兩星爲玉繩。"《二京赋》"攝提運衡,徐至於射宫",李善注引《春秋保乾圖》曰:"斗節運衡。"《思玄赋》"廓蕩蕩其無涯兮,乃今窺乎天外。據開陽而頫眡(五臣作俯視)兮臨舊鄉之諳(上善本作暗)藹(烏蓋反)",李善注引《春秋運斗樞》曰:"北斗七星,第六開陽也。"

李善也用讖緯文獻來注解《文選》詩文中的星象。如《始出尚書省》:"青精翼紫軑(大),黄旗映朱邸。"李善注引《春秋元命苞》曰:"殷紂之時,五星聚房,房者,蒼神之精,周據而興然。青即蒼也。齊,木德,故蒼精翼之。"

一些較爲偏門的星辰知識,李善同樣能夠在讖緯文獻中尋到。如《思玄赋》"命王良掌策駟兮,逾高閣之將將",李善注引《春秋元命苞》曰:"漢中四星,天騎一曰天駟,旁一星王良主天馬也。"這裏若不點明是"漢中四星"之一,恐怕會有誤讀。

(六) 地理

李善對地理中透露的讖緯意圖,較爲關注,哪怕是尋常之言,如八方、六合，都以讖緯文獻加以説明。如對左思《三都赋》“故能居然而辨八方”的注解最爲典型，李善注引《河圖龍文》曰：“鎮星光明，八方歸德。”王元長《永明十一年策秀才文五首》“上叶星象，下符川嶽”，李善注引《春秋漢含孳》曰：“故三公象五岳，九卿法河海，三公在天，法三台，九卿法北斗。”《王仲宣诔》中亦云“三台樹位，履道是鍾”，李善注引《春秋漢含孳》曰：“三公象五岳，在天法三台。”沈休文……“昭昭……于地”一語下，亦引《春秋漢含孳》曰：“九卿法河海。”

讖緯文獻中河圖、洛書相關者，多有地理類文獻《两都赋》中稱：“其中乃有九真之麟，大宛（於袁）之馬，黄支之犀，條枝之鳥，逾崑崙，越巨海，殊方異類，至於三萬里。”班固如此豐富的想象，從何而來，以何爲據？李善給出了多種材料加以解釋，有從現實中來者，如“漢書宣帝詔曰：九真獻奇獸。晋灼《漢書注》曰：駒形，麟色，牛角。”又聯繫《史記》所載漢武帝時之汗血寶馬、“黄支自三萬里貢生犀”、“條枝國臨西海，有大鳥卵，如甕”等異物。再將《山海經》所記“帝之下都，崑崙之墟，高萬仞”加諸其後，而後引《河圖括地象》曰：“崑崙在西北，其高萬一千里。”《河圖括地象》所記，與《山海經》相比，相差甚多。李善將二者並列，亦是讓虚實相參。《三都赋》中“故將語子以神州之略，赤縣之畿，魏都之卓犖（吕角），六合之樞機”，李善注引《河圖括地象》曰：“崑崙謂東南地方五千里名曰神州，帝王居之。”郭景纯《江赋》“若乃岷精垂曜於東井，陽侯遯形乎大波徒寸”，李善引《河圖括地象》曰：“岷山之精上爲井絡。”

對於某些地理現象，李善亦引讖緯文獻加以説明。如關於風，宋玉《风赋》“夫風者，天地之氣，溥暢而至，不擇貴賤高下而加焉”，李善引《河圖帝通紀》曰：“風者，天地之使也。”《琴赋》“涉蘭圃登重基，背長林翳華芝，臨清流賦新詩”，李善注引《春秋運斗樞》曰“山者地之基。”魏文帝《杂诗二首》“俯視清水波，仰看明月光。天漢回西流，三五正從横。”李善注引《河圖括地象》曰：“河精上爲天。”再如注鲍明远《舞鶴賦》“於是窮陰殺節，急景凋年，凉沙振野，箕風動天”，李善引《易卦通驗》曰：“巽氣至，則大風揚沙。”引《春秋緯》曰：“月失其行，離於箕者風。”引《易緯》曰：“箕風諷石折樹。”

（七）節氣

李善注引讖緯文獻，對自然物事中所透露的讖緯意味十分關注。王元長《三月三日曲水詩序一首》叙寫春風，“于時青鳥司開，條風發歲，粵上斯巳，惟暮之春”，李善注引《易通卦驗》曰：“立春條風至。”魏文帝《與梁（善本無梁）朝歌令吴質書》“方今蕤賓紀時，景風扇物”，李善注引《易通卦驗》曰：“夏至則景風至。”顏延年《宋郊祀歌》“陰明浮爍，沈禜（詠）深淪”，李善引《尚書考靈耀》曰：“氣在於冬，其紀辰星，是謂陰明。”潘安仁《寡妇赋》“而遄邁兮四節運而推移”，李善引《易乾鑿度》：“（孔子曰）天有春秋冬夏之節，故主四時。”《詠懷詩十七首》“悦懌若九春，磬折似秋霜”，李善注引《春秋元命苞》曰：“陽氣數成於三，故時三月，陽數極於九，故三月一時九十日。宋衷曰：四時皆象此類，不唯春也。”

李善有時爲了追求無一字無來歷，不免用力過度，在以讖緯文獻解釋字句時,常脱離了文意本身,成了爲注而注。在節氣之注上頗爲容易出錯。如江文通《别赋》“襲青氣之烟(因)煴”,李善注引《易通卦驗》曰:“震,東方也,主春分日出青氣出。震此,正氣也。”這裏關於青氣的解釋,李善注與五臣注完全不同,五臣注爲:“翰曰:朱塵,朱筵塵也,青氣,薰爐中香青烟也,言日景鏡照閨中華筵,草薰襲香代爐中香氣也。照,爛明貌,烟煴香氣。”聯繫文意,應以五臣注爲是。

(八)名物

李善注引讖緯文獻亦用於説明普通名物。如釋《鲁灵光殿赋》“五龍比翼,人皇九頭”,何爲五龍、九頭? 李善引《春秋命歷序》曰:“皇伯,皇仲,皇叔,皇季,皇少,五姓同期,俱駕龍,周密與神通,號曰五龍。又曰:人皇,九頭提羽,蓋乘雲車出暘谷,分九河。宋均曰:九頭,九人也。提羽蓋鳥之羽。”

李善注引讖緯文獻以釋名物,條目甚爲豐富,類型不拘一格。如《两都赋》“體元立制,繼天而作”中“元”的概念,李善先以左傳“元年春正月公即位”爲解釋,而後又引《春秋元命苞》“元年者,何元宜爲一謂之元,何曰君之始元也”加以補充。颜延年《秋胡诗》“原隰多悲涼,回飈捲高樹”,李善引宋均《春秋緯》注曰:“凉,愁也。”张华《情诗二首》“巢居知風寒,穴處識陰雨。不曾遠别離,安知慕儔侶”,李善引《春秋漢含孳》曰:“穴藏先知雨陰,曀未集,魚已噞喁,巢居之鳥先知風,樹木摇,鳥已翔。”《苦寒行》“猛虎憑林嘯,玄猿臨岸歎”,李善引《春秋元命苞》曰:“猛虎嘯而谷風起。”顏延之《陶征士诔》“桂椒信芳,而非園林之實”,李善注引《春秋運斗樞》曰:“椒佳連名士起。宋均曰:桂椒芬香,美物也。”

(九)乐事

《文選》詩文中,凡與樂相關的,李善幾乎都會將之與讖緯文獻相聯繫加以注解。李善主要採用的是樂緯相關的文獻。如《二京赋》“咸池不齊度於𪇰(烏爪)咬(烏交)而衆聽者,或疑能不惑(五臣作疑惑)者,其唯子野乎”,李善引《樂動聲儀》曰:“黄帝樂曰咸池。”《羽猎赋》“欃槍爲闉(因),明月爲候。熒惑司命,天狐發射”,李善引《樂緯稽耀嘉》曰:“熒惑主命。”《思玄赋》“考治亂於律均兮,意建(五臣作逮)始而思終”。李善引《樂汁圖徵》曰:“聖人往承天助,以立五均,均者亦律調,五聲之均也。宋均曰:均長八尺施弦以調六律五聲。”《思玄赋》“乘天潢之汎汎(五臣作泛泛)兮,浮雲漢之湯湯(式羊反)”,李善引《樂緯》曰:“商爲五潢。宋均曰:五潢,天津之别名也。”應德璉《侍五官中郎將建章臺集詩》:“欲因雲雨會,濯翼陵高梯。良遇不可值,伸眉路何階”,李善引《樂動聲儀》曰:“風雨感魚龍,仁義動君子。”《难蜀父老》“觀者未覩旨,聽者未聞音,猶鷦鵬已翔乎寥(聊)廓(告郭切)之宇(五臣本無之宇字),而羅者猶視乎(善本無乎字)藪澤,悲夫!”李善引《樂緯》曰:“鷦鵬狀如鳳皇。”《笙赋》中“唱發章夏,導揚韶武,協和陳宋,混一齊楚”,李善注引時,引用了《樂動聲儀》中三條不同的内容。先引《樂動聲儀》曰:“堯樂曰簫韶,禹曰大夏,武曰大武。”後又引《樂動聲儀》曰:“樂者,移風易俗,所謂聲俗者,若楚聲高齊聲下,所謂事俗者,若齊俗奢陳俗利巫也。”又曰:“先魯後殷,新周故宋,然宋商,俗也。”

本節對《文選》李善注引讖緯文獻的基本情況作了分析。通過分析可以發現：首先，李善在使用讖緯文獻注解文意時，針對一個特定的語詞範疇，這個範疇如本節分類所示。他遇到這些類别的語詞時，就會引讖緯文獻加以注明。其次，這種隱形的讖緯文獻分類，很可能是受到類書的影響，或者，它本身就是由類書來决定的。從《藝文類聚》和《北堂書鈔》的分類情況來看，它們引録讖緯文獻時所作的分類，和隱含在《文選》李善注中的讖緯文獻分類，基本上是一致的。如《藝文類聚》卷一、卷二、卷三關於“天、日、月、星、雲、風”等天文氣候等類别中，引用讖緯文獻非常豐富。卷十所舉者皆爲符命相關者，亦引讖緯文獻極多。卷九十九則是有關瑞應的内容，所舉以讖緯爲主。其他散見於各卷的讖緯文獻，也是按照相應的分類屬性來編排的。而《北堂書鈔》卷一就是關於帝王符命的内容，所舉讖緯文獻的頻率同樣很高。類書中的這些類别，明顯已經爲讖緯文獻劃定了層次豐富的分類，這個分類，是産生於李善注引讖緯文獻之前的，對他的注引應該是産生了一定的影響。

三、李善對特定讖緯文獻的重複注引及其異文現象

李善注《文選》時，常重複使用同一材料，這其中可能有兩個原因。一是受限於正文所引典故，大多趨同。也就是説，解釋同一個典故，李善使用了同一則材料。二是李善占有的材料很少，他在解釋《文選》中不同篇目中的相似内容時，是十分無奈的，他佔有材料的有限性，導致他無法實現釋文的差異化。

然而，這些重複使用的讖緯材料，並非每一例都是各條文字完全一致，而是存在很多異文。這説明李善所引用的這些讖緯文獻有多種文本來源，也就是説，它們所來自的文本來源不同。同時，即便是同樣的注引，與之相結合的其他注釋内容，往往不一。這説明，李善在對待這些讖緯文獻時也是相對靈活的，没有讓自己拘束在一個程式之内。

經總結、統計，在《文選》李善注中重複兩次以上的材料，有如下内容。本文對它們的具體分析，放在相應的按語中：

（一）揚沙

順序	原文	釋文	出處
1	於是窮陰殺節，急景凋年，凉沙振野，箕風動天。	《易卦通驗》曰：巽氣至，則大風揚沙。《春秋緯》曰：月失其行離於箕者風。《易緯》曰：箕風諷石折樹。	《文選·卷十四·鮑明远〈舞鶴賦〉》
2	彯（匹遥）沙礐（苦角）石蕩颸（聿）島濵。	《易通卦驗》曰：巽風不至，則大風發屋揚沙。《説文》曰：礐，石聲也。《春秋命歷序》曰：大風飄石，颸，風疾皃。	《文選·卷三十七·木玄虚〈海赋〉》
3	簫鼓流漢思，旌甲被胡霜，疾風衝塞起，沙礫自飄揚。	《易通卦驗》曰：大風揚沙。《春秋命歷序》曰：大風飄石。	《文選·卷二十八·鮑明远〈樂府詩八首·出自薊北門行〉》

按:此三條意思雖然一致,但是表述有一定差異。雖然三條注釋,都是以《易卦通驗》爲基礎,但是與之相配合的其他讖緯材料,不是十分一致。第二條與第三條重複使用了《春秋命歷序》,而在第二條中,李善增加了"颾,風疾貌"的補充語。第一條和第二條的《易卦通驗》相關内容中,内容截然相反,一爲"巽氣至",一爲"巽風不至",此處"不"字,應該是衍文;一爲"大風揚沙",一爲"大風發屋揚沙",中間多出"發屋"二字。

(二) 燎魚

順序	原文	釋文	出處
1	東夷歸周武王獲白魚,而諸侯同辭	《春秋元命苞》曰:天命文王以九尾狐。《尚書璿璣鈐》曰:武王得兵鈐謀,東觀白魚入舟,俯取以燎,八百諸侯順同。不謀魚者視用,無足翼從欲紂如魚,乃誅。	《文選·卷五十一·王褒〈四子講德論〉》
2	蓋周躍魚隕航,休之以燎,微夫斯之爲符也。以登介丘,不亦恧乎?進讓之道,何其爽歟?	《尚書璇璣鈐》曰:武得兵鈐謀東觀,白魚入舟,俯取魚以燎也。	《文選·卷四十八·司马长卿〈封禅文〉》
3	命旅致屯雲之應,登壇有降火之祥,龟筮協從,人祇響附。	《尚書帝命驗》曰:太子發渡河中流火,流爲烏,其色赤。鄭玄曰:以魚燎於天,有火自上復于下至,于王屋流爲烏。	《文選·卷五十六·陸佐公〈石闕銘叙〉》

按:從李善注來看,武王得白魚故事,《尚書璿璣鈐》《尚書璇璣鈐》《尚書帝命驗》皆有記録,而李善並没有只選用其中一則來通用之。三種文獻對這一故事的記録語言不一,或詳或略,或是正文或是出現在鄭玄注中。李善爲何不選定一種而是採用多種文獻來注同一典故?有可能一方面是主觀上炫耀其知識宏博,另一方面則是,這同一故事的三種表述都已經被精縮歸類,十分易得,並不需要真正去三種不同的文獻中翻尋。

(三) 紫宮

順序	原文	釋文	出處
1	其宫室也,體象乎天地,經緯乎陰陽,據坤靈之正位,放(膚罔)太紫之圓方。	《春秋元命苞》曰:紫之,言此也。宫之,言中也。言天神圖法陰陽,開閉皆在此中也。	《文選·卷一·班孟坚〈兩都賦〉》
2	徇以離宫别寢,承以崇臺閒館,焕若列宿,紫宫是環。	《春秋合誠圖》曰:紫宫,大帝室太一之精也。	《文選·卷一·班孟坚〈兩都賦〉》

按:關於紫宫的解釋,《春秋元命苞》與《春秋合誠圖》差距極大。雖然皆言其爲"宫",但是前者重在闡述乃天神之宫,後者則是宣揚乃太一之宫,大帝居

之。這大概是因爲，前者所針對的内容，需要側重於闡釋宫室何以“體象乎天地，經緯乎陰陽”，而後者則並非是真正的正宫，是“離宫别寢”；“太一”所指正是甘泉宫等“離宫别寢”“閒館”，並非正宫。

（四）籙次相代

順序	原文	釋文	出處
1	五德更運，膺籙受符。	《春秋命歷序》曰：五德之運同，徵合符膺，籙次相代。《春秋漢含孳》曰：天子受符，以辛日立號。	《文選·卷二十·应吉甫〈晋武帝華林園集詩〉》
2	后唐膺籙，赤文候日。	《春秋命歷序》曰：五德之運，徵符合應，籙次相代，赤文候日，即至于日稷也，已具序注。	《文選·卷十四·顔延之〈赭白馬賦〉》
3	高祖膺籙受圖，順天行誅，杖朱旗而建大號。	《春秋命歷引》曰：五德之運，徵符合應，籙次相代。	《文選·卷二·張平子〈东京賦〉》
4	問秀才，朕秉籙御天，握樞臨極。	《尚書琁璣鈐》曰：河圖，命紀也。圖，天地帝王終始存亡之期。録，代之矩籙，與録同也。	《文選·卷三十六·王元长〈永明十一年策秀才文五首〉》
5	未見運世無本，功德不紀，而得倔起在此位者也。	《春秋元命苞》曰：三德之運，應録次相代埤。	《文選·卷五十二·班叔皮〈王命論〉》

按：從以上五條來看，李善注引此典，主要是從《春秋命歷序》中出，或詳或略。第三條“《春秋命歷引》”，應該是《春秋命歷序》之誤。《尚書琁璣鈐》與《春秋元命苞》皆有類似表述，語意相似，而具體内容不同。

（五）華實

順序	原文	釋文	出處
1	華實之毛，則九州之上腴焉，防禦之阻，則天地之隩區焉。	《春秋文耀鉤》曰：春致其時，華實乃榮。	《文選·卷一·班孟坚〈兩都賦〉》
2	蹈秦郊而始闢豁爽，嵦以宏壯，黄壤千里，沃野彌望，華實紛敷，桑麻條暢。	《春秋文耀鉤》曰：春致其時，華實乃榮。	《文選·卷十·潘安仁〈西征賦〉》

按：此二條内容完全一致。

（六）甄

順序	原文	釋文	出處
1	聖心豈徒甄，惟德在無忘。	鄭玄《尚書緯》注曰：甄，表也。	《文選·卷二十一·謝宣远〈張子房詩〉》
2	宗廟之靈，皇帝嗣建，舊物克甄。	鄭玄《尚書緯》注曰：甄，表也。	《文選·卷三十七·刘越石〈劝进表〉》

续表

順序	原文	釋文	出處
3	貞不常祐,義有必甄。處父勤君,怨在登賢。	鄭玄《尚書緯》注曰:甄,表也。	《文選・卷五十七・顏延年〈陽給事誄并序〉》
4	盛明蕩氛昏,貞休康屯邅。殊方感成貸,微物豫采甄。	鄭玄《尚書緯》注曰:甄,表也。	《文選・卷二十五・謝靈運〈還舊園作見顏范二中書〉》

按:此四條内容完全一致。

(七) 建用皇極

順序	原文	釋文	出處
1	至於世祖,遂享皇極。	《尚書考靈耀》曰:建用皇極。宋均曰:建,立也。皇極,大,中也。	《文選・卷四十九・干令升〈晋紀總論〉》
2	今臣以一切之制,永無朝覲之望,至於注心皇極,結情紫闥,神明知之矣。	《尚書考靈耀》曰:建用皇極。宋均曰:建,立也。皇極,大,天也。	《文選・卷三十七・曹植〈求通親親表〉》

按:此二條雖然皆來自於《尚書考靈耀》,但宋均注的部分存在異文。一爲"皇,極大,中也",一爲"皇,大極,天也。"爲什麼會出現這樣差異巨大的異文?很可能的情況是,李善是在不同的文本中看到了《尚書考靈耀》這條關於"建用皇極"的材料。也就是説,這一條材料是以不同的面目,被不同的文獻收録的。基於這種異文,不妨提出一種假設,李善在使用讖緯文獻時,即便是同一種文獻,也有它不同的來源和出處。

(八) 榮光出河

順序	原文	釋文	出處
1	實有騰光,吐圖疇德,瑞聖之符焉。	《尚書中候》曰:帝堯即政七十載,修壇河洛,仲月辛日,禮備至于日稷,榮光出河,龍馬銜甲,赤文緑色,臨壇吐甲圖。宋均曰:稷,側也。	《文選・卷十四・顏延年〈赭白馬賦〉》
2	是以祥光總至休氣四塞。	《尚書中侯》曰:帝堯文明,榮光出河,休氣四塞。鄭玄曰:休,美也。四塞,炫四方也。	《文選・任彦升・卷三十六〈宣德皇后令〉》

按:這兩條同樣引自《尚書中候》的文獻,在字句上差異非常大。前者詳細,稱"帝堯即政七十載,修壇河洛,仲月辛日,禮備至于日稷",而後者對這一段話,僅以"文明"二字代替。又有"龍馬銜甲,赤文緑色,臨壇吐甲圖"等瑞應語,後者全無,僅有"休氣四塞"四字。前者有宋均注,後者有鄭玄注。差異如此大的兩則材料,它們是否是在被摘録的過程中,才產生了相應的異文呢?這是有可能的。

(九) 阿閣

順序	原文	釋文	出處
1	甲第崇高闥,洞房結阿閣。	《尚書中候》曰:昔黄帝軒轅,鳳皇巢阿閣。	《〈文選〉卷二十八〈樂府詩十七首·君子有所思行〉》
2	交疏結綺窗,阿閣三重階。	《尚書中候》曰:昔黄帝軒轅,鳳皇巢阿閣。	《文選·卷二十九·〈古诗十九首〉》

按:此二條内容完全一致。

(十) 茅社

順序	原文	釋文	出處
1	陵謂足下當享茅土之薦,受千乘之賞。	《尚書緯》曰:天子社,東方青,南方赤,西方白,北方黑。上冒以黄土將封諸侯,各取方土苴以白茅,以爲社。	《文選·卷四十一·李少卿〈答蘇武書一首〉》
2	方軌茅社,俾侯安陸。	《尚書緯》曰:天子社,東方青,南方赤,西方白,北方黑,上冒以黄土,將封諸侯,各取方土苴以白茅,以爲社。	《文選·卷五十九·沈休文〈齊故安陸昭王碑文一首〉》

按:此二條内容完全一致。

(十一) 法象

順序	原文	釋文	出處
1	上叶星象,下符川嶽。	《春秋漢含孳》曰:故三公象五岳,九卿法河海,三公在天,法三台,九卿法北斗。	《文選·卷三十六·王元長〈永明十一年策秀才文五首〉》
2	台保兼徽,皇戚比彦。	《春秋漢含孳》曰:三公在天,法三能,能與台同。	《文選·卷二十·顔延年〈皇太子釋奠會作〉》

按:這裏同樣出現了異文。而且後者中,能、台出現了通假現象。這説明這兩則材料來自同一材料的不同版本。

(十二) 倉戲農黄

順序	原文	釋文	出處
1	由是言之帝王之祚,必有明聖顯懿之德。	《春秋河圖揆命篇》曰:倉戲農黄,三陽翼天,德清明。	《文選·卷五十二·班叔皮〈王命論〉》
2	故運之所隆,必生聖明之君	《春秋河圖揆命篇》曰:倉戲農黄,三陽翼天,德聖明。	《文選·卷五十三·李蕭遠〈運命論〉》

按:兩條材料中,出現了一字異文,前者是"德清明",後者是"德聖明"。

（十三）五帝異緒

順序	原文	釋文	出處
1	秦穆有王、由、五羖攘却西戎，始開帝緒。	《春秋保乾圖》曰：五帝異緒。宋衷曰：緒，業也。	《文選·卷五十一·王子淵〈四子講德論〉》
2	竊惟帝迹多緒，俯同不一，託情風什，希世罕工。	《春秋保乾圖》曰：帝異緒。	《文選·卷三十九·任彦升〈奉答勑示七夕詩啓〉》

按：這兩條材料中，後者脱“五”字，也没有宋衷的注語。

（十四）谷風

順序	原文	釋文	出處
1	猛虎憑林嘯，玄猿臨岸歎。	《春秋元命苞》曰：猛虎嘯而谷風起。	《文選·卷二十七·魏武帝〈苦寒行〉》
2	果毅輕斷，虎步谷風。威慴萬乘，華夏稱雄。	《春秋元命苞》曰：猛虎嘯而谷風起。	《文選·卷三十四·曹子建〈七啓八首〉》

按：此二條内容完全一致。

（十五）地基

順序	原文	釋文	出處
1	夙駕警徒御，結轡頓重基。	《春秋運斗樞》曰：山者地基也。	《文選·卷二十八·陸士衡〈挽歌詩三首〉》
2	涉蘭圃，登重基，背長林，翳華芝，臨清流，賦新詩。	《春秋運斗樞》曰：山者地之基。	《文選·卷十八·嵇叔夜〈琴賦〉》

按：此二條内容完全一致。

（十六）黄帝有迹

順序	原文	釋文	出處
1	竊惟帝迹多緒，俯同不一，託情風什，希世罕工。	《春秋合誠圖》曰：黄帝布迹，必稽功務法。宋均曰：迹，行迹，謂功績也。	《文選·卷三十九·任彦升〈奉答勑示七夕詩啓〉》
2	帝迹懸衡，皇流共貫。	善曰：《春秋合誠圖》曰：黄帝有迹，必稽功務法。宋均曰：遊行，功績也。	《文選·卷二十·顔延年〈應詔讌曲水作詩〉》

按：這兩條在宋均注的部分，内容有所不同。

（十七）五嶽之精

順序	原文	釋文	出處
1	大將軍弔祠，錫以嘉謚，曰徵士陳君。稟岳瀆之精，苞靈曜之純，天不慭（魚靳）遺老，俾屏我王，梁崩哲萎，于時靡憲，搢紳儒林，論德謀迹，謚曰文範先生。	《鉤命決》曰：五嶽吐精。宋均曰：吐精，生聖人也。	《文選·卷五十八·蔡伯喈〈陳太丘碑文一首〉》
2	自兹厥後，無替前規，建官惟賢，軒冕相襲。公稟川嶽之靈暉，含珪璋而挺曜。	《孝經援神契》曰：五嶽之精，雄聖。四瀆之精，仁明。	《文選·卷五十八·王仲寶〈褚淵碑文一首并序〉》
3	公含辰象之秀德，體河岳之上靈齊。	《孝經援神契》曰：五嶽之精，雄聖，四瀆之精，仁明。	《文選·卷五十九·沈休文〈故安陸昭王碑文〉》

按：關於五岳吐精、五岳之精的説法有多種。第一條所選篇目“《鉤命决》”，應該是《孝經鉤命决》之略。

（十八）神州

順序	原文	釋文	出處
1	土則神州中岳，器則九鼎猶存。	《河圖括地象》曰：崑崙東執地方五十里，名曰“神州”，中有五岳地圖，帝王居之。	《文選·卷四十三·孫子荆〈爲石仲容與孫皓書一首〉》
2	故將語子以神州之略，赤縣之畿，魏都之卓犖（吕角），六合之樞機。	《河圖括地象》曰：崑崙謂東南地方五千里名曰“神州”，帝王居之。	《文選·卷四·左太冲〈三都賦〉》
3	其中乃有九真之麟，大宛（於袁）之馬，黄支之犀，條枝之鳥，逾崑崙，越巨海，殊方異類，至於三萬里。	《河圖括地象》曰：崑崙在西北其高萬一千里。	《文選·卷一·班叔皮〈两都赋〉》

按：在注引相同内容時，李善注的文字，出現了一些出入。《三都賦》中“故將語子以神州之略，赤縣之畿，魏都之卓犖（吕角），六合之樞機”，李善注引《河圖括地象》曰：“崑崙謂東南地方五千里名曰神州，帝王居之。”《爲石仲容與孫皓書一首》“土則神州中岳器則九鼎猶存”，李善注引《河圖括地象》曰：“崑崙東執地方五十里，名曰神州，中有五岳地圖，帝王居之。”這裏的“五十”，可能是“五千”之誤。

（十九）咸池

順序	原文	釋文	出處
1	咸池不齊度於䖶(烏爪)，咬(烏交)而衆聽者，或疑能不惑(五臣作疑惑)者，其唯子野乎。	《樂動聲儀》曰：黄帝樂曰咸池。	《文選・卷二・張平子〈东京赋〉》
2	夫咸池六英，所以陳清廟，協(五臣作叶)神人也。	《樂動聲儀》曰：黄帝樂曰咸池，帝嚳樂曰六英。宋均曰：能爲天地四時六合之英華也。	《文選・卷十七・傅武仲〈舞赋〉》
3	咸池六莖之發，衆人所共(五臣本無共)，樂而墨翟有非之之論，豈可同哉。	《樂動聲儀》曰：黄帝樂曰咸池。	《文選・卷四十二・曹子建〈與楊德祖書〉》
4	世越韶夏與咸池，何徒取異乎鄭衛。	《樂動聲儀》曰：黄帝樂曰咸池、韶夏。	《文選・卷十八・成公子安〈嘯賦〉》
5	則所謂咸池，酬於北里，夜光報於魚目。	《樂動聲儀》曰：黄帝樂曰咸池。	《文選・卷二十五・盧子諒〈贈劉琨并書〉》

按：凡言及咸池者，李善必如是注引。而第二條，因注引對象中有“六英”，故而在注引内容中添加了關於“六英”的解釋。

（二十）秦失金鏡

順序	原文	釋文	出處
1	盖聖人握金鏡，闡風烈，龍驤蠖屈，從道污(烏)隆。	《雒書》曰：秦失金鏡。鄭玄曰：金鏡，喻明道也。	《文選・卷五十五・劉孝標〈廣絶交論〉》
2	則所謂咸池，酬於北里，夜光報於魚目。	《雒書》曰：秦失金鏡，魚目入珠。鄭玄曰：魚目亂真珠。	《文選・卷二十五・盧子諒〈贈劉琨并書〉》

按：此二條所引鄭玄注不同，前者列鄭玄對金鏡之解釋，後者則是列了對“魚目入珠”的解釋。查諸前文，前者還另外加上了一句“有人卯金刀，握天鏡”作爲補充，此语出自《春秋孔録法》。這説明，李善在注引讖緯文獻時有很大的主觀性，他會根據自己的需要來删减被注引文本中的内容。

本節對《文選》李善注中重複征引的情况作了一定的分析。從這些情况，至少可以看到以下幾點：

首先，即便是同一典故，李善注引的讖緯文獻之間，往往存在一些異文，它們似乎是來自不同的文本。也就是説，李善所注引的讖緯文獻可能是來自多個版本。

其次，即便是同一典故，所使用的讖緯文獻也一致，但是它們在内容上往往也可能被李善處理過了，會根據需要删除掉其中的一些内容。

第三，至於一些在表述上差異極大的同一典故内容，可能是在李善擇取它們之前，就已經存在將其内容進行改造、壓縮的可能。而會對這些内容進行修改的，很可能是集注或者類書。而要證實這一點，還需要看類書中的情况。

四、李善注引讖緯文獻與史注、類書的關係

從上文可知，《文選》李善注引讖緯文獻有一個有限的徵引範疇，同時，他的讖緯文獻注引也有著明顯的類别化和重複率。而他所注引的同一典故的異文問題，説明他使用了不同的讖緯文獻文本。而這些讖緯文獻文本，可能並非是文獻本身，而是被收録到類書或者史注中的有限的讖緯材料。

論證這一猜測，仍然需要回到與《文選》李善注時間相近的史注和類書的存世之作，即《後漢書》李賢注與《藝文類聚》上，來觀察它們之間是否存在共同之處。經觀察，這種共通性是十分常見的，而且，在談及同一物事時，它們也有著很不同的表述。因此，讖緯文獻到了唐代，如何在文本上有這樣大的差異？其中最爲主要的原因，恐怕正是由於類書編纂者和集注者對這一文本在使用時進行了較大的改變。這也令人不免反思一個問題：那些存在於注脚中的文本，或許是中古文本中最不穩定的一部分？當然，這個問題，還要留待將來再繼續考察。

以下先來看《文選》李善注與《後漢書》李賢注、《藝文類聚》表述相類似、文字差異卻又很大的一些例子：

例一，《文選》李善注"問秀才，朕秉籙御天，握樞臨極"（《文選・卷三十六・王融〈永明十一年策秀才文五首〉》）一語時，引《春秋運斗樞》："曰北斗七星，第一星天樞。"《藝文類聚》卷一中對《春秋運斗樞》此句亦有引用，但相對而言内容更見完整："《春秋運斗樞》曰：北斗七星，第一天樞，第二璇，第三機，第四權，第五衡，第六開陽，第七瑶光，第一至四爲魁，第五至第七爲標，標合爲斗，居陰布陽，故稱北。"

例二，《文選》李善注"日出天而曜景，露下地而騰文，鏡朱塵之照爛，襲青氣之烟（因）煴"（《文選・卷十六・江文通〈别賦〉》）時，引《易通卦驗》曰："震，東方也，主春分日出青氣出。震此，正氣也。"《藝文類聚》卷三亦有相應内容，所重合的部分，内容文字稍有差異："《易緯通卦驗》曰：震，東方也。主春分日出。青氣出，直震此正氣出也。氣出右，萬物半死，左蛟龍出，震氣不至，則歲中少雷，萬物華而不實，人民疾熱，應在其衡。又曰：立春條風至，雉雊雞乳，冰解楊柳，津春分明庶風至，雷雨行，桃李華。"而在卷九十六又引，内容文字又有差異："《易緯通卦驗》曰：震，東方也，至春分日，出青氣也。出直震此，正氣也，氣出右萬物半死，氣出左龍蛟出。"

例三，《後漢書》李賢注"萬里合信，不議同情，周之白魚，曷足比焉？"（卷一上）引《尚書中候》曰："武王伐紂，度孟津，中流白魚，躍入王舟，長三尺，赤文有字告以伐紂之意也。"《藝文類聚》卷十，亦引《尚書中候》曰："季秋赤雀銜丹書

入酆,止于昌户,昌拜稽首受最(最要者也),曰姬昌蒼帝子。又曰:吕尚釣磻谿得玉璜,刻曰姬受命吕佐旌(旌理也),又曰武王發渡於孟津,中流白魚,躍入王船,王俯取魚,長三尺,有文王字。"後者文字與前者頗有差異。

例四,《文選》李善注"青雲浮洛(善作雒)滎光塞河"(《文選·卷三十九·江文通〈詣建平王上書〉》),引《尚書中候》曰:"成王觀於洛河沈璧,禮畢王退,俟至于日昧滎光,並出幕河,青雲浮洛,青龍臨壇,銜玄甲之圖吐之而去也。銑曰:青雲滎光,皆河洛之瑞也。"《後漢書》李賢注"然神經怪牒,玉策金繩,關扃於明靈之府,封縢於瑶壇之上者,靡得而闚也,至乃河洛之文,龜龍之圖"(卷一百十二上),亦引《尚書中候》曰:"堯沈璧於洛,玄龜負書背,中赤文朱字,止壇舜禮壇於河畔,沈璧,禮畢至於下昃,黄龍負卷舒圖出水壇畔。"文字同樣頗有差異。

以上所涉及的各條比對,都能夠發現一個主要的問題,即在注引時,這三種書對於讖緯文獻有極爲相似的關注點。這種共同的"關注點",應該不是憑空産生的。每個注家、編纂者看到的文獻材料差别極大,之所以形成如此集中的共同的關注點,是因爲這些内容在他們看到之前,已經被整合過了。這些讖緯文獻的内容看似十分零散,但它們又能夠以這種相近的面目在不同的注書、類書中存在,就是因爲它們曾經屬於一個整體。這個"整體",很可能是這之前已經在社會上流行的陳隋以來的類書。因而可以説,在讖緯文獻中部分内容被分解爲唐代公共知識的過程中,注書、類書對這些内容進行了充分的提取,影響了人們此後在讖緯文獻方面的知識結構。

五、餘論

本文通過對文選李善注引讖緯文獻的全面考察,以及通過它與《後漢書》李賢注、《藝文類聚》的對比,發現了若干問題,可以形成以下結論:

一、《文選》李善注引用了大量的讖緯文獻,所引篇目和《後漢書》李賢注和《藝文類聚》有很大的重合度,説明在唐代有一批流行的、活躍的主流讖緯文獻。

二、《文選》李善注中使用讖緯文獻作爲注釋時,並非漫無標準,而是對一些特定的相關類别最爲關注。也就是説,《文選》李善注使用的讖緯資料是充分"類别化"的。

三、《文選》李善注中有些讖緯文獻資料被重複使用,而且偶爾地,關於它們的表述會出現文字上的一些或大或小的差異。這説明,《文選》李善注所涉及的文本本身可能具有不穩定性,它們可能來源於不同版本,或者是李善本人對這些文字進行了不夠嚴謹的摘用。這和他處理經史類别的文字時有很大的不同。以此推之,也可能和此時讖緯文獻地位仍較低有關係。

四、《文選》李善注與《後漢書》李賢注、《藝文類聚》等史注、類書在讖緯文獻的使用方面有諸多共同關注點,這些關注點的産生應該並非巧合,而是代表了一種公共知識的存在。很可能發生的一種情況是，在他們讀到之前，讖緯文獻就已經被整合過了，方才産生了這些公共知識。而整合它們的，應該就是陳隋以來的類書。

【作者簡介】 蔡丹君，1982 年生，中國人民大學文學院講師，主要研究方向爲漢魏六朝文學文獻。

想象聖人的諸種方法
——宋人考辨《孟子》所載舜事的歷程及其特徵

王啓瑋

【提　要】《孟子》中記載的虞舜事迹是後世古史寫作的重要素材。然而隨著孟子升格運動在宋代的興起，《孟子》所載舜事持續引發兩宋學者的詰難與論辯，構成當時非孟與尊孟之争的一個焦點。在處理《孟子》與《尚書》相關記載的關係上（矛盾還是互補），在構建聖人形象的核心原則方面（以人情事理審視外在言行還是標舉聖心内在的超越性），北宋中後期學者和程、朱一系理學家有著極大分歧。同時兩宋古史著作對舜事的取捨，其歷時變化，亦受此思潮影響。

【關鍵詞】　孟子　舜事　非孟　疑古　聖人觀

古史之二帝三王，即堯、舜及夏禹、商湯、周文武，組成歷代儒者崇仰稱頌的聖人譜系。在這五位上古帝王裏，虞舜的形象具有以下兩個特點：首先，舜出生在"父頑，母嚚，象傲"的家庭，卻能"克諧以孝"[①]，因此受到帝堯登庸；其次，他還是連結堯至禹傳賢禪讓的樞紐人物。帝舜生平之大綱，見載於《尚書・堯典》（僞古文拆成《堯典》《舜典》二篇）。然《尚書》乃"人君辭誥之典"[②]，記事簡略，"斷自唐、虞以來，著其大事可以爲世法者而已"[③]。這些公共性的政治舉措顯然不能涵括舜的所有事迹，大部分關於舜孝與禪讓的具有豐富細節乃至傳説色彩的故實端賴《孟子》得以保留。换言之，虞舜個性之塑造很大程度上是藉由《孟子》一書完成的。

隨著北宋中後期孟子升格運動的勃興，以及當時士人對三代之治的傾力求索，《孟子》所載虞舜事迹於是持續引發兩宋學者的詰難與論辯。宋人的這一疑古辨僞活動主要經由子、史兩翼展開：一是《孟子》所述舜事構成宋代尊孟非孟之争的重要綫索，學者們往往自兹考辨入手從新審視該典籍藴含的歷史和思想資源；二是通過取捨舜帝史事廓清《史記》以來古史存在的雜説謬見，以重建契合經義的聖王形象。對於這樣一個横亘諸知識領域的歷時性的學術現象，筆者目力所及，尚未見學者有過集中討論，並且關於宋代尊孟非孟之争的

---

① 《尚書正義》卷二《堯典》，北京大學出版社，2000年，頁53。

② ［唐］孔穎達《尚書正義序》，《尚書正義》，頁2。

③ ［宋］歐陽脩《帝王世次圖序》，《居士集》卷四三，洪本健《歐陽脩詩文集校箋》，上海古籍出版社，2012年，頁1111。

現有研究在方法上主要採取静態的陣營劃分。是故,本文擬將論述重心放到動態的過程史研究上,以北宋中後期與南宋前中期兩個關鍵時段爲中心,呈現宋人對《孟子》所載舜事之質疑、回護,以及相互辯駁的歷程,不但考索他們論辯的具體内容,亦關注宋人對此問題的思考路徑,辨析不同人群在構建聖人形象方面的歧異視角,並以此典型個案切入關於兩宋非孟與尊孟命題的探討,同時嘗試結合當時的政治文化背景解釋疑古與"反"疑古之理路演替的根由及其影響。

一、《孟子》所載虞舜事迹及其對宋前古史撰述的影響

所謂"孟子道性善,言必稱堯舜"①,是知性善論及由堯、舜發端的道統脉絡及其理論體系之犖犖大端。就中"堯舜之道"構成孟子探求社會理想秩序的歷史憑據,而他將"堯舜之道"概括爲"孝弟而已矣"②,並强調"堯、舜與人同耳"③,即凸顯出一種内在倫理的取向。因此孟子尤爲重視舜作爲個體的經歷與品德,師生問答之間亦傾向於擷取此類軼事瑣聞,這與記録"帝王之制"④的《尚書》在取材上恰形成一定的反差和疏離。爲方便探究,現將《孟子》一書所載虞舜事迹臚列於下:

A 舜善與人同:大舜有大焉,善與人同。捨己從人,樂取於人以爲善。自耕、稼、陶、漁以至爲帝,無非取於人者。⑤

B 堯舉舜敷治中國:堯獨憂之,舉舜而敷治焉。舜使益掌火,益烈山澤而焚之,禽獸逃匿。禹疏九河,瀹濟漯,而注諸海;決汝漢,排淮泗,而注之江,然後中國可得而食也。⑥

C 舜不告而娶:舜不告而娶,爲無後也,君子以爲猶告也。⑦

D 舜盡事親之道而天下化:舜盡事親之道而瞽瞍底豫,瞽瞍底豫而天下化,瞽瞍底豫而天下之爲父子者定,此之謂大孝。⑧

E 舜乃東夷人:舜生於諸馮,遷於負夏,卒於鳴條,東夷之人也。⑨

F 舜號泣於天:舜往於田,號泣於旻天。⑩

G 堯歷試舜:帝使其子九男二女,百官牛羊倉廩備,以事舜於畎畝之中。

---

① 《孟子集注》卷五《滕文公章句上》,[宋]朱熹《四書章句集注》,中華書局,2010年,頁251。

② 《孟子集注》卷一二《告子章句下》,《四書章句集注》,頁339。

③ 《孟子集注》卷八《離婁章句下》,《四書章句集注》,頁300。

④ 《尚書序》,《尚書正義》卷一,頁13。

⑤ 《孟子集注》卷三《公孫丑章句上》,《四書章句集注》,頁239。

⑥ 《孟子集注》卷五《滕文公章句上》,《四書章句集注》,頁259。

⑦ 《孟子集注》卷七《離婁章句上》,《四書章句集注》,頁287。此事又見《孟子集注》卷九《萬章章句上》,頁303。

⑧ 《孟子集注》卷七《離婁章句上》,《四書章句集注》,頁287。

⑨ 《孟子集注》卷八《離婁章句下》,《四書章句集注》,頁289。

⑩ 《孟子集注》卷九《萬章章句上》,《四書章句集注》,頁302。

天下之士多就之者，帝將胥天下而遷之焉。爲不順於父母，如窮人無所歸。[①]

H 舜之父母弟欲殺舜：父母使舜完廩，捐階，瞽瞍焚廩。使浚井，出，從而揜之。象曰："謨蓋都君咸我績。牛羊父母，倉廩父母，干戈朕，琴朕，弤朕，二嫂使治朕棲。"象往入舜宫，舜在牀琴。象曰："鬱陶思君爾。"忸怩。舜曰："惟兹臣庶，汝其於予治。"[②]

I 舜流四凶而封象：舜流共工於幽州，放驩兜於崇山，殺三苗於三危，殛鯀於羽山，四罪而天下咸服，誅不仁也。象至不仁，封之有庳。[③]

J 舜臣堯與瞽瞍：舜南面而立，堯帥諸侯北面而朝之，瞽瞍亦北面而朝之。舜見瞽瞍，其容有蹙。[④]

K 舜避堯子：舜相堯二十有八載，非人之所能爲也，天也。堯崩，三年之喪畢，舜避堯之子於南河之南。天下諸侯朝覲者，不之堯之子而之舜；訟獄者，不之堯之子而之舜；謳歌者，不謳歌堯之子而謳歌舜，故曰天也。夫然後之中國，踐天子位焉。而居堯之宫，逼堯之子，是篡也，非天與也。[⑤]

L 堯舜迭爲賓主：舜尚見帝，帝館甥於貳室，亦饗舜，迭爲賓主，是天子而友匹夫也。[⑥]

M 舜居深山：舜之居深山之中，與木石居，與鹿豕遊，其所以異於深山之野人者幾希。及其聞一善言，見一善行，若決江河，沛然莫之能禦也。[⑦]

N 懸擬瞽瞍殺人則舜竊負而逃：桃應問曰："舜爲天子，皋陶爲士，瞽瞍殺人，則如之何？"孟子曰："執之而已矣。"……"然則舜如之何？"曰："舜視棄天下，猶棄敝蹝也。竊負而逃，遵海濱而處，終身欣然，樂而忘天下。"[⑧]

O 舜隨遇而安：舜之飯糗茹草也，若將終身焉；及其爲天子也，被袗衣，鼓琴，二女果，若固有之。[⑨]

上述事件可初步分作兩組，ABDEGLMO 諸事均爲孟子自述己見之際援引的虞舜史事，因與經典未見明顯牴牾，在後世争議不大，可暫不論。而 CFHIJKN 諸事則多屬孟子弟子發問的内容，各歸在萬章（CFHI）、咸丘蒙（J）、桃應（N）名下，K 舜避堯子事雖非出諸門人之口，然亦在孟子回答萬章

---

① 《孟子集注》卷九《萬章章句上》，《四書章句集注》，頁 302。此事又見《孟子集注》卷一〇《萬章章句下》，頁 322。

② 《孟子集注》卷九《萬章章句上》，《四書章句集注》，頁 303。

③ 《孟子集注》卷九《萬章章句上》，《四書章句集注》，頁 305。

④ 《孟子集注》卷九《萬章章句上》，《四書章句集注》，頁 305－306。

⑤ 《孟子集注》卷九《萬章章句上》，《四書章句集注》，頁 308。按，與之同等的事件還有《孟子集注》卷九《萬章章句上》："昔者，舜薦禹於天，十有七年，舜崩。三年之喪畢，禹避舜之子於陽城，天下之民從之，若堯崩之後不從堯之子而從舜也。禹薦益於天，七年，禹崩。三年之喪畢，益避禹之子於箕山之陰。朝覲訟獄者不之益而之啓，曰：'吾君之子也。'謳歌者不謳歌益而謳歌啓，曰：'吾君之子也。'"《四書章句集注》，頁 308。後人一般將舜、禹、益避君子事一並來看。

⑥ 《孟子集注》卷一〇《萬章章句下》，《四書章句集注》，頁 318。

⑦ 《孟子集注》卷一三《盡心章句上》，《四書章句集注》，頁 353。

⑧ 《孟子集注》卷一三《盡心章句上》，《四書章句集注》，頁 359－360。

⑨ 《孟子集注》卷一四《盡心章句下》，《四書章句集注》，頁 356。

“堯以天下與舜”之問時述及[①]。值得注意的是，孟子師徒於問答之時顯已意識到關於舜的部分故實和經典記載及先聖言論有所未合，如萬章之困惑於舜不告而娶，是因爲“《詩》云，‘娶妻如之何？必告父母’。信斯言也，宜莫如舜”[②]。又如孟子爲解咸丘蒙之惑，亦引述《堯典》與孔子之語以證明舜臣堯事爲“齊東野人之語”[③]。咸丘氏嗣後則又提出舜既爲天子而瞽瞍之非臣的事實與《詩》“普天之下，莫非王土。率土之濱，莫非王臣”的說法相抵觸[④]。萬章等高徒的質疑正說明，這些長期流傳而外於經典的舜帝故事構成了可能妨害聖賢形象的問題點，必須予以妥當安置以消解傳聞與經典之間甚至經典內部存在的矛盾和罅隙。此種紕漏在《孟子》裏不獨舜有之，而是遍及儒家確立的聖域之中。如齊宣王詰問“文王之囿方七十里”過於廣闊侈大，“湯放桀，武王伐紂”乃“臣弒其君”，孟子衹得在承認“於傳有之”的基礎上從事辯護。[⑤] 又陳賈曾指出周公“使管叔監殷，管叔以殷畔。知而使之，是不仁也；不知而使之，是不智也”這樣兩難的處境[⑥]。再如公孫丑對伊尹放太甲於桐感到疑惑[⑦]。復如萬章對人有言“至於禹而德衰，不傳於賢而傳於子”與“伊尹以割烹要湯”大爲不解[⑧]。即連孟子自己亦由“武王伐紂血之流杵”事得出“盡信書，則不如無書”的見解[⑨]。可見彼時智識階層對古史的檢討是較爲普遍深入的。同時萬章也質詰孔子的若干言行[⑩]。孟子對所有問題一一進行了回應。事實上，在理性高揚的戰國時代，孟子自覺擔負的一項重任就是於反思古史的浪潮中盡力維護儒家聖賢偶像的完美品格。

不過與其他聖哲事迹皆有經典明文相印證不同，舜事則不僅存在時人解釋的歧異，甚而其源頭亦可能只是大衆口耳相傳，故始終未升入經典的序列。帝舜極似民間傳説中的“箭垛式人物”，圍繞著這一特定角色（孝子與禪讓），諸多觀念先行乃至包含極端情節的故事遂被附會於其身。無怪孟子曾感歎：“堯、舜不勝其美，桀、紂不勝其惡。”[⑪]是故，舜的第二組故事悉數聚集在家庭倫理（CFHIJN）與避位（K）問題上，而 N 之瞽瞍殺人雖爲桃應假設之辭，但有 H 瞽瞍欲殺舜事作鋪墊，亦非無根之談。

實際上，盛行於先秦的虞舜傳説系統要比後世流傳的版本遠爲駁雜，如

---

① 《孟子集注》卷九《萬章章句上》，《四書章句集注》，頁 307。

② 《孟子集注》卷九《萬章章句上》，《四書章句集注》，頁 303。

③④ 《孟子集注》卷九《萬章章句上》，《四書章句集注》，頁 306。

⑤ 《孟子集注》卷二《梁惠王章句下》，《四書章句集注》，頁 214、221。

⑥ 《孟子集注》卷四《公孫丑章句下》，《四書章句集注》，頁 246。

⑦ 《孟子集注》卷一三《盡心章句上》，《四書章句集注》，頁 358。

⑧ 《孟子集注》卷九《萬章章句上》，《四書章句集注》，頁 308－309。

⑨ 《孟子集注》卷一四《盡心章句下》，《四書章句集注》，頁 364－365。

⑩ 如萬章曾問：“或謂孔子於衛主癰疽，於齊主侍人瘠環，有諸乎？”《孟子集注》卷九《萬章章句上》，《四書章句集注》，311 頁。又：“孔子在陳，曰：‘盍歸乎來！吾黨之小子狂簡，進取，不忘其初。’孔子在陳，何思魯之狂士？”《孟子集注》卷一四《盡心章句下》，《四書章句集注》，頁 374。

⑪ [漢]應劭《風俗通義・正失》引孟子語，王利器《風俗通義校注》卷二，中華書局，1981 年，頁 59。

《庄子》以"舜不孝""舜流母弟"等違逆孝悌之事力反儒家的二帝三王譜系①。又《韓非子·忠孝》也嘗試從内部瓦解虞舜的聖人形象:"瞽瞍爲舜父而舜放之,象爲舜弟而殺之。放父殺弟,不可謂仁;妻帝二女而取天下,不可謂義。……《詩》云:'普天之下,莫非王土;率土之濱,莫非王臣。'信若《詩》之言也,是舜出則臣其君,入則臣其父,妾其母,妻其主女也。"②舜放父殺弟均與《孟子》D舜大孝而天下化、I舜封象有庳適相悖反,而舜臣堯與父之事則屬孟子眼中的齊東野語。蘇鶚《演義》引《汲冢竹書》亦載:"舜篡堯位,立丹朱城,俄又奪之。"③與K舜避堯之子全然相背。《庄》《韓》《竹書》三書擇用的古史片斷可能出自另一系統。另如《天問》講到:"舜閔在家,父何以鱞?堯不姚告,二女何親?……舜服厥弟,終然爲害。何肆犬豕,而厥身不危敗?"④數問之内已賅備C舜不告而娶、H舜之父母弟欲殺舜等事件梗概,足可與《孟子》互爲佐證。又如《吕氏春秋》有"舜有不孝之行"⑤之語,據高誘注即指C舜不告而娶一事。由上可知,《孟子》記載的虞舜故事由來有自,誇飾超常的情節亦可能承載著真實有效的歷史信息。因此孟子除否定J舜臣堯一事外,對多數軼事雖未給予贊同,亦不至遽然排斥,而是採取闡釋的策略,努力彌縫古史與理想的差距。

《孟子》所述舜事很快成爲後代史家撰修古史的重要來源⑥。如漢初《淮南子》即言:"舜不告而娶,非禮也。"⑦年輩稍晚的司馬遷更爬羅剔抉《堯典》和《孟子》等古書的相關記載,作《史記·五帝本紀》:"堯乃賜舜絺衣,與琴,爲築倉廩,予牛羊。瞽叟尚復欲殺之,使舜上塗廩,瞽叟從下縱火焚廩。舜乃以兩笠自扞而下,去,得不死。後瞽叟又使舜穿井,舜穿井爲匿空旁出。舜既入深,瞽叟與象共下土實井,舜從匿空出,去。瞽叟、象喜,以舜爲已死。象曰:'本謀者象。'象與其父母分,於是曰:'舜妻堯二女,與琴,象取之。牛羊倉廩予父母。'象乃止舜宫居,鼓其琴。舜往見之。象鄂不懌,曰:'我思舜正鬱陶!'舜曰:'然,爾其庶矣!'……三年喪畢,讓朱丹,天下歸舜。……舜之踐帝位,載天子旗,往朝父瞽叟,夔夔唯謹,如子道。封弟象爲諸侯。"⑧此段敘事明爲參酌移用《孟子》所載H舜之父母弟欲殺舜、K避位、I封象三事而成,司馬遷還增益了虞舜逃生的情節,俾使整個故事更爲可信。

由於《史記》在後世備受尊崇,《五帝本紀》所確立的帝舜生平於是成爲古

① 《莊子·雜篇·盜跖》,[清]郭慶藩《莊子集釋》卷九下,中華書局,1985年,頁779、1005。

② 《韓非子·忠孝》,[清]王先慎《韓非子集解》卷二〇,中華書局,2003年,頁467。

③ 范祥雍《古本竹書紀年輯校訂補》,上海人民出版社,1962年,頁7。

④ 《楚辭·天問》,[宋]洪興祖《楚辭補注》卷三,中華書局,1983年,頁103-104。

⑤ [戰國]吕不韋《吕氏春秋·仲冬紀》,許維遹《吕氏春秋集釋》卷一一,中華書局,2009年,頁251。

⑥ 關於舜孝故事在後世的演變,參見陳泳超《堯舜傳説研究》第七章《堯舜傳説的倫理觀照——舜孝故事》,南京師範大學出版社,2000年,頁208-222;尚永亮《英雄·孝子·準棄子——虞舜被害故事的文化解讀》,《文學遺産》2014年第3期,頁4-12。本文在參考前人研究的基礎上,主要關注《孟子》所述虞舜故事在古史著述中的流變。

⑦ [漢]劉安《淮南子·氾論訓》,何寧《淮南子集釋》卷一三,中華書局,頁917。

⑧ 《史記》卷一《五帝本紀》,中華書局,1963年,頁34-44。

史叙述的權威版本。如劉向《新序》載:“瞽瞍與象,爲浚井塗廩之謀,欲以殺舜,舜孝益篤。出田則號泣,謂至孝矣。”[①]概述 H 舜之父母弟欲殺舜外又添入 F 號泣於天的細節。《列女傳》承襲 H 焚廩掩井、I 封象有庳、F 號泣於天三事,並將主角改換爲“有虞二妃”,令她們擔當起救護虞舜的角色。故事因此頗具神異色彩,情節亦更顯曲折[②]。又如《史記正義》引梁武帝《通史》:“瞽叟使舜滌廩,舜告堯二女,女曰:‘時其焚汝,鵲汝衣裳,鳥工往。’舜既登廩,得免去也。”又:“舜穿井,又告二女。二女曰:‘去汝裳衣,龍工往。’入井,瞽叟與象下土實井,舜從他井出去也。”[③]可能就有參考古本《列女傳》的叙述。復如《金樓子·后妃篇》“有虞二妃”一段全盤沿用古本《列女傳》、《通史》的事件流程。同書《興王篇》記録 K 避位一事較爲明晰:“三年禮畢。舜避丹朱於河南。諸侯朝覲訟獄者,不之丹朱,而之舜。”[④]“帝舜有虞氏”一節則更重複“象傲,瞽瞍頑,後母嚚,咸欲殺舜。使舜入井,舜鑿井旁行”的掩井情節[⑤],意欲補足帝舜側微時的純孝。此外《韓詩外傳》、《说苑》、《孔子家語》、《帝王世紀》尚有“(象)傲而父頑母嚚,咸欲殺舜,舜能和諧,大杖則避,小杖則受”[⑥]這樣與 H 家人欲殺舜類似的記載。總之,《孟子》所述舜事在六朝學者那裏普遍得到認可,就中 H 焚廩掩井故事尤受矚目,其情節要素在歷代撰述中反而层累地增加。

逮至唐代,《孟子》所叙舜事在士人中間仍有很大影響,如杜佑《通典》便以“舜不告而娶”爲前提推導出當時“不立正妃,但三妃而已,謂之夫人”的後宫建制[⑦]。同時,學者對古史的反思亦自兹萌蘖。以舜事爲例,如劉知幾《史通·疑古》留意到《堯典》與《汲冢瑣語》關於虞舜即位各有禪讓、篡奪二説,指出“堯之授舜,其事難明,謂之讓國,徒虚語耳”[⑧]。又如同書《暗惑》篇質疑《史記》“瞽叟使舜穿井,爲匿空旁出”的記載是變聖人作方外之士,所採史事有失雅馴[⑨]。晚唐陸龜蒙《雜説》的論説則愈加剴切:“先儒曰:瞽瞍憎舜,使塗廩浚井,酖於觴酒,欲從而殺之。舜謀於二女,二女教以鳥工、龍工、藥浴、注豕,而後免矣。夫勢之重,壯夫不能不畏,位之尊,聖人不得不敬。况舜婿於天子,頑嚚嫚戾者,獨不畏之,又從而殺之。且堯之妻二女、帥九子,觀舜之德,舜乃受教於女子,其術怪且如是,是不教人以孝道,教人以術免也。固堯使劻之,非觀

① [漢]劉向《新序·雜説》,石光瑛《新序校釋》卷一,中華書局,2001 年,頁 8-9。

② [漢]劉向《列女傳·母儀傳》,[清]王照圓《列女傳補注》卷一,華東師範大學出版社,2012 年,頁 1-2。按,《楚辭補注·天問》“何肆犬豕,而厥身不危敗”句下注引古本《列女傳》:“瞽叟與象謀殺舜,使塗廩。舜告二女。二女曰:‘時唯其戕汝,時唯其焚汝,鵲如汝裳衣,鳥工往。’舜既治廩,戕旋階,瞽叟焚廩。舜往飛。復使浚井,舜告二女。二女曰:‘時亦唯其戕妝,時其掩汝。汝去裳衣,龍工往。’舜往浚井,格其入出,從掩,舜潛出。”《楚辭補注》,頁 104。鳥工、龍工云云顯然更增神話要素。

③ 《史記》卷一《五帝本紀》,頁 35。

④ [梁]蕭繹《金樓子·后妃篇》,許逸民《金樓子校箋》卷一,中華書局,2011 年,頁 74。

⑤ [梁]蕭繹《金樓子·興王篇》,《金樓子校箋》卷一,頁 93。

⑥ [晋]皇甫謐《帝王世紀》,徐宗元《帝王世紀輯存》卷一《自皇古至五帝》,中華書局,1964 年,頁 41。

⑦ [唐]杜佑《通典》卷三四《職官十六》“后妃條”,中華書局,1992 年,頁 945。

⑧ [唐]劉知幾《史通·外篇·疑古》,[清]浦起龍《史通通釋》卷一三,中華書局,1978 年,頁 383。

⑨ [唐]劉知幾《史通·外篇·暗惑》,《史通通釋》卷二〇,頁 572。

德也,何足以天下付?"①一面追隨劉説繼續掃蕩 H 焚廩掩井故事中後人敷演的超經驗的離奇情節,一面通過强調舜的勢尊位重以説明瞽瞍必不敢殺其子。不過劉、陸等個别學者對舜事的理性審察屬於主流歷史叙述之外的孤立現象,更重要的是,唐人的這番辨僞囿於《史記》、《列女傳》等史籍,膠著於史事本身,未溯逆至史源《孟子》。因此,雖則陸龜蒙的相關論述已開宋人同類議論的先河,但唐人的反思終似未達一間。真正建立起共同的論辯場域,並能夠融通經、史,從問題源頭上進行終極的思索,這樣的學術成就則有待宋人完成。

二、北宋中後期的舜事檢討:以孟子升格爲背景

兩宋之交陳巖肖的《庚溪詩話》卷下載有這樣一則軼事:"江南李泰伯,嘗著書非孟子,名曰《常語》。時有一士人,……因録所業詩數篇投之,其首章乃非孟詩也。詩曰:'焚廩捐階事可嗤,孟軻深信不知非。岳翁方且爲天子,女壻如何弟殺之?'言雖鄙俚,然頗合李之意。李喜甚,留飲連日,酒盡方去。"②可見 H 瞽瞍欲殺舜事成爲北宋中期學者如李覯非孟的重要依據,而廣爲人知。此外,南宋初洪邁有段論説亦頗堪玩味:"《孟子》之書,上配《論語》,唯記舜事多誤,故自國朝以來,司馬公、李泰伯及吕南公皆有疑非之説。其最大者,證萬章塗廩、浚井、象入舜宫之問以爲然也。"③這實際是在總結經歷北宋以降的學術進程後一般學者對《孟子》的認識:一則差可比擬《論語》,幾能由子升經;二則記古史之舜事多誤,特别是宋前史家涉筆尤夥的 H 瞽瞍欲殺舜事,是爲憾事。像洪邁這樣白璧微瑕式的定位在孟學史上是前古未有的,而要探尋此種觀念何所從來,洪氏亦爲我們揭櫫生發之時點:李覯、司馬光、吕南公等學者活躍的北宋中後期;以及思考的兩個維度:該階段儒學復興大勢下的孟子升格與疑古思潮。

孟子升格運動是兩宋經學史上的大事件,學界的通常觀點是,《孟子》之見重要到仁宗慶曆時期方實質展開,並迅速於神宗朝達到高潮。又因王安石之極力推許孟子,孟子升格運動由此在士人自發的尊孟行爲之上還獲得了朝廷的認可和支持,其學理之探討亦漸趨深刻④。因此對於北宋中後期的士人來説,無論是像王安石那樣素喜孟子,抑認爲孟子難稱醇儒,不拘尊孟、非孟或調和者的立場若何,他們都無法忽視《孟子》在知識界乃至國家輿論導向上不斷

① 《全唐文》卷八〇一,中華書局影印本,1983 年,頁 8412。

② [宋]陳巖肖《庚溪詩話》,丁福保《歷代詩話續編》,中華書局,1983 年,頁 185。

③ [宋]洪邁《容齋三筆》卷五"舜事瞽叟"條,《容齋隨筆》,中華書局,2005 年,頁 477。

④ 參見徐洪興《唐宋間的孟子升格運動》,《中國社會科學》1993 年第 5 期,頁 101－116。徐文將孟子升格運動大致分爲四個階段:中唐至唐末爲濫觴期,北宋慶曆前後爲初興期,北宋熙、豐前後爲勃興期,南宋中葉及稍後爲完成期。吴國武亦認爲入宋以來,《孟子》之見重可以歸結爲兩個階段:第一階段宋初諸儒對《孟子》文本的校勘整理以及對孟子本人的推崇。第二階段宋仁宗至神宗朝諸儒在制度設計和義理發揮上開創孟子學的新格局。參見吴國武《〈五臣解孟子〉與宋代孟子學》,《國學學刊》2014 年第 3 期,頁 83－94。

增長的影響力。由於此期《孟子》已然切切實實進入當時士人閲讀和思考的視野之中,其所叙舜事潛藏的問題點至此始得深入而全面的抉發。

較早如仁宗朝孫抃著《辨孟》,下篇專駁 N 虚構瞽瞍殺人則舜竊負而逃一事,以爲孟子設計的處置方案"迂闊怪誕"①。議論總體上語絮而識未深,尚屬非孟的早期形態。朱熹的評價是:"今讀此書氣象似是,……所論雖無甚奇,孟子意亦正不如此,似亦可以見其淳質之風。"②孫氏的後輩對同一事件的思考就更顯周密,劉敞《明舜》、司馬光《疑孟》、《五臣解孟子》之范祖禹説③及蘇轍《孟子解》相關條目之立論均可分作兩層來理解:底層是攻訐孟子師徒設問不遵經義,如司馬光提到:"《虞書》稱舜之德曰:'父頑,母嚚,象傲。克諧以孝,烝烝乂,不格姦。'所貴於舜者,爲其能以孝和諧其親,使之進,進以善自治而不至於惡也。如是,則舜爲子,瞽叟不殺人矣。"④《尚書》既已明言"不格姦",則桃應之問實乃"無稽之言"⑤,不值孟子一答;上層則是批駁孟子的答復"非君子之論"⑥,如劉敞認爲即使退一步説瞽叟殺人,聖人自可用權,以父子之親、君臣之義原之,故皋陶必不執縛,舜更不至於竊負而逃⑦。如此一來就同時揭露了《孟子》"擬事之謬"和"議論之陋"兩方面的缺陷。

宋人對 N 瞽瞍殺人事實層面的清算反映出這樣的邏輯:經典(《尚書》)擁有天然的權威性,任何與之違背的史事皆屬舛謬。於是《書》之"不格姦"一語亦被李覯、劉敞用來否定 H 焚廪掩井事,又被蘇軾援引以質疑 H 焚廪掩井、C 舜不告而娶二事⑧。此外李覯申説瞽、象殺舜的方法太過迂曲,並且在舜貴爲天子婿的前提下,象之弑兄奪嫂而無慮懲罰,以及舜脱險後立時轉憂爲喜,實是事乖理爽。司馬光、蘇軾對不合人情常理的舉動也很反感,司馬光認爲 N 舜竊負而逃絶難成行,理由便是:"舜既爲天子矣,天下之民戴之如父母,雖欲遵海濱而處,民豈聽之哉?"⑨蘇軾則通過類比推論抵制 C 舜不告而娶一事:"自舜已來,如瞽叟者,蓋亦有之,爲人父而不欲其子娶妻者,未之有也。故曰:緣禮而不得其妻者,天下無有也。"⑩

---

① [宋]孫抃《辨孟下》,《全宋文》卷四七四,上海辭書出版社、安徽教育出版社,2006 年,第 22 册頁 367。

② [宋]朱熹《與柯國材》,《朱子遺集》,《朱子全書》第 26 册,上海古籍出版社,安徽教育出版社,2002 年,頁 619。

③ 范説詳見[宋]羅泌《路史·餘論》卷七引"五臣范",四部備要影印本,頁 209。

④ [宋]司馬光《疑孟》,《司馬光集》卷七三,四川大學出版社,2010 年,頁 1493。

⑤ [宋]洪邁《容齋三筆》卷五"舜事瞽叟"條,《容齋隨筆》,頁 477。

⑥ [宋]蘇轍《孟子解》,《欒城後集》卷六,《蘇轍集》,中華書局,2004 年,頁 956。

⑦ [宋]劉敞《明舜》,《全宋文》卷一二九二,第 59 册 324 - 326 頁。

⑧ 諸説分别見:[宋]李覯《常語佚文》,《李覯集》附録一,中華書局,2011 年,頁 543;[宋]劉敞《明舜》,《全宋文》卷一二九二,第 59 册頁 325;[宋]蘇軾《東坡書傳》卷一《堯典》,曾棗莊、舒大剛《三蘇全書》第 1 册,語文出版社,2001 年,頁 443 - 444,[宋]邵博《邵氏聞見後録》卷一一引蘇軾《論語説》,中華書局,1983 年,頁 78。

⑨ [宋]司馬光《疑孟》,《司馬光集》卷七三,頁 1494。

⑩ 《邵氏聞見後録》卷十一引蘇軾《論語説》,頁 78。

一則援引經典以排斥異説，一則訴諸常情以指僞，以上理路説明劉敞、司馬光等人想象的聖賢形象至少要符合兩個要求：一是適配舊有的“六經”體系；二是即使神聖如舜，或頑、嚚、傲如其父、其母、其弟，他們首先應是遵循基本人情事理的個人[①]。而未經先聖之手的《孟子》顯然對這兩種觀念均造成了衝擊。有學者指出，北宋中期“正是士大夫間的常識（common sense）成爲思想而擁有力量的時代”，“人情”的概念被以歐陽脩爲代表的慶曆士人廣泛使用[②]。北宋中晚期學者之所以反復審視《孟子》所載舜事，正是因爲他們也和孟子一樣都在其中發現了解構上古聖人的潜在因子。如李覯反對 K 舜避堯子之事，就講到：“禹、舜未相避也。由孟子之言，則古之聖人作僞者也，好名者也。”[③]司馬光論及 N 懸擬瞽叟殺人的善後事宜，亦覺“是君臣相與爲僞以欺天下也”[④]。聖人作僞的憂慮同樣是他們運用人情常理觀照聖人言行而必然得出的結論。

不過和孟子只否認 J 舜臣堯一事不同，由於宋人已然脱離傳説盛行的歷史語境，便理所當然地把所有可能損害虞舜形象的軼聞都掃入齊東野語中，通過完全取消部分舜事的真實性達到衛道的目的。如司馬光認定 N 瞽叟殺人事“是特委巷之言”[⑤]，蘇轍亦將此事視作“野人之言”[⑥]。李覯認爲 H 焚廩掩井的所有情節“皆委巷之説而孟子之聽不聰也”[⑦]，K 避位之事則“吾夫子未之言”[⑧]。歐陽脩也説：“舜之塗廩、浚井，不載於六經，不道於孔子之徒，蓋俚巷人之語也。及其傳也久，孟子之徒道之。”[⑨]同樣在經典與 H 焚廩掩井事之間劃出明確的界限。蘇軾亦認爲：“凡言舜之事，不告而娶，避堯之子於南河之南，舉皆齊東野人之語，而二子（指孟子、司馬遷）不察也。”[⑩]又把 C 舜不告而娶、K 舜避堯子歸入僞事。經過宋人對舜事的一番糾謬、清理，孟子自己提出的“齊東野人之語”的範圍大爲拓展，覆蓋了第二組的 CHKN 四事。剩下的 FI 二事與經典的矛盾並不尖鋭，孟子的解釋也較爲圓融，甚至 F“舜往於田，號泣於旻天”[⑪]之語還被僞古文《尚書》之《大禹謨》幾乎原樣抄録。至於 I 封象有庳，既然象已被兄長孝心順化而“不格姦”，當不至於萬章所説的“象至不仁”[⑫]，理應憑兄貴封爲諸侯。因而此二事皆在宋人的容許限度之内。

當然，在孟子升格的總趨勢下，北宋中後期士人對孟子之言説是普遍接納

① 這兩種思路實際延續了以劉知幾爲代表的唐人文獻辨僞的法門，不過劉知幾《史通》以之疑經惑傳（特别是《尚書》《春秋》），而宋儒則用來尊經，目的有根本差異。

② 土田健次郎著、朱剛譯《道學之形成》，上海古籍出版社，2010 年，頁 55 – 64。

③ ［宋］李覯《常語佚文》，《李覯集》附録一，頁 542。

④⑤ ［宋］司馬光《疑孟》，《司馬光集》卷七三，頁 1494。

⑥ ［宋］蘇轍《孟子解》，《欒城後集》卷六，《蘇轍集》，頁 956。

⑦ ［宋］李覯《常語佚文》，《李覯集》附録一，頁 543。

⑧ 《邵氏聞見後録》卷一二引李覯《常語》，頁 94。

⑨ ［宋］歐陽脩《易或問三首》其二，《居士集》卷一八，《歐陽脩詩文集校箋》，頁 536。

⑩ ［宋］蘇軾《東坡書傳》卷一《堯典》，《三蘇全書》第 1 册，頁 444。

⑪ 《孟子集注》卷九《萬章章句上》，《四書章句集注》，頁 302。

⑫ 《孟子集注》卷九《萬章章句上》，《四書章句集注》，頁 305。

的。即便是這些在具體問題上堅持異議的學者,他們的態度也甚爲通達。以舜事爲例,歐陽脩嘗云:"舜之塗廩、浚井,……事固有出於繆妄之説。其初也,大儒君子以世莫之信,置而不論。及其傳之久也,後世反以謂更大儒君子而不非,是實不誣矣。由是曲學之士,溺焉者多矣。"[①]一開端就將H焚廩掩井事定性爲繆妄之説,卻在後文處處替孟子開脱,仍以"大儒君子"目之。劉敞則一面排擊孟子N瞽叟殺人舜竊負而逃的觀點"察而不盡理,權而不盡義"[②],一面卻另在《公是先生弟子記》裏解惑説此"故父子天性也。孟子可謂知舜矣"[③]。可見其立場並不徹底。司馬光《疑孟》非難N瞽叟殺人事,兩次强調此委巷之言"殆非孟子之言也"[④],語氣就比李覯的前述總結和緩許多。而即是李覯,雖在《常語》中嚴詞駁斥H焚廩掩井、K舜避堯子二事,卻於他文舉N瞽叟殺人事爲例:"孟子謂舜爲天子,皋陶爲士,瞽瞍殺人,則執之。舜視棄天下猶棄敝蹝也,竊負而逃,遵海濱而處,終身訢然,樂而忘天下。彼天子父猶不可曲法,而况官之子孙乃用蔭乎?"[⑤]就甚爲贊同孟子提出的竊負而逃之説。

三、來自程、朱一系的反駁:聖賢與常人的分野

與唐代學者只有零星幾人反思古史不同,宋人的非孟和疑古活動從北宋中晚期甫一啓動,就在士人中間形成了具有普遍性的思潮,學者之間的交流及學術信息的傳遞以前此無有的廣度和深度進行,舜事則是他們集矢之的。活躍於當時的非孟、疑古學者大致可分爲以下幾個聯繫緊密的學術群體:一是以司馬光爲核心的非孟派,司馬光自作有《疑孟》、《史剡》。參與編修《資治通鑒》的劉恕著《通鑒外紀》,其於上古史料的考辨和去取頗與司馬光《稽古録》相合,劉恕對孟子也有駁斥。又有范鎮撰《正書》疑古惑經,司馬光亦引爲同調:"舜無塗廩浚井之事。……凡此之類,皆光素所探揣,謂其當然而未敢自信。今乃幸與景仁如合符契,豁然決矣。"[⑥]此團體中後輩的代表如仰慕司馬光的晁説之,晁氏《詆孟》惜已亡佚,他政和初作《申劉》辨舜避河南事:"説之十餘年來始不惑於孟子,爲之辯正,大端自謂悉矣。及見劉道原説'月正元日,舜格於文祖',是堯崩踰年事,不待三年喪畢。其斥孟子甚明,且罪孔安國仍輒之繆。乃大聳歎恨,不得道原而在北面師事焉。……其薦益事,則温公辯之矣。"[⑦]便續

① [宋]歐陽脩《易或問三首》其二,《居士集》卷一八,《歐陽脩詩文集校箋》,頁536。

② [宋]劉敞《明舜》,《全宋文》卷一二九二,第59册頁325。

③ [宋]劉敞《公是先生弟子記》卷三,華東師範大學出版社,2010年,頁45。

④ [宋]司馬光《疑孟》,《司馬光集》卷七三,頁1494。

⑤ [宋]李覯《周禮致太平論五十一篇·刑禁第四》,《李覯集》卷一〇,頁105。

⑥ [宋]司馬光《問景仁以正書所疑書》,《司馬光集》卷六一,頁1282。按,范鎮《正書》(一名《正言》)原有三卷(參蘇軾《范景仁墓志銘》)。據汪應辰《題范蜀公集》,他乾道末守成都時整理范鎮文集,"《正書》所得止一卷",汪應辰分爲二卷,但内無司馬光所説的"舜無塗廩浚井之事",可見已非全帙。《宋史·藝文志》著録《正書》一卷,其後便告亡佚。

⑦ [宋]晁説之《申劉》,《全宋文》卷二八一三,第130册頁234-235。

申劉恕見解，並祖述温公之説。再是蘇軾、蘇轍兄弟，二蘇的經史研究向來互補而互通，非孟、疑古的相關著作如蘇軾《東坡書傳》、《論語説》，蘇轍《孟子解》、《古史》。三是以李觏爲中心的師友圈，李觏著《常語》非議《孟子》。傅野、陳次公師事李觏，兩人作《述常語》稱頌師説。洪邁提到的吕南公亦與李觏、傅野等人交好。

跨入南宋後，士人對前人非孟的主要觀點極爲熟稔，前引洪邁之言即是在這一背景下産生的。和洪邁同時的邵博《邵氏聞見後録》卷十一至十三收録古今“或非或疑或辯或黜”孟子的諸家之説，涉及到宋人就有司馬光《疑孟》、蘇軾《論語説》、李觏《常語》、陳次公《述常語》、傅野《述常語》、劉敞《明舜》、張俞《諭韓愈稱孟子功不在禹下》、劉恕《資治通鑒外紀》、晁説之《奏審皇太子讀孟子》等九家[①]。孝宗朝余允文作《尊孟辨》及《續辨》，“凡辨司馬光《疑孟》者十一條，附《史剡》一條，辨李觏《常語》者十七條，鄭厚叔《藝圃折衷》者十條。《續辨》則辨王充《論衡・刺孟》者十條，辨蘇軾《論語説》者八條”[②]，其在《尊孟續辨序》裏另提及“近世如何深之《删孟》、晁説之《詆孟》、劉原父道原、張俞輩皆非議孟子”[③]，則此書雖爲尊孟所作，但亦可看成是非孟聲音的又一次集結。

而要全面回應這股尊孟大勢下由一時名儒匯成的逆流，洵非易事。如北宋中晚期徐積《答舜問》：“事蓋有不幸而有之也。以父子言之，孝也；以天下言之，公也；以萬世言之，教也。”[④]此種囿於權衡“孝”與“公”的義理之辨在當時的説服力極爲有限，不過是後息爲勝。余允文《尊孟辨》亦循此理路，只不過偏重其中的父子之道，朱熹卻認爲如此論辯適得其反：“隱之之辨，專以父子之道爲言，卻似實有此事，於義未瑩。”[⑤]這説明倘要完成替孟子辯護的任務，必須首先掙脱非孟之人確立的闡釋邊界，避免僅就事論事之真僞是非，主動進行思考路徑的轉向，在新的未被普遍質疑的基準上論證《孟子》所載舜事的價值。另一方面，雖則王安石在神宗朝積極踐行先王之道，大力推動《孟子》升經，新學中人的孟學著作也很繁盛，據《文獻通考・經籍考》載：“介甫素喜《孟子》，自爲之解，其子雱與其門人許允成皆有注釋，崇、觀間場屋舉子宗之。”[⑥]此外，安石摯友王令有《孟子講義》五卷，門人龔原有《孟子解》五卷，然而這些經解無一存世。沈括《長興集》中收録《孟子解》，卻未及舜事。因此現已無能窺知王門學人們對此問題的見解。直到以二程、朱熹一系爲主軸的道學群體的壯大，尊孟的學者方達成爲孟子辯護的目標。

二程開創元祐學術之洛學一派，本與荆公新學在具體政見和學術觀念上均扞格不入，然就探討《孟子》所述上古史而言，理學和新學中人的思考方式可

---

① 《邵氏聞見後録》卷一一至卷一三，頁 81－106。
② 《四庫全書總目提要》卷三五《經部・四書類》，河北人民出版社，2000 年，頁 924－925。
③ ［宋］余允文《尊孟辨》，守山閣叢書本。
④ 《全宋文》卷一六一七，第 74 册頁 162。
⑤ ［宋］朱熹《讀余隱之尊孟辨》，《晦庵先生朱文公文集》卷七三，《朱子全書》第 24 册，頁 3522。
⑥ ［元］馬端臨《文獻通考》卷一八四，中華書局，2011 年，頁 5432。

謂處於同一陣綫，而與司馬光朔學、二蘇蜀學有本質差別。首先，理學家亦竭力推尊孟子，積極吸納、闡發其思想。程、朱已有接續孟子所倡“道統”的自覺，且孟子升經最終是在朱子及其後學的努力下完成。這樣他們看待《孟子》所載舜事的態度便是極力維護，順勢思考，而非指瑕。

其次，關於堯舜三王時代的定位及其與現實的關係問題。孟子嘗云：“五霸者，三王之罪人也。今之諸侯，五霸之罪人也。今之大夫，今之諸侯之罪人也。”又：“堯、舜，性之也；湯、武，身之也；五霸，假之也。”①並在此歷史分期假説的基礎上提出辨析王霸的主張。王安石進一步發揚孟子王霸之辨的命題：“仁義禮信，天下之達道，而王霸之所同也。夫王之與霸，其所以用者則同，而其所以名者則異，何也？蓋其心異而已矣。其心異則其事異，其事異則其功異，其功異則其名不得不異也。”②區分出“仁義禮信”之用與心兩個高下判然的層次，將王霸的本質區別放到内在的心術上。與之相對的，非孟兼疑古的主要學者則傾向於認爲，王霸只有程度的差異，並非截然趨異。司馬光曾明確表述：“王霸無異道。昔三代之隆，禮樂、征伐自天子出，則謂之王。天子微弱不能治諸侯，諸侯有能率其與國同討不庭以尊王室者，則謂之霸。其所以行之也，皆本仁祖義，任賢使能，賞善罰惡，禁暴誅亂。顧名位有尊卑，德澤有深淺，功業有巨細，政令有廣狹耳，非若白黑、甘苦之相反也。”③司馬光論説集中在王安石王霸之辨體系裏“仁義禮信”之用的層級，自然得出“王霸無異道”的見解。蘇轍亦有近似觀點：“三代之治以禮樂爲本，刑政爲末，後世反之，儒者言禮樂之效與刑政之弊，其相去甚遠，然較其治亂盛衰，其比後世若無以大相過者。蓋夏后氏自禹再傳而失國，亂者三世，商人再衰而復興，周人一遷而不振，其賢於漢唐其實無幾。至於漢文帝、唐太宗，克己裕人，海内安樂，雖三代之盛王，何以加之？”④蘇轍看到三代與後世之治亂盛衰“無以大相過”，同時他追究政本也只到“禮樂”一層。正是在此種歷史觀念的引導下，一則元祐舊黨多秉持現實主義的政治立場，僅把堯舜三王時代作學術研究的對象，而非當下措政的直接理據⑤。蘇軾就極爲警惕仁宗朝後期興起的士大夫侈談三代之風氣：“仕者莫不談王道，述禮樂，皆欲復三代，追堯舜，終於不可行，而世務因以不舉。學者莫不論天人，推性命，終於不可究，而世教因以不明。自許太高，而措意太廣。太高則無用，太廣則無功。……深惟古之聖賢，建功立業，興利捍患，至於百工小民之事，皆有可觀，不若今世之因循鹵莽。”⑥對遼遠汗漫的堯舜三代始終保持冷静的觀照態度，並表露出崇實的事功理念。晁説之也發現王安

① 《孟子集注》卷一二《告子章句下》、卷一三《盡心章句上》，《四書章句集注》，頁 343、358。

② ［宋］王安石《王霸》，《全宋文》卷一四〇三，第 64 册頁 344。

③ ［宋］司馬光《資治通鑒》卷二七，中華書局，1956 年，頁 881。

④ ［宋］蘇轍《河南府進士策問三首》其二，《欒城集》卷二〇，《蘇轍集》，頁 355－356。

⑤ 關於熙豐與元祐之政在政治理想上的區别，參見方誠峰《北宋晚期的政治體制與政治文化》第二章《元祐政治的展開與危機》，北京大學出版社，2015 年，頁 94－100。

⑥ ［宋］蘇軾《應制舉上兩制書》，《蘇軾文集》卷四八，中華書局，2011 年，頁 1392。

石與蘇軾在話語體系上存在很大歧異："王荆公著書立言，必以堯舜三代爲則，而東坡所言，但較量漢唐而已。"[①]司馬光《資治通鑒》亦主於"較量漢唐"，重視近世之治亂得失。二則既然"王霸無異道"，古今歷史是一個連續性的整體，那麽將聖人言行質諸人情常理便是因之自然延伸的思路。

程、朱一脈理學家的歷史觀則大異於是。如程頤指出："王者奉若天道，動無非天者，故稱天王。……盡天道者，王道也。後世以智力持天下者，霸道也。"又："先王之世，以道治天下；後世衹是以法把持天下。"[②]以天道與智力界别出先王之世、後世兩個異質階段，將王道和霸道經由歷史分期實體化，此與王安石乃至孟子的王霸之辨消息相通。朱熹在同陳亮論辯王霸義利時亦强調："老兄視漢高帝、唐太宗之所爲而察其心，果出於義耶，出於利耶？出於邪耶，正耶？……若以其能建立國家、傳世久遠，便謂其得天理之正，此正是以成敗論是非，……千五百年之間，正坐如此。所以衹是架漏牽補，過了時日，其間雖或不無小康，而堯、舜、三王、周公、孔子所傳之道，未嘗一日得行於天地之間也。"[③]承襲程頤之説，進而關注對帝王心術的體察。由於二帝三代在理學家看來是與現實世界相隔斷的理想化的時空，並且前聖之心全體天理，無一毫人欲之私，絶非常人輕易所能理會，如朱熹嘗云："今衹眼前朝報差除，尚未知朝廷意思如何，况生乎千百載之下，欲逆推乎千百載上聖人之心！况自家之心，又未如得聖人，如何知得聖人肚裏事！"[④]是故，像非孟學者常做的那樣，把人情常理作爲普世準則衡量古史，從日常經驗出發揣測聖賢，這是理學家素所反對的行爲，而他們想像聖人的方式已從人情向天理一端偏移。

道學群體之就舜事回護孟子肇自張載、程頤，經由二程門人楊時、游酢、尹焞及再傳弟子張九成、胡宏等學者傳承，最終在集大成的朱熹及其同調張栻那裏得以完成。尤其是朱熹，不但經由批讀余允文《尊孟辨》(《讀余隱之尊孟辨》)、蘇轍《古史》(《古史餘論》)對北宋中期以來的非孟觀點進行了縱覽和清理，更通過《論孟精義》、《四書章句集注》及《四書或問》等一系列經學著作採合衆説，斷以己意，構建起影響深遠的四書學體系。這裏討論程、朱一系理學家的反駁，利用的文本主要就由朱熹確定，並兼顧程朱語録、張九成《孟子傳》、張栻《孟子説》等文獻。細讀上述資料中關於《孟子》所載舜事的討論可以獲得一個强烈的觀感，即北宋中後期學者之質疑構成了理學家思考潛在的起點，他們是在一個對話式的學術情境下嘗試對舜事做出不同判斷。接下來即按理學家確定的虞舜諸事迹的真值，由低到高逐一分述。

道學群體對於 N 懸擬瞽瞍殺人則舜竊負而逃一事的闡述，雖亦有如楊時

---

① [宋]晁説之《晁氏客語》，宋百川學海本。

② [宋]程顥、程頤《河南程氏粹言》卷二、《河南程氏遺書》卷一，《二程集》，中華書局，1981年，頁1243、4。

③ [宋]朱熹《答陳同甫》，《晦庵先生朱文公文集》卷三六，《朱子全書》第21册，頁1583。

④ 《朱子語類》卷八三，《朱子全書》第17册，頁2844。

解釋爲"此舜所以兩全其適也"[1],但純出於義理的辯解在此處並不占主流。即是楊時,也在後文提出"議貴"之説替代原先竊負而逃的方案。理學家們通常認爲,瞽瞍殺人雖明無此事,然桃應設問卻不爲無稽,這實際是觀察聖人之心的一種手段。如尹焞解此章云:"聖人之心,至公至當而已。"[2]就以限定性的用語將此事與"聖人之心"緊密連結。朱熹申述楊時之言道:"龜山先生嘗言固無是事,此袛是論舜心耳,愚謂'執之而已矣',非洞見皋陶之心者,不能言也。此一章之義,見聖賢所處無所不用其極,所謂止於至善者也。"[3]藉由設置"瞽瞍殺人"式的極端情形,虞舜、皋陶"止於至善"的聖賢用心方纔顯豁。朱熹另有段論説更爲明晰:"孟子袛是言聖賢之心耳。聖賢之心合下是如此,權制有未暇論。然到極不得已處,亦須變而通之。蓋法者,天下公共,在皋陶亦袛得執之而已。若人心不許舜棄天下而去,則便是天也。皋陶亦安能違天!法與理便即是人心底。亦須是合下有如此底心,方能爲是權制。今人於事合下無如此底心,其初便從權制去,則不可。"[4]上文講到,劉敞抨擊孟子的處置方法"察而不盡理,權而不盡義"[5],司馬光則云如舜之受民擁戴,絶難遵海濱而處。朱熹顯然也注意到了前人的這些見解,他並未膠著於"權制"的討論,而著力翻出心理動機一層,認定孟子所言是聖賢之心於智力思慮未起前當即呈示的本然狀態,即所謂"聖賢之心合下是如此,權制有未暇論"。朱熹還指出今人與古之聖賢處事的差距即在"如此底心"泯滅而於開初便取權制,就站在上級階梯對非孟派的義理之辯進行了駁斥,以證明孟子師徒之問答自有其深意。

此種深察舜心的辯護策略同樣被理學家用於討論 H 舜之父母弟欲殺舜一事上。首先在史實層面,他們普遍認同非孟學者對此事的質疑,如程頤云:"本無此事,此是萬章所傳聞。……如下文言'琴朕,干戈朕,二嫂使治朕棲',堯爲天子,安有是事?"[6]連舉證的理由都與非孟者無異。同時《孟子》所載 H 完廪浚井事有關鍵情節如逃生的遺落,後成爲史家添補的重點。而既然本無此事,程頤亦不主張探求此事内部之自洽:"萬章問舜完廪浚井事,孟子袛答它大意,人須要理會浚井如何出得來,完廪又怎生下得來,若此之學,徒費心力。"[7]便主動放棄對故事細節的追求。其次,理學家的論述並不拘牽於事件真僞的判定,而是關注其所承載的事理和舜心。如程頤就説:"孟子言舜完廪浚井之説,恐未必有此事,論其理而已矣。堯在上而使百官事舜於畎畝之中,豈容象得以殺兄,而使二嫂治其棲乎? 學孟子者,以意逆志可也。"又:"孟子更不能理會這下事,袛且説舜心也。"[8]呼籲讀者接受孟子離迹求理的思路,解縛

---

① [宋]朱熹《孟子精義》卷一三,《論孟精義》,《朱子全書》第 7 册,頁 818。
② 《孟子精義》卷一三,《論孟精義》,《朱子全書》第 7 册,頁 819。
③ [宋]朱熹《讀余隱之尊孟辨》,《晦庵先生朱文公文集》卷七三,《朱子全書》第 24 册,頁 3522。
④ 《朱子語類》卷六〇,《朱子全書》第 16 册,頁 1965-1966。
⑤ [宋]劉敞《明舜》,《全宋文》卷一二九二,第 59 册 325 頁。
⑥ 《河南程氏遺書》卷一八,《二程集》,頁 209。
⑦ 《河南程氏遺書》卷一八,《二程集》,頁 205。
⑧ 《河南程氏遺書》卷四、一八,《二程集》,頁 71、209。

對底層事實的執念。二程門人多祖述師説，如楊時論此事道："讀書須看古人立意所發明者何事，不可衹於言上理會。如萬章問象日以殺舜爲事，孟子答舜所以處之之道，其意在説聖人誠信無僞，此尤不可不知。若從枝葉上理會，衹如象欲使二嫂治朕栖之語，此豈可信？"[①]事實衹是枝葉，悟到"聖人誠信無僞"方是得其根本。而林之奇則認定 H 焚廩掩井真有其事，並看到司馬光與程頤見解相當。爲此他把"不格姦"釋爲"使之不陷於刑戮"，又引《家語》之言作此事佐證，最後説明孟子於世俗傳聞"有非實者，必辯而明之，以曉天下後世"[②]。這應該説是體貼到孟子彼時面對傳説紛紜的情境。朱熹雖贊同林説，但又認爲"然學者正欲識得舜之心耳，此亦不足深論也"[③]，儘量淡化事實真僞對孟子觀點造成的衝擊，正如他説："(孟子)因其所問而告之，亦可以見仁人之於兄弟之心矣。……今不求孟子之意，而以信之太过疑之，是以筋骨形容之不善而弃天下马也。"[④]疑古僅是表象，一如筋骨形容，而仁人孝悌之心纔是神理所在。

於是，和 N 瞽擬瞽瞍殺人相同，H 舜之父母弟欲殺舜事之本質在理學家看來，亦爲創設遠超常人常情的艱險處境以凸顯聖賢之心的典範品質，即如林之奇所言："蓋天下之事，有不可以常情測度者，使瞽、象而猶知利害之所在，則亦未爲甚頑且傲，而舜之所處，亦未足爲天下之至難矣。"[⑤]聖人純孝當出於天下之至難。張九成亦云："士君子當患難困苦、窮迫艱難之時，正當識天之意，益自奮厲琢磨以合天心可也；且憂且懼，若將無後日者，此閭巷婦女之見，豈大丈夫之心乎？余於燒廩、揜井輒推天意以勉吾徒之不得志者，此亦聖賢之心也。若夫舜逃厄難而鼓琴不輟，乃見聖人之處憂患如此其沛然也。至於象有思君之言，舜有分治之命，又泰然如平時兄弟家庭之間，雍穆無間，此又見舜之心矣。……聖人豈有僞哉？有一毫之僞乃鬼蜮耳，非天理也。"[⑥]大丈夫之心、聖賢之心、舜之心所指則一，皆從患難困苦窮迫艱難中討得，不摻雜一毫之僞。復如朱熹嘗引述李侗之説："兄弟之親，天理人倫，蓋有本然之愛矣。雖有不令之人傲狠斗鬩於其間，而親愛之本心則有不可得而磨滅者，惟聖人盡性，故能全體此理，雖遭横逆之變，幾殺其身，而此心湛然不少摇動。"[⑦]他並曾教誨弟子："聖人一身渾然天理，故極天下之至樂，不足以動其事親之心；極天下之至苦，不足以害其事親之心。一心所慕，惟知有親。看是甚麼物事，皆是至輕。……若是以下等人處此，定是喫不過。非獨以下人，雖平日極知當孝其親者，到父母以此施於己，此心亦喫不過，定是動了。"[⑧]極言聖人與常人之别。講到舜憂喜由象時，朱熹又説："象謀害舜者，舜随即化了，更無一毫在心，但有

① 《孟子精義》，《論孟精義》，《朱子全書》第 7 册，頁 750。

② [宋]朱熹《孟子或問》卷九，《四書或問》，《朱子全書》第 6 册，頁 972。

③⑤ 《孟子或問》卷九，《四書或問》，《朱子全書》第 6 册，頁 971。

④ [宋]朱熹《讀余隱之尊孟辨》，《晦庵先生朱文公文集》卷七三，《朱子全書》第 24 册，頁 3524。

⑥ [宋]張九成《孟子傳》卷二二《萬章章句上》，《張九成集》，浙江古籍出版社，2013 年，頁 980－981。

⑦ [宋]朱熹《答何叔京》，《晦庵先生朱文公文集》卷四〇，《朱子全書》第 22 册，頁 1813。

⑧ 《朱子語類》卷五八，《朱子全書》第 16 册，頁 1851－1852。

愛象之心。常有今人被弟激惱，便常以爲恨，而愛弟之心減少矣。”[①]聖人乃渾然天理的人間化身，故處天下至樂至苦之境而不易事親愛弟之心，最大限度地體現了天理的恒常屬性。這是今人乃至平日極知當孝其親者難以企及的。

質言之，NH 二事構成嚴苛的删汰機制，衆人和聖賢的落差於此畢現；又似極好的透鏡，足以對舜心燭照顯微。而此聖心正是關合天理與人情的紐帶，如尹焞承襲師説，言此章“人情、天理於是爲至”[②]，朱熹認爲此説“尤爲精切”[③]，他還説：“舜誠信而喜象，周公誠信而任管叔，此天理人倫之至，其用心一也。”[④] 而張栻認爲：“孟子未暇正其事之有無，獨答其大意，以明舜之心。……嗟乎！舜處夫頑父、嚚母、傲弟之間，而烝烝乂不格姦，終至於化成天下，惟其純乎是心而已。純乎是心者，純乎天也。”[⑤]等於是承認事之或無，轉而對明舜心一再致意。則《孟子》所述部分舜事，其具體情節儘管謬悠失實，然由此極端事件引導出的天理人倫之極致狀態，卻得到理學家的青睞。對他們而言，探求義理遠比考核徵實重要，故事本身的真僞不足深論，關鍵是把握某種典型情景之下聖賢言行呈示的精微用心。

關於 C 舜不告而娶，尊孟學者通常認爲此事記載真確。如余允文欲以經史記載中的旁證，以及“爲人父有溺於私愛而逐出其子者”之實例説明不告而娶的可能[⑥]。游酢權衡“告而娶”（“義之小者”）與“廢人之大倫”（“罪之大者”）之輕重，張九成則以爲舜此舉乃“君子從治命而不從其荒亂之語”[⑦]，均順著孟子思路予以解釋，兩者前提是認可 C 不告而娶事的真實性。不過此事畢竟有違背禮法之嫌，必須在事實層面發孟子所未論，在不告而娶的名目下消解其實質。如程頤就依事演繹道：“此須仔細理會。舜三十方徵庸，此時未娶，亦莫未遲。且以常人言之，三十未娶而遂專娶，雖常人亦不肯爲，孰謂舜而爲之？舜不告而娶者，蓋堯得以命瞽瞍，故不告可也。若不如此理會，但言舜不告，豈不害事？”[⑧]引入堯命瞽叟之情節，以論證舜不告而娶非是常人不爲的專娶，而是“不告可也”的正當行爲，與《尚書・堯典》“釐降二女於嬀汭嬪於虞”[⑨]的記載若合符節。程頤在别處概括此爲“以君治之”，並再次强調討論該事首先“須是識得舜意”[⑩]。嗣後張栻《孟子説》、朱熹《孟子或問》皆援引其説。

最後來看 K 舜避堯子事。由於舜避丹朱與禹避舜之子、益避啓同出孟子自述，是以此事之爲真在尊孟學者那裏不容置疑。劉恕曾論證《尚書・堯典》所載“月正元日，舜格於文祖”蓋指逾年改元，舜已於堯崩次年繼位，故無庸避

---

①④ 《朱子語類》卷五八，《朱子全書》第 16 册，頁 1853。
② 《孟子精義》卷九，《論孟精義》，《朱子全書》第 7 册，頁 750。
③ 《孟子或問》卷九，《四書或問》，《朱子全書》第 6 册，頁 971。
⑤ [宋]張栻《南軒先生孟子説》卷五，《張栻集》，嶽麓書社，2010 年，頁 317－318。
⑥ [宋]余允文《尊孟續辨》，《尊孟辨》卷下。
⑦ 《孟子傳》卷一七《離婁章句上》，《張九成集》，頁 919。
⑧ 《孟子精義》卷七，《論孟精義》，《朱子全書》第 7 册，頁 726。
⑨ 《尚書正義》卷二，頁 54。
⑩ 《河南程氏遺書》卷一五，《二程集》，頁 164。

丹朱於南河[①]。而尊孟派的理解就與之迥然相異,如程頤解此句:“三年喪畢而朝廷公卿天下諸侯皆請舜正位,故復至文祖之廟,以告見焉。孟子云其避丹朱之事,蓋喪畢而不自有之,畏避也。朝廷諸侯請之,是天下從之也。推其事而言耳,故史官不載其事。或曰:舜往避於南河之南,迹之顯者,《書》不云,何也?曰:《書》之紀事不如後史之繁悉也,若五載一巡狩,則舜之在位,其所往多矣,皆不記也。”[②]程頤以爲“格於文祖”方是舜即位的標志,並試圖從《書》紀事特徵入手解釋其不載 K 舜避堯子事的疑點。余允文同樣認爲“《書》曰月正元日者,言是月始即正之爾。……舜、禹服喪畢,退而避之,歸其位於子,理所宜然。孟子之言蓋非臆説,亦必有所據”[③]。張栻亦云:“堯崩,舜率天下之臣民以爲堯三年喪,是猶以堯之事行於天下也。至於堯三年之喪畢,舜避堯之子,而天下獄訟謳歌歸之不容舍焉,而後舜始踐天子位。此堯舜相繼之際,書傳所載莫詳焉,而獨見孟子之書也。”[④]則已把《孟子》視作《尚書》的必要補充,頗含等量齊觀之意。

在理清史實的基礎上,理學家進一步提出,舜、禹、益之避位乃順天應人之行,非孟學者的質疑實屬不當。如張栻論此事道:“嗟乎!聖人奉若天命,其所處皆義理之精微,而後世以私意求之,幾何而不爲齊東野人之論哉?”[⑤]强調聖人奉若天命的舉動,斷容不得後人以私意相求。朱熹的批駁更爲有力:“凡孟子、史遷之所傳者,(蘇轍《古史》)皆以爲誕妄而不之信。今固未暇質其有無,然蘇子之所以爲説者,類皆以世俗不誠之心度聖賢,則不可以不之辨也。聖賢之心,淡然無欲,豈有取天下之意哉?顧辭讓之發,則有根於所性而不能已者。苟非所據,則雖卮酒豆肉,猶知避之,况乎秉權據重而天下有歸己之勢,則亦安能無所惕然於中而不遠引以避之哉?避之而彼不吾釋,則不獲已而受之,何病於逆?避之而幸其見捨,則固得吾本心之所欲,而又何恥焉?唯不避而强取之,乃爲逆;偃然當之而彼不吾歸,乃可恥耳。如蘇子之言,則是凡世之爲辭讓者,皆陰欲取之而陽爲遜避,是以其言反於事實至於如此則不自知其非也。”又:“論者之學不足以及此,而狃於利害權謀之習,妄意以爲聖賢之心,亦若己之心而已矣。”[⑥]於理學家眼中,北宋中後期史家訴諸常情的做法正是以世俗不誠之心揆度聖賢用心。由於常人之心難免摻雜人欲之私,其與全體天理的前聖之心存在天然差距,因此這種比附必是虚妄卑瑣的,他們最終所得亦衹能是偏離聖賢之意的一己私見。清人崔述曾講到僞説的一個重要起因在於“人之情好以己度人,以今度古,以不肖度聖賢。……往往徑庭懸隔,而其人終不

① [宋]劉恕《資治通鑒外紀》卷一《包犧以來紀》,上海古籍出版社,1987 年,頁 16。

② [宋]程頤《河南程氏經説》卷二《書解》,《二程集》,頁 1044。

③ 《尊孟辨》卷中。

④⑤ 《南軒先生孟子説》卷五,《張栻集》,頁 319。

⑥ [宋]朱熹《古史餘論》,《晦庵先生朱文公文集》卷七三,《朱子全書》第 24 册,頁 3499;《孟子或問》卷九,《四書或問》,《朱子全書》第 6 册,頁 972 - 973。

自知也”[①],此種批判完全可以作理學家意見的絶好注脚。非孟學者就K舜避堯子事的外在形態將之定性爲飾僞至逆之舉,而理學家則藉此事闡發淡然無欲的聖賢之心,在追求舜事的合情或合道之間透露出宋代學者聖人觀的變遷。如程珌《史説》評“穎濱《古史》論三聖授受”云:“是説也,蓋亦以常情而窺堯、舜、禹,而不知三聖人之用心均之爲公而已矣。”[②]即可見出理學影響下南宋中晚期士人想象聖人的主流方法。

兩宋理學家之回歸孟子立場絶非簡單重複前説,而是經歷了以自身思想爲基準對已有觀點進行梳理與取捨的過程,他們對舜事的總體見解可分兩個層次來把握。首先在事實層面,理學家對多數舜事的真僞判定維持了非孟學者的懷疑態度,這是宋人運用理性在遠距離審視上古史的必然結果,以至於朱熹有言:“凡孟子、史遷之所傳者,……今固未暇質其有無。”[③]便意在調和尊孟與疑古的衝突。更重要在義理方面,理學家遵循孟子開示的思考路徑,進一步完善了對於舜事的闡釋和安置。孟子關於閱讀經典之通達態度的表述,如“以意逆志”“盡信書,則不如無書”[④]等,啓發理學家覽書不泥於瑣事繁辭,而首重領會其意旨。如二程就説:“載事之辭,容有重稱而過其實者,學者當識其義而已;苟執於辭,則時或有害於義,不如無書之愈也。”[⑤]因此舜事的真僞自然降至第二義,聖賢言行所體現的義理上的善與真纔值得抉發。又如孟子對“四端”的陳述,又被朱熹借來“辭讓之心”(“禮之端”)以解釋K舜避堯子事[⑥]。孟子的性善論調:“所以謂人皆有不忍人之心者,今人乍見孺子將入於井,皆有怵惕惻隱之心。”[⑦]於智力無所施用之瞬間昭示德性的力量,也爲理學家“聖賢之心合下是如此”[⑩]的見解張本。特别是孟子關於聖人乃“人倫之至”[⑨]的定義,這種聖賢與常人在本質上兼容聯繫與差異的觀點,對理學系統的聖人觀産生極大影響。孟子針對伊尹放太甲一事的論説:“有伊尹之志,則可;無伊尹之志,則篡。”[⑪]此種嚴分常人與聖賢的觀點直接導向理學家對舜事所藴的聖賢之心的極端重視,一面關注其倫理屬性,一面警惕常情俗見的揣度,凸顯出一種内向超越的理路。這同時也激活了虞舜傳説本身具有的觀念化特徵,原本不近人情不合常理的情節反成彰顯聖心的重要途徑。

理學家的經典體系是這樣一個層理豐富的文本群:以《尚書》考索二帝三代之治迹,以《孟子》觀照聖賢之心。在他們看來,《孟子》所載虞舜傳聞正是通

---

① [清]崔述《考信録》提要卷上,續修四庫全書影印清嘉慶二十二年道光二年四年陳履和遞刻本,頁272。

② 《全宋文》卷六七九〇,第298册,頁68。

③ [宋]朱熹《古史餘論》,《晦庵先生朱文公文集》卷七三,《朱子全書》第24册,頁3499。

④ 《孟子集注》卷九《萬章章句上》、卷一四《盡心章句下》,《四書章句集注》,頁306、364。

⑤ 《孟子集注》卷一四《盡心章句下》,《四書章句集注》,頁364。

⑥⑨ 《孟子集注》卷七《離婁章句上》,《四書章句集注》,頁277。

⑦ 《孟子集注》卷三《公孫丑章句上》,《四書章句集注》,頁237。

⑩ 《朱子語類》卷六〇,《朱子全書》第16册,頁1965。

⑪ 《孟子集注》卷一三《盡心章句上》,《四書章句集注》,頁358。

過關乎人倫大節的典型事件以揭示聖賢用心，這樣不但與經典無有枘鑿之處，更足與《書經》互參。如朱熹"《論孟精義》綱領"引述程頤語："傳録言語，得其言未得其心，必有害，雖孔孟亦有是患。"[①]閱讀《論語》、《孟子》之要義乃在把握聖賢之心，後文例證就有"須識得舜意"的C舜不告而娶事。故由朱熹纂著的《四書章句集注》之《孟子集注》，凡涉第二組舜事，往往擱置史事争議，强調發覆舜心。如言桃應設問N瞽瞍殺人意在"以觀聖賢用心之所極，非以爲真有此事也"[②]；詮解H舜之父母弟欲殺舜事爲"萬章所言，其有無不可知，然舜之心，則孟子有以知之矣，他亦不足辨也"[③]；論K舜、禹、益避君子事則引楊時語："此語孟子必有所受，然不可考矣。但云天與賢則與賢，天與子則與子，可以見堯、舜、禹之心，皆無一毫私意也。"[④]其後又引尹焞之言作結："知前聖之心者，無如孔子。繼孔子者，孟子而已矣。"[⑤]注釋C舜不告而娶時徵引范祖禹語："蓋權出於不得已者也，若父非瞽瞍，子非大舜，而欲不告而娶，則天下之罪人也。"[⑥]强調此權制專爲虞舜父子而設。這些都是重訓詁少發揮的漢人舊注所未有的新觀念。這種著力揭櫫舜心的傾向通過對讀朱熹《讀余隱之尊孟辨》與余氏原文的相關章節亦可發見。

要之，在理學家的思想體系裏，存在著常人與聖賢之心的明確分野，且在此基礎上爲兩類人群設置了不同的分析標準，這帶來了宋人對《孟子》所載舜事之評判的一次逆轉：原本由人情常理出發而定義的"聖人相與作僞"的行爲，反成凸顯聖心之精一極致的關鍵。這並非理學家詭辭逞辨，而是在他們聖人觀引導下得出的必然結論。因爲在理學家看來，聖人是"道德"和"人倫"的完美體現者，是"人格境界"的最高象徵。雖則他們亦强調"聖人可學而致"，但常人與聖人之心在當下畢竟有著截然差别[⑦]。經由此一個案，我們無疑能夠更深入地理解道學群體在承繼《孟子》一書之思想潛質進而再加開拓方面的努力。

四、兩宋古史寫作的勃興及其對舜事的取捨

兩宋興起的古史撰著熱潮與經、子問題的探討構成了明顯的聯動關係，虞

① 《論孟精義》，《朱子全書》第7册，頁17。

② 《孟子集注》卷一三《盡心章句上》，《四書章句集注》，頁359。

③ 《孟子集注》卷九《萬章章句上》，《四書章句集注》，頁304。

④ 《孟子集注》卷九《萬章章句上》，《四書章句集注》，頁308。

⑤ 《孟子集注》卷九《萬章章句上》，《四書章句集注》，頁309。

⑥ 《孟子集注》卷七《離婁章句上》，《四書章句集注》，頁287。

⑦ 關於理學家的聖人觀，參見姜廣輝《理學聖人觀漫議》，收入《理學與中國文化》，上海人民出版社，1994年，頁277－297；王中江《儒家的"聖人"觀念及其流變》，收入《中國傳統哲學新論：朱伯崑教授七十五壽辰紀念文集》，九州出版社，1999年，頁296－319；吾妻重二《道學的"聖人"觀及其歷史特色》，收入《邁入21世紀的朱子學：紀念朱熹誕辰八百七十週年、逝世八百週年紀念文集》，華東師範大學出版社，2001年，頁139－170；吴震《中國思想史上的"聖人"概念》，《杭州師範大學學報》2013年第4期，頁13－25。

舜事迹自然是就中焦點。然而,宋人一開始其實並不重視過於久遠飄渺的上古史,查考諸家書目可知,北宋前中期學者撰寫的通史之斷限明顯多在三代之後。如南唐入宋的龔穎所撰《運曆圖》"起於秦昭王滅周之歲乙巳,止於國朝(指宋)雍熙丁亥"[①],宋庠慶曆中所上《紀年通譜》"自漢文後元有年號之後"[②],這些通史著作載録年限頗長,但或以標志性的歷史事件發端,或斷自有明確年號以還,皆未有意上溯至二帝三代之際。而從仁宗朝中期開始,伴隨儒學復興的主潮,"欲復二帝三代"[③]逐漸成爲士大夫們共有的政治理想[④]。北宋中後期士大夫追慕二帝三代的情結,以及主流意識形態對先王之政、三代之治的宣揚立即在史學領域激起了强烈反響。較典型的要數蘇轍《古史》,始作於元豐二年(1079),成於紹聖二年(1095),"記伏犧、神農,訖秦始皇帝,爲七本紀、十六世家、三十七列傳"[⑤]。蘇轍並且認定"古之帝王皆聖人也,其道以無爲爲宗",而"凌遲及於秦、漢,士益以功利爲急,言聖人者皆以其所知億之"[⑥]。從他無爲與功利兩相對立的綫性叙述便很能見出指摘時政的用意。再如編年史方面,司马光主持編寫的《资治通鉴》虽起自周威烈王二十三年,但他自撰《稽古録》"上自伏羲,下至周威王二十二年,略序大要"[⑦],可補《通鑒》之闕。同時参與修史的劉恕另作《資治通鑒外紀》亦起伏犧止周威王二十二年,下接《通鑒》,故名"外紀"。而劉恕本來想爲《通鑒》添補前後紀"以備古今一家之言"[⑧]。也是在神宗朝,章衡熙寧七年(1074)所上《編年通載》"始於帝堯,訖於國朝治平丁未"[⑨]。即如邵雍之《皇極經世書》亦包涵由開闢之初迄於當時的宏大歷史叙述。可見北宋中後期興起的講求貫通的修史理念使得上古史成爲史家稽古的首要環節。

從撰述的角度看,修上古史的固有難點在於正統史料之簡略稀缺。司馬遷去古未遠,然他作《五帝本紀》,尚覺"《書》缺有間矣,其軼乃時時見於他説。非好學深思,心知其意,固難爲淺見寡聞道也。餘並論次,擇其言尤雅者,故著爲本紀書首"[⑩]。後世史家則更是側重於搜羅雜説軼聞以充實古史,如梁武帝

① [宋]晁公武《郡齋讀書志》卷五,張猛《郡齋讀書志校證》,上海古籍出版社,1990年,頁204。

② [宋]陳振孫《直齋書録解題》卷四,上海古籍出版社,1987年,頁112。

③ 《朱子語類》卷一二九,《朱子全書》第18册,頁2042。

④ 關於北宋復興三代理想的興起,及其與政治革新的互動關係,可參看劉復生《北宋中期儒學復興運動》第五章《政風之變與政治革新》,文津出版社,1991年,頁142-154;余英時《朱熹的歷史世界:宋代士大夫政治文化的研究》上編第一章《回向"三代"——宋代政治文化的開端》,生活·讀書·新知三聯出版社,2011年,頁184-208。

⑤ [宋]蘇轍《古史自叙》,《三蘇全書》第3册,頁352。

⑥ [宋]蘇轍《古史自叙》,《三蘇全書》第3册,頁351。

⑦ [宋]司馬光《乞令校定資治通鑒所寫稽古録劄子》,《司馬光集》卷五一,頁1078。按,今本《稽古録》由於合並了《歷年圖》和《國朝百官公卿表》,因此晁公武看到的《稽古録》就已"起自三皇,止本朝英宗治平末"。見《郡齋讀書志》卷五,《郡齋讀書志校證》,頁208。

⑧ [宋]劉恕《資治通鑒外紀》卷末後序,頁101。

⑨ 《郡齋讀書志》卷五,《郡齋讀書志校證》,頁208。

⑩ 《史記》卷一《五帝本紀》,頁46。

時的《通史》"自秦以上,皆以《史記》爲本,而别採他説,以廣異聞"①。劉知幾、陸龜蒙斥謬的神異片斷,就是在中古增廣異聞的史學風氣下被闌入古史的。

洎乎北宋中後期,服膺儒學的士人一致認爲,二帝三王乃至春秋時代之史事的根柢乃經聖人删述的"六經",切不得與諸子私見相混同。他們以此手眼觀覽前人古史,便皆不免駁雜疏闊之譏。特别是歷代史家奉爲圭臬的《史記》,雖標舉"擇其言尤雅者"的審慎態度,但還是成爲北宋中晚期學者批判和超越的對象。如歐陽脩訂補上古帝王世次時曾感慨:"(孔子)至於三皇五帝君臣世次皆未嘗道者,以其世遠而慎所不知也。……至有博學好奇之士,務多聞以爲勝者,於是盡集諸説,而論次初無所擇,而惟恐遺之也,如司馬遷之《史記》是矣。"②以孔子修史之意作衡準,而不滿司馬遷貪多無擇。章衡認爲:"竊以堯、舜二《典》,夏、商、周之《訓》、《誓》、《誥》、《命》,《春秋》之二百四十二年行事,皆出聖人手筆,渾深奥密,莫敢倫擬。兩漢以來,司馬遷因秦火之餘,輯殘脱之經及戰國百家之説,又率己意,易編年而爲紀傳、世家、表、書,上下數千載,最爲雄贍。采摭精粗,不能無失。"③指出《史記》雖自創體例,最號雄贍,然與先聖手筆相較,便失之精粗不一。蘇轍亦云:"太史公始易編年之法爲本紀、世家、列傳,記五帝三皇以來,後世莫能易之。然其爲人淺近而不學,疏略而輕信。漢景、武之間,古文《尚書》、《詩》毛氏、《春秋》左氏皆不列於學官,世能讀之者少。故其記堯、舜、三代之事,皆不得聖人之意。戰國之際,諸子辯士各自著書,或增損古事以自信,一時之説,遷一切信之,甚者或采世俗相傳之語,以易古文舊説。"④直斥太史公淺近不學,兼之彼時文獻淆亂,以致取捨無當。章氏之《編年通載》,蘇轍之《古史》,俱承載著以經律史的取向:首先儘可能地佔有史料,在此基礎上依據聖人之言從嚴取捨,著史而不失義理之正。這種新興的修史理念當爲北宋中後期史家採撰古史之共識,司馬光撰《稽古録》的要訣在"討論經史"⑤,劉恕則"欲以文章議論,成歷世大典。……上可繼仲尼之經,丘明之傳。司馬遷安可比擬,荀悦何足道哉"⑥,蘇轍《古史》希圖"追録聖賢遺意,以明示來世"⑦,"其去取之間,亦頗爲不苟"⑧,均意在追攀聖人,探求精準而純粹的古史面貌。

北宋中後期之古史修撰由廣雜返歸精約的趨向,恰與孟子升格運動相同步。宋人很快發現,《史記·五帝本紀》中關於虞舜的若干僞事實是承襲《孟子》的結果。同時,當時著史的新風尚,即史論的大幅增加,亦爲他們從源頭辨證史實提供了足夠的文本空間。神宗朝及其後寫作上古史的主要史家,如司

① [唐]劉知幾《史通·内篇·六家》,《史通通釋》卷一,頁18。
② [宋]歐陽脩《帝王世次圖序》,《居士集》卷四三,《歐陽脩詩文集校箋》,頁1111。
③ [宋]章衡《進編年通載表》,《全宋文》卷一五二七,第70册,頁179。
④ [宋]蘇轍《古史自叙》,《三蘇全書》第3册,頁351-352。
⑤ [宋]司馬光《乞令校定資治通鑒所寫稽古録劄子》,《司馬光集》卷五一,頁1078。
⑥ [宋]劉恕《資治通鑒外紀》卷末後序,頁101。
⑦ [宋]蘇轍《古史自叙》,《三蘇全書》第3册,頁352。
⑧ 《四庫全書總目提要》卷五〇《史部·别史類》,頁1366。

馬光、劉恕、蘇轍等人,多就舜事批駁過孟子,這在上文已有揭示。他們在史論中非難孟子、史遷的理路,亦不外引述《書》的相關記載及依準常情兩端。如劉恕《資治通鑒外紀》反對 K 舜避堯子事,就引《書》及《春秋》常法以論證舜於堯崩逾年即已繼位。劉氏順帶臧否道:“周衰,楊墨道盛,孟子排而辟之,可謂醇矣。其於論經義,説世事,知謀往往短局乖戾,陋儒愛其詞簡意淺,雜然崇尚,固可鄙笑也。”①劉恕還認爲孔安國、司馬遷皆襲孟軻舊説以致舛訛。再如司馬光《史剡》專辨前世之史“有存之不如其亡者”②,其“虞舜”一條駁《史記》所用 H 焚廩掩井事云:“頑嚚之人,不入仁義,則有之矣。其好利而畏害,則與衆不殊也。或者舜未爲堯知,而瞽瞍欲殺之,則可矣。堯已知之,四岳舉之,妻以二女,養以百官,方且試以百揆而禪天下焉。則瞽瞍豈不欲利其子爲天子,而尚欲殺之乎? 雖欲殺之,亦不可得已,借使得殺之,瞽瞍與象,將隨踵而誅,雖甚愚人,必不爲也。此特閭父里嫗之言,而孟子信之,過矣。後世又承以爲實,豈不過甚矣哉?”③層層依常情事理證僞,並明言此世俗妄見起於“孟子信之”。又其“夏禹”條指摘 K 舜、禹、益避位一事,反詰道:“惡有飾僞、竊位、不孝而謂之聖賢哉! 此爲傳者之過明矣。”④復如蘇轍《古史》曾總結:“學者言堯、舜之事,有三妄焉。太史公得其一,不得其二。”⑤此二妄便指《孟子》記載的 H 焚廩掩井與 K 舜、禹、益避位二事。

前面講到,北宋中後期的學者已將 CHKN 四事歸入齊東野語,其中 HK 二事又在史論裏被著重質疑。於是當他們親執史筆,上述辨僞思潮便進一步導向删削前人古史以合經典的步驟。通過對讀通行漢唐的虞舜事迹版本(司馬遷《史記・五帝本紀》,以下簡稱遷本)與北宋中後期湧現的改定本(司馬光《稽古録・有虞氏》、劉恕《資治通鑒編年外紀・包犧以來紀》、蘇轍《古史・五帝本紀》,以下簡稱光本、恕本、轍本)兩大系統,可以看到,宋人的古史新著謹守由《堯典》確定的故事框架,均删去遷本原有的 HK 二事,光本則連 I 封象有庳事都一並節略,以凸顯高尚粹美的聖人形象。同時爲强調虞舜之大孝及對家人的感化力,史家又皆在舜被徵庸之前填補 F 號泣於旻天的情節,如恕本云:“瞽叟愛後妻子,常欲殺舜。舜順事父母與弟,日以篤謹,出田則號泣,年五十猶嬰兒慕,好學孝友,寬裕温良。”⑥還加添了孟子“五十而慕”的解讀。後文補綴道:“封弟象於有庳,爲諸侯,不得有爲於其國,天子使吏治其民而納其貢税,故謂之放。”自注云:“韓子曰:瞽叟爲父而舜放之,象爲弟而舜殺之。”⑦則完全採信孟子提供的史事及闡釋以證明韓非之説的誕妄不經。再如轍本:“舜

① 《資治通鑒外紀》卷一《包犧以來紀》,頁 16。
② [宋]司馬光《史剡序》,《司馬光集》卷七四,頁 1495。
③ [宋]司馬光《史剡序》,《司馬光集》卷七四,頁 1496。
④ [宋]司馬光《史剡序》,《司馬光集》卷七四,頁 1497。
⑤ [宋]蘇轍《古史》卷二《五帝本紀》,《三蘇全書》第 3 册,頁 361。
⑥ 《資治通鑒外紀》卷一《包犧以來紀》,頁 12。
⑦ 《資治通鑒外紀》卷一《包犧以來紀》,頁 14。

事父母撫弟，篤於敬愛，瞽猶不順。舜往於田，日號泣於旻天，於父母負罪引慝，祗載見瞽叟，夔夔齊栗，瞽亦允若，不至於姦。"[①]既穿插《孟子》引《書》之言（"祗載見瞽叟"至"瞽亦允若"）[②]，又重複《堯典》"不格姦"的斷語。晚宋學者黄震就很贊賞蘇轍的删添："《史記》載堯妻舜之後，瞽叟尚欲殺舜。《古史》本《尚書》'瞽亦允若，堯聞其賢，然後妻之'，於理爲長，和從《古史》。"[③]由上可知，以司馬光、劉恕、蘇轍爲代表的北宋中後期史家著力勘正史遷之疏謬，清掃古史自《史記》以來的世俗雜説，從而以"六經"爲本純化二帝三代的歷史脈絡。這種重構上古史的努力與質疑《孟子》所載舜事蓋出同一機杼。

自南渡以後，程朱道學在士人中間的影響力日漸擴大，這也波及到史學領域。上文曾説到，理學家認爲 H 舜之父母弟欲殺舜"恐未必有此事"[④]，C 舜不告而娶已被他們解釋成和《尚書・堯典》"釐降二女於嬀汭嬪於虞"[⑤]之記載相一致的事件，K 舜避堯子則理學家堅稱確有此其事。受此影響，南宋史家倘筆涉虞舜事迹，通常删去 H 舜之父母弟欲殺舜事，改寫或略去 C 舜不告而娶事，惟全盤保留 K 舜避堯子事。

較早如胡宏作《皇王大紀》嚴格遵照程頤見解，於《五帝紀・帝堯陶唐氏》叙述舜事："握登死，瞽瞍再娶，生象，愛象而惡舜，必欲殺之。舜大杖則走，小杖則受，順適孝慈，欲殺不可得。……舜生三十年矣，父母不使娶，堯知舜告則不得娶也，遂女以二女娥皇、女英。"又："百有二載，丹朱既除喪，舜委政於禹、皋陶，退避於南河之南。丹朱惟慢遊是好，傲虐是作，朋淫於家，天下諸侯朝覲者不之丹朱而之舜，訟獄者不之丹朱而之舜，謳歌者不謳歌丹朱而謳歌舜。"[⑥]對於將 H 舜之父母弟欲殺舜移至舜登庸之前，並抽去焚廩掩井的情節内核，胡宏有自己的考慮："蘇黄門曰：'世未有不能承其父母而能治天下者。'斯言信矣。象日以殺舜爲事，固非在妻二女之後，此萬章之失也。以象之傲，其欲殺舜，世有傳之者，安能其必無乎？就其事以處兄弟之間，亦可以爲訓，不必深辨也。且弟以殺兄爲事，在常人，或有報復之心；在賢者，則必引咎自責，不藏怒，不宿怨也；在聖人，則哀矜而訓誘之矣。"[⑦]就遠比中古史家審慎，實際已持否定態度，並設置常人、賢者與聖人這樣階梯上升的處事之心。他同時解釋接受 K 舜避堯子的因由道："舜、禹避之以展天下之情，成得讓之禮。其心與計利害者，邈乎天地之不相及也。使舜、禹而有計利害之心，則是以争奪行尚，何授受之有？……讀《書》者能無以文害義，則孟軻氏之言燦然明白，無可疑者。"[⑧]

---

① 《古史》卷二《五帝本紀》，《三蘇全書》第 3 册，頁 359。

② 僞古文《尚書》之《大禹謨》參考《孟子》引《書》語後敷演成："負罪引慝，祗載見瞽叟，夔夔齋慄，瞽亦允若。"見《尚書正義》卷四，頁 119。蘇轍《古史》直接引用的應是《大禹謨》，但源頭在《孟子》。

③ ［宋］黄震《黄氏日抄》卷五一《讀雜史》，中華再造善本影印元後至元三年刻本。

④ 《孟子精義》引伊川語，《論孟精義》，《朱子全書》第 7 册，頁 749。

⑤ 《尚書正義》卷二，頁 54。

⑥ ［宋］胡宏《皇王大紀》卷三，文淵閣四庫本。

⑦ ［宋］胡宏《皇王大紀論》"舜封有庳"條，《胡宏集》，中華書局，1987 年，頁 232－233。

⑧ ［宋］胡宏《皇王大紀論》"舜禹避政"條，《胡宏集》，頁 232。

强調舜、禹毫無計利害之心，可見胡氏是以理學眼光修史[①]。又張栻參考邵雍《皇極經世書》之《編年譜》寫成《經世紀年》，其六大編年節目之首便是依據K舜避堯子事確定舜踐位之年[②]。

復如朱熹二傳弟子金履祥纂輯的《資治通鑒前編》，據其門人許謙的説法，金履祥著書之緣起在於"司馬文正公作《資治通鑒》，秘書丞劉恕作《外紀》，以記前事。顧其志不本於經，而信百家之説，是非既謬於聖人，此不足以传信"，故"乃用邵氏《皇極經世曆》、胡氏《皇王大紀》之例，損益折衷，一以《尚書》爲主。下及《詩》、《禮》、《春秋》，旁采舊史、諸子，表年繫事，復加訓釋"[③]。《通鑒前編》本於《尚書》，沿襲《皇極經世書》、《皇王大紀》體例，一反《通鑒外紀》作意，具備自覺的理學宗旨。而金氏之撰《通鑒前編》，時已入元，則此書亦帶有總結有宋一代古史著述的性質。《通鑒前編》以正文確定大綱，其下羅列各家觀點，再加作者訓釋，顯示出義理史學的特徵。如"六十載舜以孝聞"句下引《史記》、萬章所述H焚廩掩井事、程頤"人情天理"之言及《古史》之駁斥諸説，最後作者裁斷道："瞽瞍之欲殺舜，在其初年之間，而堯之舉舜，則在其克諧之後，《史記》反覆重出而莫之辯，固也。然孟子當時亦不辯萬章之失，何也？蓋孟子不在於辯世俗傳訛之迹，而在於發明聖人處變之心，務使學者得聖人之心，以推天理人倫之至，則其事迹之前後有無，皆不必辯矣。"[④]仍將瞽瞍欲殺舜之事限定在堯舉舜前，且因循程、朱之見，輕"世俗傳訛之迹"而重"聖人處變之心"。又如金履祥於"乙酉百有二載舜避於南河之南"句下廣引孟子、《古史》、《皇王大紀》、《經世紀年》、朱熹等各家正反論説，最後下按語，在史實方面論證K舜避堯子事之合理，在事理方面則强調聖心的醇粹超然，認爲"夫聖經者，事之衷也；聖心者，理之至也。論事而折衷於聖經，以求聖人之心焉，是爲得之矣"[⑤]。足覘理學派史家棄取舜事的觀念。

至南宋，即使是那些未受理學理念指導的史書，其取捨舜事亦與道學群體相當。如鄭樵《通志》記舜事："舜畢三年之喪，避丹朱於南河之南，諸侯朝覲者不之丹朱而之舜，獄訟者不之丹朱而之舜，謳歌者不謳歌丹朱而謳歌舜。舜曰天也，而後之中國，踐天子位焉。"又："舜之母曰握登，死而瞽瞍以繼室生象，瞽瞍惑於繼室而昵象，象復陰相父母有殺舜之心。舜無所恨而事父母與弟，不敢怠遑，年雖五十，猶作嬰兒慕親。"[⑥]一如胡宏《皇王大紀》改編H舜之父母弟欲殺舜事，採納K舜避堯子事。不過鄭樵尚在帝舜事迹之下的按語裏收録H焚廩掩井的全部情節，並明言此爲"司馬遷本《孟子》之言而表裏之"[⑦]。再如

---

① 此外，胡宏《釋疑孟》中《舜》一則專論N懸擬瞽瞍殺人事，力反司馬光的觀點。見《胡宏集》，頁319－320。

② ［宋］張栻《經世紀年序》，《南軒先生文集》卷一四，《張栻集》，頁613。不過張栻對邵雍編年的理解似有誤。

③ ［元］許謙《通鑒前編序》，《資治通鑒前編》，文淵閣四庫本。

④⑤ 《資治通鑒前編》卷一。

⑥ ［宋］鄭樵《通志》卷二《五帝紀》，中華書局影印本，1987年，頁36。

⑦ 《通志》卷二《五帝紀》，頁37－38。

羅泌於乾道六年(1170)撰成的《路史》向稱徵引浩博、取材龐雜,然其述舜事亦捨H留K:"妻有桑田,身有南畝。瞽順象從,而不至於姦。……三年,諉(疑爲舜)避帝子朱於南河之南。天下之覲者,不之朱而之舜。歐歌者,不之朱而之舜。獄訟者,不之朱而之舜。夫然後之中國。"[①]關於前者,羅泌自已在《路史·發揮》卷五已有駁難,並認爲"程氏訓井廪,……斯亦黨矣"[②]。而對於後者,羅泌子蘋在注釋裏辯解道:"諸儒謂無三年之喪,孰有三年喪畢,寶籙未定,方避堯之子者。或曰二十八載,丹朱爲君之心,固未忘也,今而避之,變生奈何。曰:一朱豈能變哉,惟順事爾。不然,舜視棄天下猶敝屣也,豈鄙夫之患失哉。以此度舜,宜萬章之徒,猶惑。"[③]抵制俗儒效萬章之徒妄議聖人的做法,《路史》的這種觀點雖未必是受理學思想啓迪,但應該是當時尊孟風氣影響下的産物[④]。

綜上,現將漢唐至兩宋的上古史代表作在舜事方面的記載情况按歷時綫索列於下表,其中符號"√"表示採信,"×"代表史家曾明文反對,"—"意謂闕載,"○"則指改編,注意F事的增加與K事的删添,可以用作分期的依據:

先秦	漢唐 HIK	北宋中後期 FI			南宋 CFIK			
孟子	史記	稽古録	通鑒外紀	古史	皇王大紀	通志	路史	通鑒前編
C	—	—	—	—	√	—	—	—
F	—	√	√	√	√	—	√	—
H	√	×	—	×	○	○	×	×
I	√	—	√	√	√	√	√	—
K	√	×	×	×	√	√	√	√

結語

不同時代的學者對《孟子》所載舜事的反復考辨構成孟學史的重要組成部分。從孟子最初的辯解開始,中經北宋中晚期學者之集中駁斥,再至以程頤、朱熹爲代表的理學家的辯護,當這三個秉承相同衛道目標的學術個體或人群面對共同的文化母體和歷史遺産時,他們所採取的接受策略各帶其思想特徵,在歷時向度上呈現出摇擺上升的走勢。這與兩宋學者對《孟子》一書的總體態度(從疑非走向尊崇)正是同步的,從此個案亦可看出不同學術群體在處理孟子與經典(如《尚書》)關係方面的歧異。

① [宋]羅泌《路史·後紀》卷一一《有虞氏》,四部備要影印本,頁130－132。

② 《路史·發揮》卷五,頁288 。

③ 《路史·後紀》卷一一《有虞氏》,頁132。

④ 此外,羅泌還在《路史·餘論》卷七討論了N懸擬瞽叟殺人一事,反對劉敞《明舜》、《五臣解孟子》中范祖禹及葉夢得的觀點。

同時,考辨舜事不僅是孟學的一部分,它亦關涉到諸學術群體構建聖人形象的不同視角。無論是北宋中後期學者由人情常理出發審視聖人的外在言行,還是程、朱等理學家强調聖人之心内在的超越性,他們在《孟子》所載舜事上表現出的差異立場絶非暫時而爲的論辯技巧,而是呈現出兩種相對統一的思考方式,由此可窺見理學家著力於開拓"内聖之學"的學術旨趣[①]。當然,這兩種想象聖人的原則並不是純乎人情或純乎聖心的,兩者之間的關係亦非冰炭不相容,而更多表現爲學術傾向和核心理念的不同,這方面最爲有力的佐證便是理學家在事實層面其實也大多認同北宋中晚期學者的觀點。

伴隨著歷代學者們考辨《孟子》所載舜事這樣的思想活動的展開和深化,漢唐至兩宋史家對待上古史特别是虞舜事迹的態度亦發生了幾次顯著的轉變。《孟子》所載舜事中備受後世争議的 CFHIK 諸事,以司馬遷《史記》爲代表的漢唐古史版本採信 HIK 三事,這樣駁雜的局面至宋始得非孟兼疑古學者的全面反思。北宋中後期的古史著作如司馬光《稽古録》、劉恕《通鑒外紀》、蘇轍《古史》遂將 HK 二事剔除,同時引入 F 事,形成了最爲精約的舜事版本。程、朱一系的理學家參酌非孟學者的批判態度,延續了他們質疑 H 事贊賞 F 事的立場,同時通過改寫 C 事、論證 K 事重新將之納入史實範疇。在南宋至元初寫及上古史的胡宏《皇王大紀》、金履祥《通鑒前編》乃至鄭樵《通志》、羅泌《路史》等史書裏,我們都能看到道學主導下的學術風氣,這些史學著作最終組成宋人對虞舜事迹進行折衷後的定型版本。

【作者簡介】 王啓瑋,1990 年生,北京大學中文系博士研究生,研究方向爲中國古代文學。

---

① 關於理學家"内聖"與"外王"之間的關係,參見劉子健《中國轉向内在:兩宋之際的文化轉向》,江蘇人民出版社,2012 年;余英時《朱熹的歷史世界:宋代士大夫政治文化的研究》第八章《理學家與政治取向》,頁 398 - 421。

宋代黨争與《詩經》學轉型

——晁説之《詩經》學考論

桂　梟

【提　要】 晁説之是兩宋之際重要的經學家,在《詩經》學史上以激烈反對《詩序》著稱。然而由於資料散佚,學界一直關注不多。本文鈎沉晁氏有關《詩經》的論述,旁考晁氏其他經説與時人論著,探析其獨特的《詩經》學理路,從《詩經》學内部探索他與歐陽脩以來的《詩經》學的學術淵源關係,從學術、政治争論的角度考論其與王安石新學間的争論,進而反思宋代《詩經》學史中的一些重要問題。

【關鍵詞】 晁説之　詩序　詩經學史　王安石　新學

晁説之(1059—1129),字以道,號景迂生,學問淵深,著述宏富,以經部最夥,且多新解,是兩宋之際的重要經學家。晁説之出身昭德晁氏,又得司馬光、邵雍之傳,積極參與新舊黨争,與南北宋之際的幾個重要學術派别都有密切關係,親歷並推動了兩宋之際的學術轉變,在學術史上地位重要。全祖望在《宋元學案》中專爲其補立"景迂學案",稱:"(景迂)湛深經術,親得司馬公之傳,又爲康節私淑弟子,其攻新經之學,尤不遺餘力。"[①]可見,與同時學者相比,晁説之以深於經學著稱,而其經學又因與王安石新學意見相左而獨樹一幟。然而,由於晁説之著作散佚嚴重;同時,因爲晁氏"非孟",且晚年歸心佛教,後世理學家將其排出了道學傳承譜系。故而以往的宋代《詩經》學史的研究對晁説之不夠重視。

從《詩經》學史上看,晁説之是兩宋之際反對《詩序》的重要學者。他的《詩經》學一方面承繼了北宋《詩經》學的傳統,另一方面又因時代背景、個人經歷等因素呈現出了獨特面貌,在當時及後世都影響重大。但由於晁氏身前,《詩傳》就已散佚,晁説之現存的較系統的《詩經》學著作僅有《詩之序論》四篇。材料的不足,導致迄今尚未有關於晁氏《詩經》學之專論。一些《詩經》學通史偶有論及者,亦多從宋代《詩經》學"尊《序》"、"廢《序》"之争或疑經思潮的角度,有意或無意地扭曲了晁説之《詩經》學的本來面目,忽略了晁氏《詩經》學細微

---

① [清]黄宗羲、全祖望等《宋元學案》卷二二,《黄宗羲全集》,浙江古籍出版社,2005年,頁94。

的内在脈絡與其形成的特殊語境[①]。

本文之寫作以晁説之的《詩經》學爲核心，首先鈎沉晁氏有關《詩經》的各種論述，旁及晁氏其他經説與時人論著，考察晁氏《詩經》學宗旨，探析其《詩經》學的學術淵源，及其與王安石新學之間的論争。在此基礎上，試圖呈現出在宋代激烈的黨争之中，《詩經》學發展的某些面向，進而反思以往在"尊《序》"、"廢《序》"之争基礎上建構的宋代《詩經》學史。

一、晁説之《詩經》學之宗旨

晁説之一生遍注群經，多有新解。具體到《詩經》學上，晁説之曾著有《毛詩傳》二十卷。《經義考》不載，今已亡佚。《嵩山文集》中有關於此書的一些記載，其《與張仲明書》曰："老僕三十年前作《詩傳》，所辯詳矣。"此書在晁説之生前即已殘損，《答張仔秀才書》曰："三十年嘗爲《毛詩傳》二十卷，今因金人，殘毁不全。"[②]晁氏藏書多於南渡之際散佚，"靖康丙午冬遇金賊於睢陽，五世圖書，悉以灰燼"[③]。其詩中亦常有感慨，如："消息沉沉當下國，風塵漠漠里中都。平生鉛槧胡塵裏，不免從今誤讀書。"[④]再如："飄零海角悟平生，豈料王孫肯遠行。……詩書灰燼寧無夢，翰墨馨香尚有情。"[⑤]《毛詩傳》之散佚亦當在晁説之隨宋室南渡之際。《毛詩傳》之外，《嵩山文集》還有四篇《詩之序論》，相比于《毛詩傳》隨文注釋，晁氏的意見散見於各章之中，不易閲讀，《詩之序論》主題清晰，論説明白，成爲時人及後世討論晁説之《詩經》學的主要材料[⑥]。除此之外，《文集》中還散見一些有關《詩經》的議論。

晁説之《詩經》學的主要宗旨可歸納爲兩點：一、激烈反對《詩序》，不只懷疑《詩序》的作者，更從義理上否定了《詩序》的解經價值。二、"約《春秋》以爲《詩》"，晁氏解《詩》不僅參考《春秋》及三傳的歷史記載，更大膽地以《春秋》爲解釋《詩經》的義理標準。兩條宗旨相輔相成，貫穿於晁説之的《詩經》學中，爲了行文方便，以下分别述之。

晁説之的《詩經》學在當時就以反對《詩序》聞名，陸遊在討論本朝經學時，曾説"自慶曆後，諸儒發明經旨，非前人所及，……黜《詩》之序。不難於議經，

① 参葉國良《宋人疑經改經考》，臺灣大學出版社委員會，1980年；洪湛侯《詩經學史》，中華書局，2002年；劉毓慶《歷代詩經著述考(先秦-元代)》，中華書局，2002年；張劍《求實與尊古：晁説之學術思想及其意義》，《中國文化研究》2004年秋之卷；《晁説之研究》，學苑出版社，2005年；楊新勳《宋代疑經研究》，中華書局，2007年。

② [宋]晁説之《嵩山文集》卷一五，《四部叢刊》續編，上海書店，1985年。

③ [宋]晁説之《洪範小傳》，《嵩山文集》卷一一。

④ [宋]晁説之《感歎》，《嵩山文集》卷九。

⑤ [宋]晁説之《視藴文》，《嵩山文集》卷九。

⑥ [宋]洪邁《容齋三筆》中論晁氏《詩經》學，即以《詩之序論》四篇爲主要材料。

况傳注乎?"[①]後代學者翁元圻、皮錫瑞等都指明,陸遊所言黜《序》之人就是晁説之[②]。

晁説之有關《詩序》的系統論述集中於《詩之序論》中。《詩之序論》計四篇,圍繞《詩序》作者這一問題層層展開。首先,提起總綱,認爲《詩序》非詩人原作:"作詩者不必有序,夫既有序,而直陳其事,則詩可以不作矣。説《詩》者或不可以無序,斷會一詩之旨,而序之庶幾乎? 發明先民之言以告後生弟子焉。今之説者曰:'序與詩同作。'無乃惑歟?"[③]先駁斥《詩序》絶非詩人所作。《詩序》之意不外美刺兩面,從"刺"的角度看,晁説之認爲:"序《詩》者不諱時君之惡,而暴其私,無所不及,雖閭閻委瑣之私,亦不過是。豈特善罵云乎邪,亦自善訐而餘怒悉紓而罷矣。尚何托之鳥獸草木蟲魚,文之訓詁,筆之音聲以成詩乎?"從"美"的角度看,晁説之則認爲:"序《詩》者於所美,直而且倨,殆類考功所書縣令最狀。尚何托之鳥獸草木蟲魚,文之訓詁,筆之音聲以成詩乎?"[④]綜合上述兩個方面,晁説之認爲《詩序》都違背了"温柔敦厚"的詩教。不僅如此,晁説之還從情理推論,若《詩序》爲詩作者所作,則"《詩》無遺思矣。如此之類,一序而足,又何必詩之作邪? 由是觀之,《詩》之所序非當時之所作明矣"。此外,晁説之尚從歷史角度,舉當時新發現的石鼓文中詩並無序,認爲詩有自序"殆夫魏晋文墨之士才力凡下,陋不知學,因習説《詩》之序而自爲其詩序"。魏晋之時始有作家爲詩文作自序,《詩序》絶非詩人自作。《詩序》既然義理悖謬,加之作詩者不必也不能有序,晁説之已經否定了《詩序》作爲解經依據的價值。

晁氏認爲,《詩序》不僅非詩人自作,也不可能是子夏所作。子夏作《詩序》之説傳承有自,孔穎達《毛詩正義·常棣疏》引《鄭志》云:"此序子夏所爲,親授聖人,足自明矣。"《孔子家語·七十二弟子解》亦云:"子夏叙《詩》義,今之《毛詩序》是也。"晁説之對此的批評並不從考據入手,而是從推測子夏之爲人開始。晁説之指出,《詩序》中存在很多與《春秋》義例不合之處。例如,他説:

> 周之東遷,諸侯未之有勤王者。衛宣公不知從王伐鄭,《春秋》罪之矣。序《伯兮》:"刺時也,言君子行役,爲王前驅,過時而不反焉。"其與衛人之怨王歟?

據鄭《箋》,《詩序》所指之事在《春秋·桓公五年》,"秋,蔡人、衛人、陳人從王伐鄭。"鄭曰:"衛宣公之時,蔡人、衛人、陳人從王伐鄭伯也。爲王前驅久,故家人思之。"[⑤]《詩序》中所批評的"過時",指衛人因從王征伐而歸家無期。《伯兮》一詩,蓋刺周王出師不恤時令。然而晁説之稱"衛宣公不知從王伐鄭",指

---

① [宋]王應麟《經説》,[清]翁元圻等注,欒保群等校點《困學紀聞》卷八,上海古籍出版社,2008年,頁1095。

② [清]皮錫瑞撰,周予同注《經學歷史》,中華書局,1959年,頁220。

③④ 《詩之序論一》,《嵩山文集》卷一一。

⑤ [唐]孔穎達《毛詩正義》,《十三經注疏》,1980年中華書局縮印本,頁326。

"隱公十年",王命諸侯伐宋,《左傳》"君子曰"贊鄭伯"鄭莊公於是乎可謂正矣,以王命討不庭,不貪其土,以勞王爵,正之體也。"同年"秋七月","蔡人衛人郕人不會王命",趁鄭人伐宋之際偷襲鄭國,而爲鄭軍所敗。衛宣公不從王命伐宋,反而偷襲鄭國,可謂"不庭"之臣。(晁氏誤"伐宋"爲"伐鄭",當爲記憶偶誤。)在晁説之看來,"隱公十年"時,衛公不能從王伐宋,爲《春秋》所深貶。那麽,"桓公五年"時,衛人能從王伐鄭,自當爲《春秋》所褒。北宋學者論及《春秋》多以"尊王"爲第一要義,晁氏之《春秋》學亦承此立論[①]。如此,《詩序》所謂"刺時也",就明顯是對周王之命不滿,轉而贊成衛人的怨怒,與《春秋》尊王之義大悖。子夏是聖人之徒,不可能在《詩序》中發出與世傳孔子所作之《春秋》顯然相悖的議論。晁説之通過論證《詩序》在義理上的悖謬,否定了子夏的著作權。

晁説之《詩之序論二》又引韓愈説:"子夏不序《詩》之道有三焉:不智,一也;暴中冓之私,《春秋》所不明不道,二也;諸侯尤世,不敢以云,三也。"[②]韓愈認爲,《詩序》褒貶顯豁,會爲作者帶來不可知的災難,故而絶非身處先秦亂世中之子夏所作。晁説之則沿其"《春秋》所不明不道"一語加以擴充闡發,稱:"《春秋》之志深矣,豈特定、哀之間多微辭哉?後世學士大夫聚十數師儒之説而傳道之,尚多所不通。夫子於洙泗之間,口以授受而不敢公者,言遜也。何爲夫子怯於《春秋》,而子夏勇於序《詩》乎?"晁説之不以爲孔子身處亂世,避害遠禍,故而删定《春秋》特多"微辭",徑以爲是孔子謙遜的品格使然。先師如此謙遜,身爲弟子的子夏更不應大膽寫作《詩序》,横議是非。

對於《詩序》是否爲毛公所作,晁説之則持較爲保守謹慎的態度,認爲"疑不能明"。晁氏先論述了歷史上存在齊、魯、韓、毛四家《詩》説。四家皆各有其《序》,且都自托傳自子夏。但當時所遺留的《韓詩》説又與《毛詩序》義相抵牾,"何一人之手異同如此邪"?晁氏認爲,這是因爲衆家"各托所尊以求信於人"。不僅如此,晁説之亦懷疑毛詩之《序》爲毛公所作,他説:"其駢蔓不純之語亦似非出於一手也。"晁説之又舉例説明,《詩序》説與世傳毛公所作《毛詩故訓傳》不同。例如:

> 《騶虞》之序曰"仁如騶虞",毛公傳曰:"騶虞,義獸也。"《下泉》序"思明王賢伯以郇伯之故也。"毛於郇伯曰:"郇,侯也。"而不以爲方伯。《彤弓》序曰:"天子賜有功諸侯。"蓋非常之賜也。毛公説:"彤弓以講德習射。"則禮之常者耳。《庭燎》序"美宣王也。因以箴之。"毛公傳意略不及所謂箴。《苕之華》序曰:"因之以饑饉。"蓋因人可以食鮮可以飽而云爾。毛公乃曰:"治日少而亂日多。"不亦優乎?果非毛公作歟?

除第一例中,漢人對於"仁"、"義"等範疇的辨析不及宋人精密,其説容有可商外,其餘諸例皆精確不移,此數詩傳與《序》義不合,當非出於一手。因此,

---

① 詳參牟潤孫《兩宋春秋學之主流》,《注史齋叢稿》,中華書局,1987年,頁140－161。

② 《嵩山文集》卷一一。

晁說之認爲《後漢書·衛宏傳》、《隋書·經籍志》中衛宏曾作《詩序》與衛宏潤色《詩序》之說較爲有理。

綜上，晁說之認爲《詩序》寫作時間較晚，"孟子、荀卿、左氏、賈誼、劉向、漢諸儒說及《詩》多矣。未嘗有一言以《詩序》爲議者。則《序》之所作晚矣。"又以《凱風》《詩序》說與《孟子》說不同，來表明自己對《詩序》解經價值的懷疑，"孟子之言妄歟？孟子之言不妄，則序《詩》者非也。諸儒之論與序《詩》者異而謂《序》無一言非者，非予所學也。"值得注意的是，這裏晁說之引用孟子作爲判斷《詩序》的理據，這對於考定《詩之序論》的寫作時代極有價值，後文再論。

晁說之《詩經》學的另一重要宗旨是以《春秋》解《詩經》。在《詩之序論》中已有所表現，在《答賈子莊書》中晁說之明確地提出了這一點。如：

> 以《詩》爲之言。世之人孰不讀《詩》？而幾詩在春秋間耶？孟子所謂《詩》亡然後《春秋》作者，若之何謂之亡耶？其可不約《春秋》以爲《詩》乎？[①]

"《詩》亡然後春秋作"是晁說之《詩經》學的重要理據[②]，在此基礎上，晁說之提出了"約《春秋》以爲《詩》"的《詩》學主張。值得注意的是，晁說之的"約《春秋》以爲《詩》"不只是以《春秋》中的記述爲解釋《詩經》的歷史背景，更著重於從《春秋》義法中尋找判斷《詩經》經義的依據。

如在《答張仔秀才書》中說：

> 說之啓，辱書以《魯頌》質《春秋》爲問，甚善。……足下但觀魯僖公宜有頌乎？周王不作而魯公僭頌，夫子不得而輕重之，遂亦頌之，則彼異姓庶邦初不以周禮稱者，吾尚何望耶？平王之詩降而風，僖公之詩僭而頌，則天下之治亂可勝言耶？春秋之王可没而"夫"、"子"之，魯僖公之頌不可没而《頌》之。則僖公之罪大於吴、楚之僭王矣。彼頌之體制，事之有無，與夫僖公之爲人，尚何待質之《春秋》哉？[③]

此論甚爲大膽，《詩經》中《魯頌》四篇是魯僖公時所作頌詩，體制與他《頌》不侔，對此漢唐經學家已有所察覺，如孔穎達認爲："《魯頌》之文尤類《小雅》，比于《商頌》，體制又異，明三頌之名雖同其體各别也。"[④]孔穎達雖對《魯頌》體制有所懷疑，然而仍然認爲"特請天子，以魯是周公之後，僖公又實賢君。故特許之，不然亦不得轉借其名而作頌也"[⑤]。堅信孔子將這四首詩列爲《魯頌》，有其道理。張仔之來信或因《左傳》中有關僖公之記載，以爲僖公之爲君不當有《頌》，進而質疑《詩經》文本的可靠性。晁說之的觀點更加激進，他認爲魯國作爲一個諸侯國，固不能有頌詩。吴、楚二國僭用王號，《春秋》經尚可以"吴

---

① 《答賈子莊書》，《嵩山文集》卷一五。

② 案：晁說之雖以"疑孟"聞名，然是書作於靖中建國元年(1101)，其時晁說之仍尊信《孟子》，後文有考。

③ 《嵩山文集》卷一五。

④ 《毛詩正義》卷一九，頁581。

⑤ 《毛詩正義》卷二〇，頁608。

夫”、“楚子”稱之，而魯僖公之有頌詩，删《詩》的孔子竟無法更改。作爲周公後人，僖公僭越禮法，其罪更在吴、楚之上。晁氏立説的幾個關鍵點都與《春秋》關係密切：一者，他根據《春秋》“尊王”之義，判定魯國作爲諸侯國絶無作頌資格，由此引發了對《魯頌》的懷疑；二者，他又以《春秋》之一字褒貶“使亂臣賊子懼”的筆法，推測孔子之所以未删《魯頌》的原因，是爲了顯揚魯僖公之惡。不論認定僖公爲賢主或者昏君，孔穎達、張仔都是試圖從《春秋》的歷史綫索中尋找《魯頌》列入頌詩的證據，晁説之則從《春秋》義理、義法入手以判定《詩經》學問題。

通過上面的分析，我們可以發現晁説之《詩經》學的兩個宗旨間存在内在關係，晁説之對《詩序》的排斥建立在他所理解的《春秋》義法的基礎之上。疑《序》之人無代無之，但有必要辨析的是，晁説之前很多學者之“疑《序》”不過是對《詩序》作者爲誰産生懷疑，對《詩序》的解經價值則無太多質疑。如歐陽脩在《詩本義》中就認定《詩序》非子夏所作，但在具體解經實踐中則認爲“《毛詩》諸序與孟子説《詩》多合，故吾於《詩》常以序爲證”①。這種對《詩序》的懷疑更多基於文獻學層面。而晁説之的最大不同在於，他不僅否定了《詩序》爲詩人、子夏所作，更以《春秋》爲標準宣佈了《詩序》在義理層面上站不住脚，並提出了“約《春秋》以爲《詩》”的解經主張。相比之下，晁説之之“疑《序》”著力否定的是《詩序》的解經價值。

二、晁説之《詩經》學之淵源

宋代經學變古，擺落漢唐，獨研義理，《詩經》學也不例外，北宋《詩經》學的代表人物歐陽脩在《詩本義》中就反復强調以“人情”、“物理”解經。晁説之繼承了這一經學傳統，很多具體的經解中都有所表現。前述晁説之《詩經》學的宗旨之一是“約《春秋》以爲《詩》”，以《春秋》解《詩經》也早有淵源。鄭箋、孔疏中皆有用例，然多以《春秋》中史事解釋《詩》之背景。及至宋人，學風趨新，更具思辨性，加之書籍漸多，始據《春秋》與《詩經》間之不同，思考背後的義理問題，並進而援《春秋》義例以判定《詩經》解釋之得失。例如歐陽脩在其《詩本義》中也曾討論到《魯頌》：

> 《頌》之本，一人是之，未可作焉。訪於衆人，衆人可之。猶曰天下有非之者。又訪於天下，天下人亦曰可，然後作之無疑矣。僖公之政，國人猶未全其惠，而《春秋》之貶尚不能逃。未知其《頌》何從而興乎？《頌》之美者不過文、武。文、武之《頌》非當其存而作者也，皆追述也。僖公之德孰與文、武而有《頌》乎？先儒謂名生於不足宜矣。然聖人所以列爲《頌》者，其説有二：貶魯之强，一也；勸諸侯之不及，二也。請於天子，其非强

① [宋]歐陽脩《序問》，《詩本義》卷一二，《四部叢刊》三編，上海書店，1985年。

乎？特取於魯，非其勸乎？[①]

歐陽脩與晁説之的意見看來幾乎相同，也以僖公爲君不道，不能逃於“《春秋》之貶”，《魯頌》不當爲《頌》。故孔子删定《詩經》，將《魯頌》之列入《頌》，當有深意。歐陽脩與晁説之的不同點在於，歐陽脩以爲魯國雖理不當有《頌》，然其畢竟請於周室，心中尚有天子在，故而孔子列其詩爲《頌》尚有勸其他諸侯國效仿魯國尊王之意。歐陽脩之説較爲平緩，且層次清晰。而晁説之的立論則較爲武斷，徑以《春秋》義法判定《魯頌》之不當，並認定孔子身處春秋亂世，不得已才入《魯頌》於頌詩。此外，歐陽脩《詩本義》中引《春秋》僅僅在於説明魯僖公政聲不佳，故而不當有《頌》，而晁説之則稱不必質諸《春秋》考察僖公之爲人，徑以《春秋》“尊王”之義判定《魯頌》之不當。兩説相較，雖然晁説源出歐氏，但歐意更平緩、立説更高明，晁氏不免稍嫌褊急武斷。

再如，晁説之曾在一封書信中因用“四之日”以代“四日”，遭人疑議，遂論及《豳風・七月》：

> 夫《豳詩》於風俗氣候制度儀物皆本諸豳國，而條理順事也。而獨於日月參差錯出其語何耶？大凡著述家必謹日月，説者以日爲月，何以告當世之民而視後世之人哉？其義果何在耶？上自國家政令，下及農夫稼穡，雖有改正朔之異，其本諸夏正則無改也。有《夏小正》者，周公本之爲《月令》。不幸吕不韋攘一爲春，學者遂因《吕覽》而薄之。《豳詩》於農事，日月何可差忒耶？《豳詩・七[②]月》則夏正也。説者謂一之日，周之正月；二之日，商之正月；三之日，夏之正月。於理於事，果何歸耶？説者謂“三之日于耜”者，夏正月也；“四之日舉趾”者，周四月也。其修農器於夏之正月，則其舉足而耕者，夏之二月也。不曰夏之二月而曰周之四月，必善冒亂於曆如此，何耶？“二之日鑿冰冲冲，三之日納于淩陰，四之日其蚤，獻羔祭韭。”如彼説者，則是鑿[③]冰于十二月，二陽之臨，用事之卦，冬至水泉動之後，果容冲冲之意以鑿冰乎？既鑿冰矣，必待暴之於路一月之久乃納之於室，果當人情，果適事理乎？《昭公四年》申豐之言曰：“日在北陸而藏冰”，是建丑月藏冰，豈若説《豳詩》者，謂藏冰在寅之乖戾也？説《豳詩》謂出冰於建卯[④]之月，不太早乎？又不若申豐謂“西陸朝覿而出之”，實在建辰之月爲允會也。不知執事者果何從耶？夫公劉于豳，商之諸侯也。方在商之世，而甯有周正之可論哉？藉以爲周公之所追言也。周公於豳土責農民必謹氣候，而於商王使諸侯不奉正朔，又復何耶？[⑤]

《豳風・七月》一詩中的曆法問題，歷來聚訟紛紜。晁説之認爲《七月》一

---

① ［宋］歐陽脩《魯頌解》，《詩本義》卷一五。
② 案：“七”，底本爲“六”，據文義改。
③ 案：“鑿”，底本爲“藏”，據文義改。
④ 案：“卯”，底本爲“寅”，據文義改。
⑤ 《與張明仲書》，《嵩山文集》卷一五。

詩之内，不當日月差錯混用，“一之日”、“二之日”、“三之日”，當是一日、二日、三日之義。具體看來，晁説之第一步要解決的是《詩》中所稱“月”、“×之日”是否代表著周正與夏正之不同。稱“一之日”、“二之日”、“三之日”分别爲周、殷、夏三正之説實出自毛《傳》，鄭、孔皆無異説。然而此説至北宋，受到一些學者質疑。張載即認定：“《七月》之詩，皆以夏正爲斷。”王安石也認爲：“周正建子，而此所言皆夏時者，夏時稼人所見，所謂‘人正’是也。授民時則用人正，固其理也。”[①]較晚的朱熹早年也持此説，認爲：“此詩月數，皆以人正爲紀。”[②]晁氏曾在“關中，留心横渠之學”[③]，故其繼承張載之説，認定《七月》一詩不當雜用兩正，而皆用夏正，理固宜然。第二步，要解決的則是“×之日”是否即“×月”之義，孔穎達以來的經學家又認爲“一之日、二之日，猶言一月之日，二月之日。”程頤也承此説，認爲：“一、一陽之月也，‘一之日’猶云‘冬之日’、‘夏之日’也。”[④]而以“月”、“日”之别爲陰陽二氣升沉所致，這一點王安石説得最爲透闢：“彼曰七月、九月，此曰一之日、二之日，何也？陽生矣，則言日；陰生矣，則言月：與《易·臨》‘至於八月有凶’，《復》‘七日來復’同意。”[⑤]這些經學家都不認爲“×之日”指的是具體某一天。這一點上，晁説之的意見産生了較大分歧。晁説之認爲“著述家必謹日月”，“一之日”、“二之日”，乃“一日”、“二日”之義。其究爲何月之日，《詩》内無解，當旁考他文以知。晁説之舉“二之日鑿冰冲冲，三之日納于淩陰”，若“一之日”爲“一陽之月”，則“二之日”當爲“二陽之月”，二陽之象于《易》爲《臨》，當爲夏曆十二月。《臨》卦兑下坤上，已有水泉湧動之象。鑿冰於十二月冬至以後，晁説之看來，已嫌太遲。即或於此時鑿得冰，置之不理一月之後再藏於室，也不合情理。晁説之乃引《左傳·昭公四年》“日在北陸而藏冰，西陸朝覿而出之”以闡己説。藏冰所指當即是“三之日納于淩陰”，“日在北陸”是夏曆十二月，即建丑之月，“三陽之月”則當是一月，即建寅之月，二者不合。“四之日其蚤，獻羔祭韭。”鄭玄引《月令》“仲春天子乃獻羔開冰，先薦寢廟”，以爲時在夏曆二月。若依《左傳》，“日在西陸”則謂夏曆三月。二者亦不合。鄭《箋》中亦曾引《左傳》此文説詩，對於這種不同，鄭玄在《答孫皓書》中曾加以解釋：“豳土晚寒故可夏正月納冰，夏二月仲春太蔟用事，陽氣出，始温。故禮應開冰先薦寢廟。言由寒晚得晚納冰，依禮須早開故也。”[⑥]但晁説之並没有接受鄭玄的解釋，徑以《左傳》爲標準，認定“三之日”當爲夏曆十二月初三日，而“四之日”則當指夏曆三月初四日。“三之日”、“四之日”，既與周曆無關，則詩前“一之日”、“二之日”，亦絶非周曆之一月、二月。既非周曆之

① 程元敏《三經新義輯考匯評(二)——〈詩經〉》，華東師範大學出版社，2011年，頁109。

② [宋]吕祖謙：《吕氏家塾讀詩記》卷一六，《吕祖謙全集》第四册，浙江古籍出版社，2008年，頁279。案，所引爲朱熹《詩經》舊説，晚年《詩集傳》中有所改變。

③ 《宋元學案》卷二二，頁93。

④ [宋]程顥、程頤撰，王孝魚點校《二程集》，中華書局，1981年，頁1064。

⑤ 《三經新義輯考匯評(二)——〈詩經〉》，頁109。

⑥ 《毛詩正義》卷八，頁392。

月,"×之日"就只能是"(×月)之×日"義。一日採冰,次日藏冰,動作連貫,似也合理。通觀晁氏此論,其立説的關鍵性論點大概可以歸爲兩類,其一是以人情物理解經的經學方法,這繼承了歐陽脩以來的北宋《詩經》學傳統;其二則是援引《左傳》中有關藏冰的記載,則可以歸因於晁氏"約《春秋》以爲《詩》"的經學主張。

通篇看來,上引晁氏經説不僅大膽,立説亦稍嫌生硬,似有夾纏不清之嫌。然而值得思考的是,作爲博通五經的經學家,晁説之不可能没有意識到其解經的"辭費"與夾纏之處。究竟是什麽原因讓他如此解釋《詩經》? 上述引文中最後一段或可見出某些消息。漢唐學者以周正、夏正不同解釋《七月》詩中稱"月"、"日"不同的邏輯起點,實際上來自《詩序》,本詩小序稱"《七月》,陳王業也。周公遭變故,陳后稷先公風化之所由,致王業之艱難也"[①]。此詩既爲周公所作,那麽詩中有夏曆之外,復用周曆便順理成章。然而晁説之則認爲:"夫公劉于豳,商之諸侯也。方在商之世,而甯有周正之可論哉?"商朝之時,自然不可能有所謂周正。可見,晁説之根本不認同《小序》關於本詩作者爲周公的説法,認爲此詩應是豳國舊詩,故而全詩用夏曆。晁説之進一步申論,即使此詩爲周公追述公劉所作,於農事上謹於氣候,沿用夏曆,卻絲毫不考慮公劉本人的商臣身份,不用商正而用周正,也於理不合。晁説之再一次抬出了《春秋》"尊王"之義。至此,我們可以發現,晁説之此段經解如此迂曲的原因在於他對《小序》的徹底否定。晁氏之反對《詩序》不僅僅表現在《詩之序論》四篇專論上,而且進一步貫徹到對每一篇具體《詩》篇的解釋之中。上揭引文之後,晁説之後曾補敘:"老僕三十年前作《詩傳》,所辯博矣。"可見今日散佚的《詩傳》中此類論辯在在皆是。《吕氏家塾讀詩記》中曾引"晁氏説"二則,其一説《桓》:"《桓》之《序》曰:'《桓》武志也。'或以爲注,或以爲《序》,失其傳如此。"[②]亦對《詩序》不以爲然。吕氏所引之晁氏,或出自晁公武《毛詩訓詁傳》,非晁説之《詩傳》,然公武爲説之族侄,此亦可爲晁氏《詩經》家學增一旁證。

綜上,我們認爲晁説之的《詩經》學繼承了北宋以來以人情物理解《詩經》的傳統,但與歐陽脩、張載等前輩學者的不同之處在於,他極爲激進地反對《詩序》,否定了《詩序》作爲解經依據的價值,並主張"約《春秋》以爲《詩》"。爲了貫徹這一宗旨,晁説之不惜盡反前儒舊説,己説也往往因此迂曲不通。就其淵源而言,晁説之之《詩經》學固然是宋代經學發展的正常産物,在此風氣煽及之下,又有自己的特色。如學者指出,從整體上看,晁説之經學有"求實"與"尊古"的特點[③]。從經學内部看,"尊古"就相應地轉化爲尋找更爲古老的解經依據,晁説之顯然不能認同固守家法、師法的漢唐注疏之學,而詩《序》不僅出處不明,同時亦自相矛盾,固不能爲晁氏説《詩》之依歸。而"求實"則意味著二程及其弟子爲代表的道學家群體以義理解經的方式也與晁説之不相容。那麽,

① 《毛詩正義》卷八,頁388。

② 《吕氏家塾讀詩記》卷三〇,頁751。

③ 張劍《求實與尊古:晁説之學術思想及其意義》。

如果想突破漢唐注疏，尋求更爲可靠與古老的解經依據，横向打破諸經間的藩籬，援《春秋》以説《詩》自是晁説之經學理路的内在要求。

三、晁説之《詩經》學與王安石新學間的争論

晁説之經解多是與他人争論之作，洪邁説他“留意六經之學，各著一書，明其旨，故有《易規》、《書傳》、《詩序論》、《中庸》、《洪範傳》、《三傳説》。其説多與世儒異。”[①]陸遊也稱：“晁以道著書，專意排先儒，故其言多而不通，然亦博矣。”[②]既然晁氏經解往往是與“世儒”、“先儒”争論之作，這就意味著他的很多經學主張不僅僅應在經學内部進行考察，更應在這種語境下加以理解。因爲論辯的需要，晁氏雖遍注群經，其經説往往有迂曲之病。值得深思的是，這種弊端，究竟是晁説之著書太富，一時不審、自亂體例的通人之病；還是在紛繁複雜的政治紛争與學術糾葛中，爲了獲得争論的最終勝利而做出的艱難選擇？

爲了理解晁説之《詩經》學爲何會呈現出與北宋學者截然不同的面目，在解《詩》中提高《春秋》的價值，同時排斥《詩序》，就不能不考察晁説之《詩經》學的争論的對象，這就有必要考明晁説之的《詩經》學成立之時代。如前所述，《詩之序論》中曾引《孟子》以證己説，而晁説之在宋代學術史上又以“排孟”出名，故而其對《孟子》態度的改變，或者可以爲我們稽考《詩之序論》的寫作年代提供一點綫索。晁説之在《申劉》篇中稱：“説之十餘年來，始不惑於孟子。”[③]其《與吕舜徒書》中稱：“恨信民不及見吾《申劉》也。”是書作於政和元年(1111)正月二十六日。《申劉》篇當作於此書同時或稍早，故可以推測，晁説之明確主張排擊孟大約可據此上推十年，即靖中建國元年(1101)前後，哲宗、徽宗之際。《嵩山文集》中有《答賈子莊書》，惟記作于十二月初三日，不知確切年份。據信中“去歲道出於黎，鞍馬忽忽間獲見眉宇，固已爲慰，比至武安”之行程，當爲元符三年(1100)，晁説之出知武安縣之行。故《答賈子莊書》當作於翌年(1101)，其中晁氏論孟子曰：“若夫《孟子》之書，則亦不必論其文之如何。是直萬章、公孫丑之徒所次耳。何有於孟子哉？……如必以文論孟子，則可以色論太姜、太姒矣。是未爲知言也。”此論雖對孟子有所微詞，然大體主張透過萬章、公孫丑之整理以知孟子本義。可見此時晁説之對孟子似在半信半疑之間。而《詩之序論四》中引孟子之言駁《詩序》之説，此時之晁説之仍尊信《孟子》。從學術發展的邏輯上看，《詩之序論》當作於《答賈子莊書》之前。因此，《詩之序論》至遲當作於哲宗朝晚期或徽宗朝初年。

此時正是以王安石、司馬光爲旗幟的新舊兩黨黨争最烈之時，兩黨不僅在政治上相互傾軋，學術上也展開了激烈交鋒。哲宗親政以後，就一反高太后時期重用“元祐舊臣”的作法，轉而以“紹聖”爲年號，重用章惇、吕惠卿、曾布等

---

① [宋]洪邁《容齋三筆》卷一，《容齋隨筆》，孔凡禮點校，中華書局，2005年，頁426。

② [宋]陸遊《跋晁以道〈書傳〉》，《渭南文集》卷二九，《陸遊集》，中華書局，1975年，頁2265。

③ 案，“不惑”乃不爲孟子所惑之義。

人，不僅復立元祐所廢新法，更尊崇王安石學術爲官學。是時科舉罷詩賦取士，特重經義，以王安石等所定《三經新義》爲準。其中《詩義》爲王安石及其子王雱等所作，此書最大特點在於推崇《詩序》，認定其爲詩人自作，並在此基礎上解釋經義。王安石認爲："世傳以爲言其義者子夏也。觀其文辭，自秦漢以來諸儒蓋莫能與於此。然傳以爲子夏，臣竊疑之。詩上及于文王、高宗、成湯，如《江有汜》之爲美媵，《那》之爲祀成湯，《殷武》之爲祀高宗。方其作詩，無義以示後世，則雖孔子亦不得而知，況於子夏乎？"[①]在這種解經思路的指引下，《詩序》成了新學一派解釋《詩經》的圭臬。從今存的部分《詩義》佚文可見一斑。明乎此，就可知《詩之序論一》開篇所説實是有的放矢：

> 作《詩》者不必有《序》，夫既有《序》，而直陳其事，則《詩》可以不作矣。説《詩》者或不可以無《序》，斷會一《詩》之旨，而序之庶幾乎？發明先民之言以告後生弟子焉。今之説者曰："《序》與《詩》同作。"無乃惑歟？

其所謂"今之説者"所指即是王安石新學一派學者。"説《詩》者或不可以無《序》"一語，更有幾分譏諷新學學者無《序》即不能解《詩》之義。可見，《詩之序論》不是單純的經學論著，而是與新學學者論辯之作。晁説之師承司馬光、邵雍等人，自屬元祐舊臣一派，元符三年（1100）晁説之曾應詔上封事"凡數十萬言，大抵指荆公政事之非，紹述諸臣之謬，入邪等"[②]。不僅政治上激烈批評紹述諸臣，在學術上晁説之與新學更有勢不兩立之勢，《四書章句集注》曾引晁説之注"篤信好學，守死善道"，"有學有守，而去就之義潔，出處之分明，然後爲君子之全德也"[③]。可見晁説之論學專重判分是非，並在此基礎上堅守自家的學術立場，"篤信好學，守死善道"。《詩之序論》便是具體在《詩經》學上晁説之與新學學者争論之作。

再如，晁説之曾説：

> 昔之人於《詩》也，未嘗膠固底滯如此也。聞"關雎"者必責之以《關雎》之好德；聞"采采"者，必責以《卷耳》之勤勞，可不可耶？[④]

此論專就荆公《詩》學以物性解經的方法而發。王安石喜依詩中所涉及的草木鳥獸蟲魚之性以解經，今其《關雎》、《卷耳》二詩論物性部分散佚，已不明其詳。姑舉其説《樛木》以見一斑："南，明方；木，仁類者。蓋南方者喻后妃之明德也。"[⑤]黄庭堅批評這種解經方法道："彼喜穿鑿者，棄其大旨，取其發興，於所遇林泉人物、草木蟲魚，以爲物物皆有所托如世間商度隱語者。"[⑥]不僅王

---

① 《三經新義輯考匯評（二）——〈詩經〉》，頁 5。

② 《宋元學案》卷二二，頁 93。案：全祖望以晁説之上書時知無極縣，實誤。據張劍《晁説之年譜》知，時晁説之知武安縣。

③ ［宋］朱熹《四書章句集注》，中華書局 1983 年，頁 106。

④ 《與張明仲書》，《嵩山文集》卷一五。

⑤ 《三經新義輯考匯評（二）——〈詩經〉》，頁 13。

⑥ ［宋］黄庭堅《大雅堂記》，《豫章集》卷一七，轉引自《三經新義輯考匯評（二）——〈詩經〉》，頁 313。

安石如此説《詩》，其門下新學一党如陸佃作《詩物性門類》、《埤雅》，蔡卞作《毛詩名物解》等書，雖從書名上看乃論説名物之學，實則是羽翼《詩經新義》之作，將王安石以物性解經之法進一步發揮。晁氏此論深中王安石及新學一黨説經穿鑿之弊。

沿此思路，回顧前文，晁説之之《詩經》學何以特標"約《春秋》以爲《詩》"也就迎刃而解。王安石治經最不重《春秋》，《宋史》本傳記載，(王安石)"黜《春秋》之書，不使列於學官，至戲目爲斷爛朝報"①。不獨王安石本人不重《春秋》，新學一派學者也少有《春秋》學著作，僅陸佃一人作有《春秋後傳》二十卷，然既曰"後傳"，恐亦非解經之作②。紹述之後，諸臣更視《春秋》爲敝履，胡安國説："近世推隆王氏新説，按爲國是，獨於《春秋》，貢舉不以取士，庠序不以設官，經筵不以進讀，斷國論者無所折衷，天下不知所適。"③這一段話清晰地反映出北宋晚期荆公新學甚囂塵上之時，《春秋》學中衰的情形。此時的晁説之特重《春秋》端可謂别有幽懷，著有《春秋晁氏傳》十二卷，《春秋辯文》六卷，《春秋年表》三十卷④，如此大量地注解《春秋》，逆時學而動，頗顯不合時宜。不僅如此，作於政和二年(1112)的《儒言》力詆王安石新學，其書第一篇即論《春秋》，稱："儒者必本諸六藝，而六藝之志在《春秋》，苟舍《春秋》以論六藝，亦以末矣。紛然雜於釋老申韓而不知其弊者，實不學《春秋》之過也。"⑤"雜於釋老申韓而不知其弊者"顯指王安石。而"六藝之志在《春秋》"的經學主張，也貫徹於晁説之解《詩經》特表"約《春秋》以爲《詩》"的宗旨之中。這既有自北宋以來《詩經》學以人情事理解經，故而特重以《春秋》中史實與《詩經》相印證的歷史淵源，更是晁説之與占據官學地位的新學相辯論的策略。

晁説之在上引《詩經》諸説前後中往往亦會談到自己身處這種政治、學術形勢下的寂寞心情，如：

> 此語不爲新學輩出，唯足下之好古與僕同病乃及之也。(《答賈子莊書》)
>
> 特以王氏之學方熾于世，王氏於先儒之善者因而更變以取勝，其不善者忽略不能正之。顧僕一身之微，敢當一世之怒氣少出所學哉？因循不爲吾友而言則其罪也。(《與張明仲書》)
>
> 足下有志尚不肯專爲科舉之學，耻乎輕薄之文，則此邦之人有爲老僕言之者，因亦敢爲足下及之。(《答李大同先輩書》)⑥

---

① 《宋史》卷三二七，中華書局1977年版，10550頁。案：王安石本人對《春秋》究竟取何態度，容有争論，然其學不重《春秋》，科舉更不以《春秋》取士，故《春秋》學當時甚衰，則爲不争的事實。詳參沈玉成、劉寧《春秋左傳學史稿》，江蘇古籍出版社，1992年，頁214－216；趙伯雄《春秋學史》，山東教育出版社，2004年，頁460－468。

② 詳參劉成國《荆公新學研究》，上海古籍出版社，2006年，頁92－98。

③ [宋]胡安國《序》，胡安國撰，錢偉疆點校《春秋胡氏傳》，浙江古籍出版社，2010年，頁2。

④ 詳參《晁説之研究》，頁44。

⑤ 《儒言》，《嵩山文集》卷一三。

⑥ 《嵩山文集》卷一五。

不獨文中，晁氏詩中，也往往見到他獨學無友，起而與當世顯學相争論的孤怨與寂寞。晁説之於大觀四年(1110)貶至明州船場後曾寫詩道："論思獻納方自代，海舶鮹人豈識渠？長嘯清風含雪語，憐儂不解讀新書。"[①]《有感》中則説："吏隱兩非空百感，窮途浪迹亦何哉？波濤遠引月華去，風雨常將月色來。孤學有誰同慷慨，獨愁無地重徘徊。漫談景德祥符際，幾許辭源賦八哀。"[②]與晁説之一樣反對新學的楊時曾寄詩給晁説之説："誰能載酒尋元亮，共寄無何做醉鄉。便好收心事農圃，不須驚世露文章。壺中日月春長在，塞上煙塵客自忙。千里同風無遠近，未分秦隴與瀟湘。"[③]楊時勸勉晁説之"不須驚世露文章"，不必以一身之力與一世之學相争，不如寄情詩酒，明哲保身，可謂知己之言。《詩經》學上，他主張"約《春秋》以爲《詩》"，盡棄《詩序》，與喧囂一世的新學相争，歷時三十餘年，不能忘懷於心。晁説之晚年避亂高郵時，詩中所寫："莊周口舌過平生，擇雁何爲貴不鳴。默默高飛寧有樂？人間生死本來輕。"[④]這似也可説是晁説之《詩經》學的寫照。

四、小結與反思

綜上所述，我們認爲晁説之的《詩經》學一方面承繼了北宋以來歐陽脩、蘇轍等以人情物理解《詩經》的傳統，在很多具體的經解中都有所繼承。但與前輩學者不同在於，晁説之極爲激進地反對《詩序》，且主張"約《春秋》以爲《詩》"，並爲此不惜盡反前儒舊説，己説也往往因此有迂曲之弊。晁説之如此解釋《詩經》的根本原因，在與壟斷當時學術話語權的王安石新學一派學者展開争論。

由此，我們似乎可以對以往所熟知的宋代《詩經》學史做出一點反思。前輩學者多將對《詩序》的態度視作宋代《詩經》學的關鍵問題，並由此對宋代《詩經》學者加以劃分。如劉師培論及宋代《詩經》學，多以學者、著述對《詩序》的態度概括其學術面貌[⑤]。胡樸安則乾脆將宋代《詩經》學者分爲"廢《小序》派"、"存《小序》派"、"名物訓詁派"三派[⑥]。洪湛侯的《詩經學史》亦受這種思路影響很深，闢有專章論及"反《序》存《序》的争論"[⑦]。但通過上文對晁説之及其他一些《詩經》學者的分析，我們可以發現這樣的研究思路弊端甚多。其一、這種武斷的分判抹殺了很多經學家與其著作内在的脈絡。懷疑《詩序》並非是詩人、孔子、子夏所作，並推測毛公、衛宏等人作《序》與在具體解經的過程中是否採納《詩序》之説是截然不同的兩件事情。例如歐陽脩往往被認爲開宋

①② 《嵩山文集》卷六。
③ [宋]楊時《龜山集》卷四一，文淵閣《四庫全書》本。
④ 《嵩山文集》卷八。
⑤ 劉師培《經學教科書》，陳居淵整理，上海古籍出版社，2006年，頁100。
⑥ 胡樸安《詩經學》，商務印書館萬有文庫，1930年，頁97。
⑦ 《詩經學史》頁329－361。

代《詩經》學疑經之先河,《序問》中對《詩序》作者的懷疑常被視作歐陽脩反《序》的證據。然而歐陽脩《詩本義》的具體解經中卻常據《詩序》立說。再如,蘇轍《詩集傳》中不信《詩序》首句以下之文,視爲毛公、衛宏等所作,也往往被視爲反《序》一派學者,但蘇轍又以《詩序》首句爲子夏所作,奉爲解《詩》圭臬。在"存"、"廢"之間,學者對待《詩序》的態度有細膩和豐富的可能性。而這些問題在以"廢《序》"、"反《序》"之争建構的宋代《詩經》學史中很難得到恰當的解釋。再如,陸佃《詩物性門類》、《埤雅》,蔡卞《毛詩名物解》等書,實是發揮王安石以物性解經的《詩經》學主張,若僅依書名以其爲單純的名物訓詁之學,更屬失實。其二、這種作法虚構了學術内部自成體系的發展脈絡,忽視了很多學術以外的因素對學術的影響。作爲經學重要組成部分的《詩經》學,不可避免地受到了政治文化、經濟社會、出版印刷甚至學者個性特徵等各種因素的影響。若將《詩經》學從這些脈絡中割離出來,從歐陽脩、蘇轍到晁説之似乎可以構建起一條對《詩序》從有所懷疑到徹底否定的學術綫索,並由此順理成章地走向南宋鄭樵、朱熹等人的"廢《序》"。但通過本文我們可以發現,這樣建構起來的歷史叙述與歷史事實並不完全一致。相比於歐陽脩、蘇轍等人僅僅對《詩序》作者有所懷疑,具體解經時仍採《詩序》之説,晁説之對《詩序》的質疑,不僅從文獻學層面懷疑其作者,更在經學層面上徹底否定了《詩序》的解經價值。從前者到後者不是程度上的加深,而是斷裂性的質變。這種質變自然受宋代《詩經》學發展内在理路的影響,同時更因爲黨争的需要具有很大的偶然性。晁説之的疑《序》某種意義上説,是他面對哲宗朝後期到徽宗朝,新學新黨甚囂塵上的政治、學術形勢,因論戰的需要所不得已採取的手段。如果不加反思地接受以往虚構的學術譜系,往往會使我們忽略了作者的真實意圖及其著書立説時所處的語境。

晁説之的《詩經》學僅僅是漫長《詩經》學史中的一頁,但對此具體歷史問題的深入理解,或許能爲我們進一步理解宋代《詩經》學史乃至整個《詩經》學史提供一些有益的啓發。

【作者簡介】 桂梟,1989年生,北京大學中文系古典文獻學專業2013級博士研究生,研究方向爲中國經學史、理學史、古典文獻學。

元代學術視域下的王應麟：傳播意義下的考徵

楊晉龍

【提　要】 本文旨在從應用擴散的傳播角度，探討王應麟在元代士人眼中的學術成就、影響與貢獻。經由實證性的"外部研究"方式，透過閱讀與電腦資料庫搜尋後的歸納統計，了解元代士人視王應麟爲"博學"學者，並由官方刊刻《玉海》諸書；元代士人並經由收録、徵引話語與著作的方式接受王應麟；《困學紀聞》、《詩考》、《詩地理考》最受元代士人青睞，王應麟學術的影響，在經部《詩經》學範圍最大；影響區域大致以王應麟家鄉浙江及其鄰省爲範圍，可知王應麟在元代僅是位區域性學者。研究成果可以提供元人評價王應麟學術的實況，以及王應麟在元代學術界受到關注及影響的狀況。這對研究王應麟、探討元代學術的研究者，提供了部分有效的學術資訊與答案，對這些研究者當有某些實質的助益。

【關鍵詞】 王應麟　元代　學術視域　傳播　影響

一、前言

學術研究領域内，當然有某些研究特出或名聲特大的專業學者，這些學者就是所謂"名家"與"大家"；"名家"指的是名聲傳播廣泛的學者；"大家"指的是該學術領域内的權威學者。有些學者固然是"大家"，但卻僅有該學術領域内的人關注，因此並不是受到普遍認知的"名家"；同樣的道理，有些學者是普遍受到注意的"名家"，但卻不一定是學術領域的"大家"；當然也有部分學者既是"名家"，同時也是某個學術研究領域内的"大家"。這些無論是"名家"或"大家"，成爲學術領域内的"名家"或"大家"，自然不會一出生就擁有，總需要經歷一個"成名"的歷程：有的在其生存時代，"名聲"即已建立，如：鄭玄（127—200）、王肅（195—256）。有的則是"蓋棺論定"後，"名聲"逐漸顯揚，如：陶潛（365—427）和朱熹（1130—1200），就是其中的顯例。有的則是要隔代，甚至隔幾個世代，"名聲"方才顯揚，例如：王夫之（1619—1692）、姚際恒（1647—

【基金項目】此文係"科技部"專題研究計劃"王應麟學術傳播研究(I)：元明時期"（計劃編號：MOST 105-2410-H-001-096）的研究成果，因"科技部"提供經費與人力的協助而完成，謹此致謝。

1715?)。有的則是生前成名,中間消沉後而再揚名,王充(27—100)和李贄(1527—1602)當是其中較爲明顯的案例。同時這些所謂"名家"或"大家",有的很快就消聲匿迹,僅存留在歷史文獻之内,有的則繼續流傳揚名在人間,但能夠流傳至今的學者,無論是"名家"或"大家",必然在學術領域中,或者具備有今日認定的"學術創見"上的貢獻,或者具備歷史意義上"學術傳播"的貢獻,然無論何種貢獻在學術史上,都該佔有其一席之地,因此也就具備學術研究的意義與價值。

宋代以來學術領域中,聲名流傳至今的重要學者,以《詩經》爲例①,歐陽脩(1007—1072)、嚴粲(1197—?)、吕祖謙(1137—1181)、朱熹等等之外,受到《四庫全書總目》推崇,率先開啓漢代三家《詩》輯佚的宋末元初學者王應麟(1223—1296),自也是其中無法忽視的重要學者。然觀察民國以來探討論證王應麟學術的研究成果,姑且以 2015 年爲界綫範圍,就臺灣"國家圖書館"目録索引系統所見,其中收録的相關論著,包括中國大陸出版的研究專書與論文集共 12 部,臺灣學者的期刊論文 19 篇,學位論文 4 篇②。透過大陸國家圖書館"文津搜索"的搜尋,收録有期刊論文 75 篇,學位論文 17 篇③。這些涉及王應麟學術探討的研究成果,錢茂偉、馬麗麗、郭美玲、曹家欣等,均有簡略的介紹説明,説明的對象還包括美國 C.布拉德福.藍利和德國 Christian Soffel(蘇費翔)等的成果④。整體歸納分析這些相關論著探討的内容,並參考前述學者們的觀察,可知前賢研究重視的内涵,大致在王應麟的生平與經歷、學術淵源與傳承、著作多寡與刊刻、學術論著内容及其創新發現等方面的議題或内容,至於王應麟學術影響等學術傳播貢獻的實況,就前述論著所見,雖有觸及一般

---

① 葉國良師、夏長樸師、李隆獻等編著《經學通論》(臺北:"國立空中大學",1996),頁 580 曰:"由於對《毛詩》的懷疑,引發了研究齊、魯、韓三家《詩》的興趣,王應麟《詩考》一書率先輯佚,是爲清代輯佚工作大盛的先聲。"大陸的戴維《詩經研究史》(長沙:湖南教育出版社,2001),頁 388 - 394;洪湛侯《詩經學史》(北京:中華書局,2002),上册,頁 384 - 385;張啓成《詩經研究史論稿》(貴陽:貴州人民出版社,2003),頁 172 等處,均有類似的意見。受《四庫全書總目》推崇,可參考楊晋龍《〈四庫全書總目〉評論王應麟析探》,桃園"中央大學"儒學研究中心、臺北"中央研究院"明清研究推動委員會合辦"2015 年'宋明清儒學的類型與發展 II'學術研討會"論文(2015 年 11 月 6 日)。

② 搜尋網站見臺灣"國家圖書館":http://ndltd.ncl.edu.tw/cgi-bin/gs32/gsweb.cgi/login?o=dwebmge:《臺灣博碩士論文知識加值系統》;http://readopac.ncl.edu.tw/nclJournal/:《臺灣期刊論文索引系統》;http://nbinet3.ncl.edu.tw/screens/opacmenu_cht.html:《全國圖書書目資訊網》等。

③ 搜尋網站見中國國家圖書館:http://www.nlc.gov.cn/:《中國國家數字圖書館.資源.文津搜索》。

④ 錢茂偉《近五十年王應麟研究的學術史考察》,傅璇琮、施孝峰主編《王應麟學術討論集(2009)》(北京:清華大學出版社,2009 年 10 月),頁 240 - 266;馬麗麗《王應麟學術思想研究》(天津:南開大學歷史學院博士論文,2009),頁 1 - 3;郭美玲《玉海研究》(臺北:中國文化大學中文研究所博士論文,2011),頁 5 - 6;曹家欣《王應麟〈詞學指南〉研究》(上海:華東師範大學古籍研究所博士論文,2014),頁 2 - 6。

性總體"形象"及"影響"方面的概論性討論[①],但並無專門針對學術實質傳播方面的探討,這主要當是研究者在研究之前,就已先驗性認定王應麟"理所當然"具備學者們"想象"的學術崇高地位,但如前所述,王應麟的學術地位是如何建立與成立的呢? 這應該是一個很值得探討了解的問題。因爲就學術發展的要求而論,學者的研究創發及其對相關學術的影響,就像鳥的雙翼那樣,缺一不可,亦即研究創發必須要能對相關研究發生有效影響,方才具有實質的學術意義與價值,這也就是學術地位成立的内涵。因爲只有經由學術實際影響的研究,方能確實瞭解並證實學者對學術的貢獻狀况,進而確認學者實質的學術地位。基於深入了解王應麟學術地位建立的實况,遂依據此一構思而設計此計劃,希望在前賢的研究基礎上,更進一步探討王應麟學術影響的實况,以便更清楚瞭解王應麟對學術貢獻的情形,因而獲得較爲可信的王應麟學術地位的實况,提供學界較爲可信的答案。

此研究構思主要從學術傳播的角度,針對王應麟學術影響的表現,進行實證性的探討,以便更爲充分確定王應麟實際的學術貢獻與地位,原初構思的終極目的,乃是完成一部可以接受具體實質檢證的"王應麟學術傳播史"的學術專著。在此學術專著研究構思的前提下,至少有四項需要解決的基本問題:一是探討確定二十世紀之前學界徵引王應麟論著的實際狀況;二是瞭解二十世紀之前學界對王應麟學術評論的内涵;三是確認王應麟存世論著受到學術界注意與重視的程度云何? 四是客觀評量傳統和現代學者評論王應麟學術發言的可信度如何? 這四項基本問題的解決涉及兩個大問題:一則在時間上,若以王應麟過世爲始,則超過 700 年;再則著作數量,亦即可能徵引王應麟論著爲説的著作,包括從元代到今日的所有著作,數量過於龐大,自然無法在一篇小論文完成,於是選擇最早也最有可能接受王應麟學術並受到影響的元代,作爲初步研究探討的時段,同時也作爲探討王應麟學術傳播狀况整體研究的起始。

本文的研究將透過"外部研究"的方式進行探討,研究重心係以搜尋統計元代著作徵引王應麟論著的實况,進而説明王應麟的學術影響與貢獻實情。"外部研究"原本就是爲了補充"内部研究"未能照顧的部分爲目的,探討的重點放在實質徵引數量的統計分析,至於涉及思想觀念及其内容實情的學術創發表現等等,這類隸屬於"内部研究"的議題,自非本文應該討論的内容。亦即本文主要是在闡述王應麟學術在元代的實質性影響與貢獻。包括王應麟在元代學者文士心目中的學術地位,還有元代學者文士關注的王應麟論著有哪些? 王應麟哪一本或哪幾本論著最受重視等等的問題。以實質統計爲分析要件的"外部研究"方法,在電腦搜尋系統與大型資料庫建置之前,由於需要閲讀搜尋

① 錢茂偉《王應麟作品與形象傳播術論》,傅璇琮、施孝峰主編《王應麟學術討論集(2011)》(北京:清華大學出版社,2012),頁 134 - 156,探討促成學者被接受而傳播的重要條件,主要討論的内容是王應麟"整體形象"的傳播如何有效達成的問題。方如金、陳欣《王應麟的考據學理論及其對清代的影響》,《安徽師範大學學報(人文社會科學版)》第 32 卷第 2 期(2004 年 3 月),頁 233 - 237,簡略討論部分清代學者評論王應麟的發言内容,然後推論王應麟對清代學術的影響。

的文獻數量過於龐大，在研究執行上有其難以克服的困難，但現在借助新科技提供的研究工具，因而可以透過電腦搜尋功能與大型資料庫的協助，比較有效排除文獻數量龐大的限制，獲得較具實證性的可信資料①，提供相關研究者，可以較爲確實有效地瞭解王應麟在學術史上的重要貢獻云何的實證答案。至於本文使用的基本文獻，將以現存且在臺灣可以取得的元代著作爲主，由於這些著作的作者身份複雜，難以歸爲一類，故以"士人"一詞統稱之；同時本文的研究焦點，係以王應麟學術方面實質的傳播、接受、影響等層面的探討爲主，雖然行文之際不免要觸及諸如：年幼早慧、好學不倦、爲官忠貞、發掘文天祥、入元不仕等等教育學習與道德人格方面的內容，但主動排除針對這些方面的詳細討論，是以並非全面性的探討，論文標題遂以"學術視域"限制之。評論與徵引資料的搜尋，除借助網路資料庫，如："漢籍電子文獻瀚典全文檢索系統"、"中國基本古籍庫"、"雕龍中日古籍全文資料庫"、"愛如生數據庫.歷代別籍庫"等等之外，同時也參考：《全元文》、《四庫全書存目叢書》、《續修四庫全書》、《叢書集成》、《叢書集成續編》、《叢書集成三編》等等紙本收録的文獻。研究進行的程序，除《前言》外，首先搜尋確認現存元代著作評論或徵引王應麟論著的實情，接著針對徵引與評論的表現及其呈顯的內容，進行學術實質傳播的探索，最後根據所得成果進行學術價值的分析後結束本文。

二、徵引與評論實况考徵

王應麟出生成長並生活在元朝興兵滅宋的最後階段，王應麟出生於南宋、任官於南宋王朝，南宋實際滅亡(1279)時已經 57 歲。在這個兵荒馬亂時代，在這樣的時代變局中，學術當然受到影響而難以開展，這應該就是王應麟的著作，必須等到元朝統治穩定以後，方才有機會刊刻的原因，這當然也就直接或間接影響到對王應麟學術的關注，進而影響到王應麟學術的拓展與影響功能。

王應麟是南宋時代非常少數中式"博學宏詞科"的官僚，並且還曾有不懼威權得罪當朝權臣丁大全(1191—1263)，批判當朝權相賈似道(1213—1275)等在傳統上被定位爲"忠貞"的直臣作爲，最後還因爲理念不合而拒絕朝廷徵聘，隱居不仕。由於這類博學通才、忠貞直臣、高尚其志的相關表現與經歷等等的實質作爲，使得王應麟在南宋社會，即已經擁有較爲顯著的名聲與地位。這大致可以從賈似道希望可以透過包恢(1182—1268)的威脅，因而勸阻王應

① 透過電腦搜尋網路資料庫的方式，雖較之目視閱讀搜索更爲可靠，但設定搜尋的"關鍵詞"若不齊全，就會産生疏漏現象，如：王應麟，字伯厚、浚儀，號深寧、厚齋，這些都是必須搜尋的關鍵詞，除此之外，例如《玉海》、《困學紀聞》、《詩地理考》……等等書名，也是搜尋必要的關鍵詞，但傳統中國的作者，有些在徵引書籍時會用簡稱，如《困學紀聞》稱"紀聞"；《詩地理考》稱"地理考"，甚至直接簡稱"王氏"之類，若設定之際没有注意，就會出現大疏漏。再者資料庫的文本若有錯别字，就會有無法顯示的疏漏，因此還需要回對紙本文獻。但總體而言，電腦資料庫搜尋出現的疏漏，較之閱讀目視搜尋方式，出現的機率應該更低。當然網路資料庫的建置，電腦搜尋系統的方便，但也可能帶來只會找資料，卻不懂得資料内涵意義如何有效判讀的問題。

麟不再對國事發表與其不同意見時所説："我去朝士若王伯厚者多矣，但此人素著文學名，不欲使天下謂我棄士，彼盍思少自貶。"[①]以及湯漢（1202—1272）私下所謂"吾閲士良廣，惟伯厚甫爲真儒，使真文忠在，願同在弟子列。"[②]這類因爲"素著文學名"導致權相也不敢隨意報復，以及"爲真儒"的肯定性發言。還有鄭霖（1180—1251）願意爲其《玉海》作《跋》[③]；文及翁（1233—1294 前後）樂於爲其《詩考》寫《序》[④]。等等這些事實，大致可以初步了解王應麟在宋代士人眼中博學、忠貞，甚至是精通義理的形象。

王應麟逝世於入元後 17 年，雖然歸隱故鄉，但在南宋爲官的種種經歷及作爲，自然繼續在社會流傳，並且還獲得朝廷官僚士人的注意認同，這可以從《宋史》紀録其不受賈似道威脅，並强調其僅根據試卷文字，即能看出文天祥（1236—1283）"忠肝如鐵石"的睿智而獲得更加深入的了解[⑤]。再者王應麟的《詩考》與《玉海》這兩部書，雖然在南宋時均已成書，並也有少數熟識者得知，但並没有機會出版，更没有足以顯示傳抄本已經在南宋時期流傳的證據，因此若以現在所能得知的文獻來看，這兩部書在南宋時期並没有造成任何影響。根據前述文獻的表現，王應麟在宋代的形象，較多顯示的乃是忠貞直臣、博學通才等一類泛論性的評價，並未見有學術表現的評價。

元代士人對王應麟的學術印象與評價，根據當下臺灣所能獲得的文獻記載，若就總體性評價的角度而言，則延續宋代"博學"或"博洽"的美稱，當是元代時人對王應麟的基本共識。元代稱美王應麟"博學"的士人及其出處，可以稍舉下列諸人之説爲證：方回（1227—1307）有"共惟伯厚父，三入專金鑾；萬古貯胸次，四溟涸毫端"之論，"萬古貯胸次"固是言王應麟"博學"[⑥]。牟應龍（1247—1324）謂"厚齋先生尚書王公，以博學雄文聞於時"。又説："深寧王公

① 《宋史・儒林傳八・王應麟》，《文淵閣四庫全書電子版 3.0 版》（香港：迪志文化出版公司，2007），卷四三八，頁 18。此版下稱"四庫本"。

② ［元］袁桷《延祐四明志・人物考・王先生》（四庫本），卷四，頁 24。袁桷在這篇傳記中，先説真德秀等一類博學弘詞中式者"源緒精密，先生得其傳"。然後再説王應麟與湯漢："朝夕講道，言關洛建上江西之同異，永嘉制度、沙隨古《易》、蔡氏圖書經緯，西蜀史學，通貫精微，剖析幽眇。"最後纔引述湯漢的話。這顯然是刻意建構塑造王應麟"博學"之外，"程朱理學"方面的傳承系譜。這和另一處所稱"方宋文治時，立博學宏詞科，番陽三洪公、周文忠公，迄致清顯。至吕成公、真文忠公，闡正學，彌貴重真。傳諸徐鳳，徐鳳傳諸尚書王公應麟。"主要是從中式"博學宏詞科"的傳承立論，稍有不同。［元］袁桷《清容居士集・將仕佐郎信州路儒學教授陳君墓志銘》（四庫本），卷二八，頁 9。袁桷這段話後來成爲全祖望建構《宋元學案》中《深寧學案》一章的重要證據，王梓材對此則大表懷疑。［清］黄宗羲、黄百家輯；［清］全祖望訂補；［清］馮雲濠、［清］王梓材校正《宋元學案・西山真氏學案》，《中國基本古籍庫》（北京：愛如生數字化技術研究中心，2006），卷八一，總頁 1474。此版下稱"古籍庫本"。

③ 陳仕華《王伯厚及其玉海藝文部研究》（臺北：臺灣商務印書館，1993），頁 85。

④ ［元］胡一桂《詩集傳附録纂疏》，夏傳才主編《詩經要籍集成二編》（北京：學苑出版社，2015），第 8 册，總頁 7。案：文及翁，字時舉、時敏或晴學，號本心，1253 年進士，四川人，長居嘉興，宋亡後隱居不仕。此依《中國基本古籍庫》等相關資料，推算其年齡大概如此。

⑤ 《宋史・儒林傳八・王應麟》（四庫本），卷四三八，頁 16；《文天祥傳論》，卷四一八，頁 24。史書寫作當然是參考官方資料而成，王應麟慧眼識文天祥之事，似乎首見於《元史》。

⑥ ［元］方回《桐江集續集・送曹士弘（毅）四明丈亭巡檢并呈前尚書翰林學士王公伯厚（應麟）》（四庫本），卷二一，頁 13。

應麟，以博物洽聞伏一世。"[①]虞集（1272—1348）謂王應麟爲"博學君子"，並稱"王公伯厚最强記"[②]。黄溍（1277—1357）説："宋季文學侍從之臣，言博物洽聞者，必曰厚齋先生。……尚書公於書無不讀。……東南學者以爲宋三百年文獻所存。"[③]吴師道（1283—1344）謂其"博洽"[④]。趙汸（1319—1369）説"四明王公伯厚，以博洽名一世"[⑤]。孔克齊（1320—1370 前後）則説王應麟"好博學"[⑥]。這些發言的元代士人，生存活動的時段，從元初的方回，延續到生存於元末明初的孔克齊；甚至連元朝官方至元三年（1337）同意刊刻《玉海》的公文書内，都明白地説王應麟"篤學强記，博極群書"[⑦]。顯見視王應麟爲"博學"之學者，確實係元代不少朝野士人的共識。除"博學"的共識外，還有個别士人認爲王應麟的學術表現，可以媲美朱熹（1130—1200），此可根據李孝光（1285—1350）有所謂"深寧學聖如朱子，一代文章續六經"之類的發言，推測而得知[⑧]，李孝光這類的觀點，大致與宋末湯漢稱美王應麟爲"真儒"的觀點類似，但據今所見的元代文獻，支持此説者可能僅是少數人的認知，並非多數人的共識，是以文獻中僅此一見。不過這個認爲王應麟具備有與朱熹關係的"真儒"身份地位一類潛藏性觀點，雖然在元代没有受到太多理學家的關注，但等到明代朝廷獨尊程朱之學以後，即開始受到關注，進入清代之後，於是發生實質的影響。所以黄宗羲（1610—1695）在《宋元學案》原稿中，纔會刻意將王應麟附於真德秀（1178—1235）之後，將其納入朱熹一派的學脈之内[⑨]。全祖望（1705—1755）對此顯然有不同的看法，因此在重新整理改編《宋元學案》之際，刻意别立"深寧學案"一章，用來表彰王應麟"不名一家"的學術立場，但這也引來後世

---

① ［元］牟應龍《困學紀聞序》、《小學紺珠序》。李修生主編《全元文》（南京：江蘇古籍出版社，1999），第 13 册，卷四五六，頁 224 - 225。

② ［元］虞集《道園學古録・題諸公與曹士弘文》（四庫本），卷 11，頁 20 - 21；《送墨莊劉叔熙遠游序》，卷三二，頁 9。"王公伯厚最强記"原誤作"王公伯原最强記"。李修生主編《全元文》（南京：鳳凰出版社，2004），第 26 册，卷八二五，頁 191 亦誤作"王公伯原"。今依［清］謝旻等《江西通志・藝文》（四庫本），卷一三六，頁 54 稱引之該文改正。

③ ［元］黄溍《文獻集・前承務郎王公墓志銘》（四庫本），卷八下，頁 28。

④ ［元］吴師道《禮部集・戰國策校經序》（四庫本），卷一四，頁 17。

⑤ ［元］趙汸《東山存稿・書羅鄂州小集目録後》（四庫本），卷五，頁 16。

⑥ ［元］孔齊《静齋至正直記・四明厚齋》（古籍庫本），卷四，總頁 69。案：孔齊當是孔克齊之誤，尤德豔《〈静齋至正直記〉作者考述》，《中國典籍與文化》2003 年第 3 期，頁 47 - 50 有較爲詳細的考辨。孔克齊，字肅夫，號静齋，别號行素居士、闕里外史，孔子第五十五世裔孫。生存時段係依［清］蕭穆《敬孚類稿・記舊鈔本至正直記》（古籍庫本）云"自記至正庚子春三月壬寅記，時寓鄞之東湖上水居袁氏祠之旁"卷九，總頁 142 之記載而推斷如此。

⑦ ［宋］王應麟《中日合璧本玉海》（京都：中文出版社，1986），第 1 册，總頁 7。

⑧ ［元］李孝光《五峰集・送王叔載上慈溪教之二》（四庫本），卷八，頁 39。

⑨ ［清］黄宗羲、［清］黄百家輯，［清］全祖望訂補，［清］馮雲濠、［清］王梓材校正《宋元學案・深寧學案》（古籍庫本），卷八五，總頁 1551 - 1559。黄宗羲將王應麟附在真德秀之後，或者因湯漢"使真文忠在，願同在弟子列"之論的緣故。

某些學者不同意見的批評①。

考察元代學士文人對王應麟學術表現的評價，除一般性的"博學"、"博洽"等泛論性質的稱美之外，專門爲其著作而寫的序跋，當該也可以作爲判斷的依據，蓋序跋均爲居於協助增强該書行銷的前提，是以都會從正面肯定的贊美角度發言。這些序跋除可以見到元代士人表達對王應麟學識的贊賞之外，同時也可以根據寫作序跋數量的多寡，部分了解王應麟諸多著作中，有哪些較受到關注，尤其是主動書寫的序跋，大致就類同現代的"書評"，就現代學術的基本思考而論，當然是因爲該書具備學術價值，方才會有人願意書寫"書評"，傳統中國社會主動書寫序跋的狀况，或當可作如是觀也。若就現存所知和可見的相關序跋而論，大致則如下表所述：

元人涉及王應麟著作的序跋②

寫作者	針對書籍	寫作時間	人際關係	寫作理由
方回	小學紺珠	1300	同朝官僚	主動書寫
牟應龍	小學紺珠 困學紀聞	1301	同朝官僚後人	子孫請託
胡一桂	詩考	1314	後學	主動書寫
袁桷	困學紀聞	1325	及門學生	官命寫作
胡助	玉海	1338	後學	官命寫作
李桓	玉海	1340	後學	官命寫作
薛元德③	玉海	1340	後學	官命寫作
王厚孫	玉海等	1340	王應麟嫡孫	官命寫作
危素	漢藝文志考證	1346	後學	子孫請託
阿殷圖	玉海	1351	後學	主動書寫
王介④	玉海	1351	後學	官命寫作

序跋針對王應麟學術的整體性評價，例如："該洽"（方回、阿殷圖語）、"博洽貫穿"（胡助語）、"博學雄文，博物洽聞"（牟應龍語）、"多識廣聞，淹貫該洽"（李桓

① 王應麟"義理學"方面的表現與成就，林素芬《博識以致用——王應麟學術的再評價》（新北：花木蘭文化出版社，2009）有比較深入的討論。關於王應麟學術淵源問題不同意見的討論與評論，可以參考頁 72－80、頁 97－110 等的相關討論。筆者以爲這類學術系譜的争辯，在學術價值上意義並不大，因爲學者最重要的是學術創見與學術影響的貢獻，誰的徒子徒孫一點都不重要。是以學者的學術淵源，知曉當然不錯，不知也並不是那麼重要。尤其那種類似"血統論"的遺傳基因式的溯源討論或争論，大有否定學者存在獨立創意的傾向，就探討學者學術貢獻的角度而言，此種討論的必要性並不高。

② 相關序跋係參考［宋］王應麟《中日合璧本玉海》，總頁 1－9。以及《全元文》所録諸文。

③ 薛元德《玉海後序》，［清］張寶琳修，［清］王棻纂《（光緒）永嘉縣志・藝文志八》，《中國方志庫》（北京：愛如生數字化技術研究中心，2011—2013），卷 32，總頁 3200－3201。此版下稱"方志庫本"。

④ 此人係至正十一年前後慶元路儒學學正，非浙江金華人王埜（？—1260）之父王介（1157—1213）。

語)、“讀天下之書而識於一心”(薛元德語)、“宏博”(危素)等等,同樣可用以證實王應麟在元代士人眼中的學術形象。再從這些序跋寫作的時間,亦可大致了解,《玉海》與《詩考》當是王應麟較早完成的作品,因爲一般來説請人寫序,首先要自認書籍已經完成,同時也有出版公開的意願,方才會提供成書請人寫序,除在宋代有鄭霖與文及翁分别爲《玉海》與《詩考》撰寫序跋外。王應麟過世後四年的大德四年,方回即因見到《小學紺珠》而主動寫序;隔一年牟應龍即爲《小學紺珠》與《困學紀聞》寫序;甚至統括至順三年(1332)到至元三年(1337)官方相關公文書内,還出現有“嘗傳録於世,至今未曾刊行”與“縉紳韋布,遞相抄録”之語[①],公文書雖主要針對《玉海》發言,但實際上應該是排除在泰定二年(1325)獨立刊刻的《困學紀聞》之外,其他《玉海》等“幾三十種”等“皆有功於後學”的諸書發言,是以應可以合理推測,《玉海》諸書在刊本行世之前,已有部分傳抄本行世,至少《小學紺珠》、《詩考》即有抄本流傳,否則方回不可能寫序,胡一桂(1247—1315?)在延祐元年(1314)之前就已完成的《詩集傳附録纂疏》,更不可能將《詩考》當作《附録》;還有馬端臨(1254—1323)在延祐六年(1319)之前,就已完成的《文獻通考》也不可能録入《詩考》及王應麟的《自序》[②]。總體來説,《困學紀聞》與《玉海》及其 13 種書籍,至遲在至正十一年(1351)即已全數刊刻完竣,書籍刊刻之後,流通傳播的速度,自然比抄本時代快速便利,因此受到關注的可能性也因此而大幅度提升,此種現象自然大有助於提升王應麟受到關注的機會,進而加深對學術的影響力。

王應麟本人及其諸本著作,在元代學術圈受到關注的狀況,以及在哪一類學科範圍受到關注,除前述總體性評價與序跋之外,最具實證價值的資訊,當是主動發起具有建構或影響著作學習、傳播意圖與效果行動的出版行爲、著作抄録和文獻徵引的狀況,因爲就一般常識性的瞭解,除了親族門生之外,無論出版、抄録或徵引的作爲,必然都是在有效學術認知前提下,方有可能出現的舉動。所謂“有效認知”至少包括:徵引對象的流傳存在、徵引對象的實質内容、書寫或評論需要的相關性、徵引對象的學術價值等基本資訊的認知,是以較之“博洽”之類整體泛論性的評價,自然也就更具實證的意義與價值。在出版、抄録與徵引等三個較具實證指標性的項目當中,屬於私密性的書籍抄録行爲,面對的是個人及家族親友,並非對外公開的作爲,是以能夠遺留下來的資料相當少,雖然至今没有發現王應麟著作的傳鈔本,但既然官方公文書出現有“嘗傳録於世”與“縉紳韋布遞相抄録”之言,可知王應麟的著作,在元代確實有私人抄録的狀況,然因缺乏有效資料證實,因此僅能暫付闕如。

王應麟著作的刊刻,固然是由具有某些人際關係的孫楫(1260—1340 前後)與牟應復發起,但全力支持並最終完成刊刻者,則是與王應麟並無任何人際上關係,且是“非漢人”的元朝官員:也乞里不花(1290 前後)、阿殷圖(1300

① [宋]王應麟《中日合璧本玉海》,第 1 册,總頁 7。
② [元]馬端臨《文獻通考・經籍考六・詩考五卷》(四庫本),卷一七九,頁 17。

前後)與馬思忽(1300前後)等。從常識性角度來看,王應麟著作的數量甚多,刊刻需要的資金,參與斠讐工作的人員,數量必然都非常龐大,"顧非一家之力所能刊行"①。若非充分肯定其學術成就與值得流傳等的公共性價值,亦即所謂"有功於學者"的價值甚高,則即使是具有實質經濟能力的親朋好友或愛好者,恐怕也不至於貿然投資衆多書籍的刊刻,更何况是毫無人際關聯性的地方官員,並且還是非漢族的官員,同時還能獲得朝廷衆多官員的認同,並且同意用政府機構的公費支應刊刻的相關費用,由此可見王應麟學術成就,在元代確實受到漢族與非漢族等整體社會甚多士人的關注與肯定,是以方能將其數量龐大,需要的經費甚鉅,原本僅是一家之書的著作,刊刻轉换成爲具有公共性質的書籍,此即薛元德(1310前後)所以會有"昔爲王氏家藏之書,今則爲天下之書"的贊嘆之故。

一般著作徵引他人論説的實際表現,大致有:編輯收録、引述發言、著作徵引等三種不同的狀况。元代士人論著中徵引王應麟之説,大致也有此三種形態。第一種是在文章内叙述學術相關問題時,引述王應麟的直接發言;第二種是在詮釋專著内,徵引王應麟的著作,用以增强或建構自己的主張;第三種是在著作中收録或提及王應麟的專著。首先就第三種狀况進行觀察,坊間流傳有具名杭州人陳思(1200—1260前後)編輯的《兩宋名賢小集》,在《王尚書遺稿》中收録王應麟5篇詩作②。不過此書《四庫全書總目》判定爲"僞託之書"③。但無論如何,僅收詩作5篇的狀况,若確實是從王應麟全部作品選録,則可知王應麟詩作的成就,在陳思心目中顯然不高,然若是從殘留本收録,則另當别論。再者馮福京(1278前後)等編成於大德二年(1298)的《昌國州圖志》,徵引了王應麟《大成殿重建記》一文④。王應麟的門人袁桷(1266—1327)負責編纂,完成於延祐七年(1320)的《四明志》,載録王應麟的文章21篇,其中《辯證》與《七觀》涉及地理、歷史的考據⑤。王元恭(1300前後)負責纂修而完成於至正二年(1342)的《四明續志》,收録有王應麟的5篇文章⑥。不過這類方志書徵引收録文獻的意圖,多數是因爲鄉邦歷史紀録的需要,受編輯群體或

---

① [元]胡助《玉海序》,[宋]王應麟《中日合璧本玉海》,第1册,總頁1。

② 題[宋]陳思《兩宋名賢小集》(四庫本),卷三七八,頁1-5。

③ [清]永瑢等編著,王伯祥斷句《四庫全書總目·兩宋名賢小集》(北京:中華書局,1992),卷一八七,頁1705。

④ [元]馮福京等《昌國州圖志》(四庫本),卷二,頁4。

⑤ [元]袁桷等纂修《(延祐)四明志》(四庫本):卷一《辨證》,頁4-7;卷一《王深寧先生四明七觀》,頁17-45;卷四《大隱楊先生》、《慈溪杜先生》、《鄞江王先生》、《城南樓先生》、《桃源王先生》、《廣平舒先生》,頁15-19;卷四《李猷》,頁35;卷六《王尚書八賢贊》,頁3-5;卷八《奉化重修縣治記》,頁11-13;卷一三《重建大成殿記》、《重建學記》,頁8-12;卷一三《九先生祠堂記》,頁15-16;卷一三《重修學記》,頁34-36;卷一三《大成殿三間自遷學後殿宇頹圮宋淳祐丁未令沈叡重建記》,頁47-48;卷一四《建醫學記》,頁14;卷一四《重建慈湖書院記》,頁38-41;卷一四《義田莊先賢祠記》,頁51-53;卷一五《吴刺史廟記》,頁17-18;卷一七《廣恩崇福寺記》,頁22-23等。

⑥ [元]王元恭等《四明續志》(方志庫本),卷一一《廣平書塾記》、《桃源世譜引》、《真逸閣記》、《越大夫贊》,頁30-35;卷一一《録絜齊語》,頁42-43。

主編者好惡情緒的影響較强，客觀學術選擇的意義較小，然亦可用來證明王應麟關懷鄉邦的情懷，以及在家鄉受到關注的實況。

元代士人在文章内敘述學術問題時，引述王應麟相關發言，除其親族門生之外，無論是接受其發言，或者用來對話辯駁，甚至是拿來反對批評，至少都可以反映出王應麟在該問題上的發言主張，對聽講而徵引者而言，確實具備相當重要的學術價值，否則當不至於將王應麟的對話引入文章内。例如：方回在文章中討論解讀《詩經・豳風・七月》的内容，以及"淫詩"的問題時，就都提及並贊成王應麟的發言主張[①]。再如：程端禮（1271—1345）書寫教導學生讀書寫作的專書《讀書分年日程》，書中就提到寫作或點讀有誤時的改正方式，並贊成且提倡王應麟親自教導的改正方法，用來反對可能是當時最流行的"貼誤法"[②]。這是有機會與王應麟直接對話，因而同意王氏觀點，並且還將之納入文章討論的紀録，這兩條文獻資料提供的訊息，固然相當有限，但應該也可以用來證明王應麟在《詩經》内容詮解及"讀書方法"，確實都曾受到元代士人的關注[③]。

最能表現學者在學術上受到關注實情者，莫過於專業學者們在學術專著中的徵引表現，因爲學者的徵引行爲，展現了徵引者對該徵引對象的學術信任，這當然是一種高度關注的表現。因爲學術專著有别於一般文章的寫作，如果不是該學科範圍内的學術權威者，或較受該時代與該地區學界矚目的對象，就不太可能符合徵引的基本條件。换言之，能夠進入專業學術專著的徵引行列者，必然是徵引者認定是在該學術專業範圍受到充分肯定或矚目者。以王應麟在元代受到學術專著徵引的狀況而論，雖然王應麟諸書的刊刻，遲至王應麟卒後 55 年的至元十一年（1351）方才有比較完整的刻本行世，但由於早有抄本在學界流傳的緣故，是以元代學者對王應麟著作的徵引，早在王應麟著作全數刊刻之前就已經存在。根據現存臺灣可見的文獻，元代士人在那些學術著作中，徵引王應麟著作的狀況，大致如下表所示：

元人書籍徵引王應麟著作表

作者	著作名稱	完成時間	徵引的書籍
胡一桂	詩集傳附録纂疏[④]	1314 前[⑤]	詩考

---

① [元]方回《桐江集・讀王荆公詩説跋》（古籍庫本），卷三，總頁 50 - 52；《可言集考》，卷七，頁 119 - 121。

② [元]程端禮《讀書分年日程・用丹鉛法》（四庫本），卷二，頁 22 - 23。

③ 孔克齊曾提到王應麟："每以小册納袖中，入秘府，凡見書籍異聞，則筆録之，復藏袖中而出。晚年成《困學紀聞》，可謂遺訓後學者矣！"然孔克齊係在至正二十年（1360）前後纔居住四明，這時已是王應麟身後近七十年了，再過幾年元朝即滅亡。可見王應麟的讀書方法，在整個元代確實一直受到關注。[元]孔齊《静齋至正直記・四明厚齋》（古籍庫本），卷 4，總頁 69。

④ 直接把《詩考》當《附録》一同刊印，並非僅選擇其中幾條而已。

⑤ [清]張金吾《愛日精廬藏書志・詩集傳附録纂疏二十卷》（古籍庫本），卷三，總頁 31 - 32。還有因爲考慮到書籍完成和出版有時間上的差距，書籍完成過程與徵引文獻出版的時間也有時差，所以在年代後加一"前"字，表示徵引行動出現在此年之前。

续表

作者	著作名稱	完成時間	徵引的書籍
許謙	詩集傳名物鈔①	1337 前②	詩地理考異、困學紀聞③
程端學	三傳辨疑④	1341 前⑤	困學紀聞
	春秋本義⑥	1327 前⑦	困學紀聞
吴師道	吴禮部詩話⑧	1344 前⑨	困學紀聞
	戰國策校注⑩	1325 前⑪	困學紀聞
劉瑾	詩傳通釋⑫	1352 前⑬	詩考
羅復	詩集傳名物鈔音釋纂輯⑭	1351 前⑮	地理考異
梁益	詩傳旁通⑯	1344 前⑰	困學紀聞
劉履	風雅翼⑱	1361 前⑲	詩地理考

① [元]許謙《詩集傳名物鈔》(古籍庫本):《詩地理考異》卷一,總頁 3、7;卷三,總頁 47、55、71;卷四,總頁 72;卷五,總頁 115、144;卷六,總頁 148;卷七,總頁 151、151、197、197。《困學記聞》卷二,總頁 31;卷七,總頁 173、177、179。

② 《詩集傳名物鈔》未見有足以辨識完成或刊刻年代之紀載,故以許謙卒年爲斷。

③ 吕昱瑱《許謙詩集傳名物鈔研究》(彰化:彰化師範大學國文研究所碩士論文,2008),統計《詩集傳名物鈔》徵引的狀况,將《詩地理考異》與《困學紀聞》分别列入表二"徵引史部書目"與表三"徵引子部書目",見頁 27、頁 28。

④ [元]程端學《三傳辨疑》(古籍庫本),卷一,總頁 20 徵引"厚齋王氏曰",文出《困學紀聞》卷六。

⑤ [清]丁丙《善本書室藏書志・春秋三傳辨疑二十卷》(古籍庫本),卷三,總頁 69。

⑥ [元]程端學《春秋本義》(古籍庫本),卷一,總頁 11 徵引"厚齋王氏曰",文出《困學紀聞》卷六。

⑦ [清]周中孚《鄭堂讀書記・春秋本義三十卷綱領一卷》(古籍庫本),卷十,總頁 148。

⑧ [元]吴師道《吴禮部詩話》(古籍庫本),總頁 16、23 徵引《困學紀聞》,文出《困學紀聞》卷一八。

⑨ 《吴禮部詩話》未見足以辨識其完成或刊刻年代之紀録,故以吴師道卒年爲斷。

⑩ [元]吴師道《戰國策校注》(古籍庫本)徵引"王應麟云"均出《困學紀聞》:卷二,總頁 22 見《困學紀聞》卷一一;卷三,總頁 44 見《困學紀聞》卷一〇;卷三,總頁 68 見《困學紀聞》卷一一;卷五,總頁 138 見《困學紀聞》卷六;卷六,總頁 167 見《困學紀聞》卷一〇;卷七,總頁 227 見《困學紀聞》卷二等。

⑪ [清]丁丙《善本書室藏書志・戰國策校注十卷》(古籍庫本),卷八,總頁 161。

⑫ [元]劉瑾《詩傳通釋》(古籍庫本)徵引《詩考》:卷一,總頁 40、41;卷二,總頁 72;卷四,總頁 130、131;卷五,總頁 147;卷八,總頁 206;卷九,總頁 226;卷一二,總頁 316;卷一三,總頁 338 等。

⑬ [清]丁丙《善本書室藏書志・詩傳通釋二十卷》(古籍庫本),卷二,總頁 30。

⑭ [元]羅復《詩經集傳音釋》(詩集傳名物鈔音釋纂輯)(北京:中國書店,1993 年 6 月影印[清]光緒己丑年十月江南書局刊本)徵引《地理考異》即現行《詩地理考》:卷一六,頁 5;卷二〇,頁 5、頁 6 等。

⑮ [清]瞿鏞《鐵琴銅劍樓藏書目録・詩集傳音釋二十卷》(古籍庫本),卷三,總頁 52。

⑯ [元]梁益《詩傳旁通》(古籍庫本)徵引《困學記聞》:卷一,總頁 9、10;卷二,總頁 17 稱《紀聞》;卷二,總頁 21;卷四,總頁 39;卷五,總頁 51;卷八,總頁 83;卷一一,總頁 120;卷一二,總頁 124、129、129、131;卷一三,總頁 136;卷一四,總頁 149、149 等。

⑰ [清]丁丙《善本書室藏書志・詩傳旁通十五卷》(古籍庫本),卷二,總頁 30－31。

⑱ [元]劉履《風雅翼》(古籍庫本),卷二,總頁 16 徵引《地理考》,文出《詩地理考》卷六。卷二,總頁 35 徵引"王應麟曰",文出《詩地理考》卷一八等。

⑲ [清]丁丙《善本書室藏書志・選詩補注八卷補遺二卷續編四卷》(古籍庫本),卷三九,總頁 822。

元代士人著作徵引王應麟諸書爲説[①],現在所知者爲前表8位作者的10部專著。就徵引專著的學科範圍而言,若以《四庫全書總目》"四部分類"的傳統内涵爲標準,則包括有"經部"的"《詩》類"與"《春秋》類";"史部"的"雜史類";"集部"的"總集類"與"詩文評類",此即王應麟學術影響的元代學科領域的範圍。再就徵引的時間斷限及狀況而論,最早徵引的是胡一桂附刻《詩考》的全面性徵引,最後則是劉履對《詩地理考》的低度徵引。但無論是全面性的徵引或是較低度徵引,都同樣表現王應麟著作受到重視的實況,以及在徵引者心目中的學術價值與地位。透過徵引者的徵引表現,除可以證明王應麟這些著作,不僅流傳在徵引者所處的時代與地區,並且還獲得徵引者的高度重視,同時也證明徵引者認定該等著作與自己的論著,在内容上具有密切關聯性外,必然也同意這些論著具備了值得徵引的學術意義與價值,因此這些徵引的表現有效確證了王應麟學術與著作受到部分元代士人肯定重視的實況。

透過以上較爲實證性的文獻考察,可知王應麟從宋代開始,即已受到各界的重視,除宋代賈似道"素著文學名"或湯漢"真儒"之外,絶對多數元代士人都同意王應麟是學術廣博的"博洽"學者。這個印象或者與王應麟通過嚴格考試,躍身爲整個宋代僅有40人中式的"博學宏詞科"一員密切相關,於是"博學"、"博洽"、"該洽"就成爲南宋以來多數士人心目中王應麟的共識性形象,最能代表王應麟"廣博"學術者,當然就是"其語淵奥精實,非紬繹玩味不能解"的《困學紀聞》[②];還有"淵深該博"、"纂輯百家,博綜襄理"、"纂次詳備,博而有要"、"鈎玄摘要,殆無遺者"的《玉海》及其附刻諸書[③]。因此元代學界無論出版、徵引,均以這類足資代表或證明王應麟"博洽"的著作爲重心,因爲這是元代士人心目中王應麟學術成就的精粹所在故也。

三、徵引與評論相關議題的探索

王應麟在元代士人眼中的整體性形象,透過前述文獻的實證性歸納,大致可以了解王應麟在元代士人眼中,乃是一位:人格高尚不畏權勢的忠貞直臣,博學多方知識廣博的學者。然而這樣的評價内容,主要還是延續以臨安(杭州)爲國都的南宋士人觀點而來,在王應麟任官於南宋的時代,南宋與元朝原本是隔絶的兩個敵對國度,因此南宋士人的觀點,當然也僅能流傳於南方,並没有資料顯示南方士人的觀點,有機會影響及於北方的元代社會,那麽針對王應麟的這些評價,是否因著元朝的一統中國,進而擴散而影響到北方士人的認

① 元代士人徵引書籍的書名,有些和現在流行版本的書名並不相同,如《詩地理考》作"詩地理考異",或簡稱"地理考異"之類,這個問題清代學者已有注意者,見[清]吴騫《尖陽叢筆》(古籍庫本),卷六,總頁58。

② [元]袁桷《清容居士集・王先生困學紀聞序》(四庫本),卷二一,頁14。

③ 均見至元三年官方准許刊刻《玉海》等書的公文内。[宋]王應麟《中日合璧本玉海》,第1册,總頁7-9。

知，還是依然僅是流傳於南方的地域性評價呢？判斷此一問題的是非，大約可以從相關發言者的籍貫，進行分析判斷，因而獲得比較可信的訊息。然而屬於王應麟血緣後裔的王厚孫(1300—1376)及弟子之列袁桷等的發言，自然要排除在外。元代發言評論、徵引言論與徵引著作等士人的籍貫，如下表所述：

王應麟學術形象建構的元代相關人士表

發言者	陳思	方回	胡一桂	牟應龍	馬端臨	孫楫	許謙	程端禮	虞集	黃溍	程端學	胡助	馮福京	吴師道	李孝光	劉瑾	王元恭	也乞里不花
籍貫	浙江杭州	安徽歙縣	江西婺源	浙江吴興	江西樂平	河北保定	浙江金華	浙江寧波	江西崇仁	浙江義烏	浙江寧波	浙江東陽	四川三臺	浙江金華	浙江樂清	江西安福	河北蠡縣	非漢族

發言者	阿殷圖	馬思忽	王介	李桓	薛元德	危素	羅復	趙汸	梁益	劉履	孔克齊
籍貫	非漢族	非漢族	無資料	浙江杭州	浙江永嘉	江西金溪	江西吉安	安徽休寧	江蘇江陰	浙江紹興	山東曲阜

元代士人與王應麟及其著作出版、傳播等，排除王應麟弟子與親屬，則比較重要的發言與行動者，大致有上表的29位，其中無資料者不計，則28位人士中，浙江籍者有12位、江西籍者6位、安徽籍者2位、河北籍者2位、四川籍者1位、江蘇籍者1位、山東籍者1位，非漢族的3位，當可列爲河北籍，則河北籍者有5位。不過孔克齊雖是山東人，因爲避兵亂到浙江，方才得知王應麟，是以可以歸入浙江之列，因此浙江籍者有13位。王應麟是浙江寧波人，浙江與江蘇、安徽、江西等三省相鄰；江蘇之北爲山東，山東之北爲河北。從前述的籍貫區分，即可以發現元代推崇或接受王應麟學術的人士，主要集中在浙江及其鄰近的三省，總共有22位，佔了將近八成，其他非此4省者，但無論是四川籍的馮福京，或者是河北籍的孫楫、王元恭、也乞里不花、阿殷圖、馬思忽等等，均因爲被派到浙江任官，方才有參與出版或引述王應麟著作的作爲。這些非浙江附近三省的士人，回到原籍之後，或者有可能宣揚王應麟的學術或著作，但無論如何從前表可知在元代關注王應麟的士人，僅局限在浙江及其周圍的區域。再就曾經提及王應麟或與王應麟有交往者而論，諸如：戴表元(1244—1310)是浙江籍①；陸文圭(1250—1334)江蘇籍②；柳貫(1270—1342)浙江籍③；

---

① [元]戴表元《剡源集·故瀏陽教授李君墓志銘》，李修生主編《全元文》(南京：江蘇古籍出版社，1999)，第12册，卷四三八，頁458－459提及王應麟。

② [元]陸文圭《牆東類稿·江陰重修學記》(四庫本)，卷七，頁7提及王應麟。

③ [元]柳貫《待制集·故宋孫明府碣銘》(四庫本)，卷一二，頁1提及王應麟。

陸友仁(1290—1338)浙江籍[①];蘇天爵(1294—1352)河北籍等[②],狀況也没有甚麼改變。即使加上山東、河北,實際上也僅是從浙江到河北等靠近東方海岸綫的有限區域而已,往南並未進入福建,往西也未能進入内陸其他各省,因此可以判定就元代整體學術表現而論,王應麟僅是位由浙江往北擴散其影響力的區域性學者,還未能成爲全國性的學者,即使在其著作刊刻之後,實質的學術傳播影響,依然還是限制在前述東部海岸綫區域的範圍之内。

再觀察諸家專注徵引的狀况,《困學紀聞》有 6 部書徵引,《詩地理考》有 3 部書徵引,《詩考》有 2 部書徵引。這三部書顯然是王應麟著作在元代較受關注的書籍;同時結合方回徵引王應麟論《詩經》的話語,以及徵引王應麟著作的專書有 5 部是《詩經》學專著的實况,大致可以推測元代關注王應麟的學者,主要是以《詩經》學方面的論著爲主,或者可以更進一步的推論,在元代部分士人的心目中,王應麟在經學上的表現,當以《詩經》爲優。再從這些無論是《詩經》學專著或其他論著徵引的内容來看,大多屬於或者是文獻上的補充、或者是地理沿革的辯證、或者是歷史事件的考辨等等,並没有見到徵引或涉及經學義理詮解方面問題的討論。

根據前述的歸納分析,可知在元代士人眼中,王應麟主要是歷史文獻的提供者,或是典章制度的考證者,因此即使其弟子袁桷有强調王應麟"知濂洛之學"的説法[③],但在可見的元代諸家徵引的實際操作中,雖然也有胡一桂所謂"先生(朱熹)有意寫出《韓詩章句》,前宋景定間,浚儀王應麟伯厚本先生意,於《文選注》及傳、記、《説文》、《爾雅》等書,凡所述齊、魯、韓三家《詩》,皆粹爲一編,名曰《詩考》,今附見於《集傳》之後,以廣先生之意云"之論[④],但這僅是從補充《詩集傳》文獻的角度立言,最多也只能説胡一桂認爲王應麟認同朱熹的《詩經》學觀點,並未涉及"師承"或"理學"傳承的問題。可見在元代除袁桷、李孝光等少數人外,一般都視王應麟爲"博洽"的學者,並没有要將王應麟列入"程朱理學"一系人物的設想或企圖,在"博洽"學者認知前提下,《困學紀聞》、《詩地理考》和《詩考》等三部書,於是成爲王應麟所有著作中,在元代最受學界接受的論著。

觀察徵引王應麟著作的諸家,其中比較重要的是胡一桂主動將《詩考》全書,當作《詩集傳附録纂疏》的《附録》刊刻一事。由於胡一桂將《詩考》當作該書附録,於是《詩考》與《詩集傳附録纂疏》遂合爲一體,至少可以推論元代閲讀《詩集傳附録纂疏》者,必然也同時見到《詩考》,從而可以推知胡一桂此舉,對

① [元]陸友仁《研北雜志》(四庫本)引述"袁伯長清容齋語"提及王應麟,袁伯長即袁桷,卷上,頁 33。

② [元]蘇天爵《滋溪文稿·元故翰林侍講學士知制誥同修國史贈江浙行中書省參知政事袁文清公墓志銘》(四庫本),卷九,頁 10 提及王應麟。唯此係王應麟門人袁桷的墓志銘,提及王應麟和是否知曉王應麟並没有必然關係。

③ [元]袁桷《清容居士集·王先生困學紀聞序》(四庫本),卷二一,頁 14。

④ [元]胡一桂《詩集傳附録纂疏·語録輯要·按語》,第 8 册,總頁 17。

《詩考》的傳播擴散，必然起了不小作用。再就劉瑾《詩傳通釋》徵引《詩考》一事而論，由於《詩傳通釋》在明代永樂年間，被官方挑選作爲《詩傳大全》的底本，雖其徵引《詩考》的數量不多，但當也能實際且有效的協助《詩考》的學術傳播。至於其他幾部徵引《困學紀聞》、《詩地理考》和《詩考》等書内容的專著，自也有間接協助這三部書籍與王應麟學術傳播的實際功能。

觀察元代士人針對王應麟的討論與徵引，幾乎都是以考辨性或文獻性的著作内容爲焦點，因此除那部可能是僞託之書的《兩宋名賢小集》，以及地方志書之外，在元代的衆多文獻内，再也看不到涉及王應麟詩文創作之類收録或評論的資料。即使設定以"詩"爲討論重心的吴師道《吴禮部詩話》，雖也徵引了《困學紀聞》之文，但也只關注其中考辨性的觀點而已，書中完全没有涉及王應麟詩作方面任何討論的訊息。這或者是因爲受到王應麟係"博洽"學者刻板印象的影響，因而在不知不覺之間，就逐漸遺忘掉王應麟"素著文學名"（賈似道語）方面的成果[①]，轉而專注於王應麟爲"爲宋三百年文獻所存"（黄溍語）方面的成就。元代士人由於在此種認定王應麟爲"博洽學者而非文士"的共識狀態影響下，王應麟非考證性或文獻性的公文書寫及詩文創作等，這類較具現代文學創作性質的作品，或者相對於"博洽"作品成就不高，或者文學成就確實不高，因此並未能獲得多數士人的青睞，於是逐漸消失在歷史的煙塵之中。[②] 此就了解王應麟整體學術表現的角度而論，未免是個令人惋惜的遺憾。

四、結論

就學術論著寫作的常態性過程而論，無論是行文之際的提及，或專著寫作時的徵引，主要都是在協助徵引者自身論點的有效成立，增强自身論點的説服力，進而提升鞏固自身論著的品質及價值，因此絶不可能是隨意性無自覺的作爲。可知學者選擇徵引的對象，無論是正面引述，或者負面批判，必然都是經過深思熟慮後的决定。徵引者選擇的標準固然没有明説，但可以合理推測，除必須與論著探討的議題密切相關外，能獲得肯定並徵引的對象，必然是徵引者熟悉且承認其具備協助增强自身學術論著品質或價值的對象。學術徵引對象優先考慮者，必然是徵引者認定爲學術表現較佳，學術地位較高者，然能受徵

---

① 傳統中國社會"文學"一詞，較今日受西洋概念影響的"文學"一詞，在内涵上更爲寬廣複雜，例如：胡助《玉海序》有"一物不知，君子耻之，是書也，其殆集文學之大成者與"之言，此謂《玉海》爲"集文學之大成"之書，此處"文學"的内涵，當然與今日普遍性認知的"文學"内涵有别。不過此類"文學"的内涵，大致也可包含現代的"文學"概念，故借用爲證據。

② 大陸青壯學者張驍飛（1978—）曾"對王應麟文集進行全面整理與研究"，因而有《王應麟文集研究》（北京：中華書局，2011）一書，引文見頁 3。唯僅根據殘存非常有限的詩文作品，評論王應麟的文學成就，即謂王應麟"代表著宋代末年的最高寫作水平"及"在宋元文學發展史上，有著承上啓下的地位"。此種未經任何有效的比較論證，即下如此確定性論斷的表現，恐怕不免有下筆太過大膽而不切實際的疑慮了。張驍飛《被忽視的宋末文學大家王應麟》，傅璇琮、施孝峰主編《王應麟學術討論集（2011）》，頁 81－105，引文見頁 104－105。

引者肯定信任的對象,僅是徵引者個人私見的可能性雖有,但應該不會太高,是以可以合理推測,該受徵引對象若非僅有單一學者的特别徵引,而是許多學者甚至是不同領域學者的徵引,那麼就可以了解該受徵引的對象或論著,必然是徵引者所處時代與地區的學界,公認學術表現較爲優異者,是以纔能吸引許多同代或異代學者的徵引。换言之,就是論著若能受到許多同代或異代,甚至不同學術領域學者的徵引,就可以確認該學術論著或作者,在引述者眼中確實具備有某種學術權威的地位。再者從徵引者涵括學術領域範圍的多寡,即可顯示該受徵引學者或論著影響學術層面的寬狹,同時也表現該受徵引學者或論著學術貢獻的實況。這也就是本文探討王應麟學術影響及貢獻背後的依據,以及進行研究分析希望獲得的内容。

王應麟在元代學術的地位及其學術實質影響貢獻等等的問題,經由前述透過網路資料庫搜尋與紙本目視閱讀的雙重實證性研究的過程,大致可以獲得下述幾項具備實證價值的有效結果:

首先,王應麟在元代士人眼中的整體性認知,乃是一位"博洽"或"博學"的學者,這個基本認知乃是延續南宋末的一般性共識。在這個"博洽"或"博學"的前提認知下,與"博學"内涵相關的《困學紀聞》和《玉海》及附刻諸書,受到元代士人的高度重視,因此需要龐大經費與人力方能刊刻的《玉海》諸書,得以借助官方的協助而刊刻傳世,並流傳至今。然而卻也使得那類與"博學"内涵無關,屬於僅是展現個人創作才華的詩文與公文類書寫的作品,幾乎完全不受重視,逐漸流失,因而僅殘存非常少量的成品傳世。總體而言,元代士人眼中的王應麟基本上是個博學型的學者,並非創作型的文士;這位博學型學者的學術貢獻,最重要的是歷史文獻的搜集及典章制度的考證等方面的成就,至於是否爲經學致用的實踐者或經學義理的詮解者,就現在所見的資料,並無法有效地證實,顯然王應麟在這兩方面的成就,並不是元代士人關注的範圍。

其次,王應麟"博學"類著作的刊刻,在王應麟逝世一甲子後的至元十一年(1351),經由元朝官員的主動參與,並動用官方經費而全數完成,但在這之前已有抄本流傳。元代士人針對王應麟博學論著書寫序跋的對象,包括有《困學紀聞》、《玉海》、《詩考》、《小學紺珠》、《漢藝文志考證》等 5 部書的 12 篇序跋,其中屬於主動寫作的僅有 3 篇,其他則或受子孫請托,或因官府要求而書寫,在關注度上的代表性較低。元人徵引王應麟論著的實況,涉及文學創作者,有《兩宋名賢小集》、《昌國州圖志》、《(延祐)四明志》和《四明續志》等。在文章中直接徵引王應麟話語的有方回、程端禮等兩人,徵引的内容涉及《詩經》學與讀書方法的議題。元代有 8 位作者的 10 部專著徵引王應麟著作爲説,這些專著隸屬於"經部《詩》類"者 5 部、"經部《春秋》類"者 2 部;"史部雜史類"者 1 部;"集部總集類"者 1 部,"集部詩文評類"者 1 部。這可以看出王應麟在元代學術影響貢獻的學科範圍,包括傳統的"經部"、"史部"與"集部",但未涉及"子部";同時也可以肯定王應麟在元代的學術影響貢獻,主要在"經部"的範圍,其中又以《詩經》學的影響貢獻爲最,這可以參照方回徵引《詩經》學觀點的表現;

《春秋》學的影響貢獻則次之。10 部專著徵引的王應麟著作是:《困學紀聞》、《詩考》、《詩地理考》等,這 3 部書同時也是王應麟著作中,最受元代士人關注的學術專著,同時也是影響貢獻元代學術最主要的書籍。

其三,王應麟在元代受到關注與學術影響的範圍,根據元代曾經論及王應麟個人,以及曾經徵引王應麟話語和著作,排除門人與親族及籍貫不明者,總共有 34 位,浙江籍者 16 位、江西籍者 6 位、河北籍者 6 位、安徽籍者 2 位、江蘇籍者 2 位、四川籍者 1 位、山東籍者 1 位,根據這些發言者的籍貫與經歷,可以發現王應麟的浙江同鄉和鄰省江西、安徽、江蘇等 4 省的士人共 26 位,占有全部徵引或提及者 76.50%的高比例,至於這 4 省之外的士人,則都是曾經有居住過浙江的經歷,從而可知王應麟在元代受到關注與學術影響的區域,僅局限在浙江、江西、安徽、江蘇等 4 省的範圍,如果再將 4 省之外的士人納入考慮,除四川之外,即可以劃出一條從江西、浙江、安徽、江蘇、山東、河北等爲範圍的影響區域,這條沿著中國東部海岸的區域,應該是王應麟在元代最大可能產生影響的範圍,其他廣大的地區,則未見有提及或徵引王應麟相關訊息的資料。從而可知王應麟在元代當該僅是特定區域的有名學者,雖然因爲元代的一統中國,因而有機會讓北方的學者認識,但實質的影響力,依然還是在南宋時代已經存在的範圍,還是局限在浙江附近的區域。

本文主要在探索王應麟在元代實質的學術影響與貢獻狀況,經由"外部研究"的實證性方式,因而獲得元代士人延續南宋的觀點,視王應麟爲"博學"學者,具備博學内涵的著作,因而受到元代士人的青睞而刊刻,元代士人徵引最多的書籍是《困學紀聞》、《詩考》、《詩地理考》,主要來自《詩經》學專著的徵引。王應麟學術影響的範圍横跨經部、史部與集部,尤其對《詩經》學的影響貢獻最大。王應麟影響的空間區域,主要還是在其家鄉浙江的附近,可知王應麟在元代僅是爲特定區域性的學者。這些研究成果,相信對於王應麟的相關研究,提供了相當可信的有益訊息,因而當有助於王應麟、《詩經》學與元代學術等範圍的研究,這當該也就是本文研究的價值所在。

【作者簡介】 楊晋龍,1951 年生,臺灣"中央研究院"中國文哲研究所研究員、高雄師範大學經學研究所合聘教授、臺北大學中國文學系合聘教授,研究方向爲詩經學史、四庫學、治學方法、錢謙益研究、教育思想。

重論《西遊補》的作者、成書年代及其寓意

李鵬飛

【提　要】 通過對舊文獻與新證據的綜合考察，可以認定：《西遊補》的作者是董説，而不是董説之父董斯張；《西遊補》成書於明亡以後，而不是明亡以前。《西遊補》對明末與南明時期的一些重要歷史人物與歷史事件進行了影射，蘊含著很深的寓意。

【關鍵詞】 西遊補　董説　董斯張　寓意

一、關於《西遊補》作者與成書年代的三派意見

從20世紀80年代中期以來，《西遊補》的研究曾一度成爲古代小説研究中一個熱點，對於其作者、成書年代和寓意的探討也引發了很多争論，尤其是對於前二者的分歧，迄今難以達成一致，導致對於此書的研究難以進一步深入。

關於《西遊補》的作者與成書年代，主要有三派不同的意見：

第一派意見認爲：此書的作者是明末清初的董説（1620—1686），他在崇禎十三年（1640）創作《西遊補》，時年21歲[①]。第二年，《西遊補》正式刊行，此本前有"辛巳（1641）中秋""嶷如居士"所作的一篇"序"。這一派主張由劉復在1927年12月撰文明確提出後，長期得到學界的廣泛認可。魯迅的《中國小説史略》大體也持這一看法。趙紅娟女士2006年出版《明遺民董説研究》這部全面深入研究董説的力作，也支持劉復的意見。

劉復在他的論文《〈西遊補〉作者董若雨傳》中提出了一條重要證據，此即董説的《豐草庵詩集》卷二所收的《漫興十首》之第四首及其自注，明確提到他寫詩這一年之前十年曾補了"西遊"，這組詩繫在"庚寅"（順治七年，1650）這一年之下，由這一年上推十年正是崇禎十三年（1640），此時明朝還没有滅亡。

第二派意見認爲：此書作者是董説之父董斯張（1586—1628），《西遊補》當作于崇禎元年（1628）之前，原書只有十五回，董説增補了其中的第十一回"節卦宫門看帳目　愁峰頂上抖毫毛"[②]。這一説法的提出者是高洪鈞先生，得到

---

① 參見劉復《〈西遊補〉作者董若雨傳》，上海古籍出版社1983年版《西遊補》書末附録此文。

② 參見高洪鈞《〈西遊補〉作者是誰？》，載《天津師大學報》1985年第6期。另，本文引用《西遊補》回目或正文，皆據"古本小説集成"影印之崇禎辛巳本。此本原有不少刊刻錯誤，如"賬目"誤作"帳目"，"玄奘"誤作"玄裝"，引用時均一仍其舊。

傅承洲、王洪軍、李前程等諸位學者的進一步論證和支持①。

高洪鈞先生之所以對董説撰《西遊補》的舊説發生懷疑並提出新説，其主要理由是：從小説内容以及董説生平來看，存在四大疑點，比如董説説他"少未嘗爲詩"，而小説中卻包含不少詩歌和彈詞。高先生由此出發，進而考定辛巳刊本《西遊補》前面所附《〈西遊補〉答問》一文末尾所署的"静嘯齋主人"這一名號是指董斯張，因爲董斯張存世文稿有《静嘯齋遺文》《静嘯齋存草》和《静嘯齋囈》。他又進一步從董斯張生平的角度論證他才應該是《西遊補》的作者這一看法。傅承洲、李前程兩位學者也從别號使用、生平經歷、創作風格等角度進一步對高洪鈞的觀點予以深入論證。

持這一派意見的學者必須面對的最有力的反對證據乃是劉複所發現的《漫興十首》其四及其自注。對此，高洪鈞先生從版本角度給予了另外的解釋：現存的"辛巳中秋"序本前面署名"静嘯齋主人"所撰的《〈西遊補〉答問》曾明確提到"《西遊補》十五回"云云，而這一版本的目録也只有十五回，但正文卻有十六回，多出第十一回"節卦宫門看帳目　愁峰頂上抖毫毛"，在此回中，提到要重修一座"萬鏡樓"。高先生由此推斷董斯張的《西遊補》原本只有十五回，後來董説增補了第十一回，他的《漫興十首》其四及其自注應該理解爲他只是增補了這一回。傅承洲先生進一步論證了高洪鈞的這一觀點，他注意到《〈西遊補〉答問》中提到"十三回'關睢殿唐僧墮淚　撥琵琶季女彈詞'"與正文情形不符：正文第十三回作"緑竹洞相逢古老　蘆花畔細訪秦皇"，而"關睢殿唐僧墮淚　撥琵琶季女彈詞"乃是正文的第十二回。傅先生由此推斷董斯張原稿不僅只有十五回(即没有"節卦宫"這一回)，而且從第十一回到第十三回的排列次序也與"辛巳序本"不同，現存"辛巳序本"所呈現的面貌乃是經過董説的增補與重新編排而形成的②。

第三派意見認爲：此書作者是董説，但《西遊補》大約作于順治三年至順治七年(1646—1650)，或順治七年，董説時年 31 歲。其《漫興十首》其四及其自注提及董説撰《西遊補》這一點是可以相信的，但其所説的寫作時間與所謂"辛巳刻本"前面的"序"所標明的"辛巳中秋"這一時間則是出於刻意僞托，目的是爲了逃避清初的文字獄③。

蘇興先生完成於 1993 年、發表於 1997 年的長文《〈西遊補〉的作者及寫作時間考辨》對上述觀點進行了深入論證，提出了五大理由，其中最重要者有二：一是他認爲《西遊補》全書中遊蕩著董説的恩師、抗清志士黄道周的英靈，表達

① 參見傅承洲《〈西遊補〉作者董斯張考》，載《文學遺産》1983 年第 3 期；王洪軍《董斯張：〈西遊補〉的作者》，載《廣州大學學報》2003 年第 8 期；李前程《〈西遊補〉校注》一書"前言"，2011 年昆侖出版社。

② 參見傅承洲《董斯張〈西遊補〉原本十五回考》，載《文獻》2006 年第 1 期。

③ 參見趙紅娟《明遺民董説研究》"緒論"對柳無忌觀點的介紹，上海古籍出版社 2006 年，頁 6。另請參見蘇興《〈西遊補〉的作者及寫作時間考辨(上、下)》，載《文史》第四十二、四十三輯，中華書局 1997 年。

了董説對黄道周的尊崇與懷念；二是他認爲小説寫行者在未來世界看到的曆日"先晦後朔"，這暗示著清曆對明曆的顛倒。這些被影射的内容都已經是入清以後的事了。

從以上的追溯可以看到：《西遊補》的作者是董斯張還是董説，其寫作時間是在明亡以前還是明亡以後，對我們正確解釋小説的寓意關係重大。因此，筆者有必要先對前人的研究成果做出鑒别和取捨。

二、對於三派意見的進一步討論

關於《西遊補》的作者，目前最重要的證據仍然是董説的《漫興十首》其四及其自注，因此，如何理解這首詩及其自注便成爲解決問題的關鍵。在筆者看來，劉複、蘇興爲代表的這兩派學者對這一材料的理解是正確的。我們先來看一下《漫興十首》其四及其自注：

> 依舊蘋江白燕飛，漢官儀借緑蓑衣。篋中尺素人存殁，志裏名山今是非。垂柳門添新釣影，問樵磯長舊松圍。鹿山草閣舊名問樵。西遊曾補虞初筆，萬鏡樓空及第歸。余十年前曾補西遊，有萬鏡樓一則。

此詩前六句不難理解：長滿蘋草的江上白燕紛飛，這些景物依然如舊，只有江上漁人所披的緑蓑衣還遺留著過去漢人的遺風。我的書箱中還保留著朋友們寫來的書劄，但寫信的人有的已不在人世，載入方志的名山也已經面目全非。柳蔭飄拂的門前新增了垂釣的隱者，鹿山上問樵磯邊的松樹又長粗了幾圈①。很顯然，這些句子中流露出强烈的江山易主、物是人非的感傷情懷，作者的心境是黯然而悲涼的，這跟《漫興十首》整組詩所表達的今昔之感與故國之思也是完全一致的。但最後的"西遊曾補虞初筆，萬鏡樓空及第歸"這兩句應該如何理解，卻存在著很大的分歧：

以劉複、蘇興爲代表的兩派學者認爲這兩句是董説説他自己當年曾經"補"過《西遊記》，也就是作了《西遊補》，其中有一回寫到了行者在萬鏡樓中觀看科舉放榜的情景。若結合董説自注"余十年前曾補西遊，有萬鏡樓一則"來看的話，這一解釋應該没有什麼問題。

但以高洪鈞爲代表的另一派學者則認爲這兩句是指董説説他當年增補過他父親董斯張所作的《西遊補》一書，他所增補的乃是小説的第十一回"節卦宫門看帳目　愁峰頂上抖毫毛"，其中提到要"再造一所第二萬鏡樓臺"。

筆者以爲，第二種解釋是説不通的：首先，來看"西遊曾補虞初筆"這一句，這是一個經典倒裝句，有類於杜甫的"香稻啄餘鸚鵡粒，碧梧棲老鳳凰枝"，如果我們要調整一下詞序，無非有以下三種可能："虞初曾補西遊筆"、"虞初筆曾補西遊"與"曾補西遊虞初筆"。"虞初"這一名字出自《漢書・藝文志》"小説

---

① 鹿山乃湖州西南山名，順治二年，清軍大舉南下，董説曾舉家移居鹿山，後來常懷念不已。參見前揭趙紅娟《明遺民董説研究》，頁 74。

家”所著録的《虞初周説》，後來成爲“小説家”的代稱，在這句詩裏也是使用這一含義，“虞初筆”就是指“小説家筆法”，那麽“虞初曾補西遊筆”、“虞初筆曾補西遊”就自然是指董説用小説家筆法來增補《西遊》了。但“曾補西遊虞初筆”這一句應該如何理解卻出現了分歧：李前程先生提出“西遊虞初筆”的“虞初”是指《西遊記》的作者還是别的什麽人？如果是指《西遊記》的作者，那麽“西遊虞初筆”自然是指《西遊記》，“曾補西遊虞初筆”也自然是指董説作過《西遊補》了。但是如果“虞初”是指董斯張，那麽這一句就只能理解成董説增補過董斯張所作的《西遊補》了。雖然把“西遊虞初筆”這一短語解釋成《西遊補》在詩歌的語感上已經十分牽强了，但是自然無法排除萬一之可能。因此，我們就有必要再看一下董説自注所云“余十年前曾補西遊，有萬鏡樓一則”這一句話究竟應該如何理解：很顯然，正確理解這句話的關鍵乃在於弄清“西遊”這一詞語在這裏是指《西遊記》還是《西遊補》？其次，應該弄清楚“有萬鏡樓一則”究竟應該指哪一回？在筆者看來，這兩個問題的答案其實是十分明確的：即“西遊”在這裏應該是指《西遊記》，而絶不會是指《西遊補》，更不會是指董斯張所作的《西遊補》。我們可以設想一下：如果明末人看到董説這句話中的“西遊”二字，他們會想到什麽呢？筆者認爲：他們想到的只會是《西遊記》，而不會是别的書。從現存明代小説序跋來看，明人在提到《三國演義》《水滸傳》與《西遊記》等小説時，或會使用其全名，或會省稱爲《三國》《水滸》《西遊》[①]，董説對此不會不知。在同時存在著《西遊記》與《西遊補》這兩部書的情况下，董説絶不會將《西遊補》簡稱爲《西遊》，我們只要看一看署名“静嘯齋主人”的《〈西遊補〉答問》中將《西遊》與《西遊補》的名稱區分得十分清楚就可以明白這一點。而若從常理來看，也不會有任何人會把兩本不同的書用同一個名稱來指稱，從而造成不必要的混亂。因此，董説如果要告訴别人他曾增補過《西遊補》的話，他一定會明確地説“余十年前曾補《西遊補》”云云。而且我們還可以進一步從常理來推斷：如果《西遊補》乃是董説之父董斯張所作的話，他應該怎麽來加這個自注才比較合理呢？衆所周知，《西遊補》包含了一些明顯干礙時政的内容（比如諷刺清人是韃子、有臊氣之類），即使此書是董説所作，他也應該想法規避嫌疑才是，而如果不是他所作，而是其父所作，那麽他更應該明確説明一下，一則將著作權歸諸其父，二則避免文字獄的牽連。因此，從“西遊曾補虞初筆”與“余十年前曾補西遊”這兩條材料是無論如何也不能得出董説曾增補過其父董斯張所撰《西遊補》這一結論的，《西遊補》只可能是董説所作，這一點無論如何也不應該再懷疑了。

其次，“萬鏡樓空及第歸”與“有萬鏡樓一則”，應該就是指《西遊補》第四回“一竇開時迷萬鏡　物形現處本形亡”，而絶不是指第十一回“節卦宫門看帳目

---

① 比如睡鄉居士的《二刻拍案驚奇序》、笑花主人的《今古奇觀序》、袁宏道《東西漢通俗演義序》、張譽《平妖傳序》、陳元之《刊西遊記序》《全相西遊記序》、幔亭過客《李卓吾評本西遊記題詞》等文便都將《三國演義》《水滸傳》與《西遊記》省稱爲《三國》《水滸》《西遊》。清人這麽做的例子就更多了。參見丁錫根編著《中國歷代小説序跋集》，人民文學出版社 1996 年。

愁峰頂上抖毫毛”——“及第歸”這三個字只有在第四回中才可以找到相對應的描寫，而無法在第十一回找到任何相應文字。以高洪鈞先生爲代表的一派學者爲了配合他們對“西遊曾補虞初筆”與“余十年前曾補西遊”這兩條材料的解釋，也爲了解釋《西遊補》“辛巳中秋序”本上出現的目録跟正文不相匹配的現象，便認定董説增補了小説的第十一回，“萬鏡樓空及第歸”與“有萬鏡樓一則”所指的就是這被增補的第十一回的有關內容。然而，除了“及第歸”在第十一回中找不到相應的內容之外，我們如果仔細閱讀第十一回，還會看到，這一回對明末政治有很深刻的諷刺，而高洪鈞、傅承洲等先生均指出1640年剛届21歲的董説不可能寫出成熟深刻的小説《西遊補》。既然寫不出深刻的小説《西遊補》，那他如何又能夠增補出同樣深刻諷世的第十一回呢？這兩個觀點之間顯然是自相矛盾的。因此，董説的自注只能理解爲他説自己十年前曾作過《西遊補》，其中有寫到萬鏡樓中科舉放榜情節的一回。這樣一來，所謂增補第十一回的説法自然也就不能成立了。在弄清了《漫興十首》其四最後兩句及其自注的確切含義之後，這兩句詩在整首詩中的意義也就比較明白了：董説曾經作過《西遊補》，乃是要表達打破情魔、悟通大道的心願，是要讓自己領悟大千世界，萬事萬物，無非都是鏡中虚象這一道理。“萬鏡樓”在《西遊補》中是對三千大千世界的隱喻，也是對世間萬事萬物空虚無我這一佛理的隱喻，正如嶷如居士“序”中所云“心外心，鏡中鏡，奚啻石火電光，轉眼已盡”。董説大概很希望《西遊補》能成爲“火焰中一散清涼”，澆滅他心中燃燒著的故國淪亡之痛的火焰，但這一目的能否達到，就不得而知了。

在贊同董説是《西遊補》作者的學者們所提出的其他旁證中，筆者認爲趙紅娟女士從把董説散文與《西遊補》文風相比較的角度所作出的論證是十分有説服力的，從董説嗜夢角度所提供的證據也很有説服力①。而李前程從董斯張嗜夢、董斯張詩歌意象、董斯張對項羽的推崇、董斯張所撰筆記中記載的某些故事等角度提出支持董斯張爲《西遊補》作者的那些證據都遠不如趙紅娟提出的證據有説服力②。此外，趙紅娟女士還注意到董説《豐草庵文集》前集卷二所載《夢鄉志》《夢社約》與《豐草庵雜著》中所收《昭陽夢史》這幾種重要文獻的内容跟《西遊補》之間的密切聯繫③：在《夢社約》所提到的七類夢中，有一類“藏往”夢，比如他説自己曾“夢爲晋征南將軍”、“又見燕昭王坐鹿臺上，儀衛精嚴”之類。《昭陽夢史》中則有《問燕昭王七國舊事》、《許由受禪》、《爲晋征南將軍》與《身爲嵩山神史》等數則記夢材料。趙紅娟指出：《西遊補》寫行者與緑珠等人歌古詩以及聽項羽講平話，皆屬於藏往之夢；而行者夢見大唐天子、夢見唐僧要做殺青大將軍以及夢見自己做半日閻王審問秦檜這些情節，與董説夢

---

① 參見前揭趙紅娟《明遺民董説研究》第三章第一節、第六章第一節。

② 李前程先生的論證請參見其所撰《〈西遊補〉校注》之“前言”。

③ 《豐草庵文集》見《續修四庫全書》第1403册。《夢鄉志》《夢社約》見《續修四庫全書》第1403册，頁657、658、659。《昭陽夢史》見北大圖書館藏清初刻本《豐草庵雜著》。

見燕昭王和許由、夢見自己做晋征南大將軍與嵩山神史也頗相類似[①]。這些證據對於從側面證明董説是《西遊補》的作者均十分重要。在此，筆者還想在以上這些證據的基礎上對董説作《西遊補》這一點加以更進一步的佐證：在《豐草庵文集》前集卷二所載《夢鄉志》中，董説提到"夢鄉"之名有七：其六曰藏往鄉，其七曰未來鄉；在同書同卷所載的《夢社約》中，則提到"夢法四章"，分别爲出世夢、遠遊夢、藏往夢、知來之夢。在《豐草庵文集》前集卷三所載的《夢本草》中[②]，董説提到五種可以療疾的"夢"，其中一種叫"留夢"，産於"過去境"，一種叫"知來之夢"，産於"未來境"。很顯然，董説所提到的"藏往鄉"與"未來鄉"、"藏往夢"與"知來之夢"、"過去境"與"未來境"都在名目上跟《西遊補》中所寫到的孫行者夢入"古人世界"和"未來世界"相對應，夢入"新唐世界"也是進入"未來世界"，夢見登天入地、暫攝半日閻王則相當於董説所定義的"出世夢"。筆者注意到，在"静嘯齋主人"所撰的《〈西遊補〉答問》中也特别提到"古人世界是過去之説矣，未來世界是未來之説矣"，又對孫行者入未來世界審問秦檜這部分情節作了特别説明。另外，《昭陽夢史》中所記載的《問燕昭王七國舊事》這個夢説他夢見"燕昭王美髯修眉，顔色如黄金，衣綴碧玉篆文，坐高閣"云云，讓人立即聯想到《西遊補》第六回開篇寫到孫行者"忽見一個黑人坐在高閣之上"，以爲是賊臉上塗了烏煤在那兒示衆，結果卻是項羽。這兩個場景之間何其相似乃爾！筆者注意到，從以上這些材料的寫成時間來看，大都撰寫於癸未年，即崇禎十六年(1643)。這一年董説還撰有《征夢篇》與《昭陽夢史序》這兩篇論夢之文。到這一年的次年(即崇禎甲申，1644)，董説又寫了《夢連珠》與《夢本草》兩篇論夢之文。由此看來，董説在這兩年裏對夢的各種類型進行了比較系統的歸納與思考，如果我們説這些思考直接影響到《西遊補》的構思與創作，那麽這種推測是有較大合理性的，當然這一推測所面臨的最大障礙就是董説自己曾説過《西遊補》寫作於庚寅年(1650)之前十年，也就是庚辰年(1640)。但如果我們聯繫前文提過的蘇興先生的考證結論，即認爲小説寫作於明亡之後的1650年，這一障礙也就不復存在了(這一點容後文再作討論)。總之，從筆者上述的進一步論證來看，《西遊補》的作者也非董説莫屬。

持董説説的學者們必須認真對付的一個真正强有力的反證乃是"辛巳中秋序"刻本《西遊補》的目録、《〈西遊補〉答問》所提及的小説回數與小説正文回數之間發生較大出入的現象："辛巳中秋序"刻本的目録只有十五回，《〈西遊補〉答問》也明確提到"《西遊補》十五回"，但現存"辛巳中秋序"刻本正文則有十六回，多出正文第十一回"節卦宫門看帳目　愁峰頂上抖毫毛"。另，《〈西遊補〉答問》中還提到"十三回'關雎殿唐僧墮淚　撥琵琶季女彈詞'"云云，但正文中"'關雎殿唐僧墮淚　撥琵琶季女彈詞'"是第十二回，在目録中則爲第十一回。傅承洲先生抓住這一反常現象，視之爲董斯張説的一條重要證據，因爲

① 參見前揭趙紅娟《明遺民董説研究》一書，頁406、407。

② 見《續修四庫全書》第1403册，頁665。

如果《西遊補》的作者是董説的話,他不可能在自己所撰的《〈西遊補〉答問》中弄錯作品的總回數,也不至於弄錯某一回目的回數,也不應該在目録中漏掉一回。合理的解釋是董斯張所撰《西遊補》原本只有十五回,生前因貧困無法刊刻,後來董説成人之後增補了"節卦宫門看帳目　愁峰頂上抖毫毛"這一回,然後交付刊刻,卻没有修改目録與《答問》,從而導致了我們現在所看到的奇怪現象。傅承洲先生也論證了他認定爲董説所增補的這一回的内容完全游離於全書的結構之外這一看法,還進一步論證了董斯張《西遊補》原本的回目安排從第十一回到第十三回應該是另一個面貌[①]:

第十一回　緑竹洞相逢古老　蘆花畔細訪秦皇(刻本正文作第十三回)
第十二回　唐相公應詔出征　翠繩娘池邊碎玉(刻本正文作第十四回)
第十三回　關睢殿唐僧墮淚　撥琵琶季女彈詞(刻本正文作第十二回)

蘇興先生也認爲小説原本只有十五回,出版時董説又增補了一回(即節卦宫這一回),這樣就可以解釋目録的十五回與《〈西遊補〉答問》中提到的"《西遊補》十五回"這一句話[②],但是也仍然無法解釋其他的疑點,比如《〈西遊補〉答問》中提到"十三回關睢殿唐僧墮淚"云云,以及作者爲什麽没有把目録調整到與正文相符?

在對兩位學者的觀點加以辨析之前,不妨先説明一下筆者對《西遊補》刻本回目錯亂諸問題的一些推測。竊以爲,"節卦宫門看帳目　愁峰頂上抖毫毛"這一回其實應該就是董説一次性完成的全書的有機組成部分,並非他後來添加進去的。如果我們反復閱讀小説文本,將會發現,董説創作《西遊補》時,對全書結構上的前後鋪墊照應是有十分周密細緻的安排的,單是"節卦宫門看帳目　愁峰頂上抖毫毛"這一回,就在全書前後各回的鋪墊照應上具有重要意義,"辛巳中秋序"刻本的評點者針對此回的若干眉批與文末總評就一一指明了這些鋪墊照應處:如這一回寫孫行者看到"節之乾宫"工錢賬目上説到小月王爲他的一個結義兄弟(其實就是唐僧,但小説没有明言)討了一個妻子叫翠繩娘,就在第三宫中做親,評點者針對這一段文字評道:"此處先提翠繩娘。"這是指明作者在此叙及唐僧跟翠繩娘結親一事乃是爲後面第十四回寫"唐相公應詔出兵　翠繩娘池邊碎玉"作一鋪墊,否則第十四回寫唐僧做將軍後跟翠繩娘夫妻生離死别就成了空穴來風、顯得極其突兀了。至第十四回寫到唐僧請翠繩娘相見時,評點者也有一段眉批道:"翠繩娘到此才見,一見便死,何也?翠繩不死,心猿不醒。"在此,翠繩娘乃是第一次出場,但她出場時早已是唐僧的妻子了,很顯然,小説在寫第十四回這一段情節之前,必須在前面某處提前交代一下唐僧跟翠繩娘的親事,否則作者未免太粗疏了!我們檢點全書,就只看到"節卦宫門看帳目"這一回提到了唐僧與翠繩娘的親事,可見這一回一定是董説寫《西遊補》時整體構思中原本就有的部分。"節卦宫門看帳目　愁峰

① 參見傅承洲《董斯張〈西遊補〉原本十五回考》,載《文獻》2006年第1期。
② 參見蘇興《〈西遊補〉的作者及寫作時間考辨(上)》,同前,頁248。

頂上抖毫毛"這一回的其他鋪墊照應之處還有:"節之否宫"這一段提到要再造一座"第二萬鏡樓臺",以容納從"頭風世界"分出的"時文世界"、從"菁萊世界"分出的"紅妝世界"與從"蓮花世界"分出的"焚書世界",評點者在此評道:"出萬鏡樓,妙絶!"這是指出這一段文字乃是對此前第四回"一竇開時迷萬鏡"以及"頭風世界"等情節段落的照應。此後小説叙及孫悟空在愁峰頂上派遣出無數毫毛行者去六十四卦宫各處打探,一個毫毛行者回來報告悟空説:"緑竹洞天黑洞洞,怕走進去。"評點者對此評點道:"伏緑竹洞。"這是指此處提到"緑竹洞天"乃是爲後面第十三回"緑竹洞相逢古老　蘆花畔細訪秦皇"作鋪墊。此外,這一回中未被評點者指明的重要鋪墊還有一處:孫悟空在愁峰頂上尾隨一名去王四老官處下書的童兒,聽到童兒嘴裏念叨道:"今日下書,陳先生在我飲虹臺上搬戲飲酒,爲你這樣細事,要我戲文也不看得。"行者聽得師傅在飲虹臺上,便要轉身尋去。這一段文字顯然是爲第十二回"關雎殿唐僧墮淚　撥琵琶季女彈詞"作鋪墊的。最後,還需要特别提及的一點乃是:在小説最後一回(即第十六回)中,作者寫了一首長達44句的偈子,依次羅列了小説中所出現的絶大部分人與物,其中也赫然提到了"節卦宫"這一回:"也無節卦帳,乃是鯖魚宫"。如果作者在增補這一回之後並没有忘記在最後這一首長長的偈子裏添加上這兩句話,卻反而忘記在很重要的目録裏添上這一回的回目,一位心思如此細密的人卻犯如此粗疏的錯誤,實在是令人感到奇怪的事。總之,從以上所列舉的這些例證來看,我們很難説"節卦宫門看帳目　愁峰頂上抖毫毛"這一回完全游離於全書結構之外,也很難説它是後來被增補進去的,應該説,這一回跟全書乃是渾然一體、結合十分緊密的!如果如傅承洲先生所言,這一回完全游離於全書結構之外,那麽我們就有必要追問一句:既然所增的這一回顯得游離和多餘,那就意味著未增補前的原作是渾然天成的,並不缺少什麽内容,那麽董説究竟出於什麽理由非要在這個位置增補這一回呢?

傅承洲先生在論證這一回乃董説插增這一觀點時提出了一個證據即:在他認爲是董斯張所撰的《〈西遊補〉答問》中提到了小説各回的内容,但恰恰没有提到"節卦宫門看帳目　愁峰頂上抖毫毛"這一回,因此推斷所謂"董斯張原本"《西遊補》根本就没有這一回。但是這一説法是站不住脚的,因爲《〈西遊補〉答問》中其實並没有提到小説的全部内容,也就是説,除了"節卦宫"這一回之外,還有其他内容也没有被提到,比如行者在新唐世界宫殿中聽宫人掃地嘮叨、在萬鏡樓中看科舉放榜並諷刺八股文、葛藟宫遭困時被自己的元神所救、訪緑竹洞天讓主人推命等重要段落也都没有被提及。而且,在筆者看來,"節卦宫門看帳目　愁峰頂上抖毫毛"這一回在《〈西遊補〉答問》中其實是以一種比較隱蔽的方式被提到了:此即其第二問——此問云"子補《西遊》,而鯖魚獨迷大聖,何也?"答曰:"孟子曰:'學問之道無他,求其放心而已矣。'"而"節卦宫"這一回的回末評語則云:"收放心,一部大主意,卻露在此處。"如果我們考慮到《西遊補》刊刻時(不管是1641年,還是1650年或1650年之後不久),董説正當盛年,必然會參與其事,那麽這位評點者跟董説的關係就很值得我們猜度：如果他不是董説本人，那麼至少也是董説的知交，這些評語在付刊之前董説一定是過目了、且應該獲得了他的認可。以"收放心"作爲這部小説的"大主意"既是董説的重要創作意圖，當然也是二人的一個共識，除了全書在整體上表達了這一主題之外，在"節卦宫"這一回中還將這一主題化入情節，從而作了更具體化的表達：孫行者在愁峰頂上"放"出無數毫毛行者，這些毫毛行者自然都是他這只"心猿"的分身，這就是所謂"放心"；當最後一個毫毛行者沉醉上山時，行者一問，原來它被一位面似桃花的女子扯去喝酒，喝得爛醉如泥。行者對它亂打亂罵，道："你這狗才！略略放你走動，便去纏住情妖麽！"那毫毛行者哀哀啼哭，也只得跳上身來，行者收盡毫毛，走下愁峰。這些情節與細節的安排很顯然是跟"收其放心"的"大主意"密切相關的。既然如此，我們就很難想象《西遊補》的原作中會缺失如此重要的一回，還要等作者後來再增補進去！如果果如筆者所認爲的，這一回從一開始就是原作的一部分，那麼該如何去解釋那些回目與回數上出現的奇怪錯誤呢？

先説目録上的錯誤。筆者認爲，首先可以考慮存在這樣一種可能性：即這個錯誤不是董説本人所造成的，而是在刊刻時發生的。因爲不管《西遊補》是由董斯張原著、後由董説增補一回，還是董説本人先作了十五回、後來又增補一回，或者如傅承洲先生所認爲的董説不僅增補了一回，還對董斯張原作某些回目的排列次序作了較大調整，他都不太可能不對整個目録進行相應修改。增補一回文字，甚至還調整了若干回的排列次序，這不是改動幾個字的小動作，而是增加整整一回的大動作，在完成這個動作之後，董説自然應該想到將目録作相應的修改，然後再付刊。但現在我們看到目録上出現了如此奇怪的錯誤，這恰恰説明這個錯誤不應該是董説造成的，而是刊刻時所發生的錯誤。筆者仔細查看"辛巳中秋序"本的影印本，發現出現差錯的第十一回這"第十一回"四個字刻在目録第二頁 B 面的最後一行，而這一回的回目文字"關雎殿唐僧墮淚　撥琵琶季女彈詞"則刻在目録第三頁 A 面的第一、二行（在小説正文中，這乃是第十二回的回目），也就是説，當刻工刻完"第十一回"這四個字之後，要换一個版片再去刻第十一回的回目文字，結果他把相鄰的第十二回的回目文字刻在了"第十一回"的下面，然後後邊就一直這麽錯下去了。當然也很有可能，當他刻到第十二回的回目時，就發現了這個錯誤，但刻錯的版已經無法修改了（除非换掉這個版片），於是他就索性將錯就錯，最終刻成了我們今天所看到的這個與正文不符的奇怪目録。在刻書時，這樣的錯誤並不是没有可能發生的，筆者注意到趙紅娟女士在她的著作中提到董説的《豐草庵詩集》的康熙繁露堂刻本也發生過類似的刊刻錯誤：這個刻本正文的卷十、卷十一這兩卷下面的内容跟目録頁上所標明的這兩卷的内容正好是相反的，而這個目録跟這部書的其他版本一致，應該是正確的[①]。因此，正文的錯誤顯然是由刊刻造成的，這是比《西遊補》的目録錯誤更嚴重、也更難以解釋的錯誤，但它也就

---

① 參見前揭趙紅娟《明遺民董説研究》，頁 281。

這樣發生了。

至於《〈西遊補〉答問》中所提到的"《西遊補》十五回"之説，筆者認爲這是因爲《西遊補》在寫作過程中其章回的設置有過一個變化，即從十五回變成了後來的十六回，但這不是由於董説新增了一回造成的，而是由於回目的分合造成的。如果仔細閲讀小説文本，我們將會發現一個十分特别的情況：《西遊補》作爲章回小説，卻基本没有遵循章回小説通常的開篇與結尾模式（全書只有第十二回以"不知畢竟如何，願聽下回分解"結尾，其他各回皆不如此），每一回的開篇與結尾都顯得十分突然，止於其所不當止，也始於其所不當始，具備極大的隨意性。比如第八回"一入未來除六賊　半日閻羅决正邪"結尾寫到衆鬼把秦檜押上來，"秦檜伏在地上，不敢做聲，行者便叫：'秦丞相請了。'"這一回到此便戛然而止。而第九回一開頭便緊接上回結尾直接寫道："掌簿判官將善惡簿子呈上御覽，行者看罷便叫：'判官，爲何簿上没有那秦檜的名字？'"第九回結尾寫到孫行者讓衆鬼整備秦檜的血酒請岳飛喝，行者對岳將軍打一拱道："師父，你且坐一回，等徒弟整備血酒來。"這一回至此也戛然而止了，第十回開頭則緊接著前一回結尾寫道："行者接得葫蘆兒在手，便叫判官立在身邊，附耳低言，不知説些什麼。"第十回結尾寫到行者慌忙唱一個大喏，拜謝自家，便突然結束了。第十一回開頭便緊接著寫行者拜謝已畢，跳下樓來，又走到一個門前。所舉的這三回例子基本上可以代表全書的普遍情況，我們可以看到每一回的開頭其實都是跟前一回的結尾完全接榫的，感覺像是被强行斷開之後，勉强分出了不同章回，尤其是第十回的前一半，從内容上看其實應該接在第九回後面，第十回的回目"萬鏡臺行者重歸　葛藟宫悟空自救"也是只針對第十回的後一半來擬的，完全没有提到其前一半岳飛拒飲秦檜血酒等内容，但這一部分内容如果接在第九回之後，那麼第九回就會顯得太長了。我們可以設想作者的原稿中這一部分正好有可能是放在第九回之後的，這樣一來，第十回就變得很短，而這一回的内容（寫行者被困葛藟宫）跟第十一回"節卦宫門"看帳目的内容性質較爲一致，很可能原本是放在同一回之内的，這樣一來，原稿一共就是十五回，作者按照這個十五回的稿子撰寫了《〈西遊補〉答問》，其中提到"《西遊補》十五回"云云。後來付刻之前，作者又重新調整回數與回目，提供的應該是一個十六回的新回目與新正文，給小説作序的"嶷如居士"看到的正是這個新回目與新正文，所以這篇"序"中才會提到"今觀十六回中"云云。但正如前文所説，這一回目在刊刻過程中發生了錯誤。而作者本人雖然調整了正文與回目，卻忘記改動《〈西遊補〉答問》所説的"十五回"這一數字。至於《答問》中所犯的另一處錯誤，即提到"十三回　關雎殿唐僧墮淚　撥琵琶季女彈詞"時將"十二回"説成"十三回"，應該就是作者將相鄰兩回的次序記顛倒了，或者是刻工將"二"刻成了"三"，這樣的錯誤是我們完全可以理解的。對於這一錯誤産生的緣由，筆者不太認同傅承洲先生所提出的原稿部分章回的排列順序是另一面貌的觀點，因爲如果按照"唐相公應詔出兵"（第十二回）、"關雎殿唐僧墮淚"（第十三回）、"三更月玄奘點將"（第十四回）這一順序來排列的話,第十三回"關雎殿唐僧墮淚"就跟前後回完全脱節,没有任何邏輯上的連續性了,這顯然是不太可能的。

接下來要討論《西遊補》的創作時間。對於這一問題,筆者基本贊同自晚清的黄人到當代的柳無忌、蘇興等學者的看法,即小説應該作於明亡以後,雖然未必能具體到如柳、蘇二位所言的順治三年到七年,但亦當不遠。《西遊補》作於明亡以後這一觀點需要面對的最難以反駁的證據乃是董説的《漫興十首》其四及其自注。但正如柳、蘇二位先生所言,我們不必太在意董説自注所刻意强調的這一寫作時間。引發他們對董説自注懷疑的自然是小説中確確實實包含著深沉的"宗社之痛",而非如魯迅所言"于宗社之痛之迹少":比如小説中寫到踏空兒鑿天,鑿開天門,靈霄殿從縫隙裏滚下來,天庭都關門歇業了,這不是隱喻著明朝的淪亡又該是隱喻什麽呢?又如行者在新唐世界的宫廷裏聽到掃地宫人的一番言語,也顯然包含著深沉的亡國之痛。再比如行者審問秦檜時説到宋太祖辛辛苦苦的江山,被秦檜快快活活兒送了——豈不是因爲明朝的江山已經被奸臣叛賊葬送了之後才會有的極端憤激之言嗎[①]!此外,蘇興先生所提出的小説以岳武穆影射黄道周、以未來世界曆日顛倒影射清初曆日等觀點都是通過十分扎實的考證而得出的,筆者認爲這些都是能夠證明小説作於明亡以後的有力證據。應該説,正是明朝的滅亡給明末士人造成的重創巨痛促使董説寫出了這部反思明朝淪亡、譴責奸臣叛賊誤國的泣血之書,董説這種追懷故國的沉痛心境我們從《豐草庵詩集》中作於明亡之後的不少詩作中都可以鮮明地感受到,比如《漫興十首》的其二、其三、其四便流露了這種心情,更何况董説在明亡以後的行動多少都帶有一些反清復明、心向故國的傾向呢[②]。既然小説是作於明亡之後,並流露出對故國的眷戀,也流露出對滿清王朝的嘲諷與鄙夷,那麽這種小説自然難免給董説帶來災禍,爲了避免這種情况的發生,董説便效仿他的友人陳忱與鄭敷教所爲,在自注中刻意詭稱小説作於庚寅年之前的十年[③],那篇署名"嶷如居士"的"辛巳中秋序"也是爲了配合這一計劃而刻意爲之的,保不住這位"嶷如居士"就是董説自己呢。將小説創作的時間確定在明亡之後,也可以回答持董斯張説的一派學者反復提出的一個疑問:如果《西遊補》是董説 1640 年時所作,那時他才 21 歲,閲歷不深,怎麽可能寫出這樣一部深刻諷世的小説呢?還有,董説在《豐草庵詩集》的"自序"中曾説過他"少未嘗爲詩,爲古文辭"之類的話,那麽他怎麽能寫出包含不少詩歌的《西遊補》呢?其實,即使《西遊補》的創作時間是 1640 年,筆者也並不認爲這兩個問題是真正的問題,在中外文學史上,早熟的文學天才實可謂屢見不鮮,若跟這些早熟的天才相比,董説根本不算什麽;至於他説自己"少未嘗爲詩",這話即使可以完全相信,也並不意味著他 21 歲時就不能爲詩,况且,21 歲時恐怕也已經不能算是少年時期了。一個生活在明代的 21 歲的讀書人,他能寫

① 另參蘇興《〈西遊補〉的作者及寫作時間考辨(上)》一文的有關論證,同前,頁 261、262、263。

② 參見趙紅娟《明遺民董説研究》第二章第一節的有關論述,頁 74－78。

③ 參見蘇興《〈西遊補〉的作者及寫作時間考辨(下)》,頁 234、235。

詩不足爲怪,如果他不能寫詩反而是令人感到萬分奇怪的,更何況他的父親董斯張就是一位真正有才華的優秀詩人呢!董説難道就不會受到他父親的一點點薰陶嗎?當然,現在如果將小説寫作時間確定在明亡之後,這些疑問就更可以涣然冰釋了。

三、對《西遊補》寓意的進一步探討

在確立了小説作者爲董説與小説寫作時間爲明亡以後這兩個重要基點之後,我們便可以在蘇興先生研究的基礎上來進一步探討小説的寓意了。

從小説文本來看,其諷刺或隱射的内涵比較顯豁的部分是第二回寫新唐宫人的自言自語(蘇興認爲是諷刺福王)、第三回寫鑿天人漏下靈霄寶殿以及第四回寫天字第一號鏡中的科舉放榜場景,其他各回的諷刺指向皆不太明朗。第八回、第九回寫行者審問秦檜這一大段的諷刺内涵也是清楚的,但其具體影射對象則不明確。從已有的研究來看,學界對第八回、第九回、第十一回的影射内容有較多的鉤沉索隱①,提供了很多重要的發現。尤其是第八回、第九回及第十回的前半回濃墨重彩地叙述了孫行者代理半日閻王重審秦檜的故事,是整個小説中最引人注目的段落之一。重審秦檜的構思應該來源於《喻世明言》中的《鬧陰司司馬貌斷獄》與《游酆都胡母迪吟詩》這兩篇擬話本,是將前者的"重審前代冤案"與後者的"秦檜地獄受苦"這兩部分内容捏合到一處,變成一篇新的故事了。但《西遊補》重新改寫而成的這一段故事包含著十分憤激沉痛的情感,表達出作者對誤國權奸叛賊如秦檜之流的切齒痛恨,用恨不能食其肉而寢其皮來形容作者寫這幾回時所流露的感情是一點也不過分的。與此同時,作者也表達了對岳飛這樣被屈而死的忠臣良將的萬分景仰之情,甚至讓孫行者拜岳飛做了"第三個師父"。這些描寫顯然已經不只是單純的歷史感懷了,故蘇興先生經過一番考索之後指出:這裏的秦檜乃是影射南明隆武政權的大將、叛賊鄭芝龍,岳飛則是影射董説的恩師、明末直至隆武政權時期的抗清名臣黄道周②,黄道周在率軍抗清時爲鄭芝龍所掣肘,所統兵力嚴重不足,出征時被叛賊降將所率之清軍擊敗,被俘之後,明奸洪承疇出面勸降,黄道周大義凛然,不屈被害。而因爲鄭芝龍暗中與清廷勾結,裏應外合,隆武政權也很快覆亡,鄭芝龍降清,後來也没有得到好下場③。蘇興先生指出:《西遊補》中遊蕩著黄道周的英靈④,筆者十分認同這一觀點,在此再對蘇先生的觀點提供一些補充論證。

---

① 參見前揭蘇興先生的論文。

② 董説以岳飛比黄道周這一觀點最早由晚清的黄人在《小説小話》中提出,參見朱一玄、劉毓忱編《西遊記資料彙編》,南開大學出版社 2002 年版,頁 411。

③ 參見湯鋼、南炳文《明史》下册,上海人民出版社 2003 年版,頁 1237-1239。又見謝國楨《南明史略》第七章第三節,上海人民出版社 1957 年版,頁 136-142。

④ 參見蘇興《〈西遊補〉的作者及寫作時間考辨(上)》,同前,頁 250。

首先,董説不僅在最後一回的結尾部分暗示了“黄道周”這一名字[①],也在其他地方更爲明白地提到了黄道周的姓名,比如第六回寫孫行者變成虞美人之後假裝被真虞美人的鬼魂附體,頓成瘋魔之狀,項羽大驚失色,道:“不肖講,這是孫悟空幽魂不散,又附在美人身上了。快請黄衣道士到來,退些妖氣,自然平復。”很顯然,“快請黄衣道士到來,退些妖氣,自然平復”這一句話中包含著“黄道周”這三個字。另外,第三回寫行者看到一大群人拿著斧頭在鑿天,便心裏猜度道:“不知是重修靈霄殿,今日是黄道吉日,在此動工呢?”“黄道吉日”這一詞語中同樣也包含著“黄道周”的姓名[②]。其次,在明末崇禎朝跟清軍的戰事中,也出現過主戰與主和兩派,比如1638年九月,清軍兵臨北京城下,明廷内部出現了以兵部尚書楊嗣昌和太監高起潛爲首的主和派,以及以侍讀學士黄道周和督師盧象昇爲首的主戰派。盧象昇率軍與清軍激戰,但受高、楊二人牽制,最後兵敗戰死。這一局面跟南宋初宋金對峙時主戰派與主和派之間的對立極爲相似。黄道周後來因言獲罪,被處永戍廣西。至崇禎十五年(1642)八月,大學士周延儒等人在被崇禎召見時,一起替黄道周委婉求情,崇禎遂復道周原官[③]。但關於此事,黄道周友人夏允彝的《倖存録》中有一段大略相似而又不太相同的記載,説崇禎跟周延儒言及安得將領如岳飛者而用之,周延儒委婉地説黄道周即當代之岳飛,應該加以任用,崇禎遂傳旨復其官。崇禎朝大學士文震孟之子文秉在入清後所撰之《烈皇小識》中也有類似記載[④]。蘇興先生説這段對話發生於崇禎十六年(1643),這跟《明史》的記載有較大出入,不知哪一段記載是可靠的。但無論如何,明末清初的明人或明遺民曾把黄道周比作岳飛,這應該是有確鑿事實根據的。

不過,如果我們只執定董説是以鄭芝龍比秦檜,以黄道周比岳飛,就會大大縮小小説的諷刺範圍與諷刺力度。小説第九回借秦檜的口説過一句話——“後邊做秦檜的也多,現今做秦檜的也不少,只管叫秦檜獨獨受苦怎的”,然後又借行者之口回答道——“誰叫你做現今秦檜的師長,後邊秦檜的規模”。這幾句話説得再明白不過了:自宋朝之後,後世又出現了許許多多的“秦檜”,尤其是在董説自己生活的明清鼎革之際,明王朝與南明王朝内部湧現出來的“秦檜”實在是數不勝數! 孫行者在審問秦檜時指出,力主與金人議和乃是秦檜一大罪狀,他也因此受到地獄酷刑嚴懲。董説如此痛恨議和者,或許也與南明的類似歷史有關。南明弘光朝建立後,正直官僚的重要代表、東閣大學士史可法被大學士兼兵部尚書馬士英排擠出朝廷,督師淮陽,而未能如當時有的大臣所合理建議的那樣,派遣行伍出身、具備作戰經驗的馬士英“經營於外”,而讓文官出身、忠直廉潔的史可法“居守於内”,不這麽做,自然是出於馬士英獨攬大權之一己私心。這一結果立即導致南京輿論大嘩,有太學生聯名上書要求史

① 參見蘇興《〈西遊補〉的作者及寫作時間考辨(上)》,同前,頁251。

② 這條證據是北大中文系一位不知姓名的同學提供的。

③ 《明史》卷二百五十五“黄道周傳”,中華書局1974年版,頁6600。

④ 參見蘇興《〈西遊補〉的作者及寫作時間考辨(上)》,同前,頁252。

可法留在朝中，有人甚至在奏疏中十分激烈地説道："秦檜在内，李綱在外，宋終北轅"[1]，這自然是以秦檜比馬士英、以李綱比史可法了。此後，南明王朝奉行"聯虜平寇"（或曰"借虜平寇"）的政策（即借清軍之手消滅李自成起義軍），其首倡者與積極推動者均爲馬士英，史可法本人也曾支持過這一政策（當時南明君臣均視李自成起義軍爲明朝最主要的敵人）。弘光朝廷遂派出以左懋第、陳洪范、馬紹愉爲代表的"北使團"，赴北京與清廷議和，結果自取其辱，不但和議未成，左懋第、馬紹愉還被扣留，陳洪範則暗地裏投靠清廷，作爲奸細被派遣回南明。史可法則放棄和談幻想，全力備戰，準備進擊清軍與李自成，但馬、阮輩完全不爲其籌備軍餉，作有力的援助，史可法爲此感到十分氣憤。後來，清軍大舉南下，南明因爲貽誤戰機，很快便遭到覆亡的命運[2]。不久，逃到杭州的馬士英等人擁立潞王朱常淓監國，朱常淓監國的次日，就按照馬士英的建議，派全浙總兵陳洪範去跟清軍和談，以割讓江南四郡作爲和談條件。陳洪範跟清軍統帥貝勒博洛密謀之後，回到杭州跟兵部尚書張秉貞一起，勸朱常淓投降，朱常淓遂奉表降清。根據當時人林時對《荷牐叢談》一書的記載，陳洪範自從回到南明做清廷奸細，"逢人勸降，名'活秦檜'"[3]。由此可見，在北京的明王朝覆亡之後，偏處南方的南明王朝所面臨的局面跟南宋時期的局面十分類似，當時的文人士大夫的奏疏與文章頻頻將南明與南宋相提並論，而南宋雖因秦檜等人的破壞，恢復中原無望，但仍將偏安局面維持了150餘年。而南明的弘光朝與隆武政權卻都只維持了短短的一年多便灰飛煙滅了，潞王監國時期則僅僅維持了曇花一現的數天時間，其中的原因自然是多方面的，但以馬士英、陳洪范、鄭芝龍等人爲代表的和談派與投降派延誤戰機、甚至通敵賣國應該説是最直接的原因。因此，當時的一些正直之士就已經將他們比作秦檜了。董説的家鄉（湖州）距離南明的幾個統治中心——南京、杭州、福州都不遠，他又是一位時刻關心明王朝命運的愛國志士，對以上這些情況他自然不會不知，而知道之後又豈能不扼腕切齒痛恨呢！因此，他在小説中如此窮形盡相地描寫秦檜在地獄所受的各種殘酷懲罰也就一點都不足爲怪了。

關於"節卦宫"這一回，蘇興先生認爲是諷刺弘光帝朱由崧追求逸樂、大興土木建築宫室的奢侈浪費之舉，這正與"節"卦所宣揚的節儉精神背道而馳[4]。蘇興先生舉出弘光帝奢侈浪費的大量史實作爲證據，應該是可信的。不過，蘇先生認爲這一回的藍本只能是弘光朝，這卻未必。根據歷史記載，明朝後期萬曆、天啓兩朝皇帝同樣是以奢侈浪費、大興土木而臭名昭著的，尤其是萬曆十

---

① 參見清人徐鼒《小腆紀年附考》卷六，中華書局1957年，頁173。以及史可法幕僚應廷吉的《清燐屑》卷上所載："朝議既定，以史公督師淮陽。蘇州吴縣廩膳生盧渭率太學諸生抗疏争之，有'秦檜在内，李綱在外，宋終北轅'等語，朝野傳誦，以爲名言。"

② 參見謝國楨《南明史略》第三章第四節，頁67、68。以及顧誠《南明史》第三章"弘光朝廷的偏安江淮"，光明日報出版社2011年。

③ 參見顧誠《南明史》上册第五章"弘光政權的瓦解"，頁145。以及林時對《荷牐叢談》卷四"蠡城監國"條之記載。

④ 參見蘇興《〈西遊補〉的作者及寫作時間考辨（下）》，頁229。

一年至四十八年這三十八年中，幾乎每年都在大興土木，所造殿閣千門萬户，耗費巨額財力與人力，再加上建築過程中官吏的克扣貪污，與其他方面的鋪張浪費，將明王朝的國庫幾乎消耗一空。萬曆二十九年，當時的工部尚書楊一魁、禮科右給事中白瑜等人都上疏激烈批評皇帝的“土木頻興”，尤其後者的奏疏曾云：“今露臺月榭，上薄雲霄，不傷於築愁乎！”[①]這裏的“築愁”一詞出自賈誼《過秦論》中的“阿房築愁，長城築怨”一語，這一詞語會讓我們聯想到《西遊補》第十一回寫孫行者看完節卦宫門的帳目之後，忽然步到一個峰頂，叫做愁峰頂——這一構思靈感的産生大概跟當時人對朝廷大興土木、大肆搜刮民財所致民怨沸騰的擔憂有關吧。行者在愁峰頂上還遇到了替總作頭沈敬南去給太監王四老官送信的一個童兒，沈敬南在施工時盜竊了宫中物件，小月王要派人盤查，沈敬南請求王四老官替自己遮瞞。這些細節顯然都是針對當時真實情况所施的諷刺。小説第二回寫行者在新唐宫殿上聽見一個宫人自言自語説：“我先天子中年好尋快活，造起珠雨樓臺。那個樓臺真造得齊齊整整，上面都是白玉板格子，四邊青瑣吊窗，北邊一個圓霜洞，望見海日出没，下面踏脚板，還是金鏤紫金檀”。——這顯然也是諷刺萬曆皇帝長期怠政、大興土木的荒淫歷史。到萬曆之後的天啓一朝，熹宗也是一位荒淫逸樂的君主，這位君主的一大愛好竟然是跟貼身太監在宫内建築房屋，他“自操斧鋸鑿削，巧匠不能及，又好油漆匠”，以至國政悉委於太監魏忠賢之手，從而造成了明朝歷史上最黑暗的宦官專權時代。如果我們細繹明代自萬曆以降的歷史，會發現明朝的衰頽跟萬曆、天啓兩朝皇帝長期虚耗國力、荒怠國政有最直接的關係。明末士人對此應該會有更痛切的感受，這種感受的刺激大概就是董説爲什麽會在小説裏安排如此奇特一回的根本原因。

《西遊補》全書故事情節最重要的部分應該是：孫悟空夢入新唐，看到新唐皇帝擔憂唐僧將來會率徒衆犯其疆土；又認定唐僧納悟空爲第一徒弟，是爲了“以西方之游，肇東南之伯；倚猿馬之威，壯鯨鯢之勢”。因此打算遣將西去，斬唐僧首級，赦其徒衆，令其四散，自然無事。但有大臣建議採取“用他殺他”的策略，先封唐僧爲殺青大將軍，令其出征“西虜”。新唐皇帝採納了這一建議，派人去封唐僧爲將軍。唐僧此時已入青青世界，受小月王蠱惑，娶妻翠繩娘，把八戒和沙僧逐出師門，並放棄了去西天取經的計劃。正在這時，他接到唐王的册封詔書，做了殺青大將軍，率軍出征西戎。悟空、八戒等人也混入出征隊伍，跟西戎的小蜜王交戰，小蜜王自稱是孫悟空跟鐵扇公主所生之子。在激戰中，西戎斬了唐僧和小月王的頭。孫悟空也從幻夢中驚醒。這些主要情節顯然也都有所隱射，根據蘇興先生的看法，新唐是隱射南明，西虜則可能是影射左良玉、李自成、朱亨嘉（靖江王，南明時曾謀反）或者清朝[②]；但唐僧師徒隱射什麽，蘇興先生没有指明，但他指出唐僧“欲以西方之游，肇東南之伯”是暗指

---

① 《明實録》之《神宗實録》卷三六六。另請參見湯鋼、南炳文著《明史》下册第十五章第三節，頁717－723。

② 參見蘇興《〈西遊補〉的作者及寫作時間考辨（下）》，頁230、231。

東南沿海的南明政權[①]。但這一説法内部顯然存在矛盾:新唐既指南明,那它怎麽會跟也暗指南明的唐僧師徒爲敵、必欲除之而後快呢? 筆者通過對南明史的反復考察,在此提出一種新的解説:首先,小説以新唐暗指南明,這一點應該可以確定無疑,證據在此無需多舉。而對於南明弘光朝而言,其最大敵人無疑是當時已被清軍驅逐到山西、陝西、豫西地區的李自成軍隊,而李自成軍隊同時也是清廷的敵人,在當時,不管是南明還是清廷,都把進攻李自成説成是西討、西征、或平西[②]。因此,我們結合小説中新唐和唐僧師徒的共同敵人都是西戎或西行途中的妖精這一點,可以斷定:“西虜”可認爲是隱射李自成軍隊。其次,我們需要搞清小説中的唐僧師徒是在影射什麽? 在《西遊記》與《西遊補》中,唐僧師徒都是正面人物,但是我們不要被正面、反面這些人爲的區分束縛思路,遮蔽視綫。如果結合《西遊補》的情節來分析的話,我們需要抓住的一點是唐僧師徒這支力量强大的取經隊伍在小説裏是作爲新唐的敵對面出現的,是被新唐視爲自己未來的重大威脅、從而想要消滅之的,但因爲孫悟空神通廣大,難以對付,才決定採取“以他殺他”的計策,也就是要借刀殺人,同時也讓他們内部分裂,自相殘殺。果然,唐僧先是被情妖所迷,放棄了西天取經的宏圖,驅逐了八戒、沙僧,孫悟空也疑心重重,彷徨無措。唐僧在被封爲殺青大將軍之後,出征西戎,果然被西戎所殺,新唐皇帝的目的也達到了。那麽結合當時的歷史來看的話,南明的敵人除了李自成之外,就主要是清廷了,這一點從當時南明臣僚的奏疏與文人筆記也可以看到[③],不過,在南明立國之初,主要的政策還是“聯虜平寇”,希望借助滿清的兵力消滅李自成。當時南明派出的北使團的主要任務也是犒賞吴三桂,酬謝清廷“剿寇(指李自成)文武勞勳”,並進一步鼓動吴三桂與清軍進攻李自成[④]。如果這一計劃能夠真正被付諸實踐,那麽南明方面自然可以坐收漁翁之利。由此看來,小説中的唐僧師徒應該是隱射清廷,他們是南明王朝曾一度妄想依靠的力量。然而,滿清進入中原之後,雖然最初主要是跟李自成的部隊作戰,但其長遠目標卻是消滅明朝的殘餘勢力,統一全國,這一點當時的不少人都看到了。南明的統治者也不會看不清這一點,因此其“聯虜平寇”的政策很難説没有包含“借寇平虜”的考慮在内。但歷史的結局卻是清軍不僅消滅了李自成軍隊,也把南明給消滅了。南明方面的如意算盤(或許也是董説等明末文人的夢想)最終變成了一場夢。這應該是小説把全部情節都安排在悟空夢中、並通過悟空夢與醒的對比所隱含的另一層主要寓意了。

《西遊補》濃墨重彩描寫的另一故事段落乃是第五、六、七回,寫行者進入古人世界之後變成虞美人,跟楚霸王項羽虚與委蛇,利用項羽對虞姬的百般寵

---

① 參見蘇興《〈西遊補〉的作者及寫作時間考辨(上)》,頁 262、263。

② 參見前揭顧誠《南明史》第三章第二節“清廷對南明弘光政權態度的變化”,尤其是該書第 76－79 頁。另參見蘇興《〈西遊補〉的作者及寫作時間考辨(下)》,頁 230、231。

③ 參見前揭顧誠《南明史》第三章第三節,頁 86。

④ 參見前揭顧誠《南明史》第三章第三節,頁 81－83、86。

愛與順從,騙項羽殺了真虞美人,又假裝被鬼魂附體,讓項羽説平話安撫自己。這一段故事究竟是在影射什麽呢? 以筆者之譾陋,尚未看到對這一問題的研究,在此試作一粗淺探討。筆者的第一個推測是:董説在此是以重新塑造的楚霸王項羽比擬明朝大將吴三桂"衝冠一怒爲紅顔",因爲一個女子而叛國投敵,喪失民族大義,爲人所不齒,跟小説中的項羽出於對假虞美人盲目的寵愛反而將真虞美人輕率殺害的舉措頗爲類似。筆者的第二個推測則如晚清的黄人在《小説小話》中所言:"由崧溺于聲色,唐、桂二藩皆制於豔妻,故托西楚霸王以隱諷之。"[①]朱由崧溺於聲色之事,史有明文,但未見有關他畏懼後妃之記載。唐王朱聿鍵畏懼曾皇后之事《南明史》有明確記載[②],但唐王畏懼曾后並未造成任何嚴重後果,董説未必會費如許筆墨來對之施以諷刺。

《西遊補》還有若干回的隱射對象與寓意仍然無法確知,比如第十二、十三、十四等回的内涵均未有可靠之闡發,第七回則雖有若干種解讀,也仍覺牽强,都有待於繼續研究。清末的黄人在其《小説小話》中曾指出:"雨窗無事,偶與友人論及(《西遊補》),覺其一字一意,皆無泛設。"他一一闡明了他對小説中很多重要細節隱射對象的看法,有不少看法很有啓發性,值得引起重視,但也有明顯牽强附會之處,過分誇大了小説進行隱射的程度,犯了索隱研究中常會發生的擴大化的毛病。然而,《西遊補》確實如黄人所説的"波譎雲詭,自成一子"[③],在藝術上具備空前絶後的獨特性,值得我們結合晚明歷史與作者生平進行更深入的挖掘,以更透徹地理解其中的豐富意藴。

【作者簡介】 李鵬飛,1972 年生,北京大學中文系副教授。主要從事中國古代小説與魏晋南北朝隋唐五代詩歌研究。

① 參見朱一玄、劉毓忱 編《西遊記資料彙編》,頁 409。

② 錢海岳《南明史》卷二十五,中華書局 2006 年,第 5 册,頁 1396－1397。

③ 黄人《小説小話》原載《小説林》第一卷,參見朱一玄、劉毓忱編《西遊記資料彙編》,頁 409－411。

人物塑造、情節類型與倫理、政治内涵
——明清世情題材小説之儒家經權思想探析

朱鋭泉

【提　要】 本文以世情題材爲主綫，分别展開話本小説與才子佳人小説對於儒學經權關係的討論與體現，重點分析經權學説對於人物才能、德性、觀念、行動邏輯乃至命運安排等方面的作用，以及小説情節演進乃至情節類型形成所受到的影響。繼而舉出具有集成特點的清代中期長篇《野叟曝言》，集中考察其間反映的經權思想的多種樣態。小説史梳理的同時，經權之辨中的重要命題如男女授受不親、舜不告而娶、聖人行權也以扣合作品的方式得到探討。文章最後，還擇要論述了有關經權描寫的政治和倫理内涵。由此儒家學説與世情小説的深層溝通與聯繫得以發掘呈示。

【關鍵詞】 儒家經權思想　世情題材小説　人物塑造　情節類型　政治内涵　倫理内涵

一、引言：常則守經，變則行權

錢鍾書先生曾發一義："權，乃吾國古倫理學中一要義，今世考論者似未拈出。"①作爲儒家道德哲學與政治哲學的重要組成，經權學説近二三十年來受到了學界日益顯明的關注。不過這種關注，主要集中在從範疇到理論體系的義理探討，在一定程度上偏離了該學説本身的致用品性與現實關懷。在古代文學尤其是小説的研究領域，趙興勤《古代小説與傳統倫理》(2005)較早發現"反經爲權"這一古老話題，成了明清小説家"以情抗理"的新招，提出這一禮法變通之説，成了青年男女追求自由愛情的保護傘。結合其另一部著作《理學思潮與世情小説》(2010)中的論述，衆多才子佳人小説對於"權"的反映和表現，對於"經""權"轉換關係的運用，首次得到了較爲細緻的梳理②。在類型流派以外，璩龍林從單篇作品《野叟曝言》出發試圖探究小説運用經權思想的意圖

① 錢鍾書《管錐編》第一册《左傳正義》，中華書局，1979年，頁206－207。

② 趙興勤《古代小説與傳統倫理》第六章《"情"的辨析與文化審視》，山西人民出版社，2005年，頁109－110；《理學思潮與世情小説》第六章第二節《從守"經"到行"權"》，文物出版社，2010年，頁345－356。

及其功能，開始將研究引向深入[①]。

不過，大致言之，經權學説與古代小説關係這樣的課題，目前的探討至少還存在三大缺失，一曰影響中介的鏈條的填補，如何深入到學説與作品的内部，搭建起溝通交往的橋梁；二曰小説流派乃至更大範圍内的考察，如何在勾稽更多小説文本（主要矚目於世情類題材作品）的前提下，投以歷史演變的眼光；三曰文化内涵的闡發，尤其不能讓研究脱離古人言語行止喜怒哀懼的原生態環境。因此，一段儒學史掃描基礎上的一次小説史乃至文化史透視，將成爲本文的最終旨趣。

《韓詩外傳》卷二記孟子論衛女曰："夫道二，常之謂經，變之謂權。懷其常道而挾其變權，乃得爲賢。"朱熹（1130—1200）則曾經給出定義："經，常也，萬世不易之道也。""權，秤錘也，稱物輕重而往來以取中者也。權而得中，是乃禮也。"[②]通俗地説，"所謂經，著重的便是義的至上性與絶對性"，"所謂權，便是指道德原則在具體情景中可以作合理的變通"[③]。

孟子（約西元前372年—西元前289年）曰："執中無權，猶執一也。所惡執一者，爲其賊道也，舉一而廢百也。"[④]其意爲雖主張中道，但如果没有變通的方法，便是固執一點，會有害於道。

學者認爲，孟子的"權"相較於孔子（西元前551年—西元前479年）"可與立，未可與權"（《論語·子罕》）之"權"有了很大程度的擴充，其"變通"之方法論意蘊初顯，且"行權有道"之思想内涵亦成爲保證其"權"之正義性的道德屏障[⑤]。這主要體現於《孟子·離婁上》的一段著名對話：

> 淳于髡曰："男女授受不親，禮與？"
> 孟子曰："禮也。"
> 曰："嫂溺，則援之以手乎？"
> 曰："嫂溺不援，是豺狼也。男女授受不親，禮也。嫂溺，援之以手，權也。"[⑥]

從"嫂溺叔援"的話題擴展至"道濟天下之溺"的聖人做派，以及明確提出的"以權濟禮"的思想，這些都讓此段文字受到包括小説家在内的後人屢屢稱引乃至自加解説（詳後），被追認爲"經權説的思想淵藪"。

非但小説史上的重要流派，下文即將展開論述的話本小説、才子佳人小説得到了經權學説的澆灌，即就一般小説也不難尋獲影響所在。因爲古代民衆通過研讀經史、欣賞曲稗、學校講習、熟人議論等學習教育和傳播方式接觸到

---

① 璩龍林《論〈野叟曝言〉的儒學經權思想及其文學功能》，《求索》2012年第10期，頁133－135。

② 許維遹《韓詩外傳集釋》，中華書局，1980年，頁34。[宋]朱熹《四書集注》，鳳凰出版社，2005年，頁399、頁302。

③ 楊國榮《儒家的經權學説及其内蘊》，《社會科學》1991年第12期，頁31。

④ 《孟子·盡心上》，《四書集注》，頁378。

⑤ 高青龍、高輝《孔孟"權"説要義論略》，《求索》2012年第3期，頁129。

⑥ 《四書集注》，頁302。

的儒家經權學説，在古代小説的天地裏有相當豐富的形態與靈活的運用。反過來，有關思想的接受衍生變形，又在增加小説文化含量的同時，賜予情節以傳奇性、戲劇性，令人物在經受心理衝突與道德考驗過後，更加貼近讀者置身的現實世界。

僅以回目之一斑爲例：

《生綃剪》第十四回　清廉能使民無訟　忠勇何妨權作奴

《五鳳吟》第十六回　張按院權内行權

《生花夢》第十回　虎頭寨一女子屈服衆英雄　豹尾關兩裩裳權成雙伉儷

《醒風流奇傳》第五回　哭窮途遁迹灌園　得樂地權時作僕

《梅蘭佳話》第二十四段　思睹面雪香染病 勸行權芷馨進言

……

評點方面，《型世言》第二回回末的陸雲龍評點，有所謂"丈夫氣岸，豈受人憐！憐之深，死之所以愈速也。經而不權，不能無憾於二令"①。可能出自作者手筆的《野叟曝言》第四十四、一百二十九、一百四十六回評點，與津門培一點評的《金鐘傳》卷八第五十七、五十八回，都可見經權話頭。如後者在"若拘定一個信字，堂堂大義，置若罔聞，其所謂硜硜者非耶"上作評："堂堂正論，肆應無方。覺失信猶小，而失義莫大。信或不必拘，義決不可背，通權達變，乃爲大人。"這便是啓發讀者對於生活中的信義有了更深入的理解。再如下面的對話與評點：

黄興道："如果賀太太死後，只剩尊嫂一人，無人照管，當如何呢？"李金華道："也得成全其孝。或接到至戚家，或在我家另院居住。【禮可從權，孝難改變】，服滿再娶。"

可以看成是繼孟子"嫂溺叔援"論之後的"接著説"，在經與權的關係處理上辯證適宜。

二、捨經從權，權不離經："三言二拍"等話本小説的反映

婚戀題材素來是世情小説的大宗。首先，試就若干非常態婚姻而言，從權行事意味著給納妾正名。明代羅浮散客筆下，人到中年的總兵"因乏嗣，行權娶妾"，遂私立别館於外，後來夫人去世，迎歸同住。在齊家理事上面體現得頗有主張："若使總兵終於懼内，不思活變，那得個兒子來慶生？後邊若没個母舅做救兵，這娘子軍發作，便大將也抵不住，大丈夫反經行權的事，定要相時，自

① "千金不易父仇 一死曲伸國法"，[明]陸人龍撰，陳慶浩校點《型世言》，江蘇古籍出版社，1993年，頁37。

立個主意,決不可隨風倒舵。"[①]同樣是納妾,宋時蘇州人朱遜向父親朱鈴請求,回鄉娶妻過門前,在四川先娶一妾以解客居寂寞,是謂"反經行權"[②]。

再看婦人再醮的問題。小説人物度過心理危機有賴於捨經從權。《一片情》第三回《憨和尚調情甘繫頸》,提及羅氏所言:"我想婦人再醮,雖非節婦之所爲,然較之偷情養漢,則彼高多。如今他既要我,又在此軟妝頭上,叫他急急蓄髮起來,明媒説合去嫁了他,此乃權宜之法。舍此我寧死不爲。"[③]至於天然癡叟則刻畫出一位陷於惡人趙成之手的王從事妻子喬氏,她"被掠從權","含羞上轎",改嫁王從古。作者於此評論道:"要知喬氏嫁人,原是失節,但趙成家緊緊防守,尋死不得,至此又還想要報仇,假若果然尋了死路,後來那得夫婦重逢,報仇雪耻。"[④]這在明清之際傳奇小説的代表作《女才子書》中也得到表現。卷七"盧雲卿"同意寡婦再醮。盧雲卿之父嚴責女兒:"逾牆穴隙,父母增羞;待月臨風,國人所賤。……汝若不死,予何以見人!"她卻作書答辭:"守寡終身者,禮也;憐才私偶者,權也。人非土塊,孰能無情。"[⑤]對於人情人心的肯定中,又出現了與孟子如出一轍的"禮"與"權"的對比。與此相對的是男子續弦——《品花寶鑒》叙述道:"且説春航斷弦之後,田夫人又上了年紀,没有媳婦總是不慣,不得已命春航從權選擇清門。"[⑥]

不必説一些小説對於無媒私奔行爲的大膽肯定了,守經行權的理論爲其留下了方便之門。仍舉《女才子書》,作者鴛湖煙水散人卷七結尾議論:"在風流之士,則羨其事而幸其奔;其爲學究見之,則醜鄙而不欲置之唇吻。夫以行權私披,固難於道學言,即歆慕之者,亦不過重其情而已矣,而不知其奔也,以才識而佐其情也。"此前卷三"張小蓮"篇"引"對私奔嫁人的張麗貞也評論:"予謂麗貞,固深於情者也。……且其言曰:'反經爲權',亦豈漫無卓識?"清代最後一部擬話本小説集《躋春臺》中《僧包頭》,提及男子要求女方逃去自己家裏——張蘭英説:"背父逃走,不惟名分不正,亦且被人耻笑,如何使得?"伍大魁則説:"人要通權,識大體,不拘小節,方爲豪傑。"[⑦]這樣的説辭顯然不能孤立地看。

其次注意到所謂標準型婚姻的程式,這通常被認爲是經綸大道之所繫。"父母之命,媒妁之言"姑不必論,非此,"鑽穴隙相窺,逾牆相從,則父母國人皆賤之"[⑧]。單就"男女授受不親"一點,小説家們就發揮出不少文章來。李漁(1611—1680)在《十二樓·合影樓》裏指出:"懲奸遏欲之事,定要行在未發之

---

① [明]羅浮散客《貪欣誤》,《古本小説集成》本,上海古籍出版社,1994年,頁5、頁7。

② [明]凌濛初撰,陳邇冬、郭雋傑校注《二刻拍案驚奇》卷三二,人民文學出版社,1996年,頁578。

③ 《一片情》,《古本小説集成》本,上海古籍出版社,1990年,頁117。

④ 《石點頭》第十卷《王孺人離合團魚夢》,古典文學出版社,1957年,頁256。

⑤ 《女才子書》,春風文藝出版社,1983年,頁97。

⑥ [清]陳森撰,尚達翔校點《品花寶鑒》,上海古籍出版社,1994年,頁703。

⑦ [清]劉省三撰,張慶善整理《躋春臺》,百花文藝出版社,1988年,頁582。

⑧ 《孟子·滕文公下》,《四書集注》,頁284。

先。”採取的措施是“嚴分内外，重别嫌疑，使男女不相親近而已”。因此“男女授受不親”，正是把“風流戲文”消滅在萌芽階段①。甚至於演繹“薩君之油然仁風”②的道教小説《咒棗記》，也出現了這樣的一幕：辰州女子贈送蘿蔔時，薩真人面臨“授受不親”的考驗，一旦伸手去接，就會遭仇人王惡鞭殺。結果他們將蘿蔔與錢分别置地交换。

與其他話本小説相比，天啓、崇禎年間相繼問世的三言二拍③的成就更高影響力更大，並且確實在運用經權關係上具備獨特的風貌。此下就以這幾部作品爲中心，再作説明。

《喻世明言》第二卷《陳御史巧勘金釵鈿》娓娓道來，梁尚賓冒名登門顧家，被安排住宿在東廂，後顧夫人孟氏取出私房銀兩首飾，命女兒阿秀送去助其行聘完婚。阿秀道：“羞答答如何好去？”夫人則加以鼓勵：“我兒，禮有經權，事有緩急。如今尷尬之際，不是你親去祝福，把夫妻之情打動他，他如何肯上緊？”這番道理説服阿秀深夜時分“羊入虎口”，令假公子大占便宜。

還有更著名的一則故事，兒子玉郎因裝扮成女兒時與劉慧娘“無媒苟合，節行有虧”，而受到母親孫寡婦埋怨：“我叫你去，不過權宜之計，如何卻做出這般没天理事體！”以此爲由頭，喬太守審案的結果竟然是讓二者結合的皆大歡喜。在研究者看來，“一些作家對‘情’與‘欲’的肯定，完全悖逆了傳統的道學觀念”，這則故事“可以看出，那些男女主人公的舉動以及作者的態度，還得到社會上相當多的人的認可”④。但本文想首先提請注意回到審案本身，喬太守的判詞所以得出“移乾柴近烈火，無怪其然；以美玉配明珠，適獲其偶”的結論，還在於“相悦爲婚，禮以義起；所厚者薄，事可權宜。……非親是親，我官府權爲月老”。只有建立在儒學下行對於市民社會無遠弗届的影響之上，方可稱君子成人之美。

> 男子主四方之事，女子主一室之事。主四方之事的，頂冠束帶，謂之丈夫；出將入相，無所不爲；須要博古通今，達權知變。

《醒世恒言》第十一卷《蘇小妹三難新郎》的上述開篇説陰陽分位之理，其中包涵了這樣一種牢固的信念，在普遍意義上守經行權是一種基本的能力素養。孫高亮《于少保萃忠傳》述及“張給事撰旌功碑”，即以“守經行權”爲忠臣

---

① [清]李漁撰，[清]杜濬評，文驍校點《十二樓》，人民文學出版社，1986年，頁1。

② 《薩真人咒棗記引》，[明]鄧志謨《咒棗記》，《古本小説叢刊》第一〇輯第五册，中華書局，1990年，頁1856。

③ 本文這裏列出所據版本，以下引文不再注明出處。[明]馮夢龍撰，陳曦鐘校注《喻世明言》，北京十月文藝出版社，1994年；[明]馮夢龍撰，吴書蔭校注《警世通言》，北京十月文藝出版社，1994年；[明]馮夢龍撰，張明高校注《醒世恒言》，北京十月文藝出版社，1994年；[明]凌濛初撰，陳邇冬、郭雋傑校注《拍案驚奇》，人民文學出版社，1991年；[明]凌濛初撰，陳邇冬、郭雋傑校注《二刻拍案驚奇》，人民文學出版社，1996年。

④ 陳大康《明代小説史》，上海文藝出版社，2000年，頁617。

良將的考語[1]。後文將展開論述的《好逑傳》裏的才女水冰心亦具有處事以權、善於機變的鮮明特徵——"及至臨事作爲，又卻有才有膽，賽過鬚眉男子[2]"。與之相近的還有被濃墨重彩渲染的文若霞(《鳳凰池》第二回)。她身負"佳人中才子""佳人中君子""佳人中智士"多項禀賦，當然少不了"至於捨經從權，而權不離經，以正爲奇，而奇不失正，更是佳人中一個英雄。"[3]

不同於一般的才、美，守經行權被視爲非凡女子的才能。《娱目醒心編》上説的好：

> 從來人家盛衰興廢，在男子，不在女人。男子爲人正道，又有才幹，雖一時落薄，其後振起家聲，光大門户，亦是尋常之事。若女子，雖賢，不過孝順公婆，幫助丈夫，勤儉作家，親操井臼，不失婦道之常，便已夠了。設不幸丈夫早逝，下無子嗣，能謹守門户，潔清自持，已爲賢節之婦了。至若宗祀絶續，後代興廢，只好聽天由命。然此等議論專爲尋常女子而設，若果有大才大識，明於經權常變之道，處常不見其異，處變始見其能，譬猶隆冬閉塞之候，生機將斷，而一陽復發，枯木可使重春，祖宗血食賴以延，後代子孫賴以興，幹出來的事，爲夫家絶大功臣，豈不令人敬羨？[4]

唐長姑正是這樣一位被寄託理想的女性，所謂的"天生大奇女子爲之媳婦"，"識權達變，見得明，信得透，將人所不敢爲、不能爲的難事，辦得易若反掌，而極衰門户變爲極盛家聲"。

與之形成戲劇性對比的，是《生綃剪》裏"只是一味讀書，諸事全然不曉"的曹復古，在走入街市開始叫賣老鼠藥時"'老，老，老……'叫得滿面羞慚，自己到好笑起來，卻叫不出"。繼而

> 看看肚裏有些飢了，自思道："啐，啐，啐，大丈夫爲龍爲蛇，變化不測。子胥也吹簫，伯鸞也任舂，勾踐也行酒，申蟠也作傭。一時行權，何損終身。啐，啐，我好婦人女子氣！"[5]

更加具體地看，這説的是《兒女英雄傳》安老爺的心胸本領和"談話藝術"：

> 當日在青雲山，是先要籠絡住這姑娘，不得不用些權術；今日在此地，是定要成全這姑娘，不能不純用正經。既講到捨權用經，凡一切詼諧話、優俳話、譬喻話、影射話，都用不著。[6]

---

① ［明］孫高亮《于少保萃忠傳》，《古本小説集成》本，上海古籍出版社，1994年，頁803。《林蘭香》耿懷爲燕玉所作祭文亦曰："常變經權，君之才也。剛方正直，君之行也。"［清］隨緣下士撰，丁植元校點《林蘭香》，春風文藝出版社，1985年，頁42。

② 《好逑傳》，《古本小説集成》本，頁36。

③ 煙霞散人《鳳凰池》，《古本小説集成》本，上海古籍出版社，1994年，頁54－55。

④ ［清］草亭老人撰，汪原放校點《娱目醒心編》，上海古籍出版社，1988年，頁17。

⑤ 見於彙集衆作而成的《生綃剪》中鈍庵著第十一回《曹十三草鼠金章　李十萬恩山義海》。《生綃剪》，《古本小説集成》本，上海古籍出版社，1992年，頁624－625。

⑥ ［清］文康撰，松頤校注《兒女英雄傳》，人民文學出版社，1983年，頁461。

需要指出的是,爲宋儒所深惡痛絶的無忌憚地以從權行事爲權術、權詐的做法,典型出現在《醒世恒言》第七卷《錢秀才錯占鳳凰儔》之中。經權關係描寫遂成爲人物品行的試金石。相貌與姓名嚴重不稱的顔俊"情辭懇切"地説服表弟冒己之名去見親家,"這是個權宜之術"。此處巴黎國家圖書館藏本《今古奇觀》有評語:"一墮小人之術,便受其籠絡"。

這裏有必要引入經權學説發展史上的一段"漢、宋之争"。公羊學派的觀點體現於《春秋公羊傳》桓公十一年所述,鄭相祭仲屈從宋人脅迫,爲保全國本而廢嫡立庶的事蹟:

> 古人之有權者,祭仲之權是也。權者何?權者反於經,然後有善者也。權之所設,捨死亡無所設。行權有道:自貶損以行權,不害人以權。殺人以自生,亡人以自存,君子不爲也。[①]

關於漢儒的經權觀念,宋儒曾加以概括。朱子引程頤(1033—1107)"漢儒以反經合道爲權,故有權變、權術之論,皆非也"。程子自道:"世之學者,未嘗知權之義,於理所不可,則曰姑從權,是以權爲變詐之術而已也。""古今多錯用權字,才説權,便是變詐或權術。"[②]與之形成呼應的,是《躋春臺》所包含的一個遇人不淑,男子受匪友教唆嫁妻充賭的故事,而那個匪友所進歪理竟也是援引從權行事的理念[③]。

在傳統儒家看來,辨析具體行權的標準是所謂的"道"或者"義"——"君子之於天下也,無適也,無莫也,義之與比"(《論語·里仁》),"大人者,言不必信,行不必果,惟義所在"(《孟子·離婁下》)。《朱子語類》同樣指出:"以義權之,而後得中。義似稱,權是將這稱去稱量,中是物得其平處。""義可以總括得經、權,不可將來對權。義當守經,則守經;義當用權,則用權。"[④]

回到本則小説,錢青迫於無奈與新娘秋芳和衣而睡,"權做新郎三日"。儘管有顔小乙從旁證明清白,但顔俊還是大爲光火,打鬧一番。由此後來本縣大尹判案,錢青陳述時深悔勉强應承表兄:"只道一時權宜,玉成其事。"小説脱胎於馮夢龍《情史》卷二《吴江錢生》,係根據萬曆年間吴江發生的一件奇事寫成。比較前後文本,《吴江錢生》寫道"高翁恐誤吉期,欲權就其家成就""(顔)及聞錢權作新郎,大怒"[⑤],顯然《錢秀才錯占鳳凰儔》是有踵事增華之功的。

論者指出"經權思想對道德衝突有很强的化解功能,在調節和詮釋小説情

---

① 《春秋公羊傳注疏》,北京大學出版社,1999年,頁98。

② [宋]朱熹《四書集注》,頁124。[宋]程顥、程頤撰,王孝魚點校《二程集》,中華書局,1981年,頁1176、頁234。朱熹一方面認同程頤擔憂世之無忌憚者借行權自作僞飾的用心,但另一方面並不完全贊成他出於"權便是經"一説的對漢儒區分經、權的過度批評。

③ 《香蓮配》中桂芳林曰:"我妻極賢,况是父母所定,豈可改嫁?"匪友曰:"你怎不知通權,常言夫妻本是同林鳥,大限來時各自飛。只要有錢翻了梢,那時美姬越女都有,豈稀罕你一個殘貨!"《躋春臺》,頁592。

④ [宋]朱熹撰,[宋]黎靖德編,王星賢點校《朱子語類》,中華書局,1986年,頁987、頁990。

⑤ 《情史》,《古本小説集成》本,上海古籍出版社,1994年,頁111-119。

節方面有相當的普適性，甚至可以扭轉情節發展的方向”[①]。本文以爲，包孕經權思想的描寫推動情節的曲折變化，這一點在“三言二拍”中已經表現得淋漓盡致。

《醒世恒言·三孝廉讓産立高名》寫朝中大臣聞聽孝弟許武尚未婚配，多欲以女妻之者。許武心裏考慮兩個兄弟尚未有妻，而且可能所娶爲貧賤人家女子，“‘從來兄弟不睦，多因婦人而起，我不可不防其漸也。’腹中雖如此躊論，卻是説不出的話。只得權辭以對，説家中已定下糟糠之婦，不敢停妻再娶，恐被宋弘所笑。”而同書《張孝基陳留認舅》裏，起先張孝基隱瞞身份以家僕役使過遷，對其“約法三章”。過遷泣謝道：“不肖謹守妹丈向日約束，倘有不到處，依前番責罰。”張孝基笑道：“前者老舅不知詳細，故用權宜之策。今已明白，豈有是理，但須自戒可也。”以後者爲例，權宜之計的使用有助於展開對人物加以多次考驗的情節。

次則可見經權描寫賦予人物命運以升沉榮辱，從而容易引發讀者的唏嘘感歎。

《醒世恒言·張廷秀逃生救父》寫道張廷秀心理複雜，既擔心隨從教曲師父潘忠學了下賤之事，以後没有長進，又想到眼下安身落脚所需的不得已——“昔日箕子爲奴，伍員求乞，他們都是大豪傑，在患難之際，也只得從權。我今日到此地位，也顧不得羞恥了，且暫度幾時，再作區處。”不禁讓人聯想起《躋春臺·比目魚》裏的一段對話：

> 藐姑曰：“唱戲拋頭露面，豈是婦女所爲之事？”楚玉曰：“人要通權，處此境遇，也無可如何了。只要心貞，即居下流，亦能守節；況又可以借戲做夫妻而生樂趣，不然怎得團圓？”藐姑應允。[②]

《警世通言·唐解元一笑姻緣》裏，當秋香識出唐伯虎所扮華安非下賤之輩，問其屈身之由時，唐伯虎回答道：“吾爲小娘子傍舟一笑，不能忘情，所以從權相就。”而在一個“水賊占妻”型故事中，船户顧阿秀等賊人江中作案，劫殺崔俊臣一家，獨留下其妻王氏，企圖娶爲兒媳。王氏將計就計殷勤做兒媳婦服侍公公一般，後趁著中秋節群賊喝酒爛醉的機會，逃離虎口進入尼庵。此中值得注意的是節骨眼上人物的心理活動，王氏“心中暗想道：‘我若死了，誰人報這冤仇？權且忍耐偷生，看有機會，再作道理。’定了主意，遂住了啼哭……”[③]。兩類人物都忍辱負重做出了犧牲。

至於同時作用於情節生發與人物命運安排，可舉“看財奴刁買冤家主”故事(《拍案驚奇》第三十五卷)爲例。曹州窮漢賈仁到東嶽廟禱告訴屈，引起神靈注意。增福神查知其前世罪業，今生本當受凍餓而死，又對靈派侯説道：“如今把那家的福力權借與他二十年，待到限期已足，著他雙手交還本主。這個可

---

① 璩龍林《論野叟曝言的儒學經權思想及其文學功能》，頁 135。

② [清]劉省三撰，張慶善整理《躋春臺》，頁 366。

③ 《今古奇觀》第三十七卷《崔俊臣巧會芙蓉屏》，人民文學出版社，1957 年，頁 690。

不兩便?”這一安排强化了故事結尾借他人之口抒發“物歸舊主,豈非天意”的浩歎,以及“貧與富一定不可移,笑愚民枉使欺心計”的勸懲。因此看似侈談神怪,其實不離世情。聞俊卿在景小姐面前故意承認了易服爲男的新身份,從推動叙事的角度看,既順理成章地引入了新的人物,同時也適逢其時地解決了她個人在兩名同窗之間擇偶的兩難(《二刻拍案驚奇》第十七卷《同窗友認假作真,女秀才移花接木》)。

綜上所述,經權關係在小説中可能表現爲對於嚴謹規範的婚姻程式的遵循,也可能由於通權達變的作用而出現婚姻禮儀程式的偏離。以話本小説爲例,守經行權被視爲人物一種特殊的才能,同時人物立身處世的品行也受到關注。反映經權思想的描寫則至少具有兩方面的文本功能,一曰推動情節的曲折變化,二曰賦予人物命運以升沉榮辱。

三、綱常之外,别行權宜:才子佳人小説的聚焦

前引趙興勤的著作從才子佳人之作的視野,部分揭櫫了本文觀照的對象,謂明清小説家往往將青年男女擺脱禮法束縛、追求自由愛情的果敢行爲,統稱爲“反經爲權”。進而,還扣住這些作品中女性人物的性格與動作特點得出:“它像一面旗幟,感發了癡情少女渴求美滿婚姻的心靈,使得她們克服自身的思想障礙,在争取自由愛情上,跨出勇敢的一步。明清一些小説家的‘反經爲權’的創作思想,與當時進步思想家的言論遥相呼應,匯成一股追求個性解放的浪潮,嚴重地威脅著封建倫理秩序。”[①]

從此角度出發,《金雲翹傳》《玉嬌梨》《春柳鶯》《飛花詠》《麟兒報》《玉樓春》諸作,都得到一個清晰的讀解。惟尚有一些代表性的才子佳人小説被遺漏在外,易言之,對於這一小説流派更具系統性的考察尚有待焉,不必説直接結合儒學範圍内經權關係的討論了。

在這些小説中,“父母之命,媒妁之言”的窠臼陳套束縛不住年輕人的手脚。男子是如何看待婚姻自擇的呢? 蘇州秀士阮苣,父母要爲他擇配,他自己忖量道:“婚嫁之事,原該父母主張。但一日絲蘿,即爲百年琴瑟,比不得行雲流水,易聚易散,這是要終日相對,終身相守的。倘配著一個村姬俗婦,可不憎嫌殺眉目,辱没殺枕席麽!”遂立定主意,權辭父母道:“孩兒待成名之後,再議室家。”[②]這還僅僅算是要求保留自己擇偶的權利,更進一步的想法體現在《人中畫·風流配》中一對男女。才女尹荇煙見司馬玄詩扇愛慕不已,由日居鄉里才華不彰,婚事無主,感慨今幸遇此生,若再不行權,便終身埋没。司馬玄則自稱“越禮行權,生爲聘定”,可見青年男女自擇佳偶的勇氣[③]。從守經行權的觀

① 趙興勤《古代小説與傳統倫理》,頁 110 - 111。

② [清]酌元亭主人撰,董蓮枝校點《照世杯》,收入《中國古代珍稀本小説》9,春風文藝出版社,1994 年,頁 198。

③ 《人中畫》,路工、譚天合編《古本平話小説集》,人民文學出版社,1984 年,頁 257 - 276。

念出發,《玉嬌梨》書中佳人之一的盧夢梨如是説:“不知絶色佳人或制於父母,或誤於媒妁,不能一當風流才婿,而飲恨深閨者不少。故文君既見相如,不辭越禮,良有以也!”蘇友白對此表示:“禮制其常耳,豈爲真正才子佳人而設?”①這可説是道出了一衆人等内心深處的真實想法。

> 玉娘道:“……縱然奴有意於君,也必待媒妁之言,父母之命,豈可草草苟合,把詩禮之風壞了。”文新道:“小姐之言差矣。天下之事,常則守經,變則從權。佳人才子,邂逅相遇,一夕締盟,便是百年永好。我二人情深如困魚得水,安能久待?”玉娘道:“雖然是如此説,但妾深閨女子,守貞待字,若一旦私訂姻約,不但貽羞萬世,比私奔相如之卓文君,不且有甚焉。郎君亦何取於此乎?”

> 英娘道:“汝論雖善,但兒女之事,非媒妁、父母之命不可。”香珠道:“雖在嫌疑之際,也要從權變。待賤婢明早再借折花爲由,探他口氣如何。”英娘道:“不可造次。此生立志已堅,恐取其辱。”香珠道:“小姐守身,言非無理。但此山寨之中,非獨不保後事,倘字不得人,目下不隨權變,恐失其大事。”
>
> 英娘歎道:“世間才郎,人所共願。只因我是閨中幼女,他是户外孤男,恐妨清白,故此難露於形容。”香珠道:“小姐若不依權變,拘此小禮,誤卻終身大事。勸小姐莫作閨中兒女之態。”英娘道:“汝當慎言,我自有道理,到日後再講。”②

以上兩條材料,分别出自成書於清康熙初年以前的白雲道人撰《玉樓春》,以及雍正、乾隆年間成書的《英雲夢傳》。一則反映男性對於信守禮教的女子的引誘,一則重心落在丫鬟婢女對於小姐的勸勉、鼓動作用——婢女實際是其主人心思欲望的外化。

如果説瑶枝對錢生所説“妾聞待媒而嫁者,正也;擇美而從者,權也”,顯得立場堅定意志分明,那麽章甫爲打消巫姬缺乏媒主的顧慮時的一番陳詞,就更具浪漫色彩——“娘子差矣,小生今日與娘子是天作之合。主婚的便是蒼天,通問的已是麗鳥,做媒的是這張竹弓。反經行權,成就了百年姻眷。况是舟中,怕有猜嫌。就是到了敝親家裏,也不可重訂,娘子請自三思。”③

如果説主動招約男子見面,在《五鳳吟》中的丫環素梅、輕煙看來,是“反經從權,效那卓文君故事,也成一段風流佳話。若拘於禮法之中,不過一村姑之所爲耳,何足道哉。當面失卻才子,徒貽後悔,竊爲小姐不取也”。並且如《鐵

① [清]荑秋散人撰,馮偉民校點《玉嬌梨》,人民文學出版社,1983年,頁148。

② [清]白雲道人撰,齊守成校點《玉樓春》,收入侯忠義等主編《中國古代珍稀本小説》10,春風文藝出版社,1997年,頁190-191;[清]松雲氏《英雲夢傳》,《古本小説集成》本,上海古籍出版社,1992年,頁223-224,頁236。

③ [清]檇李煙水散人撰,林辰校點《合浦珠》,收入侯忠義等主編《中國古代珍稀本小説》8,春風文藝出版社,1997年,頁313;《生綃剪》,頁166。

花仙史》的丫環嬌綃對小姐所道："若欲得老爺之命，焉能有相見之事？雖墨守禮法，亦貴達權。"那麽才子佳人小説或其他世情小説習見的信物使用的原由之一，便是如畢臨鶯贈白玉簫以爲遺記前的心理——"那生迢遠而來，在他可謂真誠矣；在我深閨之人，不當招認。若一稍通儀節，便近淫奔，若不應酬，又屬負義，此時卻勢處奈何之地。"①

除了較爲常見的無媒私合，《燕子箋》第十四回"美少年軍中合巹"部分的招贅夫婿，以及《歧路燈》第一〇六回"王象藎擇婿得東床"所述，譚紹聞讓兒子納僕爲妾也值得注意②。緣其在小説家看來，都屬於"權而不失其正者"。

考慮到才子佳人小説的重要情節類型"扮裝"，所體現的對於行權之道的運用相當充分，這裏專門拈出分析。首先看較爲另類的扮裝。换上道裝的金雲翹剛一表達願意長留修行的願望，覺緣師父就表示："賢妹，你這話就説差了。你之扮道，不過從權……"又可見僕人、公子互扮去見縣官的權宜辦法。《二度梅全傳》第九回，公子道："此計雖好，那有代替之理？"喜童道："非是小人敢欺了公子，想此情測料不定，進退兩難，若不從權，恐有他變。"《蜃樓志》第十五回還出現了順姐讓蘇吉士"權扮女人"以蒙混過關免遭丫環發現的情節③。

其次，女扮男裝的"出鏡率"顯然更高。《麟兒報》才女幸昭華不滿母親嫌貧愛富欲賴與廉清的婚約，謂"除非反經行權，方不負廉郎之約"。後改扮男裝，私下投靠廉清父母。"因家母以不悦意之婚相强，故行權辭之耳。若論行權避地，不遵母命，已非孝子。然而婚姻大事，不願妄配匪人，猶可諒也。"④錢公子即畢小姐喬裝男兒寄居錢府，恐錢知府代她謀婚，有失石生之約，因在杭州對畢守謙托言女兒不便寄外人處，故裝男兒作錢知府之侄，將侍兒翠雲轉作小姐⑤。《生花夢》裏爲出門避災厄，丫頭向小姐獻計扮上男裝，二人或取出父親所遺巾服，穿戴起來，或换了青衣小帽，儼然一對男性主僕⑥。

與前文所述面對權臣楊素的威壓相類，《巧聯珠》裏趕在淑女點選之前，衆人都贊同方公的意見："到此地位，行權也不妨。"於是聞公和胡夫人的侄女扮裝成聞公子，與方小姐拜堂，所謂"金屋佳人，權作玉堂學士；燈前白面，本來鏡裏紅妝"⑦。這一情節令人油然聯繫《野叟曝言》安排文素臣的正室田氏扮夫娶妾（詳後）。不必説更有戲劇張力的設計，出現於《二刻拍案驚奇》第十七卷

---

① [清]嗤嗤道人《五鳳吟》，《古本小説集成》本，上海古籍出版社，1994年，頁23；[清]雲封山人撰，陳廷榔、賈利亞點校《鐵花仙史》，北京師範大學出版社，1993年，頁52；[清]鶡冠使者《春柳鶯》，《古本小説集成》本，上海古籍出版社，1994年，頁106。

② [清]無名氏撰，侯忠義校點《燕子箋》，收入侯忠義等主編《中國古代珍稀本小説》2，春風文藝出版社，1997年，頁159－161；[清]李緑園撰，欒星校注《歧路燈》，中州書畫社，1980年，頁993－995。

③ [清]青心才人撰，李致忠校點《金雲翹傳》，春風文藝出版社，1983年，頁206；《二度梅全傳》，頁103；[清]庾嶺勞人撰，劉揚忠點校《蜃樓志》，花山文藝出版社，1993年，頁190。

④ 卜維義校點《麟兒報》，春風文藝出版社，1983年，頁74。

⑤ 《春柳鶯》，頁305。

⑥ [清]古娥川主人撰，毛郎英標點《生花夢》，黄山書社，1992年，頁119。

⑦ 《巧聯珠》，《古本小説集成》本，上海古籍出版社，1994年，頁282。

《同窗友認假作真 女秀才移花接木》。聞俊卿旅途中女扮男裝被景小姐相中，俊卿無計推脱婚事，轉而想到"不若權且應承，定下此女，他日作成了杜子中，豈不爲妙?"①當然可以視爲高度肯定女子扮裝意義的，還要推《玉嬌梨》。宦門千金盧夢梨改扮男裝與書生蘇友白私會，面訂終身。後她將此事坦然告訴表姐白紅玉："妹子自思父親已亡過了，煢煢寡母，兄弟又小，婚姻之事誰人料理？若是株守常訓，豈不自誤！没奈何只得行權改做男裝，在後園門首與他一會。"白小姐聽了，驚喜道："妹子年紀小小，不意倒有這等奇想，又有這等俏膽，可謂美人中志俠士也。"②

上文對於才子佳人小説中的無媒私合、扮裝等情節類型，及其反映的經權思想做了簡要的"面"上的回顧。若論其中最能體現合乎禮義同時又照顧人情的作品，則非名教中人《好逑傳》③不可。

誠然，這部小説反映出"至雍正、乾隆前期，才子佳人小説開始發生變化，人物由重才美轉向兼重或更重膽識"④，但除此還應注意到，圍繞著水冰心收留鐵中玉養病孤男寡女相處五日這一中心事件，有關人物的議論争執和心理活動。由此邱江寧指出《好逑傳》與《趙太祖千里送京娘》"故事框架頗有相似之處"⑤。不過細加分析，二者的主人公形象尚存在駁雜與純凈兩種不同的質地，可以參照觀察。

《警世通言》寫趙太祖未發迹時送京娘回千里之外的家鄉，叔父景清提醒他："古者男女坐不同席，食不共器"，"少男少女，一路同行，嫌疑之際，被人談論"，容易留下"一世英雄之玷"。趙公子哈哈大笑道："你們出家人慣裝架子，裏外不一。俺們做好漢的，只要自己血心上打得過，人言都不計較。"不過，後來他拒絶京娘的主動示愛托身之際，面貌又儼然"坐懷不亂"的柳下惠式的正經儒生，形象因而帶有羼雜的特點。

相較而言，後者對於兩位嚴守名教之大防的青年兒女的刻畫，就顯得富有層次性。既可見按照《白虎通》以來奠定的"三綱"對於人物的制約，例如大學士過其祖讓水運以叔父身份爲水冰心做主令其出嫁，知府也對水運表示："男女婚配，皆當及時，君子好逑，不宜錯過。女子在家從父，固是經常之道，若時難久待，勢不再緩，又當從權。令侄女年已及笄，既失萱堂之靠，又無棠棣之依，孤處閨中，而僮僕如林，甚不相宜。若是令兄在京爲官，或爲擇婚，聽命可也，今不幸又遠戍邊庭，死雖未必，而生還無日，豈可不知通變，苦苦自誤?"或者仇太監要鐵中玉自己遵旨結親，試圖援靠"君權"壓服"父權"，"鐵先生莫要讀得書多，弄做個腐儒。若是皇爺的旨意看得輕，不要遵，便凡事一聽鐵先生自專可也；若是皇爺的旨意是違拗不得，便當從權行事，不要拘泥，哪有這些迂

① 《二刻拍案驚奇》，頁 339。

② [清]荑秋散人撰，馮偉民校點《玉嬌梨》第十六回，人民文學出版社，1983 年，頁 173。

③ 鍾夫標點《好逑傳》，上海古籍出版社，1994 年。

④ 向楷(蕭相愷)《世情小説史》，浙江古籍出版社，1998 年，頁 211。

⑤ 《清初才子佳人小説叙事模式研究》，上海三聯書店，2005 年，頁 163。

闊的俗套子!”對此,鐵中玉採取的辦法是以彼之矛攻彼之盾。他引用會典條款,即“外臣不許與内臣交結”,何況聯姻的“舊制”,作品插入皇帝因侯總兵立功賜宴,同時招翰林鐵中玉陪宴的處理,讓鐵氏極爲順利地跳脱美人局,而令人遺憾地没有展開其可能遭遇的倫理困境。

同時,又容易發現以水冰心爲代表,提出了深曉《孟子》以降儒家規定的“行權”原理的諸多議論:

> 冰心小姐道:“侄女聞聖人制禮,不過爲中人而設,原不曾縛束君子。昔魯公授玉卑,而晏嬰跪受,所謂禮外又有禮也。即孟子論男女授受不親之禮,恐怕人拘泥小禮,傷了大義,故緊接一句道:‘嫂溺叔援,權也。’又解説一句道:‘嫂溺不援,是豺狼也。’由這等看起來,固知道聖人制禮,不過要正人心,若人心既正,雖小禮出入亦無妨也,故聖人又有‘大德不逾閑,小德出入可也’之訓。

也許在今日的讀者來看,她對於捨經用權的條件限制的過死,所謂“行權不過一時,未有嫂溺已援,而不溺復援者,况且凡事皆可用權,惟婚姻爲人倫風化之始,當正始正終,决無用權之理”。不過,水冰心從對於鐵中玉“感恩知己”的定位,對其仗義施援的“義俠之舉”的定性出發,又自有一套合乎名教情理的邏輯[①]。

我們注意到其他人物的聲口,站在女方父親的立場,水居一試圖以行權爲由,淡化“父母之命”的意義。水侍郎鄙薄過學士父子,面對其家人成奇帶來的圖書名帖,説道:“婚姻之事,雖説父命主之,經常之道也。然天下事,有經則有權,有常則有變。……今我學生宦京五載,又戍邊年餘,前在京已去家千里,今去京則又倍之,則離家之久,去家之遠,可想而知。况我學生無子,止此弱息,雖女猶男,素不曾以閨中視之,故産業盡聽其掌管,而議婚一事,久已囑其自擇矣,此雖未合經常,聊從權變耳……”而小説結尾第十八回寫到第三方發聲,曾擔任曆城知縣、見證這段坦蕩男女關係的直隸監察御史鮑梓上奏:“談者道義,論者經權。言事則明決,過於良友;詮理則迎機,不啻明師,並無半語及私,一言不慎。且彼此感激,而有喜心;内外交言,而無愧色。誠古今名教而合正者也。”則是從名教綱常角度正式予以認可。

順帶提及《好逑傳》影響下的一部作品。順治、康熙時人隺市道人(有人懷疑就是褚人獲)編次《醒風流奇傳》二十回,叙述梅幹與馮閨英的婚姻的故事[②]。其中可見對於經權的殷殷商量——趙汝愚道:“……大凡士人立身處世,有個常變,有個經權,孰不知一言一動品行攸關。敝年侄之不屑老程松,看一時操守爲重,而吉凶禍福,有所不討。那知就去見他原不妨的。陽貨權奸也,孔子未嘗不往見。今敝年侄遭此陷害,只辱其身,未嘗虧其行,不過一時之

① “孩兒聞男女授受不親,豈有相見草草如此,彼此互相救援又如此,此乃義俠之舉,感恩知己則有之,若再議婚姻,恐不可如是之苟且也,豈非有礙?”

② [清]隺市道人《醒風流奇傳》,《古本小説集成》本,上海古籍出版社,1994年。

浮雲蔽日耳。日後之幹功立業，正在於此。古來徐孺子磨鏡南州，伍子胥乞簫吴市，後來復仇報怨，耐得一時權變，方不失千古經常。居常守經，遇變行權，千古聖賢所不免也。”又可見馮小姐“變經從權”的扮裝，梅幹曾易姓爲木——這被吏部尚書趙汝愚的上奏説成“不過一時之權術，無傷千古之大經”。

尤其引人注目的，是才女叔父這樣一種類型人物的行止。水運的例子不必詞費，《快心編傳奇二集》出現的叔叔李再思貪利，竟然收劉家禮在先，然後再以“事有權有變”的説辭，安上小姐“通經達變”的帽子，企圖説合親事①。這裏也存在一個貪圖聘財和主婚身分的馮畏天。他一意欺凌馮家母女説下婚姻，結果“爲人足智多謀”的馮小姐用丫環待月李代桃僵，在梅公子看來正是“守經行權”。

才子佳人小説在遵守綱常名教的時候亦步亦趨，不過捨經從權的思想賦予其綱常以外施行權宜的便利。自擇婚姻，主動招約，擇美而從，扮裝易性，代人聘定②……青年男女正是以這樣的方式伸張著個體意志。才子佳人小説對於經權關係也做到了從理論到實踐不同層面的聚焦。

四、須是聖人，方可與權：《野叟曝言》的集成式展現

除了前列安老爺“談話藝術”中的運用經權，《兒女英雄傳》還在多個層面上具備了可堪一説的意義。第二十八回安老爺交代九件東西，吩咐道：“按著古禮，媳婦每日謁見翁姑，這些東西還該隨身佩帶的，只是如今人心不古，你若帶在身上，大家必嘩以爲怪，只好通權達變，放在手下備用罷。”以及十三妹爲報仇而一時權宜没有穿孝，安驥向十三妹坦承錯誤“我方才是一時迂執，守經而不能達權”等，也或體現權與禮的兩難，或突出了專門的能力素養。還有安驥答復張金鳳不准備娶十三妹，所謂“你不要看你我作合的時節父親那等寬容，事有經權，不可執一而論，惹老人家煩惱”云云，也體現了父母之命對於明媒正娶的重要。

不過相對於學者眼中的另一部兒女英雄小説③，或者視爲才學小説的《野叟曝言》④，我們可以體會到何謂後來居上。

小説史進展到清代中葉，小説類型的糅合混同仿佛文化爛熟期的一項表徵。立志於奉獻“奮武揆文天下無雙正士”和“熔經鑄史人間第一奇書”的夏敬渠（1705—1787），更是這種集成型文化的産兒。通過“以小説見才學”的意圖

---

① ［清］天花才子撰，朱眉叔校點《快心編》，春風文藝出版社，1985年，頁196－224。

② 《鐵花仙史》第十二回述及同窗陳秋遴出於不平，要先聘定蔡家小姐再讓與王儒珍。其人心理所謂：“除非我也央浼一位大老去求親，看他怎生發付。倘天從人願，辭卻夏元虚而就我，那時且權聘定，直待儒珍他日得意，剖明我之心迹，此姻仍歸於彼，完其夙好，豈不是從權救急之策？”《鐵花仙史》，頁107。

③ 張俊《清代小説史》第五章第一節《〈野叟曝言〉與兒女英雄小説的勃興》，浙江古籍出版社，1997年，頁302－316。

④ ［清］夏敬渠撰，黄克校點《野叟曝言》，人民文學出版社，1997年。

來表現人物過人稟賦，借助才子佳人及兒女英雄的故事框架來設置道德情境，並且《野叟曝言》還多處出現了人物議論商榷經權學説的獨立篇章。凡此，都可見經權關係在這部小説得以體現時的集成式特點。

經權關係首先是爲文化超人文素臣的絶世才能渲染而服務的。以其通醫的方面來説，見於第十九回"怪醫方燈下撕衣驚痘出"。任知縣之女湘靈生悶痘，文素臣貌似輕狂無禮之舉，"不避男女之嫌，不惜搠打之痛，正以人命爲重"。這一自稱"權宜之計"的奇絶療法要害在於，"若一説明白，則令愛止有羞慚，並無畏恐；即使獨瞞令愛，而旁觀之人，俱無聲勢協助，驚駭不至十分，迷悶不能全解，此痘未能即透，生死尚未可知也！"

當然素臣令人咋舌也爲作者屢次津津樂道的稟賦，還要屬其卻色本領。"愚兄與賢妹患難相逢，此時正宜從權，雖赤膊相向，賢妹豈以爲狂？"——他以此勸鸞吹卸掉裏衣烤火驅寒，毫不顧忌影響其由閨閣氣變爲道學，成爲守經行權道理的忠實聽衆。而其救紅瑶，男女相接進而達到抱持摩運程度，卻絲毫不影響文聖人的"人皆可以爲堯舜"：

> 處常處變，事各不同；守經行權，理無二致。小姐以沾身著肉爲嫌，此但知處常而不知處變，但識守經而不識行權。孟子曰："嫂溺不援，是豺狼也！"小姐縊死，已經僵冷，學生因夢中指示，知尚可救；若不抱持摩運，小姐豈能復生？故不避嫌疑而爲之，是處變而行權也。倘彼時坐視不救，即難免豺狼之目！迨既經救活，則此心已遂，此事已畢，豈可即以抱持摩運，而强以婚姻之事？如使可從，則嫂亦將以援手之故，而强叔以禽獸之行矣！

以上二女，或結爲兄妹，或拒之千里，即使遇到後來納爲妾氏的劉璇姑時，素臣也是從"和聖"柳下惠那裏不斷汲取卻色的能量。男女相接時需要嚴夷、夏之辨。第九十四回素臣自我反省："我自入峒後，雖不全行峒禮，卻也被女人拉過手來，只因欲濟國事，不得不委曲行權，究屬不顧廉恥。"而第一百零八回肩負爲宫女乃至妃后驅怪的任務，他還是毅然提筆在其胸脯上用朱砂寫下"邪不勝正"的護身符。後一情節與《緑野仙踪》有相似之處，不邪找來靈變婦人手心寫"來"字，通過迎頭一照的方式招引周璉。如其所云："男女之嫌，理該回避；但爲貴主人事，只索從權；可伸手來，我寫一字。"[①]

不過，落入李又全的淫窟帶給他真正的考驗。彼時素臣的卻色本領轉化爲行權忍辱的意志品質。《論語・憲問》上説："豈若匹夫匹婦之爲諒也，自經於溝瀆而莫之知也！"[②]素臣便多次以此提醒勸慰自身。

除了過人才能的發揮，卻色本領的施展，考察小説中其他使用經權理論的地方，容易發現素臣之兄古心多次談論守經行權，並且他還是要借此説服擇善固執的女聖人水夫人。例如在勸説母親同意素臣與劉璇姑一家結親的事情上，他們二人爆發了激烈的衝突：

---

① [清]李百川撰，侯忠義整理《緑野仙踪》，北京大學出版社，1986年，頁730。

② 《四書集注》，頁165。

古心道:"母親所言,固是正理。但璇姑一家性命,恐不能保。賢者守經,聖人行權,望母親體太上之達節,全兒女之私情,還是收他回來的好。"水夫人怫然道:"我讀史書,最惱漢儒牽扯行權二字。子臧云:'聖達節,賢守節。'[①]賢且不能,妄言達節耶!假權之名,行詐之實,真乃小人之尤。安得以此誣我!玉佳既未與璇姑苟合,何至關係一家性命。這是你弟兄們串通著,來欺罔我了,殊屬可惡!"

這裏水夫人顯然是站在程頤的位置,控訴漢儒反經行權的流弊。而清人的一種代表性主張在這裏並未得到體現。按照歷史的眼光來看,"漢人提出'反經合道'説,宋人群起而攻之;宋人提出'常則守經,變則行權'説,清人又反對宋人,回過頭來復活並發展了漢人的'反經合道'説。權説史上這三個相互呰應的環節,恰是一個'否定之否定'的辯證過程"[②]。近來的研究進一步認爲,漢儒的"反經合道"説,宋儒程頤的"權便是經"説、朱熹的"經是已定之權,權是未定之經"説和明儒高拱的"經乃有定之權,權是未定之經"説,是"構成儒家經權觀演進的主要邏輯環節"[③]。

第二次,因素臣面見天子時公然控訴國師及司禮罪狀惹下大禍,兄古心惋惜其不能明哲保身。但母親的意見不同——水夫人怫然道:"明哲保身四字是聖人重道行權之學,非大賢以下所能。古今來不知多少人誤在此四字上,馮道身事十主,小人藉以納污,所謂罔之生也,幸而免耳。我平日怎樣教你做人……"語氣措辭之嚴厲,幾令古心嚇得面如土色。即使到了成功説服母親同意讓弟妹田氏扮成男裝娶任湘靈過門以後,作者仍要安排水夫人在面見聖駕時以之爲"自訟者一事",宣稱:"令次媳田氏改裝雙娶,彼時惕息,如墜冰淵。此後漸惶,時懷局蹐。以似屬權宜,而實鄰欺罔。"臨了,再由天子安慰道:"權宜改裝,似鄰欺罔,而實免君父之過,權而合於經者也。"

不難發現,文素臣之兄古心的設置,近乎功能性人物。他與水夫人的對談,正是爲了鋪墊全書傾向性明確的經權學説。在深受江陰夏氏理學薰沐的作者筆下,從水夫人到文素臣,其道一以貫之。

讀者或許存有疑問,在知識、技能、道德、信仰諸方面乍看去都無甚瑕疵可稱完美的文素臣,到底在多大意義上能保得住那塊"天下無雙正士"的招牌。

《醒世恒言》第七卷《錢秀才錯占鳳凰儔》裏,因錢青提及自己三夜同床和衣而睡,大尹引用柳下惠、魯男子的事例,後找穩婆試驗高氏是否處女。對此予以稱許的詩句"三宵隔被,何慚秉燭雲長",卻容易讓人聯想卷二十八《喬太守亂點鴛鴦譜》,玉郎冒充女性與慧娘同床合歡,次日回答養娘"你須拿住主

① 《左傳·成公十五年》"諸侯將見子臧於王而立之,子臧辭曰:'《前志》有之曰:聖達節、次守節、下失節。爲君非吾節也。雖不能聖,敢失守乎?'遂逃,奔宋。"《春秋左傳注》第三册,中華書局,1990年,頁873。

② 趙紀彬《釋權——〈中國權説史略·緒論初稿〉》,收入趙紀彬《困知二録》,中華書局,1991年,頁261。

③ 岳天雷《經權思想的邏輯進路——以漢儒、宋儒和明儒爲中心的考察》,《商丘師範學院學報》第29卷第4期,2013年4月,頁53。

意”的質問時稱:“你想恁樣花一般的美人,同床而卧,便是鐵石人也打熬不住,叫我如何忍耐得過!”

於是可以發現,素臣非但是“文化超人”,亦爲當代聖人。由此,他的折衷迂回的處理方式,甚至神鬼莫測的行事風格,乃至安之若素“雖千萬人吾往矣”的心態,就可以歸入“聖人行權”的範圍。

王安石(1021—1086)從對於聖賢的觀察得出,“天下之理,固不可以一言盡。君子有時而用禮,故孟子不見諸侯;有時而用權,故孔子可見南子”[①]。《四書近指》也説:“權即聖之時字,非專以伊周放君、復辟爲等例也。事事有權,時時有權,惟聖人信手拈來,恰好爲難耳。”[②]用小説家的話,這叫做“天下事,經者事之常,權者事之變,雖古聖賢,亦有處權之道”[③]。

還是朱子的話最爲顯豁:

> 然須是聖人,方可與權。若以顔子之賢,恐也不敢議此。……今人……所謂“未學行,先學走”也。
>
> 所謂經,衆人與學者皆能循之,至於權,則非聖賢不能行也。
>
> 故周公可以謂之權,而太宗不可謂之權……故在伊尹可以謂之權,而在他人則不可也。權是最難用底物事,故聖人亦罕言之。自非大賢以上,自見得這道理合是恁地,了不得也。[④]

的確,檢閲《孟子》中的行權事蹟,主角大都爲聖君賢相,如舜、湯、武王、伊尹等。但是行權理論的内在張力在於,孟子與淳於髡“嫂溺,援之以手”的爲普通人説法的對話同樣著名而深入人心。後者旨在解決現實生活中的道德衝突問題,因而讓研究者得出這樣的結論:“孔、孟‘權’説的鵠的就是引導現實生活,它與後世‘經權説’以空疏議論爲要義大相逕庭。”[⑤]

由此在明清小説較爲寬廣的視野與通達的見解之下,對於“聖人行權”的援引,許多時候是爲了給普通民衆行權尋找擺渡人,乃至樹立標杆。冰心小姐派人找來鐵中玉的家童小丹時説“况微服過宋,聖人之處患難,未嘗無權”,鸞吹勸水夫人同意素臣易容時也提到:“禮有常變,事有經權;微服過宋,夫子有道污之日;要盟不信,聖人有詭説之時。”二者都引及孔子微服過宋、絶糧陳蔡之事。對此清焦循(1763—1820)《論語通釋》予以解釋:“微服過宋,權也。必儒衣儒冠以嬰桓魋之鋒,是輕生也,是傷勇也。一時微服,過此不微服,故爲權。”[⑥]

---

① [宋]王安石《臨川集》卷七《再答龔深父論語、孟子書》。見王安石《臨川先生文集》,中華書局,1959年,頁766。

② 二書皆引自[清]程樹德《論語集釋》,中華書局,2013年,頁726－727。

③ [清]煙霞散人《幻中真》,《古本小説集成》本,上海古籍出版社,1994年,頁291。

④ 《朱子語類》,頁987、頁989、頁991。

⑤ 高青龍、高輝《孔孟“權”説要義論略》,頁129。

⑥ [清]焦循《論語通釋》一卷右釋能凡二條,影印上海辭書藏清光緒李氏刻木犀軒叢書本,《續修四庫全書》經部四書類,第155册,頁44。

不過,如同八股取士要求試子代聖人立言一樣,“這樣的訓導和模擬之所以必要,恰恰説明這個聖人的假定無法原原本本地落實在真實的社會關係中,因爲處在歷史語境中的任何一個具體的個人都不具備全知性和超然性,而總是在不同程度上受到了權力和利益關係的制約。就儒家的倫理想像來説,聖賢既是一個必要的假定,又是一個難以企及的人格典範。”①另一方面,非但《三國演義》稱引儒學“聖人”之言與化用其言行的情況已爲學者所勾稽②,明清小説中聖人的聲口或行迹,在在昭示出其俗中寓雅的文化品位。

五、餘論:明清世情小説經權描寫的政治與倫理意涵

明人敖英曾就確立繼承人的問題,慨歎非聖賢難以“達權”③。嵇康(224—263,一説 223—262)《管蔡論》也謂管蔡蒙“頑凶”之誣,周公誅二人,乃行“權事”,無當“實理”④。概覽通俗小説,從權行事有時便體現著政治倫理與才能。顯例諸如《三國演義》第七十三回叙述玄德“進位漢中王”之前以漢宗室臣子自居,“避嫌守義”,以及孔明與諸將的一番進勸。《秦並六國平話》卷上開場詩“世代茫茫幾聚塵,閑將《史記》細鋪陳。便教王伯多權變,怎似三王尚義仁”⑤,最能切中要害。蒙古族小説家尹湛納希(1837—1892)的世情小説《泣紅亭》第二回“秉丹心疆臣奏忠言”部分,也提到賁侯之奏章,所謂“蓋聞靖邊之策須審勢察變。因力有强弱,過强不止則折,過弱不剛則曲。故權變其間,不使其折與曲者威與恩也。施威布德貴乎得當,適中者安,失當者危。”⑥又須知,“蓋爲官吏污濫,威逼得緊,誤犯大罪,因此權借水泊裏隨時避難,只待朝廷赦罪招安”⑦,宋江類似這樣的話是要給梁山事業定下“經”與“權”的基調。晁天王曾頭市中箭亡故後,宋江表明自己權且坐上頭把交椅,一俟出現抓住史文恭者必定讓賢的態度,與衆好漢達成了契約。

《西湖佳話》卷七“岳墳忠迹”,講述高宗已聽信秦檜和議之言,遂一日發十二道金牌,詔岳飛班師。作品寫衆將官都諫道:“此非朝廷之意,皆秦賊蒙蔽聖明。如今中原震動,四方回應,恢復之時。況將在外君命有所不受。古今矯詔興師,權以濟變。元帥若領師前進,衆將願出死力,爲元帥前驅,擒滅兀術,獻於天子,然後歸朝待罪,未爲晚也。”這裏明引《孫子兵法》,並且揭示出中國古

① 商偉《禮與十八世紀文化轉折——〈儒林外史〉研究》,嚴蓓雯譯,三聯書店,2012 年,頁 19。

② 杜貴晨《〈三國演義〉與儒家“聖人”考論》,《明清小説研究》2011 年第 2 期,頁 72 - 81。

③ 見其筆記《東谷贅言》卷上,“或問立子以嫡不以長,立嫡以長不以賢,斯禮也,果通萬世之義乎? 予曰:‘此經也,而有權焉。非聖賢誰其達哉?’泉齋邵公有曰:‘武王賢非長也,立而興周;微子賢非嫡也,廢而亡商。’嗚呼! 此達權之所以難也。”《叢書集成初編》本,上海商務印書館,1937 年,頁 11。

④ “昔文武之用管、蔡以實,周公之誅管、蔡以權。權事顯,實理沈,故令時人全謂管、蔡爲頑凶。”見載戴明揚《嵇康集校注》,人民文學出版社,1962 年,頁 245。

⑤ 《秦併六國平話》,古典文學出版社,1955 年,頁 1。

⑥ 尹湛納希撰,曹都畢力格、陳定宇譯《泣紅亭》,内蒙古人民出版社,2009 年,頁 15。

⑦ 陳曦鐘、侯忠義、魯玉川《水滸傳會評本》,北京大學出版社,1987 年,頁 1061。

代鼓勵行權的法律制度——矯制(詔)[①]。同書卷八"三臺夢迹"叙及于謙急令官軍預支一年糧草,任其自運。其搬運不盡者,就放一把火,焚燒殆盡。有人説:"事體重大,何不報?"于謙道:"事有經權。今敵在目前,若必待報而行,適已資敵。敵食吾糧草,必久困吾,非計也。今行堅壁清野之計,彼無糧草,不能久留,將自退矣。"[②]

不論出處仕隱,士君子要嚴明忠奸之辨:

> 夫人對梅公笑道:"孩兒讀書,原以功名爲念,一朝脱白挂緑,繼你一脈書香,還有什麽講究?"梅公道:"你乃婦人家見識,哪知世間道理。聖人云:'正則守經,亂則從權。'如今聖上被奸臣盧杞蒙混,總不能進朝見駕。倘若升金階面奏,除奸保忠,將盧杞一黨奸賊啓奏龍顔。……"[③]

不過,才子佳人之作《飛花詠》裏,香奩才女彩文通過對經權的解釋:"凡事貴乎經權並用。經者守常不變,權者反經合道",説服了苦於"關乎名節,礙於道理,難於下筆"的父親,代爲寫下一篇祝壽權奸的文章[④]。

《孫子兵法·九變篇》載:"孫子曰:凡用兵之法,將受命於君。……城有所不攻,地有所不争,君命有所不受。"[⑤]這賦予了千里之外親自領兵作戰的指揮官臨機決斷的權力。與之相類,在軍事層面,鳳雛在議取西蜀時,面對劉備"以小利而失信義於天下"的擔心而慨然相告:"主公之言,雖合天理,奈離亂之時,用兵争强,固非一道;若拘執常理,寸步不可行矣,宜從權變。且兼弱攻昧,逆取順守,湯、武之道也。若事定之後,報之以義,封爲大國,何負於信?今日不取,終被他人取耳:主公幸熟思焉。"[⑥]應該説正切中時局的關鍵以及玄德的不足。一個具體的狀況出現於清中期《玉蟾記》第九回。張大人在未探明倭營虚實的情況下,不願造次進兵。奈何朝中不識軍務的趙文華數次羽書來催,他只得授權參謀曹大人:"勢處兩難,只好權宜從事。約定日期,與倭會戰便了。"[⑦]

相較於魏闕之下的争奪,帷幄之間的運籌,世情小説的優長更在於通過戀愛婚姻、家庭人倫的故事敷陳大義,於瑣碎中掀起無限煙波。

正如《喻世明言》第十九卷白玉娘忍苦成夫的卷首詩所言:"神仙迂怪總虚浮,只有綱常不朽",大忠大孝的問題上,道德準則基本得到了忠實的維持。不妨引入康熙年間的文言小説《聊齋志異》。《商三官》一篇謂其"年十六,出閣有期,以父故不果"。後來,"婿家遣人參母,請從權畢姻事,母將許之。女進曰:

---

① 郭林虎《特權法律制度論》,中國檢察出版社,2011年,頁225-231。

② [清]古吴墨浪子《西湖佳話》,上海古籍出版社,1980年,頁131、頁149。

③ [清]惜陰堂主人《二度梅全傳》,《古本小説集成》本,上海古籍出版社,1994年,頁7。

④ 《飛花詠》第九回,春風文藝出版社,1983年,頁76。

⑤ 《孫子兵法·九變篇》,《孫子兵法新注》,中華書局,1977年,頁75。

⑥ [元]羅貫中《三國演義》,人民文學出版社,1957年,頁481-482。

⑦ [清]通元子撰,董文成校點《玉蟾記》,收入侯忠義等主編《中國古代珍稀本小説》7,春風文藝出版社,1994年,頁624-625。

‘焉有父屍未寒而行吉禮？彼獨無父母乎？’婿家聞之。慚而止。”[①]子女個人的婚姻幸福需要讓位於守喪行孝，此際只可守經。

如同自我的要求“大聖人尚且不免於辱；我豈可守溝瀆之小節，而忘忠孝之大經乎？”文素臣在觀看歷史戲過程中發表了有關孝道的評論。他指責劉邦不孝之罪，並譏嘲了“迂儒每以分羹之言，爲行權救父”。而在文鳳矯旨讓父親素臣免跪的一幕，所謂“臣可跪君，父不可跪子。陛下持臣，使得罪於父，而歸過於君。臣故行權矯旨，正父子之倫，實以全君臣之義，寧受矯詔之罪也！”讓人仿佛身臨其境地感受到先人對於忠、孝二者的權衡把握，也似乎在明人那裏尋見了事件的端倪：

> 李文正公（李東陽）幼舉神童，帝抱到膝上，時其父拜起侍丹陛下。帝曰：“子坐父立，禮乎？”對曰：“嫂溺叔援，權也。”[②]

更不必説行孝的極致，走向有違人道的冒充鹿脯“割肉療親”，也出現在小説後半部分。文龍向水夫人坦言“嘗聞孝子割股，可以療親；雖非正禮，此時事急，亦只得權宜行之。”

同樣，又有些人主張夫婦之禮，不可從權。權臣楊素派人逼婚，華刺史欲讓蔣、張、顧三個士子假作自家女婿。可是正如華刺史之女華柔玉小姐的心腹丫環韓香旁觀所言，“我想别事都數假得，這件事可是權假得的？三位小姐定屬他三人”。於是，面對刺史似乎無可奈何的表示：“老夫昨日受權，借兩兄作退兵之計，婚姻之約，尚容思議！兩兄何以這般認真？”顧躍仙當即告知：“老先生何出此言？天下事皆可以行權，曾未聞權作夫婦之禮。令愛小姐雖是千金豔質，晚生輩亦非碌碌庸人……”[③]

從權行事，有時又引發倫理關係方面的變動。《搜神後記》記載這樣的故事，晋時謝端邑下得大螺，白水素女告知他：“天帝哀卿少孤，恭慎自守，故使我權爲守舍炊烹。十年之中，使卿居富得婦，自當還去。”[④]與賣油郎秦重曾改名朱重相似，一篇清初話本裏，季寡婦要讓與父親失散的李春榮權且過繼爲子，將來遇到父親時再歸宗[⑤]。這些情境的設定，能給“極摹人情世態之歧，備寫悲歡離合之致”的世情小説，留下了相當大的用武之處。

此外，婚姻關係還可能因之將主人公推向某種道德兩難情境。《躋春臺》有一篇《東瓜女》述及何車夫被迫做出嫁妻還賬的決定（且妻子懷有四個月身孕），夫妻倆面臨名節維護的問題。何的態度是“此時雖把名節玷，妻可得生我得錢。倘若不從夫命短，那時妻也難保全。爲人須要通權變，一舉兩得方算

① ［清］蒲松齡撰，張友鶴輯校《聊齋志異》（會校會注會評本），上海古籍出版社，1978年，頁373。

② ［明］蔣一葵《長安客話》卷一《皇都雜記・小履紵衫》，北京古籍出版社，1980年，頁7。

③ ［清］南嶽道人撰，穆道梁點校《蝴蝶緣》，三秦出版社，1993年，頁74－76。《快心編傳奇三集》第四回李績也説道：“此婚姻大事，當行則行，當止則止，總没有行權行變之道。”《快心編》，頁75。

④ 《搜神後記》卷五，收入《漢魏六朝筆記小説大觀》，上海古籍出版社，1999年，頁460。

⑤ 《人中畫・狹路逢》，收入路工、譚天《古本平話小説集》，人民文學出版社，1984年，頁307。

賢。”而妻子陳鴨婆起初堅定想法：“失節而生，不如全節而死”，後又進而想到：“事在兩難，不如權且應允，嫁將過去，告訴苦情，求作奴婢，以全節操。他若相逼，我必一死殉節罷了。”①

更加尖锐的衝突出現於《石點頭》第二卷《盧夢仙江上尋妻》。孀居期間婆婆、公公貪財要將自己轉嫁，甚至以之爲大孝，李妙惠由是面臨節、孝兩難。方姨娘試圖加以規勸：“女子以身殉夫，固是正理，然其間亦有權變，不可執泥一見。”“依我所見，不若反經從權，順從改適，以財禮爲公婆養老之資。”相對於《搜神記》卷十一的樂羊子妻，面對強盜劫持其姑的威脅，選擇刎頸，這樣的出路就保全生命來説更有回旋餘地②。

我們又注意到，作爲孟子討論經權的著名案例，《淮南子・氾論訓》所云“舜不告而娶，非禮也”③，同樣是小説家關心的話題，一定程度上構築了情節類型，反映出主人公在恪守倫理規範問題上或緊或鬆的尺度。

> 萬章問曰：“《詩》云，‘娶妻如之何？必告父母’。信斯言也，宜莫如舜。舜之不告而娶，何也？”
>
> 孟子曰：“告則不得娶。男女居室，人之大倫也。如告，則廢人之大倫，以懟父母，是以不告也。”
>
> 萬章曰：“舜之不告而娶，則吾既得聞命矣；帝之妻舜而不告，何也？”
>
> 曰：“帝亦知告焉則不得妻也。”④

舜之父親瞽瞍、繼母與同父異母弟象不賢是盡人皆知的秘密，要想順利迎娶堯之二女，就難以遵守禀告父母自己婚姻要求的禮節。在禮與權的抉擇中，孟子認爲：“不孝有三，無後爲大。舜不告而娶，爲無後也，君子以爲猶告也。”⑤傳宗接代的意義壓過禀告父母。朱子對此也有評論：“告者禮也，不告者權也。”“事有緩急，理有小大，這樣處皆須以權稱之。”⑥

《二刻拍案驚奇》的一則故事裏，湘潭黄翁爲義子鶴齡定了里中易氏之女，鶴齡表示：“本生父母既約得有期，豈可娶而不告？”⑦《鐵花仙史》中蔡若蘭尚且主張嚴守禮俗，所謂“婚姻大事，從無不告而娶。且亦必得央媒懇妁，少致柯言，因而問名納彩，方爲合禮，豈可草草一言，遂諧秦晋耶？”縣令誠齋則要行權：“我非不知婚姻之禮，而甘蹈自獻之羞。實因時下有點選一事，至爲緊急，若足下必得歸告令尊，再要遣媒説合，又再問名納彩，往返之間，不下旬日，則小女已爲宫中之人矣，如何而可，今且依本縣主見，從權合巹……”⑧而《飛花

① 《躋春臺》，頁 37－38。

② 《漢魏六朝筆記小説大觀》，頁 365。

③ ［漢］高誘《淮南子注》，上海書店，1986 年，頁 212 。

④ 《孟子・萬章上》，《四書集注》，頁 322。

⑤ 《孟子・離婁上》，《四書集注》，頁 305。

⑥ 《四書集注》，頁 305；《朱子語類》，頁 993。

⑦ 《二刻拍案驚奇》卷三〇《瘗遺骸王玉英配夫　償聘金韓秀才贖子》，頁 554。

⑧ 《鐵花仙史》，頁 136。

詠》與父母失散過繼端家的兒子，有朝一日重逢，愧悔不告而娶之罪。扮裝爲男子的幸小姐也如是表達了自己的懺悔之意："不瞞小姐説，我之避居於此者，原因家母以不悦意之婚相强，故行權辭之耳。若論行權避地，不遵母命，已非孝子。然而婚姻大事，不願妄配匪人，猶可諒也。若像今日自擇好逑，竟不告而娶，非是爲子者，只知有婚姻，不知有父母矣，罪不重於山丘乎？"[①]還有《生花夢》裏兩位佳人的議論，明確徵引舜之案例，也引出了"反經行權"的旨意：

> 貢小姐道："此言豈非甚善。但成婚大禮，當聽父母方張，今膝下遠離，心方抱痛，豈可不待父命，敬合自專，貽笑旁人口實？"馮小姐道："禮敬有變，貴乎用權。舜以聖人而爲孝子，尚且不告。小姐身係女流，事處至變，況此段姻緣原係尊公作主，今日之合，正以順父命也，若小姐任其另取，廢置自甘，貽父母之羞，受門楣之玷，較之反經行權、兩全其美者，相去不霄壤耶！"貢小姐被這一番切論説得俯首無言。[②]

綜合上文，經權學説已經滲入明清世情小説的創作思想，與其中人物塑造、情節類型等方面息息相關。如"三言"的整理者馮夢龍即在《四書指月》中留下大量經權觀點[③]。另一方面，其具體描寫豐厚的文化內涵實有待今人發掘。從短篇的話本小説，到中篇才子佳人，再到以《野叟曝言》爲代表的長篇小説，篇幅容量的擴大，帶來經權關係在小説中表現形態的日趨豐富：才能稟賦、男女關係、婚姻禮儀、忠孝倫理、行事手段……其與故事本身的貼合程度也存在著僅僅作爲人物語言的話頭，與情節動作發生深淺不同的聯繫，以及單獨構成人物討論的主題這樣幾種重要性各各不同的情形。而與思想史的演進相聯系，從肯定無媒私奔，到塑造"名教中人"，再到鼓吹卻色"聖人"，理學思想對於人欲的馴化程式顯得有迹可循，由此造成的鉗制人性走向矯揉造作甚至泯滅性靈的流弊也漸次浮現。

或許我們可以旁通戲曲領域，瞭解它對創作論的滋養，以此結束本文的初步探析工作：

> 欲代此一人立言，先宜代此一人立心，若非夢往神遊，何謂設身處地？無論立心端正者，我當設身處地，代生端正之想；即遇立心邪辟者，我亦當舍經從權，暫爲邪辟之思。務使心曲隱微，隨口唾出，説一人，肖一人。[④]

【作者簡介】 朱鋭泉，1986年生，文學博士，天津師範大學文學院講師，研究方向爲中國古代小説。

---

① 《麟兒報》，頁119。

② 《生花夢》第十一回，頁142－143。

③ 參見楊宗紅《馮夢龍四書學之理學意藴解析》"四'經與權，是一非一——關於經權"部分，《暨南學報》2014年第10期，頁100－101。

④ 李漁《閑情偶寄》卷二詞曲部下"語求肖似"。[清]李漁《閑情偶寄・讀詞管見》，杜書瀛校注，中國社會科學出版社，2009年，頁36。

国家圖書館藏祁彪佳尺牘論曲文字輯考

張詩洋[①]

【提　要】 国家圖書館藏《遠山堂尺牘》，共收録祁彪佳295封信，其中有26封論及戲曲，從中可見崇禎年間祁彪佳與友人借閱、抄録、品評、搜集戲曲的情况，涉及祁彪佳與袁于令、沈泰、王應遴、王元壽等戲曲家的交遊，對考索晚明戲曲及祁氏曲目的編纂情况，有重要價值。今特作輯録與箋注，以便讀者利用。

【關鍵詞】 祁彪佳　劇品　曲品　全節記　盛明雜劇

祁彪佳(1602—1645)，是晚明重要的戲曲理論家、藏書家，所編《明劇品》《明曲品》，是考索有明一代雜劇、傳奇的重要文獻。此外，祁氏文集和尺牘中，也有不少討論戲曲的文字，值得關注。本文主要對國家圖書館所藏《遠山堂尺牘》中的論曲文字作輯録箋注。

國家圖書館所藏《遠山堂尺牘》，兩册，原件不分卷。第一册半葉八行，行20字；第二册半葉十行，行21字。藏書號：10452；藏者已製作膠捲，共1盤，編號459。兩册尺牘字迹不一，均爲後人抄録整理本[②]。國圖著録作“明末抄本”，然此中收録有《與許元祐乃郎》，“玄”改作“元”，當是避玄燁諱，故應爲康熙間過録本。此與南京圖書館所藏祁彪佳尺牘[③]爲同種而失群者。

兩館所藏《遠山堂尺牘》互爲補足，論及戲曲者共計70封，可以還原天啓三年(1623)以至崇禎元年(1628)間，祁彪佳與友人借閱、抄録、品評、搜集戲曲的情况。同時，尺牘中與袁于令、沈泰、王應遴、王元壽、陳汝元、葉憲祖等戲曲家的交遊，對於瞭解祁彪佳的戲曲活動，祁氏劇作的撰寫情况，《劇品》《曲品》

---

① 【基金項目】本文爲國家社科基金重大招標項目“《全明戲曲》編纂及明代戲曲文獻研究”(10&ZD105)階段性成果。

② 其中第一册筆迹統一；第二册第64封信始换另一字迹。

③ 南圖所藏祁彪佳尺牘中的论曲文字，主要由三部分組成：第一部分，“莆陽尺牘”。寫於天啓三年至崇禎元年(1623—1628)。原件不分卷，明末抄本，共十七册，藏書號：114713。藏者已製作膠捲，共3盤，編號GJ膠0085。其中，第四册封面注“此本尺牘時在謁選前後未履莆田任之前民國庚辰年三月初二日允記”。第二部分，“遠山堂尺牘”。寫於崇禎二年至崇禎四年(1629—1631)。原件不分卷，明末抄本，共五册，藏書號：114714。藏者已製作膠捲，共1盤，編號GJ膠0078。第三部分，“里中尺牘”輯録。寫於崇禎十一年至崇禎十四年(1638—1641)的論曲文字。原件不分卷，明末抄本，共十册，藏書號：114718。藏者已製作膠捲，共1盤，編號GJ膠0077。其中，第一册封面寫有“里中尺牘 十本 崇禎十一年春起 崇禎十四年冬止”。可參拙作：《南京圖書館藏祁彪佳尺牘論曲文字輯考(上)》，《戲曲與俗文學研究》第一輯，社会科学文獻出版社，2016年。

的編纂過程，沈泰《盛明雜劇》[①]的輯刊經過等，均具有重要意義。書信中還提到幾種未見記載的曲集、劇名，亦可補以往曲史之闕。

兹所輯祁彪佳論及戲曲之文字，均見於國圖藏《遠山堂尺牘》第一册。1991年書目文獻出版社影印本《祁彪佳文稿》包含此種，惜其版面四合一，不甚清晰；且信中所涉及的諸多細節，有進一步考索之必要，故予以輯録和箋注。筆者整理時，對於不同人信箋，依照同册中原信排列之先後；同一人信箋，依據尺牘内容，如相識先後順序、借閲歸還等内在邏輯，對部分信札次序，較原藏品有所調整。同一人有多封尺牘，筆者均注明編碼。

與王雲萊[一]

其一

昨獲睹光霽，兼領大教。倘老叔容侄日坐春風中，稍暇便當再扣，庶幾聞所未聞，豁此蓬心也。《嘯餘譜》[二]集曲律之大成，此書不可不藏，惜覓之坊間其少，謹以常携之笥中者一部奉台覽。侄向來欲作《南曲品》，而曲之荒俚者過半，故雌黄頗多，恐以知我不勝罪我，所以僅半帙而止耳。拙作《全節記》，或一二語可供案頭書，然去當行本色之道尚遠。向不敢獻醜，承垂詢，容另日印出，呈上記室。

【注】

[一] 王雲萊：名應遴，字堇父，號雲萊，别署雲萊居士。浙江山陰人。官至禮部員外郎。曾作雜劇《衍莊新調》(又名《逍遥遊》)，今存。傳奇《清凉扇》，未見傳本。

[二]《嘯餘譜》：明程明善輯，十卷。收録有關聲韻著作十一種，其中有關戲曲者二種：《北曲譜》(采自朱權《太和正音譜》)、《南曲譜》(采自沈璟《南九宫十三調曲譜》)，以及周德清《中原音韻》、卓從之《中州音韻》。今存萬曆原刻本，另有清康熙壬寅(1662)張漢重校本。

【箋】

王應遴著《燕游紀》[②]題"山陰王應遴堇父著友人祁承爍爾光閲"，王乃祁彪佳父執，故諸信稱"老叔"云云。

據南圖藏《莆陽尺牘》戊辰年(1628)《與朱公番》知，彪佳剛到任時，通過福建同僚朱公番，得以結識建陽書商余象斗、余應科父子。同年，《與余文學》中彪佳請其刊刻《全節記》，并囑"刻手寫手萬祈留神，必於精工刻法，另具二書式并附來，期於四五日内先刻數篇見教。内不佞有較未精處，并煩門下再細閲之，此後不妨陸續寄至，較訂必訂完無一字之差，後可發行也。"故與王應遴此信言"容另日印出"，時《全節記》書版已由余應科刻好。

---

① 本文所引《盛明雜劇》二集，均爲内閣文庫藏明崇禎初刻本，後不贅注。

② 收入《王應遴雜集》第五册，今藏於日本内閣文庫。

其二

小侄今晨已作札知會張九山老舅矣，俟有回音。倘令某僭筆，則當遵老叔之稿，以伸縉紳公憤。某擬於後日入城，或先見史父母一達此後投之也，何如？不知老叔是日亦在城否，圖共晤陳太乙老舅何如？迩欲將所見之劇先次第之，深愧見者之寡，如命將笥中所有劇目奉上，則侄之淺陋已可見矣。在此目外者，萬懇太乙老舅暫借一觀，至於《□□（按：原信空格）記》，容另日竭誠懇發其鄴藏也。小刻承指點，遂使頑鉄生光，何老叔之精於音律，一至於此。敬拜大教，感不能言。奉諭不敢匿醜，謹以二册上記室。

【箋】

此信邀請王應遴共晤陳太乙。彪佳將所見之劇目交與陳太乙過目，並欲借目録之外未見之作。

"小刻承指點"，指彪佳改湛然法師《地獄升天》劇，曾送與王應遴過目。南圖藏《遠山堂尺牘》崇禎二年（1629）《與王雲萊》有云："别後曾改《地獄生天》劇，不覺盡易原本，意欲附刻於《二集》中，然未求老伯指點，終怦怦不自慊也。稿已寄於沈兄處，便中一取閲之，賜以金鎞，望之。"知彪佳將改作交於沈泰後，請王應遴於沈泰處一閲之。

其三

日日擬晋謁，領老伯之大教。因小刻未印完，欲躬持上請政，故此遲遲，罪歉何似。明晨欲一望顔色，并欲相約老伯一晤史父母。此事老伯亦須速其結之，遲則恐小人之見無所不至。此關縉紳大体，况辱至愛，如小侄而有不誼切同仇者乎。邸報奉上。聞徐熙老大略屬戍，陳襄老、張芝翁大略屬徒，容得邸報，再呈也。

【箋】

承《與王雲萊（其一）》信中"《全節記》……承垂詢，容另日印出"，故此"小刻未印完"亦指《全節記》。

其四

昨承老伯光重，感此高誼，永於世世，非虚語也。姚先生傳台諭，雖在極窘中，誼不敢辭。但不孝明歲亦欲處進京之費，需坐二年，乞老伯主之。《天籟編》論詞極精當，可以抉沈詞隱未抉之髓，補沈詞隱未補之偏，誠大有功於詞學也，但内有南北牌名間雜處。而詞中之不用韻如【梁州序】之首句，【錦堂月】之次句，原不用韻。【南點绛唇】之首二句，原自爲一韻。古人不以用韻爲難，想於不用韻處有妙用耳。古人於【畫眉序】【白練序】尚且藏短韻于句中，則知用韻非其所難，不用韻有他故矣。攄愚見如此，不敢不獻於知音之前也。又如入聲之泒入三聲，止爲北曲耳。若南曲，止可作平，而無去上矣。張兄有曲才，吾輩慫恿之，亦是風雅之事。有大樹坡義虎，可作一劇，以先試筆何如。原本奉來。《實録》閲完乞擲下。前少先兄有《癯仙韻》一本，并求借閲。

【箋】

此信所及之《天籟編》未見著録，彪佳評云"抉沈詞隱未抉之髓，補沈詞隱未補之偏”，但“内有南北牌名間雜處”，蓋爲《南詞韻選》之後一南曲集，原書恐佚，未見諸書目著録。《癯仙韻》，疑爲朱權（號臞仙）所編《琼林雅韵》。

“大樹坡義虎”，本事源於《太平廣記》卷四二八《勤自勵》。後經馮夢龍改編，載《醒世恒言》卷五“大樹坡義虎送親”。此言可令張兄依此事作一雜劇，“張兄”爲張大謨，爲彪佳同時同里之人。賴彪佳收録之功，得知所撰雜劇三種，今佚。張大謨敷演此事爲《報恩虎》，《遠山堂劇品·具品》評云：“可作《中山狼》針砭。然此正言之，又不若《中山狼》劇反言之。”

祁彪佳日記《棲北冗言》（1632 年）三月二十一日載：“得王雲莱所抄《實録》，因摘其有關江陵相君者數事。”按，江陵相君指張居正。又，《歸南快録》（1635 年）八月初四日：“内子入城至外家，予於樓上理《實録》諸書，入之笥中。”後彪佳將《實録》整理爲《萬曆大政類編》，今國家圖書館有藏。

其五

曲二十本奉上清覽，倘得賜以品評，幸甚。……

【箋】

彪佳將所藏傳奇二十本借與王應遴，并請其點評。

與王伯彭[一]

其一

昨得瞻芝宇，少慰饑渴，而勿（匆？）遽東渡，未能再領大教，是爲耿耿耳。台臺握麈詞林，声歌之道，是宗匠餘枝，而已絶妙一世矣。弟夙有韻語之癖，俟哀衷少間，容時請事於名公。不知台翁於壇坫中，亦容厠一席否。沈詞隱未刻六曲，苦未能界勒較正，今緘奉台覽。倘有坊間欲刻者，亦可垂之不朽，爲詞隱功臣也。鄴架所藏諸本，敢乞示一目，或使弟得借閲數種，見所未見，是即台翁之教我矣。至於大作，不敢遽請，倘得先垂示，一一俾手録爲笥中之珍，當不啻獲拱璧而未敢必也。頃見沈友林宗所梓三十劇，足爲此道鼓吹。弟處亦蓄有十餘種，倘沈兄以所有見示，而弟之蓄者乃其所無，正不妨録奉以成大觀也，祈台翁一轉達之。声欬非苫塊中事，弟以知音在前，不奈饒舌耳。

【注】

［一］王元壽：字伯彭，别署西湖居士，浙江杭州人①。作有傳奇二十三種，今存三種。

【箋】

崇禎初年（1628）彪佳父喪後居家三年，其間不事音律，故於聲歌之道”轉向閲讀、品評曲本。惟崇禎二年（1629）《與袁鳧公》言及“冗中得片暇，再爲田

---

① 莊一拂《古典戲曲存目匯考》據《傳奇標目匯考》以王元壽爲陝西郃陽人。但王元壽與弟王元功交往均爲江浙人士，且元壽别署“西湖居士”、“西湖主人”、“湖隱居士”。《盛明雜劇》二集收許潮《龍山宴》，下署“西湖無功王元功、揚甫錢肇科閲”，知王氏兄弟二人爲浙江杭州人。可參王漢民《〈贈書記〉作者考》，《文獻》，1990 年第 1 期。

班生演北調一折，於音韻陰陽，其实不曾照管，粗率甚多，弟先自遞降書，仁兄亦須服而捨之矣"，依據後文所言，此處"演"乃指創作北調一折。

南圖所藏《莆陽尺牘》天啓六年(1626)《與吕》中有："若沈詞隱諸本爲尊公老親翁所手較者，半在敝齋，已令書坊刊刻，原本隨當附璧。"據王驥德《曲律》等論述可知，吕天成曾校刻沈璟諸曲，後祁氏得之數種。此信提議王伯彭，"未刻六曲，倘有坊間欲刻者，亦可垂之不朽，爲詞隱功臣。"

1629年，王伯彭或曾請人刊刻沈璟《結髮》《分柑》二記。見南圖所藏崇禎二年(1629)《與吕諱師著》信中有言："《曲律》二本，及沈詞隱諸本，索之大家兄處，俱璧上鄴架。惟《結髮》《分柑》二本，王伯彭謀付之劂剞，容稍遲奉返也。"惜二記今俱未見流傳。直至崇禎六年(1633)，彪佳"出按蘇、松諸府"[①]，仍搜羅沈璟曲本。沈自晋《重定南詞新譜凡例續記》有云："祁公前來巡按時，托子猶遍索先詞隱傳奇及余拙刻，並吾家諸弟侄輩諸詞殆盡。"[②]

此外，彪佳求閲王元壽所藏戲曲目録及王氏己作，並請王元壽向沈泰轉達愿提供雜劇底本之美意。

其二

昨《龐居士傳》經化工鑄鎔，定有絶妙情景。周生之貧苦，不寫之至極，不足以見造物弄人之巧。若賣子認子，元劇已儘委婉矣，北曲有可用者，亦不妨用之。或已成半本，先以見示何如。

【箋】

南圖所藏崇禎二年(1629)《與王伯彭》："弟偶於莆署燭下閲元劇，遂作龐居士之傳，然必台臺鎔化無迹，乃成佳傳奇。我翁自有化工手也。"故此言"《龐居士傳》經化工鑄鎔"，即爲王元壽應祁彪佳之請，據《龐居士傳》創作出《靈寶符》傳奇。《遠山堂曲品・能品》著録，且評價較高："予向閲元人《看錢奴》《來生債》二劇，喟然異之曰：'是可以砭錢虜矣！'乃摭爲傳，寄示伯彭，不一月而新聲遂爾繞梁。北詞之雄，南詞之婉，兼極其致。"

其三

捧雲箋，知台翁肯同朱年伯顧我，躍然而起，恨不能并月爲日，早得望顔色、領麈教也。但不孝當以一抔之土，奔走山中，恐鄉村失款必得先期示之，使得擁篲以迎。或即訂在中秋之日，望玉趾之臨何如。今此奉候之小价，即往海鹽者，乞台翁再叮嚀之，必於陳兄處得此二記，方慰我飢渴也。曲六本附上，所未返者，止一軸畫、一記耳，希查明爲禱。《紫綺裘》[一]《將無同》[二]《玉扼臂》[三]三本，顒望惠惠(按：衍一"惠"字)教，乞即付之小价。外一傳，正昨所談及者，必化工手鎔合，方成善本。内須北曲多乃雄壯。大略《龐居士》之曲，須盡用壯，結末不宜太多轉折。大抵轉摺多，則於本等事情反不暢，所以《拜月》《荆釵》前半放開，後半只是緊緊收拾，再不更一波翻地也。台臺以爲然否？左

① 《明史》卷二百七十五，中華書局，1974年，頁7053。

② (明)沈自晋《重定南詞新譜凡例續記》，詞隱先生編著，鞠通生重定《南詞新譜》，臺灣學生書局1984年，頁40。

顧之日,即望有新聲解我愁鬱也,諸不一。

【注】

[一]《紫綺裘》:王元壽作,《遠山堂曲品·能品》①著録,評云:"田夫人幽配崔煒,事極詭異。記中崔子以好施受祉,任賊以撲滿招尤,作者欲以惕世也。"

[二]《將無同》:王元壽作,《遠山堂曲品·能品》著録,評云:"匠心獨搆。談生、賈妹,皆無是公也,故名其曲曰《將無同》。風流自賞,如昔人評謝康樂詩:'似東海揚帆,風日流麗。'"

[三]《玉扼臂》:王元壽作,《遠山堂曲品·能品》著録,評云:"取汪昌朝所傳《一韋將軍聞歌納妓》劇,而雜之以虎易美姝事。其中以豪俠肝腸,不乏麗情婉轉,是作者傳神處。"

【箋】

此與下信,彪佳皆與王雲萊論及龐居士之傳,及王雲萊所作傳奇諸種。彪佳論傳奇,謂"立局爲上,科諢次之,鍊詞又次之"。(南圖藏天啓四年之前《與許玄祐》)"局段"即"劇本結構",彪佳以"立局爲上",但反對轉折過多,尤其是寫龐居士之類的"壯曲",結末不宜太多轉折,否則"則於本等事情反不暢"。此處彪佳以《拜月亭記》《荆釵記》爲例,均是前半段波瀾較多,而後半只是緊緊收拾,以求故事收束,不再生波瀾也。

其四

昨小价旋,云尊翰已在朱年伯處,而未得即展,殊爲悵然。從陳則梁兄[一]處,得《擊筑》[二],豪俠之概,千古如見;得《中流注(柱)》[三],聲忠喝逆,如老吏斷獄,且得一綫穿珠之妙。從來傳崔魏者,覺散漫無体裁也。敬謝大教,已備録之,珍藏於笥中矣。并一軸畫、一記俱奉上,凡台翁所垂教,俱一一返璧,無復遺本矣,乞簡查是禱。秋風薦爽,小徑黄花,能對客開笑。不知台翁何日可以命駕,乞示之,必期作半月之遊,萬勿爽約也。尚有《將無同》《玉扼臂》《紫綺裘》三記,萬祈一并惠教,無久懸我夢寐,可勝處祝。陳兄復札附之記室。諸不一。

【注】

[一] 陳則梁:陳梁,字則梁,號散木子,浙江海鹽人。復社成員。《(光緒)海鹽縣志》卷十九:"喜揚雄司馬家。言詩文非大奇輒不肯下筆,書法得顔米筆意。所交皆當世名士,以詩酒相娱樂。所著有《易疑》《詩疑》《个亭集》《莧園集》《浣筆池藏稿》《侖者菑勿个集》,散軼不傳。"余懷在《板橋雜記》中稱陳則梁:"人奇文奇,舉體皆奇。"

[二]《擊筑》:王元壽作,《遠山堂曲品·能品》著録,評云:"高漸離不死,而始皇卒以荆卿死,快極,快極。傳之者,激烈中轉爲悠揚之韻,覺滿紙簫瑟,令人泣下。"

① 本文所引《遠山堂曲品》《遠山堂劇品》均據明崇禎稿本,後不贅注。

［三］《中流柱》：王元壽作，《遠山堂曲品·能品》著録，評云："傳耿樸公强項立節，而點綴崔、魏諸事，俱歸之耿公，方得傳奇聊貫之法。覺他人傳時事者，不無散漫矣。"

【箋】

承上信，彪佳請王元壽借閲海鹽陳則梁所藏二記。南圖所藏《遠山堂尺牘·與王伯彭》亦有云："《擊筑》二記，如未取來，乞作一字與陳兄，即付之小价；他日小价有事至海壖，可轉達也。"

此前必有王應遴借與彪佳曲本，故此信中稱"凡台翁所垂教，俱一一返璧，無復遺本矣"。又欲借《紫綺裘》《將無同》《玉扼臂》三本。

與陳太乙[一]

其一

某日伏苫塊，未能望見顔色。周飢之懷，切於寤寐。昨過武林，晤王百朋及王雲翁，具道老舅欲徵刻明人南北劇，此不特詞壇之鼓吹，亦足爲不朽鴻秘也。某淺陋無似，妄意管窺蠡測，向在莆署，漫次第諸劇，欲加品題，而所見尚未及百。倘老舅不棄管蒯，乞先示一藏劇之目。或某之所見者，亦有一二種可備清覽。顒俟德音，餘惟晤悉。

【注】

［一］陳大乙：陳汝元（1572？—1629？），字起侯，號太乙，别署燃蔡仙客，紹興人。作雜劇《紅蓮記》，今存；傳奇三種，今存《金蓮記》。徐渭之弟子，彪佳之舅輩。

【箋】

可知彪佳在莆陽做官時，已開始品評戲曲，蓋因陳汝元有徵刻明人南北劇的想法，故此信只談及次第"諸劇"事。此提出請陳汝元將藏雜劇之目示之，彪佳所藏而陳汝元未有者，亦願提供。

其二

明人雜劇，甥向惟管窺。今得大觀矣，但又不勝望洋之嘆耳。先以十本奉璧記室，餘乞少展其期，當較其一二，以備裁酌也。如葉美度、許靖州諸劇，必已付梓。倘鄴架有副本，乞以見惠何如。甥處尚有數劇，如凌濛初所作甚妙，容日上台覽。諸不一。

【箋】

此必陳汝元已借雜劇與彪佳，又再求借葉美度（葉憲祖）、許靖州（許潮）諸種雜劇，並向陳推薦凌濛初雜劇。南圖所藏《遠山堂尺牘·與沈林宗》亦称"若周憲王、凌濛初諸劇，真堪壓卷"，贊賞有加，建議沈泰徵集。今見《盛明雜劇》二集，沈泰收入周憲王《风月牡丹仙》《香囊怨》兩種，凌濛初《虬髯翁》一種。

與沈林宗[一]

其一

我輩交誼重在知己，而知己又莫重於知音，所以弟每過武林，不欲見達官貴人，而必欲一晤仁兄，誠以知己知音莫過我仁兄耳。昨薄暮始抵樓外樓，即悵然而返，曉起接雲翰，不啻如握晤於西子湖畔也。《花門賺》[二]略染指一臠，便覺兩掖生風。向聞范香令[三]之才妙天下，今親炙之矣，快何如之。便郵，幸取來擲示，望望。二記領訖，容録出完璧。聞新有魏監樊犀一記[四]，貴鄉又新刻有葉桐柏之《義烈》及《海棠》[五]二記，與《海棠》同刻尚有一記，偶忘其名。又《紅紗》《碧紗》[六]二劇，俱當奉資求仁兄一搆之，蠹魚癡僻，幸有仁兄同好可解耳。三家兄夙企高華，未及侍於左右，兹拜尊刻，益佩吟壇之大教矣，敢先爲致謝。外買《詞壇雙艷》工貲一星已付遽，併乞便中附之。餘情縷縷，諸俟晤悉。

【注】

[一] 沈林宗：沈泰，浙江杭縣人，字林宗，又字大來，别署福次居主人。編刻過《盛明雜劇》初集 30 種，二集 30 種。

[二]《花門賺》：范文若作，即《花筵賺》，《遠山堂曲品・逸品》著録，評云："洗脱之極，意局皆淩虚而出，真是語不驚人死不休。温之癡，謝之顛，此記之空峭，當配之爲三。(以此傳天真之□，淩駕元人《玉鏡臺》劇矣，不謂戲場混沌爲香)(按：括號爲稿本上被删去内容)。"又，逸品《玉鏡臺》評云："玉鏡臺故事，凡三傳，其在花門賺，尚矣。此本與孫君作争衡，雖孫之韻律較勝於此，而此中佳句，亦自不乏。"

[三] 范香令：范文若(1588—1636，一説 1591—1638)，字香令，别署吴儂旬鴨，松江人。作有傳奇十六種，今存三種。

[四] 魏監樊犀一記：或爲《魏監磨忠記》，《遠山堂曲品・具品》著録，題"闇甫"作，評云："作者于崔、魏時事，聞見原寡，止從草野傳聞，雜成一記，即説神説鬼，去本色愈遠矣。調多不明，何以稱曲。"

[五]《義烈》《海棠》：葉憲祖作，今存《遠山堂曲品》殘本未著録此二作。或終未得見，抑或在《曲品》散佚部分。按，《遠山堂曲品・能品》著録之《義烈》爲汪廷訥所著。

[六]《紅紗》《碧紗》：來集之作，《遠山堂劇品・逸品》著録《紅紗》，評云："痛駡糊塗主司，或哭或笑，豪氣拂拂紙上。聞來君方少年，何憤懣乃爾？"《遠山堂劇品・逸品》著録《碧紗》，評云："王播當不得意時，寄食僧寮，止數莖木蘭花稱相知友。天之困文人，乃至此哉。迨至碧紗籠蓋，聲光熠耀，癡人方歎羨不已，不知元成記此，正爲之痛哭耳。"

【箋】

彪佳此信請沈泰爲其購買杭州書坊新刻傳奇、雜劇諸種。

其二

昨小价歸，得捧雲箋，知雅情種種，何感如之。佳刻明劇，計此際可告成矣，乞以目示之。小劇倘就緒，望陸續以草本擲來，當爲仁兄較正。《青雀舫》記，此際必可得寓目，乞并令親之曲目惠教，望望。近又得佳劇數種，足入《三集》。弟惟儲之，以待所需耳。弟偶作《劇品》約二百種，恨見聞不廣，其副本在袁凫公處。《香囊怨》[一]得仁兄補其缺者，佳詞必當駕周藩而上之，又何必覓原本。爲承命及，故附覽。餘不一。

【注】

[一]《香囊怨》：朱有燉作，《遠山堂劇品·妙品》著録，評云："按律之曲，精到者又恐筆鈍耳。此劇毫鋒銛利，以現成語簇出新裁。元人'韋曲'之調，當無能出其右者。"

【箋】

與沈泰作此信時，"偶作《劇品》約二百種"，並將副本交與袁于令。後經補充調整，至崇禎四年(1631)："是以於明人之劇與曲，有聞必欲一見，劇已見二百四十余種，曲已見五百四十餘種"(南圖所藏《與屠用明》)，《劇品》所收數量與今所見基本相符。

《盛明雜劇》二集卷二收録《香囊怨》，沈泰評云："(憲王)所作雜劇二十餘種，……予搜得十種，中多闕誤，不敢盡付梓人。兹特其一耳。"由此信中彪佳言"仁兄補其缺者，佳詞必當駕周藩而上之"，可知沈泰曾修改增訂過《香囊怨》。今比較崇禎刊本《盛明雜劇》中《香囊怨》與宣德刊本《香囊怨》，而差别不甚大。在同收入《盛明雜劇》二集的《牡丹仙》篇首，沈泰評云："憲王爲詞壇龍象，予已刻《香囊怨》矣，集將成，友人遊梁歸，復收得數種，不啻百朋"，應指祁彪佳提供底本一事。彪佳信中言"爲承命及，故附覽"，應是提供了新的《香囊怨》版本给沈泰。但此信中已提及《三集》事，則《盛明雜劇》二集當已完工，未知沈泰刻《香囊怨》底本何據。

彪佳對朱有燉之作推崇備至，"若周憲王、凌濛初諸劇，真堪壓卷。近來作家，非不有新艷可觀，而詞格、詞律、詞致，無一不合，則畢竟無出周藩右者"，故向沈泰提供朱有燉雜劇數種，"兹先以其中最佳者□(按：原信空格)種奉上清覽"。編纂《盛明雜劇》時，彪佳多提供底本供沈泰採擇："奉來八劇，知不足供大方之採擇，倘有所需，不妨再命及也。周藩之劇佳者甚多，不知七種之外，仁兄所未見者幾何，或示以一目何如。"則可知，彪佳請沈泰開列未見朱有燉雜劇之目以供採擇。(以上均據南圖所藏崇禎二年《與沈林宗》)

彪佳稱"若周憲王、凌濛初諸劇……俟刻《三集》時，當與仁兄徹底較量，擇其善者從之。倘鄴架有不足，弟力任以充其數。"此時《盛明雜劇》二集篇目已定，故彪佳所藏諸種朱有燉之作，建議放入《盛明雜劇》三集中。(南圖所藏崇禎二年《與沈林宗》)

其三

昨得手教，如覿清光。二劇中有可味，殊慰飢渴。至於《青雀舫》[一]，大作命意清新，搆詞俊逸，詞致之妙，不可言喻。弟之請事於文壇屢矣，乃亦不知仁兄於此道之精工一至於此。嗣是斂襟百拜，願執鞭從事，不知仁兄許之否。小劇中有數語不妥，今具改稿一紙，乞仁兄削入之。倘《二集》尚無成緒，則小劇乞仁兄命劂剞氏另刻之。工貲當如數奉來，期於望前差役領板，惟尊裁之。倘《二集》將懸國門，則可省另一番災木矣。弟亟欲得《二集》目録，蓋閒中欲訂《三集》之概耳。久望擲示，乞一啓瑯函也。日晤徐野客[二]否？不孝願交之，思仁兄曾一致之乎？昨仁兄所教《花門綻》《楊雄斑管》及《天公醉》[三]諸曲，不知何時可搆得之否。望擲下一觀，解我癡癖。傳崔魏者尚有《廣爰書》[四]《鳴冤》[五]二記，皆已刻者，乞仁兄爲弟搆之，望望。秋風薦爽，何日一晤，臨風曷任瞻遡。

【注】

[一]《青雀舫》:《遠山堂曲品·逸品》著録，作者署徐陽輝，評云:"陳眉公曰'名妓翻經，老僧釀酒，將軍翔文章之府，書生踐戎馬之場，雖乏本色，故自有致'。此數語爲古今闢大戲場，玄輝、林宗，遂借之爲鉗錘捧喝矣。疏疏散散，靈氣統於筆墨，若無意結構，而凑簇自佳。"

[二]徐野君:名士俊(1602—1681)，一名翽，字三有，號野君，浙江仁和(今浙江杭州)人。作有雜劇《絡水絲》《春波影》，今存。

[三]《楊雄斑管》《天公醉》:未見二品著録。詳後。

[四]《廣爰書》:三吴居士作，《遠山堂曲品·逸品》著録，評云:"不盡組織朝政，惟以空中點綴。謔浪處甚於怒駡。傳崔、魏者，善摭實、無過《清涼扇》;善用虚、無過《廣爰書》。"

[五]《鳴冤》:盛於斯作，《遠山堂曲品·具品》著録，評云:"此記魏璫，而以胡給諫天岳爲生者。韻律全疏，傳事亦多未覈。此記成而給諫以乘箕去。中之以證仙結局者，豈先爲之兆耶。"

【箋】

传奇《青雀舫》，徐陽輝作，今無傳本。光緒《鄞縣志》:"(陽輝)所著樂府數種，唯《青雀舫》獨傳。嘗愛屠隆名妓翻經、老僧釀酒、將軍擅翰墨、文士馳戎馬之語，遂演爲全本。"按，其所引屠隆云云，實爲明陳繼儒(眉公)《太平清話》卷四①中語，彪佳《曲品》所引無錯。云"玄輝、林宗遂借之爲鉗鏟棒喝矣"，玄輝即徐陽輝，林宗即《盛明雜劇》編者沈泰。且此信中称"大作命意清新"，與沈泰另信中亦有"《青雀舫》刻成，幸以惠教"之愿，蓋此劇爲徐沈二人共成之。

選入《盛明雜劇》二集之《魚兒佛》，彪佳自覺"數語不妥"，又作更改。此問及刊刻情况，若未刻出，請沈泰將《魚兒佛》付劂剞氏另刻之。

《盛明雜劇》纂集過程中，從選目到評閲、校刻，彪佳參與甚多。上信中彪佳云"近又得佳劇數種，足入《三集》。弟惟儲之，以待所需耳"，此又言"弟亟欲得《二集》目録，蓋閒中欲訂《三集》之概耳"，可知当时沈泰仍有编选《三集》之

---

① (明)陳繼儒，《太平清話》卷四，《叢書集成初編》，上海商務印書館，1936年，頁六十八。

计划,且彪佳爲《三集》之編訂準備底本。

與袁于令[一]

其一

昨快瞻芝宇,遂愜生平苦。歡晤不足,奈何弟擬入城一謁劉公祖[二],兼得再領麈教。既而思之,新在苫塊不祥之服,尚未敢唐突公祖,惟時時切瞻依之懷耳。倘得晤間一□(按:原信空格)之感甚。《玉符》向家仲索之,云明晨躬奉璧然。既成帙之後,乞萬勿吝賜教,使得爲枕中之秘。容少暇,扁舟圖握手,以吐不悉。

【注】

[一] 袁鳧公:袁于令(1592—1672),字令昭,號鳧公。江蘇吴縣人。撰有雜劇兩種;傳奇七種,今存三種。

[二] 劉公祖:劉鱗長,字孟龍,號乾所,晋江人。萬曆己未進士,官至南京户部郎中。

【箋】

祁彪佳與袁于令神交已久,1629 年通過劉公祖相識。此彪佳欲借閲《玉符記》。

其二

苫塊中人,如死冷灰,望城市之塵,輒畏如虎。欲再望清光,而逡巡已數日矣,懸企何如。昨荒村雞黍,知仁兄不我罪也,則敢再邀文駕,作信宿之談,祈仁兄許之。笥中有《殺狗記》否? 此佳曲也,惟擲示小价。久滯城中,故前小札,未奉德音,諸容晤悉。

【箋】

國圖藏崇禎二年(1629)《與吕諱師著》:"尊公老親翁所收藏之曲,……内有手較之《殺狗記》,尤爲珍重,乞先慨擲。"同年又有《與吕諱師著》:"其全記有數十種,欲借閲,恐多則有遺失之虞,今止借《殺狗》《嬌紅》《龍泉》《大節》四古記,及所藏諸明人雜劇,顒望德音。"然求於吕師著而未得。

同年《與袁鳧公》:"吕棘津較正《殺狗》,似足爲定本,昨得之舍侄婿,附奉仁兄録置案頭,亦足爲四大家梓繡之一助也。"彪佳得見此吕天成校正本《殺狗記》,評云:"真大方手筆,今人即極意雕琢,决不能及",并向沈泰提出,若他與王心翁有意梓之,"乞便中擲原本,弟照古本加白,不數日即可付劂剞矣。"(國圖藏《與沈林宗》)如此則既可以看到原本,又可爲"曲譚鼓吹"矣。

及至崇禎三年(1630),彪佳言歲暮無事,"又得《殺狗》精本較之,漸就緒,不知王如老有意梓之否? 乞詢之。"(國圖藏《與沈林宗》)彪佳於《殺狗》一記頗有刊刻之願。

其三

作别數月,想仁兄盛德大業,當與日俱升。而玄曠之懷,又必時時有。不孝弟也，别後鬱鬱，無可與言。方深離索之感，竟不意長先兄於重九之前，奄乎謝世。風木之恨正殷，鶺鴒之悲繼之。情趣之惡，幾於日在刀山劍樹上作生活矣。仁兄而亦憶曲水盤桓之日乎，知不能不掩卷而起，爲之招湘楚之魂也。不孝弟向爲令郎君試事，恐考試在邇，馳急足乞吴旭如之札，月前已得之，屢令小价詢之環翠樓，皆未知仁兄動定，恐此書浮沉。而傳聞學使者且至姑蘇矣，故耑役奉來，聊以助一臂，此實無足爲令郎重也。菊月馮猶龍兄入越城，弟且以一晤爲快，而正值先兄危篤之際，弟爲經理其後事，遂致咫尺成阻。嗣是展轉苦趣，回視向日知己把臂，别一世界矣。仁兄新作必多，弟不敢輕啓瑯函，惟是夢想《玉符》[一]已極，萬惟惠示。昨所懇搜覓諸傳奇，如周君建[二]諸君所作者，不知有可以慰弟之饑渴否。外改本《全節》及小劇寄呈清覽，仁兄愛我，萬勿以示友人。《北詞韻選》三本，盛价賫來時，幾付河伯，今幸無恙，并璧上。拙作《劇品》，祈大序簡端，并原本擲下。想困中不能悉所欲言，統惟神炤。

【注】

[一]《玉符》：袁于令作，《遠山堂曲品·具品》評胡文焕之《奇貨》，言及《玉符》："陽翟大賈，以吕易嬴，當以雄豪突兀之詞傳之，乃平庸若此耶？吕鬱藍欲記此爲《玉符》，不果。"又，清焦循《劇説》卷四引卓珂月《殘唐再創小引》云："今冬遵鳧公、子塞於西湖，則鳧公復示我《玉符》南劇，子塞復示我《殘唐再創》北劇，要皆感憤時事而立言者。鳧公之作，直陳崔、魏事，而子塞則假借黄巢、田令孜一案，刺譏當事。"按，袁于令之《玉符》，《曲品》残稿未見著録。

[二] 周君建：周之標，字君建，號梯月主人，長洲人。刻印過自輯《女中七才子蘭咳集》五卷，《新刻出像點板增訂樂府珊珊集》四卷，《吴欲萃雅》四卷，《鎸李卓吾批點殘唐五代史演義傳》八卷，《周君建鑒定古牌譜》二卷。①

【箋】

《玉符記》，彪佳曾多方求借："《玉符》刻成，萬萬啓蚤示。"（崇禎二年《與袁鳧公》）後得觀："昨有數行，附之袁鳧公兄，并《玉符》一記，轉上令親，知已達記室矣。"（崇禎三年《與沈大來》）可知彪佳閲過《玉符記》，但未見於《遠山堂曲品》著録，或因今所見爲殘本，妙品全佚、雅品僅存卅一種；更有可能是爲親者諱名，因其在下封信中言："《玉符記》因仁兄不欲示人，故向未敢借録……乞仁兄借弟一録，必當以瑯函緘護，決不輕泄一字。"南圖藏崇禎二年（1629）《與袁于令》亦有："《玉符》之刻，倘在躊躕，則移名易姓之後，不可不使弟抄一部爲帳中之秘。"是以袁于令不願其傳奇示人，故彪佳爲其隱去姓名。

此信所言周君建等所作傳奇，彪佳稍後再次詢及："向承仁兄所諾諸曲，古曲如《黄孝子》《十孝》等記，新曲如周君建所作，望之沉於饑渴，不能不向知己再索也。若香月居初刻五種，已不煩見惠矣。諸曲有未便借出者，乞仁兄管城君爲弟録之，以工貲奉來何如？"（南圖所藏庚午年（1630）《與袁鳧公》）

① 可參瞿冕良編《中國古籍版刻辭典》，齊魯書社，1999年，頁556。

《劇品》定稿後，彪佳請同好者沈泰與袁于令爲其撰序。惜此二序均佚。南圖藏《遠山堂尺牘》崇禎三年(1630)《與沈大來》："《玉符》及敝鄉謝寤雲《蝴蝶夢》，倘鄴架未備，即奉來。昨《劇品》偶爾率筆，品評多失，幸勿以示友人。但宗工在前，亟願就郢削，更乞一大序以爲不朽。"蓋此二信同時，均在1630年。

其四

昨小价歸，得奉雲箋，如覿眉宇，而離懷亦即此轉增矣。此際不識仁兄或返金閶，或之苕溪，抑或留武林。每念起居，不勝懸戀。弟向日所謂咫尺睽違，他日必致恨於盈盈一水，今果何如哉？王父母謝客之令雖嚴，還是微言不足動聽耳。不知曾一晤否？《玉符記》，因仁兄不欲示人，故向未敢借録。然缺此一種奇書，每勞寤寐，夫孰有辱相知如弟者，而不仰體尊意，乞仁兄借弟一録，必當以瑯函緘護，決不輕泄一字。萬惟惠教。至懇至懇，真真切切。《北詞韻選》久已抄出，因尊教云云，故不敢附之魚雁，仁仁(按：衍一"仁"字)兄倘見有佳傳奇，乞多命記室録之，弟當一一備筆貲及優人傳寫之例銀，覓便羽奉來。昨小札中所諄囑，欲得者古本也。新本如周君建之《十快》《魏璫傳奇》、范香令之《花門綻》《楊雄斑管》、顧九疇乃翁之《天公醉》，俱亟欲一观者，萬惟仁兄留神。弟徒蓄之，其实不解。然具此癡癖，不自知其何來，非同心如仁兄，不可語此也。何日德音，慰我離索；言念晤期，惟有百結。

【箋】

顧九疇乃翁之《天公醉》，未見於今存之戲曲目録。崇禎二年(1629)彪佳請沈泰借閱"書房又刻魏監一記，乃顧九疇之乃翁所作者"，則顧天叙所作爲《天公醉》，演魏監故事。

前信《與沈林宗(其二)》云"昨仁兄所教《花門綻》《楊雄斑管》及《天公醉》諸曲，不知何時可搆得之否。望擲下一觀，解我癡癖。"可知《楊雄斑管》爲傳奇。此又云"新本……范文若之《楊雄斑管》"，可知《楊雄斑管》爲范文若所作，而未見諸曲目著録，《遠山堂曲品》亦未見品評，此可補范氏所作傳奇一種。

其五

今雖暫别乎，而黯然魂銷。則仁兄與弟用之王父母札附覽，何足爲知己重也。乞仍付小价投之，弟已有小柬付莆之歸役，向吴旭如乞其致錢龍門之書，爲令郎考試地矣。俟其來，當耑役至金閶也。《劇品》閱完，乞斧削擲下。仁兄倘返貴鄉，則如舊本之《龍泉》[一]、沈寧庵之《十孝》[二]，張霣墟之《平播》[三]，顧道行之《風教編》[四]，鄭虚舟之《大節》[五]，卜大荒之《乞麾》[六]，汪昌朝之《忠孝完節》[七]，張屏山及近齋外翰之《紅拂》[八]，陳藎卿之四記四劇，以至凡在九宫譜中者，不論抄本、刻本，凡爲弟之所無者，俱乞仁兄留心覓便惠教，望之不啻飢渴也。適作書回莆中，諸公兩腕幾脱，冗甚，不能吐此縷縷。柰何。

【注】

[一]《龍泉》：沈壽卿作。未見二品著録。

[二]《十孝》：沈璟作，《遠山堂曲品逸文》著録，評云："沈□□闡發古孝子事，

每事三折，令人□□猛然驚醒。先生不特有功於行孝也已。”

［三］《平播》：張鳳翼作，未見二品著録。

［四］《風教編》：顧道行作，《祁氏讀書樓目録》著録，未見二品著録。

［五］《大節》：鄭若庸作，《祁氏讀書樓目録》著録，未見二品著録。

［六］《乞麾》：卜世臣作，《祁氏讀書樓目録》著録，未見二品著録。

［七］《忠孝完節》：汪昌朝作，未見二品著録。吕天成《曲品》“中中品”評《忠孝完節》云：“村夫巷婦無不艷談包龍圖，以《龍圖公案》所載忠孝事，最能動俗也。昌朝抬掇其關係之大者，演爲斯記。雖未必盡核，頗足維風。”

［八］《紅拂》：張太和、近齋外翰有同名傳奇，《遠山堂曲品・能品》著録張太和之《紅拂》，評云：“湯海若序此記云：‘《紅拂》已經三演：在近齋外翰者，鄙俚而不典；在冷然居士者，短簡而不舒；今屏山不襲二家之格，能兼諸劇之長。’然吕鬱藍謂其‘通篇不脱俗氣’，當亦不能爲屏山諱。”

【箋】

《遠山堂曲品・凡例》云：“姓字之下繫以傳奇，皆予所已見者。如顧道行之《風教編》，鄭虚舟之《大節》，皆以未見，故不敢雷同吕《品》。”可知《大節》與《風教編》終未得見。

彪佳將《劇品》送與袁于令修改並撰序，故此稱“閲完乞斧削擲下”。而後，又求借陳蓋卿之四劇等，可知初稿完成後，如有闕漏，彪佳仍有增補之意。

與張介子[一]

其一

久暌芝眉，握晤甚慰。季月初，或可作連宵之談乎。孫兄[二]曲千祈留神，必盡得之爲快。弟於音律原是門外漢，而强作解事，不免見笑詞壇。兹奉《魚兒佛》一劇，或於北詞中少有，推敲可當棒喝。若《全節》是七八年前所作，真以覆瓿可也。即不然，亦祈知己秘之，萬勿以示諸友，囑囑。

【注】

［一］張介子：張萼，初字介子，又字燕客。張聯芳之子，張岱堂弟。

［二］孫兄：孫鍾齡，字仁孺，號白雪樓主人。今存《白雪樓二種曲》。

【箋】

“若《全節》是七八年前所作”，相似之語亦見於南圖所藏《遠山堂尺牘》崇禎二年（1629）《與陶畬軒》：“《全節》是六七年前之作”，《與鄭壽子》：“《全節》是六七年前作，已爲敝帚矣。”則此信當作於1630年，《全節記》作於1622—1623年間。

其二

不揣獲附名閥，詎意遽有雲散花萎之嘆，直是寒門福薄耳。然葛蘿之誼，固在夙昔。仁兄薄雲高情，感在五中不朽也。適有小冗，不及走慰。惟慈原之孫兄處，乞致意，行時當令小价隨往。倘盡得其藏本，或梓行一二種，亦藝圃快事也。恐煩清思,不敢復翰,容即晤悉。

【箋】

承上信提到之"孫兄曲千祈留神,必盡得之爲快",乃孫鍾齡。南圖所藏崇禎三年(1630)《與沈林宗》有言:"作《東郭》之孫兄諱鍾齡者,有多本在柴式穀處……。此兄之才,妙絶一世,恐漸至湮没,知音不可不留心也。"

《東郭記》,萬曆四十六年(1618)九月刻;《醉鄉記》,崇禎三年(1630)仲夏刻,合稱"白雪樓二種曲"。《遠山堂曲品·逸品》著録此二種傳奇,並給與極高評價:"能以快語葉險韻,於(平淡)庸腐出神奇,詞盡而意尚悠然。邇來作者如林,此君直憑虚而上矣。"①"字字解頤。詞極爽,而守韻亦嚴"②。彪佳此時應已閲過孫鐘齡所作二種,故令小价隨張介子訪孫,借得其他藏本,"或梓行一二種",亦一快事。據南圖藏崇禎二年(1630)《與張介子》知,孫鍾齡諸作,其弟"尚有藏稿",但秘之惜甚,頗不易得見。彪佳請沈泰、張岱、張萼多方轉致孫氏,願意加贈資費以借閲所藏諸曲諸劇及《雍熙樂府》。

據南圖藏崇禎二年(1630)《與沈林宗》:"孫元孺所作,弟已得《烏有生睡鄉記》《温太真玉鏡臺記》草本録之。"彪佳閲過孫作《玉鏡臺》。評價附於《遠山堂曲品·逸品》評無名氏《玉鏡臺》中:"玉鏡臺故事,凡三傳,其在《花筵賺》,尚矣。此本與孫君作争衡,雖孫之韻律較勝於此,而此中佳句,亦自不乏。"

其他

1. 與余文學應科[一]

樵川把臂,如蘭之雅,竊以爲風塵簿書中第一快事。曾幾何時,而不孝遽罹荼苦以歸。欲再望清範,豈可得耶?言至於此,寧不魂消。然每念仁兄玉塵(按:當作"麈")玄談,至今在人心目。且武夷道間,叮嚀言别,越數舍而仁兄不以爲勞,此段雲誼,尤銘入肺腑,不敢一刻忘者也。不孝歸而悽愴益甚。煢煢苦塊,無以爲生,忽荷寵奠,遠頒存殁,均志感於不朽。不知效踵頂於何日也。昨小記災之梨枣,費仁兄重惠爲歉。何又辱弁睨之及耶。拜登四事,一芹附將,統祈崇炤。頃開朱松老復札,共切緇衣之好。已首肯相便行之,今不意學道尊聞言遄歸,稍遲歲試。然令郎君玄圃珠玉觸目,自然見賞。順風之呼,當道必有同心也。阮澹老曾相晤否?晤間乞一致佩服之悰。諸不盡言,臨楮神往。

【注】

[一] 余文學應科:福建建陽書商余象斗(1561?—1637)之子。

【箋】

余應科刊印其父《地理統一大全》,請時任福建莆田推官的祁彪佳作序。

---

① 《遠山堂曲品·逸品》著録爲"東郭"。

② 《遠山堂曲品·逸品》著録爲"睡鄉記"。

祁序曰:“余勾稽樵川,即知有閩知名之士兩余生,亟進而見之,翩翩玉樹,麈屑霏紛,固已知發祥之有自矣。語次尋繹,出其尊人仰止翁所著堪輿全書,欲余言以弁之。”

余應科刊印了祁彪佳傳奇《全節記》,此信即爲致謝,“昨小記災之梨枣,費仁兄重惠爲歉”。由彪佳最初諱言《全節記》爲“敝友之曲”,到歸鄉之時余氏特來相送,再到信中彪佳爲余應科兒子謀歲試之事,亦可見此段友誼升温。

2. 與許元祐乃郎

夙企紫芝眉宇,未獲把臂爲恨。昔先嚴與尊公言交金閶,一時襟期,可足千古。不意尊公修文玉樓,而先嚴亦不能一日留也。望胥江而涉越水,觸處成悲嘆矣。然以金昆玉季,寄矯無前,可以跨八龍五馬,尊公之食福於後者無涯。豈若不孝弟,落落外吏,以五載如山之罪,雖懺悔於苫塊之中,亦終瓠落而無所容也。乃前辱遠頒盛奠,情文交至,真可起白骨而肉之,藐孤其何以爲報?亦惟有載戢於寸心,永矢世世耳。襄事未竣,久稽裁謝,即此荒亟蕪牘,無以將忱。所恃知己,原之迹外也,有附瀆者。尊公著作,文貴洛陽之紙,即梅花墅所刻諸傳奇,亦皆妙絶一世。聞鄴架中所藏傳奇甚多,無論已刻、未刻,俱乞仁兄惠示其目。倘有所未見者,容他日借録數種,則不啻剖荆璧而錫隋珠矣。

【注】

[一] 許元祐:許自昌(1578—1623),字玄佑,蘇州人。信前題“元祐”,當爲避玄燁諱。官至中書舍人。萬曆年間在蘇州築梅花墅,因以爲號。創作、改訂傳奇九部,總名“梅花墅傳奇”,今存五部。

【箋】

南圖所藏“莆陽尺牘”第四册中有《與許兄》,時值許自昌卒,彪佳去信與許自昌長子許元溥,以寄哀思。此亦當爲與許元溥信,求借許氏所藏已刻、未刻傳奇之目,並過録其中未見者。據“玄”改作“元”字,爲避玄燁諱,可知國圖所藏《遠山堂尺牘》爲康熙間過録本,而非明末抄本。

3. 與王得之

某伏處苫塊,亦復塵冗如昔,故不獲時對清光,暢我鬱鬱。仁兄蘊養精深,此正摶風而上之日。弟與仁兄何如之親知,而推轂敢自後乎。重以鼎命,惟不得當是懼耳。但薦牘前列,不得不讓之。而舅父祈慈原之小劇,乃昔年舊稿,止可供噴飯耳。另一本乞致之四哥,因昨亦曾詢及也。

【注】

[一] 王得之:未詳。“此正摶風而上之日”云云,此人或有功名。稱“舅父”,當爲表兄輩。

[二] 四哥:未詳。

4. 與王升之

致陳父母一札呈覽,人微言輕,實不能爲重也。昨所欲見之二劇,乞留心。弟即不敢言知音,亦非盲賈人,遇木難火齋,致與瓦礫等也。諸不一。

【箋】

言"昨所欲見之二劇",未詳所指。

5. 與鄭壽子[一]

春間晤别,倏易寒暑,言念起居,懸企何似。先大夫窀穸稍定,惟是每憶仁兄之教。爲老伯佳城計者,朝夕在心。寒家一抔之土,所藉以定者,原是葉瑛石舍親及徐尚吾二人。尚吾與家兄所見每相合,昨詢之,知其在武林最久。佳地俱在其胸中,價不甚厚,而可得者亦不乏。倘仁兄欲召誠之,則以一使來,弟當爲介紹也。此等青鳥,是不作假不騙錢,乃敢言於知己耳。昨所惠教,臧顧渚改削"四夢"内《邯鄲》少下卷,不知何法可以補之,使成全璧。諸俟晤悉。

【注】

[一] 鄭壽昌,字壽子,仁和(今杭州)人。

【箋】

南圖藏崇禎二年(1629)《與鄭伯子》有言:"倘得臧晉叔所改《荆釵》及重訂"四夢",或藉以度愁中之日月,不知仁兄已爲弟覓得否? 望之。"此又言"昨所惠教臧顧渚改削'四夢'",可知於鄭壽子處借得重訂"四夢",但少《邯鄲》下卷。按,鄭壽子行一,故彪佳稱其"鄭伯子"。

後得閲此臧改五種,致信《與袁鳧公》云:"頃得臧晉叔所改《四夢》《荆釵》,此公極自負,想來必佳,不知仁兄已覽過否?"

同年又一信致袁于令,云:"臧改'四夢',於曲律或有小補,以言乎才情,恐不及湯多矣。《荆釵》云是古本,仁兄試閲之果否。四大家中以此本爲定本何如?"聯繫前所叙收集《殺狗記》事,知祁彪佳對四大南戲關注頗多。

【作者簡介】 張詩洋,1990 年生,中山大學中文系博士生,東京大學東洋文化研究所訪問研究員,主要研究方向爲晚明曲家交遊。

考辨經文多以義理文章斷之
——讀唐煥《尚書辨僞》

蔡長林

【提　要】 本文嘗試對唐煥《尚書辨僞》作初步的探索，以爲唐煥此書具有幾重意義：其一是辨僞觀點具有中心理念，此一理念即是唐煥的經典觀，以爲《尚書》所載内容應是"必其事足以創生民未有之奇，其道則天命流行之宜，足以百世俟聖而不惑，而後可以垂訓於天下後世者"，如《堯典》之志傳賢、《湯誓》之志奉天伐暴、《盤庚》之志聖人行權之類，才是具有經之性質。與此精神違背者，即爲僞書。本書另外一重意義，是身處乾隆盛世的唐煥，其考辨古文、疏解經文皆體現出一條明顯的宋學脈絡，不但考辨經文多以事理文章衡斷之，在對經文出以心得引申時，其引以爲據者多用宋人之説，所抒發者亦多爲以理學概念詮釋經文，此蓋唐煥有意識地與漢學作區隔之故。另外，從《尚書》學史的角度來看，梅鷟、閻若璩、惠棟、丁晏等以大量證據來斷定晚出古文出於造僞，是否已是鐵案如山摇不動，即使到當今學界，仍不時有學者企圖翻案，遑論有清一代，其争議始終不斷。至於純從事理文章的角度欲辨一經之僞，其説服性就又更低了。但這並不表示唐煥的著作没有價值，至少可以將唐煥的經學另立一個類型，一個在經説中貫串著系統性核心理念的經學類型。此在經解中充斥著文獻爲主、考據先行的乾嘉時代而言，實爲難能可貴的參照物。

【關鍵詞】 唐煥　尚書　辨僞　宋學　漢學

一、前言

唐煥字堯章（又字瑶章），號石嶺，善化（今湖南長沙）人。乾隆六年（辛酉，1741）舉人，以舉人歷官山東平陰、昌邑縣令，終平度知州。是著名泰山研究專家唐仲冕的父親，也是晚清重振理學之領袖唐鑒的祖父。唐煥著作等身，尤深於《尚書》。所著除了《尚書辨僞》五卷之外，另有《克己齋四書》十九卷、《大學自注》一卷、《論語自注》二十卷、《中庸自注》二卷、《孟子自注》七卷、《石嶺詩集》一卷、《石嶺文集》一卷、《石嶺時文稿》八十卷,尚有續稿五十篇①。

對於《尚書》古文之辨僞與護真的激烈交鋒,可謂貫串有清一代②。大致的趨向是:辨僞派一方面梳理兩漢文獻以證真古文《尚書》傳世之有據,一方面又以實際的證據指出晚出古文之自我矛盾以證其僞,如閻若璩的《尚書古文疏證》、惠棟的《古文尚書考》、孫喬年的《尚書古文證疑》,以及丁晏的《尚書餘論》等等;護真派則多就義理的醇正以及抓住朱熹對古文固終信之這一點來維護晚出古文的價值,如陸隴其、齊召南、莊存與、翁方綱、林春溥、洪良品、謝庭蘭、吴光耀等人的辨護多類此。與此趨勢背道而馳的是,唐焕的《尚書辨僞》卻是純從事義的梳理來論定晚出古文之僞,與閻若璩及其追隨者在考辨古文的方法上,有根本的差異。尤其需要説明的是,唐焕爲此書所寫的《自序》繫於乾隆四十二年,此書則刻成於嘉慶十七年,可謂是乾嘉時期的學術産物,但這本《尚書辨僞》的著作旨趣卻是與考據學的精神背道而馳。所以,五卷的《尚書辨僞》,雖然在編纂《四庫全書》時,曾列入進呈書目,但在《尚書》辨僞的歷史上,並未引起太大的波瀾,既不爲當時所重,也不爲後世所識。

這其中存在的原因,倒是不難推測。吴通福曾對清代學術從清初的形態轉到中葉的新形態作出解釋。他認爲對晚出古文展開辯論的雙方,在進行考辨及其他學術活動所體現出的否定理學的傾向,代表的事實上是當時在清統治者推行的文化政策影響下學術界逐漸湧現的以經典考辨形式出現的反理學思潮,正是它規定了清中葉學術界在内容上的和形式上的主要特徵,即:思想上的反理學和學術上的重考證③。换言之,思想上的反理學和學術上重考證風氣的形成,與自清初以來古文《尚書》的考辨課題加乘學術思想的價值意識擴散有密切關係。很明顯的是,唐焕的《尚書辨僞》乃是立基於理學思想的著作,雖然重在辨明古文之僞,其判準依據卻是以義理文章爲斷,所以在方法學上顯是與學術主流背道而馳,不被當時的學術界所重,也是事勢所當然。

雖然民國初年編纂的《四庫全書總目提要》中,收録有《尚書辨僞》提要,卻仍是難脱鄉曲陋儒敢於疑古的批評④,但這並不表示唐焕此書就没有學術價值。如何看待這本《尚書辨僞》,或者説在沉埋故紙堆兩百年後,如何爲這部著

---

① 按:唐焕著作見存者,管見所及,除了收入《四庫未收書輯刊》的《尚書辨僞》之外,僅剩《詩集》、《文集》各一册。另外,唐焕的傳記資料亦不豐富,《嘉慶大清一統志》卷三七五、《光緒湖南通志》人物、藝文之部以及《善化縣志》都有簡短介紹。《善化縣志》又提到孫星衍曾撰墓志,然孫氏文集未之見。

② 按:相關討論可參戴君仁《閻毛古文尚書公案》(臺北:"國立編譯館",1979 年)、林慶彰《清初的群經辨僞學》(臺北:文津出版社,1990 年)、劉人鵬《閻若璩與古文尚書辨僞:一個學術史的個案研究》(臺北:花木蘭文化工作坊,2005 年)、許華峰《閻若璩〈尚書古文疏證〉的辨僞方法》(臺北:花木蘭文化工作坊,2005 年)、張岩《審核古文尚書案》(北京:中華書局,2006 年)、吴通福《晚出古文尚書公案與清代學術》(上海:上海古籍出版社,2007 年)、黄世豪《清代〈古文尚書〉辨僞發展之研究》(臺北:中國文化大學中國文學研究所博士論文,2013 年);趙銘豐《認知秩序的重整與建構——清初〈古文尚書〉考辨思潮研究》(臺北:輔仁大學中國文學研究所博士論文,2015 年)。

③ 吴通福《晚出〈古文尚書〉公案與清代學術》,頁 10。

④ 倫明《尚書辨僞提要》。收入《續修四庫全書總目提要·經部》(北京:中華書局,1993),頁 236。

作賦予意義，是探索這部著作首先要解決的問題。誠如姚鼐爲本書作的《序》所言："夫以考證斷者，利以應敵，使護之者不能出一辭。然使學者意會神得，覺犁然當乎人心者，反更在義理文章之事也。"①姚氏之《序》，除了指出以考據爲式的著作，在辨僞的方法學上有可商榷之處，同時也反映出了乾嘉年間義理與考據的時代張力。所以，唐焕此書除了可以置諸於《尚書》辨僞史的視野來評價之外，同時也可以置諸於乾嘉義理與考據相互張力的背景下來探討。甚至從唐焕此書的内容來説，雖然辨僞的對象是《尚書》文本，然而論斷的依據卻是以文章辭氣是否妥貼，以及事義是否具合理性爲基礎。换言之，唐焕在乎的仍是義理文章的優位性，這又不得不讓人聯想到與漢學考據在方法意識上可謂相對立的宋學傳統。所以個人以爲，置諸於乾嘉漢宋學相對照的背景下來探討這部著作，較諸置於《尚書》辨僞史的視野來評價此書，或者更具有意義。畢竟身處乾嘉學術氛圍之中，卻是對漢學考據不議不論，本身就是一種立場的表態。更何况，唐焕在對經文簡單的疏釋中，時刻閃現出依據宋儒經解的學術脈絡，且相對於漢學考據之作的繁瑣難以調理，唐焕在對篇章段落作鉤玄提要的同時，仍不忘利用理學語彙，表達他的經學見解。

值得注意的是，此書雖名爲《辨僞》，但唐氏仍按照五十六篇《尚書》的篇目順序，對經文逐段進行解釋或辨析。所以，此書稱得上是身兼辨僞與注釋兩種性質的《尚書》學載體。唐焕認爲，吴棫、朱熹、吴澄、郝敬、歸有光等前輩學者對晚出古文雖疑且攻，卻仍有雜古文於今文，或僅别今文於古文，甚至有徑去古文的做法。他更指出在《尚書》辨僞上，有一種不循其篇次，詳指其謬，使學者覽而心折的現象，這會導致對今古文認識的不夠全面與偏見。雖然唐焕並未指名道姓，但我們不難推測他批評的是以閻若璩爲代表的考據派。所以他主張應"别之而可竄，去之而仍留"，不但要注釋《伏書》，也要辨正僞《書》②。其價值正如陶澍《跋語》所言：

> 古文《尚書》之僞，自吴才老、朱晦翁發之，其後論者益衆。若吴澄《書纂言》，及吾鄉羅喻義《是正》一編，皆止注今文，削古文不録。雖各自有見，然爰書不立，無以斷獄。梅鷟《尚書考異》、閻若璩《尚書疏證》則又專攻古文，於今文鮮所發明。陳第、毛奇齡之屬，復起而持其長短，迄今談者無以别黑白而衷一是也。石嶺唐先生是編，於今文亦加疏釋，特意在古文句梳字篦、審音叩節以排之，故以"辨僞"爲名。其中精義層出，能使讀者涣然相悦以解。③

有别於前輩學者或只注今文，或不循篇次而專攻古文，或起而爲晚出古文辯護，陶澍的《跋語》指出唐焕此書的重要價值，即在辨僞古文的同時，也對今文

---

① 姚鼐《尚書辨僞序》，收入唐焕：《尚書辨僞》（北京：北京出版社，《四庫未收書輯刊》第3輯第4册，2000年），卷首。

② 唐焕《伏書及孔安國僞尚書本末》，《尚書辨僞》，卷首。

③ 陶澍《尚書辨僞跋》，《尚書辨僞》，卷首。

進行疏解,使覽者可以别黑白而衷一是。亦即唐焕會針對性質或主題相類的經文進行比較,如《湯誓》、《湯誥》、《仲虺之誥》,同載湯之伐桀,而所呈現湯之形象即有不同;又如《泰誓》、《牧誓》對武王伐紂之記載,所載内容亦是大異其趣。唐焕即是藉助篇中的事理辭氣之異以斷經文真僞。同時在進行疏解時,唐焕對所謂的今文《尚書》,就出以單行大字,並附以簡單的章句,尤其特重離析經文的文章結構,點明篇章與段落主旨,以及依據主要源自於宋儒的經説,對經文進行義理闡釋;對所謂的僞古文《尚書》,就低一格用雙行小字表之,並且在每段之下,常會加上"支離"、"醜極"、"贅極"、"空話"等字眼來進行評點與辨僞。當然,不論是對今文的疏釋抑或者對晚出古文的辨僞,唐焕都留下不少深具個人見解的論斷。而這一部分,才是整部《尚書辨僞》的精華。

二、審辭氣事理以辨證僞書

唐焕既名其書曰《辨僞》,自有他獨特的辨僞理路。在《自序》中,唐焕提出他的經典觀作爲考辨僞書的基本論點。他以國史與經典的不同性質作爲切入點,認爲國家耳目尋常之事,若非能卓越前古,足以特示將來者,無論餖飣凌雜,一切登之爲經,那麽一經之成,不啻汗牛充棟。惟有如《易》之體造化、貫陰陽,《詩》之達性情、明人倫,《禮》之本天以作則,《春秋》之達天命、存王迹,方可稱之爲"經"。同樣的,對《尚書》而言,他認爲所載内容應是"必其事足以創生民未有之奇,其道則天命流行之宜,足以百世俟聖而不惑,而後可以垂訓於天下後世者",如《堯典》之志傳賢、《湯誓》之志奉天伐暴、《盤庚》之志聖人行權之類,才是具有經之性質。與此精神違背者,即爲僞書。而伏生口授之二十八篇,所以立生人之命,與《易》、《詩》、《儀禮》、《春秋》諸經,如五緯之耀於天,五嶽之峙於地,而垂示於無窮。至於僞《書》,唐焕或以爲無其事無其理,知其僞而不足録,或以爲套體庸爛,不足以置齒牙間[①]。换言之,二十八篇以外的晚出古文在他看來,是無法達到他所提到的"必其事足以創生民未有之奇,其道則天命流行之宜,足以百世俟聖而不惑,而後可以垂訓於天下後世"這樣"卓越前古,特示將來"的條件,卻是千百年間,側於聖經之列,如此餖飣凌雜的蕪穢之作,自在他掃除之列,此其《尚書辨僞》不得不作之故。而唐焕梳理五十六篇《尚書》的方法,也正是從他所揭示的從事理的正當性,以及文字的辭氣是否通順這兩個角度來進行。先生《自序》所謂:"故特正其句讀,釋其義藴,疏其脈絡,發其旨趣,使夫由是道者,因其文字,以求其意;因其裁物之當,以得其義理之所歸而貫而通之。上下千聖性命原流,易世而同揆,與《易》、《詩》、《禮》、《春秋》相發明者,亦可以漸探其微,而深造其奥也。其僞撰古文,思欲悉爲删去,竊慮博獵誦辨,藉端出色者,薄倖居心;不樂成人美者,牽引附會,反爲他日滋蔓,故仍存其舊,降格注書,各於篇中詳指其疵謬,以公示天下,使曉然知僞竄

① 唐焕《自序》,《尚書辨僞》,卷首。

之非，庶群心息而趨於一矣。"[1]觀此而可知是書雖名爲《辨僞》，然不獨辨正古文，亦疏解今文，理由已如前所述。

按戴君仁先生對晚出古文《尚書》的價值以及面對古文《尚書》的態度，曾經有中肯的揭示："古文《尚書》雖是僞書，可是仍有他的價值。我們都知道先民有很多很好的格言，遺留給我們，散見於古代典籍中。《論語》、《孟子》固無論矣，别的子書裏面藏量也很多。而歷史性質的書，如《左傳》、《國語》等，好話保存得也極豐富，這是我們都承認有研讀的價值的。古文《尚書》何獨不然？即使無所本而爲作者所自造的，也有很多好言語：如'滿招損，謙受益'、'民爲邦本，本固邦寧'、'用人惟己，改過不吝'、'好問則裕，自用則小'、'與人求不備，檢身若不及'、'有言逆于汝心，必求諸道；有言遜于汝志，必求諸非道'、'德無常師，主善爲師'、'玩人喪德，玩物喪志'、'不作無益害有益，功乃成；不貴異物賤用物，民乃足'、'作德，心逸日休；作僞，心勞日拙'、'有容，德乃大'、'雖收放心，閑之惟艱'、'僕臣正，厥后克正；僕臣諛，厥后自聖'等，這些都是常被引用的成語。這種語句，簡單而扼要，警人切，益人深，而極容易記，都是很好的格言。……况且作僞古文的人，依焦里堂之説，當是晋代高士，只是隱名規世，而不是作僞欺人。僞與惡本不必相聯繫，我們崇善的心，和求真的心，也不必合爲一事。僞書儘管是僞書，好書依然是好書。考明僞書，並不必廢掉僞書。這樣，重考據的博學之士，儘管繼續著做辨僞的工作；尊義理的衛道之儒，也不必憂聖經之將棄置。道並行而不相悖，這句話正可以用在古文《尚書》上。"[2]戴先生指出僞古文《尚書》許多至今仍成被引用的成語，警人切，益人深，都是很好的格言。但是，這些在唐焕看來，卻是"套體庸爛，不足以置齒牙間"的。雖然在對晚出古文"句梳字篦、審音叩節以排之"的辨僞中，有許多是簡短抽象不具系統性的批評，如前所列"支離"、"醜極"、"贅極"、"空話"、"影響"、"荒唐"等，固不足以彰顯唐焕在辨僞上的見識；但也有不少的論斷，頗能體現唐氏的獨特見解。如辨《舜典》曰：

> 《舜典》○安國僞撰篇目也。離"慎徽五典"下，冠以《舜典》。《舜典》既爲《虞書》，《堯典》應作《唐書》矣。渠抑惡知前路特爲禪舜張本乎！
>
> ●曰若稽古，帝舜曰重華，協于帝，濬哲文明，温恭允塞，玄德升聞，乃命以位。○稱古帝堯，述前聖也。紀虞事，云古帝乎？襲放勳數語之貌，獵《離騷》、《詩》、《易》，堆砌八字，毫無本末層次，大失聖賢宗旨。姑弗論原文脈絡貫通，試問"欽哉"下文勢可已否？直接"慎徽"，極爲從順否？且孟子時未經秦火，引据《堯典》，至爲明確，無端僞撰二十八字，離爲《舜典》，割裂聖經。[3]

---

① 唐焕《自序》，《尚書辨僞》，卷首。

② 戴君仁《序》，《閻毛古文尚書公案》（臺北："國立編譯館"，1979年），頁2。

③ 唐焕《尚書辨僞》，卷一，頁5。按：唐焕在對晚出古文進行討論時，於經文之前會加粗黑點●以區别之。另外，在篇名之後及自身辨駁之前，會各加○等符號以區别之。下同。

這一段文字有兩個重點。首先是直指《舜典》是孔安國僞撰的篇目。其理由在於既硬分出《舜典》且冠以《虞書》之名，則《堯典》亦應作《唐書》才合乎以帝王朝號命篇之意。其次，《虞書》而稱"曰若稽古帝堯"，是述前聖之事；但《虞書》既紀虞事，卻又稱舜爲古帝，顯是不類。故唐焕批評此增添之二十八字，是襲放勳數語之貌，堆砌《離騷》、《詩》、《易》文句，毫無本末層次，大失聖賢宗旨。唐焕進一步從文章脈絡的角度分析，以爲"欽哉"以下文勢已盡，直接"慎徽五典"極爲通順，不必妄增二十八字，離爲《舜典》以割裂聖經。更何況孟子時未經秦火，所引據舜事亦稱《堯典》，至爲明確。

進一步言之，在唐焕看來，《堯典》記堯事之意，是特爲禪舜張本。他認爲《虞書》、《夏書》所載四篇《堯典》、《皋陶謨》、《禹貢》、《甘誓》有一共通的核心精神，即是禪讓傳賢。他説：

> 粤稽上古，皆以世及，堯禪舜創也。首《堯典》，志傳賢，《皋謨》終，禪舜之局也。治水奇創也，教稼明倫又次矣，傳禹循故事耳，不足録。録《禹貢》，志禪夏所由也。《甘誓》，終禪夏事也。①

在唐焕看來，上古君位之傳承皆以世及。然堯之禪舜、舜之禪禹，乃開傳賢之路，值得大書特書。所以《虞書》之首《堯典》，志其傳賢；而終以《皋謨》以成禪舜之局。又傳禹乃循故事，實不足録，故補以禹之治水奇創，教稼明倫，此所以録《禹貢》之故，在於志禪夏之所由。而《甘誓》已是家天下之局，故曰終禪夏事也。所以，在爲《夏書》解題時，唐焕如是言道："夏，禹有天下之號。書凡二篇，《禹貢》紀受禪之本，《甘誓》志傳子之公也。"②而在闡述《禹貢》一篇宗旨時，則説："上取下謂之賦，下供上謂之貢。治水乃舜受終後事，而貢則禹有天下，一代田賦之總名。本創業之功，定一王之制，故以名篇。"③皆與唐焕在《自序》中所述之經典觀相呼應。

再來看對《大禹謨》的討論。從篇題到内文，唐焕以逐段批駁的方式，對《大禹謨》在事理二端進行辨證。如辨篇名云："《大禹謨》〇安國竄《禹謨》題，撰禪禹事。據禪舜既爲《虞書》，則禪禹應爲《夏書》，彼意竄入《夏書》，于題未安，豈知竄入《虞書》，據事尤爲不妥乎？"④又如："曰若稽古大禹，曰：'文命敷於四海，祗承于帝。'〇《虞書》成于夏史，現在臨御，稱古大禹乎？且'文命'二語，不敢上躋《帝典》，又不欲下等《皋謨》，醜極。"⑤唐焕認爲，《大禹謨》不論是置於《虞書》抑或《夏書》，都是於題未安，據事不妥。同時，《虞書》既成於夏史，乃現在臨御，當朝而稱古大禹，豈非矛盾？唐焕之"辨《虞書》不宜稱古舜，《夏書》不宜稱古禹"，陶澍直判爲"直捷了當"，以爲"南山可移，此判不可移"⑥。又諷刺《大禹謨》既有"文命"二語，即表示以禹爲受命帝王。既然視禹爲受命

---

① 唐焕《尚書辨僞序》，《尚書辨僞》，卷首。

②③ 唐焕《尚書辨僞》，卷二，頁1。

④⑤ 唐焕《尚書辨僞》，卷一，頁13。

⑥ 陶澍《尚書辨僞跋》，《尚書辨僞》，卷首。

帝王,卻不敢上躋《帝典》,又不欲下等《皋謨》,故唐焕以爲"醜極"。

再來看《五子之歌》與《胤征》。唐焕曾説:"《五子之歌》無其事,《胤征》無其理。"[①]按梅鷟、閻若璩等前輩辨古文之僞,多出以實證,於此二篇亦然。例如指出《五子之歌》有竊取《左傳》成其文字之嫌,又指出《胤征》乃掇輯群經乃至魏晋人之語而成[②]。與此相異,唐焕辨《五子之歌》與《胤征》之僞,乃直接從事理之有無論證之。如其辨《五子之歌》云:

○據云,太康尸位,惡德既稔,仇予之怒,不可終日。五子何人?平時不聞明諍顯諫之言,臨行不聞攀輿號泣之痛,俛從徯洛,已罹逆距之凶,乃始怨懟之意,致忿恨之辭,此足擬于忠君念祖之儔耶?或曰:五子前時當有忠諫,史或未之録也。夫遺其忠藎之辭,著其怨訕之語,失本末輕重之數,尤宜孔聖之所特刪也。僞也。[③]

觀唐焕之意,以爲五子平時未有諍諫之言,於太康之盤遊畋獵,臨行亦不聞攀輿號泣之痛。且在后羿作亂之後,既御母俛從,徯於洛汭,已是背離君上,卻發其怨懟之意,致忿恨之辭,實不堪擬於忠君念祖之儔。至於爲五子辯護者,以爲前時當有忠諫,史或未之録也。唐焕在反駁此等論點的同時,又重提他的經典觀,認爲:"夫遺其忠藎之辭,著其怨訕之語,失本末輕重之數,尤宜孔聖之所特刪也。"故下其斷語云"僞也"。蓋謂經典所載特慎,若當時真有忠諫之言,則《五子之歌》所録亦當諸如此類。然《五子之歌》所載既是遺其忠藎之辭,著其怨訕之語,已失本末輕重之數,唐焕以其爲孔聖之所特刪,不亦宜乎!

再來看唐焕以無其理而斷之爲僞的《胤征》一篇。按《書序》云:"羲、和湎淫,廢時亂日,胤往征之。"[④]《史記·夏本紀》亦載:"帝中康時,羲、和湎淫,廢時亂日,胤往征之。"[⑤]而《胤征》篇開頭亦明言:"惟仲康肇位四海,胤侯命掌六師,羲、和廢厥職,酒荒於厥邑,胤後承王命徂征。"[⑥]表示掌管日月營運的羲、和的後代沈湎於淫亂,胤前往征討,在大戰之前作了《胤征》來鼓舞士氣,唐焕則從所載之事必無其理來斷定此篇之僞。其言:

○或云:羲、和心夏,夷羿假命征之,前人詳辨其非矣。仲康命討,則必無之事也。時羿距太康于河南,太康崩,仲康嗣立,羿固稱尊於舊都也。羲、和仍供職舊都與?仲康敢託辭以興師,何即正名以討羿耶?不敢討羿而征羲、和,吾知兵未入境,必爲羿敗,餓無遺矣。據云廢職尸官,似言供職河南也。封邑禄入耳,非如諸侯立國,撫有三軍,足以抗王命也。失厥

① 唐焕《尚書辨僞序》,《尚書辨僞》,卷首。

② 按:梅鷟《尚書考異》卷二、閻若璩《尚書古文疏證》卷一第十三條及卷五第七十三條皆指出《五子之歌》乃作僞者拾《左傳》文字而成;又梅氏《考異》卷二、閻氏《疏證》卷一第八條、卷四第六十四條皆考出《胤征》拾掇舊文痕迹。

③ 唐焕《尚書辨僞》卷二,頁19。

④ 孔穎達《尚書正義》(上海:上海古籍出版社,2007年),頁269。

⑤ 司馬遷《史記》(北京:中華書局,1996年),頁85。

⑥ 唐焕《尚書辨僞》卷二,頁19。

職與? 付之士師已耳,遣將勞師,無謂也。其僞明矣。①

按蘇軾依《左傳》及《史記》的相關記載爲據,推斷自太康失國之後,至少康祀夏之前,正值后羿、寒浞專政僭位之年。本來羲、和酒荒廢職並非大惡,羿、浞之所以如此興師動衆征伐酒荒廢職之人,是因爲羲、和是貳於羿而忠於夏者,羿爲此借故發難。因此,蘇軾認爲"《胤征》之事,蓋出於羿,非仲康之所能專",乃"羿假仲康之命,以命胤侯,而胤往征之"②。東坡之主張,受到林之奇③、夏僎④、蔡沈等人的反駁。如蔡沈駁之云:

> 今按篇首言"仲康肇位四海,胤侯命掌六師",又曰"胤侯承藏命徂征",詳其文意,蓋史臣善仲康能命將遣師,胤侯能承命致討。未見貶仲康不能致命,而罪胤侯之爲專征也。若果爲篡羿之書,而亂臣賊子所爲,孔子亦取之爲後世法乎?⑤

唐煥認同蔡沈,以"夷羿假命征之"之説爲非,故不予討論。但對於仲康命胤討伐羲、和之事,仍是持否定態度。唐煥以理推之,認爲當時舊都爲羿所據,羲、和亦仍供職於舊都,若仲康欲征河南,卻不敢正名以討羿,而是託辭以興師,其結果必是兵未入境,必爲羿敗,鹹無遺矣。更何況羲、和不像諸侯國能撫有三軍,足抗王命,以其僅有封邑以食禄的實力,何需無謂的遣將勞師? 付之士師論其罪狀已足夠,故唐煥乃謂:"尸厥官耳,何勞徂征? 且推算小誤,輒援《政典》討殺,先王無此酷法。"⑥以失職而討殺,殆無是理,故唐煥明駁爲僞。

唐煥據事理之合宜與否以斷定篇章之真僞,其實體現在對諸多晚出古文的辨僞中。如《伊訓》,他説:"總是因果空話,視《論》、《孟》、《易》坤文言句句實際何如? 此篇因顛覆而僞撰,以爲放桐張本,且闌入《孟子》語,以賺後人之必信,亦詭矣。其如文理填塞,氣體卑弱何也。"⑦其論《武成》曰:"所以斥其僞者,告神非一意救民之誠,功成無奉天欽若之意,臨朝發命,徒示矞皇,聖人舉動顧若此乎? 固知安國之僞撰也。"⑧其論《微子之命》曰:"封植亡裔,唐、明開國皆能之,録諸史可也。無大絶異,登之經乎? 且通篇一派後世門面話,的是僞撰。"⑨其論《蔡仲之命》曰:"此等事中主皆能之,且辭成敷衍,僞撰。"⑩又其辨《君牙》曰:"朱晦翁云:'此如今内翰制誥,首呼名而告之,末爲嗚呼以戒之,《君陳》諸命,篇篇皆然。'據此,毫無關係,乃登經耶?"⑪其釋《冏命》曰:"僕御

①⑥ 唐煥《尚書辨僞》卷二,頁19。
② 蘇軾《東坡書傳》(臺北:世界書局,1986年景印摛藻堂四庫全書薈要本),卷六,頁7。
③ 林之奇《尚書全解》(臺北:世界書局,1986年景印摛藻堂四庫全書薈要本),卷一三,頁5-8。
④ 夏僎《尚書詳解》(臺北:台灣商務印書館,1983年景印文淵閣四庫全書本),卷九,頁20-23。
⑤ 蔡沈《書集傳》卷二,頁81。
⑦ 唐煥《尚書辨僞》卷三,頁4。
⑧ 唐煥《尚書辨僞》卷四,頁5。
⑨ 唐煥《尚書辨僞》卷四,頁25。
⑩ 唐煥《尚書辨僞》卷四,頁60。
⑪ 唐煥《尚書辨僞》卷五,頁9。

小臣，統於冢宰，不足命也。且承昭王失德後，知涵養德性之道乎？抑又何致轍迹遍天下耶？僞也。”[①]换言之，經典所載若非能卓越前古，足以特示將來者，不足録也。

再來看《湯誥》，唐焕對其中文字，有不少的批駁。這需要將唐焕對《湯誓》與《湯誥》的評價做一比對。唐焕曾説：“夏末商初，君臣之變，《湯誓》所以志也。奉天伐暴，德何慙焉？四方徯后，而何《誥》焉？”[②]表示《湯誓》記載的是朝代更迭時以臣伐君的時代巨變，但重點在於認爲湯之伐桀是奉天伐暴，故認爲湯不需有慚德。至於《湯誥》裏面莫名其妙的記載，一看就知其僞。先看他對“今汝其曰：‘夏罪其如台？’夏王率遏衆力，率割夏邑。有衆率怠弗協，曰：‘時日曷喪？予及汝皆亡。’夏德若兹，今朕必往”這一段經文的闡釋：

> 遏，絶；割，害；時，是也。其如台者，商民育于春仁，不知夏民之苦虐痛也。難予畏也。率遏者，爲重困以窮民力，所謂率割也。率怠者，後其君。弗諧者，疾視其君也。指日而誓，由桀以日自况也。皆亡，狀弗諧也。若兹云者，言夏民之慘折。如台，以申衆聽也。必往者，以弔民决伐罪也。以臣伐君，人倫大變，不得不暴白于天下也。蓋湯之心，橐、夔賡拜之心；湯之政，舜、禹受禪之政，而不免此者，遇爲之也。聖人之難也。[③]

唐焕用很簡短的文字，把商民之育於春仁與夏民之苦虐痛做强烈的對比，以鋪陳出夏民對桀重困以窮民力，使民疾視其君，欲與以日自况的夏桀皆亡的情况，用來形容夏民之慘折，並藉此一鋪陳以增加湯之弔民決伐罪的正當性。最後又解釋此以臣伐君的人倫大變之所以暴白于天下者，乃不得已也。蓋湯雖有橐、夔賡拜之心，亦有舜、禹受禪之政，仍不免遭此人倫之變者，此際遇之故，聖人亦須艱難面對者。

另外，在解釋“爾尚輔予一人，致天之罰，予其大賚汝！爾無不信，朕不食言。爾不從誓言，予則孥戮汝，罔有攸赦”一段經文時，唐焕亦云：

> 賚，與也。食言，言已出而反吞之也。致天之罰者，奉天伐暴，不知其他，承上文言也。辭嚴《甘誓》者，非懼敗也，救民心切，臣主之分異也。[④]

唐焕在此强調的仍是奉天伐暴的致天之罰，而不慮及其他。至於所謂辭嚴《甘誓》者，在於《甘誓》的奉天之討是居於君位的“節制之師，仁聖之心也”[⑤]，與《湯誓》救民心切的以臣伐君，固有“臣主之分異”。

唐焕對《湯誓》奉天伐暴之事的肯定，已略述如上。反觀唐焕對於《湯誥》，就没有好語言。如云：

---

① 唐焕《尚書辨僞》卷五，頁10。

② 唐焕《尚書辨僞序》，《尚書辨僞》，卷首。

③ 唐焕《尚書辨僞》卷三，頁1。

④ 唐焕《尚書辨僞》卷三，頁2。

⑤ 唐焕《尚書辨僞》卷二，頁18。

> 《湯誥》○安國撰此,特欲攙入《論語》一段,令後人不敢議耳。《禹謨》、《仲虺》、《説命》、《君陳》、《君牙》亦然。此篇無論文理拉雜,四方率服矣,爲鋪張耶?爲蛇足耶?無謂。●王歸自克夏,至于亳,誕告萬方。王曰:"嗟!爾萬方有衆,明聽予一人誥。惟皇上帝,降衷于下民。若有恒性,克綏厥猷惟后。○聖人告人,人人易曉。如《湯誓》奉天伐暴是也。無端向萬方黎庶,談天説理,豈所能喻。以下至末,無一語發明,何也?[①]

按宋人王應麟曾言:"《仲虺之誥》,言仁之始也;《湯誥》,言性之始也;《太甲》,言誠之始也;《説命》,言學之始也。"[②]而《四庫提要》言:"然言性、言心、言學之語,宋人據以立教者,其端皆發自古文。"[③]不過唐焕卻認爲,《湯誥》與《禹謨》、《仲虺》、《説命》、《君陳》、《君牙》諸篇相類,都是安國在僞撰篇章時,攙入《論語》的内容,欲令後人不敢議論。但究其文理,拉雜鋪張,如畫蛇添足。更重要的是,在唐焕看來,誥誓等篇章,意在曉喻衆人,理當辭達理順,人人通曉,如《湯誓》使萬民知其奉天伐暴之意之類。但顯然《湯誥》所言,是無端向萬方黎庶,談天説理,非是萬方黎庶所能喻。此非聖王誥誓之常理,故判其爲僞。

當然,在諸多篇章的辨僞中,最具系統者莫如對《仲虺之誥》與《泰誓》的討論,乃爲湯、武之革命作辨護。如云:

> 《仲虺之誥》○誥者,喻衆之謂。對君矢言,可云誥乎?孔《疏》謂必對衆而言,附會。●成湯放桀于南巢,惟有慚德。曰:"予恐來世以台爲口實。"○奉天伐暴,其心其事,建諸天地而不悖,夫何慙耶?季札所云言樂也。獵入"予恐"云云,更非。朗誦《湯誓》,絶無口實之嫌,又誰敢藉爲口實耶?[④]

與《湯誥》同意,誥者乃喻衆之謂。然觀其文意,乃仲虺對君矢言,與喻衆爲誥性質不類。而孔《疏》乃强解爲仲虺對衆而言,被唐焕批評爲附會。重要的是,唐焕認爲所謂湯惟有慚德,恐台來世以爲口實之説,絶非湯之語氣。原因是奉天伐暴,其心其事,建諸天地而不悖,夫何慙耶?更何況朗誦《湯誓》,也絶無口實之嫌,此乃行正義之事,又誰敢藉爲口實?所以他對於接下來的仲虺作誥,提出各種批評,或以爲獵填倒置,或以爲雜沓凑填,或釋爲牽强殊甚,或批其醜態盡矣[⑤]。

再來看對《泰誓》的討論。唐焕釋真假《泰誓》之興廢,以及僞《泰誓》所以爲僞之由云:

> ○《泰誓》之篇,經聖人手删,故伏生二十八篇無之。武帝時,河間女子獻《泰誓》一篇,合伏生今文爲二十九篇。孔壁僞書雖出而未傳於世,至

---

① 唐焕《尚書辨僞》卷三,頁3。
② 王應麟《困學紀聞》(臺北:臺灣商務印書館,1981年),卷二,頁12。
③ 紀昀《四庫全書總目》(北京:中華書局,1987年),卷一二,頁96。
④ 唐焕《尚書辨僞》卷三,頁2。
⑤ 唐焕《尚書辨僞》卷三,頁2-3。

東晉梅賾，獻孔壁古文，僞書行而前《泰誓》廢。吴氏曰：“湯、武皆以兵受命，然《湯誓》辭裕，數桀也恭。《泰誓》辭迫，數紂也傲。其書晚出，疑其僞。”①

這一段文字的重點，倒不在於唐煥對河間女子所獻《泰誓》一篇興廢的説明，而在於引吴澄之説，從辭氣的辭裕辭迫，數紂之罪態度的恭敬傲慢之差别來判定晚出《泰誓》之僞。正因有此解釋上的特點，才會有“審辭氣事理以辨證僞書”做爲本節標題的緣故。當然，他判《泰誓》爲僞的根本原因，還是在於《泰誓》内容對湯、武革命的錯誤理解。例如：

●今商王受，弗敬上天，降災下民。沈湎冒色，敢行暴虐，罪人以族，官人以世，惟宫室、台榭、陂池、侈服，以殘害于爾萬姓。焚炙忠良，刳剔孕婦。皇天震怒，命我文考，肅將天威，大勳未集。○上半節亂湊成偶，皇天二語誣天，肅將二語誣考，紂惡未稔，天心未嘗厭殷，文王毫無覬覦，即武王時至事起，亦天命之應，何用誣拉文考？試讀《牧誓》，何等青天白日耶？②

唐煥所言《牧誓》何等青天白日，指的是武王數紂之罪，直指牝雞司晨，婦言是用，而不是託以皇天，誣拉文考。尤其《泰誓》所作的時機，是武王會八百諸侯於孟津之時，其時殷命未替，故結盟而還而已。故云“紂惡未稔，天心未嘗厭殷，文王毫無覬覦，即武王時至事起，亦天命之應，何用誣拉文考”。又如：

●予克受，非予武，惟朕文考無罪；受克予，非朕文考有罪，惟予小子無良。○據上文克受由文德，僅無罪耶？奉天伐暴而懼受克耶？文考句尤扯湊，不過顛倒偶對耳。去此三篇，獨存真誓，聖人伐暴救民之心，明白不翳矣。附會安國，訾議武王，可歎也。③

唐煥無法接受《泰誓》在此所提的克受由文德，自身無罪之説，更認爲聖人奉天伐暴，何懼受克。故强調“去此三篇，獨存真誓，聖人伐暴救民之心，明白不翳矣”，表示唐煥對此《泰誓》三篇的内容，持完全否定的態度。不僅如此，在討論《牧誓》的時候，亦不忘對此三篇《泰誓》提出批判。例如在解釋《牧誓》篇題時，即云：“牧，地名，在朝歌南，即今衛輝府治之南。武王軍于牧野，諸侯來會，臨戰誓衆，因以名篇。按前期八百諸侯大會，應有《大誓》，如傳所引者，孔聖刪之也。”④唐煥所言的“應有《大誓》”，指的是載籍所引的《泰誓》，既非河内女子所獻者，亦非孔壁僞古文三篇《泰誓》。又如在解釋“時甲子昧爽，王朝至于商郊牧野，乃誓”時，即言：“昧，冥；爽，明。將明未明之時。乃誓者，臨陣誓師，明前

---

① 唐煥《尚書辨僞》卷四，頁1。又唐煥釋《伊訓》篇題時亦云：“此及《太甲》、《泰誓》、《武成》，古有其篇，因不足存，孔聖刪之。安國託題僞撰，以希混入耳。”卷三，頁4。

② 唐煥《尚書辨僞》卷四，頁1。

③④ 唐煥《尚書辨僞》卷四，頁3。

此未嘗再三誓也。"[1]此言實別有所指,乃諷《牧誓》之前的三篇《泰誓》出於僞造。至其釋武王批評商紂牝雞之晨,惟婦言是用一段,唐煥有如下解釋:

> 王曰:"古人有言曰:'牝雞無晨;牝雞之晨,惟家之索。'今商王受惟婦言是用,昏棄厥肆祀弗答,昏棄厥遺王父母弟不迪,乃惟四方之多罪逋逃,是崇是長,是信是使,是以爲大夫卿士。俾暴虐于百姓,以奸宄于商邑。婦,妲己也。《列女傳》云:"紂好酒,淫孌妲己。所舉者貴之,所憎者誅之,惟其言是用,故顛倒昏亂也。"肆,陳;答,報祭,所以報本也。厥遺云者,王父弟、母弟、伯叔兄弟,皆先王之裔。弗迪,不以道遇也。乃惟,承上益甚之辭。多罪逋逃,小人也。崇,隆;長,尊;信,任;使,用,用婦言也。暴虐奸宄,孌寵妲己,背常亂政之流毒也。按此武王聲紂之惡,蘊藉條理,方信《泰誓》三篇之僞。[2]

按今本五十六篇之序,《泰誓》三篇列在《牧誓》之前。唐煥通過對《泰誓》及《牧誓》經文的詳細梳理,指出三篇《泰誓》凑亂顛倒,厚誣武王;而《牧誓》載武王聲紂之惡,卻是蘊藉條理,所以他從文理辭氣的通順與否,判定三篇《泰誓》爲僞作。最後引蔡沈之説而論之曰:"'此篇嚴肅而温厚,與《湯誓》相表裏,真聖人言。《泰誓》、《武成》,非盡聖人言。'據九峰亦知其僞,何以不明斥耶?其與《湯誓》異者,彼因商民安仁忘暴,告以伐桀之故。此因來會者衆,整齊軍令,懼恣殺也。"[3]唐煥對於蔡沈能藉由辭氣是否蘊藉條理來判斷《湯誓》、《牧誓》與《泰誓》、《武成》是否爲聖人言,卻又不明白指出,頗有不滿,並分析二者撰寫情境之不同。

從所引《湯誓》與《牧誓》的例子來看,唐煥對於《誥》與《誓》的要求,是陳義醇正,理充氣足,其判《湯誥》、《泰誓》爲僞,正因此二篇義理辭氣皆與《湯誓》與《牧誓》所陳,背道而馳。此乃其經典觀之體現,尚可用他對《大誥》的解釋以爲補充。唐煥言:

> 抑此時與伐紂異,明罪整旅,伐暴之義,故《牧誓》云云,此則終武功也。克篤前烈,臣子大義,曉以大義,決勝致果,使知吾師光明正大,稍有觀望,即蹈于不孝不忠者之所爲,《大誥》一篇,所以諄諄休前寧、陳卜吉,而絶無二三也。此其爲聖人之舉與?[4]

按《大誥》之所以作,乃因"武王克殷,以殷遺民封紂子武庚,命三叔監之。武王崩,成王幼,周公攝政,三叔流言,遂挾武庚以叛。周公以成王命討之,大誥天下"。[5]唐煥將《牧誓》與《大誥》做了比較:不同的是,前者作於伐紂之時,重在明罪整旅,闡伐暴之義;後者則武功已成,欲臣子克篤前烈,曉以大義,不應觀

---

① 唐煥《尚書辨僞》卷四,頁3。
② 唐煥《尚書辨僞》卷四,頁4。
③ 唐煥《尚書辨僞》卷四,頁5。
④⑤ 唐煥《尚書辨僞》卷四,頁24。

望以蹈於不孝不忠者之所爲；相同的是，皆是光明正大，諄諄聖人之言。换言之，唐焕對《仲虺之誥》及《泰誓》等篇的辨僞，還寓有爲其中對聖王似是而非之論的洗冤之意。所以，對於唐焕在辨證《仲虺之誥》及《泰誓》的成績，陶澍曾有如下評論。其言云：

> 而其有功名教者，尤在辨《虺誥》、《泰誓》之文，以爲湯方口實是懼，而虺懼於非辜，畏禍叛君，口實甚矣。聿求元聖，與之戮力，幾疑五就桀時。計出反間，誓師稱王，狥儼然吴、楚之僭號。時哉弗可失，豈慮紂改圖耶？蓋自僞書行而湯、武之心迹不明久矣。雖學如蘇軾，猶不免有非聖之論。毛氏但爲古文辨冤，而不知湯、武之冤誰爲之而誰辨之也哉？先生惟以今文與古文對較，而真僞之迹自見。其所摘發，不外本書，無考據家支離牽强之習，以視梅、閻諸人，不啻過之。[①]

如前所言，唐焕認爲《尚書》所載内容應是"必其事足以創生民未有之奇，其道則天命流行之宜，足以百世俟聖而不惑，而後可以垂訓於天下後世者"，如《堯典》之志傳賢、《湯誓》之志奉天伐暴之類，才是具有經之性質。然而《仲虺之誥》與《泰誓》對湯、武弔民伐罪之理解似是而非，使"僞書行而湯、武之心迹不明久矣"，此所以唐焕目之爲僞而不得不辨者。又唐焕之説，惟就今、古文相關之經文相互對勘而得，確實有陶澍所言"其所摘發，不外本書，無考據家支離牽强之習"的特色，至於説"以視梅、閻諸人，不啻過之"，則或出以鄉誼，未免有揚此抑彼之嫌，不必據以爲是非之準。

三、離析文章結構疏解經文

如本章首節所言，唐焕此書雖名爲《辨僞》，但唐氏仍按照五十六篇《尚書》的篇目順序，對今文則逐段進行解釋，對古文則逐段進行辨析，所以此書稱得上是身兼辨僞與注釋兩種性質的《尚書》學載體。唐焕對於晚出古文之辨僞，已略如前節所述。本節則針對他對經文的疏解特色，進行分析。基本上，唐焕是透過解讀篇目次序之安排、離析文章的段落結構，並且點出篇章主題的方式，幫助閲讀者盡快掌握《尚書》經文大義。故本節先以唐焕釋《堯典》一篇爲例，以觀其離析文章結構疏解經文的特色。

先來看唐焕對《虞書》的解題。按蔡沈釋《虞書》曰："虞，舜氏，因以爲有天下之號也。書凡五篇，《堯典》雖紀唐堯之事，然本虞史所作，故曰《虞書》。其《舜典》以下，夏史所作，當曰《夏書》。《春秋傳》亦多引爲《夏書》，此云《虞書》，或以爲孔子所定也。"[②]而唐焕解《虞書》云："虞，舜氏，因以爲有天下之號。書凡二篇，紀虞帝受禪始終及廷臣帝前陳謨，故曰《虞書》。"[③]再來看唐焕對《堯

---

① 陶澍《尚書辨僞跋》，《尚書辨僞》，卷首。

② 蔡沈《書集傳》（上海：華東師範大學出版社，2010 年），卷一，頁 1。

③ 唐焕《尚書辨僞》卷一，頁 1。

典》篇名的解釋。按蔡沈釋《堯典》篇名曰："堯，唐帝名。《説文》曰：'典，從册，在丌上，尊閣之也。'此篇以簡册載堯之事，故名曰《堯典》。後世以其所載之事可爲常法，故又訓爲常也。今文、古文皆有。"[①]唐焕則云："堯，唐帝名。典，《説文》曰：'册在丌上。'此篇詳載堯禪舜始終事，故名《堯典》。"[②]可以看得出來，唐焕在對《虞書》解題及《堯典》章旨的解釋上，有承襲自蔡《傳》的部分，但唐焕更强調的是此篇所載禪舜始終之事，這是蔡沈所未言及的。唐焕不但以此爲原則，來批評别出《舜典》是不曉《堯典》通篇文意的陋儒之見，同時也依此原則，對禪舜而述堯事進行解釋。如釋"曰若稽古，帝堯曰放勳，欽明文思安安，允恭克讓，光被四表，格於上下"曰：

> 曰、粤、越通。曰若，發語辭，《周書》"越若來"亦然。稽，考也。夏史所載，故稱古帝。將紀禪舜本末，故先冒挈言之。放，漸至；勳，功也。總言堯之功大而極於無涯也。欽，儼恪勃發之意。明，犀斷；文，條理。思，睿慮。皆性之德，仁義禮智是也。安安，言德性自然，毫無勉强，所謂性之也，放勳之本也。允，信；克，能也。恭者，讓之本；讓者，恭之著。允與克，安安之由，勳所由放也。光，顯；被，及；表，外；格，至。上，天；下，地也。謂盛德虚己，故其功際天地，蓋言放勳所極也。由禪舜而舉官，皆德之著，而恭讓之符，至殂落前後，舜終帝治。則所謂被四表，格上下，於斯至矣。舜特終堯之事耳。[③]

所謂"將紀禪舜本末，故先冒挈言之"者，先形容堯之盛德功業，再言由禪舜而舉官，至舜終帝治，都是特終堯之事耳。故其釋"克明俊德，以親九族，九族既睦，平章百姓，百姓昭明，協和萬邦，黎民於變時雍"云：

> 明，明揚；俊，俊傑。俊德，舜及岳牧九官是也。克明由恭讓也。以，用也。睦，親而和也。平，均；章，明。百姓，畿内臣民。昭明，自明其德也。黎，黑也。於，歎美辭。變，遷於善。時，是；雍，和，大化洽也。下從叙睦覲水火教養工虞禮樂，所以睦族平章。協，和者也。正被格之實，所謂放勳四德安安之效也。上節虚冒，此節總挈，下乃遞詳其實也。[④]

所謂上節虚冒，此節總挈者，即指出《堯典》首段文字主要在於對堯之盛德的形容，此段則提綱挈領，指出堯克明俊德親睦九族、平章百姓、協和萬邦之功績。至於下乃遞詳其實者，則是自"乃命羲、和"以下，實述堯命官授時以下事。如其釋"乃命羲、和，欽若昊天，厤象日月星辰，敬授人時"云：

> 自此至舜死，層叙允恭克讓之實與其效，以極被格之所際也。乃者，繼事之辭。聖人心雖無窮，而由廣被以及於無量，非一蹴所能，故特承上而遞推之，以至其極也。羲、和，主厤象授時之官。若，順也。昊，廣大貌。厤紀數之書象，觀天之器。日，陽精；月，陰精。星，二十八宿。衆星爲經，

① 蔡沈《書集傳》卷一，頁1。
②③④ 唐焕《尚書辨僞》卷一，頁1。

金木水火土爲緯是也。辰,以日與天會,分周天爲十二次也。此定周天行度,欽若之具,敬授之本也。人時,耕獲之候,如下文所云也。[①]

唐焕首先説明自乃命羲、和以下至舜死,是層層遞叙允恭克讓之實與其效,"以極被格之所際"。接著解釋"乃"字之義,所謂繼事之辭,據清張文炳《虚字注釋》所言:"乃,繼事之詞,'乃積乃倉'是也。"[②]而《馬氏文通》則將繼事之詞歸入"承接連字"一類[③],表達因果遞進之關係。在唐焕看來:"聖人心雖無窮,而由廣被以及於無量,非一蹴所能,故特承上而遞推之,以至其極也。"所以在首段虚冒描述堯之盛德,第二段提綱挈領,指出堯克明俊德親睦九族,平章百姓、協和萬邦的功績之後,即繼之以實事,歷述堯之功德由廣被以及於無量之過程。

又如,唐焕在解釋"分命羲仲,宅嵎夷,曰暘谷。寅賓出日,平秩東作。日中,星鳥,以殷仲春。厥民析,鳥獸孳尾"時云:"此下四節承上厤度既定,而分職以考驗之,恐推步之或差也。"[④]仍是依繼事連辭的原則,將承上啓下之因果關係挑明。其釋"帝曰:'疇咨若時登庸?'放齊曰:'胤子朱啓明。'帝曰:'吁!嚚訟可乎?'"則云:"定厤授時,績熙民阜矣,必爲天下得人而奕世永賴,故疇咨汲汲也。此下三節,皆爲禪舜張本。"[⑤]同樣是指出上下文的因果關係,亦即定厤授時,績熙民阜之後,重心在於繼承者之選拔,故云"此下三節,皆爲禪舜張本"。换言之,唐焕善於提點關鍵的轉折處,使覽者易於掌握文章脈絡,通曉文章重心,此與其授讀子弟必有關聯。例如其哲嗣唐仲冕即深於《尚書》,在《陶山文録》中,有不少關於《尚書》的篇章,其中不乏援引唐焕之説爲據者。例如唐仲冕有《尚書説》一文,開篇即云:"六經聖人手訂,以詔方來。《書》爲體道出治,經權常變之軌則,尤兢兢焉。事涉奇誕,語近幽渺,奸雄之所藉口,庸儒因而誤國,雖在墳典,亦必刪除。所以樹平成之準,嚴傳託之防,盡變通之神,恢參贊之量,而適協乎大中至正之理。"[⑥]所言仍是據唐焕所揭示的經典觀加以引申。故姚鼐於篇後《跋語》云:"陶山尊甫石嶺先生著《尚書辨僞》,余爲之序

① 唐焕《尚書辨僞》卷一,頁 1。

② 張文炳《虚字注釋備考》,(廣州:廣東人民出版社,2012 年影印四編清代稿抄本),卷三,頁 555。

③ 馬建忠《馬氏文通》(臺北:臺灣商務印書館,1968 年),卷八之三,頁 56－57。

④ 唐焕《尚書辨僞》卷一,頁 2。

⑤ 唐焕《尚書辨僞》卷一,頁 3－4。

⑥ 唐仲冕《陶山文録》(上海:上海古籍出版社,《清代詩文集彙編》第 437 册,2010 年),卷二,頁 12－13。又唐仲冕有《題伏生授經圖和孫淵如觀察時淵如撰伏書注疏》云:"自昔治專經,壁藏溯秦劫。《尚書》著辨僞,先子有家法。梅、閻皆證據,陳義獨融洽。《考異》登四庫,折衷垂令甲。通儒追姚、姒,梅書雕成匣。惟訂廿九篇,毋以《序》承乏。《泰誓》殊張霸,定宇在記劄。匪惟研精覈,注疏細拱押。自言《洪範》理,鄭注猶淺狹。寧非濟南靈,誘衷倒三峽。況曾置博士,釋奠神從祫。斯圖類鑄金,日久架懸業。玉躞手新題,珍重同梵夾。屬余一披圖,古貌見眉睫。掌故拜牀前,頗異貳顔帢。微言當口授,不櫛非近狎。君才軼漢室,聚訟徒喋喋。大師若桓、文,牛耳誰先歃。鰋生讀父書,道合喜心恰。願常爲都養,豈但牙籤插。兩家各孚翼,雛鳳勝雛鴨。淵如詩有"我子長未齔"之句。更看伏生孫,用振金華業。"對其父唐焕治《尚書》之功績,推崇備至。《陶山詩録》,卷一五,頁 18。

其書。因梅、閻諸家考證已詳，特指其害義傷道者辨之。陶山仰承庭誥，立論精當，洵爲伏經功臣。”①

再來看唐煥對《舜典》的解釋。需要説明的是，唐煥是不承認別有所謂《舜典》一篇存在的，辨已見前。不過他對於釐降觀刑之後的文字，仍是依其離析文章結構以解經的原則進行疏釋。如釋“慎徽五典，五典克從；納于百揆，百揆時叙；賓于四門，四門穆穆；納于大麓，烈風雷雨弗迷”云：

> 觀刑二女，試之先事。此節歷試之績，受終之由也。徽，美也。慎之使人知人道之防，徽之使人有人倫之樂也。五典，五倫，親義別序信是也。從，順也，蓋使爲司徒也。百揆，揆度庶務之官，猶周之冢宰也。時叙，以時而叙也，克諧之驗也。四門，四方之門，諸侯方至而使主焉，故曰賓，蓋又兼四岳之官也。穆穆，和之至也。烝乂之符，孝之推也。麓，山足。烈，迅。迷，錯也。洪水爲害，舜兼司空，相視水勢，雷雨大至，毫無驚懼，非聖德盡性，衾影無愧者不能。堯所以觀厥刑也。舜之績，堯之勳也。②

唐煥不論是從對《舜典》篇名的批駁中，抑或是對《堯典》(含《舜典》)通篇經文的疏解中，不斷的强調，《舜典》所述重心在於堯之禪舜。故經文中述舜事，在舜言之，是述其歷試之績，受終之由也；在堯言之，所以觀厥刑也，而舜之成績，乃所以彰堯之功勳也。又唐煥釋“在璿璣玉衡，以齊七政”云：

> 璿，美珠。璣，機也。象天體之運轉也。以璿飾度，便夜候手切也。衡，横也。玉衡以玉爲管，横而設之，所虧璣而審七政之運行，猶今之渾天儀也。政云者，日月有交食，五星有遲留伏逆。其變也，行度遲速；其常也，各自爲政，皆所當齊也。前時考候中氣，此復詳論二曜行道，五緯纏度，於法爲益密。七政齊而推步無差矣。此言舜初攝位，首察璣衡，蓋厤象授時，先務爲急，猶前事也。③

在對“璿璣玉衡，以齊七政”做簡單注解之後，唐煥將重點放在文章轉折處做提點，如云“前時考候中氣，此復詳論二曜行道，五緯纏度，於法爲益密。七政齊而推步無差矣”，把前後文的重點揭示出來。又如云“此言舜初攝位，首察璣衡，蓋厤象授時，先務爲急，猶前事也”，則是表明歷象授時是農業社會的先務爲急之事，而且在技術上，其法較堯時益密，但本質上仍是繼承堯之事業，故云“猶前事也”。

再觀唐煥釋“五載一巡守，群后四朝。敷奏以言，明試以功，車服以庸”一節所云：

> 五載，合計也。一，一年。四，東西南北諸侯，以次分四年來朝也。一往以來，禮無不答也。敷，陳。敷奏，詢事。明試，考言也。民功曰庸，車服以所旌之也。禪之者獲付託之逸，攝之者無僭偪之嫌，大舜聖德體天，

① 同前注。

②③ 唐煥《尚書辨僞》卷一，頁6。

毫髮無憾;帝堯安安恭讓,亦掩映於不言中矣。[①]

此處仍强調堯、舜之事在於禪讓,所云"禪之者獲付託之逸,攝之者無僭偪之嫌",蓋用以强調堯、舜之禪讓,非如後世權臣逼位之醜態,故進而補充云:"大舜聖德體天,毫髮無憾;帝堯安安恭讓,亦掩映於不言中矣。"對於聖王完美形象之刻畫,可謂用心良苦。

再觀其釋"流共工于幽洲,放驩兜于崇山,竄三苗于三危,殛鯀于羽山,四罪而天下咸服"云:

> 此皆堯臣也,而舜罪之不疑,由心無繫累,行所無事故也。益以見神堯恭讓自然,爲天下得人,勳之所以放于無極也。又按殛鯀用五臣,乃初攝時事,彙四罪而附恤刑後者,統二十八載而總紀之也,故下文即接云云。[②]

唐焕强調舜登庸之後,於堯臣之有過者罪之不疑,所以然之故,在於心無繫累,故行所無事。不難看出,唐焕所欲表達的仍是禪讓一事光輝的面目,故又申之云"益以見神堯恭讓自然,爲天下得人,勳之所以放于無極也"。值得注意的是,唐焕在此處分析了經文在叙述上參差錯落之處,例如殛鯀用五臣,乃初攝時事;然而彙四罪而附恤刑後者,則是統二十八載而總紀之,亦即經文將舜即位初年之事與二十八載間之事溷而叙之,下文又立即接"二十有八載,帝乃殂落",容易使讀者以爲殛鯀之事亦在舜之末年,經過唐焕分析之後,二者之差别即能清楚掌握。

接下來唐焕對"二十有八載,帝乃殂落。百姓如喪考妣,三載,四海遏密八音"這一段經文,唐焕作如是發揮:

> 殂落,死也,魂升而魄降,故曰殂落。百姓,百官族姓。喪,爲之服也。遏,止;密,静也。八音,金、石、絲、竹、匏、土、革、木也。所以然者,洪水患大,帝憂勞數十年,咨揚側陋,付託得人,放罪舉賢,治水弼教,民去昏墊之厄,享蘇息之休,且易未闢之洪荒,爲中天之景運,生其時者,不自知其淪肌而浹髓也。此被格之驗,放勳之極也。[③]

在"所以然者"之前,是對經文的簡單疏解。重點在於唐焕將舜之功績用自己的話表述一遍,這已經不是單純的隨文注解,而是消化經文之後的個人心得。當然,不論其對舜之功績如何表彰,總不離繼承堯之志業的叙述,此段文字最後又説"此被格之驗,放勳之極也",原因仍是把舜事擺在堯之禪的框架下來叙述。

所以,再來看他對"舜曰:'咨,四岳!有能奮庸熙帝之載,使宅百揆亮采,惠疇?'僉曰:'伯禹作司空。'帝曰:'俞,咨!禹,汝平水土,惟時懋哉!'禹拜稽首,讓于稷、契暨皋陶。帝曰:'俞,汝往哉!'"之疏解:

①② 唐焕《尚書辨僞》卷一,頁8。
③ 唐焕《尚書辨僞》卷一,頁9。

遠猷是經，庶政爲要，故亟咨九官也。奮，起；載，事也。云帝載者，舜受堯禪，終舜之事，皆堯之事，勳之所以放也。……亮采，總其事；惠疇，酌其理，冢宰統百官也。……平水土，禹舊職。……舜前以冢宰兼司空，此禹以司空晋冢宰，洪水初平，職仍重也。……此稱舜，下方稱帝，明堯在時，舜未嘗稱帝也。①

此處仍是强調堯在位時舜仍未稱帝，其云熙帝之載者，乃舜受堯禪，終舜之事，皆堯之事，勳之所以放也。至放勳殂落，命禹由司空晋冢宰以統百官時，乃稱帝。又其釋"三載考績，三考，黜陟幽明，庶績咸熙。分北三苗"云：

考，核實也。三考，九載，舊法也。黜，降；陟，升也。幽，暗，毫無建白；明，顯，歷有顯績也。北，猶背也。服化者安之，不即工者徙之，使分背而去也。命官之後，循法考課，不愆不忘，賞罰明信，鼓勵群倫之道備矣。績之所以熙，頑之所以服也。舉三苗之分背，以見薄海内外，無思不服。聖德紹堯，被格無涯，無爲而治也。②

在唐焕的解釋裏，他把舜對毫無建白與歷有顯績者的黜陟行爲，以及對三苗的分背，認爲是命官之後，循法考課，不愆不忘，其賞罰明信，鼓勵群倫之道備矣。由此而績熙頑服，更見三苗之分背，使薄海内外，無思不服。但最後話鋒一轉，仍説舜是聖德紹堯，被格無涯，仍是蕭規曹隨無爲而治。之所以如此解釋，即是把舜置於從屬位置，强調舜之績乃堯之勳也。

最後，來看唐焕對"舜生三十徵庸三十，在位五十載，陟方乃死"的解釋，以作爲本篇之總結。其言云：

徵，召。庸，即上登庸也。陟方，巡方也。乃死者，聖德無我，家國天下，各極其分，無敢自逸也。徵庸者堯也，禪位者堯也。綜紀始末，毫無贊辭，以見五十載咨命考績，措置適宜，心堯之心，熙帝之載而已。非帝堯所性恭讓，虚己得人，能致此蕩蕩之極效與？帝舜之有天下而不與，亦可以想見矣。③

通觀唐焕對《堯典》一篇的詮釋，都離不開堯之禪舜，而舜之舉措，皆所以繼述堯之勳業，真是功成而弗與，把舜的功績位置做極度的虚化，彷彿爲老闆打工的工頭，或者是執著權力不放的太上皇手下之嗣皇帝。如此詮釋，顯示的是儒者對經典描繪的聖王禪讓作完美想像，雖是唐氏的一家之言，卻也是藉由對經典的解釋投射了儒者的政治理想。

除了對《堯典》一篇帶有鮮明的個人色彩的詮釋之外，唐焕對其他篇目的解釋，亦有可摘出討論者。例如《盤庚》，今文、古文皆有《盤庚》，但今文三篇合爲一篇，古文則分上中下三篇，現行諸本於《盤庚》的經文亦是分上、中、下三篇。我們再以蔡《傳》釋《盤庚》篇題爲例：

---

① 唐焕《尚書辨僞》卷一，頁10。

②③ 唐焕《尚書辨僞》卷一，頁13。

盤庚,陽甲之弟。自祖乙都耿,圮於河水。盤庚欲遷於殷,而大家世族安土重遷,胥動浮言。小民雖蕩析離居,亦惑於利害,不適有居。盤庚喻以遷都之利,不遷之害。上、中二篇,未遷時言。下篇,既遷後言。王氏曰:"上篇告群臣,中篇告庶民,下篇告百官族姓。"《左傳》爲《盤庚之誥》,實誥體也。三篇,今文、古文皆有,但今文三篇合爲一。①

這裏需要注意的是蔡《傳》對三篇所述先後的判斷,如"上、中二篇,未遷時言。下篇,既遷後言",又如引王氏言"上篇告群臣,中篇告庶民,下篇告百官族姓"。但唐煥卻是將《盤庚》分爲四段,來看他的解釋:

盤庚,陽甲之弟。自祖乙都耿,圮於河水,盤庚率臣民遷於殷,此其誥命也。分四段,首段喻以遷都之利,二段未遷時嚴戒之,三段將遷時申敕之,四段既遷之後慰安之,皆所以完首段遷都之利之意。②

按唐煥於此並未指實所告對象,如蔡《傳》所引王氏"上篇告群臣,中篇告庶民,下篇告百官族姓"之類,而是以臣民概括其告言對象。但這種從首段的喻以遷都之利,經二段的未遷時嚴戒之,到三段的將遷時申敕之,最後歸結到四段的既遷之後慰安之的四段分法,顯然較三分其篇的"上、中二篇,未遷時言。下篇,既遷後言"更能彰顯情境,或者說有解釋得更加細膩的可能性。其故在於首段喻以遷都之利之後,二段至四段的未遷、將遷、既遷組成一種動態的描述,皆所以呼應首段之意。

今觀其釋"盤庚遷於殷,民不適有居,率籲衆慼出矢言"云:"此通記遷殷事。下節(按:從'曰我王')至'四方',發端以挈下三段也。殷在河南偃師縣。適,往;籲,呼;矢,陳也。衆慼,共罹水患之人。出而矢言,喻以遷殷之利,如下所云也。"③唐煥將從起自"曰我王來既爰宅于茲"至"底綏四方"的經文列爲第一段,並言此段"發端以挈下三段",就已是將原來的上、中、下三篇的格局打破。而在"曰我王來既爰宅于茲"至"克從先王之列"這段經文之下,唐煥解釋云:"承爰宅而進述前事,以開諭今事,使知遷之不可已也。"④經文下接"若顛木之有由蘖"至"底綏四方",唐煥直言"以上告遷殷之利也"。⑤表示第一段至此結束,言遷殷不得已,故告民以遷殷之利。

又在從"盤庚斆于民"至"王命衆悉至于庭"的經文之下,唐煥作如下解釋:"此記未遷時事。下節至'勿可悔',承斷命而嚴戒之。……伏小人攸箴,民有欲遷者,爲在位者所抑,不能上達也,無或敢以舊法正也,此發誥之意也。"⑥表示從"盤庚斆于民"至"罰及爾身,弗可悔"爲第二段,既申明承斷命而嚴戒之,亦可見唐煥所謂的第一段、第二段是將《盤庚》上篇一分爲二,因爲《盤庚》上篇即是以"弗可悔"爲斷。

至於第三段、第四段,雖是相應於中篇、下篇,但第三段在將遷未遷的解釋

① 蔡沉《書集傳》,頁105。
②③ 唐煥《尚書辨僞》卷三,頁7。
④⑤⑥ 唐煥《尚書辨僞》卷三,頁8。

上又有不同。依蔡《傳》所釋,上、中二篇是未遷時言,下篇是既遷後言。而孔《疏》於中篇首段經文之下亦云:"盤庚於時見都河北,欲遷向河南,作惟南渡河之法,欲用民徙,乃出善言,以告曉民之不循教者,大爲教告,用誠心於其所有之衆人。於時衆人皆至,無有褻慢之人,盡在於王庭,盤庚乃升進其民,延之使前,而教告之。"①明白表示中篇所載是雖欲遷向河南,且有渡河之法,但仍停留在説服其民的階段,亦是未遷時事。然唐焕既言"三段將遷時申敕之",又在經文的實際疏解中,以爲三段所載是方遷時事。其所謂方遷、將遷者,是正在進行遷都之意,故此篇表示的是已在進行遷都時的申敕之語。今觀首段之釋:

> 盤庚作,惟涉河以民遷。乃話民之弗率,誕告用亶。其有衆咸造,勿褻在王庭,盤庚乃登進厥民。〇此記方遷事。下節至建乃家,承首段從烈而申敕也。作,起而將遷之辭。殷在河南,故涉河。②

唐氏既已言"起而將遷"③,故接續解釋"曰明聽朕言,無荒失朕命"時,即明言"涉河時勉從烈也",再度表示第三段(中篇)所叙是正在遷都的時候。所以在解釋此段之末"往哉!生生。今予將試以汝遷,永建乃家"時云:"往指新邑。方遷移時,人懷舊土之思,未見新居之樂。故再以生生勉之,振其荒失而作其趨事也。試,用也;將,且然之辭,永建乃家,諭以子孫無窮之業,鼓舞從列以終荒失之戒也。"④再再表明的是唐焕認爲第三段(中篇)所叙,是正在遷都時事,而不是停留在説服百姓的未遷之時。最後,在《盤庚》通篇之末,唐氏引蘇軾之説再附以識語云:

> 蘇氏曰:"民不悦而猶爲之,古未之有也。祖乙圮于耿,不得不遷。盤庚德之衰也,其所以信于民者未至,故紛紛若此,然民怨誹逆命而終不怒,引咎自責,益開衆言,反復告諭,以口舌代斧鉞,忠厚委濟,殷之所以不亡而復興也。厲民以自用者,可以愧矣。"愚謂國都五遷,事變重大,古今未有,非大賢以上,不能措此而裕如也,故特録之。⑤

蘇軾所重者,在於盤庚面對民怨誹逆命而終不怒的忠厚委濟,以爲殷之所以不亡而復興者以此。但唐焕所重者,是國都屢遷,事變重大,值此古今未有之境,必有大賢如盤庚者出,方能措之裕如也。此乃其經典觀之再引申,即前所謂"能卓越前古,足以特示將來"者,才有資格被列爲經典。而《盤庚》篇所述遷殷諸事,正符合此條件,故乃言"特録之",以示"其事足以創生民未有之奇"。

唐焕離析文章段落結構以闡經義的特色已略如上述。除此之外,唐焕也在二十八篇經文的篇名之下綴以數語,以點出篇章主題。雖是簡短提要,卻也頗具特色。先來看他對《皋陶謨》章旨的闡釋。他説:

---

① 孔穎達《尚書正義》,頁349。

②③ 唐焕《尚書辨僞》卷三,頁11。

④ 唐焕《尚書辨僞》卷三,頁13。

⑤ 唐焕《尚書辨僞》卷三,頁15。

君行事曰典,臣陳言曰謨。二帝相禪,故同典;諸臣一德,故同謨。首尾皆臯陶言,故名。中則禹謨,後則夔謨也。①

在簡短的數語中,除了區别典謨、解釋《虞書》凡二篇之故,又解釋了此篇稱《臯陶謨》的理由。最重要的是,還呼應了他對《虞書》"虞,舜氏,因以爲有天下之號。書凡二篇,紀虞帝受禪始終及廷臣帝前陳謨,故曰《虞書》"的解題,可謂言簡意賅,又宗旨明確。

值得注意的是,唐煥《尚書辨僞》引據前賢注釋以蔡《傳》爲最,在篇名提要上亦然,例如《甘誓》、《湯誓》、《西伯戡黎》、《洪範》的提要,基本上就是檃括蔡《傳》而來。但這並不表示唐煥對蔡《傳》是毫不保留的接受,而往往是别有所陳,如上節所引《牧誓》,本節所引《虞書》、《堯典》及《盤庚》,唐氏於篇旨之説明,顯異於蔡《傳》。此處再舉數例,如《金縢》。蔡《傳》云:

武王有疾,周公以王室未安,殷民未服,根本易揺,故請命三王,欲以身代武王之死。史録其册祝之文,並叙其事之始末,合爲一篇。以其藏於金縢之匱,編書者因以"金縢"名篇。今文、古文皆有。○唐孔氏曰:發首至王季、文王,史叙將告神之事也。"史乃册祝"至"屏璧與珪",記告神之辭也。自"乃卜"至"乃瘳",記卜吉及王病瘳之事也。自"武王既喪"以下,記公流言居東,及成王迎歸之事也。②

來看唐煥的改寫:

武王有疾,周公以王室未安,殷民未服,根本易揺,故請命三王,欲以身代其死,史録其册祝之辭,並叙其事之始末,合爲一篇。以其始終金縢,故以名篇。○唐孔氏曰:發首至王季、文王,叙將告神之事。册祝至屏珪,記告神之辭。乃卜至乃瘳,記卜吉病瘳之事。既喪已下,記公流言居東討罪,及迎歸之事也。③

唐煥除了删去虚字及"今文、古文皆有"等字眼之外,基本上是對蔡《傳》的叙述做文字上的精煉,内容並無太大的差異,但關鍵的區别只有一句,即是將蔡《傳》的"記公流言居東"改爲"記公流言居東討罪",兩字之差,代表的是唐煥對周公的認知,與蔡沈大異其趣。亦即唐煥接受"周公攝政"及"居東"乃是討伐管蔡的漢代今文學《尚書》古義,與宋儒堅持周公相成王,及承自馬、鄭以居東乃避居東土而非討伐管、蔡的持論,可謂是尖鋭的對立。

在這等原則問題上,唐煥毫不含糊,所以在引用蔡《傳》的同時,對於關鍵之處,會做出相應的改寫;而在解釋經文時,也不斷的强調周公是攝政而非相成王,及居東乃是征討罪人。如釋"武王既喪,管叔及其群弟乃流言於國曰:公將不利於孺子"云:"喪,瘳疾四年而崩也。……既喪乃流言,謂久生覬覦,畏未

① 唐煥《尚書辨僞》卷一,頁16。
② 蔡沉《書集傳》,頁105。
③ 唐煥《尚書辨僞》卷四,頁15-16。

發也。武王崩，成王幼，周公攝政，踵商人兄終弟及之後，叔乘間流言，以懼成王而摇周公。"[①]唐煥明白表示武王崩，成王幼，於是周公攝政。又其釋"周公乃告二公曰：我之弗辟，我無以告先王"云："辟，法也，謂討管叔。無以告先王，謂不得避嫌也。成王諒陰，周公專攝，四國並興，蕭牆大變。東征稍緩，蔓延莫遏，王國之禍，不可勝言。公將何以告先王？即承告請身代來。代疾者，貴戚之義；誅叛者，宗社大義。致辟之心，終請代之心也。"[②]又其釋"周公居東，二年，則罪人斯得"云："居東，東征；罪人，管、蔡；得，得而伏法也。則斯者，流言之變弭，可以告先王也。"[③]明確解辟爲法，乃討管叔之詞；居東即爲征東；罪人即爲管、蔡。又其釋"於後公乃爲詩以貽王，名之曰《鴟鴞》，王亦未敢誚公"云："於後公乃者，討叛事急，不得及此也。鴟鴞惡鳥，其詩云'既取我子，毋毀我室'，言既誘死管叔，勿又危我王室也。貽王者何？王疑未釋，亂未弭也。誚，讓；未敢者，東征大舉，動魄驚心，討叛未歸，流言在耳，心尚狐疑也。抑前此固嘖有煩言，而公不計也。"[④]仍是以周公討叛，成王心疑爲釋。

甚至在通釋《金縢》全篇經文之後，唐煥還罕見地做了大篇幅論述，爲周公攝政及東征事，做强力的辯護。首先，他反駁蔡《傳》從鄭玄解"辟"爲"避"，以爲當如孔《傳》解"辟"爲"法"。其言云："按：我之弗辟，孔注：辟，法也。謂誅管叔。蔡沈從鄭《詩箋》作避，極辨致辟之非。予詳揆理勢，及大聖心迹，確主孔説。"[⑤]其次，他以大量的文字渲染管叔之惡，認爲管叔是處心積慮預謀叛變，散布流言的小人，説他丁殷沿襲兄終弟及之故，趁武王老、孺子幼，乃養兵伺釁，而誘致武庚。認爲管叔"豎幟立帥，四張僞檄，師隨其後，以出不意，後世赤眉、黄巾以下皆然"。又認爲："（周）公才藝文武，叔所稔知，若遷延東土，周室防維，公即引嫌，篤棐輔王，居中鷹揚，指師問罪，亦束手耳。惟乘國喪新遭，假清君側，召號姦黨，馳師西襲。又商亡未久，人心眷故，武庚既叛，天下洶洶，少冀吾計得行，周公遜去，二公忠藎，疏不間親，倘一戰而捷，師壓西鎬，孺子心寒，事未可知。"唐煥點出："此管叔所爲，籌之已熟，僥倖於萬一者也。"最後，唐煥自設問答云：

> 或曰："叔雖叛，借有稱名，公心迹未明，宜少引退以任二公。"此中材以下不知天命者之言也。斯何時乎？三監挾叛，王室騷震，應之少緩，禍不可言。公明明曰："我之弗辟，我無以告我先王。"謂不得以引嫌小節，而隳宗社之大計。蓋受命託孤，義篤前烈，所以決策無貳也。武王、管叔，皆公之兄，或代或辟，裁以大義已耳。又曰："罪人得矣，貽詩贅也。"嗟夫！此痛定思痛之言也。聞叛義奮，誥衆專征，當時行之不覺也。事定矣，周思前後，王無駭且疑乎？臣主不白，非國之福也。然方是時，流言在耳，公

① 唐煥《尚書辨僞》卷四，頁17。
② 唐煥《尚書辨僞》卷四，頁17－18。
③④ 唐煥《尚書辨僞》卷四，頁18。
⑤ 唐煥《尚書辨僞》卷四，頁19。

征未歸，王疑固在也。非風雷感動，能遂融然釋乎？若謝權避去，王又何誚，而又何疑與？勤勞弗知，先時駭東征之爲適已，今乃知爲勤勞王家而感且泣也。聖學不明，學者不聞此義，伊尹之放太甲，莫不駭爲大奇。若公受遺攝政，世子嗣王，辟管、蔡，命康叔，謗者謗，疑者疑，公正義直行，毫無所顧，卒也措國家于磐石，毓沖子于聖賢，此宜小賢豎儒之所驚心目眩，以爲必無之事，又何怪真《尚書》之真面目，蒙翳萬劫也哉！①

這一段文字包含三項内容。其一是批評那些認爲周公"宜少引退以任二公"者，是"中材以下不知天命者之言"。其故在於，當此三監挾叛，王室騷震的非常之時，周公若應之少緩，則禍不可言。所謂不得以引嫌小節，而隳宗社之大計者以此。正因受命託孤，義篤前烈，所以必須決策無貳。對周公而言，武王、管叔雖爲兄長，然前者欲以身代死，後者則東征以致辟，均裁以大義而已。其二，他描述成王對周公專征之驚疑，以及風雷感動，先時駭東征之爲適已，今乃知爲勤勞王家而感且泣也。其三，則批評後世學者，對周公受遺攝政，世子嗣王，辟管、蔡，命康叔諸事，謗者謗，疑者疑，擬諸伊尹之放太甲，莫不駭爲大奇。而不知周公正義直行，毫無所顧，卒也措國家于磐石，毓沖子于聖賢。以故唐煥嘆息聖學不明，學者不聞此義，小賢豎儒驚心目眩，以爲必無之事，又何怪真《尚書》之真面目，蒙翳萬劫，紛争難明哉！

唐煥對蔡《傳》所載《金縢》篇主旨的修正，以及依據經文對周公攝政東征的闡發，已略如上述。然周公東征，辟管、蔡，命康叔諸事，亦載在《大誥》以下的諸篇，唐煥也同樣在對蔡《傳》的修正中，表述了他的看法。如《大誥》，蔡《傳》解題云：

> 武王克殷，以殷遺民封受子武庚，命三叔監殷。武王崩，成王立，周公相之。三叔流言"公將不利於孺子"，周公避位居東。後成王悟，迎周公歸，三叔懼，遂與武庚叛。成王命周公東征以討之，大誥天下。書言武庚而不言管叔者，爲親者諱也。②

唐煥的解題則云：

> 武王克殷，以殷遺民封紂子武庚，命三叔監之。武王崩，成王幼，周公攝政，三叔流言，遂挾武庚以叛。周公以成王命討之，大誥天下。此即前篇告二公居東時事，史録其誥以爲篇。辭不及管叔者，爲親者諱也。③

兩人説法相異之處有幾點，首先是蔡《傳》以爲"武王崩，成王立，周公相之"，而唐煥則直陳"武王崩，成王幼，周公攝政"。立與幼、相與攝，概念不同，周公形象自亦不同。其次是三叔流言之後，究竟是"遂與武庚叛"還是"遂挾武庚以叛"，這裏牽涉到的是三叔罪狀的輕重以及周公的處置是主動還是被動。出於對反叛時間點認知的不同，蔡《傳》認爲成王命周公東征以討之，而唐煥則認爲

①③ 唐煥《尚書辨僞》卷四，頁19。

② 蔡沉《書集傳》，頁105。

周公是以成王命討之。二人説法相異的關鍵點,在於對"武王崩,成王立,周公相之",或"武王崩,成王幼,周公攝政"認知之不同。此乃千古公案,難有是非之準。然對唐焕而言,就是想要把"周公攝政"這一許多儒者難以接受的諸般涵義,藉由注解《尚書》的機會,完整地表達出來。故言:"《金縢》以下十一篇,著周公處變之奇而法也。《金縢》誅管、蔡,《大誥》討四國,《康誥》三篇奉武遺,封侯伯也,受遺攝政,負扆當國,世子嗣王,毓之東宫,一切奉遺行政,視伊尹輔太甲,抑又奇焉。"[①]總之,在唐焕的認知裏,周代初年發生的大事,除了武王伐紂之外,其餘如誅管蔡、命康叔、營洛邑諸事,都是在周公手下完成,其原因在於成王年幼,以故周公攝政,而後建立有周一代規模。此既周初史事,亦爲古典經義,然經宋儒之批駁,使聖人面目難尋,此所以唐焕嘆後儒之駭怪,而欲盡力表白於天下者。

四、義理疏解中的宋學脈絡

雖然在上一節中,筆者以不小的篇幅,討論唐焕在周公攝政及東征諸事上,與代表宋儒《尚書》學的蔡沈之説的差異,但不表示唐焕解釋《尚書》時,會借重與他同時代的漢學家之説。不但如此,他對於以訓詁解經,頗有諷刺之語。例如他解釋《説命上》"王宅憂,亮陰三祀。既免喪,其惟弗言,群臣咸諫于王曰:'嗚呼!知之曰明哲,明哲實作則。天子惟君萬邦,百官承式,王言惟作命,不言臣下罔攸禀令'"云:

> 亮陰三年,亦古禮久廢,而高宗復之。不發號令,非默也。既免喪言,更無此理,果然夢賚,何故默不開口以駭群臣耶?子張曰:"高宗三年不言。"孔子曰:"古之人皆然。"可以斥此之僞矣。知之何指?不行之知非真知,安能明哲作則,若云已經力行,後又何以云行之惟艱、遜志時敏耶?[②]

按《論語·憲問》篇載子張問:"《書》云:'高宗諒陰,三年不言。'何謂也?"孔子回答説:"何必高宗?古之人皆然。君薨,百官總己以聽於冢宰,三年。"[③]其意蓋謂舊君既薨,新君即位,時百官文武總攝己心,各盡其職,一切政事聽命於冢宰,直到三年之喪畢,新王才會親自聽政。所以高宗亮陰三年,是不發號令,非默也。至於《説命上》説高宗既免喪,其惟弗言,唐焕以爲更無此理,乃調侃説:"果然夢賚,何故默不開口以駭群臣耶?"再證以子張、孔子的對話,而後"可以斥此之僞矣"。但這一段最重要的地方不在這裏,而在於唐焕對"知"、"行"關係的解釋。唐焕認爲"不行之知非真知",亦即"知"是以"行"爲前提的。他批評《説命上》對"知"、"行"關係的論述是斷裂的,所謂"知之曰明哲,明哲實作則",在唐焕看來,實際上是知而不行,所以他才會批評説:"若云已經力行,後

① 唐焕《自序》,《尚書辨僞》,卷首。
② 唐焕《尚書辨僞》卷三,頁16。
③ 朱熹《四書章句集注》(臺北:世界書局,1965年),卷七,頁103-104。

又何以云行之惟艱、遜志時敏耶?”

但這樣的批評,與他對所謂“訓詁”的批判有何關係呢?實際上,唐煥認爲,古人的“知”,首先來自於“學”而非“思”。而“學”是“知”、“行”關係的重要紐帶。換言之,“學”即是“行”,其序位更在“知”之前,即“學”而後有“知”,而非“思”而後有“知”。來看他對《説命上》“王庸作書以誥曰:‘以台正于四方,惟恐德弗類,兹故弗言。恭默思道,夢帝賚予良弼,其代予言’”這一段文字的討論。唐煥説:

> 恭默思道,不通。古人志學體道,孔聖立而後不惑,孟子深造而後自得,未聞兀坐默思者。不學則殆,固宜神魂恍惚而得鬼夢也。①

唐煥在此批判兀坐默思之非,以爲古人志學體道,如孔聖立而後不惑,孟子深造而後自得,其不學則殆者,固宜神魂恍惚而得鬼夢也。再來看他對《説命中》“説拜稽首曰:‘非知之艱,行之惟艱。王忱不艱,允協于先王成德,惟説不言有厥咎’”的討論。唐煥直接説:“聖門先學,訓詁興而知先矣。”②唐煥批評的是訓詁興起之後,以思爲知,又以知爲先的現象,但他認爲古人卻是志學體道,以學爲先。再來看他對《説命下》“説曰:‘王,人求多聞,時惟建事,學于古訓乃有獲。事不師古,以克永世,匪説攸聞’”的討論。唐煥説:

> 三代之學,從事典禮,孔、孟猶是也。故立禮集義,以漸而深,訓詁後,始以學爲考古讀書矣。此正傳經流弊,孔子所以折子貢者也。③

前面提到,唐煥對知、行的關係認知,是以行爲知之前提,而行即是學。換言之,孔、孟、三代以前所謂學,是從事典禮,故立禮集義,以漸而深。然在訓詁興起之後,始以考古讀書爲學,而經傳之流弊正坐此以學爲考古讀書之事。孔子曾説“君子不器”④,又批評子貢是瑚璉之器⑤,不管此器再如何華美,終究不能達到道的高度。而唐煥批評訓詁興起後,以學爲考古讀書,使經傳的流弊,停留在形下之器,這與他志學體道的理想是背道而馳的,當然也就對以訓詁治經,沒有好言語。所以唐煥釋“惟學,遜志務時敏,厥修乃來。允懷于兹,道積于厥躬”一段文字云:“忠恕一貫,深造逢原,聖學也。此云積者,多聞古訓而有獲之謂,訓詁之究竟也。”⑥他將“忠恕一貫,深造逢原”擬爲聖學,批評“多聞古訓而有獲”爲“訓詁之究竟”,高下之間,其立場已不言而明。又唐煥釋“惟斅學半,念終始典于學,厥德脩罔覺”而曰:“帝王固無下兼司成之理,作半須自得解,亦是訓詁門牌。接閲典學罔覺,尤信。”⑦“訓詁門牌”四字,表示了唐煥對以訓詁治經理路的不滿。雖然他將火力集中在晚出古文之上,以爲這些後出僞造的經典,是訓詁之學大興以後的産物,但這種道器二分的方法學原則,其

---

① 唐煥《尚書辨僞》卷三,頁16。

②③⑥ 唐煥《尚書辨僞》卷三,頁17。

④ 朱熹《四書章句集注》卷一,頁9-10。

⑤ 朱熹《四書章句集注》卷三,頁25-26。

⑦ 唐煥《尚書辨僞》卷三,頁17-18。

實不會只停留在對晚出古文的批駁上，也會表現在他對二十八篇經文的疏解中。唐焕不但以義理文章斷晚出古文之僞，同樣也是以義理文章疏解二十八篇，而義理文章所要呈現者，非道而何？所以，綜觀整部《尚書辨僞》，可以很清楚地掌握到他在義理疏解中的宋學脈絡，以及在他的學術立場背後的價值意識——對道的追求及其方法學的選擇。顯然，訓詁以解經之路被他排除在外。那麽，與訓詁一路有天然近親關係的清人考據著作，又怎麽可能受到他的肯定與關注呢！

所以，所謂的宋學脈絡，除了是指唐焕治《尚書》在義理上貼近宋儒之外，也是指他的治經型態，不但與漢學家大量徵引文獻，考定文字聲音制度的門徑有諸般不同，而且在闡明經文義理，體現聖人之道的同時，也會不斷的發表個人的評論，這明顯也是宋人好發議論的習氣，與堅守隨文注疏不輕發議論的專門經生之業，明顯不同。這種注解兼評論的解經模式，很容易在宋人的經學注解中找到同樣的例子，而唐焕的解經模式亦不外如是。綜觀整部《尚書辨僞》，未曾有一處引述同時漢學家的説法，反而大量援引蘇軾、蔡沈之説，間及吕祖謙、元吴澄及明儒郝敬之説。其目的亦不外欲加深對聖人之道的理解，以及闡明聖人體道的過程及其在處非常之際時的應對。如《西伯戡黎》引蔡沈之説云：

> 蔡氏曰："愚讀是篇，而知周德之至也。祖伊因戡黎奔告，意必及周之不利于殷，乃入而告后，出而語人，未嘗一言及之。蓋周家初無利天下之心，其戡黎也，仗義之舉也。祖伊殷之賢臣，知周之興，必不利于殷，又知殷之亡，初無與於周，故迫乘奔告，反覆乎天命民情之可畏，而略無及周者，文、武公天下之心，于是而可見矣。"①

事實上，蔡沈在做出這一段評論之前，還先引用了蘇軾的一段話："蘇氏曰：'祖伊之諫，直言不諱，漢、唐中祖所不能容者。紂雖不改而終不怒，祖伊得全，則後世人主有不如紂者多矣。'"②蘇東坡關於後世人主有不如紂者多矣的論斷，顯然不是唐焕所關注的，故爲唐焕所删。他在意的是周之有天下的正當性，所謂周德之至也。所以對於西伯戡黎而祖伊入告，出而語人，未嘗一言及之。其迫乘奔告，反覆乎天命民情之可畏，而略無及周者，在蔡沈看來，是於此而可見文、武公天下之心，而唐焕所關注者亦以此。

另外，唐焕在《顧命》篇之末援引郝敬之説，爲繼嗣君冕服受命提出辯護。其言云：

> 郝仲輿曰："先儒疑成王初喪，康王冕服受命爲非，誤也。周、召同受武王顧命，輔成王，凡周公治喪册立之儀，召公豈遽忘之？使周公尚在，亦當如此。蓋人子之情，雖切于親喪，而天子之職，莫大於受命，士庶則親爲重，天子則天下爲公，親喪爲私。先王垂死扶病正衣冠，集群臣授之，嗣王

① 唐焕《尚書辨僞》卷三，頁19。

② 蔡沈《書集傳》卷三，頁124。

終始之際，事何如大，可不嚴正其體，而草草受之乎？禮，三年不祭。祭天地山川，越紼行事。夫祭猶越紼，况始受命爲山川百神祖乎？君薨，世子始生，尚用冕服告，况受命大事乎？非達禮知權，不能與於斯。愚意《顧命》始終諸禮，至正極嚴，必周公手訂，後人遵而行之者也。”①

按唐焕在同篇經文“兹既受命還，出綴衣於庭。越翼日乙丑，王崩”之下，引東坡之説曰：“死生之際，聖賢所甚重也。成王將崩之一日，被冕服以見百官，出經遠垂世之訓，知有得於周公之教深矣。曾子易簀亦若是也。”②表示聖賢於死生之際，亦不苟且，成王將崩被冕服以見百官，曾子易簀則反席未安而没。所以，繼嗣之君，冕服以受命，此乃身爲天子的天下爲公，與士庶的親喪爲重不同。更何况先王垂死扶病正衣冠，仍集群臣出經遠垂世之訓，則嗣王於終始之際，受命繼嗣，可不嚴正其體，而草草受之乎？况且事須達禮，亦貴知權，在喪期間仍有不受私喪限制，參加祭天地社稷的越紼典禮；世子生於君薨之後，尚用冕服行告天地之禮；然則繼體嗣立之大事，以冕服受命，有何不可？最後，郝敬再次强調，《顧命》始終諸禮，至正極嚴，必周公手訂，後人遵而行。一如東坡以成王將崩被冕服以見百官，出經遠垂世之訓，乃有得於周公之教。這就是唐焕所看重的“周德之至”，故特别詳爲徵引。另外，在《文侯之命》篇末，唐焕云：“蘇氏曰：‘宗周傾覆，禍敗極矣。平王宜若衛文公、越句踐然。今其書，乃旋旋焉與平康之世無異，讀《文侯之命》，知東周之不復興也。’愚按：録此書於篇末，以見周轍之不復西也。”③而在《費誓》篇首，唐焕云：“吕氏曰：‘伯禽始封於魯，夷戎乘其新造之隙，而伯禽應之，甚整暇有序，治戎備，除道路，嚴部伍，立期會，先後之次，毫不可紊，可謂節制之師矣。’愚按：録此於《周書》後，以見周公訓式後嗣，文武備具，盡美盡善，抑足以考周禮在魯之一端，此聖人東周之思也。”④這兩段文字唐焕分别引蘇軾及吕祖謙之説爲據再加上個人的按語，一則以爲録此書於篇末，以見周轍之不復西；一則以爲録此於《周書》後，以見周公訓式後嗣，文武備具，盡美盡善，抑足以考周禮在魯之一端，此聖人東周之思也。暗示雖成周不復，然周禮在魯，夫子曰：“吾其爲東周乎！”

當然，對於聖人體道的宣揚，唐焕不會總是借人之口，他也會有自己獨特的闡釋。例如第三節曾言及《盤庚》篇之末，唐焕曾褒美盤庚面對國都五遷，事變重大，古今未有，以爲非大賢以上，不能措此而裕如也。同時也提到《金縢》篇之末，唐焕對周公攝政東征的大篇幅辯護，認爲真《尚書》之真面目蒙翳萬劫，而批判小賢竪儒驚心目炫以爲必無之事。這裏再舉幾個例子，來説明唐焕對周德盛衰的感嘆。在《洪範》篇之末，唐焕曾有如下議論。其言曰：

九疇以福極終者，皇建極則彝倫攸叙而五福應，君民皆承其休；不建極則彝倫斁而六極應，上下皆罹其咎。箕子言此，示人主敬若上帝持盈保

① 唐焕《尚書辨僞》卷五，頁 8。
② 唐焕《尚書辨僞》卷五，頁 2。
③④ 唐焕《尚書辨僞》卷五，頁 18。

泰之大法也。人主誠宜默契乎此，握協居之符，終相居之責，以克全陰騭之理也。予以服武王之爲聖人也，方克商即兢兢業業，以天下大任爲憂，惴惴焉懼負皇天陰騭之責，未及下車，虚己訪聖，俛求治世之大法，以措相協厥居之大道，非服膺望道未見之家法，能若是乎？天假期頤，豈惟毖殷，萬年厭德裕如也。厥後文公受遺攝政，毓嗣誕保，制作禮樂，釀太和於成周，要亦神明於洪範九疇之全體大用自然之妙，而時措咸宜已耳。①

這段文字分成三重涵義，首先是箕子所陳《洪範》之所以以福極爲九疇之終，在於警惕爲君者，若皇建極則倫叙福應，君民承休；不建極則倫斁極應，上下罹其咎。表示箕子言此，是授人主敬若上帝持盈保泰之大法。人主誠宜默契乎此，握協居之符，終相居之責，以克全陰騭之理也。其次則唐焕對於武王被視爲聖人是深表認同，説他甫克商即兢兢業業，以天下大任爲憂，惴惴焉懼負皇天陰騭之責，未及下車，虚己訪聖，俛求治世之大法，以措相協厥居之大道。唐焕認爲此乃服膺望道未見之家法所致，而惜天不假期頤，否則其成就豈止於毖殷，必是萬年厭德裕如也。最後提到，周公受其遺命攝政，毓嗣誕保，制作禮樂，釀太和於成周，也是深有體會《洪範》九疇之全體大用自然之妙，而因時以制宜。唐焕所言，既是對箕子所陳《洪範》九疇的最高禮贊，也是對武王與周公德業的最高肯定。另外，在《無逸》篇首，唐焕亦有如下議論：

逸者，人君之大戒，自古家未有不以勤而興，以逸而敗也。成王歸周，周公留洛，懼其沖年初服，遠離師保，不知勤恤民依，又或隱狃化頑勤勞，少耽逸樂，故做是書以訓之。憂勤者無逸之實，敬厲者無逸之心，凡七更端，皆以嗚呼發之。深嗟咏歎，意深遠矣。《豳風·七月》之詩，亦此意也。②

此爲唐焕對周公告戒成王無耽逸樂之辭的禮贊，以爲"深嗟咏歎，意深遠矣"，同於《豳風·七月》之詩。最後在《吕刑》篇首，唐焕有如下議論：

按此篇贖刑，蓋託《舜典》金作贖刑之語，實則不然。《舜典》所贖，官府學校之刑耳，若五刑固未嘗贖也。今穆王贖法，雖大辟亦與其贖，非先王意也。由其巡遊無度，財匱民勞，末年無以爲計，爲此一切權宜之術以斂民財耳。意則慙赧而不可對人，辭則周遮而不敢逕白，前此國勢見屈而幾莫自存，後將民心失措而萬難相守。録此以見周衰之不復振，豈待厲虐幽暗而後卜周轍之東也哉！③

此則唐焕爲穆王不計手段，爲此一切權宜之術以斂民財的感嘆，以爲周衰之不復振，豈待厲虐幽暗而後卜周轍之東也哉！

叙述至此，吾人對唐焕解經時，體現在義理疏解中的宋學脈絡，當已有直

① 唐焕《尚書辨僞》卷四，頁 14－15。
② 唐焕《尚書辨僞》卷四，頁 51。
③ 唐焕《尚書辨僞》卷五，頁 10。

觀的認識。然而唐煥的《尚書》注解還有一項鮮明的特色，即是運用理學概念進行經典詮釋，並且是透過對蔡《傳》的改寫來進行，往往將蔡《傳》的政治論述進行抽换，然後代以理學色彩鮮明的道德論述。先來看他對《堯典》的討論。唐煥釋"慎徽五典，五典克從；納于百揆，百揆時叙；賓于四門，四門穆穆；納于大麓，烈風雷雨弗迷"云：

> 觀刑二女，試之先事。此節歷試之績，受終之由也。徽，美也。慎之使人知人道之防，徽之使人有人倫之樂也。五典，五倫，親義别序信是也。從，順也，蓋使爲司徒也。百揆，揆度庶務之官，猶周之冢宰也。時叙，以時而叙也，克諧之驗也。四門，四方之門，諸侯方至而使主焉，故曰賓，蓋又兼四岳之官也。穆穆，和之至也。烝乂之符，孝之推也。麓，山足；烈，迅；迷，錯也。洪水爲害，舜兼司空，相視水勢，雷雨大至，毫無驚懼，非聖德盡性，衾影無愧者不能。堯所以觀厥刑也。舜之績，堯之勳也。①

在第一節的時候，筆者提到唐煥在對二十八篇今文《尚書》進行疏解時，除了會在篇首點明篇章主旨之外，在各段經文之下也會附以簡單的章句，尤其特重離析經文的段落結構，以及依據主要源自於宋儒的經説，對經文進行義理闡釋。唐煥對此段經文的闡釋，最能説明其解經的特色。基本上，唐煥對經文的注解，多依蔡《傳》而來，或直接引用，如"徽，美也"、"麓，山足；烈，迅；迷，錯也"之類②；或依蔡《傳》而稍作簡化，如"五典，五倫，親義别序信是也"，蔡《傳》作"五典，五常也。父子有親，君臣有義，夫婦有别，長幼有序，朋友有信是也"。③又"從，順也，蓋使爲司徒也"，蔡《傳》作"從，順也，左氏所謂無違教也。此蓋使爲司徒之官也"④。至於"洪水爲害"至"愧者不能"這整段文字，則是直接檃括蔡《傳》所引蘇軾之説而來⑤。這些例子，都是唐煥解《尚書》頗依蔡《傳》的直接證明，此亦事理之當然，明白蔡《傳》在整個理學傳統與明清科舉場域的地位之人，當能理解，勿庸筆者過多論證。

除了檃括蔡《傳》，使其疏解更形精鍊之外。唐煥還善於串聯上下文意，並以簡單的字句，爲整段經文鉤玄提要。如本段文字開首所言"觀刑二女，試之先事"，即是呼應前段唐煥對"帝曰：'我其試哉！'女於時，觀厥刑於二女，釐降二女於溈汭"的解釋。唐煥繼言"此節歷試之績，受終之由也"，則是對本段所載歷試衆事，做精確的提要，表明舜受終於堯之緣由。换言之，前段觀刑二女，是試其德；此段歷試衆事，是試其績，表示帝堯對舜的考試是包涵了道德與政事兩方面，惟有兩方面都表現完美，堯才有理由傳位於舜。

但唐煥最出彩的地方，在於其注解雖以蔡《傳》爲基礎，卻往往在關鍵處改動蔡《傳》的解釋，使自身的注解更具理學化傾向。還是以唐煥對"帝曰：'我其試哉！'女於時，觀厥刑於二女，釐降二女於溈汭"的解釋爲例。他説：

---

① 唐煥《尚書辨僞》卷一，頁6。

②③④ 蔡沈《書集傳》卷一，頁8。

⑤ 蔡沈《書集傳》卷一，頁9。

試,指德與績言。時,是;刑,法也。二女,娥皇、女英也。觀厥刑者,閨門衽席,心性之隱,易於呈露,必毫無褻玩而後心依於理,而無所繫也。試德也,政之本也。①

按蔡《傳》解此言:"蓋夫婦之間,隱微之際,正始之道,所繫尤重,故觀人者於此爲尤切也。"②蔡沈從"夫婦之道"入手,所解尚不離傳統《詩》教的精神。然唐焕對堯觀舜刑於二女的解釋,卻更著意於在解經過程中嵌入理學的概念,所以他不從蔡《傳》"夫婦之道"的解釋,而是將重心放在藉由閨門衽席,以窺舜心性之隱,以爲舜必毫無褻玩而後心依於理,而無所繫也。如此解釋,已是將蔡《傳》側重夫婦之間的互動,轉向爲窺探舜之心性是否依於理,明顯注入了理學的概念。

再來看唐焕對《皋陶謨》的疏解。其釋"曰若稽古。皋陶曰:'允迪厥德,謨明弼諧。'禹曰:'俞!如何?'皋陶曰:'都!慎厥身,修思永。惇叙九族,庶明勵翼,邇可遠,在兹。'禹拜昌言曰:'俞!'"云:

首述皋陶之謨也。德者,得于天而具於心,仁義禮智是也。迪德者,體道而契性也。謨,謀。謨明者,迪德之致。弼,輔;諧,和也。迪德之感也。慎,致其謹也。身修,道德之著;思永,性情之符也;惇叙者,意美恩明;勵翼者,群哲勉輔也。邇,近。兹,此也。可遠在兹,謂家齊國治而天下平也。所以廣允迪明諧之義也。俞,然其言也。③

此處仍是用蔡《傳》做比較。唐焕對幾個關鍵的語彙,基本上不從蔡《傳》,而是用理學概念做另行解釋。例如蔡《傳》釋"允迪厥德,謨明弼諧"曰:"皋陶言爲君而信蹈其德,則臣之所謀者無不明,所弼者無不協也。"④蔡《傳》之解,類如現代用白話文的直譯,但明顯關注的君臣之間的互動。唐焕則是分幾個層次來重新詮釋"允迪厥德,謨明弼諧":首先釋"德",云"德者,得於天而具於心,仁義禮智是也";其次釋"迪德",云"迪德者,體道而契性也";後再言謨明爲迪德之致,弼諧乃迪德之感,把重點放在迪德的體道契性上,而非蔡《傳》君蹈其德,則臣之謀明的君臣之間。又蔡《傳》言:"身修,則無言行之失;思永,則非淺近之謀;厚恤九族,則親親恩篤而家齊也;庶明勵翼,則群哲勉輔而國治也。"⑤唐焕則釋身修爲道德之著,思永乃性情之符也,惇叙謂意美恩明,勵翼則群哲勉輔。除了第四句承蔡《傳》之説卻有意弱化"國治"此一帶有政治意涵的語彙外,餘者基本是以理學概念演繹之。

再來看《西伯戡黎》一篇。蔡《傳》釋"故天棄我,不有康食,不虞天性,不迪率典"云:"康,安;虞,度也;典,常法也。紂自絶於天,故天棄殷;不有康食,饑饉荐臻也;不虞天性,民心常失也;不迪率典,廢壞常法也。"⑥在蔡沈的詮釋

①③ 唐焕《尚書辨僞》卷一,頁5。
② 蔡沈《書集傳》卷一,頁7。
④⑤ 蔡沈《書集傳》卷一,頁31。
⑥ 蔡沈《書集傳》卷三,頁124。

下，天仍是有意志之天，他關心的是一國之君的失序行爲以及遭遇天罰後導致的政治後果。雖然他没有對“天性”做出解釋，不過從“不虞天性，民心常失”八個字來看，將“天性”解釋成天的意志或規律，當是較用道德性語彙來解釋更爲貼切。但我們來看唐煥的闡釋，他說：

> 康，稔。虞，度也。天性，天命于人而具于心之理。仁義禮知，性之德也。率典，循性而出之常道。故承淫戲言，不有康食，乖氣致災，民失所也。不虞，由淫。不迪，由戲。萬民洶洶，欲喪之由也。申自絶也。①

此處仍是典型的偷換概念。唐煥回避蔡沈筆下有意志的上帝，將詮釋重心放在對“天性”義涵的解釋。他解“天性”爲天命于人而具于心之理，又補充言此具于心之理是仁義禮知，乃性之德。又說率典是循性而出之常道，直接轉化蔡《傳》天意民心的政治語彙爲道德語彙。

類似的情況同樣出現在對《微子》篇的解釋中。如在《微子》篇末，蔡沈除了對微子、箕子、比干“各安其義之所當盡”之外，又引孔子“殷有三仁”之語而論曰：“三人之行雖不同，而皆出乎天理之正，各得其心之所安，故孔子皆許之以仁，而所謂‘自靖’者即此也。”②唐煥亦徵引蔡《傳》此段文字，卻是在關鍵字上做了手脚。其言：“三人行雖不周，而皆出乎天命之正，各得其性之所安，故孔子皆許以仁，所謂‘自靖’者即此也。”③唐煥除了將三人“行雖不同”，改成“行雖不周”之外，又將蔡《傳》所釋“天理之正”、“心之所安”改成“天命之正”、“性之所安”，其潛臺詞應是暗示三人所行，還未到達普遍性意義，是出乎個人之天性，卻未必合乎普遍的天理。所以，才會將蔡《傳》的“行雖不同”改成“行雖不周”。

再來看唐煥對《召誥》“王敬作所，不可不敬德”的解釋。還是以蔡《傳》爲對照。蔡沈云：“言化臣必謹乎身也。所，處所也。猶所其無逸之所。王能以敬爲所，則動静語默，出入起居，無往而不居敬矣。不可不敬德者，甚言德之不可不敬也。”④老實説，蔡《傳》的解釋拗口，有點不知所云，但可以看得出是落在君臣對應的框架中來解釋。唐煥則云：“言王，溯治本也。所，處所。作所者，動静語默，發見邇遠，無往不敬也。德者，天命之性，貫徹體用者也。不可不者，小有不敬，人不服也。惕之也。”⑤蔡沈所謂“動静語默，出入起居，無往而不居敬矣”與唐煥所言“動静語默，發見邇遠，無往不敬也”，看似小有修正，卻已是化具體爲抽象，將蔡《傳》對王修身化臣的實際動作，化爲抽象的指導原則。更遑論唐煥此處釋“德”爲天命之性，貫徹體用者。至於《無逸》之篇“中宗嚴恭寅畏，天命自度”，蔡《傳》云：“嚴則莊重，恭則謙抑，寅則欽肅，畏則戒懼。

① 唐煥《尚書辨僞》卷三，頁 19。
② 蔡沈《書集傳》卷三，頁 127。
③⑤ 唐煥《尚書辨僞》卷三，頁 22。
④ 蔡沈《書集傳》卷五，頁 187。

天命,即天理也。中宗嚴恭寅畏,以天理而自檢律其身。"[①]唐煥則云:"莊嚴恭肅,存誠也。寅欽畏懼,慎獨也。天命,天理之準。度,猶律。動中天則也。聖學之全,治民之本也。"[②]蔡《傳》對"嚴恭寅畏"的解釋,以及言中宗以天理而自檢律其身,關注的還是人的自身修養的實際行爲,既没有存誠、慎獨等抽象概念,也没有提高到唐煥所謂的聖學之全的高度。

所以,從上述衆多唐煥對蔡《傳》的改寫中,可以看到唐煥往往是化具體爲抽象,變政治爲道德。這是一種經典詮釋上鮮明的理學轉向,可謂是經典的政治解釋被道德解釋所解構,是一種帶有詮釋者自身哲學傾向的系統化注經方式。這種治經方式,主要體現在價值意識傾向於理學立場的學者中。從這個角度來看,雖未曾言明,但或者在唐煥眼中,蔡沈雖是朱熹高弟,然而蔡《傳》卻是遠未達到如朱熹《四書章句集注》此等體現理學理念類型著作的高度,從而給予了唐煥在解釋上極大操作的空間。

五、結語

本文嘗試對唐煥《尚書辨僞》作初步的探索,也可能是學術界對這本著作進行系統研究的第一次。在筆者看來,唐煥此書至少具有兩重意義:其一是辨僞觀點具有中心理念,在各篇看似零碎的考辨文字裏,貫串著一個系統化的理念,以此爲辨僞古文的最高標準。而此一理念即是前文不斷出現的經典觀,於此不再綴述。另外一重意義是身處乾隆盛世的唐煥,其考辨古文、疏解經文皆體現出一條明顯的宋學脈絡,不但考辨經文多以事理文章衡斷之,在對經文出以心得引申時,其引以爲據者多用宋人之説,所抒發者亦多爲以理學概念詮釋經文。這究竟是有意爲之,用以自我區隔?抑或者因爲唐煥不曾預於學術主流,故尚未爲漢學考證之風所沾染?關於此點,從他對訓詁之業的批判中,已可找到答案。

另外,從《尚書》學史的角度來看,梅鷟、閻若璩、惠棟、丁晏等以大量證據來斷定晚出古文出於造僞,是否已是鐵案如山摇不動,即使到當今學界,仍不時有學者企圖翻案,遑論有清一代,其争議始終不斷[③]。至於純從事理文章的角度欲辨一經之僞,其説服性就又更低了。但這並不表示唐煥的著作没有價值,在勾勒出唐煥頗具個人色彩的考辨與解經文字,以及貫串全篇的經典觀之

① 蔡沈《書集傳》卷五,頁 203。

② 唐煥《尚書辨僞》卷四,頁 52。

③ 吴通福即云:"大抵説來,從順治十二年(1655)閻若璩開始懷疑,到張諧之於光緒三十年(1904)刊出所著書,清代學術文化史上圍繞晚出古文《尚書》的争論持續了兩百四五十年,幾乎與有清一代朝局相始終。……大概地説,從康熙三十六年(1697)蔡衍鎤上疏請分《尚書》今古文並徵真古文於海外被拒斥,到光緒十五年王懿榮立《尚書》馬鄭注清人新疏的疏請被駁回,晚出古文都還一直是皇帝經筵及儲君教育的必選教科書,都還一直頒在學官,作爲士子誦習以治舉業的經典。因此,清代學術文化史上圍繞晚書的争論不但是超出學派之争的一件大事,而且不能如前人説的那樣純粹以閻、毛個人意氣之争來解釋。"吴通福《晚出〈古文尚書〉公案與清代學術》,頁 4。

後，我們可以將唐焕的經學另立一個類型，一個在經説中貫串著系統性核心理念的經學類型。此在經解中充斥著文獻爲主、考據先行的乾嘉時代而言，實爲難能可貴的參照物。

【作者簡介】 蔡長林，1968 年生，臺灣"中央研究院"中國文哲研究所副研究員，專業領域爲中國經學史、中國近三百年學術史、春秋學、尚書學。

李文藻編年事輯

劉國宣

【提　要】 李文藻爲清代山東著名學者、文獻大家，擅校勘學、目録學、金石學及方志學，著述豐碩；其藏書之富甲於山東，又喜抄書、刻書，先賢著作多賴以行世；其居官廉幹，政績卓異，亦著稱一時。然其著述藏書亡佚大半，生平堙晦，行實多闕。本文廣作稽考，凡史籍、文集、方志、筆乘之屬，均旁搜博采，以資參證發明，期以勾勒李氏生平之輪廓、表述李氏學行之梗概。

【關鍵詞】 李文藻　年譜　詩文繫年

李文藻(1730—1778)，字素伯，號茝畹[①]，晚號南澗，山東益都(今青州)人。乾隆二十四年(1759)舉人，次年中會試，二十六年補行殿試，成進士。乾隆三十四年始令廣東恩平縣，九年後以勞病卒於桂林府同知任上。文藻爲清代中期山東著名學者、文獻大家，"爲學無所不賅"[②]，淬深於校勘學、目録學、金石學與方志學，傳世著述中如《諸城縣志》、《歷城縣志》(與周永年合纂)久稱方志佳作，備受贊譽；《粵西金石刻記》係首部考察廣西碑刻之金石學著作；而《琉璃廠書肆記》尤爲書史名篇。李氏藏書之富甲於山東，又喜抄書、刻書，先賢著作多賴以行世。至其居官廉幹，政績卓異，亦非一時學者所及。然自李氏歿後百餘年間，聲名寂寂，"甚有即南澗一名，亦有不能舉其姓氏者"[③]，亦頗足驚詫。李氏夙無人爲之作譜，其生平事迹，因著述之散逸，多有堙没不彰甚或流傳失實者，故筆者有意爲之編次年譜，稽考所及，凡今尚可徵之有清一代重要文獻，史籍、文集、方志、筆乘之屬，均旁搜博采，以資參證發明。然挂一漏萬，闕遺實多，尚祈賢者教正。

李氏先世由河北棗强遷居山東益都東關之春牛街，始祖李東武，東武生舉，舉生有能，有能生逢春，逢春生元正、元增、元盛，元盛是爲文藻祖父。父李

---

① 案：據李文藻《緑蔭軒雅集録》，"茝畹"實爲李文藻號，而自錢大昕《李南澗墓志銘》已誤爲其字，後世祖本錢《銘》者，皆襲其誤。[清]李文藻《李南澗先生文稿》附録，山東省博物館藏稿本。"南澗"一作"南磵"，參翁方綱《復初齋文集》卷十四《李南磵墓表》。又案："南澗"一號源於《詩經・召南・采蘋》："於以采蘋？南澗之濱。於以采藻？於彼行潦。"

② [清]翁方綱《復初齋文集》卷一四《李南磵墓表》，清李彦章校刻本。

③ 王獻唐《李南澗之藏書及其他》，《山東省立圖書館季刊》第1期第1集，1931年3月。

遠,字君宏,號拙齋,納資授州判,養親不出,遂不仕。讀書有奇慧,初就童子試,即耽於詩,老而格力彌上,佳句往往在人口。母邢氏,諱止。(青州市博物館藏紀昀《清故侯選州判拙齋李公墓志銘》,錢大昕《潛研堂文集》卷四十九《候選州判李君墓表》)

案:李遠有《拙齋集》一卷,收入《四庫存目》,《提要》曰:"是集皆五七言近體,吐屬亦頗恬雅。其刊版字畫,悉從《説文》,以小篆改隸,詭形怪態,則殊爲好異。"[①]

文藻弟三人,文濤(平仲)、文淵(静叔),縣附學生;文浚(季深),監生。文濤好爲詩,文淵通經能古文,文浚初攻制藝,後亦能詩。(《粤遊小集序》)姊妹二,長適國子生蔣汝業,生子器,先母而殁;次適竇崠。文藻初娶邢氏,又納周氏、何氏。子三人,章鄄、章棉、章姚,女三人,皆周氏所生。(錢大昕《潛研堂文集》卷四十三《李南澗墓志銘》,以下簡稱"《墓志銘》"。翁方綱《復初齋文集》卷十四《李南磵墓表》,以下簡稱"《墓表》"。)

雍正八年(1730)庚戌　文藻生

十月十五日丑時,文藻生於益都東關之春牛街,與北宋名臣王曾故居比鄰。(《緑蔭軒雅集録》;《(光緒)益都縣圖志》卷三"城外坊巷"圖)時父遠二十四歲,母邢氏二十三歲。文藻生之前夕,家人夢鍾馗入室。(王培荀《鄉園憶舊録》)

趙希璜《四百三十二峰草堂詩鈔》卷三《哭桂林司馬李南澗先生》之五:"前身終南人,誕生早足異。一夢證因緣,形與圖中類。鬼眼炯碧緑,蟹面轉嫵媚。皤腹還於腮,闊口懸河似。"[②]

是年,紀昀七歲,錢大昕三歲,宋弼二十八歲,王昶七歲,戴震八歲,朱筠兩歲,周永年亦生於是年。

乾隆七年(1742)壬戌　十三歲

隨父李遠遊曹家亭子,仿《赤壁賦》作《曹家亭記》,已有思致,見者目爲神童。(《墓志銘》)

是歲,弟文淵静叔生,生九月即能言。(錢大昕《李静叔傳》)

乾隆九年(1744)甲子　十五歲

始學爲詩。(《墓志銘》)聞有《海岱會集》一書[③],遍訪舊家而不可得。

---

① [清]永瑢《四庫全書總目》,中華書局,2003年,頁1683。

② [清]趙希璜《四百三十二峰草堂詩鈔》卷三,華東師範大學圖書館藏清乾隆五十八年(1793)安陽縣署刻增修本。

③ 案王士禛《古夫于亭雜録》:"吾鄉六郡,青州冠蓋最盛。……而(明)世宗時,林下諸老爲海岱詩社,倡和尤盛,其人則馮閭山、黄海亭、石來山、劉山泉、范泉、楊澠谷、陳東渚,而即墨藍北山亦以僑居寓焉。倡和詩凡十二卷,無刊本。余近訪得鈔本,詩各體皆入格,非浪作者。……此集惜不行於世,乃鈔而藏之。"[清]王士禛撰,趙伯陶點校《古夫于亭雜録》,中華書局,2007年,頁120。

(《海岱會集跋》)文藻嘗與益都曹憲椿、張店畢發子長等結社於曹氏園亭,一時酬唱甚勝。(《(光緒)益都縣圖志》)

乾隆十二年(1747)丁卯　十八歲

十月十八日,李遠卒,年四十一,葬益都縣城南安定鄉。(紀昀《清故候選州判拙齋李公墓志銘》;錢大昕《候選州判李君墓表》)

乾隆十四年(1749)己巳　二十歲

是年,娶益都邢氏爲妻,時邢氏年二十三歲。

青州市博物館藏李文藻《故李嬪邢孺人墓志銘》:"予妻孺人邢氏,予母之再從侄也。其先歷城人,遷益都今七世。孺人歸予有日,而予父候選州判府君卒,其父生員爾鏞亦卒,故年二十三始嫁予。母數稱其勤儉。……其生雍正五年六月辛巳,……生女五,存者二:轉娥、選娥。"

乾隆十五年(1750)庚午　二十一歲

是歲補縣學生,入讀青州松林書院。(《墓志銘》;《嚴先生誄》)

乾隆十七年(1752)壬申　二十三歲

仲春,始識周永年於濟南水西書屋。

《爲宅郎求婚啓》:"壬申春半,初瞻光采於水西。"①

獲知書賈劉雪友有《海岱會集》抄本而不肯外借,文藻爲買一裘始許録副。時值深冬嚴寒,文藻呵凍手抄録之,自十一月十一日至次月十五日寫畢,並作《海岱會集跋》。(《南澗遺文》)

案:《四庫提要》著録《海岱會集》十二卷系紀昀家藏本,蓋昀得之於文藻也。

乾隆十八年(1753)癸酉　二十四歲

二月,遊青州廣福寺,於佛殿西偏亂石内得北魏石像記一刻。(《寶薤亭記》)本年尚有作文:《永康州知州葛君傳》。

乾隆十九年(1754)甲戌　二十五歲

是年讀書於劈山廣福寺,寓居僧舍。

段松苓《益都金石記》卷一"隋勝福寺舍利塔下銘"條:"李南澗先生於乾隆甲戌讀書僧舍,將銘嵌東屋北壁,額仍在大門内。"②邱琮玉《青社瑣

---

① [清]李文藻《南澗遺文》卷下,《遡園叢書》本。

② [清]段松苓《益都金石記》,清光緒九年(1883)益都丁氏刻本。

記》卷一"廣福寺古畫"條:"廣福寺又云'劈山寺',南澗先生曾讀書於此,先輩詩中屢言之。"①

《益都先正詩叢鈔》卷八有文藻佚詩《入劈山寺二首》,並録於此。其一:"踪迹信蓬飛,今年住翠微。岩花春日瘦,澗水雨餘肥。地僻自朝夕,雲閑無是非。相看家弟在,回首憶重闈。"其二:"性自耽岑寂,情非避市囂。松門長苔發,茅屋出林腰。借米連沙煮,拾薪和雪燒。從今不名姓,應號劈山樵。"②

今年會試,紀昀、錢大昕、王鳴盛、朱筠、王昶俱成進士,是科最稱得人。(《錢辛楣先生年譜》;江藩《漢學師承記》;陳康祺《郎潛紀聞》)

乾隆二十年(1755)乙亥　二十六歲

正月,作《寶薤亭記》。(《南澗文集》)

乾隆二十一年(1756)丙子　二十七歲

約於是年結識聊城鄧汝勤,遂爲終生之摯友。

案:鄧氏卒於乾隆四十一年,其年文藻作《鄧謙持小傳》有謂:"予交於謙持蓋廿年,詩文必相質。"③

本年尚有作文:《丁丑會試爲劉湘臯擬作》。

乾隆二十二年(1757)丁丑　二十八歲

三月,昭義伯永慶奉詔祭祀浙江海神廟,文藻代作《南巡御祭海神廟文》。(《南澗遺文》)

本年尚有作文:《裴太夫人壽序》(代劉統勳作);《裴郡尊母鄧太夫人七衮壽序》(代);《青州太守裴公遺愛碑記》;《重修東嶽廟引言》;《爲青縣公祭評澹莽司馬文》(代)。

乾隆二十三年(1758)戊寅　二十九歲

七月,青州松林書院山長余杭嚴錫綬卒,文藻受同學之屬,作《嚴先生誄》。(《南澗文集》)

八月,爲諸城王佶《韻譜彙編》作序。(抄本《南澗文集》)

歲末,有《四松記》之作。(《南澗遺文》)

是年,與益都張雲會選輯《全唐八韻詩》。復録王士禎《律詩定體》及趙執信《聲調譜》所論五七言律詩,名之《律詩合譜》,遂有《律詩合譜序》之作。(《南澗遺文》)又校刻王士禎《漁洋詩話》三卷。

---

① [清]邱琮玉《青社瑣記》,青州市圖書館藏民國丁氏抄本。

② [清]段松苓《益都先正詩叢鈔》,清抄本。

③ [清]李文藻《南澗先生易簀記》,《山左先喆遺書》甲編,頁5。

按此書今存青州市圖書館，題簽“漁洋詩話”四字，隸書，出文藻手筆，右署“竹西書屋藏板”，全書由益都段玉華繕寫，文藻重校。

本年尚有作文：《山東巡撫鶴公誄》《方伯徐公誄》《廣信府同知丁琰傳》。

乾隆二十四年(1759)己卯　三十歲

二月，益都東關修路，作《修路碑記》。(抄本《南澗文集》)

六月十八日，在泰安寓所作《記蝗》。(《南澗文集》)時與周永年受泰安知府連平顔希深之聘，共同參修《泰安府志》。

《送顔觀察詩序》：“公前守泰安，委輯郡志。”[①]《爲宅郎求婚啓》：“己卯歲闌，共葺軼聞於岱下。”[②]

約此時結識泰安聶鈫劍光。(錢大昕《泰山道里記序》)

《(民國)重修泰安縣志·藝文志》“《泰安道里記》”條下注：“聶鈫，字劍光，泰安布衣。”

七月六日，赴濟南應今年山東鄉試，路見蝗災之重。(《記蝗》)試畢，以第二人爲主考錢大昕所舉，大昕目爲“天下才”。

《墓志銘》：“乙卯之秋，予奉命主山東鄉試，得益都李子南澗，天下才也。填榜日，按察沈公廷芳在座，起揖賀予得人。”[③]《錢辛楣先生年譜》：“七月，奉命充山東鄉試正考官，……益都李文藻對策最優，擢爲第二。按察沈椒園先生於鹿鳴宴上首賀得人，濼源書院院長宋蒙泉先生賦詩一篇，稱此科得人之盛。”[④]

越三日，文藻投刺請見錢大昕，大昕與語竟日，自謂所見益奇於所聞。師弟二人性情相近，“臭味相投”，情誼日篤。(《墓志銘》)

錢大昕《李南澗詩集序》：“南澗之性情，與予略相似：予好聚書，而南澗抄書之多過於予；予好金石文，而南澗訪碑之勤過於予；予好朋友，而南澗氣誼之篤過於予；予好著述，而南澗詩文之富過於予。”[⑤]《潛研堂文集》卷二十五《金陵石刻記序》道及與錢竹汀同志於“宋元石刻”者，唯“嚴侍讀道甫、朱學士竹君與李郡丞南澗三四人耳”。[⑥] 顧廣圻《思適齋書跋》卷二

---

① [清]李文藻《南澗遺文》卷上，《邈園叢書》本。

② [清]李文藻《南澗遺文》卷下，《邈園叢書》本。

③ [清]錢大昕《潛研堂文集》卷四十三《李南澗墓志銘》，江蘇古籍出版社，1997年，頁740。

④ [清]錢大昕《錢辛楣先生年譜》，江蘇古籍出版社，1997年，頁15－16。此條下有大昕曾孫錢慶曾案語：“李公以進士令廣東，遷司馬。公迭掌文衡，歷主書院講席，門下士殆幾千人，皆以經史金石詩古文詞相祖述。其升堂入室者，尤推李司馬、邵學士晋涵，及先外祖工部陳稽亭先生鶴也。宋廉訪名弼，德州人，乙丑進士。其詩有：‘伊予久伏處，憑軾觀群哄。決勝卜其長，億占每幸中。’蓋其時書院生中式者十有八人。”

⑤ [清]錢大昕《潛研堂文集》卷二十六《李南澗詩集序》，江蘇古籍出版社，1997年，頁418。

⑥ [清]錢大昕《潛研堂文集》卷二十五《金陵石刻記序》，江蘇古籍出版社，1997年，頁399。

“《金石萃編補正跋》”條：“昔錢竹汀少詹事言宋以後碑好者頗少，唯引李南澗一人爲同志。”①

大昕於文藻亦多所教誨。

《易簀記》：“錢先生云：‘讀書要勤，要老實，未有不成者。詩文多作則佳。’又云：‘作文要有關於事。’”②

八月，代萊陽周守一作《濼源書院同學譜後序》。（《南澗遺文》）

乾隆二十五年（1760）庚辰　三十一歲

正月初七日，爲益都劉廷輔《茅亭詩抄》作序。（《南澗文集》）

三月中會試，爲會試同考官紀昀所取，而文藻未與館選，即回益都，未審何故。

楊滇《邑先輩紀略》稱“昀諭令勿殿試，遂回籍”③，而紀昀除《清故候選州判拙齋李公墓志銘》，再未有一字道及此事者，誠不知楊氏何所據而云然，姑繫於此，以備異説。

文藻深爲昀父容叔所愛，容叔聞文藻不與館選，悵惋形於顔色。

紀昀《清故候選州判拙齋李公墓志銘》：“先大夫於士慎許可，顧亟稱李子南澗學有根柢而行篤實。”

時王昶、翁方綱、宋弼等與紀昀近鄰，交往密切。（陳康祺《郎潛紀聞》卷八）文藻蓋於此時與王昶、翁方綱結識。

約於此間數以聶鈫行實告予錢大昕。

錢大昕《泰山道里記序》：“往者，李進士素伯在京師，數爲予言：‘聶君劍光者，居岱宗之陽，多識岱故，貧而好著書，良士也。’”④

七月，送文淵赴山東鄉試。（《易簀記》）作《金溪毛母壽序》。（《南澗文集》）

八月，作《微山湖伊家河神廟碑》。（《南澗文集》）

十一月，客京師，作《松亭記》《書邵璟傳贊後》。（《南澗文集》）

是歲，始識欽州馮敏昌。（《易簀記》）

本年尚有作文：《庚辰會墨選序》《因瞽得閒集序》《顔太守父母壽序》《郭母壽序》《潘翁壽序》《韓母張孺人墓志銘》。

乾隆二十六年（1761）辛巳　三十二歲

是年，補行殿試，成進士。廷試對策博贍，爲進士之最，以補試例不與進呈

---

① ［清］顧廣圻《思適齋書跋》，上海古籍出版社，2007年，頁42。

② ［清］李文藻《南澗先生易簀記》，《山左先喆遺書》甲編，頁四。

③ ［清］楊滇《邑先輩紀略》，清抄本。

④ ［清］錢大昕《潛研堂文集》卷二四《泰山道里記序》，江蘇古籍出版社，1997年，頁390。

之列。(《墓志銘》;《墓表》)同榜者韓城王傑、陽湖趙翼、嘉定曹仁虎等,皆與結識。(《長途備忘録》)

五月,跋紀昀所輯《張爲〈主客圖〉》。(《南澗文集》)

七月,紀昀編定《庚辰集》,其初但有評點,後與文藻等爲之注。(紀昀《庚辰集序一》)

蓋此後未久,文藻即還山東,受顏希深聘,主講德州繁露書院。

《送顏觀察詩序》:"文藻夙見知於公,公前守泰安,委輯郡志,今復聘主繁露書院講席。"①

而紀昀因文藻之不得志,惆悵不快。文藻回籍日,昀以詩相贈。

《與紀曉嵐先生》:"回籍日,恨其不得一官,爲悵惘不快,贈詩三篇,以著書相勉,俾文藻不感場屋之薦拔,而感場後諄諄之誨,自忘其爲暗中摸索之門生,而願爲執經受業之弟子。"②

十一月,有《誥封中憲大夫顏太老公祖大人恭人顏太老祖母何太恭人七衮雙壽序》之作,蓋同時代沈廷芳作《誥封中憲大夫顏太翁恭人顏太母七十雙壽序》。(抄本《南澗文集》)

德州梁鴻翥,窮老篤學,月必誦《九經》一過,鄉里咸目爲癡,是歲梁鴻翥肄業於繁露書院,文藻一見奇之,爲之延譽,遂知名於世。(《墓志銘》;梁鴻翥《李静叔傳》)

《易簣記》"梁志南諸書刻時"條下閻湘蕙識語:"梁志南,名鴻翥,德州歲貢。著有《周易觀運》、《尚書辨義》、《儀禮提綱》、《周官辨義》、《學庸論語孟子闡注》。文藻爲刻其《春秋條辨》,外有《詩經、禮記條辨》,未知刻否。"④

本年尚有作文:《王猛墓考》《重修德平縣内城兼新光岳樓記》《德平縣修城記》《王氏通譜序》《皇太后萬壽頌序》《濟寧李橘亭先生壽詩序》。

乾隆二十七年(1762)壬午　三十三歲

五月,顏希深擢升江西提刑按察使,文藻作《賀糧道顏公升江西按察使序》《送顏觀察詩並序》。(《南澗遺文》)

九月,有《與紀曉嵐先生書》,專論馬驌《十三代緯書》。(《南澗文集》)

《與紀曉嵐先生書》:"某已應諸城修志之聘,擬在歲前開局,又恨不能追隨左右爲闈中之遊也。"③

是月,姊蔣氏病篤,文藻連夜馳歸。其姊當月即歿。邢母以喪女之痛,舊病

---

① [清]李文藻《南澗遺文》卷上,《邈園叢書》本。

②③ [清]李文藻《南澗文集》卷下,清光緒《功順堂叢書》本。

④ [清]李文藻《南澗先生易簣記》,《山左先喆遺書》甲編,頁三。

間作。

《爲弟静叔病禱祠堂文》:"去年九月,蔣氏姊歿。母親以哭泣過哀,舊病間作。又時時以竇氏妹孤苦、文藻等無嗣爲憂。"①

十月初八,紀昀出京赴福建學政任。(紀昀《南行雜詠》)前此諸城縣令泰州宫懋讓延請文藻主纂《諸城縣志》,蓋家事料理已畢即往諸城,文淵相隨。(《與紀曉嵐先生書》)

李文淵《書諸城縣志僑寓傳後》:"吾兄素伯之修志諸城也,吾亦往焉。"②

二十五日,《諸城縣志》開局,代宫懋讓作《修志告城隍廟文》。(《諸城縣志序》)

周永年於市肆購得歷城王秋史手録文集四巨册,前兩册多散文,後兩册多駢文。文藻録副,各析爲六卷,因其每篇署以年月,故題爲《蓼谷紀年集》,永年謀爲付梓。冬至,於諸城寓舍作《蓼谷紀年集序》。(《南澗文集》)

是歲,門人馮淑清贈以《馮舍人遺詩》六卷三册。(《馮舍人遺詩跋》)

本年尚有作文:《張母扈孺人壽序》《告城隍廟文》《重建常山蘇公祠記》。

乾隆二十八年(1763)癸未　三十四歲

正月李文淵病,十八日,作《爲弟静叔病禱祠堂文》。(《南澗遺文》)

五月初五日,作《操觚字義詮釋序》。(《南澗遺文》)《諸城縣志》於是月完稿。(《諸城縣志序》)

八月,作《女丹霞小傳》。(《南澗文集》)

先是,宋弼輯《山左明詩鈔》,文藻爲搜輯登、萊、青詩人集數十種。是歲,盧見曾致仕歸里,宋弼以《山左明詩鈔》與盧氏,文藻趣之付梓,而盧氏以所輯未備爲辭。(《山左明詩鈔序》)

是歲,紀昀居福建學政任,聘文藻佐學幕,而文藻未能應聘。(紀昀《南行雜詠》《清故侯選州判拙齋李公墓志銘》)

本年尚有作文:《祭張祥延先生文》《代朱承煦祭張祥延先生文》《祭王封翁文》《衛氏族譜序》。

乾隆二十九年(1764)甲申　三十五歲

三月,代宫懋讓作《諸城縣志序》。(《南澗文集》)時宫懋讓病篤,不久即殁,未得見《諸城志》之刊行。(顧士安《諸城縣志序》)

《諸城縣志序》:"夫典禮樂章弗録者,非略也,會典所載,天下同也。山川、鄉社、田賦、物産之必詳者,非以誇雄富也,務示險易,悉民勤惰,而共好惡也。《金石考》爲從來志乘之所無者,重縣之所有也。而舊載詩文

① [清]李文藻《南澗遺文》卷下,《邈園叢書》本。

② [清]李文淵《李静叔遺文》,清乾隆刻本。

皆芟者，不敢苟循乎俗也。一事之録，必究其原本，一人之出入，必參之公論，非苛也，期以訂誤正訛，而可傳信於後也。"①

夏，紀昀迎養其父容叔至閩署，容叔時時詢問文藻近日情狀，深惜昀幕中未能延致之。（紀昀《清故侯選州判拙齋李公墓志銘》）八月二十五日，紀昀父卒，旋丁憂北還，文藻從邸鈔得知，驚痛逾時。（《與紀曉嵐先生》）

十月，李文濤繼妻潘氏病，次月即殁，文濤爲撰墓志銘，文藻書丹，文淵篆蓋。（青州市博物館藏《李室潘氏墓志銘》）是年冬，買妾周氏，時妻邢氏已病四年，四體已攣，輾轉皆由人，聞文藻買妾而喜。（《故李嬪邢孺人墓志銘》《李室孺人周是墓志》）

本年尚有作文：《天后宫置贍田記》《濱州學正王君傳》《遯山堂集後跋》。

乾隆三十年(1765)乙酉　三十六歲

是歲，任教於濮州丹陵書院。（《書吕貞婦傳後》）

正月，翁方綱以廣東學政按試欽州，取馮敏昌。

翁方綱《馮魚山詩集序》："乾隆乙酉，予初識魚山於未冠之年。及其舉於鄉，陸耳山典粤試，榜發，予與耳山交口稱爲天才，羅臺山、李南澗皆同幾激賞其詩筆。"②

夏，作《郡司馬王公詩跋》。（《南澗文集》）

六月，錢大昕充浙江鄉試副考官，取餘姚邵晋涵。（錢大昕《日講起居注官翰林院侍讀學士邵君墓志銘》）歲末過泰安，始結識聶鈫，并序其所著《泰山道里記》。

錢大昕《泰山道里記序》："歲乙酉秋，予以使事道出泰安，留一日，爲岱宗游，欲訪劍光同行，顧人無識之者。……其冬，復過泰安，劍光持刺介素伯書來見，予喜甚，然簡書有期，不復能入山矣。將别，劍光以所著《泰山道里記》屬予序其端。……其文淳雅或遜古人，然考稽精審，質而不俚，簡而不漏，洵志乘之佳者。素伯所稱，不予欺也。"③

冬，文藻自濮州歸益都。得金二雅劄，始知紀昀已由閩北還也。（《與紀曉嵐先生》）

十一月，李文淵代文藻作《遺安堂文集序》。（《李静叔遺文》）

十二月，潘樸村做集會於緑蔭軒，文藻與其間，遂有《緑蔭軒雅集序》之作，蓋襲蘭亭遺意也。（《南澗遺文》）

《易簣記》："潘樸村夫子待予有至恩，予之子名宅郎，爲潘所居舊宅也，女名溪娥，爲潘夫人所居前溪也。……廣西山水之勝，予初聞於潘夫

① ［清］李文藻《南澗文集》卷上，清光緒《功順堂叢書》本。

② ［清］翁方綱《復初齋文集》卷四，清李彦章校刻本。

③ ［清］錢大昕《潛研堂文集》卷二四《泰山道里記序》，江蘇古籍出版社，1997年，頁390。

人。蓋吾師曾知賓州，入京後夫人獨居桂林最久，凡諸岩洞無不到。……夫人姓吴氏，工詩……”①

除日，跋鈔本《尹河南集》。

跋云：“原本新城批語用朱筆，塗字用粉筆，改字用墨筆，標記用紅紙，今俱以緑筆代之，其朱筆文藻所加也。乾隆乙酉除日記於竹西書屋。”②

傅增湘曰：“是書李南澗文藻依王阮亭士禎本過録，卷内緑筆是也。其南澗所勘及引《東都事略》改正者均用朱筆，羅有高評語則用藍筆别之。附録之外，南澗又引宋史本傳及宋人詩文雜記爲附録補遺，凡二十餘篇。鈐有‘李生字曰香艸’、“文藻”各印。”⑤

盧文弨《尹河南集跋》：“（王本）依宋南渡初年刊本之舊也。王有校讎，甚略，益都李進士文藻再校，少詳焉。”③

是歲，李文淵有《寄素伯書》。（《李静叔遺文》）

書云：“弟於古文略涉其流，以爲學之之道造語造意之説盡之。西漢不必造而皆得，韓子造而得，北宋意是而詞或不備；南宋至今，作者蟻出蜂飛，而罕儕於古，昧乎！造之説也，博記以致詞，明理以育意，則氣之巨細静噪隨之以出，此造之源也。執筆而爲之，則必由晦澀。意深則晦，語生則澀，深極而反則厚，生極而反則醇，厚且醇，文之歸也。後之作者，多一蹴而得之，誠無訾而訾矣，不亦無美而美乎！兄深於文，宜有確見，顧弟謂兄所少者或在於此，兄以爲何如？”④

諸城李林至青州訪文藻不遇，有詩相寄。（《知稼堂集》卷五《青州過茝畹兄值其在濮州賦寄二首》）

本年尚有作文：《書吕貞婦傳後》《淅川縣教諭王君墓志銘》《梁方伯夫人趙氏誄》。

乾隆三十一年（1766）丙戌　三十七歲

二月赴濮州。（《與紀曉嵐先生》）

五月，作《重修魯仲聯先生祠墓記》。（《南澗文集》）

五月十五日，錢大昕函文藻，諄諄勉誨。（《與錢曉徵先生》）

六月初七，跋《周易辨録》。

跋云：“《周易辨録》四卷，著録于朱氏《經義考》，蓋楊伯修先生繫獄八年中所著也。此本有楊夢山太宰序及永嘉廖彩跋，乃濮州南方伯洙源鈔本。予適客濮，於他家購得之，而識其□如此。乾隆丙戌六月初七日，文

① ［清］李文藻《南澗先生易簀記》，《山左先喆遺書》甲編，頁八。

②⑤　録自傅增湘《藏園群書經眼録》，中華書局，1983年，頁1131。

③ ［清］盧文弨《抱經堂文集》卷一三，《叢書集成初編》，商務印書館，1935年，頁186。

④ ［清］李文淵《李静叔遺文》，清乾隆刻本。

藻記。”

案:《周易辨録》四卷,明楊爵著。朱彝尊《經義考》卷五十四“《周易辨録》”條引《姓譜》:“爵,字伯修,富平人。嘉靖己丑進士,歷御史,直言,下獄,釋爲民。”[①]《明史》有傳。《四庫全書總目》:“《明史》本傳作‘《周易辨説》’,然《藝文志》仍作‘《周易辨録》’,蓋刊本字誤也。’”[②]李南澗鈔本今藏山東省圖書館。

六月十一日,在濮州接收錢大昕書函。次夕家奴至,告以夫人中暑,故兼程而歸益都。不意已無所逮,母邢氏於戊申日卒,年五十九。文藻搶地呼天,無復生理。成服以後,左體麻木,逾百日哀痛小定。自謂廬居偷活,孽疚重深。命工爲倚閭圖,附書邢氏病狀遺言於後,藉以觸悲慕之懷。(《與錢曉徵先生》;錢大昕《邢孺人墓志銘》)

約七八月間,文藻遣使持先人行狀往見錢大昕,乞大昕爲其父母作墓志,大昕從之。(《與錢曉徵先生》)

錢大昕《候選州判李君墓表》:“君歿之二十年,而邢孺人卒,孤文藻等將啓君之兆而祔焉。先期,文藻以書告曰:‘先人捐館有年,而墓道之石未立,敢請吾子表之。’又曰:‘世俗行狀,多繁蕪不合義法,爲文者别爲應酬之文姑塞求者,而不以編入本集,惟吾子擇其合於銘法者書之,庶附吾子之集以傳。’嗚呼,斯可謂賢子也已!”[③]

案:今存青州市博物館之《清故李母邢孺人墓志銘》碑,乃金壇于敏中書,宋弼篆蓋。

約同時函紀昀,亦以先人行狀示之,乞曉嵐爲作墓志銘。(《與紀曉嵐先生》)時曉嵐服喪里居。是歲冬,昀接收文藻書函,視封題有異,心怪之。發視其函,始知文藻遭母憂,將於明年啓父墓附葬。昀應文藻之請,而其素不輕作墓志也。(紀昀《清故候選州判拙齋李公墓志銘》)

案:青州市博物館所藏《清故候選州判拙齋李公墓志銘》,係諸城竇光鼐書丹,戴震篆蓋。

李文淵慟傷母喪,數病齊發,幾於不能自持,遂自爲墓志稿,蓋料已必死也。八月,文藻作《書静叔自爲墓志銘後》。(青州市博物館藏《李静淑自爲墓志銘並書後》)

本年尚有作文:《成安少府墨齋張君七十壽序》《張明府六十序》《與西園》。

---

① [清]朱彝尊著,馮曉庭,許維萍點校《點校補正經義考》(第二册),“中央研究院”中國文哲研究所籌備處,1997年,頁466。

② [清]永瑢《四庫全書總目》,中華書局,2003年,頁29。

③ [清]錢大昕《潛研堂文集》卷四九,江蘇古籍出版社,1997年,頁811。

乾隆三十二年(1767)丁亥　三十八歲

邢母之葬本擬在秋冬,以文淵病篤,改卜今年二月。葬日,舉家從柩,一醫者守文淵。文淵自是不食,亦不語,二月廿八日卒。文淵歿後十日,文藻妻邢氏亦卒,年四十一,葬於文藻父母墓側。文藻爲撰墓志銘,戴震爲之篆蓋。(《故李嬪邢孺人墓志銘》)文藻遍乞師友中能文者如錢大昕、紀昀、周永年、羅有高、翁方綱、邵晋涵、梁鴻翥等,撰文表述文淵學行。(《竹溪詩集序》)

三月,歷城縣令臨桂胡德琳開志館,延文藻、周永年合纂《歷城縣志》。(胡德琳《歷城縣志序》)蓋文藻不日即往歷城。

> 胡德琳《歷城縣志序》:"余自濟陽調任,丁亥春杪,即開志局。凡歷代掌故風土之記、寰宇之志,及直省通志、名人總集,下逮稗官小説,無不搜羅。金石之文,消遯殘空,無不抉剔。山川之脈絡,溝渠之分并,并皆親至其地,綜覽而條析之。雖不敢謂毫髮無遺憾,而訂誤者十之三,補缺者十之五,蓋益都進士李茝畹、邑孝廉周静函之功居多。"①

六月二十九日,錢大昕妻王氏殁於京師,文藻爲撰墓志銘。(錢大昕《亡妻王恭人行述》)

十月庚午,葬文淵於父母墓側。文藻請紀昀撰寫墓志,而昀匆匆未果;即用文淵生前自爲墓志銘,鄧汝勤爲之書丹,戴震爲之篆蓋。(青州市博物館藏《李静淑自爲墓志銘並書後》)請謚於周永年,永年謚文淵曰"孝悼"。(周永年《李静叔私謚"孝悼"議》)

> 紀昀《槐西雜志》:"南澗請余志其墓,匆匆未果,並其事狀失之,至今以爲憾也。"②

本年尚有作文:《故李嬪邢孺人墓志銘》《李書升八十二壽序》(蓋代錢大昕作)《黄岡二石橋記》。

乾隆三十三年(1768)戊子　三十九歲

春,仍居歷城,作《吏部左侍郎俞公傳》。(《南澗文集》)又借鈔胡德琳所藏洪适《隸釋》。《歷城縣志》約在三、四月間成稿,四月,文藻去濮州,任教於丹陵書院。(《隸釋跋》)

五月十三日,過録朱彝尊《隸續》跋語於鈔本之上。

> 題曰:"右跋原本無之,兹從《曝書亭集》鈔出,其實所跋之本,與此無異。乾隆戊子五月十三日,文藻記於濮州寓舍。"③

七月十五日,跋《隸續》。

---

① [清]胡德琳《歷城縣志序》,華東師範大學圖書館藏乾隆三十八年(1773)刻本卷首。

② [清]紀昀《閱微草堂筆記》卷一,清嘉慶五年(1800)北平盛氏望益書屋刻本。

③ 轉引自王獻唐《李南澗之藏書及其他》,《山東省立圖書館季刊》第1期第1集,1931年3月。

跋曰:"洪氏《隸續》二十一卷,缺第九卷、第十卷,據朱竹垞跋語,此即其所藏本。而是刻無朱跋,每卷有印曰'楝亭藏本丙戌九月重刻於揚州使院'。按楝亭姓曹氏,名寅,字子清,嘗爲竹垞刻《曝書亭集》,未畢而竹垞卒。集内有爲作詩序,蓋竹垞之友也。丙戌爲康熙四十五年,時竹垞尚在,而曹視兩淮鹽政。既取《隸續》爲己藏本,又併其跋棄而不刻,何也?乾隆戊子七月十五日益都李文藻記。乾隆四十二年丁酉二月初九日校完。"①

乾隆三十四年(1769)己丑　四十歲

去年七月,盧見曾獲罪入獄,旨籍其家。是年正月,文藻趕赴德州,於盧見曾被抄藏書中尋出《山左明詩鈔》購下,唯缺諸家小傳。未幾,宋弼(去年十月病卒)靈柩抵德州,文藻復於宋弼行囊之中尋及小傳一册,《詩鈔》遂成完璧。(《山左明詩鈔序》)

三月五日,長子章鄄生。(《恩平集》卷一《舟中觀晬》)

五月二十三日,文藻以謁選至京師,寓虎坊橋北百順胡同,二十五日,簽選廣東恩平縣。自此留京五月有奇。在京師日,無甚應酬,未嘗履足於茶園酒館,惟日借書抄書,餘暇則至琉璃廠觀書,廠甸書肆幾無一不到。(《琉璃廠書肆記》《古文尚書考跋》)時章學誠在京,親睹文藻訪書情狀,深以爲奇,甚惜未相結識。

章學誠《周書昌先生别傳》:"始余遊京師,於書肆見偉丈夫,黝澤而髯,取肆書都目,流覽絶疾,似無所當意者,掉臂竟去。予微迹之,益都進士李文藻也。……因悉李君志奇好古……時李已出爲廣東知縣。"②

六月,購得《二妙集》并跋。

跋云:"乾隆乙丑六月,李文藻購於琉璃廠。是時得宋元人集二十餘種,此其一也。"③

在京期間,與錢大昕過從最密。

錢大昕《李南澗詩集序》:"方其在京華,每一日不相見,輒恤然若失,不知其何以然也。"④

又爲壽光李鐸《玉堂》、《海山》諸詩集作序。(《琪園詩集序》)

時紀昀被遣烏魯木齊,家中藏書多爲人所借,昀長子紀汝佶招文藻檢曝書籍。文藻屢至紀昀家中,得見惠棟《周易述》《易漢學》《周易本義辨證》《左傳補

① 録自山東省博物館藏李文藻鈔本《隸續》。

② [清]章學誠《章學誠遺書》卷一八,文物出版社,1985年,頁181。

③ 録自黄裳《來燕榭書跋》,上海古籍出版社,1999年,頁366。黄氏更云:"南澗係鄉前輩,余舊只得其所藏《宋文鑒》殘卷耳,今乃得見手迹,至幸事也。"

④ [清]錢大昕《潛研堂文集》卷二六,江蘇古籍出版社,1997年,頁418。

注》《古文尚書考》等經義底稿數種,並抄録《古文尚書考》。(《琉璃廠書肆記》《古文尚書考跋》《隸釋跋》)

案:今藏山東省博物館,王獻唐謂此本"上卷首頁之六頁半,爲南澗自抄,餘爲他人代録。簽題'古文尚書考',下雙行'竹西書屋藏本',亦出南澗手筆。全書經南澗朱筆校讎,并以朱筆圈識。戴東原、錢竹汀、邵二雲三先生所校者,均用墨筆。東原校語下注'東原'二字。二雲又以墨筆定其句讀,其主要者,則以連圈記之。"①

九月二十五日,簽選廣東恩平縣。十月初三日引見,二十三日領憑。(《琉璃廠書肆記》)文藻抄校《古文尚書考》時,邵晋涵亦與其事。又借抄吴縝《新唐書糾繆》二十卷,會得缺出都,囑邵氏爲手校一過。(黄雲眉《邵二雲先生年譜》)出京之前,錢大昕、邵晋涵皆有詩、序相贈。(《潛研堂詩集》卷五《送李茝畹進士東歸》六首、卷二十三《送李素伯之任恩平序》,《南江詩鈔》卷三《送李茝畹之官粤東》二首)文藻又將於琉璃廠所購《揭文安公文集》《二妙集》《吕敬夫詩集》《元史略》等留於錢大昕處,蓋意在襄助其改修《元史》也。(《長途備忘録》)

冬,遇高郵王念孫,時王念孫入京會試落第,囑文藻爲購毛刻宋版《説文》,適書賈某有其書,高其值。時念孫下第囊空,稱貸而買之。語文藻:歸而發明字學,欲作書四種,以配顧炎武《音學五書》。(《送馮魚山説文記》)

十一月初七日出京南下,將沿途見聞録爲《恩平程記》。二十日抵青州,諸弟相迎。十二月初三日,祭先人墓。十二日有《致曾光遠書》,請曾氏搜求東平碑刻轉寄錢大昕。約在此數日之間,作《琉璃廠書肆記》。(王獻唐《跋琉璃廠書肆記一卷》)十六日午刻起程南下。

葉德輝《書林清話》卷九《都門書肆之今昔》:"吾讀李文藻《南澗文集》中有《琉璃廠書肆記》,雖不及蕘翁記載吴門之詳,要亦足備都門之掌故。"②李慈銘《越縵堂讀書記》之八"《南澗文集》"條曰:"《琉璃廠書肆記》一首,頗足見當日文物之盛,亦將來考都門掌故者所當知也。"③

乾隆三十五年(1770)庚寅　四十一歲

正月初二日,游平山堂,作《游平山堂記》。初十日,在蘇州城外候王鳴盛、吴泰來、吴壇、史尚確、彭允初,皆得相見。十一日,購書於文粹堂。與彭允初往見汪縉,因其曾爲文淵作哀辭也。此後經杭州、衢州、南昌、吉水、南安、南雄、韶州、英德、佛山、廣州等地,於四月二日,抵恩平縣任所。(《恩平程記》)

文藻居官以清白强幹稱名。自南下恩平,勤於政務,三年之中"舟車奔走,日不暇給"。

---

① 王獻唐《李南澗之藏書及其他》,《山東省立圖書館季刊》第1期第1集,1931年3月。

② [清]葉德輝《書林清話》,復旦大學出版社,2008年,頁223-224。

③ [清]李慈銘《越縵堂讀書記》,上海書店出版社,2000年,頁1051。

《墓志銘》:"陽江民劉維邦,以母病延道士做法,借鄰人刀十柄,縛梯上以驅祟。吏索錢不遂,取刀送縣,誣以不軌。南澗奉檄往勘,廉得其實,白於上官,釋之。未幾,陽江令以他事被劾,銜南澗甚,遣親信僕往恩平,欲探陰事中傷之。居兩月,無所得,乃已。"①

八月,奉調入闈,充廣東鄉試同考官,有《奉調入闈》二首紀其事。(《恩平集》)十月回衙。冬始校《山左明詩鈔》。(《山左明詩鈔序》)時與翁方綱常以金石碑刻相往來。(翁方綱《復初齋詩集》卷十)

乾隆三十六年(1771)辛卯　四十二歲

三月,羅有高南下恩平,寓文藻署中,日與上下議論,並授文藻婿畢龍驤小學。時龍驤甫弱冠,隨文藻官嶺南,肆力經傳,而詩益深厚。(王昶《羅臺山墓志》;《(光緒)益都縣圖志》)文藻裒集文淵遺文數十篇,囑羅有高爲之校勘。(羅有高《書益都李静叔文後》)

夏,移署新安縣,全家八口渡海至新安,有《抵任新安》《家人至自恩平》詩。(《恩平集》)

秋,再預廣東鄉試,取順德胡亦常。(《易簀記》)

八月,時任兩廣總督李侍堯、廣東巡撫德保聯名上奏,舉薦文藻任潮陽縣知縣,清高宗命吏部議奏。

青州市博物館藏二氏奏摺有云:"潮陽一缺,地處海濱,民俗刁悍,政務殷繁,必得精明强幹之員方足以資治理……該員(按即文藻也)明白勤幹、辦事認真,以之調補潮陽知縣實堪勝任。但歷俸未滿三年,與例稍有未符,臣等謹遵人地相須之例,專折奏懇皇恩,俯念員缺緊要,準將李文藻調補潮陽,實於地方吏治有裨……"

十月,與羅有高自新安遊南海神廟,流連竟日。(《遊南海廟記》)

冬,文湲歸鄉,文藻有《送四弟文湲歸里》詩。(《恩平集》)羅有高與文湲同行,至贛縣始分,有高贈詩,並寄懷李文濤。(羅有高《尊聞居士集》卷七)

《粤遊小集序》:"今年冬,予由恩平調署新安,季深乃東歸。"②

十一月,序鄧汝勤《午厓初稿》。

是年,錢大昕撰成《潛研堂金石文跋尾》六卷,文藻爲之刊板。(《錢辛楣先生年譜》)《歷城縣志》五十卷刊行。

桂馥《周先生傳》:"縣令胡德琳延先生與青州李文藻同修《歷城縣志》。……既成,學士朱筠目以詳慎。"③章學誠《報廣濟黄大尹論修志書》:"前周書昌與李南澗合修《歷城縣志》,無一字不著來歷。其古書舊志

① [清]錢大昕《潛研堂文集》卷四三,江蘇古籍出版社,1997年,頁741。

② 轉引自《(光緒)益都縣圖志》卷二五《藝文志下》,清光緒三十三年(1907)刻本。

③ [清]桂馥《晚學集》卷七,上海圖書館藏清道光二十一年(1841)孔憲彝刻本。

有明文者，固注原書名目；即新收之事，無書可注，如取於案牘，則注某房案卷字樣；如取投送傳狀，則注家傳呈狀字樣；其有得於口述者，則注某人口述字樣；此明全書並無自己一語之徵，乃真仿《舊聞》而畫一矣。"[①]

案：書中章實齋極譽《歷城縣志》爲"纂輯之史"之表率，該書作於乾隆五十八年章氏主纂《湖北通志》之時，即其始纂《和州志》亦晚於《歷城縣志》之纂修，故余素疑章氏方志學理論體系之形成汲養於《歷城縣志》不淺。近人梁任公嘗標舉清代方志中"經名儒精心結撰或參訂商榷者"、"出學者之手，斐然可列著作之林者"百餘種，《歷城》、《諸城》二志俱爲稱舉，曰："李南澗《歷城》、《諸城》兩志，全書皆纂集舊文，不自著一字，以求絶對的徵信，後此志家，多踵效之。"[②]顧頡剛《當代中國史學》一書述及清代志學，直襲任公語，則其認同亦不待言而可知也。

邵晋涵、周永年並於是年成進士。

乾隆三十七年(1772)壬辰　四十三歲

正月初二日，有詩《壬辰正月二日舟中作》。(《恩平集》)

三月，文藻調補潮陽縣，有《到潮陽任五首》。(《(光緒)潮陽縣志》卷二十所録鄭安道《贈李侯豳風七月圖序》;《潮陽集》卷一)

到任後，先問民疾苦。嶺南俗多竊牛，牛皮色相似，雖獲盜而盜多不承認，有司無可奈何，往往牽蔓成巨獄。至文藻宰潮陽，令有牛之家，各於牛角印烙私記，凡赴墟賣牛者，牙儈以私烙登簿，以印記付與買主。如告失牛，先以印記呈示，官家即遣役持印記驗諸墟簿，無得隱者。知府善其法，下所司行之。(《墓志銘》;陳康祺《郎潛紀聞三筆》卷十一)潮陽民好械鬥，多致殺傷。文藻懸鉦於堂上，有將鬥者，令地保馳入城，擊鉦以告，立往拘治，衆則散矣。自此械鬥稍息。在任内，勤於課試，士有一言之善，捐廉獎勵之。延進士鄭安道爲東山書院山長，購經史子集數十種，以教學者，士風頓振。(《墓志銘》;《(光緒)潮陽縣志》卷十六)

冬，有事廣州。(《送馮魚山説文記》)

十一月，《山左明詩鈔》三十五卷刊成。(《山左明詩鈔序》)

十二月二十日，序顔一徵《竹溪詩抄》。(《南澗文集》)

十二月二十九日回縣，有《回縣之明日即除夕矣二首》。(《潮陽集》卷一)

本年尚有作文:《皇清誥贈通奉大夫江西承宣佈政使司布政使顔公神道碑銘》。

乾隆三十八年(1773)癸巳　四十四歲

正月初一日，有《癸巳元日二首》。(《潮陽集》卷一)

---

① [清]章學誠著，葉瑛校注《文史通義校注》卷八，中華書局，1985年，頁873-874。

② 梁啓超《中國近三百年學術史》，東方出版社，2004年，頁329-330。

初二日有詩《初二日題郡館壁,用東坡定惠院寓居月夜偶出韻》。(《潮陽集》卷一)

二月十一日上諭,聽朱筠奏請,開四庫全書館,紀昀、翁方綱、戴震、周永年、邵晋涵等皆於是年受詔修書。師友衮衮,入職《四庫》,而己以區區七品縣令,獨居嶺南,蓋文藻衷心抑鬱欽羡,實有不可言之寂寥在焉,《新聞二首》《上紀曉嵐先生二首》《周書昌被詔分校四庫全書,特授館職》《生日》諸詩皆道此意。(《潮陽集》)

檢《四庫全書總目》,《四庫全書》所用文藻刻書凡八種,是爲惠棟《易例》二卷、《左傳補注》六卷、《九經古義》十六卷、江永《古韻標準》四卷、元人張養浩《三事忠告》四卷、張爾岐《蒿庵閒話》二卷、鄧汝勤《密娱齋詩稿》一卷,《總目》皆著其版本曰"桂林府同知李文藻刊本",自是文藻在桂林府同知任内所刻者。另有《山左明詩鈔》三十五卷,《總目》著其版本曰"廣東潮陽縣知縣李文藻家刊本"。

四月,鄭安道有《贈李侯豳風七月圖序》。

《序》有云:"邑侯李公,山左名宿,由甲科出宰百里,所至有循聲。文章、政績,今之韓公也。壬辰三月,奉調涖潮。潮頗繁劇,公清積弊,嚴吏胥,緩催徵,勤撫字,井井有條。教士以器識爲先,以通經學古爲務。"①

文藻在嶺表,士子以文就質無虚日,獨稱馮敏昌、胡亦常、順德張錦芳,遂有"嶺南三子"之稱。

《易簀記》:"予于辛卯分校鄉試,得順德胡亦常。是歲,又識其縣張藥房、玉洲兄弟,遂益以庚辰所識欽州馮魚山,定爲'嶺南三子'。"②

胡亦常卒於是年,文藻慟作《哭胡亦常二首》。(《潮陽集》卷一)

乾隆三十九年(1774)甲午　四十五歲

正月赴潮州府,有詩《甲午正月赴郡》。又經惠州往廣州,有《合江樓》《赭桐花》《抵廣州》諸詩。(《潮陽集》卷二)

春夏間,寓居廣州,日與馮敏昌相過從。敏昌方治小學,每以不得《説文》爲恨。(《送馮魚山説文記》)

四月十六日,拓印光孝寺南漢鐵塔刻文,作《南漢二鐵塔考》。(《南澗文集》)

四月二十五日,與馮敏昌、張錦芳約定於二十八日遊光孝寺,歸後作《遊光孝寺記》。(《南澗文集》;張錦芳《逃虚閣詩集》卷二)端陽遊法性寺,復遊報資寺,多所見聞,作《游廣州西郭二寺記》。(《南澗文集》)

---

① 轉引自《(光緒)潮陽縣志》卷二〇《藝文志上》,清光緒刻本。

② [清]李文藻《南澗先生易簀記》,《山左先喆遺書》甲編,頁四。

五月二十四日，作《舉人張君墓志銘》。（《南澗文集》）

六月，返潮州，將周永年所寄《説文》轉贈馮敏昌，二十七日於潮州紅蕉館作《送馮魚山説文記》。（《南澗文集》）

七月，錢大昕提督廣東學政。（《錢辛楣先生年譜》）文藻貽書大昕，云於廣州相待，大昕有詩《得李南澗書知於廣州相待卻寄》。

詩云："不見李生今五年，南行萬里亦欣然。新詩想得江山助，名士仍兼政事傳。憶舊多通烹鯉字，養廉半付刻書錢。藥洲計日同吟嘯，窺鏡慚予□發宣。"①

九月，有詩《九月八日》《九日遊東山，示諸幕客及季弟文浚，兼及仲弟文濤三首》。（《潮陽集》卷二）

十月，周永年以惠棟《易例》一册寄贈。（《易例跋》）

十一月四日，自廣州歸，遊南海神廟，歸後作《遊南海廟記》。（《南澗文集》）

是月，作《爲宅郎求婚啓》，爲長子章郵求婚於周永年。（《南澗遺文》）

十二月，得李琪所寄《文苑英華辨證》十卷，遂命吏胥抄録，留以自用，將原本寄呈錢大昕。（國家圖書館藏清抄本《文苑英華辨證》卷尾李文藻跋）

是歲，惠棟《九經古義》刻成，贈周永年詩以告其事。（《潮陽集》卷二）

案李調元《雨村詩話》云"益都李南澗文藻博學好古，工篆隸，尤精經術，嘗著《九經古義》等書"，緣此而誤。

乾隆四十年(1775)乙未　四十六歲

五月，翁方綱致函錢大昕，求文藻所刻書籍。

函云："貴通家李南澗明府在粤所刻各種，弟所知者，如○○諸種，或其外尚有新付剛而弟未知者，俱乞大人便中代覓每種二三部，或有便鴻惠寄，尤爲深感。"②

春夏間居廣州兩月。端午，招張錦芳、孫稼軒、馮末堂小集大佛寺，遊六榕寺、光孝寺。還潮州途中，有《回帆寄書昌》詩。（《潮陽集》卷三）八月又赴廣州。（《潮陽集》卷三《鵝埠旅店》）十一月二十一日，跋張爾岐《蒿庵閒話》。（《貸園叢書》本《蒿庵閒話》卷尾）十二月末，有事往澄海。（《潮陽集》卷三《逼除有事澄海》）

是年，在潮陽刊刻李文淵《左傳評》三卷，錢大昕爲之序。（《潛研堂文集》）友人南川周士孝除廣東新寧縣，有《喜周肅齋至粤》詩紀之。（《潮陽集》卷三；桂馥《周君墓志銘》）

---

① ［清］錢大昕《潛研堂詩續集》，江蘇古籍出版社，1997年，頁27。案"□"字本闕。

② 沈津《翁方綱題跋手札輯録》，廣西師範大學出版社，2002年，頁588。

乾隆四十一年(1776)丙申　四十七歲

正月與張錦芳詩文往還頗密。(《潮陽集》卷三;張錦芳《逃虚閣詩集》卷二)

二月,以海疆三年期滿徵還,簽選桂林府同知,而當年仍留潮陽。(《墓志銘》;《清代官員履歷檔案全編》)三月十九日,兩廣總督李侍堯、廣東巡撫熊學鵬聯名薦舉文藻任瓊州府同知,高宗朱批"著部議奏"而未果。

> 青州市博物館藏李、熊聯名奏摺有云:"臣等與藩臬兩司於通省同知内逐加遴選,或見居要缺、或人地未宜,並無可調之員,惟查有潮陽縣知縣李文藻,年四十七歲,山東進士,選授恩平縣,調補今職,乾隆三十七年三月到任,海疆三年俸滿,題准部覆入于即升班内,照例升用。查該員才具明幹,辦事實心,能耐煙瘴,以之升補瓊州府同知,實屬人地相宜。"

五月初五,跋惠棟《易例》。(《易例跋》)

是歲,得見吕堅、黎簡之詩,奇之,尤傾倒於黎簡,稱其詩爲"必傳之作"。(《清史列傳》卷七十二《黎簡傳》)文藻恒以黎簡、張錦芳、黄書丹、吕堅並舉,爾後"嶺南四家"之稱,實發端於斯。

> 温汝能《粤東詩海》:"二樵與張藥房、黄虚舟、吕石帆,世稱嶺南四子,其始品題於蜀中李南澗,數十年來咸無異議。"①案巴蜀古爲益州,"蜀中"緣"益都"而誤。

七月,卸任潮陽。潮陽、海陽、揭陽俗稱"三陽",仕其地者多致富。文藻去官之日,囊橐蕭然,臨行衣食幾盡,鬻書方得川資。(《桂林集》卷一《鬻書二首》)父老出迎,不忍其去。(《李室孺人周是墓志》,《桂林集》卷一《夜過南塘村,父老出迎于路,慚甚有作》)至廣州,摹光孝寺貫修畫羅漢四軸以歸,曰:"此吾廣南官橐也。"(《墓志銘》)至嘉慶年間,文藻政績仍爲粤人所稱。(江藩《漢學師承記》)

> 翁方綱《李南磵墓表》:"君爲吏廉幹,所至有聲,宦十餘年無一錢。"②

八月初八日,抵廣州。二十日,周氏卒,年二十九,因作《悼亡十四首》。(《李室孺人周是墓志》;《桂林集》卷一)

十二月十二日由廣州北上,張錦芳、黎簡、黄丹書等送文藻至佛山,於舟中彈琴、圍棋、賦詩、作畫,直至次日夜半,過沙口始别。文藻悵然,作詩留贈。並寄詩與二弟文濤相告。(《桂林集》卷一)

乾隆四十二年(1777)丁酉　四十八歲

一月初五,度嶺,與張錦芳書。(張錦芳《逃虚閣詩集》卷三《得李南澗先生書云正月五日度嶺,與東坡同日》)

---

① 轉引自錢仲聯《清詩紀事》,江蘇古籍出版社,2004年,頁7027。

② [清]翁方綱《復初齋文集》卷一四,清李彦章校刻本。

二月初九日，校畢《隸續》。(《隸續跋》)

三月，行徑淮安，得悉鄧汝勤死耗，遂紆道東昌，夜投其家慟哭。其夜合眼則見汝勤，不寐達旦。(《鄧謙持小傳》)

經江西、安徽、江蘇、山東、直隸，約三月下旬抵京。(《桂林集》卷二)文藻在京兩月有餘，居紀昀宅。後欲將其間見聞録爲《平臺啜茗録》一書，至臨殁之時仍念於斯。(《易簣記》)

既升同知，始著白鷴補服，有《初著白鷴補服戲作》一詩紀之。(《桂林集》卷二)

在京日，常與友人翁方綱、周永年、孔繼涵、程晋芳、馮敏昌等相聚。蓋於此時獲識黄景仁。黄景仁、馮敏昌均題詩於文藻《啖荔》《曝書》二圖。

案黄景仁《兩當軒集》卷十三有《題李南磵啖荔圖》三首、《又題其曝書圖》三首。馮敏昌《小羅浮草堂詩集》卷十六有《題李司馬南澗曝書圖》、《題李司馬南澗啖荔圖，即送之官桂林》。

四月十七日，翁方綱相邀與孔繼涵等同拓法源寺金明昌二年碑，啜茶於僧寮，聽談潭柘界台之勝。晚飲於青棠書屋，並觀閔惇大所藏《甲申十同年圖卷子》。四月十九日，與翁方綱、梁鴻翥、程晋芳、周永年、陳以綱等飲於米市胡同。(葉昌熾《緣督廬日記鈔》)

五月二十七日，戴震卒於京師，年五十五。(段玉裁《戴東原先生年譜》)前此，戴震供職四庫館，曾將四庫館藏《孟子趙氏注》十四卷、《孫氏音義》二卷録副與文藻。(王獻唐《李南澗之藏書及其他》)

六月七日，與錢坫觀翁方綱所藏宋槧施顧注蘇軾詩集。(翁方綱《宋槧施顧注蘇詩題跋鈔》)

六月十二日，與孔繼涵、翁方綱、李威、黄景仁諸人聚會於朱筠椒花吟舫。

國家圖書館藏抄本《故唐律疏議》卷二末有孔繼涵識語云："(六月)十二日，同李南澗、翁覃溪、李畏吾、黄仲則坐朱竹均椒花吟舫，暑甚。"[①]

溽夏之中，至王昶寓舍借鈔惠棟《易漢學》諸書。

王昶《蒲褐山房詩話》："素伯窮經志古，肆力于漢唐注疏。以粤東縣令薦升州牧，引見來京，聞余有惠氏《易漢學》諸書，至余寓舍借鈔。大暑中，漫膚多汗，沾漬衣襟，不以爲苦也。"[②]

六月十五日出京，請假歸益都，贈詩與周永年、馮敏昌。(《桂林集》卷二)七月二十五日，葬周氏於父母墓側。(《李室孺人周是墓志》)八月十二日，文藻携弟文濤、子章郵、侄章甫、甥蔣器遊雲門山。

案：今雲門山頂尚留有當日文藻親筆刻字兩處，其一在雲門洞前西側

① 録自王重民《中國善本書提要補編》，北京圖書館出版社，1997年，頁52。

② [清]王昶《蒲褐山房詩話》，清道光吴縣毛慶善抄本。

北面石隙中，文曰："乾隆丁酉八月十二日，東郭李文藻登山拓唐宋石刻二十餘種，信宿乃去。時假傳將之桂林府。"其二在摩崖巨"壽"題刻之西，文曰："乾隆丁酉八月益都李文藻偕弟文濤、子章郢、弟子章甫、甥蔣器來遊。文藻記。"

是月，紀昀鈔録《寶刻類編》八卷貽文藻。(《寶刻類編跋》)其間起祠堂於所居之東，貽書錢大昕，請撰文記之。(錢大昕《益都李氏宗祠記》)

南下赴任，取道山東、河南、湖北、湖南，冬抵廣西桂林府任所。(《桂林集》卷二)

十一月十九日，跋《寶刻類編》。(《寶刻類編跋》，見《嘉業堂藏書志》)

是歲，續娶何氏。

乾隆四十三年(1778)戊戌　文藻卒

廣西自去歲大旱，饑荒彌漫，是歲仍災。(《(光緒)新寧州志》卷四)三月，文藻受命勘察南寧粥場，往返三千里，自謂"無救於民，徒費眼淚，蓋積鬱所由致也"。(《易簀記》)又陳救荒策，亦不爲上司所用。(黎簡《五百四峰堂詩鈔》卷八)

楊鍾羲《詩話三集》："李南澗官桂林司馬，至柳州會審，嘗以救荒策陳于上官，不得行其志……"①

文藻在桂林同知任上，凡三次勘察陡河(即靈渠)，疏通楚南米船，皆有成效。欲撰《靈渠考》二卷，以考證靈渠原委，附録古今詩文而未就。又欲添設興安縣主簿一員，專司陡河，亦未果。勞於政務，而鬱鬱不得行其志，復以嶺南濕熱，自端陽日起，始患癰疽，至六月其病大作，雖延醫診治而無效驗，此後愈成沉痾，至八月初四戌時壽終。(《易簀記》)

文藻自度不起，彌留之際，口授《易簀記》，命甥蔣器筆録。遺命不作行狀，以自編年譜乞錢大昕銘其墓，請錢坫篆蓋。(《易簀記》)復作書予張錦芳、黎簡、吕堅、黄丹書，各求挽詩。(黎簡《五百四峰堂詩鈔》卷八)

黄景仁《兩當軒集》卷十三《挽李南澗》所謂"瀕危尚遺千言牘，作傳都歸一代人"指此也。黄氏自注："臨終時，神清甚，作遺囑以傳志、詩誄之事分屬某某，皆得人。"②錢大昕《墓志銘》："去歲，南澗自粤西貽予書，言生癰於尻，甚劇。自後久不得音問，又數感惡夢。今冬，其弟文濤使來告曰：吾兄以去年八月四日病癰，終於官舍，遺命不作行狀，以自編年譜乞先生銘其墓。嗚呼！南澗果死矣。世豈復有此才哉?"③

文藻嗜搜碑刻，仕宦後行迹更及南國，搜羅愈衆，所撰《益都金石刻記》、《雲門金石刻記》《粤西金石刻記》《浯溪金石刻記》皆未成書，《桂林金石志》《師

① 轉引自錢仲聯《清詩紀事》，江蘇古籍出版社，2004年，頁7043。

② [清]黄景仁《兩當軒集》，上海古籍出版社，1983年，頁326。

③ [清]錢大昕《潛研堂文集》，江蘇古籍出版社，2004年，頁741。

友記》《先友記》《平臺啜茗録》則其擬撰而未撰之書，今唯存《粤西金石刻記》殘本耳。臨歿將其生平所拓金石碑刻盡予翁方綱，盼其編次成書，然終無果。

錢大昕《墓志銘》："於金石刻搜羅尤富，所遇學宫寺觀、岩洞崖壁，必停驂周覽，有僕劉福者，善椎拓，携紙墨以從，有所得則盡榻之。"①翁方綱《墓表》："蓋君意欲依曝書亭著録八門之目，以編經籍，又欲依朱氏《經義考》存、闕、佚、未見之例，以編金石。其在廣西寄予拓本數十百種，疾革時遺言寄予編次者又百種。予雖寡陋，必爲考核論次，以成君之志。"②

文藻藏書之富冠於山東，所撰《所藏書目》《所見書目》《所聞書目》，在目録學上别辟新境，惜亡佚不存。殁後其藏書董理乏人，又遭戰亂，遂至星散。《嶺南詩集》由其生前手訂，得以傳世，而文集及前此所作詩篇皆無人爲之編次。

文藻三子，皆無顯名於後世。

據《（光緒）益都縣圖志》，知李章郵僅爲生員，章姚歲貢生，有《西齋偶筆》、《大雲山房詩稿》。

附識：拙文經匿名專家審閲，疏漏不足之處多承指正，謹致謝忱。如文中謬誤仍存，責在作者。

附：李文藻家世簡表

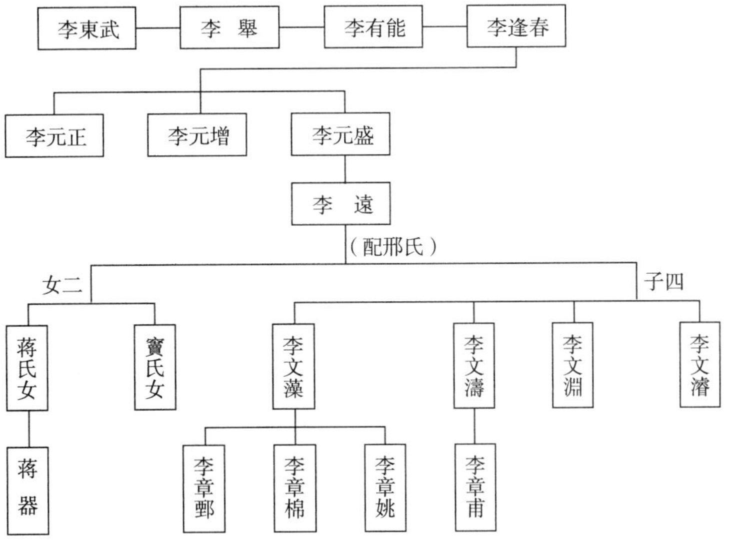

【作者簡介】 劉國宣，1987 年生，華東師範大學古籍研究所博士生。主要研究方向爲中國古典文獻學、明清學術史。

---

① [清]錢大昕《潜研堂文集》，江蘇古籍出版社，2004 年，頁 741。

② [清]翁方綱《復初齋文集》卷一四，清李彦章校刻本。

李著洪亮吉年譜補正

寧　雯　吕東超

【提　要】 李金松先生大著《洪亮吉年譜》於2015年4月出版，嘉惠學林不少，對了解洪氏一生行實，不無助益。作爲後出轉精之作，其内容之詳富，遠爲舊譜所不及。然年譜編纂殊爲不易，李譜於洪氏行實、交遊等方面尚多遺漏，本文對相關資料進行考訂，進而補正李譜之不足，以供讀是書者參考。

【關鍵詞】 洪亮吉　洪亮吉年谱　清代学术

洪亮吉(1746—1809)字稚存，號北江，晚號更生居士，爲清乾嘉名宿，著有《東晋疆域志》《春秋左傳詁》《北江詩話》等，又曾上書嘉慶帝，痛陳時弊，遭貶伊犁。無論學術成就，抑或政治作爲，均影響深遠。洪氏年譜迄今已有三種：洪氏弟子吕培等編有《洪北江先生年譜》；台灣學者林逸在吕譜基礎上擴爲《清洪北江先生亮吉年譜》；近來李金松先生《洪亮吉年譜》一書亦刊印行世。總體而言，李譜作爲後出轉精之作，内容之詳富，遠過吕、林二譜。然年譜編纂殊爲不易，今取讀李譜一過，知其於洪氏之行實、交遊等方面尚有不足，故試爲補正，以供讀者參考。

一、行實補正

乾隆三十七年(1772)壬辰五月二十二至二十四日："與陳蔚相識。"

按：乾隆三十二年，洪氏從時元福(月圃)受作文法，同學則有青陽陳上舍蔚[①]，是陳、洪二人早已相識。

乾隆三十九年，甲午(1774)。

按：趙懷玉《與洪稚存論妻喪書》：

> 懷玉近有妻之喪，以兩親在堂，屈而不敢盡。然亦思稍異於俗。足下從事禮經，尤惓惓喪服之制，爰以所見相質，則今之司荀爽之責者，舍足下其誰？[②]

---

① [清]洪亮吉《洪亮吉集》附録《洪北江先生年譜》，中華書局，2001年，頁2328。

② [清]趙懷玉《亦有生齋集·文》卷一〇，清道光元年刻本。

趙懷玉之妻金氏卒於乾隆三十九年十月十三日[①],不妨將趙氏此文繫於是年。此文之重要,在於藉此可知洪氏至遲在乾隆三十九年已對禮經有所研究。

乾隆四十一年(1776)丙申:"夏,邵晉涵訪先生於里門,不值。"

按:《運城與沈運使業富話舊即席賦呈二首》小注:"丙申夏,於江寧寓中相值。"[②]可知丙申年夏,洪氏曾往江寧,並與沈業富相值。

乾隆四十二年,丁丙(1777)。

按:趙懷玉《與洪稚存勸速葬書》:

> 省前書別楮以此時去就見商,方欲裁報,頃知已從孫丈之策,仍遊泰平,適如愚意,甚善甚善!然愚尚有惑焉。來書云劉君相待不同泛泛,許以墨衣縞冠,不預慶賀,爲今世士大夫所難,故拳拳未忍遽舍,何又有十月入都之説?……劉君之於足下,既以國士相遇,束修之入,未必從薄,果如前約,窀穸之事,便足營辦,奚必更求豐備,在足下之意,以爲人子篤終,祇此可以自盡,不知《瀧岡》一表,爲他日顯揚者,正未有艾,固不在目前之觀瞻已也。……古者遲葬皆不幸有大故,然後逾期,今足下徒以豐備之故,遂至停喪,則古不又有"斂首足形,還葬無槨"之制耶!近世禮制放失,停喪之家,十居六七,非泥形家之説,即惑日者之言,弟兄互諉,往往因循,足下素既不信矣。佳城已卜,午峰君葬且數年,此時但舉太孺人柩祔之,於事甚便,足下寒士,勢不能與世俗爭侈。縱罄其家爲一日之費,亦僅邀賓客交遊之譽,非於先人有裨,況有識者並不以此多足下也。……至於未葬不應舉,爲亟於進取者下砭。明年雖有籲俊之典,知非孝子思存,故勿及也。[③]

札中所言,與年譜所載四十二年事相合,洪氏時居劉權之太(泰)平幕府[④],尚未葬母。札中之劉君當即劉權之,孫丈殆指孫星衍之父孫勳。所謂"明年雖有籲俊之典",指乾隆四十三年會試,而洪氏因"未葬不應舉"之説,並未赴試。此札内容豐富,不僅可藉以瞭解清中期之喪葬觀,亦可藉以窺察洪氏對喪禮之理解。吕譜只謂洪氏"營葬乏資",遂赴太平[⑤]。今知"乏資"並非主因,洪氏以爲,喪禮必求豐備,方得盡人子之孝。故趙氏曉之以禮義,勸其速葬。可將此札繫於是年十一月後。

---

① 《亦有生齋集·詩》卷二四《對月有感》小注。

② 《洪亮吉集·卷施閣詩》卷六,頁581。

③ 《亦有生齋集·文》卷一〇。

④ 李金松《洪亮吉年譜》,人民出版社,2015年,頁80。

⑤ 《洪北江先生年譜》,頁2333。

乾隆四十三年,戊戌(1778);乾隆四十五年,庚子(1780)。

按:洪氏《三國疆域志序》:"予自戊戌歲校四史畢,即有志於此。留心裒輯者二載,然因有數難,輒復中輟。"①據此可知,洪氏於乾隆戊戌年校畢四史,即有志撰述《三國疆域志》,前後經營二年方始成書。此關涉洪氏學術不少,當補入戊戌年、庚子年。吕譜即將是書之成繫於庚子年。學術活動乃洪氏之重要行實,不當遺漏。吕譜"乾隆四十九年"條載洪氏是年"著《公羊穀梁古義》二卷"②,李譜亦失載。孫星衍《翰林院編修洪君傳》云:

> 四十五年庚子科中北榜舉人,旋至關中,依畢撫部沅,與纂《宋元資治通鑒》,始爲地理之學,撰補《三國》《十六國疆域志》等書。③

今據洪氏《三國疆域志序》及《錢獻之注爾雅釋地四篇序》④,知洪氏入畢沅幕府前已治地理之學矣。乾隆四十六年辛丑(1781)入陝後,遂出示《三國疆域志》於錢坫,並乞作序⑤。孫氏所謂入畢沅幕府後"始爲地理之學",似非實情。

乾隆四十四年,己亥(1779)。

按:洪氏《與鄭誠齋(虎文)書》:"去臘奉到所撰吾母《壙志》一首。"⑥鄭虎文《洪母蔣太孺人壙志銘》云:"今乾隆戊戌某月日。"⑦知鄭氏此文作於乾隆四十三年(戊戌),而洪氏葬母在是年十二月五日⑧。鄭氏雖於此前已撰好壙銘,但不妨繫於此日之下以並觀。而洪氏此札則作於乾隆四十四年無疑,不妨繫於是年初春。

乾隆四十六年,辛丑(1781)。

按:洪氏《與□皋詠(?)書》:"《三國補志》現已刊就,今先刷數册呈大雅正之,幸有以示我也。十一月初四日,亮吉再頓首。"⑨洪氏《補三國疆域志》初刻本爲乾隆四十六年孫星衍刻本⑩,此札或即作於乾隆四十六年十一月初四。

① 《洪亮吉集·卷施閣文甲集》卷八,頁179。

② 《洪北江先生年譜》,頁2338。

③ 《洪亮吉集》附録,頁2358。

④ 《錢獻之注爾雅釋地四篇序》作於乾隆四十六年辛丑正月,當時洪氏尚未赴陝。文云:"時予方疏《國語》地名。"參《洪亮吉年譜》,頁96。

⑤ 《洪亮吉年譜》,頁105。

⑥ 陳鴻森先生《洪亮吉北江遺文輯存》,《中國文哲研究通訊》第23卷第4期,2013年,頁240。

⑦ [清]鄭虎文《吞松閣集》卷三四,清嘉慶刻本。

⑧ 《洪亮吉年譜》,頁82。

⑨ 《洪亮吉北江遺文輯存》,頁241。

⑩ 光緒四年授經堂刻本《補三國疆域志》扉頁有"乾隆辛丑歲刊於西安 孫星衍署"字樣。

乾隆四十八年，癸卯(1783)。

按:洪氏《晋書地理志新補正後序》末署“乾隆四十八年歲在癸丑三月十八日”[①],《新修澄城縣志序》末署“乾隆四十八年歲在癸卯五月端午日”[②]。

乾隆五十一年，丙午(1786)。

按:是年夏，邵晋涵入都補官，洪氏作《送邵秘校晋涵入都補官》送之[③],有“逢君乃研經，逢君乃注史”,“性情至此忽一束，細校科斗箋蟲魚”之句，可見洪氏受邵氏影響之大。此詩小注殊爲重要，可藉此瞭解邵、洪二氏學術交流之詳情。

又，洪氏《與錢竹汀書》:“今歲南榜孫君暨李君賡芸等皆得解，又皆爲閣下所成就之人，文運之昌，不止爲函丈稱慶矣。承諭爲先慈撰《墓表》,如得蚤爲撰付，感且不朽。兹補呈《漢魏音叙》四首，並肅問崇安，不宣。亮吉再頓首啓，九月念五日。”[④]孫星衍(孫君)與李賡芸同爲是年舉人，故洪氏有此言。可知此札即作於乾隆五十一年九月廿五日。洪氏請錢大昕爲其母撰墓表事，在乾隆四十九年六月十九日[⑤]。

又，洪氏《與黄小松(易)書一》:

> 别及兩年，亮吉南北奔馳，至客冬十月方重抵大梁，與閣下相去千里而近。閣下此時建高牙，擁熊軾，不更隨河堤使者按視諸所，是以會晤較難。[⑥]

可知此札作於洪氏客居畢沅開封節署時。畢沅於乾隆五十年(1785)改任河南巡撫，洪氏於是年三月抵開封[⑦],又於次年十月再赴開封[⑧],此即札中所謂“客冬十月方重抵大梁”也。黄小松少承家學，長於河防,“(乾隆)四十五年、四十九年兩遇南巡回鑾經運河，辦差無誤，晋秩别駕，由衛糧調補河權下南同知。”[⑨]故洪氏有“閣下此時建高牙，擁熊軾，不更隨河堤使者按視諸所，是以會晤較難”之語。《與黄小松書二》:

> 前所贈漢射陽縣石門畫象，今在寶應縣，其石則友人汪容甫已輦之而回。覃溪宫詹以爲即孔子見老子象，不知何據也。藉便率復，並問公事賢

---

① 《洪亮吉北江遺文輯存》,頁208。按:乾隆四十八年爲癸卯年，文中“丑”字或爲“卯”字之誤。

② 《洪亮吉北江遺文輯存》,頁210。

③ 黄雲眉《清邵二雲先生晋涵年譜》,臺灣商務印書館，1982年，頁83。

④ 《洪亮吉北江遺文輯存》,頁220。

⑤ 《洪亮吉年譜》,頁126。

⑥ 《洪亮吉北江遺文輯存》,頁224。

⑦ 《洪亮吉年譜》,頁128。

⑧ 《洪亮吉年譜》,頁134。

⑨ [清]潘庭筠《山東兖州府運河同知錢塘黄君墓志銘》,見《中國古代書畫圖目》第11册《黄易山水畫册》,文物出版社，1994年，頁131。

勞,不宣。弟洪亮吉頓首。[①]

洪氏於乾隆五十一年夏秋之際得翁方綱詩柬,所談即此事[②]。不妨繫於乾隆五十一年夏秋之際以並觀。

又,洪氏《與丁鬱之(履端?)書》[③]:

> 弟四月十日方抵汴京。……春間與竹初(錢維喬)、與岑(楊夢符)、崔宇卿(崔景侃?)等同赴杭州,一路秦園飲泉,元墓看梅,尚有樂境,惜此時無足下,兼懷禮卿(崔景儼)也。駢體文已寄上一卷,今又刊成一册,並附到,乞正。餘再劄,不一。亮吉頓首,四月十八日。[④]

札中所言春間赴杭事,與年譜所載乾隆五十一年事合,知即作於是年四月十八日矣。又可知洪氏抵開封之具體日期在四月十日。駢體文指《卷施閣文乙集》,據此札可知當時尚未刊完。袁枚於乾隆五十一年(1786)花朝日所作序文亦只云"兹友人爲刊其乙集四卷"[⑤],李譜謂"二月月初,刊《卷施閣文乙集》成"[⑥],恐有失嚴謹。

乾隆五十三年(1788,戊申)。

洪氏《與黄小松(易)書三》:"……謹怔忪製一詩,因日内即將束裝赴楚,心緒歷落……小弟洪亮吉頓首,八月九日。"[⑦]畢沅於乾隆五十三年(1788)調任湖廣總督,洪氏於是年八月起駕隨行。此札即作於此時,故有"日内即將束裝赴楚"之語。又可據此將隨行日期繫於九日。札中所謂"謹怔忪製一詩",即洪氏《卷施閣詩》卷第七之《黄通守訪得漢武梁祠堂石刻聖賢畫象既爲亭覆之又繪訪碑圖索詩》,李譜將此詩繫於是年七月[⑧],據此札,知此詩作於八月。

乾隆五十四年,己酉(1789)。

洪氏《與温篔坡(汝適)書》:

> 昨回,偶製一聯語奉贈,並拙刻四種附呈削正。内《乾隆府州縣志》尚未刊完,故先送上十册也。侍甫得移居,頗無什物,老前輩如有寄存京邸物件,可否多寄數件?俟明秋文旆到日送還,斷不至有損壞也。有説經及地理、小學諸書見寄更妙。行期未定,尚容趨送,不宣。篔坡老前輩大人,侍洪亮吉手肅。[⑨]

---

①⑦ 《洪亮吉北江遺文輯存》,頁225。
② 《洪亮吉年譜》,頁133-134。
③ 丁履端,字鬱兹。疑此丁鬱之即丁履端。
④ 《洪亮吉北江遺文輯存》,頁240。
⑤ 《洪亮吉集·卷施閣文乙集序》,頁265。
⑥ 《洪亮吉年譜》,頁130。
⑧ 《洪亮吉年譜》,頁143。
⑨ 《洪亮吉北江遺文輯存》,頁239。

可知洪氏時居京師，《乾隆府廳州縣圖志》尚未刊完。光緒授經堂刊本《乾隆府廳州縣圖志》卷首有“乾隆戊申刊起至嘉慶癸亥工竣”字樣，知此書始刊於乾隆五十三年（戊申；1788）。考洪氏乾隆五十三年尚在畢沅幕府[①]，次年計偕北上，當時或携有部分（十册）已刊印之《乾隆府廳州縣圖志》入京，分送友人。此札當作於乾隆五十四年居京期間。

乾隆五十四年（1789，己酉）。

按：洪氏《與王秋塍（復）書一》：

> 夏、秋間兩致書，均未得足下一札，當以道遠無便故耶！蔣琴伍（齊耀?）[②]歸，又稔五月後復調署考城，此時定已回原任矣。亮吉半歲家居，一無善狀，春首不免有北行，而秋帆師又促之入楚，大約試後即赴武昌耳。……亮吉手肅，十月廿日。[③]

據“春首不免有北行”“試後即赴武昌”等語，知此時洪氏尚未中進士，且畢沅已任湖廣總督。作年當在乾隆五十三年（1788）至五十五年（1790）間。然洪氏於乾隆五十三年八月隨畢沅入楚，居家時少，與“半歲家居”不合。五十五年三月，洪氏應禮部試得春，則此信必作於五十四年十月廿日矣，時洪氏爲李廷敬延修府志[④]，故畢沅促之入署。武億《偃師縣知縣王君行實輯略》云：

> 歲乙巳（乾隆五十年，1785），移撫河南，仍奏請隨往，又以改撥河工委用君，於是署濬縣丞及鄢陵、臨漳、武陟諸縣事，實任武陟。又一署考城，尋調商邱。吏議解任，引見得旨，仍以知縣用。[⑤]

所言王復調署考城之具體時間不詳。檢《（道光）武陟縣志》，知王氏實任武陟在乾隆五十四年[⑥]，署考城又回任事當亦在是年，與此札所言皆合。

乾隆五十六年，辛亥（1791）。

按：此年十月，石經館開，派洪氏充收掌及詳覆官，有《上石經館總裁書》。見吕譜“乾隆五十六年”條[⑦]，李譜竟不之載。江藩《國朝漢學師承記》載此事尤詳[⑧]。

又，洪氏《蘇門山人詩鈔序》末署“乾隆五十六年歲在辛亥七月上浣”[⑨]。可補入。

---

① 《洪亮吉年譜》，頁139－145。

② 蔣齊耀字敬五。疑此蔣琴伍即蔣齊耀。

③ 《洪亮吉北江遺文輯存》，頁229。

④ 《洪亮吉年譜》，頁150。

⑤ ［清］武億《授堂詩文鈔・文鈔》卷八《偃師縣知縣王君行實輯略》，清道光授堂遺書本。

⑥ 《（道光）武陟縣志》卷六《職官表》，清道光九年刻本。

⑦ 《洪北江先生年譜》，頁2340。

⑧ 漆永祥《國朝漢學師承記箋釋》，上海古籍出版社，2006年，頁453。

⑨ 《洪亮吉北江遺文輯存》，頁214。

乾隆五十七年,壬子(1792)。

按:洪氏《續修小南門陳氏世譜序》末署"乾隆歲次壬子清和月,賜進士及第、欽命貴州提督全省學院、年家眷弟洪亮吉拜撰"[①]。可補入。

又,洪氏《與黄小松(易)書四》:

> 小松九兄足下:客冬判袂,又逾寒暑,比惟色養之餘,宦況宜人爲慰。亮吉昨分校京闈,又蒙恩命視學黔中。自維旬日之中,疊受非常之遇,撫衷自愧,良懼勿勝。……現定於九月杪起身。並問堂上福安,並文祉,不一。愚弟洪亮吉頓首,九月十三日。[②]

洪氏於乾隆五十七年八月十四日奉任貴州學政之命,於九月二十四日挈家赴黔[③],與此札所言皆合,可知作於是年九月十三日矣。

又,洪氏《與王秋塍(復)書二》:

> 現已挈家赴黔,於初五日抵安陽,咫尺不得相見,悵何如之!《吴會集》索者甚多,亮吉此行亦可以配□送督撫,務祈遣役於鄭州一帶就近地方賫送廿部,即與百朋之錫無異,佇切之。附問陞安,望賜復示,不宣。愚兄亮吉手啓,初四日邯鄲行館。[④]

此札作於乾隆五十七年赴黔道中,李譜載洪氏抵安陽日不詳,據此可知在十月初五日。此札則作於是月初四。札中所謂"咫尺不得相見",即洪氏《晚晴軒稿序》中所謂"憶歲壬子,余奉命視學黔中,及丙辰報滿入都,驛道所經,距君官舍不二百里,皆擬於君相見而輒不果"[⑤]。《吴會集》即畢沅所選所刻之《吴會英才集》,選入者有洪亮吉、黄景仁、方正澍等人之詩。時王復任事河南,故洪氏托王氏遣役於鄭州一代賫送。

乾隆五十九年(1794,甲寅)。

按:《與王惕甫(芑孫)書》:

> 亮吉半年以來,奔馳七八郡,日來方得稍理故業,頗有撰述。……足下明年成進士後,留都門作冷官,亮吉與琢堂(石韫玉)等報滿入京,方不岑寂,望之,望之。怔忪附問起居。……亮吉頓首,九月初四日。[⑥]

據此可知王芑孫明年將赴會試。札云"半年以來,奔馳七八郡",可見洪氏已在貴州任上。洪氏居黔期間,禮部會試凡兩次:一、乾隆五十八年(1793)癸

---

① 《洪亮吉北江遺文輯存》,頁213。

② 《洪亮吉北江遺文輯存》,頁225-226。

③ 《洪亮吉年譜》,頁176-177。

④ 《洪亮吉北江遺文輯存》,頁230。

⑤ 趙厚均《〈洪亮吉集〉集外詩文補遺十三則》,《古典文獻研究》第12輯,鳳凰出版社,2009年,頁558。

⑥ 《洪亮吉北江遺文輯存》,頁238。

丑科；二、乾隆六十年(1795)乙卯恩科。札中既提及明年赴試，可知作於乾隆五十七年或五十九年。考乾隆五十七年九月初四日，洪氏尚未離京赴任[①]。知此札必作於乾隆五十九年九月初四矣。乾隆六十年洪氏離任，與札中所謂“報滿入京”亦合。

乾隆六十年，乙卯(1795)。

按：是年於貴陽學署刊《卷施閣文甲集》十卷、《卷施閣文乙集》十卷、詩集二十卷、《附鮚軒詩》八卷[②]。

嘉慶元年，丙辰(1796)。

按：洪氏《與孫淵如書二》末署“四月廿五日”，據札可知：一、洪氏時居京中；二、邵晋涵卧病；三、孫星衍出都領隊防河[③]。邵氏於嘉慶元年六月二十五日作古[④]，孫氏於乾隆六十年(1795)授山東兖沂曹濟道[⑤]。則此札當作於乾隆六十年至嘉慶元年六月二十五日間。然洪氏於乾隆六十年卸任貴州學政，返都復命，至嘉慶元年正月二十八日始入都[⑥]。故知此札作於嘉慶元年四月廿五日。

又，洪氏《與許秋巖(兆椿)書》：“嘉慶紀元正月之杪，亮吉方抵京未幾，值馮鷺庭(集梧)同年以家事南旋，因得肅緘奉問動定……清明後一日，愚弟洪亮吉頓首啓。”[⑦]

嘉慶二年(1797)：“三月初三日，奉旨上書房行走，侍皇曾孫奕純讀書，移寓澄懷園近光樓下，有詩。”

按：此條李譜因襲吕譜[⑧]。《詩龕朋舊尺牘》第五五通爲洪氏致法式善札，末署“二月廿九日”。[⑨] 札云“匆匆移入澄懷園”，可知即作於嘉慶二年二月廿九日。據此可知洪氏於二月廿九日，已奉旨在上書房行走並移居澄懷園矣。洪詩《三月三日作》小注云：“是日，入直上書房。”[⑩]是三月三日當天正式入職。

嘉慶四年，己未(1799)。

按：洪氏《劉君殘碑跋》末署“嘉慶己未春三月”[⑪]。可補入。

---

① 《洪亮吉年譜》，頁177。
② [清]葉德輝《郎園讀書志》卷一四，嶽麓書社，2011年，頁687。
③ 《洪亮吉北江遺文輯存》，頁221－222。
④ 《洪亮吉年譜》，頁232。
⑤ [清]趙爾巽《清史稿》卷四八一《列傳》二六八《儒林》二，中華書局，1977年，頁13224。
⑥ 《洪亮吉年譜》，頁225。
⑦ 《洪亮吉北江遺文輯存》，頁238－239。
⑧ 《洪亮吉年譜》，頁241。
⑨ 吴忱、劉青山《詩龕朋舊尺牘》，《歷史文獻》第16輯，上海古籍出版社，2012年，頁23。
⑩ 《洪亮吉集·卷施閣詩》卷一八，頁868。
⑪ 《洪亮吉北江遺文輯存》，頁218。

嘉慶七年,壬戌(1802)。

按:于宗林(子道)《乾隆府廳州縣圖志跋》:

> 余向不識先生。歲戊午仲夏,客有自京師來者,録先生大考試卷《征邪教疏》見示,先生既慷慨論列,而於全秦、西蜀地理寸晷中羅列若指諸掌,余心敬之。迨先生自塞外蒙恩赦歸,壬戌六月避暑焦山,余始携弟宗淵往謁,並令宗淵受業門下。先生留居山館二日,因得悉窺先生所造述,大約自説經外,於古今地理辨證尤詳,所成書至十數種,時《府廳州縣圖志》已刊至半,余因勸先生促成之,並爲任剞劂之費。先生即以全書俾余兄弟携歸,即屬校正闕誤。……因爲叙次本末並校刊歲月如左云。嘉慶七年歲在壬戌秋孟丹徒後學于宗林跋。①

此關涉洪氏交遊及刊書始末,可補入。光緒五年授經堂刻本《乾隆府廳州縣圖志》共二十册,據前引《與温質坡書》,知洪氏於乾隆五十三年已刊畢十册,此即于氏跋中所謂"已刊至半",故知直至嘉慶七年,《乾隆府聽州縣圖志》後十册始克續刊,至次年工竣。

嘉慶七年,壬戌(1802):"五月在里度夏。"

按:李譜於洪氏五月行實,只此數字。北京大學圖書館藏嘉慶七年刻本《更生齋集》卷端有"嘉慶七年孟夏刊於洋川書院"字樣,書名題"更生齋文甲集四卷、乙集二卷、詩集八卷、附詩餘二卷"。可知是年洋川書院爲洪氏刊更生齋集數卷。

嘉慶八年,癸亥(1803)。

按:洪氏《與徐山民(達源)書》:

> 紀綱來,得手書,始知嫂夫人亦於二月辭世,可傷之至。……承以志銘見委,又知窀穸邇,事不可緩,留來使半日,已草就一篇,亦頗可以傳嫂夫人,幸正之也。……仲春弟又爲鹺使固請至揚州書院,然此地紛雜,非放廢者所宜,已決意辭之,仍至旌德,往返道路間,致拋卻二十餘日。……鄙著《府州縣志》並圖表均已刊成,須俟歸日至吴門買大料毛泰紙,方可刷印分送足下等也。……三月十八日早。②

嘉慶八年二月,洪氏受兩淮鹽政額勒布之聘,主講揚州書院,後辭去③,與此札所言合,知此札即作於是年三月十八日。洪氏《敕封承德郎翰林院待詔加三級徐君妻吴安人墓志銘》中所謂"發君書,始知吴安人已於又二月二十三日

---

① 光緒五年授經堂刻本《乾隆府廳州縣圖志》卷首。

② 《洪亮吉北江遺文輯存》,頁 239 - 240。

③ 《洪亮吉年譜》,頁 374、頁 377。

謝世"[①],與札中"得手書,始知嫂夫人亦於二月辭世"亦合。據此札又可知:一、洪氏所撰吳氏墓志銘在三月十八日或稍前;二、洪氏《乾隆府廳州縣志》在三月十八日前已刊竣。

又,洪氏《邱縣劉氏族譜序》:"今吾友大觀,由明經亦以縣令起家,擢州守,今晉階觀察,所至民誦之不置口,可云克守世業矣。"[②]此札未署作年。劉大觀升觀察在嘉慶八年[③],此札或即作於是年。

又,洪氏《歸氏四世鄉賢録序》:"余與昭簡公季子浙江布政使司景照,皆以事戍伊犁,過從尤密,閑中詢君先世事甚悉。今布政君蒙恩旋里,顧以弁首之文見委,遂不敢辭而序之。"[④]《更生齋詩》卷第八有《讀歸方伯景照猶女佩詩册率跋一首時聞方伯已從戍所旋里即以寄之》[⑤],考年譜及集中該詩前後次第,殆作於嘉慶八年。

又,洪氏《重建天寧寺碑記》云:"又自六年以迄八年。"[⑥]不妨將此文繫於八年。

嘉慶九年,甲子(1804)。

按:洪氏《洋川毓文書院志自序》末署"嘉慶九年歲在甲子初夏"[⑦],《黎里志序》末署"嘉慶九年歲在甲子長至前一日"[⑧],《寒石上人詩序》末署"嘉慶九年歲在甲子小除前十日"[⑨]。可補入。

又,八月,與吳錫麟、胡長齡、韋協夢、劉大觀、趙懷玉、孫星衍、張敦仁賞觀唐石佛[⑩]。

又,洪氏《與陸平泉(以莊)書》云:

> 平泉三兄足下:弟十一月初三日已抵焦山,專望賢昆仲來作數日快叙,王春厓(逢源)酒未識已送來否?幸即帶下,可作五日醉也。並問近祺。令弟、四兄均此,不另。學愚弟洪亮吉手啓。[⑪]

考年譜,洪氏於十一月初抵焦山者唯嘉慶九年[⑫],不妨即繫於是年。李譜所載抵焦山具體時間未詳,可藉此明確。

---

① 《洪亮吉集·更生齋文甲集》,頁 1017。
② 《洪亮吉北江遺文輯存》,頁 211。
③ 許雋超《劉大觀年譜考略》,人民文學出版社,2013 年版,頁 100。
④ 《洪亮吉北江遺文輯存》,頁 212。
⑤ 《洪亮吉集·更生齋詩》卷八,頁 1411。
⑥ 《洪亮吉北江遺文輯存》,頁 243。
⑦ 《洪亮吉北江遺文輯存》,頁 204。
⑧ 《洪亮吉北江遺文輯存》,頁 210。
⑨ 《洪亮吉北江遺文輯存》,頁 215。
⑩ 《劉大觀年譜考略》,頁 112。
⑪ 《洪亮吉北江遺文輯存》,頁 241。
⑫ 《洪亮吉年譜》,頁 412。

嘉慶十年，乙丑(1805)。

按：洪氏《校補竹書紀年序》末云："余以撰此間《縣志》，與君(趙紹祖)共識最久，見君之好古若渴也。頻行，又出此書乞爲之序，用不辭而詳其原委如左云。"[①]"縣志"指《涇縣志》。嘉慶十年，洪氏於涇縣修志[②]，知此札即作於是年。此札中頗多洪氏論學之語，關涉其學術者不少。

又，洪氏《史案序》末屬"嘉慶十年歲在乙丑孟秋"[③]，《湖海交遊館集序》末屬"嘉慶乙丑年"[④]，《謙守齋記跋》末屬"嘉慶乙丑"[⑤]。

又，洪氏《例贈訓導國子監生耕書歸君墓志銘》云："今歲春，候補司訓歸君衔以其尊甫君《狀》，乞餘爲志墓之文。……衔等將以嘉慶十年三月初五日，葬君於縣東鄉之祖塋穆穴，復繫以銘。"[⑥]

嘉慶十一年，丙寅(1806)。

按：洪氏《遷仁里記》末署"嘉慶歲次丙寅仲春"[⑦]，《尊古齋詩鈔跋》云："丙寅秋仲，自武夷歸櫂，適馮秋穀(珍)明經亦以遊中吴諸山，遇於楓江舟次。話藝竟日，出示所著《尊古齋詩鈔》，取材鍊句，温厚純雅，皆能合古。其用意虚遠處，深得唐賢神理；又能沈静好學，自見其詩之日進。予乃書贈《武夷九曲溪歌》及道中諸詠，濡墨未竟，覺羅浮煙霞之氣飄渺紙上矣。匆促挂帆，未録全稿，當俟來春天目之遊郵筒奉寄也。"[⑧]

又，洪氏與趙紹祖(琴士)、左煊(春谷)、吴臺(位三)論《涇志》諸書及《涇縣名宦陳焦考》一文[⑨]，具體作年已不可考，然以理度之，當作於修《涇縣志》期間，不妨繫於嘉慶十一年。

又，洪氏《大成易旨序》："今春將以《易旨》付梓，爰題數言以弁其首。"[⑩]此序作年不詳。《大成易旨》有嘉慶十一年存澤堂刊本(南京、湖北)、嘉慶十三年崔五源刻本(山東)[⑪]。

又，洪氏《後魏書音義叙》云："今春以事過宣城，值同年生淩君廷堪以名儒教授此地，坐次出近所撰《魏書音義》四卷見示。"[⑫]洪氏因修《寧國府志》事，於

① 《洪亮吉北江遺文輯存》，頁207。

② 《洪亮吉年譜》，頁428。

③ 《洪亮吉北江遺文輯存》，頁209。

④ 《洪亮吉北江遺文輯存》，頁215。

⑤ 《洪亮吉北江遺文輯存》，頁218－219。

⑥ 《洪亮吉北江遺文輯存》，頁248－250。

⑦ 《洪亮吉北江遺文輯存》，頁245。

⑧ 《洪亮吉北江遺文輯存》，頁218。

⑨ 《洪亮吉北江遺文輯存》，頁230－238、頁242。

⑩ 《洪亮吉北江遺文輯存》，頁205。

⑪ 《中國古籍總目·經部》，上海古籍出版社，2012年，頁112。按：《總目》所載不全，《山西大學圖書館綫裝書目録》著録有清嘉慶十一年刻本，《東北地區古籍綫裝書聯合目録》亦著録有嘉慶十一年刻本，藏於吉大、吉社。因北京地區無藏本，故未能檢讀。據此二刻本序，當能確定作年。

⑫ 《洪亮吉集·更生齋文甲集》卷三，頁1015。

嘉慶十一年春抵宣城,是年三月十五日與淩廷堪集於南樓[①],此文所言,殆即當時修志之事。

嘉慶十二年,丁卯(1807)。

按:洪氏《秋水亭詩續集序》:"新城王君秋水(王祖昌),爲文簡族曾孫,自幼即以詩古文爲性命,而又不敢自恃,有所作,輒質之友朋。今歲君年已逾六十,尚介吾友孫君伯淵,不遠二千里以詩古文就質,余何足以知君?……時嘉慶十二年長至後五日。"[②]

嘉慶十三年,戊辰(1808)。

按:洪氏《重修澗上草堂碑記》有"夫待詔於嘉慶建元已重修先生之祠矣,今越十二年"語[③],不妨繫於嘉慶十三年。羅振玉《訂補澗上草堂紀略·澗上草堂紀略補目》亦訂此文爲嘉慶十三年作[④]。

又,楊文蓀(芸士)《更生齋詩續集序》:

> 獨稚存先生先以侍直内廷,繼復遠戍塞外,迨賜環南歸,始獲一識荆州。自是歲必游浙,輒相聚於湖山佳處。猶憶戊辰四月,梅雨浹旬,西湖漲溢,白、蘇隄半在水中。時蓉裳(楊芳燦)先生方主詁經精舍講席,令子伯夔隨侍,適先生來遊,遂下榻於此。蓀於大水中棹小舟赴蓉裳先生之約,喜遇先生,作竟日譚讌。吴江郭頻迦(麐)亦在坐。先生諄諄相訂次年同遊諸暨之五洩山。頻迦以無濟勝之具辭。詰朝各匆匆别去。逾年,先生遽歸道山,五洩山之遊竟不果。[⑤]

又,洪氏《元和郡縣志跋》:

> 戊辰春,余抱病卧枕,頗收羅奇書以作卧遊。適友人遺余《元和郡縣志》若干卷,乃孟亭(馮浩)前輩手録也。雖考訂旁搜未極精詳,而簡練博洽已勝諸家。因取崑山徐氏本互相校讎,時參臆見,閲數旬告成。自謂此書可稱全璧矣,其爲先生之功臣也,不敢多讓。稚存洪亮吉記。[⑥]

又,洪氏《與莊虚庵(炘)書》:

> 記亮吉八九歲時在外家,聞鼓樂聲,奔走出觀,乃足下娶婦也,今五十五年矣。雖先足下物化,然伉儷至六十年,可云難得。述此舊事,即所以寬足下之新恨矣。今夕虚舟方伯約亮吉與味辛(趙懷玉)陪伯鴻(莊逵吉)

---

① 《洪亮吉年譜》,頁 452。
② 《洪亮吉北江遺文輯存》,頁 215-216。
③ 《洪亮吉北江遺文輯存》,頁 242。
④ [明]徐枋《居易堂集》附録二,華東師範大學出版社,2009 年,頁 625。
⑤ 《洪亮吉集·更生齋詩續集》卷首序,頁 1471。
⑥ 《洪亮吉北江遺文輯存》,頁 217。

話舊,至三鼓乃散,坐中諸人皆念足下不置,何時合并?望之佇之。今歲秋杪,亮吉復爲匡山、九華之遊,冬仲始返,得詩至二百首,今抄寄數篇,乃燈下十歲小兒所書也。又《李忠毅墓銘》石刻六紙,亦附以正之。墨淡燈昏,用致相思,不盡。楊靈州(芳燦)晤時爲問好。亮吉又頓首,十二月十二日四鼓。[①]

據札中"記亮吉八九歲時在外家,聞鼓樂聲,奔走出觀,乃足下娶婦也,今五十五年矣"句,知洪氏是年當六十三或六十四歲。洪氏於嘉慶十四年(1809)五月十二日作古(64歲),則知此札必作於嘉慶十三年矣。檢年譜所載嘉慶十三年事,如秋杪遊匡山、九華山及撰《李忠毅墓銘》等,皆與此合。

又,常州博物館藏有洪氏致蔣榮昌札凡五通十四紙[②],作於嘉慶十二年至十三年間,張俊嶺《朱筠、畢沅、阮元三家幕府與乾嘉碑學》有影印圖片及考證。李譜僅於嘉慶四年九月二十二日條提及蔣榮昌[③],此數札可作補充。札中所言,多爲賑災之事,與年譜嘉慶十二年條合。此外,"又言及歲末躲債、祖墳爲人侵佔事,及二人間探討刻書問題,並相互贈送書籍、古人名迹、宣紙之事,較爲真實地反映了洪亮吉晚年關心民事之外的交往與應酬。"[④]札中所提及之"前承諭撰吕子《呻吟》序",即洪氏集中之《重刻吕子呻吟語序》,後者云:

越五十年丙午,渭南漕督蔣畤峰先生重刊以行世,然流布者絶少。今霽峰先生之涖吾郡也,距重刊時又二十寒暑矣。先生以愷悌之政守煩劇之區,偶值偏灾,竭心賑恤,遂得感召天和、雨暘時若。暇日復取《呻吟語》一編,以爲……[⑤]

亦可將此文繫於該年之下。關於蔣榮昌,李譜注云:"蔣榮昌(生卒年不詳),清河南睢州人……"據洪氏此文,知"霽峰"即蔣榮昌。《(光緒)續修睢州志》有蔣氏小傳,謂蔣氏字霽峰,"學使蔚季子"[⑥],可參。

二、交遊雜考

乾隆五十八年七月:"題《玉墀洗硯圖》。"

按:據李譜所引,洪氏詩題作《吴司馬玉墀洗硯圖》。故年譜此條當表述爲"題吴玉墀《洗硯圖》"。吴玉墀即錢塘大藏書家吴焯(瓶花齋)次子,於乾隆五十七年(1792)任松桃同知,署仁懷廳事[⑦]。故得與洪氏會於黔中。

---

① 《洪亮吉北江遺文輯存》,頁239。

② 《中國書法》2015年10月總第270期亦將洪氏至蔣榮昌札披露於世,唯在釋文中將某兩札合而爲一,如此則謂之爲"四通十四紙"亦未嘗不可。

③ 《洪亮吉年譜》,頁296。

④ 張俊嶺《朱筠、畢沅、阮元三家幕府與乾嘉碑學》,浙江大學出版社,2014年,頁277。

⑤ 《洪亮吉集·更生齋文續集》卷一,頁1134。按:引用時標點有改動。

⑥ 《(光緒)睢州續志》卷六《人物·名臣》,清光緒十八年刻本。

⑦ 《貴州通志·宦迹志》卷一五,貴州人民出版社,2004年,頁635。

乾隆六十年乙卯(1795):"閏二月初一或稍後,獨坐試院小樓柬知府嵇承益。"注:"嵇承益,生平待考。"

按:檢洪氏原詩,實作"嵇承孟"[①]。嵇承孟,江蘇無錫人,監生。乾隆五十一年至五十二年任固安縣南岸同知[②],乾隆五十九年至嘉慶三年,任遵義府知府[③],嘉慶四年任永定河道臺[④]。

嘉慶八年癸亥(1803)二月十七日下注謂張鉉乃張崟堂弟。

按:李譜所據爲《丹徒縣志》卷三十三《文苑》。按:《(光緒)丹徒縣志》卷三十三謂張鉉乃張崟堂弟[⑤],而卷三十四又謂張鉉爲張崟從兄[⑥]。洪氏《北江詩話》卷三謂張崟乃張鉉從弟[⑦],當事人所記或更可信,可見《(光緒)丹徒縣志·文苑》及其所據嘉慶舊邑志所載不確。

同年八月相關條下注程洪溥生平爲"字木庵,號音田,清安徽歙縣人,程振甲子。僑居吴中。進士出身。博物好古"云云。又注方如川生平爲"字鴻錫,清安徽歙縣人。候選訓導。餘待考。"

按:一、李譜對程洪溥之介紹未注出處,對勘文字,知或出於《中國藏書家辭典》[⑧]。前人對程振甲、程洪溥父子之名號、生平多有誤解,周紹良《蓄墨小言》[⑨]、《清代名墨談叢》頗有辨證[⑩]。如此段文字謂程洪溥號音田即有誤,音田實爲其父程振甲。又,《中國藏書家辭典》對程洪溥之介紹錯誤頗多,如謂程氏與葉昌熾交誼頗深,並贈葉氏《通志堂經解》,葉氏繪《贈書圖》題詩以謝云云,實則當事人乃錢儀吉,而非葉昌熾[⑪]。二、李譜所注方如川生平,依據當爲嘉慶或民國《歙縣志》,但此字鴻錫之方如川似非洪氏所交遊之方如川。《(民國)歙縣志》載有一别字雨村之方如川,著有《粤遊吟草》[⑫]。《清人詩文集總目提要》亦謂方氏字雨村,安徽歙縣人,袁枚弟子,所著有《粤遊吟草》一卷、《江楚行吟》二卷[⑬]。又可參《歙事閑談》卷九《歙人小本詩卷》[⑭]。洪氏曾爲《粤遊吟草》作序,似當以字雨村者爲是。

---

① 《洪亮吉集·卷施閣詩》卷一六《試院小樓獨坐柬嵇太守承孟》,頁 820。
② 《(咸豐)固安縣志》卷之五《官師》,清咸豐九年刻本。
③ 《(道光)遵義府志》卷二八《職官》二,清道光刻本。
④ 《(咸豐)固安縣志》卷之五《官師》。
⑤ 《(光緒)丹徒縣志》卷三三《文苑》,清光緒五年刻本。
⑥ 《(光緒)丹徒縣志》卷三四《書畫》。
⑦ 《洪亮吉集·北江詩話》卷三,頁 2273。
⑧ 李玉安《中國藏書家辭典》,湖北教育出版社,1989 年,頁 247。
⑨ 周紹良《蓄墨小言》,紫禁城出版社,2009 年,頁 250－251。
⑩ 周紹良《清代名墨談叢》,文物出版社,1982 年,頁 30－32。
⑪ 葉昌熾《藏書紀事詩》,上海古籍出版社,1989 年,頁 724。
⑫ 《(民國)歙縣志》卷十《人物志·詩林》,民國二十六年鉛印本。
⑬ 柯愈春《清人詩文集總目提要》,北京古籍出版社,2011 年,頁 859。
⑭ 許承堯《歙事閑譚》,黄山書社,2001 年,頁 289。

嘉慶十三年戊辰(1808)正月初八日:"應朱勛招,同趙翼……瞿志善……宴集。"注:"瞿志善,行實待考。"

按:李譜所引趙翼詩題作"瞿志善",檢趙翼原詩,實作"瞿秩山"①。秩山乃瞿曾輯字,傳見李譜第494頁,該頁小傳謂瞿氏字"輯山",所據爲張惟驤《清代毗陵名人小傳稿》,檢張氏原書,實作"秩山"②。

同年十月相關條下小注:"吴之勤,清山東海豐(今無棣)人。餘待考。"

按:"勤",當作"勷"。吴之勷,字翊臣,號淦崖,乃吴壇(乾隆四十五年任江蘇巡撫)之子,吴式芬之祖父。乾隆己亥舉人。曾任湖北黄州知府等。著有《葉夢樓詩賸》③。

他若王廷俞(P82)④,芮光照、楊毓舒(P100)⑤,吴錫緯(P101)⑥、李璣(P115)⑦、王石華(P139)⑧、吴方南(P166)⑨、方維祺(P183)⑩、朱龍藻(P218)⑪、

① [清]趙翼《甌北集》卷五〇《立春前一日朱虚舟藩伯招同劉檀橋中允洪稚存編修湯樸齋員外瞿秩山觀察崔雲客太守陳樾齋家味辛兩司馬蔣瑩溪别駕管道明州牧崔禮明府讌集即事》,清嘉慶十七年湛貽堂刻本。

② 張惟驤《清代毗陵名人小傳稿》卷五,民國三十三年常州旅滬同鄉會印本。

③ 《(民國)無棣縣志》卷一〇《人物·名宦》,民國十四年鉛印本;《山東通志》卷一四五《藝文志》第十"集部",民國四年重印本;朱亞非《明清山東仕宦家族與家族文化》,山東人民出版社,2009年,頁236。

④ 王廷俞,句容華陽人,縣學秀才。參《洪亮吉集·卷施閣詩》卷一《華陽憶舊行寄朱博士沛林海州光照汪縣丞蒼霖兼呈孫丈勲及令子星衍》,頁475;《(同治)續纂江寧府志》卷一四之三《人物》,清光緒六年刻本。

⑤ 芮光照乃洪氏姊夫。參吕譜"乾隆二十一年"條,頁2325。楊毓舒,毗陵人,乃楊宗發曾孫。參洪亮吉《玉塵集》卷下,清光緒《粟香室叢書》本。按:楊氏與洪氏爲幼時同學,見吕譜"乾隆二十四年"條,頁2326。

⑥ 吴錫緯,乾隆四十四年己亥舉人,曾任河南某縣知縣。參《(光緒)武進陽湖縣志》卷一九《選舉·舉人》,清光緒刻本。

⑦ 李璣,河北宛平人,曾任風陵司巡檢官,並創辦紫陽學舍。參《潼關文史資料》(内部交流)第6輯,頁66。

⑧ 王瑜,字光庭,一字石華,江蘇太倉鎮洋人,諸生,著有《説文韻編》、《石華山人詩草》,與孫馮翼同撰《説文正字》,孫星衍曾延之校書。參李明友《李汝珍師友年譜》,鳳凰出版社,2011年,頁114;周星譽《鷗堂日記 窳横日記》,河北教育出版社,2011年,頁98。

⑨ 吴方南,乾隆年拔貢,任直隸州判。參王功仁《山東省科考名録彙編·清代》"朝城",華文出版社,2005年,頁488。

⑩ 方維祺,方維翰之弟,字介亭,號春之,順天大興人,舉人。乾隆四十九年任醴陵縣知縣,五十年任湘潭縣知縣、五十四年任澧州知州。與袁枚等皆有交往。參《清人詩文集總目提要》,頁832;《(光緒)湖南通志》卷一二三《職官志》十三、十四,清光緒十一年刻本。

⑪ 朱龍藻爲乾隆壬午科舉人,昆明人。參《新纂雲南通志》(二),雲南人民出版社,2007年,頁371。按:《大定府志·惠人志》(中華書局,2000年,頁498)載朱龍藻於乾隆五十六年十二月初八日署黔西州知州。《鎮遠人物》第31頁載:"朱龍藻,雲南人,舉人。乾隆五十五年(1790)正月署鎮遠縣知縣。"光緒十九年刻本《天柱陳氏族譜》卷一有"乾隆五十一年天柱知縣朱龍藻贈序"。不知此朱龍藻與洪氏文中之朱經歷龍藻是否一人。特此列出,僅供參考。

吴玉松(P236)[①]、查有炘(P243)[②]、陳燮(P254)[③]、王景桓(P267)[④]、劉汝謨(P264)[⑤]、施錫藩(P292)[⑥]、陳文杰(P293)[⑦]、程思樂(P344)[⑧]、如鑒(P360)[⑨]、戴爾勤(P363)[⑩]、汪琣(P366)[⑪]、陳坡(P367)[⑫],陳煐[⑬]、唐在簡[⑭]、沈翻[⑮]、吕英[⑯]、

① 吴雲(1747—1837),號潤之,字玉松,吴縣(江蘇蘇州)人。乾隆五十八年進士,選庶吉士,授編修,歷官山東道監察御史、河南彰德知府等,著有《醉石山房詩文鈔》六卷。參邵忠《吴中名賢傳贊》,江蘇古籍出版社,1997年,頁1198。

② 查有炘乃清代傳奇人物,關於查氏之生平逸事,古文獻中不乏記載。周紹良先生《蓄墨小言》第一〇四條"查有炘墨"一文,考查氏事迹甚悉,兹不贅録。查氏之妻馬翠燕,乃袁枚女弟子之一。參袁枚《隨園詩話補遺》卷八,人民文學出版社,1960年,頁788-789。

③ 陳燮(1750?—1811後),字理堂,一字澧堂,海陵(今江蘇泰州)人,嘉慶戊午舉人。曾主河南武陟書院,任通州、邳州等地學政,著有《憶園詩鈔》六卷、《憶園詞鈔》二卷。參《晚晴簃詩匯》,中國書店,1988年,頁4818;馬興榮《中國詞學大辭典》,浙江教育出版社,1996年,頁226。

④ 疑此王景桓爲清乾隆時著名刻工。瞿冕良《中國古籍版刻辭典》(齊魯書社,1999年,頁55)謂王景桓爲乾隆間蘇州人,刻字工人,住鐵瓶巷,曾刊刻《義門讀書記》等。畢沅《清防護唐昭陵碑》,書篆者爲錢坫,磨勒並撰碑額者爲孫星衍,而鎸字者即王景桓。清嘉慶六年馮集梧德裕堂刻本《續資治通鑒》卷末題:"江寧監生王景桓"。殆即此人。

⑤ 劉汝謨(1739—1787),字賡虞,一字古三,江蘇陽湖人,僑寓無錫。乾隆四十五年進士,授編修,著有《寄春吟詩》一卷附詞一卷。參《清人詩文集總目提要》,頁796。

⑥ 施錫藩即施晋,參《洪亮吉年譜》,頁395。

⑦ 陳文杰即陳文述,參《洪亮吉年譜》,頁286。

⑧ 程思樂,字北野,號前川,漢陽人,乾隆時任太湖司李,僦居翠微庵,公餘授徒,受業者衆,終老於東山,著有《前川詩草》四卷、《太湖志略》四卷等。參《東山鎮志》,東南大學出版社,2002年,頁699。

⑨ 達澄(1754—1803),俗姓宓,法字如鑒,法號古光,又號清涼上人,上元(今江蘇江寧)人,曾任高旻寺住持,與姚鼐、趙翼、王文治等乾嘉名宿多有交往。著有語録二卷、詩集一卷。法嗣弟子悟成爲其建塔寺内,塔銘爲吴錫麟所作。參王昶《湖海詩傳》卷四六,清嘉慶刻本;張志哲《中華佛教人物大辭典》,黄山書社,2006年,頁735。

⑩ 戴揚輝,字爾勤,安徽婺源人,戴大昌之子,凌廷堪受業弟子。嘉慶十三年進士,選大寧縣知縣。參《李汝珍師友年譜》,頁225。

⑪ 汪琣(1782—1858),字仲玉,號蓉湖,晚號信天拙叟。旌德人。承澤子,洪氏門生,道光間貢生,精於金石,善八分書。與其兄汪瑔皆爲洪氏所稱道。著有《蓉湖詩鈔》二卷、《蓉湖詩續存》一卷。參《清人詩文集總目提要》,頁1159;馬祖毅《皖詩玉屑》,黄山書社,1985年,頁214-215。按:汪承澤乃徽商,事迹見汪時鴻《旌德板橋汪三暉堂家乘》之《歷代傳略》。

⑫ 陳坡,字景蘇,號諫亭,安徽青陽人,乃陳蔚從子,嘉慶間廩貢生,歷任桐城、寧國教諭,廬州府教授,著有《諫亭詩草》、《天文集解》。參《清人詩文集總目提要》,頁1277-1278;《青陽縣志》,黄山書社,1992年,頁437。

⑬ 陳煐,陳燮兄,字耀遠,號丹嶠,由太學候選布政司都事,著有《慕陶閣詩稿》。參《黎里志兩種·黎里志》,廣陵書社,2011年,頁458。

⑭ 唐在簡,字裕青,號竹書,工書,有《竹書偶存草》、《小摩集》。參《黎里志》,頁469。

⑮ 沈翻,字丹起,一字木庵,晚號耐古,本淩姓,明太常少卿信十三世孫。補郡學生,著有《紅葉山房吟稿》、《木庵焚餘稿》、《炙硯雜鈔》,同里吕英序。參《黎里志》,頁458。

⑯ 吕英,字賡揚,自號湘魚,與汪鳴珂有交。汪氏故後,入都,肄業國子監,應京兆試,居京師八年,不得志。鍵户課子以終。著有《湘漁吟稿》、《西菱雜著》。參《黎里志》,頁449。

馮珍[①]、屠掞(P370)[②],袁遲(P391)[③]、俞生(P401)[④]、張孋(P408)[⑤]、章天育(P429)[⑥]、朱瑶(P444)[⑦]、莊軫(P479)[⑧]、高第(P483)[⑨]、陳增(P493)[⑩]、趙晋涵(P499)[⑪]、陳大琮(P502)[⑫]、秦維巖(P511)[⑬]、蘇敏善(P513)[⑭]、王璸(P521)[⑮]等,生平、撰述皆可考出。

三、其他

李譜尚有表述模棱兩可、易生歧義者:

前言謂洪氏著有《春秋左傳詁》《公羊穀梁古義》《三傳古義》《宋書音義》

---

① 馮珍,字子耕,號秋穀,由太學候選按察司照磨。與梁同書、阮元、吴錫麒、洪亮吉、張問陶諸人有交,著有《尊古齋詩鈔》、《西泠雜詠》,吴錫麒作序。參《黎里志兩種・黎里續志》,頁460-461。

② 屠掞,字藻庭,號荻莊,又號心孩,黎里人,諸生。參《黎里志》卷首《題詠姓氏考》,頁21。

③ 袁遲(1778—?),一名文瀾,字真來,善寫生。參王英志《袁枚評傳》,南京大學出版社,2002年,頁47;彭蘊璨《歷代畫史匯傳》卷一六,清道光刻本。

④ 俞生即俞秋圃,江蘇松江人,爲琵琶名手,著有《琵琶譜》一卷,又輯録友人贈詩爲《海情集》。參樊克政《關於俞秋圃其人及龔自珍四首詩作的繫年問題》,《學術研究》,1987年第4期。

⑤ 張筠如女史孋,松江人,且耕上舍女,邑中喬香岑室人也。工鉤染花鳥。參王韜《瀛壖雜志》卷四,嶽麓書社,1988年,頁112。

⑥ 章謙存,原名天育,號犀臺。晚年自署强恕老人。安徽銅陵人。少負經濟才,出大興翁方綱門下。工草書。嘉慶元年,舉孝廉方正,試察吏民安民,策列一等。又上書執政,當得京秩,以親老改就教職。其課士以績學窮理爲本,尤留心於地方利弊。十九年旱災,道光三年水災,勸捐助賑,民賴以安。著有《籌賑事略》等。參《(光緒)寶山縣志》卷七《職官》,清光緒八年刻本。

⑦ 朱瑶,字貽哲,張香都人。廩貢生,居鄉教授數十年,胡世琦、堂弟朱珔等皆稱高弟。以弟珔贈奉政大夫。參《涇縣續志》卷二《贈封》,民國三年重印清道光五年刻本。

⑧ 莊軫,字叔枚,陽湖人,與董士錫師法張惠言。與莊宇逵等人合著《桑梓潛德録》三卷、《續集》四卷。參曹虹《陽湖文派研究》,中華書局,1996年,頁76;《(光緒)武進陽湖縣志》卷二八;張惟驤《清代毗陵書目》卷二,民國三十三年常州旅滬同鄉會印本。

⑨ 高第,浙江蕭山人,諸生,善書畫,工詩。阮元、洪亮吉並激賞之。著有《額汾庵集》。參池秀雲《歷代名人室名别號辭典》,山西古籍出版社,1998年,頁1025。

⑩ 陳增,字方川,號月墀,庠生,嘉慶十二年遊揚州,以行卷就正於阮元,爲阮氏所賞,録其詩入《瀛洲筆談》。工考據,周春亦極器重之。參《重修浙江通志稿》第五十四册《著述》,油印本;《(民國)海寧州志稿》卷二九,民國十一年排印本。

⑪ 趙晋函即趙函(1780—1845),字元止,號艮止,又號菊潭、菊潛。諸生。震澤人,寄籍無錫,趙基次子。與曹楙堅齊名。著有《樂潛堂集》二卷,與楊夔生等人詩集合收於曾燠所編之《同岑詩鈔》。舒位《乾嘉詩壇點將録》擬之爲病大蟲。參《(同治)蘇州府志》卷一〇七,光緒九年刊本;孫克强《清人詞話》,南開大學出版社,2012年,頁1189;《中國叢書綜録》,上海古籍出版社,1982年,頁860;舒位《乾嘉詩壇點將録》,收入《三百年來詩壇人物評點小傳匯録》,中州古籍出版社,1986年,頁34。

⑫ 陳大琮,安徽候補同知,以諳習出洋,巡撫奏留浙,授同知,後力剿浙上洋匪。參焦循《雕菰集》卷一九《神風蕩寇後記》,清道光嶺南節署刻本。

⑬ 秦維巖,道光八年優貢,著有《妙蓮飲詩文集》。參《蘭州文史資料選輯》第17輯《三隴詩綜備征目録》,蘭州大學出版社,1998年,頁252。

⑭ 蘇敏善,江蘇武陽人,嘉慶庚申科舉人,曾與莊軫等合撰《桑梓潛德録續録》三卷。參《江蘇省通志稿・選舉志》,江蘇古籍出版社,1993年,頁287;《常州市志》第五十二卷《專記》之《歷代修志紀略》,中國社會科學出版社,1995年,頁1145。

⑮ "王",當作"汪",生平參"汪璸"條。

《國語韋昭注疏》,實則《三傳古義》當即《公羊穀梁古義》與後來別自成書之《春秋左傳詁》,屬表述重複。洪氏確曾撰寫《國語韋昭注疏》《宋書音義》,但並未成書,不得謂著有此二書也。前者可參郭萬青《洪亮吉未作〈國語韋昭注疏〉辨》[①],後者洪氏自云:"余雖衰陋,然《宋書音義》已粗有類例,他日當付兒子飴孫足成之。"[②]

乾隆三十四年己丑(1769)四月"十三日,著《玉麈談》成,共上下兩卷"[③]。所據爲"《玉麈談》卷前序"。李譜所載是書序云:"屠維赤奮若夏,……因列其可訝可愕者爲《燃犀集》,……爲之序,蓋浴佛之後五日也。"序成未必書成,況序中所云乃"燃犀集"而非"玉麈談"乎? 而李譜於是日後,更屢引"《玉麈集》"其書,更可知當時"《玉麈集》"尚未完書。今謂"著《玉麈談》成",恐不妥。考書末洪熙識語云:

> 右《玉麈集》二卷,先高王父北江公所作也。集爲當時手寫本,藏於外家雲谿蔣氏。光緒丁丑重梓遺集,蔣氏以此來歸,因篇卷較少,未坿集内。熙按:原叙稱有二百餘則,而此本不及一百,則意寫定時或有芟節。至《燃犀集》六十餘則,求之數年,迄不可得。毛氏叔美纂黄仲則先生年譜,以玉麈爲玉麈,而別其下卷爲《燃犀集》,則毛氏未見真本也。[④]

是洪氏此書實名《玉麈集》,而非《玉麈談》,亦非《玉麈集》也。洪氏初撰二百餘則,又從中選出六十餘則爲《燃犀集》,嗣後復加删定增補,故今本則數與叙中所言有别,且有越出作序時間之後者。

乾隆四十六年辛丑(1781):"本年,著《漢魏音》成。"[⑤]而乾隆四十九年甲辰(1784)又云:"五月初一日,夏至,撰《漢魏音》成,作序。"[⑥]洪氏《漢魏音序》云:"書成,值乾隆四十九年,歲在閼逢執徐長至日。爰付之梓……"[⑦]是此前所成者乃草稿耳,至四十九年始定稿,隨即付刻。而李譜此種表述,殊失嚴謹。

乾隆三十五年庚寅(1770):"十一月作《擬兩晋南北朝樂府詩》百二十首。"[⑧]似此百二十首樂府詩皆作於十一月。實則洪氏自是年秋試後,始"取兩晋南北史事雜書之",至是年長至後二日作序時止,寫作時間前後持續近三個月[⑨]。

---

① 郭萬青《洪亮吉未作〈國語韋昭注疏〉辨》,《文獻》,2010年第1期。按:該文"本證"部分謂洪氏詩文中未有提及撰《國語韋昭注疏》之事者,考洪氏《錢獻之注爾雅釋地四篇序》即有"時予方疏《國語》地名"之語。知洪氏確曾計劃撰寫此書,只未卒業耳。

② 《洪亮吉集·更生齋文甲集》卷三《後魏書音義叙》,頁1016。

③ 《洪亮吉年譜》,頁25。按:"談",當作"集",説詳下。

④ 《燃犀集》卷末。

⑤ 《洪亮吉年譜》,頁105。

⑥ 《洪亮吉年譜》,頁124。

⑦ 《洪亮吉集·卷施閣文甲集》卷八,頁179。

⑧ 《洪亮吉年譜》,頁33。

⑨ 《洪亮吉集·擬兩晋南北朝樂府詩自序》,頁2155。

其餘如乾隆十一年“錢　二十六歲”[①],“錢”後空格,不知係指何人;乾隆二十年、二十二年下皆列有“淩廷堪生”[②],當在乾隆二十二年下爲是;《湯大令大奎以公事至甘肅往來皆過西安書贈六首》在《卷施閣詩》卷第三,而誤書爲“卷九”[③];參考文獻重列《雕菰樓集》,而孫星衍、方正澍、馮敏昌、金兆燕、江藩、張錦芳等人之相關著作,正文有所徵引,卻未列於參考文獻。其他誤植之處尚有,不復一一臚列。

【作者簡介】 寧雯,1988年生,北京大學中國語言文學系博士生,研究方向爲中國古代文學。吕東超,1987年生,北京大學哲學系博士生,研究方向:儒家典籍與思想。

---

① 《洪亮吉年譜》,頁6。

② 《洪亮吉年譜》,頁10、頁11。

③ 《洪亮吉年譜》,頁12。按:《將至昆山訪從叔縣尉》出《附鲒軒詩》卷一,李譜(第22頁)誤書爲卷三。《擬兩晋南北朝樂府詩自序》末署時間爲“乾隆三十五”年,李譜(第33頁)誤書爲乾隆二十五年。

乾嘉吴皖二派對曹元弼經學研究之影響

李　科

【提　要】近代著名經學家曹元弼作爲陳奂三傳弟子，在師承上身兼乾嘉吴派與皖派之學，在學術實踐上也深受兩派學術的影響。首先，曹元弼受吴派宗漢講求家法與皖派宗古求是而宗法鄭玄的影響，形成了宗鄭的特點。其次，曹元弼接受了自顧炎武以來爲吴派、皖派共同宗奉的由小學以通經的治學方法。其三，在《周易》研究上，曹元弼貫穿吴派惠棟及皖派張惠言、姚配中三家之學而成《周易鄭氏注箋釋》、《周易集解補釋》。其四，在《儀禮》一經的研究中，曹元弼以宗皖派爲主，尤其是淩廷堪、胡培翬兩家，而以吴派學者如沈彤、江筠、褚寅亮等《禮》學成果爲輔。其五，於《尚書》一經之學，則多遵吴派惠棟、王鳴盛、江聲之《尚書》研究，同時對皖派段玉裁等《尚書》説亦肯定，並兼采其説。

【關鍵詞】曹元弼　乾嘉考據學　吴派　皖派

引言：曹元弼與乾嘉吴、皖二派師承

自顧炎武提出經學即理學，倡導興復古學後，吴縣惠氏四世傳經，認爲"漢猶近古，去聖未遠"，"師法家傳，淵源有自"[①]，於是輯考漢經師遺説，成《九經古義》、《易漢學》、《周易述》、《左傳補注》等書。其學經兩淮鹽運使盧見曾等表彰，影響延及後學，或於漢師經説外博治經史如王鳴盛、錢大昕、王昶等，或漸入專門而精治漢儒經學，如余蕭客、江聲等，學派既開，影響極盛。如支偉成云：

> 吴派經學，以惠棟爲大師，弟子著學統者，遍大江南北。其教於江南者，則有江聲、余蕭客。大抵篤於尊信，綴次古義。而王、錢、孫、洪轉相號召，乃稍益發舒，兼涉子史。其教於江北者，則有汪中、劉台拱、李惇，以次興起。皆陳義高古，淵乎古訓是則。流風所被，乾嘉上下百年間稱極盛焉。[②]

① ［清］惠棟《上制軍尹元長先生書》，［清］惠棟《松崖文鈔》卷一，《清代詩文集彙編》第284册影印清光緒劉氏刻聚學軒叢書本，上海：上海古籍出版社，2010年，頁55下。

② 支偉成編著《清代朴學大師列傳》，長沙：岳麓書社，1998年，頁38。

因此，經過惠氏"世守古學"①及惠棟後學之繼起，不僅使吴地，乃至於江南江北皆有濃厚的宗奉漢學之風。

在惠棟篤守漢儒經訓，興復古學之時，於婺源有江永，精於《三禮》、音韵、曆數等學，爲乾嘉皖派先驅，講學歙縣，後學有戴震、程瑶田、金榜、鄭牧、方矩、汪梧鳳、汪肇龍等，蔚爲大觀。其後學戴震，於其師江永《三禮》及天文算法、訓詁音韵之學"推闡師説，深造密微"②。其後戴震之學傳段玉裁、王念孫、孔廣森，宗古求是，專精經、子、小學，"學派傳衍，比於惠氏，爲尤光大矣"③。至段玉裁僑居蘇州，而得江沅與陳奂。然江沅本惠棟弟子江聲之孫，"世傳其學"④，同時又出入段玉裁之門數十年，如《清史稿》卷四八一：

> 沅，字子蘭。金壇段玉裁僑居蘇州，沅出入其門者數十年。沅先著《説文釋例》，後承玉裁囑，以段書《十七部諧聲表》之列某聲某聲者爲綱，而件繫之；聲復生聲，則依其次第，爲《説文解字音均表》凡十七卷。⑤

可見世傳吴派學術的江沅又親得段玉裁《説文解字》之學而深於音韵、訓詁，合吴派與皖派學術於一。又陳奂"始從吴江沅治古學"⑥，傳吴派學術，"精研小學，通六書音韵"⑦，後因段玉裁見其批點《經韵樓集》，"稱其學識出孔、賈上，由是奂受學玉裁"⑧。同時"高郵王念孫暨子引之、棲霞郝懿行、績溪胡培翬、涇胡承珙、臨海金鶚，咸與締交"⑨。由此可知，受學於吴派的陳奂，亦從皖派的段玉裁學，且與皖派學者如王念孫、王引之、胡培翬、胡承珙等交，所以在陳奂身上亦體現了吴派與皖派學術合流的情況。因此，江沅與陳奂二家可以看作爲吴派學術與皖派學術的交匯。

生長於吴地的曹元弼，其學受吴派和皖派學術影響很大，其受吴派和皖派學術的影響直接來自於吴地的學者，而其中又以陳奂、江沅後學爲主。曹元弼早年從學或得以問學請謁之師，其中多出自江沅與陳奂之門，或爲其再傳，而曹元弼交游的吴地同輩學者中亦有不少是江沅及陳奂之後學。例如《孫得之孝廉暨子伯南明經傳》中所列吴地交游之前輩大儒中⑩，雷浚"少從子蘭游，通小學，工篆書"⑪，陳倬"長喜經術，爲南園入室弟子"⑫，管禮耕之父慶祺，"從陳奂游，禮耕篤守家學，尤長訓詁"⑬。而同輩交游中孫傳鳳，其父爾成"受經於

---

① [清]錢大昕《惠先生棟傳》，[清]錢大昕《潛研堂集》卷三九，陳文和主編《錢大昕全集》第9册，南京：鳳凰出版社，1997年，頁667。

② 徐世昌等編纂，沈芝盈、梁運華點校《清儒學案》卷七九，北京：中華書局，2008年，頁3017。

③ 《清儒學案》卷五八，頁2245。

④ [清]江藩著，鍾哲整理《國朝漢學師承記》卷二，北京：中華書局，1983年，頁36。

⑤ 趙爾巽等撰《清史稿》卷四八一，北京：中華書局，1977年，頁13233。

⑥⑧⑨ 《清史稿》卷四八二，頁13295。

⑦ 《清儒學案》卷一四八，頁5765。

⑩ 詳見《復禮堂文三集》，復旦大學圖書館藏吴縣王氏抱蜀廬鈔稿本，無頁碼。

⑪ 《清儒學案》卷七六，頁2940。

⑫ 《清儒學案》一四八，頁5785。

⑬ 《清史稿》卷四八六，頁13440。

江鐵君先生沅"[①]，而孫傳鳳承家學，"好治經，尤精許學"[②]。又其從兄曹元忠，少從表舅管禮耕、管禮昌兄弟學，又從母舅馬文苑學[③]，而其外祖馬釗"問經於南園，爲高足弟子"[④]。因此從曹元弼問學與交游諸人來看，多江沅與陳奐後學，得與聞乾嘉吴派與皖派學術。除此之外，問學請謁之俞樾，"治經以高郵王念孫、引之父子爲宗"[⑤]，並仿王引之《經義述聞》，"因著《群經平議》，以附《述聞》之後"，又"仿王氏《讀書雜志》"而作《諸子平議》[⑥]。因此，在與俞陛云交往及問學請謁俞樾的過程中亦得以與聞皖派之學[⑦]。

曹元弼自己在相關文章亦經常言及其有承於乾嘉吴派和皖派之學術，如《王欣夫松崖讀書記序》云：

> 自亭林顧先生身通六藝，抱《春秋》經世先王之志，執天下高節，維萬古綱常，以繼往開來，經師人師，接踵蔚興。三百年來，鴻儒鉅製，闡明絶學，詁釋聖言，統系相傳，直追兩漢師承，而尤以婺源江氏、吾吴惠氏爲群儒宗。兩先生皆兼通《五經》，博稽群書，而慎修先生尤精於《禮》，松崖先生尤精於《易》。慎修先生之學授休寧戴氏震、歙金氏榜。戴氏以其學授金壇段氏玉裁，段氏以文字、聲音、訓詁之學授吴江氏沅及長洲陳氏奐。金氏以其學授武進張氏惠言，而張氏又深於《易》，江氏鄉後進旌德姚氏配中亦精《易》學。松崖先生之學授吴江氏聲，傳子及孫沅以及陳氏奂，又皆受學於段氏，由是二家師承合一，相得益彰。及陳氏再傳，而得管氏禮耕，以授余從兄君直，而余亦時時從管先生問故。二家師説源遠流長，歷久弗替。如此，余不揆檮昧，治經數十年，於《禮》由江氏之傳以達鄭君神恉，於《易》由惠氏之傳以究鄭、荀、虞三家微言，庶幾上窺先聖元意，下整百家不齊，以正人心，息邪説，維六經彝訓、天秩人倫於不敝。[⑧]

又《孫得之孝廉暨子伯南明經傳》云：

> 自定宇惠先生承三世之學，盡通漢師治《易》家法，上紹《十翼》微言大義，又創通《九經》、《説文》古義大略，授艮庭江先生，傳子至孫鐵君，而竹仙先生從之學，箕裘之業，三世弗替。蓋惠氏之學至得之孝廉而五傳，至伯南明經而六傳矣。鐵君先生又從懋堂段先生學，授南園陳先生，再傳而得管申季明經。余年十八九，嘗從申季先生考論經義，與君家學術源流，蓋有同焉。[⑨]

---

①② 曹元弼《孫得之孝廉暨子伯南明經傳》，曹元弼《復禮堂文三集》，無頁碼。

③ 顧廷龍主編《清代硃卷集成》第191册，臺北：成文出版社，1992年，頁389。

④ 《清儒學案》卷一四八，頁5781。

⑤⑥ 《清史稿》卷四八二，頁13298。

⑦ 案：曹元弼與俞陛云爲鄉試同年。曹元弼《復禮堂述學詩》卷一五《述群經總義》云："余與先生之孫階青前輩陛雲同舉於鄉，摳衣禮堂，嘗從捧手有所受。先生善氣迎人，引誘後進如不及，老輩風度，殊令人思也。"民國二十五年(1936)刻本，頁17a。

⑧⑨ 曹元弼《復禮堂文三集》，無頁碼。

從上面所引可知，曹元弼治《易》既宗惠棟之學，又宗張惠言、姚配中之學，於《易》既已兼吴派與皖派學術。又管禮耕作爲身兼吴派和皖派學術的陳奂的再傳弟子，在曹元弼看來也是身兼吴派和皖派之學術，而自己問學於管禮耕，實際上也是承吴派和皖派之傳。因此，曹元弼之思想學術不可避免會受到乾嘉考據學吴派和皖派的影響。事實上，從曹元弼的相關著述和言論中，也確實能够發現曹元弼學術在很多方面都受到了吴派和皖派的影響。具體而言，有如下幾方面。

一、宗漢與宗鄭

吴派學術的突出特點是宗漢而近於佞漢，其理由即漢儒去古未遠，通經有家法，古義古訓多可信從，如惠棟《上制軍尹元長先生書》云："自先曾王父樸庵公以古義訓子弟，至棟四世，咸通漢學。以漢猶近古，去聖未遠故也。"[①]又《九經古義述首》云：

> 漢人通經有家法，故有五經師。訓詁之學，皆師所口授，其後乃著竹帛。所以漢經師之説立於學官，與經並行。五經出於屋壁，多古字古言，非經師不能辨。經之義存乎訓，識字審音，乃知其義。是故古訓不可改也，經師不可廢也。[②]

惠棟正是出於漢人去古未遠，通經有家法，訓詁有所授，而經之義由存於訓，須識字審音方知經義的認識，因此輯考漢人舊注，表現出明顯的宗漢以致於佞漢的傾向。而曹元弼宗鄭的學術傾向，實際上是有承於以惠棟爲代表的吴派宗漢的傾向。但是不同於吴派的宗漢，曹元弼於漢儒之中尤宗鄭玄。曹元弼之所以由惠棟的宗漢變而爲宗鄭，一方面曹元弼認爲漢儒各家文字、訓義、名數多有不同，且守文之徒黨同伐異，膠固所稟，而鄭玄治經，則囊括大典，網羅衆家，於今古文擇善而從，中正無弊，如云：

> 然去聖久遠，軌轍寖殊。一《易》也，而施、孟、梁丘、京、費不同；一《書》也，而今、古文不同；一《詩》也，而齊、魯、韓、毛不同；一《禮》也，而大、小戴、慶氏不同；一《春秋》也，而三傳不同。《周禮》故書及杜、鄭本，《孝經》古、今文，《論語》魯、齊、古，亦頗岐出。雖所講者仁義，所守者聖法，天秩民彝，同歸一致，而文字、訓義、名數之屬，各習其師，惟達才通人，乃能博稽詳擇，觀其會通。而守文之徒，滯固所稟，黨同妒真，不求至是。東京之末，其弊滋甚，物腐蟲生，道將微而世亦衰。時則有名德大儒鄭君康成，囊括大典，網羅衆家，删裁繁誣，刊改漏失，自是學者略知所歸。[③]

---

① ［清］惠棟《松崖文鈔》卷一，《清代詩文集彙編》第284册，頁55下。

② ［清］惠棟《松崖文鈔》卷一，《清代詩文集彙編》第284册，頁49上。

③ 曹元弼《復禮堂述學詩序》，曹元弼《復禮堂述學詩》卷首，頁9a－b。

又云：

> 鄭君囊括大典，網羅衆家，蓋於各經古今學家法，一一區別而會通之，擇先師説尤善者爲主，而博采異聞，發揮旁通，以明道之廣大。故其學有宗主，復有不同，中正無弊。[①]

曹元弼這方面的看法恰好又有得於皖派學者的觀點。皖派宗古而不佞古，强調實事求是，故於漢儒尤宗鄭玄，如段玉裁云：

> 蓋一書流傳既久，彼此乖異，勢所必有也。墨守一家，以此攻彼，夫人而自以爲能也。而鄭君之學，不主於墨守，而主於兼綜，不主於兼綜，而主於獨斷。其於經字之當定者，必相其文義之離合，審其音韵之遠近，以定衆説之是非，而以己説爲之補正。凡擬其音者，例曰"讀如"、"讀若"，音同而義略可知也。凡易其字者，例曰"讀爲"、"讀曰"，謂易之以音相近之字，而義乃憭然也。凡審知爲聲相近若形相似二者之誤，則曰"當爲"，謂非六書假借而轉寫紕繆者也。漢人作注，皆不離此三者，惟鄭君獨探其本原。[②]

另一方面，則在於鄭玄的經世之功，曹元弼認爲："魏晋以後，天下大亂，邪説文姦，清談誤國，作僞誣經，而聖人之道不絶，惟鄭氏禮學是賴。"[③]此説雖然是本於陳澧[④]，但是也不妨礙其作爲促使曹元弼由吴派的宗漢轉爲宗鄭的原因。儘管説曹元弼看重漢儒的舊訓古義，但是其受皖派的影響更强調實事求是。而於漢儒之中，最近於實事求是的則是鄭玄，於今古文各家經師擇善而從，不墨守家法。在面對晚清的時局，不同於承平時期的惠棟，曹元弼一方面受先儒如顧炎武經世致用思想的影響，另一方面也受同時代師友如黄體芳、張之洞、陳澧等經世思想的影響，於古義古訓之外，更强調經世致用。鄭玄恰好是既於經義訓詁能够實事求是，同時闡明經義，維聖人之道於不絶，有經世之功，因此曹元弼由惠棟宗漢而變爲宗鄭。當然，曹元弼宗鄭亦近於佞鄭，凡經義訓詁皆以鄭玄爲斷，這一點和宗漢而近於佞漢的惠棟及吴派其他學者亦有其共通之處。

二、由小學以通經

自顧炎武提出"讀九經自考文始，考文自知音始"[⑤]以後，降及乾嘉，不論

---

① 曹元弼《復禮堂述學詩》卷三《述詩》，頁46b。

② [清]段玉裁《經義雜記序》，(清)段玉裁著，鍾敬華點校《經韵樓集》卷八，上海：上海古籍出版社，2008年，頁188－189。

③ 曹元弼《復禮堂述學詩序》，曹元弼《復禮堂述學詩》卷首，頁9b－10a。

④ 案：曹元弼《禮經纂疏序》亦言"先儒謂魏晋以後，天下大亂，而聖人之道不絶，唯鄭氏禮學是賴"，見《復禮堂文集》卷四，《中華文史叢書》之四十六，頁443。其中所謂"先儒"，實際上指陳澧，曹元弼此説乃述陳澧《東塾讀書記・自述》"魏晋以後，天下大亂，而聖人之道不絶，惟鄭氏禮學是賴"之言，見[清]陳澧著，楊志剛編校《東塾讀書記》，上海：中西書局，2012年，頁281。

⑤ [清]顧炎武著，華忱之點校《顧亭林詩文集・亭林文集》卷四，北京：中華書局，1983年，頁73。

是吴派還是皖派，都强調由小學以通經。如惠棟認爲“經之義存乎訓，識字審音，乃知其義”。又戴震《題惠定宇先生授經圖》中提出了“故訓明則古經明，古經明則賢人聖人之義理明，而我心之所同然者，乃因之而明”①的治學路徑，又其《與是仲明論學書》云：

求其一經，啓而讀之，茫茫然無覺。尋思之久，計於心曰：經之至者，道也。所以明道者，其詞也。所以成詞者，字也。由字以通其詞，由詞以通其道，必有漸。求所謂字，考諸篆書，得許氏《説文解字》，三年知其節目，漸睹古聖人製作本始。又疑許氏於故訓未能盡，從友人假《十三經注疏》讀之，則知一字之義，當貫群經，本六書，然後爲定。至若經之難明，尚有若干事：誦《堯典》數行，至“乃命羲和”，不知恒星七政所以運行，則掩卷不能卒業。誦《周南》《召南》，自《關雎》而往，不知古音，徒强以協韵，則齟齬失讀。誦古《禮經》，先《士冠禮》，不知古者宫室、衣服等制，則迷於其方，莫辨其用。不知古今地名沿革，則《禹貢》《職方》失其處所。不知少廣旁要，則考工之器，不能因文而推其制。不知鳥獸、蟲魚、草木之狀類名號，則比興之意乖。而字學、故訓、音聲未始相離，聲與音又經緯衡從宜辨。……凡經之難明，右若干事，儒者不宜忽置不講。僕欲究其本始，爲之又十年，漸於經有所會通，然後知聖人之道，如縣繩樹槷，毫釐不可有差。②

又段玉裁《在明明德在親民説》中云：

經之不明，由失其義理。義理所由失者，或失其句度，或失其故訓，或失其音讀。三者失而義理能得，未之有也。③

又王念孫《段若膺説文解字讀叙》提出“訓詁聲音明而小學明，小學明而經學明”④。作爲合吴派與皖派師承於一的陳奂，其治學之法亦承襲了兩派由小學以通經的方法，尤其是皖派之學，如《清儒學案》卷一四八云：

其平生論學，以高郵王氏爲宗，所著《毛氏傳疏》與《廣雅疏證》相出入。凡弟子從游者，必授以《管子》、《周禮》先鄭注、丁度《集韵》等書，皆王氏家法也。⑤

曹元弼作爲承襲吴派和皖派學術的陳奂的三傳弟子，其治學方法亦繼承了由小學以通經的方法。因此曹元弼非常重視小學，有“九千文字歸忠孝，不數揚

---

① [清]戴震著，趙玉新點校《戴震文集》卷一一，北京：中華書局，1980年，頁168。

② [清]戴震著，趙玉新點校《戴震文集》卷九，頁140。

③ [清]段玉裁著，鍾敬華點校《經韵樓集》卷三，頁59。

④ [清]王念孫《王光禄遺文集》卷三，《清代詩文集彙編》第409册，影印清咸豐七年(1857)刻高郵王氏家集本，頁534上。

⑤ 徐世昌等編纂，沈芝盈、梁運華點校《清儒學案》卷一四八，頁5765。

雄拜叔重”[①]之句,即“今日欲救生民之厄,必自讀聖經始”,而“通聖經,必自明文字始,故《説文》《爾雅》之學,不可不講”[②]。他在《述學篇》中提出:“學莫大乎經,經之所重者,道也。所以明其道者,辭也。所以成其辭者,文字、聲音、訓詁、名物、制度也。”[③]因此以“求道而不由聲音、訓詁、名物制度入者”爲非[④]。又充分肯定了乾嘉諸儒由小學通經的成就,指出“乾嘉以後,文字、音訓之學大明”,强調“廢小學不講,冥行索途,不能通經”[⑤]。又曹元弼認爲戴震“研精聲音訓詁”[⑥],謂高郵王氏“父子並爲小學大師”[⑦],以江聲《釋名疏證》與戴震《方言疏證》、王念孫《廣雅疏證》並稱,謂其“皆極精詳”,“擇言尤雅”[⑧],尤其對段玉裁的小學推崇備至,如云:

> 段氏爲小學大師,審别音理,極深研幾。《周禮漢讀考》於鄭注“讀如”、“讀爲”、“當爲”三例,剖析毫芒,同條共貫。自賈疏以來千載未發者,一旦如明月夜光,照耀昏夜,深得鄭君就其原文字之聲類考訓詁之神旨。蓋就其原文者,順其上下之文而讀之,字如此而義不如此,則知其爲叚借,或聲誤字,所謂“不以字妨經”也。字之聲類者,既知其爲叚借若聲誤,則當於其字之聲類求之,而後知某字確爲某之借,確爲某之誤,而不以音理不相涉之字代之,所謂“不以經妨字”也。如是則訓詁當而經文明矣。[⑨]

曹元弼作爲陳奂三傳弟子,對陳奂小學亦極推崇,謂其“研核聲音訓詁至精”[⑩]。而曹元弼在其著作中亦承乾嘉吴派、皖派由小學以通經之法,並多採乾嘉考據學者之成果,如其《古文尚書鄭氏注箋釋》於訓詁即以“訓詁之學,江、王、段、孫諸先生既宣之矣”,故因江聲、王鳴盛、段玉裁、孫星衍之陳訓,“沈潛反復,以求每篇辭意”[⑪]。其他如《禮經校釋》、《周易鄭氏注箋釋》亦往往深於小學以疏釋疑滯,箋釋經義。

三、《周易》遵吴、皖两派

曹元弼一生治經精於《周易》、《儀禮》、《孝經》、《尚書》,而各經所崇,吴派、皖派皆有,蓋曹元弼於吴派和皖派之間多有比較,在細别家法的基礎上,對吴

① 曹元弼《復禮堂述學詩》卷一四《述小學》,頁 7b。

② 曹元弼《復禮堂述學詩》卷一四《述小學》,頁 11a。

③ 曹元弼《述學篇》,曹元弼《復禮堂文集》卷一,《中華文史叢書》之四十六影印民國六年(1917)刊本,臺北:華文書局,1968 年,頁 32。

④ 曹元弼《復禮堂文集》卷一,《中華文史叢書》之四十六,頁 32。

⑤ 曹元弼《復禮堂述學詩》卷一四《述小學》,頁 21a - b。

⑥⑦ 曹元弼《復禮堂述學詩》卷八《述大戴禮記》,頁 11a。

⑧ 曹元弼《復禮堂述學詩》卷一四《述小學》,頁 6b - 7a。

⑨ 曹元弼《復禮堂述學詩》卷四《述周禮》,頁 69a - b。

⑩ 曹元弼《復禮堂述學詩》卷一四《述小學》,頁 61b。

⑪ 曹元弼《古文尚書鄭氏注箋釋條例》,曹元弼《古文尚書鄭氏注箋釋》卷首,《續修四庫全書》第 53 册影印復旦大學圖書館藏稿本,上海:上海古籍出版社,2002 年,頁 458。

派、皖派各家各經之學，擇善而從。其於《周易》，則既遵吴派之惠棟，又遵皖派張惠言與姚配中。吴派代表惠棟以復興漢《易》爲志，其《易漢學自序》云：

《六經》定于孔子，毁于秦，傳于漢。漢學之亡久矣，獨《詩》、《禮》、《公羊》，猶存毛、鄭、何三家。《春秋》爲杜氏所亂，《尚書》爲僞孔氏所亂，《易經》爲王氏所亂。杜氏雖有更定，大校同于賈、服，僞孔氏則雜采馬、王之説，漢學雖亡而未盡亡也。惟王輔嗣以假象説《易》，根本黄老，而漢經師之義，蕩然無復有存者矣。故宋人趙紫芝有詩云："輔嗣《易》行無漢學，元暉詩變有唐風。"蓋實録也。①

惠棟以王弼《周易注》以後漢師《周易》舊義無復有存，於是承累世家學，稽考群書，輯存孟卿、京房、鄭玄、荀爽、虞翻五家《易》説爲《易漢學》七卷，又發揮漢儒之學，以荀爽、虞翻爲主，參以鄭玄、宋咸等説，"原本漢儒，推闡考證"②，而成《周易述》。對《易》學之流傳情況，曹元弼亦本惠棟關於漢《易》亡於王弼之説，並且對惠棟興復漢《易》之功及《易漢學》《周易述》等書頗爲推崇，如其《周易學·明例》云：

王弼注行而《易》象亡，李氏存之，《易》理亂，孔氏稍正之，至程子而《易》理明，至惠氏而《易》象明。其興滅繼絶，振衰起廢之功，當與聖經並垂不朽。其書曰《易漢學》，曰《周易述》，曰《易微言》，曰《易例》。《易例》《易微言》未成，然《易漢學》叙述漢師家法，表章古義，條舉件繫，即無異釋例，微言大義則《周易述》具矣。謂之述者，述漢師之義，以荀、虞爲主，而參以鄭、宋諸家，其例一準漢師之例，其大義在正乾元以立中和之本。乾坤相通，以陰從陽，成兩既濟，六爻和會，剛柔位當，所謂致中和、位天地、育萬物。《易》備三才，聖人以至誠無息參天地，故六十四象皆言君子。時有否泰，位有失得，君子因時以求中，閑邪以正己正人，故學《易》無大過。陽息陰消，往來上下，變通趣時，歸於既濟，雲行雨施而天下平。其精言要旨，多融會群經、周、秦、漢古籍而出，足以明道立教。學者讀之，有益于身，有用于世。蓋自李氏《集解》而後，千餘年僅見此書。③

雖然説惠棟"已辟漢《易》途徑"，《漢易》至是"而始大明"④，但是創始者難爲功。因此曹元弼認爲惠棟之《易》學亦不無小疵，如《周易學·明例》云：

間有千慮之失，如"箕子之明夷"用趙賓説，《繫辭》、《説卦》中或以聖傳爲後師之説，改易經字，不盡確據，徵引禮象，或乖鄭義，業已宗尚虞學，則求象不免過密。凡此數端，皆其小疵，要不足以掩大醕也。⑤

---

① [清]惠棟《松崖文鈔》卷一，《清代詩文集彙編》第284册，頁50上、下。

② [清]永瑢等撰《四庫全書總目》卷六，北京：中華書局，1965年，頁44中。

③ 曹元弼《周易學》卷一《明例》，宣統元年(1909)刻本，頁107a-b。

④ 曹元弼《復禮堂述學詩》卷一《述易》，頁48b。

⑤ 曹元弼《周易學》卷一《明例》，頁107b。

從此可知,曹元弼所謂惠棟《易》學之小疵者,主要在三方面:其一,采用師説失當,如所謂《明夷》卦"箕子之明夷"用趙賓説以"箕子"爲"其子",讀爲"荄兹"[①],又如所謂"以聖傳爲後師之説"等。第二,改易經字多有不確。關於這一點,在曹元弼之前,學者已多有批評,如王引之言惠棟"識不高,心不細,見異於今者則從之,大都不論是非"[②],又陳澧批評其好改經字,云:"自伸其説,卒之乖舛疊見,豈能掩盡天下之目哉!"[③]其三,則不主鄭玄。包括徵引禮象多與鄭玄之義相乖,以及《周易述》主荀、虞之説而不主鄭玄,以致於求象過密,這也許是曹元弼不專遵惠棟《易》學的關鍵原因。因此曹元弼於《易》學除惠棟之外,又宗張惠言與姚配中。

張惠言,字皋聞,武進人,"嘗從歙金榜問故,其學要歸六經,而尤深《易》、《禮》"[④],而金榜本江永弟子,因此從傳承來説,張惠言當爲皖派學者。張惠言本皖派學術之專精,在惠棟《易》學基礎之上又轉精,其《周易虞氏易序》評惠棟《易》學云:

> 元和徵士惠棟,始考古義孟、京、荀、鄭、虞氏,作《易漢學》;又自爲解釋,曰《周易述》。然掇拾于亡廢之後,左右採獲,十無二三。其所自述,大抵祖禰虞氏,而未能盡通,則旁徵他説以合之。[⑤]

因此,張惠言針對惠棟之弊,根據遺存鄭、荀、虞三家舊説中"虞又較備"[⑥]的實際情況,遂主虞氏一家而兼及鄭、荀,作《周易虞氏義》、《周易虞氏消息》、《虞氏易禮》、《周易鄭氏義》、《周易荀氏九家義》、《周易鄭荀義》等書,踵惠氏之學而加精。曹元弼《周易學·明例》中對張氏《易》學的成就和特點有很清晰的認識,如云:

> 張氏《易》學,本惠氏而修明之,其《虞氏義》、《虞氏消息》,專申一家之學,視惠氏研覈尤精。《鄭荀義》、《易義别録》,本《易漢學》而加詳。又以爲《易》者禮象,《易》家言禮惟鄭氏,其原文本質,使周家一代之制,損益俱備,後有王者,監儀在時,惜殘闕不盡存。故以虞注推禮以補鄭闕,爲《虞氏易禮》。孟氏説《易》本于氣,而以人事明之。虞氏論象備矣,皆氣也,人事雖具説,然略不貫穿。蓋《易》道廣大,象无所不具,而事著于一端,故漢儒説人事多爲舉隅之辭,爻象往往錯雜,後學不得其通,乃始苦其支窒而不能騁,於是悉舉而廢之,而相辨以浮辭。夫理者無迹,而象者有依,舍象而言理,雖姬、孔靡無所據以辯言正辭,而况多歧之説乎!故因虞氏之象,

---

① [清]惠棟撰,鄭萬耕點校《周易述》卷五,北京:中華書局,2007年,頁102。

② [清]王引之《與焦里堂先生書》,[清]王引之《王文簡公文集》卷四,《清代詩文集彙編》第481册,影印清咸豐七年(1857)高郵王氏刻本,頁749下。

③ [清]陳澧著,楊志剛編校《東塾讀書記》卷四《易》,頁64。

④ 《清史稿》卷四八二,頁13242。

⑤ [清]張惠言著,黄立新點校《茗柯文編·二編》卷上,上海:上海古籍出版社,1984年,頁38。

⑥ [清]張惠言著,黄立新點校《茗柯文編·二編》卷上,頁38。

> 推説人事,比類合誼,爲《易事》、《易言》。《易》本于氣,爲《虞氏易候》。六經之緯,原出七十子之徒,蓋夫子五十學《易》而知天命,游夏之徒口受其傳恉,益增附推闡,以相傳授,秦漢間師儒第而録之。亦有技能之士,以其所能,推説于篇,參錯間出,故其書雜而不能醇。《易》緯自《乾坤鑿度》、僞書《乾元序制記》出宋人鈔撮而成,《坤靈圖》、《是類謀》、《辨終備》多亡佚不可指説外,《稽覽圖》、《通卦驗》存孟、京氏學。《乾鑿度》論乾坤消息始于一,變而七,進而九,一陰一陽,相並而合于十五,統于一元,正于六位,通天意,理人倫,明王度,蓋《易》之大義,條理畢貫,諸儒莫能外之,其爲夫子之緒論,田、楊以來先師所傳習,較然無疑。故條而次之,通其可知,闕其不可知者,爲《易緯略義》。宋以後《易》圖,晚出最多,爲《易圖條辨》。張氏《易》學精密該實如此。蓋大義已盡創通于惠氏,繼起者易爲力也。張氏深于禮,故闡發禮象至精,《易事》、《易言》多通達治體之論。其辨君子小人消長之機,國家安危存亡之故,足爲從政者蓍察。①

在曹元弼看來,張惠言《易》學因惠棟之學,專主虞氏一家,較惠棟更精,同時在虞氏《易》的基礎上,“又爲鄭、荀各通其要,别録漢、魏諸家《易》,引申其旨”②。其中尤爲曹元弼所稱道者在於張惠言深於禮學,《虞氏易禮》推闡禮象以補鄭闕,至爲精審。但是因爲“《虞氏義》求象太密,於經文似爲碎義不急”③,且“屬辭過簡,初學必先讀惠氏書,乃能離其句讀”④,故曹元弼在惠棟和張惠言《易》學基礎上進而探求姚配中之義。

姚配中,字仲虞,安徽旌德人,“善毗陵張先生《虞氏義》,因求李氏《集解》,研究群説,鄭氏最優”⑤,於是以鄭氏義爲主並參以漢、魏舊説而成《周易參象》,又修訂爲《周易姚氏學》。姚配中承張惠言《易》學而主鄭氏,以虞氏、荀氏爲補,既改張惠言《周易虞氏義》求象過密,碎義支窒之弊,又師惠棟博采舊説以證發經義之法。除此之外,在曹元弼看來姚配中《易》學之中所蘊含的經世精神,亦足稱道,如《周易學·明例》云:

> 姚氏由虞、荀以通鄭,涵泳經傳本文,以定諸家之得失而去取之,依象以説義,不泥象以窒義。又師惠氏之法,博采漢以前古説足證發經義、裨補政教者,以己意推演之。當道光之季,經術已衰,邪説方興,世變將作,凡今日内憂外患,當時皆已萌兆。姚氏見微知著,憂深思遠,故其書于倫理治化,是非得失之故,辯之早辯,合于作《易》憂患之旨。⑥

---

① 曹元弼《周易學》卷一《明例》,頁 108a - 109a。

② 曹元弼《復禮堂述學詩》卷一《述易》,頁 50b。

③ 曹元弼《周易學》卷一《明例》,頁 109a - b。

④ 曹元弼《復禮堂述學詩》卷一《述易》,頁 50a。

⑤ [清]包世臣《清故文學旌德姚君傳》,[清]包世臣《藝舟雙楫》卷八附録二,《續修四庫全書》第 1082 册,影印上海圖書館藏清道光二十六年白門倦游閣木活字因吴安四種本,頁 752 下。

⑥ 曹元弼《周易學》卷一《明例》,頁 110b - 111a。

正是因爲姚配中之《易》學既以鄭爲主，又博采舊説以相證發，同時還於世變之萌見微知著，辨倫理治化、是非得失之故，所以在曹元弼看來其學後出轉精，"可謂智足知聖，明於大誼者"①。當然，對姚配中《易》學，曹元弼亦有所批評，如以爲姚配中據《乾鑿度》之文"於爻變外推出晝變一義"主持太過，又以姚氏"乾元爲在坤元中"爲《歸藏》首《坤》之義，而非《周易》首《乾》之旨②。

曹元弼關於自惠棟到姚配中的《易》漢學的研究，表面上是一個由粗轉精的過程，但細繹之可以發現其中有兩大特點：其一，從惠棟經過張惠言到姚配中，漢《易》經歷了一個由虞氏爲主而兼及鄭、荀，到以鄭氏爲主，而以荀、虞通鄭的過程。這個過程實際上即是由宗虞到宗鄭的轉變。其二，即漢《易》從輯考舊説到通經致用的過程。從惠棟開創漢《易》研究，以創通家法，輯存舊説，經張惠言以禮説《易》，推闡禮象，多通達治體之論，最後到姚配中以見微知著、憂深思遠而辨及倫理治化、是非得失之故。儘管惠棟、張惠言、姚配中《易》學有精粗之不同，亦有主虞氏與宗鄭氏之别，但是作爲清代漢《易》的代表，曹元弼均極推崇，以爲"三家之學，直追先漢，上紹孔門"③。曹元弼早年既受三家《易》學影響，其於光緒丁酉(1897)、戊戌(1898)之間讀《周易》，即"每卦以注疏、《集解》、惠、張、姚三家之書及其他《易》説之善者比次觀之，欲爲《周易鄭氏義》"④。其後撰《十四經學》，於《周易學·明例》中述三家之例。而其辛亥後所爲之《周易鄭氏注箋釋》，多本三家之説，"以己意貫穿惠、張、姚氏及各家説釋之"⑤。又其《周易集解補釋》"承惠、張、姚三先生之成訓，積數十年探索之功"⑥而成。

四、《仪礼》遵皖派而兼采吴派

曹元弼精於《禮》學，於吴派、皖派之中，受皖派《禮》學之影響尤大。曹元弼《禮經纂疏序》述及清代《禮》學源流云：

> 自張氏爾岐創通大義後，婺源大儒江氏永繼之作《禮書綱目》，成朱文公之志，又作《儀禮釋宫增注》、《儀禮釋例》，弟子達者戴氏震、金氏榜。戴氏校《儀禮識誤》、《儀禮集釋》，武英殿刊板行世，又爲《學禮篇》未成，以其學授段氏玉裁、孔氏廣森。段氏以六書聲音訓詁考《儀禮》漢讀未成，後胡氏承珙作《儀禮古今文疏義》足以補之。孔氏作《禮學卮言》。金氏著《禮箋》九篇，以授張氏惠言。張氏作《儀禮圖》，詳審精密，勝於宋楊氏書。凌氏廷堪承江、戴之學作《禮經釋例》，以言禮之節文等殺，作《復禮》三篇，闡

---

① 曹元弼《周易鄭氏注箋釋序》，曹元弼《周易鄭氏注箋釋》卷首，民國十五年(1926)刊本，頁31b。

② 俱見曹元弼《周易學》卷一《明例》頁111a。

③ 曹元弼《周易鄭氏注箋釋序》，曹元弼《周易鄭氏注箋釋》卷首，頁31b。

④⑤ 曹元弼《周易鄭氏注箋釋序》，曹元弼《周易鄭氏注箋釋》卷首，頁33a。

⑥ 曹元弼《周易集解補釋序》，《周易集解補釋》卷首，民國十六年(1927)年刻本，頁3b。

明禮教，以授胡氏培翬。胡氏本承其祖匡衷之學，又從淩氏問，爲學深通洽熟，作《儀禮正義》。其餘專精此經之儒，吴中有沈氏彤作《儀禮小箋》、江氏筠作《讀儀禮私記》，説多精確，褚氏寅亮作《儀禮管見》，斥繼公、敬邪説尤爲有功。其爲校勘者，盧氏文弨有《儀禮詳校》，金氏曰追有《儀禮經注疏正譌》，而阮氏元遍校《十三經注疏》，於《儀禮》尤詳集諸本異同，以唐石經、宋嚴州本注、景德本疏爲主，又有黄氏丕烈影刊嚴州本經注，張氏敦仁合嚴州本、景德本刊注疏，景德本缺卷依《要義》補編，汪氏士鍾影刊景德疏、顧氏廣圻爲之讎校，皆有功此經者也。[①]

上所言清代有功於《儀禮》諸家，以皖派學者爲主，如江永、戴震、金榜、段玉裁、孔廣森、胡承珙、淩廷堪、張惠言、胡培翬等皆是。吴派學者中治《禮經》有功者有沈彤、江筠、褚寅亮、金曰追及顧廣圻諸人，雖然也不乏精到之見，但無論研治《儀禮》的精度和廣度，都遠不及皖派。又曹元弼晚年之《覆段熙仲書》言及《禮》學在清代之傳云：

大致本朝《禮》學以顧亭林、張稷若兩先生爲先河，以江慎修、戴東原、金輔之、張臯文、淩次仲、胡竹村、鄭子尹、孫仲容諸先生爲正宗。[②]

可見至曹元弼晚年，所列關於清代《禮》學傳述諸儒，除顧炎武與張爾岐作爲創通大義，開清代《禮》學先河之大儒外，其餘所謂《禮》學正宗中多爲皖派學者，而無一吴派學者。由此可見，曹元弼在《禮》學方面所受之影響以皖派爲主。

曹元弼少承其母教，其母倪太夫人授胡培翬《儀禮正義》[③]，故其《儀禮》一經之學，入門即爲皖派之學。此外，《儀禮》一經本即皖派之長，自江永以下，金榜、淩廷堪、胡承珙皆專精《儀禮》，胡匡衷、胡培翬本即世傳《儀禮》之學，而胡培翬又問學淩廷堪，遂集《儀禮》之大成。曹元弼治《儀禮》自胡培翬《儀禮正義》入，誦讀考辨，由此而上，熟於皖派各家之書，對江永以下皖派禮學，多評價較高。如其言江永"際文治光華之日，敷教斯宏，其學流派，至今未絶，函丈青衿，仰之如泰山喬岳，景星慶雲"[④]，欽慕之情，溢於言表。對江永《禮書綱目》，曹元弼謂其"體大物博"，"朱子之志，至是而成，周公制作明備，於此可得其大略矣"[⑤]。又如其言戴震《記冕服》、《記皮弁服》諸篇，謂其"會通經記，敷暢厥旨，信多善矣"[⑥]，且在《禮經學·解紛》中對戴震説之不足而贊辨之。又如言金榜《禮箋》：

---

① 曹元弼《禮經纂疏序》，曹元弼《復禮堂文集》卷四，《中華文史叢書》之四十六，頁 451－453。

② 曹元弼《復禮堂文三集》，無頁碼。

③ 曹元弼《復禮堂述學詩》卷六《述禮經》云："十九，先太夫人授以胡竹村先生《儀禮正義》。不揣愚陋，篤好潛研，誦讀考辨，每至中夜，寒暑無間，寢食俱忘。"見頁 74b－75a。又《禮經纂疏序》云："於時，校讀《禮經》，時有闡發，而疑難百出，憤悱相尋。先太恭人授以胡氏《正義》，受讀之下，積疑多釋，中心好之。乃取賈氏《疏》與《正義》互相參證，日有所得，誦讀考辨，每至中夜，嚴寒盛暑，未嘗廢離。"見《復禮堂文集》卷四，《中華文史叢書》之四十六，頁 458－463。

④⑥ 曹元弼《復禮堂述學詩》卷六《述禮經下》，頁 61b。

⑤ 曹元弼《復禮堂述學詩》卷六《述禮經下》，頁 61b、62b。

> 雖不盡申鄭，然沈潛經文，獨抒心得，或相違而適相成，所謂“惟其匡救，是爲篤信”，故能上承婺源，下啓茗柯。《校釋》及《禮學·解紛》擷其精華，間有補正。“降其小宗”一義，深得經旨，有關名教，特詳申之。①

又謂孔廣森《禮學巵言》“能發前人所未發”②，胡承珙《儀禮古今文疏義》“剖析精詳，真足補段氏《儀禮漢讀考》之缺”③。於皖派禮學諸家中，曹元弼尤推崇者爲淩廷堪和胡培翬二家，其《禮經學·明例》中備録淩廷堪《禮經釋例》之大綱，言其“詳審精密，非治《禮》熟極而流者不能”④，又評其《復禮》三篇“深得聖人制禮大原”⑤，並於《禮經學·要旨》中引其説以明《禮經》要旨。又其在《禮經纂疏序》中評胡培翬《儀禮正義》，云：

> 融會全經，旁通午貫，參稽衆説，擇精語詳。自訓故名物、儀節器數，微言大義，以及傳記之參錯，同事相違，注義之深微，言不盡意，莫不廣尋道意，條貫科分。其盡思窮神之處，實能洞見本原，不墜周公之遺法。自國初以來，禮學之業，未有盛於先生者也。⑥

胡培翬承胡氏家學，又問學淩廷堪，集《儀禮》一經之大成，而撰《儀禮正義》，曹元弼少從母受讀其書，沈潛反復，故受其書影響尤大，嘗“以胡氏之書體大思精，深恐小疵或累大純，取其所引各説異於注者，推其致誤之由，爲《正義訂誤》”⑦。其撰《正義訂誤》據其自言並非爲有意與胡氏立異，而是懼其以小疵而累其大純，“祛其疑所以堅其信，糾其違所以成其美”⑧。又曹元弼嘗欲撰《禮經纂疏》，即“依鄭注解經文，據賈氏、胡氏爲本，備載其是，刊去其非”⑨。今傳曹元弼《禮經校釋》、《禮經學》，其中引用、申述、贊辨胡氏之説不少。

由此可見，曹元弼《儀禮》一經之學，多受皖派之影響，其治《儀禮》之學於乾嘉學術中多宗皖派之學。從其具體著述中亦可見曹元弼所受皖派《禮》學之影響。如其《禮經學》中，《明例篇》於節文等殺、器服之例幾乎全從淩廷堪《禮經釋例》，於經文之例亦“輯鄭義，踵淩書”⑩而得，於職官之例則本胡匡衷《儀禮釋官》。又《要旨篇》，則於篇首録淩廷堪《復禮》、張惠言《原治》之文以統《禮經》要旨，且謂二家“發明禮教，言則大矣，美矣，盛矣”⑪。又《圖表》中，於宫室衣服録張惠言《宫室衣服圖》，“校訛改錯，以示學者”⑫；於《儀節圖》“特考正張

---

① 曹元弼《復禮堂述學詩》卷六《述禮經下》，頁63a。

②③ 曹元弼《復禮堂述學詩》卷六《述禮經下》，頁64b。

④⑤ 曹元弼《復禮堂述學詩》卷六《述禮經下》，頁65b。

⑥ 曹元弼《禮經纂疏序》，曹元弼《復禮堂文集》卷四，《中華文史叢書》之四十六，頁458－459。

⑦ 曹元弼《禮經校釋序》，曹元弼《復禮堂文集》卷四，《中華文史叢書》之四十六，頁422。

⑧ 曹元弼《禮經校釋序》，曹元弼《復禮堂文集》卷四，《中華文史叢書》之四十六，頁423。

⑨ 曹元弼《禮經纂疏序》，曹元弼《復禮堂文集》卷四，《中華文史叢書》之四十六，頁464。

⑩ 曹元弼《禮經學》卷一《明例》，《續修四庫全書》第94册，影印中科院圖書館藏宣統元年(1909)刻本，頁568上。

⑪ 曹元弼《禮經學》卷二《要旨》，《續修四庫全書》第94册，頁598下。

⑫ 曹元弼《禮經學》卷三《圖表》，《續修四庫全書》第94册，頁675下。

表,附胡氏説,明人親大義焉"[1];於喪服"録張氏、胡氏兩表,考校是正,以明制服義例焉"[2]。又《解紛篇》,於總義引胡培翬《儀禮非後人僞撰辨》、戴震《與任幼植書辨喪服經傳》;於《記冕服》、《記皮弁服》引及戴震《記冕服》、《記皮弁服》兩篇原文,又更定戴震《記元端》、《樂器考》,録戴震《記深衣》、《記中衣裼衣襦褶之屬》、胡培翬《宗廟路寢明堂同制考》等以備篇章;於《記決拾極》、《朝日祀方明朝諸侯先後辨》、《父卒即爲母服三年説》、《適子不得後大宗辨》援據胡培翬《儀禮正義》之説;於《降其小宗解》、《天子諸侯大夫士廟制考》等服膺金榜之説;於《拜稽顙成踴辨並删定淩氏周禮九拜解》則據淩廷堪之説。凡此等等,皆足見曹元弼對皖派《禮》學之推崇。雖然曹元弼對皖派禮學各家備極推崇,但是亦非迷信盲從,對如江永、戴震、金榜、淩廷堪、胡培翬等之説亦多有駁正,尤其是對程瑶田之説,駁斥尤厲。其所駁正者是非兼有,其非者多是曲徇鄭説而致,尤其是對程瑶田之説多簡單否定,此外對胡培翬信從敖繼公、郝敬而違異鄭説之處亦嚴加駁斥。

吴派《禮》學不及皖派,但是對其中各家,曹元弼亦多加肯定,並兼采其説,以補皖派學者之不足。吴派學者如與惠棟交好之沈彤,其撰《儀禮小疏》,曹元弼謂其"雖不能一宗鄭注,而考核精處,自不可及"[3],故其治《儀禮》,亦兼采其説,如《禮經學・解紛下》於"婦人不杖辨"中即以沈彤之説爲最允[4]。又江聲之兄江筠撰《讀儀禮私記》,著降、正、義服而考定其説,雖然"有合有不合",但仍以"江氏較爲細密"[5],故在《禮經學・圖表》中參稽江筠及衆家之説而爲《衰冠升數圖説》。又褚寅亮撰《儀禮管見》,曹元弼頗爲推崇,因爲"力駁敖繼公之謬,以申鄭義,於經最有功"[6],故於《禮經校釋》、《禮經學》中多引據其説以申鄭義。總體而言,曹元弼於《儀禮》一經,受皖派影響較大,且治此經亦以皖派諸儒之説爲主而參以吴派各家之説,此外亦多吸收前輩如顧炎武、張爾岐、盛世佐、吴廷華、鄭珍、陳澧,師友如黄以周、張錫恭等人之説。

五、《尚書》承吴派之學

曹元弼於《尚書》一經之學則多遵吴派,尤崇江聲。曹元弼在《古文尚書鄭氏注箋釋序》述清代《尚書》學的發展云:

> 《尚書》自胡渭以精治《禹貢》,蒙聖祖仁皇帝褒獎,閻若璩以疏證古文,受世宗憲皇帝賞識,風氣益純茂淵懿,實事求是。惠氏棟因閻氏書約而精之,成《古文尚書考》。江氏聲本其學,遂將伏、孔、鄭君所傳二十九篇

---

① 曹元弼《禮學圖表序》,曹元弼《復禮堂文集》卷四,《中華文史叢書》之四十六,頁 472。
② 曹元弼《禮學圖表序》,曹元弼《復禮堂文集》卷四,《中華文史叢書》之四十六,頁 472-473。
③ 曹元弼《禮經學》卷七《流别》,《續修四庫全書》第 94 册,頁 845 下。
④ 曹元弼《禮經學》卷五《解紛》,《續修四庫全書》第 94 册,頁 793 下-794 上。
⑤ 曹元弼《禮經學》卷三《圖表》,《續修四庫全書》第 94 册,頁 705 上。
⑥ 曹元弼《復禮堂述學詩》卷六《述禮經下》,頁 64b。

經文及序,博采漢師古訓,以鄭君爲主,輔以諸家,覃精研思,竭畢生力,發揮旁通,考證詳備,使魏、晋以來沈霾殘佚之義,如杲日重光,闕月復盈,實本朝《書》學大師之冠。王氏鳴盛經學服膺鄭君,義理篤守朱子,作《尚書後案》,辨傳疏之積非,申高密之真是,序稱就正有道江聲,或更補其未逮。説《禹貢》地理水道,約朏明《錐指》而益致其精。段氏玉裁聲音訓詁之學,探賾窮源,分别古今文異字異説,平心核實,名論確當,足爲後學準繩。孫氏星衍據《大傳》、《史記》、馬、鄭注,更網羅天下放失舊聞,今古文異義,各如其説以通之,微言大義,美哉備矣。古文馬、鄭之説,諸家搜采既備,陳氏壽祺、喬樅父子更考《兩漢書》及諸古籍,詳推今文源流,捃摭逸説,一一分析同異是非,爲《尚書大傳定本》及《今文尚書經説考》,平直精善,絶無爭門户、執意見之弊。①

從上引材料可見,清代《尚書》學自胡渭精治《禹貢》成《禹貢錐指》,閻若璩辨《僞古文尚書》而撰《尚書古文疏證》後,吴派繼起,惠棟因閻若璩之書而力辨《古文尚書》之僞成《古文尚書考》,其弟子江聲"用其師惠定宇氏《周易述》家法"②,於《尚書》僞古文外之二十九篇經文及序,"綜核經傳之訓故,采摭諸子百家之説與夫漢儒之解"③而爲之疏,成《尚書集注音疏》。同時有王鳴盛撰《尚書後案》"發揮鄭氏康成一家之學"④,段玉裁撰《古文尚書撰異》"正晋、唐之妄改,存周、漢之駁文"⑤,"旁及音詁,義據精深,多有功於經學"⑥。其後孫星衍依孔穎達《尚書正義》之例,"遍采古人傳記之涉《書》義者"及惠棟、王鳴盛、江聲、段玉裁等清人之作而"合其所長"⑦,撰爲《尚書今古文注疏》。而輯考今文遺説者,則以陳壽祺、陳喬樅父子之《尚書大傳定本》、《今文尚書經説考》爲精審平直。所列諸家,在曹元弼看來是清代《尚書》研究的主要代表,其中惠棟、江聲、王鳴盛皆爲吴派學者,而皖派則只有段玉裁一家。可見在《尚書》學上曹元弼更偏向於吴派。

對吴派各家《尚書》研究,曹元弼多評價較高。如關於吴派《尚書》研究的開創者惠棟,曹元弼對其辨僞古文《尚書》和輯考《尚書古義》頗爲肯定。如言其《古文尚書考》"辨證僞《書》,無復遺義"⑧,謂其《九經古義》中的《尚書古義》

---

① 曹元弼《古文尚書鄭氏注箋釋》卷首,《續修四庫全書》第53册,頁453上、下。

② [清]李慈銘撰,由雲龍輯《越縵堂讀書記》上册,北京:中華書局,2006年,頁109。

③ [清]江聲《尚書集注音疏後跋》,[清]江聲《尚書集注音疏》卷末,《續修四庫全書》第44册,影印湖北省圖書館藏清乾隆五十八年(1793)近市居刻本,頁690上。

④ [清]王鳴盛《尚書後案自序》,[清]王鳴盛《尚書後案》卷首,《續修四庫全書》第45册,影印華東師範大學圖書館藏清乾隆四十五年(1780)禮堂刻本,頁1下。

⑤ [清]段玉裁《古文尚書撰異序》,[清]段玉裁《古文尚書撰異》卷首,《續修四庫全書》第46册,影印華東師範大學圖書館藏清乾隆道光間段氏刻《經韵樓叢書》本,頁2下。

⑥ [清]李慈銘撰,由雲龍輯《越縵堂讀書記》上册,頁107。

⑦ [清]孫星衍《尚書今古文注疏序》,[清]孫星衍著,陳抗、盛冬鈴點校《尚書今古文注疏》卷首,北京:中華書局,2004年,頁2-3。

⑧ 曹元弼《復禮堂述學詩》卷二《述書》,頁89b。

"闡發真書，始啓端緒"[①]，對輯考漢人《書》説的開創之功頗爲肯定。對江聲與王鳴盛之《尚書》研究，曹元弼更是推崇備至。如同爲吴縣人的前輩江聲，曹元弼譽其爲"熙朝第一《尚書》師"，並云：

> 江氏受學於惠，研精文字訓詁，作《尚書集注音疏》，以鄭注爲主，而博采漢經師遺説，附以己意，疏通證明。凡經傳、諸子、《史記》、《漢書》、《説文》及諸故書雅記涉《尚書》義者，采輯殆遍，網羅放失，同條共貫，尋墜緒之茫茫，獨旁搜而遠紹，實事求是，文約指明，實足與紅豆《易述》接武並軌矣。[③]

又云：

> 先生品誼，直足追古齊、魯質行之儒。其《書》義據通深，雅言明達，純乎古學。篆寫全書，亦足動治經者考求六書、興藝樂學之志。生平研精耽道，不求聞達，年過七十，始有知者。王西莊《尚書後案自序》曰："就正於有道江聲。"信乎其爲有道也。自是《書》家蔚起，經義大明，實先生倡之。[④]

江聲《尚書集注音疏》法其師惠棟《周易述》而作，以馬融、鄭玄注爲主，於漢儒舊注搜集較爲詳備，且以己意疏通證明，對音聲文字多所注意，成就巨大。曹元弼晚年撰《古文尚書鄭氏注箋釋》，引用江聲之説極多，或據江説以爲斷，此類最夥，例如《堯典》"平秩南訛，敬致"下，江聲本鄭注《馮相氏》説釋"致"云："致，致日也，謂立八尺之表，視其晷景。夏至之景尺有五寸，爲短之極，短極則氣至無伏陰之患，是夏氣和也。"曹元弼認爲"江合《馮相氏》注推之，良是"[⑤]。又如《皋陶謨》"州十有二師，外薄四海，咸建五長"下，曹元弼引江氏釋鄭注"猶用要服之内爲九州，更方七千里"云云者，以爲"江説甚詳確"[⑥]。或以江氏説未盡，而階江氏説以進一步疏釋，如《皋陶謨》"皋陶曰：'都！在知人，在安民。'"曹元弼引江氏説云："言親親、任賢，使政可由近及遠者，在乎知人，在乎安民。"並進一步闡釋云："案：得賢在於知人，推恩在於安民，而知人爲安民之本，故先言知人。取人以身，則修身又爲知人之本。經兩'在'字皆本上文而言，言其大用在是也。"[⑦]或存江氏異説，如《高宗肜日》"降年有永有不永，非天夭民，民中絶命"下引江氏之説，以爲"江説足備一義，且其言深切，足警世心"[⑧]。亦有辨江氏説之誤者，如《皋陶謨》"禹曰：'吁！咸若時，惟帝其難之。'"江氏以爲此"帝"謂舜，而曹元弼據《鹽鐵論・論誹篇》辨之，以爲"此'帝'

① 曹元弼《復禮堂述學詩》卷二《述書》，頁 89b。

③ 曹元弼《復禮堂述學詩》卷二《述書》，頁 89b－90a。

④ 曹元弼《復禮堂述學詩》卷二《述書》，頁 90b－91a。

⑤ 曹元弼《古文尚書鄭氏注箋釋》卷一，《續修四庫全書》第 53 册，頁 485。

⑥ 曹元弼《古文尚書鄭氏注箋釋》卷四，《續修四庫全書》第 53 册，頁 665 下－666 下。

⑦ 曹元弼《古文尚書鄭氏注箋釋》卷三，《續修四庫全書》第 53 册，頁 608 下－609 上。

⑧ 曹元弼《古文尚書鄭氏注箋釋》卷一三，《續修四庫全書》第 54 册，頁 28 下。

字爲堯也”[①]。又江聲於《尚書》無篇名之佚文六十二條及附二十條作爲《逸文》一卷,列於《百篇之叙》後,曹元弼《古文尚書鄭氏注箋釋》於新得無篇名之《尚書》逸文,亦“依江氏總列序後”[②]。

又王鳴盛之《尚書》研究,曹元弼言“專門師法守西莊,應與江孫相頡頏”[③],蓋謂其《尚書後案》專尊鄭氏師法,以鄭注決定各家依違,其書成就當與江聲、孫星衍相頡頏。在對比江聲與王鳴盛二家之書後,曹元弼云:“江氏《集注》以鄭注爲主,而於注義隱奥難明者,或改從他説。王氏則一一引據古書,疏通其旨。”[④]又前引《古文尚書鄭氏注箋釋序》言及“王氏鳴盛經學服膺鄭君,義理篤守朱子”而作《尚書後案》,“辨傳疏之積非,申高密之真是”,於江聲之書“或更補其未逮”[⑤]。可見王鳴盛之書最爲曹元弼所欣賞者在於經學專守鄭玄一家而辨衆説之是非。這一宗鄭的宗旨也爲後來曹元弼《古文尚書鄭氏注箋釋》所繼承。又前引《古文尚書鄭氏注箋釋序》言王鳴盛“説《禹貢》地理水道,約朏明《錐指》而益致其精”,故曹元弼在箋釋《禹貢》部分引及王氏之説尤多,且多以王氏説爲斷,如“既修太原,至于岳陽”下,曹元弼引王鳴盛《尚書後案》之説,言其“約朱氏鶴齡及胡氏義甚簡明”[⑥]。又如“海、岱惟青州”下,三引王鳴盛之説以爲釋[⑦]。又如“浮于汶,達于濟”下,關於汶水與淄水之源與流,曹元弼即據王鳴盛之説,以爲“汶與淄俱出原山,王氏鳴盛謂同出一山而分流,是也”[⑧]。凡此之類甚多,皆可見曹元弼對王鳴盛《尚書》説的認同與吸收。

於皖派《書》學,曹元弼首推段玉裁,蓋以段玉裁精於文字、音韵、訓詁之學,其《古文尚書撰異》又詳於今古文文字異同之故,對江聲《尚書集注音疏》“承東吴惠氏之學,好以古字改經”之病有補苴之功,如《復禮堂述學詩》卷二《述尚書》云:

> 江氏多據經傳、《史》、《漢》、《説文》引《書》之文改易今本。段氏則各推其異同之故,使今古文各本畫然分明,皆足補叔澐創始之闕。[⑨]

所以曹元弼在《古文尚書鄭氏注箋釋》中於文字異同之處,亦多引據段玉裁之説以爲斷。關於《古文尚書鄭氏注箋釋》據段説主要有兩類,一類是引《説文》及段注以釋字,其中涉及《説文》校勘者多從段注,如《堯典》“欽若昊天”之箋,曹元弼引《説文》:“旻,秋天也。从日文聲。《虞書》説:‘仁覆閔下,則稱旻

---

① 曹元弼《古文尚書鄭氏注箋釋》卷二,《續修四庫全書》第53册,頁609。

② 曹元弼《古文尚書鄭氏注箋釋條例》,曹元弼《古文尚書鄭氏注箋釋》卷首,《續修四庫全書》第53册,頁458下。

③ 曹元弼《復禮堂述學詩》卷二《述書》,頁92b。

④⑨ 曹元弼《復禮堂述學詩》卷二《述書》,頁93a。

⑤ 曹元弼《古文尚書鄭氏注箋釋序》,曹元弼《古文尚書鄭氏注箋釋》卷首,《續修四庫全書》第53册,頁453下。

⑥ 曹元弼《古文尚書鄭氏注箋釋》卷五,《續修四庫全書》第53册,頁686。

⑦ 曹元弼《古文尚書鄭氏注箋釋》卷五,《續修四庫全書》第53册,頁700下-701上。

⑧ 曹元弼《古文尚書鄭氏注箋釋》卷五,《續修四庫全書》第53册,頁704上。

天。’”其中“仁覆”，段玉裁注云：“各本作‘閔覆’，誤。今依《玉篇》、《廣韻》皆作‘仁覆愍下謂之旻天’訂。”[①]曹元弼於此據段氏所訂，並注云“從段氏訂”[②]。又如《禹貢》“濟河惟兖州”，曹元弼引《説文·水部》：“沇水，出河東東垣王屋山，東爲泲。从水，允聲。㕣，古文沇如此。”段注：“各本篆作沿，誤，今正。”[③]曹氏所引“從段氏訂”[④]。第二類是引段玉裁《古文尚書撰異》之説，主要是校勘考訂今古文字者，如《堯典》“欽明文思安安”下，鄭氏曰：“道德純備謂之塞，寬容覆載謂之晏。”曹元弼夾注云：“《後漢書·馮衍傳》、《第五倫傳》、《陳寵傳》注皆引《書緯·考靈耀》稱‘文塞晏晏’。惟《馮衍傳》‘塞’誤‘思’，《陳寵傳》連引‘欽明’，‘欽’誤‘聰’，段氏皆正之。”[⑤]此爲據段氏《古文尚書撰異》考《後漢書》所引今文誤字。又如《禹貢》“松于江、海，達于淮、泗”下，曹元弼引段氏説云：“今文《尚書》作‘均’，馬依今文，鄭本作‘松’，松者，沿之字誤，故云‘當爲沿’。此蓋壁中文轉寫以木、水淆溷，公㕣不分，而鄭正之。裴駰引鄭均讀曰‘沿’，與陸所引異。裴依《史記》正文耳。”段氏辨經文“松”爲“沿”字之誤，曹元弼以爲“甚核”[⑥]。此外尚有少量辨析經義者，如《皋陶謨》“舜曰：‘咨，四岳，有能奮庸熙帝之載，使宅百揆，亮采惠疇’”下，曹元弼引段説云：“首言‘舜曰’，已下乃言‘帝曰’者，以别於前文之‘帝曰’。且下言‘熙帝之載’，故不敢言‘帝曰’，以著舜見堯於羹牆之心也。《堯典》之書堯、舜，如天地然，天地並尊，而地必色於天；如日月然，日月並照，而月必兆於日也。”[⑦]又如《皋陶謨》曹元弼引段氏《古文尚書撰異》説疏解“舜生三十，徵庸三十，在位五十載，陟方乃死”之文，以爲“段氏疏解甚精確”[⑧]。除了段玉裁之外，曹元弼於皖派亦引及王念孫、王引之等説。

大體而言，曹元弼於《尚書》之學以承吴派爲多，而兼及皖派之學。之所以出現這種情况，究其原因，蓋有兩方面：其一，吴派長於輯佚。《尚書》自東晋梅賾所上僞古文《尚書》及僞孔傳流行以後，尤其是唐孔穎達受詔撰《五經正義》，《尚書正義》采用僞古文及僞孔傳，定爲一尊後，漢、魏各家《書》注逐漸亡佚。至清代辨明《尚書》僞古文及僞孔傳後，學術上排斥宋學的乾嘉考據學者欲重新研治《尚書》，則只有回到漢、魏各家《尚書》舊注。然漢、魏各家《尚書》注已亡佚，因此只有重輯漢、魏遺説。以惠棟爲代表的吴派因宗漢的學術風尚，故而輯考漢經師遺説用功尤勤，如惠棟輯《九經古義》、余蕭客《古經解鈎沉》等，皆以輯考漢師遺説完備精審見稱。因此，基於輯佚的《尚書》研究，自然爲吴派之專長，如惠棟《古文尚書考》、江聲《尚書集注音疏》、王鳴盛《尚書後案》以及

① [清]段玉裁《説文解字注》卷一三，上海：上海古籍出版社，1981年，頁302上。
② 曹元弼《古文尚書鄭氏注箋釋》卷一，《續修四庫全書》第53册，頁474上。
③ 《説文解字注》卷二〇，頁528上。
④ 曹元弼《古文尚書鄭氏注箋釋》卷五，《續修四庫全書》第53册，頁694上。
⑤ 曹元弼《古文尚書鄭氏注箋釋》卷一，《續修四庫全書》第53册，頁465上。
⑥ 曹元弼《古文尚書鄭氏注箋釋》卷六，《續修四庫全書》第53册，頁719下-720上。
⑦ 曹元弼《古文尚書鄭氏注箋釋》卷二，《續修四庫全書》第53册，頁574下。
⑧ 曹元弼《古文尚書鄭氏注箋釋》卷二，《續修四庫全書》第53册，頁601下-602下。

與吴派學者關係密切之孫星衍《尚書今古文注疏》等皆建立在成功的輯佚之上。而皖派宗古求是而不迷信漢儒,雖然重視漢儒舊注,但不像吴派那様專意從事漢儒經説之輯佚,故於漢儒經説皆亡的《尚書》一經,不及吴派專精,但是如段玉裁、王念孫、王引之等對《尚書》相關文字、音韵、訓詁方面的考證,却足補吴派之疏失。其二,宗尚鄭説。江聲《尚書集注音疏》雖然兼采馬、鄭之説,但是仍以鄭玄爲主,而王鳴盛《尚書後案》則直接標榜“發揮鄭氏康成一家之學”,較之江聲更守鄭氏家法。而吴派《尚書》研究的宗鄭傾向,恰好與曹元弼長期以來形成的宗鄭思想相契合。

小　結

上面論述了曹元弼與乾嘉考據學吴派和皖派的關係。通過論述可知,自以惠棟爲代表的吴派和以戴震爲代表的皖派,經過發展,兩派學術在吴地學者江沅和陳奂身上合二爲一,而曹元弼作爲陳奂的三傳弟子,對吴派、皖派學術皆頗爲重視,並擇善而從,以鄭玄、朱子爲折衷,以經世致用、有益世道人心爲目的。具體而言:首先,曹元弼受吴派宗漢講求家法的影響,但是又受皖派實事求是而宗法鄭玄的影響,並由此形成了宗鄭而近於佞鄭的特點。其次,曹元弼接受了自顧炎武以來爲吴派、皖派共同宗奉的由小學以通經的治學方法,在著述中充分吸收了吴派、皖派訓詁考據的具體成果。其三,在《周易》研究上,曹元弼肯定惠棟的創始之功,在充分吸收其成果的基礎上,又推崇皖派的張惠言與姚配中之《易》學,並將《易》學上吴派與皖派學術合二爲一,在此基礎上進一步箋釋鄭玄《易》學,而成《周易鄭氏注箋釋》。其四,在《儀禮》一經的研究中,曹元弼以宗皖派爲主,尤其是淩廷堪、胡培翬兩家,而以吴派學者如沈彤、江筠、褚寅亮等《禮》學成果爲輔。其五,於《尚書》一經之學,則多遵吴派,對惠棟、王鳴盛、江聲之《尚書》研究推崇備至,而尤崇江聲,以爲“熙朝第一《尚書》師”,同時對皖派學者如段玉裁、王念孫、王引之等《尚書》説亦肯定,並兼采其説。總體而言,曹元弼對吴派、皖派學術在吸取其優長的同時,也貫穿了其經世致用與宗鄭的思想與主張,從而使得其相關經學著述如《周易鄭氏注箋釋》、《古文尚書鄭氏注箋釋》等能够在呈現出兼采衆家的集大成性之外,又表現出明顯的謹守鄭玄家法及强調經世致用、正人心以正學術的特點。

【作者簡介】 李科,1987 年生,北京大學哲學系博士生,研究方向爲經學史、古典文獻學。

丁秉衡題跋輯録

林振岳

【提　要】常熟丁國鈞(字秉衡),典掌江南圖書館有年,曾經手八千卷樓藏書,熟知江南藏書故家舊聞。當時藏書家多以校書、鈔書相託,往來甚密。其生前所作題跋,散見於爲人鈔校書籍及自藏之本上。本文輯録丁氏藏書題跋二十餘篇,略加案語於下,藉見其間人物、書籍往來崖略。

【關鍵詞】丁國鈞　丁秉衡　八千卷樓　江南圖書館

丁國鈞(1852—1919),字秉衡,號荷香館、注晋書室。早年肄業南菁書院,受業繆荃孫、黄以周門下。先後任儀徵縣訓導,執教江蘇高等學堂。生平治乙部之學,尤嗜《晋書》,曾批汲古閣本《晋書》,密行小字,朱墨爛然,因成《晋書校文》五卷。又撰《補晋書藝文志》四卷。宣統元年,端方收購丁氏八千卷樓藏書,創立江南圖書館,繆荃孫任館長,委任丁秉衡佐理,故八千卷樓書多得寓目。丁氏典掌江南圖書館有年,熟悉故家藏書舊聞,當時藏書家多以校書、鈔書相託,往來甚密。撰有《荷香館瑣言》,分期刊載掃葉山房《文藝雜志》。民國八年卒,年六十有八。生平具曹元忠所撰《家傳》及丁倈同《秉衡太府君事略》①。

復旦大學圖書館有丁秉衡舊藏數種,皆王大隆(欣夫)先生所藏。欣夫先生少年曾於常熟虞山石梅隨丁秉衡遊,撰有筆記《石梅載筆》四十八條。所稱"載筆"者,即記言之體,故書中每稱聞自丁丈云云。欣夫先生《〈四史發伏〉書録》曰:"余於一九一九年秋冬間視大姊於虞山,先生故有姻聯,日與邵伯英松年、鄒介修純福諸老輩茗話於枕石軒,而先生教告尤殷。"②又跋《荷香館瑣言》曰:"大隆於己未夏秋讀書虞山,得從捧手爲忘年交,盡讀所著書及手校群籍。"③跋《善本書室藏書志》云:"今冬十月遊虞山,得識丁秉衡姻丈,每日聚於枕石軒茶居,暢談板本之學。"④爲民國八年(1919)十月之事,時欣夫先生方十八歲,而距丁氏之卒僅一月耳。其後欣夫先生搜訪丁氏遺著而傳之,將《荷香館瑣言》合刊入《丙子叢編》。復旦大學圖書館藏鈔本《日知録札記》一卷,舊傳爲丁秉衡所撰,實則秉衡據俞樾《日知録小箋》批於原書眉端以便省覽,後人不

---

①② 王欣夫《蛾術軒篋存善本書録》辛壬稿卷二《〈四史發伏〉書録》,上海古籍出版社,2002年,頁470。

③ 趙詒琛、王欣夫編《丙子叢編》,民國二十五年鉛印本。

④ 王欣夫《蛾術軒藏書題跋真迹》,復旦大學出版社,2015年,頁1。

辨,以爲丁氏讀書心得,乃將書眉批語摘録成一本,而誤題爲丁氏著作。

丁氏身後,藏書、遺稿散落。今據所見輯録丁氏題跋若干篇,有輯自原書者,有據他人過録者,有據影印件者,有據他書所引者,皆各注出處,彙刊於此。雖不曰備,亦可稍窺其藏書崖略及師友往來踪迹。

丁氏藏印,有"丁氏秉衡"朱文方印,"國鈞"白文方印、"虞昜丁秉衡所讀書"朱文方印、"丁秉衡讀過"朱文方印、"丁秉衡氏手校"朱文方印、"南沙丁國鈞藏"白文方印、"海隅書癡"白文方印等。

王隱晋書不分卷　晋王隱撰　曹元忠輯稿本　復旦大學圖書館

搜采富有,王書雖佚,得此藉窺涯涘,勝鄙人所輯多多矣。惟《群書治要》中所載《晋書》二卷,爲唐時未修之本。以《御覽》各書所引校之,乃知魏氏所采悉本隱書,是當全書録入,以餉後學。質之史席,以爲然否。壬辰二月廿六日同學弟丁國鈞讀識。

案:此丁氏與曹元忠肄業於南菁書院時所跋,題於箋紙,夾附原書之末。壬辰爲光緒十八年(1892)。曹元忠所撰丁氏《家傳》云:"隨學使者至安徽衡文,聞黄先生主南菁講席,以三禮教授,乃歸里受學。元忠始與君相見,引爲同志。因論齒十年以長,遂兄事之。"[①]即此時之事。因丁氏亦治《晋書》,二人有同好,乃出此見示。丁氏閲後,作跋以答。曹氏論丁氏治《晋書》之精,謂:"時同門友治經之外,有通州盛壽山治音韻,静海崔聘臣治算術,武進謝鍾英治輿地,其後各自名家。惟君治《晋書》,發篋出汲古閣本,則密行小字,朱墨爛然,皆君歷年鉤稽群藉所心得,遂成《晋書校文》,黄先生序以行世者是也。暇又探討經典,搜羅史志,旁及類書、釋藏,加以考核,成《晋書藝文志》,見者服其精博,以爲錢竹汀之補《元史》、侯君謨之補《漢書》,不是過焉。"又記當時掌文衡者欲以丁氏所長"兩晋藝文"爲題發策,冀以録用。"當是時海内士夫爲志者,有華湯楊中書叔喬,錢塘吴侍講炯齋,聞君此著,咸欲以一見爲幸。歲甲午,座主馮侍郎聯堂、黄編修叔頌典試江南,至以兩晋藝文發策,冀或得君。顧君於場前,先以活字版印所爲《志》,遍贈同試者,遂至不可辨識。及榜發,又下第。侍郎、編修相顧愕眙,曰:'此命也。'"丁氏治《晋書》,本擬遍注全書,未克完成。據王欣夫《文獻學講義》所記,其殘稿藏上海圖書館:"丁注未成,其殘稿今在上海圖書館。别刊《晋書校證》五卷,爲黄以周、繆荃孫所推許。……五家之書,當推丁氏爲甲。"[②]

東都事略一百三十卷　宋王稱撰　清振鷺堂刊本　日本京都大學人文科學研究所

① 王欣夫《蛾術軒篋存善本書録》辛壬稿卷二《〈四史發伏〉書録》,頁 471。下所引《家傳》同。

② 王欣夫《文獻學講義》,復旦大學出版社,2015 年,頁 64。

八千卷樓丁氏書購歸江南圖書館，其零篇散帙，飄零四方者尚多。此册從善之架上得之，遂爲余物，亦八千卷樓舊藏也。秉衡記。

案：跋中鈐有“丁氏八千卷樓藏書記”白文方印，旁批小字：“此印亦爲余有。”亦出於秉衡手筆。王欣夫《石梅載筆》曰：“善本書室書售入江南圖書館也，其子善之抽去數箱，售於翰文齋書坊。丁秉丈於江南圖書館曾爲收掌，於丁目有校本，余借以對勘，眉批原缺者，即善之所抽去也，聞售值止一千餘元。”[①]知當時八千卷樓藏書未盡歸江南圖書館，尚多流落坊肆者。

靖康稗史七種　宋耐庵輯　清宣統元年丁國鈞鈔本　上海圖書館

是書鈔本凡二册，所載爲《宣和奉使金國行程録》、《甕中人語》、《開封府狀》、《南征録彙》、《青宫譯語》、《呻吟語》、《宋俘記》七種。首有咸淳丁卯（按爲宋度宗三年）耐庵序，又有辛巳三月上巳遺德跋。耐庵姓名無考。遺德據《東藩記事》，知爲明嘉靖時朝鮮國主，先中大魁，後乃踐阼者。辛巳當爲萬曆九年。跋中言“微時見傳鈔本於同年家”，“微時”謂未得國之先，“同年”謂既登大魁之後也。是書咸、同以前各家書目皆不載，光緒初始由日本流傳中土，錢唐丁氏八千卷樓得之，遂著於録。其中所記事實，悉具日月。《開封府狀》則爲當時公牘，似皆信實可據。如《宋史》於欽宗、朱后不知崩聞，此則言后於天會六年八月二十四夜在上京自縊，救免，復赴水死，金封爲靖康郡貞節夫人（見《呻吟語》、《宋俘記》）。史言喬貴妃與韋后結爲姊妹，呼后爲姊。考喬妃北行時年四十二，韋后年三十八（見《開封府狀》），疑無以姊呼后自稱爲妹之理。史言徽宗帝姬三十四人，早亡者十四，餘均北行。是當爲二十人。考北行帝姬具有名號，實二十一人（見《開封府狀》），至恭福帝姬爲亂兵所戕（見《開封府狀》，蓋係飾詞），故不在遣中。史言金人未知，故不北行，亦誤（金酋據降閹鄧珪所開目索諸帝姬，恭福名亦在内）。史言榮德帝姬駙馬曹晟卒後改適習古國王。按榮德名金奴（見《開封府狀》），被俘後適達賚，後没入宫，皇統二年封夫人（見《呻吟語》、《宋俘記》）。又欽宗入金後生二子，長謹，次訓（見《呻吟語》、《宋俘記》），史但有訓傳，而脱漏謹名。其王安中諱災進羨餘各事（見《使金行程録》），安中傳亦失載。至《金史》言熙宗后爲費摩氏，據此當作裴滿氏（疑譯音之異）。實宋五王府宗女，隨母被掠於忽達家，遂獻爲妃，非真忽達女也（見《呻吟語》）。史又載與費摩后同被殺者有妃張氏，而不詳其所出，據此知張爲斡離不與韋后侍婢張氏所生者，韋后南歸皆出其力（見《呻吟語》）。此類遺聞佚事，足資證史者尚多。而《南燼紀聞》各僞書之誣罔，觀此亦可了然矣。宣統紀元九月，秉衡丁國鈞寫於江南圖書館並記。

觀此可知徽、欽降金之耻辱矣。然足證《南燼紀聞》、《宣和遺事》之誣罔。序首之耐庵，無姓氏可考，或即爲《水滸傳》之施耐庵乎？庚戌二月記於鉢山圖

---

① 王欣夫《石梅載筆》不分卷，復旦大學藏鈔稿本。

書館,秉衡。

叙述詳該,足備掌故,似可抽出刊入叢書,蘧六其有意乎。鈞校記。(此條録自上海圖書館藏另一鈔本《靖康稗史》,係清宣統年間劉氏天尺樓托丁秉衡傳鈔。)

案:丁秉衡鈔本據丁丙八千卷樓藏鈔本鈔出,後歸葉景葵先生,今藏上海圖書館。民國王欣夫編刊《己卯叢編》所收《靖康稗史》,即據葉景葵藏丁秉衡鈔本、劉氏天尺樓託丁秉衡傳鈔本、顧廷龍先生藏傳鈔本付刊,附録此跋。又丁秉衡鈔本、劉氏天尺樓傳抄本中有丁氏校語甚夥。

舊聞證誤存二卷　宋李心傳撰　"影宋"鈔本　臺灣"國立中央圖書館"

余舊藏宋刻《舊聞證誤》二卷,爲汲古閣、愛日精廬、善本書室所著録,末有魏氏錫曾跋,所謂世無二本者也。乙卯中秋後十四日,沅叔先生從蘇來虞,晚宿余齋,見之,定爲宋活字本,且出此鈔本相示,蓋先生即晨購於蘇估者。早得精鈔,晚見原刻,機緣巧合,洵爲藝林佳話。蘇估以此本爲魏稼孫手鈔,以宋刻跋尾證之,知卷一實爲稼老手迹,惜已缺八頁,先生屬余鈔宋刻補之,因并録稼孫跋一通附後,而記其緣起如此。古重陽日,秉衡丁鈞記於荷香館。

(據臺灣"國立中央圖書館"藏"影宋鈔本"佚名過録丁國鈞跋)

案:此跋亦見傅增湘《藏園群書題記》、《藏園群書經眼録》鈔録。傅增湘《藏園群書題記》卷四《影宋本〈舊聞證誤〉書後》曰:"歲在乙卯,余南游吴越,以八月之杪自滬返蘇,於靈芬閣獲此鈔本,肆主言爲魏稼孫手鈔。……當日即泛舟至琴川,訪丁君秉衡於荷香館,遂留下榻。秉衡爲藝風前輩及門高弟,專擘史學,雅嗜校讎,撰有《晋書校録》,裒然成册。良宵清話,投分遂深,余因語及新收此書,而以未見宋刊爲憾。秉衡莞爾曰:'君欲見宋刊乎?其書固藏余家,特嚴扃祕篋,不輕示人。君以收藏校勘名家,又承遠道來訪,余亦曷敢自私乎。'因啓鑰出書,披函展卷,字體清麗,楮墨精瑩,古香襲人,心目爲爽。視其行格,正與鈔本相同。惟審諦良久,見鎸工雖精,而行間未盡整飭,遂決定爲宋活字本。秉衡聞此,忻喜逾望,蓋活字世所稀覯,視宋刻益爲珍奇也。"[1]傅氏跋中雖稱之爲"宋活字本",而實以此本爲明活字本。《題記》有傅熹年案語:"此書丁氏誤爲宋本,故跋中亦沿其稱謂。檢先祖《補記郘亭知見傳本書目》稿本,記此書云:'張氏藏宋本在丁秉衡家,乃活字本,非宋本也。後歸袁寒雲。'然則此書非宋本明矣。"[2]又傅氏《藏園群書經眼録》卷六著録此書曰:"案此書號爲宋刊,然余詳審再三,實明活字本也。重違其意,僅告以是活字本而已。"[3]而《藏園訂補郘亭知見傳本書目》著録作"明活字印本……丁國鈞

① 傅增湘《藏園群書題記》,上海古籍出版社,1989年,頁267。
② 傅增湘《藏園群書題記》,頁272。
③ 傅增湘《藏園群書經眼録》,中華書局,1983年,頁514。

藏。此書舊稱宋刊本。”[①]則知此本影鈔之底本當爲明活字本，非影宋鈔本。世間流傳此書“影宋鈔本”，殆多同此誤。

荆州記　曹元忠輯　光緒十九年曹氏箋經室叢書本　私人收藏

此記輯本，繆筱山師、楊惺吾丈皆有之。曾以此刻贈惺公，據云脱漏太多。君直亦自嫌有脱誤處。輯書精善，詎易言哉。瀏覽所及，略補□事於書眉，疑誤多條并標出之。君直欲重刻，或可備採擷焉。秉衡記。

（郭亮，《清末丁國鈞批校本〈荆州記〉》，《收藏》，2011 年第 3 期）

案：此篇據郭亮先生文章所引過録。“□事”原文録作“碼事”，存疑，暫作闕文。

舊京遺事一卷　明史玄撰　舊鈔本　復旦大學圖書館

庚戌荷花生日，以朱筆校一過，改去譌字十餘。秉衡志。

四史發伏十卷　清洪亮吉撰　清咸豐三年常熟顧湘小石山房刻本　復旦大學圖書館

晴窗展卷渾忘食，夜燭讎書誤達晨。便算一生閒事業，可憐無益費精神。鈍丁率筆志忱。

偶閲《武陽合志・藝文志》中載洪先生此書作十二卷，與此刻卷數不合，殆誤。秉衡記於皖垣。

光緒乙酉春仲，以朱筆點讀一過。是書爲太史少年之作（觀書中稱孫淵如明經可知），未經審訂者，故舛譌往往而有。偶取原書對校，遇誤處略識簡端，惜無心力逐條細勘，殊自恨也。秉衡氏識。

是書差謬處不勝枚舉，今《北江先生全集》中不載，殆亦由此。劉淮生爲余言，郡士多以此書爲非出先生手。考顧氏校刊時，原稿從先生長君假得，莊氏炘《三國疆域志補序》亦言先生有此書十卷，則非贋鼎可知。惟是稿原不必流布，顧氏因其名重，遽行刊刻，所謂無益於作者而有害於後學者也。丁亥仲冬秉衡醉後讀識。

顧氏刻此書，校勘之功闕如，遂致魯魚亥豕之訛，不可勝數，真可歎也。因憶前人言名人著述，爲傖楚釣名刊布，亦是一厄，信非憤激之談。丁亥仲冬二十九日微雪，讀此破寂，同劉淮生。秉記。（卷三末）

得友人謝鍾英札，言太史《補三國疆域志》舛誤甚多，現在雜取諸書爲之補正，約今歲其書可成。甚羨其勤學，而益歎著述精確之不易言也。秉衡。（卷五末）

案：《四史發伏》復旦館中又一部，爲王欣夫過録丁國鈞批校本，即《蛾

---

① 傅增湘《藏園訂補郘亭知見傳本書目》，中華書局，2009 年，頁 473。

術軒篋存善本書録》所稱"曾假是書,照臨一通,略得校史之方"[①]者。

楓山章文懿公年譜二卷　明阮鶚撰　清光緒二十六年常熟丁國鈞烏絲欄抄本　中國國家圖書館

館中所藏《楓山年譜》上卷舊刻本,字迹甚劣,下卷則鈔配者。吾友式之部郎屬爲録副。寫官既竟,因爲校閲一過。怔忡舊疾正發,殊草草也。庚子新秋五日秉衡記于江南圖書館。

(據《北京圖書館藏珍本年譜叢刊》第41册影印本過録,北京圖書館出版社,1999年,頁263)

案:此丁氏爲四當齋章鈺(式之)據原江南圖書館所藏《楓山章文懿公年譜》録副,校閲一過,因跋數語其上。丁氏爲章氏録副之本另有兩種,見下文。

庚申江陰東南常熟西北鄉日記　徐日襄撰　北京圖書館據常熟圖書館傳抄本　中國國家圖書館

此記序鄉勇拒髮匪事甚詳,初不知作者姓氏。陶君梅士跋有"子濟余同案友"語,因以科名録考之,乃知子濟爲徐日襄字,道光二十八年常熟庠生,用附記于此。丁秉衡識,乙卯七月一日。

(據《中國近代史資料叢刊·太平天國》第五册排印本過録,上海人民出版社、上海書店出版社,2000年,頁439)

校刊律十二卷音義一卷札記　丁國鈞撰　稿本　上海圖書館

庚子秋爲柯遜庵廉訪校此,爲宋時所用律,與唐律大同,字句稍異耳。《音義》爲孫宣公作,世所罕見,惜差誤太甚。舊有黄子壽伯方校記,亦甚草略,今爲詳校一過,頗自愜意。廉訪見語曰:"《音義》得君校,可謂毫髮無遺憾矣。"秉衡記于真州學舍。

原刊原本爲蔣氏所藏,柯廉訪借得沈子培部郎影鈔本轉録。

隋書經籍志考證十三卷　清章宗源撰　清光緒三年崇文書局刻本　復旦大學圖書館

章先生是書余喜閲之,偶有所見,率于書眉行間雜志數字,以便查檢,同人頗有假閲者。某君在省垣,自誇曾校治此書,出以示人,共相傾倒。不知即録余識語也。余不忍發其隱,後之見此本者,得勿轉疑由某君本傳録乎。一哂。秉衡識于注晋書室,癸巳冬孟。

---

① 王欣夫《蛾術軒篋存善本書録》辛壬稿卷二《〈四史發伏〉書録》,頁471。

鐵琴銅劍樓藏書目録二十四卷　清瞿鏞撰　清光緒二十四年常熟瞿氏家刻本　復旦大學圖書館

江南圖書館購藏浙江丁氏書中，有鈔本瞿氏《恬裕齋書目》，舊爲勞季言所藏者。書眉校語極精要，審知季言先生手筆，因悉迻録之。惜瞿氏刻此目時，未見季言校語，不及改正耳。季言卒於粤逆亂時(同治乙卯歲)，其所得鈔本瞿目，大約在咸豐之初。今以照刊本，則字句皆同，誤處仍誤。瞿目刊於光緒三年，曾延葉菊裳諸君重加審訂，然後付梓，乃竟未易一字，真不可解也。辛亥三月秉衡記於江南圖書館(勞氏手校本，存江南圖書館閲覽室，當時未經提出歸入善本書中)。

(據復旦大學圖書館藏王蔭嘉、王欣夫過録丁國鈞校跋本過録)

清吟閣書目四卷　清瞿世瑛撰　清宣統二年丁秉衡抄本　中國國家圖書館

庚戌七夕後五日，寫官録目竟，取原鈔本對勘一過，郵式之先生京邸。秉衡記於江南圖書館。

案：此亦丁氏爲章鈺録副之本。

仁民愛物齋手藏碑目竝考證十卷　清丁紹基撰　清光緒三十年丁同方鈔本　上海圖書館

光緒丙午四月從孟輿兄段讀一過，時同在寧垣高等學堂。宗後學國鈞謹記。(下鈐“丁氏秉衡”朱文方印)

祝子罪知録十卷　明祝允明撰　明萬曆間刻本　上海圖書館

此萬曆原刻本，卷數與《千頃堂書目》合，《四庫存目》所收止七卷，蓋爲坊賈翻刻時所删節，非原本矣。此書近時罕見，十卷者尤難覯，可寶也。卷首有“王鳴盛印”，知曾爲西莊光禄所藏，尤足爲是録增重。壬子四月初十，丁秉衡記。

齊民要術十卷　後魏賈思勰撰　日本延亨元年書林向榮堂刻本(吴廣霈跋，丁國鈞據宋本及他書校並跋)　北京大學圖書館(李氏木犀軒舊藏)

庚子歲，爲柯遜庵中丞校景元本《齊民要術》于揚州榷署，彼時所據以讎正者，爲景北宋天聖本(只存卷五、卷八及卷一殘葉三紙)、過録南宋本(只存七卷半，餘佚)、明本(卷端間刊有校語)、毛氏《津逮》本、張氏《學津》本、《農書》、《農桑輯要》、《農政全書》及群籍中可資參稽者，羅列彙萃，掇取精要，爲校勘記二千餘條。叢殘稿本，尚塵行篋。今秋爲劍公觀察所見，出此藏本，屬爲迻録，以便參覽。此本爲日本山田蘿葛所刊，其根源蓋出明胡震亨本，間有勝元本處，與毛、張本亦時有異同，既取舊校各條擇要録于書眉，率書數言，以識緣起。丙午冬月，常熟丁國鈞記于江寧高等學堂。

《四庫提要》以是書注爲宋孫氏所作，蓋據李燾是書《音義解釋序》文也。然李序言孫氏爲南宋時人，今天聖本五、八兩卷之注與各本悉同，則此注至近亦必出北宋人手，其非孫氏所作甚明。且《離騷草木疏》"茶"字條曾引孫氏《要術》注文，今各本注皆不載，益可見此注並非孫氏之《音義解釋》矣。併書以質觀察。秉衡又識。

（李盛鐸題記，張玉範整理，《木犀軒藏書題記及書録》，北京大學出版社，1985年，頁164）

虞山李氏琴譜一卷附指法一卷　清李世則輯　清李雲桂鈔本　上海圖書館

吾虞乾嘉之際，李氏味霞世則善鼓琴，得松弦館之傳。子小霞馨，孫天根雲桂，皆傳其指法。此譜即天根所手寫，三世家學，寄于此編，雖無序跋，余輒以字迹定之。蓋天根先生曾館余家兩年，故久而猶識其筆踪也。先生自言于《梅花三弄》最精，此譜亦載之。虞山一派，李氏實爲中興。覆而墨之，與《松弦譜》並傳，不能無望于世之知音者。同邑丁鈞秉衡記于江南圖書館。（下鈐"丁氏秉衡"朱文方印）

鮚埼亭詩集存五卷一册　清全祖望撰　清小隱山莊朱絲闌鈔本　臺灣"國立中央圖書館"

此錢塘丁氏舊帙也，從善之處得之，惜已殘缺，然可正刊本譌奪者頗多，可寶也。常熟秉衡居士記。

見山亭詩集二卷　清章昞撰　清宣統二年丁秉衡鈔本　中國國家圖書館

庚戌中秋前一日，爲茗禮先生校是集。吾虞姚君芝生藏有原槁本，陸次雲評語甚多。姚君故後，插架所儲書入書估手，是集稿本，不知流落何許矣。茗老盍留意訪之，或尚有楚弓楚得之日也。常熟丁鈞記於江南圖書館。

案：此亦丁氏爲章鈺録副之本。

謹齋詩稿不分卷　清許志進撰　清康熙末許氏稿本　復旦大學圖書館

作者姓名已割去，猝不知爲誰何。即詩求之，蓋籍淮安，歷官給事中，歸田後所作者。其《送畕農詩》有"兼懷田居侍御"語，檢龔田居集，屢有與淮安許念中給事唱和詩，則此册疑即許給事之稿也，惜不得《淮安志》考之。至首葉"王光庵詩稿"五字，不審何人補題，頗疑失實。詩中凡遇王姓皆直標明，絶無作家字者，當更考之。（得《茶餘客話》證之，此跋暗中摸索，竟能億中，殊自喜也。秉注。）

《題顧嗣宗歲暮懷人詩》注："端揆去年廷對第一。"考端揆爲徐陶璋字。徐康熙五十四年乙未狀元，則首頁所題之丙申年，是爲康熙五十五年。丁巳十二月初四，丁秉衡記，時夜漏九下。

偶閲阮司寇《茶餘客話》，知此册確爲許給諫詩稿。《客話》卷八所載《學圃聽歌六絶句》正在稿中，可證也。己未六月，秉記。

給諫名志進，亦號謹齋。曾劾江督噶禮，有儻直名。此稿乙改處皆親筆也。秉衡又記。

濂亭遺文五卷遺詩二卷　清張裕釗撰　清光緒二十一年遵義黎氏刻本　上海圖書館

庚子冬，武昌柯廉訪贈，凡二册，并訂爲一。秉衡記于運署西園之題襟館。(外封)

廉卿先生爲蓮池書院掌教甚久，謗者謂其將蓮池中藕亦掘出售錢，陸雲孫丈在黄子壽方伯處見李合肥函，有"張幼樵招之不來，張廉卿揮之不去，奈何"之語，亦可笑也。丙午元夕，閲此偶記。秉衡。

文選六十卷　宋淳熙八年池陽郡齋刻本　中國國家圖書館

此集宋刻宋印，首尾完具。以校胡果泉景宋本，卷廿七缺《君子行》一首，卷四十九多晋紀《論武帝革命》一首，其餘衍文、缺文、誤文數十字至一二字，尤難枚舉，不僅少《同異》一卷及袁説友兩跋已也。胡氏《考異》誤者亦四十五條。余曾爲校記一卷，訂正胡刻凡四百餘條，而益知此宋刻之可寶，殆海内僅存之孤本矣。甲寅中秋丁鈞秉衡校畢記。

(據《中華再造善本》影印中國國家圖書館藏宋淳熙八年池陽郡齋刻本過録)

案王欣夫《石梅載筆》曰："山楊郁孫藏真尤延之本《文選》，裝六十册，字仿歐體，刊印極精。宋皮紙，紙色有光，古香可愛。以校胡刻，多不同。首昭明序，末句'文選'字提行，'世'作'代'，'淵'作'潛'，均避唐諱。胡刻《考異》云誤者，此本皆不誤，且正文注文有多出胡本者。如《海賦》多四句，與楊星吾藏唐卷子本同。附有《音義》一卷，亦胡刻所無，與繆藝風藏影宋鈔本款式亦異。每頁口有刻工姓名，而微有傷痕，驗之乃先亦作蝶裝，後改爲今式，故書腦有傷也(今所謂書口乃蝶裝所謂書腦)。未經名家收藏記，止有'□□吴氏'一印。有夾訂《昭明太子集跋》一篇，亦係宋時池刻，故誤入也。楊氏於同治年以二百金得之，欲構寶選閣以儲之，故後人甚寶視之，秘不出示。自丁丈得見之，後繆小山、徐積餘到虞，乃由丁丈介紹，以觀此書，咸嘆爲天下瑋寶，而世人亦稍稍知有此書。項城爲總統時，寒雲公子思得之，許以物主某省道尹，欲使出此書，而不可得。劉聚卿亦極力謀之，物主索值五千元，以價過昂而未成交。聞近蘇人某亦得此書(傳聞之事，未可確信)，即同一板，則人間又有二本矣。顧千里、黄蕘圃二人賞鑒考據負大名，而誤認他宋本爲尤本，而胡氏謬然刻之。今得是書，而胡刻始不足貴。想乾嘉時人，以黄蕘圃之精博而尚不得見真池本，今乃有二本之傳，物之顯晦，豈亦有時不時哉(此事秉衡已專函問宗子戴，遲日當得確實消息)。"

聖宋名賢五百家播芳大全文萃一百五十卷　舊鈔本　中國國家圖書館(鐵琴銅劍樓舊藏)

此書鈔本除文瀾閣外,皕宋樓陸氏、八千卷樓丁氏均著録。近澄江繆藝風師亦得一舊鈔本。凡閣及三家所藏爲卷皆百有十,連子卷計之,共百二十五卷,而皆佚第二十卷。又六十二卷與五十五卷並目重複,實共佚二卷。此本一百五十卷,首尾完具,驚人秘笈,爲諸收藏家所未見。今春在寧垣高等學堂差次,藝風師出示藏本,並託向鐵琴銅劍樓轉鈔闕卷。暑假旋里,携師藏本録目數册歸,函開所闕卷數,專力向從舅良耜大令乞鈔。及舅氏飭胥鈔畢寄城,乃非繆本所闕卷第,因商之舅氏,蒙破例以總目五册假閲,互勘一過,知繆本所闕之二十卷,在是本爲六十卷。繆本六十二卷與五十五卷重複者,則實闕五十五卷,而在是本爲九十五卷。編次卷第,無一相合。且各類篇目爲繆本所無者,幾十之四。即"賀表"一類計之,此本凡五百五十一篇,繆本衹二百九篇,餘可類推矣。考此書宋光宗時初次刊行,原止百卷,後乃增輯爲百五十卷,疑文瀾閣及丁、陸、繆諸家所藏,均從初刊本傳録,而强分爲百十卷,又分子卷爲百二十五卷。不得舅氏此鈔互勘,則宋刊百五十卷之真面目無從呈露矣。新學龐興,斯文將喪,特從舅氏重鈔繆本所闕之兩卷,以復吾師,而文瀾閣及丁、陸二氏所闕亦得轉輾通段鈔補,保存國粹素心,賴舅氏之力而稍慰,率跋數言,以識厚誼。是書爲海内僅存之孤本,保存世澤,廣爲傳布,是尤抱殘守闕之士深有望於吾舅氏者也。丙午八月三日,丁國鈞秉衡讀畢率記。

(瞿良士輯《鐵琴銅劍樓藏書題跋集録》,上海古籍出版社,2005年,頁327)

案王欣夫《石梅載筆》曰:"常熟圖書館有傳鈔鐵琴銅劍樓藏《五百家播芳大全集》、《翰苑新書》二部,寫手不佳,多有譌誤。此書係前清瞿氏録備進呈者,適以國變,未及進呈即行捐入圖書館,余於十月上旬曾見過。"清末端方欲收購瞿氏鐵琴銅劍樓藏書,瞿氏未允,後改爲鈔書百部進呈以調和之。其選鈔書目即由繆荃孫擬定,繆氏深知此書之佳,故選入目。《藝風老人日記》光緒三十年(丙午)五月九日:"託丁秉衡校《群經音辨》、《五百家播芳大全》。"[①]即丁氏跋中所言繆藝風托鈔書校書一事。然瞿氏鈔書進呈之事,因清帝遜位,僅於宣統三年進呈了五十種而輟事。其中鈔本三十七種,元、明及汲古閣等舊刊本十三種。欣夫先生《石梅載筆》所言傳抄本《五百家播芳大全集》,即係當時據鐵琴銅劍樓藏舊鈔本鈔副而未及進呈者,而謂之"寫手不佳,多有譌誤",知此批進呈本當時敷衍王事,絶非書林之上駟。

【作者簡介】　林振岳,1989年生,復旦大學中國古代文學研究中心(古籍整理研究所)博士研究生,中國古典文獻學專業。

① 繆荃孫《繆荃孫全集·日記》第二册,鳳凰出版社,2014年,頁396。

考《史》以證《左》
——羅倬漢與《史記十二諸侯年表考證》

車行健

【提　要】 廣東學者羅倬漢作於1940年代的《史記十二諸侯年表考證》一書,雖曾於1941年獲得教育部學術審議委員會辦理的學術獎勵之肯定("古代經籍研究類"三等獎),但其書和其人一樣,均長期隱晦不彰,知之者甚少。羅氏此書是爲了對治當時學界極爲熱門的《左傳》真僞與作者的問題,而此問題又係解決今古文之争的關鍵。不同於其他學者多就《左傳》本身來考證《左傳》之真僞,羅氏採取的進路是就《史記》的《十二諸侯年表》與《左傳》先後的關係,來論證《左傳》非晚出。羅氏在此書中共設有六組論證來證成其論點,每組論證復舉出少則十來條,多則七十餘條證據來支撑其論證,由此得出了"《史表》以《左氏春秋》爲中心而旁參各書"的結論。本文除對羅倬漢的生平、撰作此書之緣起、背景、基本立場與進路,以及此書的内容和主要觀點加以論述外,亦嘗試對其論證方式及該書的成就與價值做番深入的檢討與客觀的評估。

【關鍵詞】 羅倬漢　史記十二諸侯年表考證　《左傳》真僞　今古文之争　學術審議委員會

第一節、前言

羅倬漢(1898—1985),原名偉勤,字孟韋,别名孟瑋、執青。1898年12月28日生於廣東省興寧縣大坪鎮,1919年考進北京大學哲學系,攻讀外國哲學。1925年畢業後曾任教於北京、興寧、廣州諸中學,1927年短暫擔任興寧縣縣長。1933年,東渡日本,就讀日本東京帝國大學研究院,攻讀歷史和哲學。抗日戰争爆發後回國,先後擔任桂林師專、雲南澂江中山大學師範學院、成都金陵大學、廣東省立文理學院等校教授。1949年後,任教於廣東省立文理學院、華南師範學院,擔任二級教授、歷史系主任,直至1960年退休。1985年8月

【基金項目】本文爲"國家科學委員會"專題研究計劃"民國時期罕傳經學論著之整理與研究:以羅倬漢、陳延傑與蘇維嶽三家之著作爲中心"(計劃編號:NSC 100-2628-H-004-086-)之部分研究成果。初稿發表於"國立政治大學"中文系主辦之"第九届漢代文學與思想學術研討會",2013年11月24日。

12日病逝於廣州，享年八十七歲[①]。羅氏的主要著作大多均作於1949年之前[②]，已刊者有《史記十二諸侯年表考證》、《詩樂論》和翻譯日人淀野耀淳的《認識論之根本問題》(署名羅執青譯)，未刊者則有《左氏私學論考》、《詩經初編之學》。晚年(1978)嘗收集其於1938年至1945年間發表在報章雜志中的二十多首古體詩，名《青塘詩》，油印出版[③]。

羅倬漢其人和其書在當代人文學術領域中，名聲均不甚彰顯。其書有何價值？其學術又有何價值？爲何要對其人其書及其學術進行研究？研究的意義又何在？由於這涉及一部學術論著及其關涉之學術論題被重新發現和關注的過程，而這過程本身又不可避免地構成了該書的流傳史、接受史及該學術論題的研究史的一部分，因而對此過程做番完整的説明應該也是有所必要的。事情要回溯到2007年，筆者當時因參加"中央研究院"中國文哲研究所經學組的"變動時代的經學和經學家(1911—1949)"研究計劃，開始展開對民國時期經學的研究。與此同時，筆者原先就一直保有對現當代學人學術相關事迹掌故的興趣，兩相結合，從而激發了對民國時期學人和學術研究的熱忱。在閲讀錢穆(1895—1990)《師友雜憶》的時候，注意到書中專列一小節(十二章十二節)回憶他和羅倬漢於抗戰時期在成都相處的往事，此應是筆者知道此人之始。但錢穆該書提及的人和事極多，他對羅氏的回憶很容易被書中提及的其他更有名、更有趣的人和事所淹没，不容易讓讀者産生更强烈的印象。後來約莫在2008年的時候，筆者又在錢穆的《素書樓餘瀋》中看到錢穆所寫的《羅倬漢十二諸侯年表考證序》一文，由此對其人其書産生了好奇，於是便嘗試上網去查找相關資料。但搜尋到的大多是另兩位皆曾做過國民黨將領的同名軍人。而關於著作，僅有《詩樂論》可在圖書館中找到，其他則杳無踪迹。到了2009年暑假，因爲幫美國亞利桑納州立大學田浩(Hoyt C. Tillman)教授編纂余英時先生的著作目録，他介紹筆者去參加臺灣大學人文高等研究院舉辦的"兩岸朱子學與當代社會倫理研討會"，説是可於會中認識浙江大學的何俊教

---

① 以上羅氏生平資料主要根據林鈞南:《緬懷羅孟瑋教授》，廣東省興寧縣政協文史委員會編《興寧文史》第5輯，頁158－160、何國華《正直愛國的學者羅倬漢教授》，《興寧文史》第16輯(1992年9月)，頁80－88、廣東省立中山圖書館與香港大學馮平山圖書館編《羅香林論學書札·附録·書札相關人物小傳》(廣州:廣東人民出版社，2009年，頁616－617)，及戴偉華《羅倬漢事迹編年》，《經學研究論叢》第18輯(2010年9月)，頁1－9。

② 馮友蘭(1895—1990)的學生黄楠森(1921—2013)曾指出一個有趣的現象，他説:"我們有很多教授，建國前非常活躍，文章寫得很多，建國後就不寫了，噤若寒蟬。爲什麽？一個是心存抵觸，不願意寫，還有一個就是爲舊的東西所束縛，寫不出來。"(任繼愈等訪談、許進安采訪、王仁宇整理《實説馮友蘭》[北京:北京大學出版社，2008年]，頁71－72。)羅倬漢雖然並不是不寫，但顯然寫得不多，學術性的專著更是付之闕如，但他究竟是屬於那一類型的，頗令人好奇。

③ 羅倬漢的著述主要可分成專著、翻譯、單篇文章、詩集及書信函札等五大類，關於羅氏的著作情況，請參林慶彰編《羅倬漢著作目録》，《經學研究論叢》第18輯，頁43－48。又本段敘述係在拙著《現代學術視域中的民國經學——以課程、學風與機制爲主要觀照點》(臺北:萬卷樓圖書公司，2011年)，第五章，《現代學術獎勵機制觀照下的羅倬漢之經學成就》的基礎上，稍事增補而成。相關段落見頁141。

授和北京清華大學的彭國翔教授，他認爲對筆者編目録的工作會有幫助。但在會中僅和二人稍事寒暄，於目録事未有任何收獲。但卻因參加會議而獲得贈書，其中有一本是朱茂男、楊儒賓主編的《東亞朱子學者暨朱氏前賢墨迹》（臺北：中華民國朱氏宗親文教基金會出版，2006 年），該書適巧就收有羅倬漢以《詩樂論》一書去申請 1942 年度教育部學術審議委員會（簡稱"學審會"）所辦理的學術獎勵之審查意見表的原件複印，審查者正是著名的美學家朱光潛（1897—1986）。因爲這有關羅倬漢著作的第一手文獻的公布，遂激起筆者積極研究羅倬漢著作及學術的興趣。

該年 11 月下旬，聞一多（1899—1946）的長孫，任職中國社會科學院近代史研究所的聞黎明教授來政治大學進行研究，並參加臺北文化界舉辦的"紀念聞一多先生誕辰 110 週年座談會"。因爲這個機緣，筆者有幸得以與之結識。當時聞黎明正在進行抗戰時的西南聯合大學的研究，從他那裏得知當年教育部學審會辦理的學術獎勵有完整的名單可以查考，因爲這一提示，促使筆者去搜查當年辦理學術獎勵的相關資料，並試圖還原學術獎勵舉辦的整個過程。在獲獎名單中看到羅倬漢不只《詩樂論》有得獎，《史記十二諸侯年表考證》也獲得了 1941 年第一届的"古代經籍研究類"的三等獎。連續兩年，兩部著作均獲得國家學術獎勵的肯定，證明了羅倬漢確有其一定的學術成就，而其論著的學術價值自亦是不容小覷。由此，愈發堅定筆者研究整理羅書的意念。而正因爲學術獎勵的審查意見表的公布，也使筆者對《詩樂論》一書有研究的著力點，隔年五月便以《現代學術獎勵機制觀照下的羅倬漢之經學成就——以〈詩樂論〉爲核心之探討》爲題，發表於香港浸會大學中文系與"中央研究院"中國文哲研究所合辦之"中日韓經學國際學術研討會。"[①]與此同時，筆者仍持續地在尋覓羅氏的著作，主要是《史記十二諸侯年表考證》一書。透過政治大學中文系蔡明順助教的協助，順利地將此書從大陸網站中下載下來。適逢"中央研究院"中國文哲研究所經學組準備舉辦"民國時期罕傳本經典研讀"的活動，筆者將此書提供出去，遂於 2010 年 8 月 27 日舉辦第一場的研讀會，由筆者和臺灣大學中文系張素卿教授負責導讀此書。在導讀會中，張教授提及她曾於 2004 年暑假在中國社會科學院歷史所的顧頡剛文庫中看到此書的曬藍本。筆者會後立即寫電子郵件向顧頡剛（1893—1980）的女公子顧潮教授詢問此事。承蒙顧教授的鼎力協助，她將此曬藍本拍成光碟片，並於 11 月來文哲所開會時親自帶來給筆者。由於《史記十二諸侯年表考證》的原刊本編印品質不佳，又有闕頁，曬藍本的存在對此書的重新校勘整理，助益匪淺。

近年來，積極帶領大陸學界"走出疑古時代"的李學勤教授，也因此書的觀點與其主張相合，遂常在各種場合上公開贊揚此書[②]，可見此書的價值已逐漸獲得當今學界的重視。有感於此，筆者便於 2011 年向"國科會"申請整理與研

---

① 此文後來以《現代學術獎勵機制觀照下的羅倬漢之經學成就》爲題刊載於《經學研究論叢》第 18 輯，後又收入拙著《現代學術視域中的民國經學——以課程、學風與機制爲主要觀照點》。

② 李學勤的觀點見本文第五節"結論"所引述。

究此書的研究計劃，擬將此書重新打字排版，並仔細校對，希望能出版一個較理想的新編本。此計劃幸運獲得通過，於 2011 年 8 月開始正式執行。除將此書重新打字編輯排版，並且反覆校對數次外，亦搜集了關於此書的相關評論資料，附在此新編本之後，做爲附録。本文之作，就是在文獻整理的基礎之上，進一步地對羅氏此書做一較全面的評析，以幫助讀者了解此書。

第二節、羅倬漢撰作此書之緣起、背景、基本立場與進路

關於羅倬漢撰作此書之原由，他在此書《自序》中有所表露：

> 民國二十五年春，予在東京，適津田左右吉氏《左傳思想史研究》出版，以儒學磅礴，會於炎劉；僞文剽竊，綜於《左傳》。鉅册煌煌，取子史偶關《左傳》文句者，影附曲證，排比先後，翻果爲因。加之思想奔流，格於斷代；儒門廣博，劃以範疇。構主觀之系統，乃馳騁於無方。遂使子虛儒者，多竊《史記》之文；盲左全書，僞成西漢之末。《春秋》十二公，皆爲假名；中華三千年，本爲樸野。縱筆浩蕩，汗漫無歸矣。
>
> 予於是始作《左氏私學論考》，會通經子，究私學之源，窮儒術之變。知《左氏》爲書，觀其典禮，決不待《五經》立學而始著。
>
> 繼念思想進程，雖有其序，概念非實，共見難期。溯《左氏》著録，始於太史。《十二諸侯年表》明言《左氏春秋》，則《表》之所據，必有攸在。予於是校讀《史表》，得《表》之據《左》者數百條，視他書不啻倍蓰。而《春秋》編年，貽於《左氏》，《左氏》書法，詔於馬遷[①]，跌蕩昭彰，更無掩飾。此史公明見今本《左氏》，不可誣也。[②]

可知羅氏的撰作動機，乃是導因於日本漢學家津田左右吉(1873—1961)《左傳思想史研究》一書之刺激[③]，因而他接連撰作了《左氏私學論考》和《史記十二諸侯年表考證》二書以回應之。

雖然看似是個人主觀的因素，但其實這中間所涉及的還是客觀的學術因素，也就是晚清以來以《左傳》真僞爲核心的今古文論争的學術背景與問題脉絡。而這從羅氏請顧頡剛和錢穆二人爲此書寫序一事即可看出端倪[④]。顧頡剛的疑古學説受到晚清今文學，尤其是康有爲(1858—1927)和崔適(1852—

① “詔於馬遷”之“詔”字，原缺，疑手民失排。此序亦刊於《斯文》2 卷一七、18 期，頁 24，1942 年；及《志學》第 7 期，頁 15－16，1942 年，今據以校補。

② 羅倬漢《自序》，《史記十二諸侯年表考證》(重慶：商務印書館，1943 年)，頁 1。

③ 中文學界關於津田左右吉學術的評介，請見嚴紹璗《日本中國學史稿》(北京：學苑出版社，2009 年)，頁 297－304；李慶《日本漢學史》第二部(上海：上海人民出版社，2010 年)，頁 143－162；劉萍《津田左右吉研究》，北京：中華書局，2004 年；郭永恩《關於日本昭和初期老子思想的研究——主論津田左右吉和長谷川如是閑的老子研究》，北京：北京大學出版社，2013 年；曹景惠譯注津田左右吉所著《論語與孔子思想》(臺北：聯經出版事業公司，2015 年)，《中譯本導讀》及附録四《津田左右吉研究相關書目》。

④ 錢穆的序見於該書書首，顧頡剛則因故未能完成書序，僅有來書一通，亦爲羅氏置於該書書首。

1924)的影響,此是不争的事實,在《古史辨》第一册的《自序》和《秦漢的方士與儒生》的序中,他皆有所自白①。甚至顧頡剛早年的學生楊向奎(1910—2000),在其晚年時也指稱其師顧頡剛爲"今文學派的學者"②。由此可見顧頡剛信守今文學的立場之深植人心。至於錢穆則於1930年6月在《燕京學報》第七期上發表了《劉向歆父子年譜》,這篇以破除康有爲力主之劉歆遍僞群經説爲宗旨的大著刊出後,雖然在實際上並没有達到錢穆自己所宣稱的"余文出,各校經學課遂多在秋後停開"及"從民國十九年以後,經學不能再照康有爲那麽講,從此没人開這些課"的客觀效果與反響③,但的確也奠定了錢穆在今古文問題上"今文學説反對者"的學術地位與名聲。由此來看,羅倬漢找顧頡剛和錢穆寫序,靠著此二大家煊赫的學術名望,確實能爲本書增添不少聲色;而此二人一持今文家説,一反今文家説,復能夠從正反兩個角度來看待他書中所討論的問題,從而爲讀者提供兩個面向的觀察視角,真可謂用心良苦④。

---

① 顧頡剛《自序》,《古史辨》(臺北:藍燈文化事業公司,1987年),第1册,頁26;《序》,《秦漢的方士與儒生》,收入《顧頡剛全集》(北京:中華書局,2010年),第2册,頁465-467。

② 楊向奎述、李尚英整理《楊向奎學述》(杭州:浙江人民出版社,2000年),頁15。顧頡剛的另一弟子劉起釪(1917—2012)對此問題有很持平且深入的評論:"我確信顧先生關於《春秋》、《公羊》、《穀梁》、《左傳》、《國語》的考辨意見,特别是對《春秋》和《左傳》二書許多具體情況的研究論斷,精辟絶倫,必將成爲不刊之論。但其立論的中心要旨在承清季今文學派自劉逢禄、龔自珍以下,直至廖平、康有爲、崔適諸人的學説,揚其餘緒。諸人始發其論,爲學尚見空疏;顧先生爲之條分縷析,充實論證,辨説周詳,體系完密,其立論遠在諸人之上。其説核心在闡發漢今文家所倡'左氏不傳《春秋》'之語,其所持論則主要在襲用劉逢禄之説,……以爲《左傳》係劉歆改《左氏春秋》而成。這是清末以來今文家一家之説,顧先生不是今文家,有好些地方還很不同意今文家,但在這個問題上卻全承襲了今文家。"(劉起釪:《後記》,收入顧頡剛講授、劉起釪筆記《春秋三傳及國語之綜合研究》[成都:巴蜀書社,1988年],頁116-117。)

③ 前一段引文見錢穆《師友雜憶》(收入《錢賓四先生全集》[臺北:聯經出版事業公司,1998年],第51册,《八十憶雙親師友雜憶合刊》),頁163。後一段引文則見錢穆口述、胡美琦、何澤恒、張蓓蓓整理《經學大要》(收入《錢賓四先生全集》,第52册,《講堂遺録》),頁267。案:關於錢穆"終結"現代中國大學中的經學課程的討論,請參拙著《現代學術視域中的民國經學——以課程、學風與機制爲主要觀照點》,第一章,《現代中國大學中的經學課程》。

④ 羅倬漢爲此書的用心良苦,尚不只於請顧、錢二人寫序,他還曾爲此書致書給他在北京大學哲學系念書時的老師胡適(1891—1962),請求其協助。北京大學圖書館所藏胡適未刊書信日記中有一通羅倬漢於1946年10月21日寫給胡適的信函,羅倬漢在信中懇求胡適"仗先生精密之筆,再作一序,以結百餘年來之疑案,是則學術界之福音,非徒生一人蒙幸而已"。除了爲此書寫序,他還希望胡適能動用他的人脈,協助此書早日出版,其云:"今聞朱經農先生主商務館,與先生最稔,甚望鼎力介紹,請朱先生格外設法,使拙著得在商務館,早日問世。倘事克諧,生即將請聖陶兄,將拙稿轉至商務館。稿凡二十萬字,於此時,必須有書局肯特爲辦理者,始能付排。"(北京大學圖書館編:《北京大學圖書館藏胡適未刊書信日記》[北京:清華大學出版社,2003年],頁136。)惟該書編印時,將此函寫作時間誤訂爲1936年10月21日。案:胡適對羅氏這兩個請求的態度爲何,不得而知。但從事後結果來看,胡適顯然並没有爲羅書寫序。至於協助此書在商務印書館出版一事,則頗令人疑惑,蓋此書早於1943年6月已在重慶的商務印書館出版,又何來協助出版之事? 推測可能當時物資缺乏,排印品質不佳,或印量有限。因而在抗戰勝利後,羅氏又請求胡適協助重新在商務印書館排印出版。但此請求似乎也未見實現。又案:此書原版每頁可容656字,共170頁,全書最多10萬餘字,非羅氏所謂70萬字,疑羅氏請託胡適協助出版者或爲《詩樂論》一書。

事實上,今古文問題正如同楊向奎所説的,係"經學中的首要問題"①,而《左傳》的真僞及作者之論辯又可謂此首要問題之"首要問題"。自從晚清的劉逢禄(1776—1829)和康有爲等人重啓兩千年前今古文之争的戰火後,直至民國三十年代,這個問題始終盤繞在當時學術界的核心,吸引了主流學術界的目光,也促使了第一流學術人才的投入,甚至海外的漢學家也跳入其中,加入戰局。當時論辯的態勢可由楊向奎的觀察得知大概。1936 年楊向奎在《史學集刊》中發表《論左傳之性質及其與國語之關係》的長文②,在此文的下篇"論《左傳》與《國語》之關係",他檢討了民國以來對《左傳》與《國語》關係的相關討論,包括高本漢(Bernhard Karlgren,1889—1978)、衛聚賢(1899—1989)、馮沅君(1900—1974)、孫海波(1911—1972)、卜德(Derk Bodde,1909—2003)、童書業(1908—1968)及錢玄同(1887—1939)等人,其中便涉及到《左傳》真僞及其作者的問題。他認爲上述諸人除錢玄同仍堅守康有爲所持《左傳》、《國語》爲一書分化之説外,其餘諸人雖立證取材不同,但結論皆不約而同地指出兩書本非一書③。此外,洪業(1893—1980)亦於 1937 年作《春秋經傳引得序》,更詳細地考察二千年來古今中外所爲《左傳》源流之辨論,尤特别留意於康有爲《新學僞經考》出之數十年間之駁辨攻守意見,將之區分爲左、右、折衷三派。左派則如崔適之徒,歸獄歆、莽,祖述劉、康説,謂劉歆僞造或增竄《左傳》。右派則與之背道而馳,守古文舊説,如章炳麟(1869—1936)、劉師培(1884—1919)、孫德謙(1869—1935)等。折衷派則於二派之間,務置《左傳》撰者於戰國期間,上不逮孔子,下不及秦、漢。而國外學者亦以此左、右、折衷三派賅之。右派如日本之安井衡(1799—1876)、竹添光鴻(1842—1917),英國之理雅各(James Legge,1815—1897)。左派則如德國之佛朗克(即福蘭閣,Otto Franke,1863—1946)與日本之津田左右吉、飯島忠夫(1875—1954)。折衷派則有日本之狩野直喜(1868—1947)、新城新藏(1873—1938),瑞典高本漢,與法國馬伯樂(Henri Maspero,1883—1945)等人④。

由此學術背景與問題脉絡可知,羅氏研究此問題並撰作此書,絶非心血來潮,亦非僅肇端於個人的讀書治學因素,而是對此盤據學界,困擾衆多學林好漢的"經學中的首要問題"的"首要問題"的因應與對治。

與當時其他學者相同的是,羅氏亦看到《左傳》真僞及作者問題係解決今

---

① 楊向奎《清儒學案新編》(濟南:齊魯書社,1988 年),卷二,頁 662。

② 此文原刊《史學集刊》1936 年 2 期,後收入氏撰《繹史齋學術文集》,上海:上海人民出版社,1983 年。

③ 楊向奎《論左傳之性質及其與國語之關係》,《繹史齋學術文集》,頁 203－213。楊向奎對此問題的評述,又見於他在抗戰時期所撰著的《西漢經學與政治》(重慶:獨立出版社,1945 年,收入林慶彰編《民國時期經學叢書》第二輯第 7 册,臺中:文听閣圖書有限公司,2008 年)一書之頁 115－123。此書所論大致與《論左傳之性質及其與國語之關係》重覆,但所評述之論著略多於前文,其中又增孫次舟(? —2000)發表於《責善》半月刊中的《左傳國語原非一書證》(1 卷 4、6、7 期)。

④ 洪業《春秋經傳引得序》,收録氏撰《洪業論學集》(北京:中華書局,1981 年),頁 260－268。相關討論亦見張高評《左傳導讀》(臺北:文史哲出版社,1982 年),頁 29－72。

古文之争的核心關鍵,但不同於其他學者皆多是就《左傳》本身(或關聯著《國語》)來考證《左傳》之真僞,如羅氏《自序》云:"日本新城新藏氏著《東洋天文學史》,以曆算推證;瑞典高本漢氏著《左傳真僞考》,以文法分析。"[①]羅倬漢採取的進路則是就《史記》的《十二諸侯年表》與《左傳》先後的關係,來論證《左傳》非晚出。他這個切入點明顯是在津田左右吉的問題意識脉絡所導引激發的,或者也可以説,他寫這本書的目的之一就是對津田左右吉論點的回應[②]。

透過《自序》可知,他的做法是藉由考校《十二諸侯年表》與《左傳》的關係,得出《十二諸侯年表》依據《左傳》的數百條證據,由此可以證明司馬遷作史時曾參考過《左傳》,如此一來,所謂《左傳》晚出,或《左傳》成於西漢末劉歆之手等今文家之成説,自然不攻自破。由於他這本書處理的是《左傳》與《史記》的關係,而其根本就是《左傳》真僞這樣一個經學史的大問題,所以他也自覺"余今所考論,意不純在史學"[③]。但羅倬漢畢竟是念哲學出身的,又有留學日本的背景,所以他的精神意趣似仍不同於一般意義下的經學家,而其學術蕲嚮亦非傳統經學所能範限。他有屬於個人的關懷,其云:

> 然發《左》、《史》之關係,知《史記》之出於《左傳》,而古史之綫索可以重尋,亦非無益於載記;抑由此而知《左傳》出於《史記》之前[④],而《左傳》爲《五經》博士未立時之私學,亦可以論定。夫史公曾見《左氏春秋》之案定,而後荀卿下儒家私學之案定;儒家私學之案定,而後學術總匯而爲政教統一之案亦定。蓋儒家私學至於荀卿,漸蟠鬱而爲《左傳》,即爲私學之六藝進而爲《五經》官學之過程。[⑤]

錢穆在替此書作的序中也提到羅氏的構想:

> 羅君告余,方有志於會儒道,通經子,爲中國古文化闡其初,而先出其緒餘,成《史記十二諸侯年表考證》一書,明《左氏》書非晚出,取以闢折近世沿襲今文經學者之讕辭曲説,而爲古典籍之研討立之基。[⑥]

不過,他晚年的回憶,似乎遺忘或放棄了早年的想法,而又回歸到純粹史學的路子,他這樣評論這部書:

> 這是考證,目的是證明《左傳》出於戰國的可靠,爲古史根據地樹下一點堅實基礎。其實古史考證是一件不容易得到一個結果的問題。[⑦]

---

① 羅倬漢《自序》,《史記十二諸侯年表考證》,頁2。

② 雖然如此,但羅書直接牽涉津田左右吉之處卻不多,除《自序》外,僅第七章二處提及津田之説,其中有云:"考古者僅擇一二事以爲比合,不能博觀諸例,校其多少。仍是由一己思想演繹之論文,非尊重客觀之科學也。如津田氏於文公'説話',僅舉勤王求霸、在外巡歷、介之推逃隱數事以爲論斷,其根據又僅在儒教思想之先後,甚爲儱侗。其全書方法均準此。偶發一例於是,餘可類推之。"(頁145)此涉及羅氏對津田左右吉論證方式的批評,應極具代表性。

③⑤ 羅倬漢《史記十二諸侯年表考證》,頁162。

④ 此句原作"抑由此而知《史記》出於《左傳》之前",今據曬藍本校改。

⑥ 錢穆《序》,見羅倬漢《史記十二諸侯年表考證》,頁1。

⑦ 羅倬漢《手稿》,引自何國華《正直愛國的學者羅倬漢教授》,頁83。

但若再對照著他對《詩樂論》的評論，則他關於經學的整體想法就比較具體了：

> (此書)仍是以考證爲主的，是接著《年表考證》説下來的，不過目的更明確些。但此書在考證中卻談到經學思想問題，而此經學思想，是以"情理雙融"的"仁"來貫串。……爲"仁"樹立生命，爲經學樹立生命。[①]

由此可知，二書的趨嚮爲由《左傳》而古史，由古史而經學，再由經學而上通思想。他的學術生涯雖然是出入於哲學與史學間，尤其運用考證的手法更是其書的特點。但其哲學的訓練和關懷仍不時可在文中感受得到。(錢穆説他："治哲學，通玄解。"[②])因而歸根結柢來説，羅倬漢的學術是由哲學入，史學出，最終又回到哲學的理想。

回到本書來看，不論是古史的研究，還是經學的研究，此書考論的重點皆仍在《左傳》之真僞[③]，但弔詭的是，他的考論不能只在《左傳》本身上進行，而是如同菟絲附女蘿般的，要依附在對《史記》考證的基礎上才得以完成，此所以其書名取做"史記十二諸侯年表考證"。然其重點又不純在《史記》本身，而是在《左傳》，蓋所謂"考證"者，即考《史記》以證《左傳》。由此可見書名本身是無法充分傳達該書的宗旨及作者的意圖，且在圖書分類上也容易讓人誤以爲這只是一本純粹的《史記》研究或史學的著作，因而就不免遺漏其《左傳》研究、《春秋》學，乃至經學史的性質。與類似著作做比較，這方面的特性就很容易呈顯出來。例如劉操南(1917—1998)也有一本題名類似的著作，即《史記春秋十二諸侯史事輯證》(成書於 1963 年)，作者雖於《自序》中提及：

> 《左氏春秋》傳自東漢，始立學官；然其書則非東漢乃有也。考之《十二諸侯年表》，魯君子左丘明，懼弟子人人異端，各安其意，失其真；故因孔子《史記》，具論其語，成《左氏春秋》。是史公明言左氏之作《傳》矣。謂爲未見可乎哉？此稿將欲顯其例證，則其説將不攻而自破矣。[④]

該書《凡例》中也提到：

> 遂知史公紀春秋史事，源非一端；而《左氏》實爲主要依據。然後知晚清今文學家言劉歆僞撰《古文》之説，不可信矣。[⑤]

但考論《左傳》真僞畢竟不是此書之重點，作者也没有在此議題上花太多筆墨。兩相對照之下，羅書書名與内容的不一致性及定位的曖昧性更加明顯。但令人深思的是，不知這種不一致性與曖昧性是否也會對此書的流通與影響的擴

---

① 羅倬漢《手稿》，引自何國華《正直愛國的學者羅倬漢教授》，頁 83。

② 錢穆《序》，見羅倬漢：《史記十二諸侯年表考證》，頁 2。

③ 《圖書季刊》，新第 4 卷 3、4 期合刊(1943 年 9、12 月，國立北平圖書館編印)，"圖書介紹"欄目，對此書之評論亦有類似意見，其云："是此書雖名'史記十二諸侯年表考證'，實亦《左氏春秋》時代考證也。"(頁 87)

④ 劉操南《史記春秋十二諸侯史事輯證》(天津：天津古籍出版社，1992 年)，頁 8。

⑤ 劉操南《史記春秋十二諸侯史事輯證》，頁 14。

散構成一定程度的阻障？

第三節、羅倬漢此書之内容及其論證

羅倬漢在《史記十二諸侯年表考證》中共設有六組論證來證成其論點，而每組論證復舉出少則十來條，多則七十餘條證據來支撑其論證，這六組論證内容及其證據數目如下：

第一組：年事全據《左傳》，不見他書者。共七十七則。

第二組：年事雖見於《春秋》等書，而其詳述處卻是根據《左傳》者。共七十三則。

第三組：年數有差而仍據《左傳》者。共三十五則。

第四組：《史表》特著其年仍有據《左傳》者。共十四則。

第五組：《史表》述事與《左傳》相違而有據《左傳》者。共四十五則。

第六組：《史表》亦略有不據《左傳》者。共七則。

這六組論證構成了本書的主體，除了第一章《序文疏證》及第八章《〈史〉書故事之所據及〈左〉、〈史〉前後之意義》外，這六組論證依序組成了本書的二至七章，章名與論證名稱相同。

各組論證略舉二例，以見大概。第一組：年事全據《左傳》，不見他書者。如所舉第五則證據：

> 桓王三年，魯隱六年，即鄭莊公二十七年，《表》云："始朝王，王不禮。"此事不見於《春秋》，獨《左傳》隱六年"鄭伯如周，始朝桓王也，王不禮焉。"此其根據之迹甚顯。①

又如第二十七則證據：

> 襄王十五年，魯僖二十三年，《秦表》"迎重耳於楚，厚禮之，妻之女，重耳願歸"；《楚表》"重耳過，厚禮之"；《衛表》"重耳從齊過，無禮"；《曹表》"重耳過，無禮，僖負羈私善"；《鄭表》"重耳過，無禮，叔詹諫"。按晋公子重耳過諸國事，詳見於《國語》，而未記其的在何年。惟《左傳》總叙其事，正在僖公二十三年，與《史》全合。《左傳》之文總叙重耳之及於難實爲僖公二十四年秦伯納重耳張本。其叙重耳由某國及某國，明是追叙，原不定爲此年事，然以其類聚在二十三年，史公便據之以入於是年之《表》，此非《史表》據《左》之明證乎？又考史公作《表》原是"表見《春秋》、《國語》"。是年《衛表》"重耳從齊過，無禮"，是先往齊，後過衛，與《國語》合，而與《左傳》先至衛後適齊者不同，是《史》亦參考《國語》也。參考《國語》而用《左氏春秋》之年，正可以證其自發之義例。若謂《左傳》後於《史記》，根據是

① 羅倬漢《史記十二諸侯年表考證》，頁25。

年《史表》作傳，則何以與《史》據《國語》之事乖違？是又不足辨者矣。[①]

羅倬漢考證這組七十七則的證據，"審其年數，不見於編年之《春秋》，亦不見於《公羊》、《穀梁》二傳，至其事實亦幾全不見於二《傳》，有一二見於《國語》者，又自非其編年之所據也。"[②]由此，羅氏論斷《左傳》正爲司馬遷作《史記》《十二諸侯年表》（以下簡稱《年表》或《史表》）根據之所在。因而不但可確知司馬遷全見編年之《左傳》，也可證明所謂《左傳》後於《史記》，或太史公所見僅爲《國語》而非編年之《左傳》等説法之不然矣[③]。

第二組：年事雖見於《春秋》等書，而其詳述處卻是根據《左傳》者。如所舉第六則證據：

> 莊公八年，《春秋》書"齊無知弒其君諸兒"，《年表》於此年"魯表"云"子糾來奔，與管仲俱避毋知亂"，又同年"齊表"云"毋知弒君自立"。按二《傳》不詳此事，獨《左傳》莊[④]八年云"亂作，管夷吾、召忽奉公子糾來奔"，此《年表》之所據也。[⑤]

又如第十四則證據：

> 僖公十九年，《春秋》書"梁亡"，《年表》於此年《秦表》云："滅梁，梁好城，不居，民罷，相驚，故亡。"按《公羊》謂梁亡是自亡，自亡是魚爛而亡，《穀梁》謂梁亡是自亡，"湎於酒，淫於色，心昏耳目塞，上無正長之治，大臣背叛，民爲寇盜"。俱無當於《史》文。考《左傳》僖公十九年亦謂梁亡爲自取，隨申之曰："初，梁伯好土功，亟城而弗處，民罷而弗堪，則曰：'某寇將至。'乃溝公宫，曰：'秦將襲我。'民懼而潰，秦遂取梁。"[⑥]此非《史表》之所據而何？[⑦]

羅倬漢認爲這組七十三則證據，年數雖同於《春秋》與《左傳》，然其所記載之事實卻多不見於《春秋》，亦不詳於《公》、《穀》二傳。如此一來，謂《史表》根據編年之《左傳》是極爲順理的。而且即使人名見於《春秋》者，《史表》亦多據《左傳》辭彙，不據《春秋》，如《春秋》書"季孫行父"，《左傳》作"季文子"，《年表》亦作"季文子"；《春秋》書"楚公子側"，《左傳》作"楚子反"，《年表》亦作"楚子反"；《春秋》書"楚公子嬰齊"，《左傳》作"楚子重"，《年表》亦作"楚子重"。凡此皆可證明《史表》根據編年《左傳》編纂而成[⑧]。

第三組：年數有差而仍據《左傳》者。這組論證又分兩部分，即《史表》與

---

① 羅倬漢《史記十二諸侯年表考證》，頁31。
② 羅倬漢《史記十二諸侯年表考證》，頁46。
③ 以上敘述參見羅倬漢《史記十二諸侯年表考證》，頁46。
④ 原訛作"桓"，今徑據引文改正。
⑤ 羅倬漢《史記十二諸侯年表考證》，頁51。
⑥ 此句"遂"字，原訛作"逐"，今徑據引文改正。
⑦ 羅倬漢《史記十二諸侯年表考證》，頁55。
⑧ 以上敘述參見羅倬漢《史記十二諸侯年表考證》，頁72。

《春秋》違忤一年者，和《史表》與《左傳》違忤一年者。前者共十五則證據，後者則有二十則據。前者如所舉第二則證據：

> 桓公十六年，《春秋》書"衛侯朔出奔齊"，按《年表》《衛表》惠公朔三年書"朔奔齊，立黔牟"，乃在魯桓十五年，顯與《春秋》差一年。考《衛世家》"宣公卒，太子朔立，是爲惠公。左右公子不平朔之立也，惠公四年，……作亂，攻惠公……惠公奔齊。"是衛朔奔齊，實在四年，與《春秋》合。《年表》排校易誤，錯前一年，非不據《春秋》也。①

羅氏云此乃："《表》與《春秋》年數錯違，然或僅前一年，或僅後一年，其爲表格參雜，一時眼亂錯寫無疑矣。"②後者則如所舉第九則證據：

> 《左傳》僖公二十五年"狐偃言於晋侯曰：'求諸侯莫如勤王。'"《年表》於僖公二十四年《晋表》已書"咎犯曰：'求伯莫如内王。'"比《左傳》先一年矣。按《晋世家》"文公二年春，……趙衰曰：'求霸莫如入王尊周。'"晋文二年適當魯僖二十五年，與《左傳》合，知《年表》偶誤矣。至《年表》爲咎犯之言，而《世家》却謂爲趙衰之言，知史公作史，頭緒太緊，殊難仔細檢正也。③

羅氏云此乃："《史表》據《左傳》，或錯前一年，或錯後一年，應視同違於《春秋》紀年（相差一年）之例。因表格繁多，一時眩亂，錯入於鄰次之年，固勢所不免也。"④

第四組：《史表》特著其年仍有據《左傳》者，羅氏意謂"《左氏》偶爾追叙，未定其年，而《史表》乃有年可據者"⑤。如所舉第一條證據：

> 《左傳》起首云："……宋武公生仲子，……仲子歸于我，生桓公。"此自追述故事，未詳何年。《年表》《宋表》武公十八年（魯惠二十一年）書"生魯桓公母"，乃刻指其年矣。考《宋世家》"戴公三十四年，戴公卒，子武公司空立，武公生女，爲魯惠公夫人，生魯桓公，十八年，武公卒"，是《世家》亦未定爲何年。然則《年表》聊記之於武公卒年，以了此生女一事耳，恐史公亦徒據《左傳》，未必定知其何年也。⑥

又如所舉第十二條證據：

> 《左傳》哀公七年，追叙："初，曹人或夢衆君子立於社宫，而謀亡曹，曹叔振鐸請待公孫彊，許之。旦而求之曹，無之，戒其子曰：'我死，爾聞公孫彊爲政，必去之。'及曹伯陽即位，好田弋。曹鄙人公孫彊好弋，獲白雁，獻之，且言田弋之説，説之。因訪政事，大説之，有寵，使爲司城以聽政。夢者之子乃行。"是曹人之夢，不知其年，曹伯陽之用公孫彊，亦未知其年也。《年表》《曹表》曹伯陽三年（魯定公十一年）書"國人有夢衆君子立社宫，謀

---

① 羅倬漢《史記十二諸侯年表考證》，頁75。
② 羅倬漢《史記十二諸侯年表考證》，頁78。
③ 羅倬漢《史記十二諸侯年表考證》，頁81－82。
④ 羅倬漢《史記十二諸侯年表考證》，頁85。
⑤⑥ 此當在羅倬漢《史記十二諸侯年表考證》，頁88，然羅書此頁闕，此據曬藍本補。

亡曹，振鐸請待公孫彊，許之”，六年（魯定十四年）書“公孫彊好射，獻雁，君使爲司城，夢者之子亡去”，則二段事均有其年矣。①

羅氏認爲這組十四則證據，《左傳》皆作追叙之辭，未明其年，而《史表》乃一一刻劃其年。如上所舉第一則《表》與《世家》差違，可以徵知史公猶無定據外，又如第十二則《左傳》言曹人夢事在曹伯陽即位之前，而《年表》乃列在曹伯陽三年，觀《年表》語氣自是據《左傳》，不能謂其更據他書②。這些情況皆可證明《史表》的確是根據《左傳》而作。

第五組：《史表》述事與《左傳》相違而有據《左傳》者。其中有《史表》與《春秋》書事相違者，羅氏所舉有十三則證據，其中如第七則證據：

> 《春秋》宣公十四年書“秋九月，楚子圍宋”；十五年書“夏五月，宋人及楚人平”，則楚在宋共歷九月。《年表》於魯宣十五年《楚表》書“圍宋五月”，與《春秋》違異矣。梁曜北據《吕氏春秋》《慎勢》、《行論》兩篇述此事，亦謂莊王圍宋九月，《表》與宋、楚二《世家》作五月者，蓋因《春秋》有五月之文而誤耳。其論甚是。③

在羅氏看來，“《春秋》紀事雖甚略，然事繫之年，條理甚悉。《史》之年事固大端同於《春秋》，然亦有違異者”。《春秋》爲《史記》所宗，猶不免有所歧異，則不是“史公之輕忽”，就是其多見“天下遺聞古事”，而别有所據④。又有與《左氏》錯忤者，羅氏所舉有三十二則證據，其中如第十八則證據：

> 《左傳》襄公二十四年“齊侯既伐晋而懼，將欲見楚子，楚子使薳啓彊如齊聘，且請期”。《年表》於此年《齊表》云：“畏晋通楚，晏子謀。”《左氏》固言齊懼晋通楚，然不述晏子謀事，豈史公以晏子當國，揣測言之？抑别有所據而與《左》不同耶？⑤

這三十二則證據，皆是《史表》與《左傳》有所歧異者。羅氏詳考諸則，其年限皆與《左傳》相同，如此則謂《史記》憑《左傳》編年，因爲《左傳》繁雜，史公偶有失檢，以致事忤⑥。但也有另一種可能，即《史記》於《左傳》外，别有典據。羅氏因此認爲，這三十二則證據“俱不能出此二者之範圍。即由此以推論《史記》一書，溯其淵源所取，亦咸不外是。世有以《左傳》爲後於《史記》，盍於《史》之異於《左》者加之意也”⑦。

第六組：《史表》亦略有不據《左傳》者。羅氏藉由討論“曹沫劫齊桓”、“蔡人殺陳佗”、“蔡侯奔楚”、“吴卑梁人争桑”、“食馬救秦穆”、“重耳奔狄至齊”、

① 羅倬漢《史記十二諸侯年表考證》，頁91。
② 以上叙述參見羅倬漢《史記十二諸侯年表考證》，頁92。
③ 羅倬漢《史記十二諸侯年表考證》，頁96。
④ 以上叙述參見羅倬漢《史記十二諸侯年表考證》，頁94。
⑤ 羅倬漢《史記十二諸侯年表考證》，頁106。
⑥ 羅倬漢《史記十二諸侯年表考證》，頁114。
⑦ 羅倬漢《史記十二諸侯年表考證》，頁120。

"秦晋輸粟"等七則故事來説明這個情況[①]。這幾則《史記》不據《左傳》的故事之意義，羅倬漢是這樣説的：

> 《史記》網羅舊聞之義。由《表》參之《紀》、《傳》，知各條俱饒有故事之性質。其不取《左傳》者，或《左傳》所無而漫及其他者，則遷《史》好奇，未爲無故。然當知在《史表》繁雜之事中，其據《左》之處如上二、三、四章所舉，不下二百餘例，而此節所舉不據《左》之例，雖未能悉盡，亦已奄有其十之八九。然僅及十數左右，然則《史表》根據《左傳》而作之案，不已較然明白乎！[②]

綜觀羅氏的六組論證，從《史表》年事全據《左傳》，不見他書者，完全密合的情況；到年事略有參差，但仍大體根據《左傳》者；再到年事有違，但仍據《左傳》者；再到完全不據《左傳》者。漸次論述，條理分明，邏輯嚴謹，把各種可能的情況都設想到了。而所舉例證，《史表》根據《左傳》者數量遠高於不據《左傳》者，則其結論"《史表》以《左氏春秋》爲中心而旁參各書"[③]，自然是有極高的可信度。這樣的論證方式，誠如錢穆所説的："讀其書，密栗謹飭，洵不失尚考證者之榘矱焉。"[④]同樣地，也確承受得起顧頡剛所謂"考證精密，如無縫之天衣"的贊美[⑤]。

第四節、羅書之檢討

儘管此書論證精密，其所欲證明之《左傳》早於《史記》中心論點亦看似堅不可破。然而百密總有偶疏者，羅倬漢書中所舉例證亦不免有錯誤或不當者，如第四章第五則證據：

> 閔公二年，《春秋》書"狄入衛"，按《年表》《衛表》懿公八年書"翟伐我"，乃在魯閔元年[⑥]，與《春秋》差一年。考《衛世家》云："懿公九年，翟伐衛。"與《春秋》年數合，《年表》作八年者，誤矣。[⑦]

然《史表》實不誤，羅氏錯將《衛表》懿公九年書"翟伐我"，看是懿公八年之事。

羅氏對《史記》的誤判可能主要是來自於版本的誤用。如其所舉第六章《史表》與《左傳》錯忤第二十一則證據：

> 《左傳》昭公四年"冬，吴伐楚，入棘、櫟、麻，以報朱方之役"。《年表》於此年《楚表》書"伐吴朱方，……冬報我，取五城"[⑧]。《左氏》以爲入棘、

---

① 羅倬漢《史記十二諸侯年表考證》，頁126－149。

②③ 羅倬漢《史記十二諸侯年表考證》，頁149。

④ 錢穆《序》，見羅倬漢《史記十二諸侯年表考證》，頁2。

⑤ 顧頡剛《來書》，見羅倬漢《史記十二諸侯年表考證》，頁1。

⑥ 北京中華書局《史記》點校本（以下簡稱點校本）此事繫在魯湣公二年，即衛懿公九年。

⑦ 羅倬漢《史記十二諸侯年表考證》，頁75－76。

⑧ 點校本作"取三城"。

> 櫟、麻，而《史》以爲取五城，殊不同也。惟《吴世家》作取三邑，與《左》同，《表》或爲歧誤矣。①

羅氏以爲《楚表》將吴伐楚，取棘、櫟、麻三城事，誤記爲取五城。梁玉繩《史記志疑》中考辨此條，其所根據之本子亦作“取五城”，梁氏亦據此糾正《史表》之誤②。然據賀次君在《史記志疑》的《點校説明》中卻指出梁玉繩所依據的本子是明萬曆四年（1576）吴興凌稚隆《史記評林》，即所謂的湖本。他説道：

> 這個本子……刊刻時校讎不精，錯誤較多，其中許多錯誤並無版本的因襲關係。梁氏少有用其他版本與湖本比較，凡是湖本自誤的，大都歸咎於《史記》本身，一一疑而辨之。③

即以此例來説，賀次君取金陵本（即北京中華書局《史記》點校本的底本）和梁書對校，金陵本正作“取三城”④，如此則《史記》不誤矣。

今持北京中華書局《史記》點校本校對此則例證，發現《楚表》亦作“取三城”，則羅氏此則之批評就完全爲無的放矢，而其證據力不免也大打折扣了⑤。類似的例子又見於其所舉第四章第十二則證據：

> 昭公十五年，《春秋》書“冬，公如晋。”《年表》《魯表》昭公十六年書“公如晋，晋留之葬，公恥之”，誤書後一年⑥。按《魯世家》“昭公十五年，朝晋，晋留之葬晋昭公，魯恥之”，紀事相同，而作十五年，與《春秋》合，知《年表》爲一時之誤矣。⑦

然賀次君取金陵本和梁書對校，金陵本亦將《魯表》此事繫於昭公十五年⑧，非如羅氏批評的“史公檢校《春秋》，誠多有未周也”⑨。

梁玉繩《史記志疑》是羅倬漢撰著《史記十二諸侯年表考證》一書時，極爲倚重的參考著作，他在這則例證上犯了跟梁氏一樣的錯誤，其致誤之由除了有可能是他直接參考梁氏的著作所造成的，但更不能排除是爲其所根據的版本所誤導。

---

① 羅倬漢《史記十二諸侯年表考證》，頁108。

② 梁玉繩撰、賀次君點校《史記志疑》（北京：中華書局，1981年），第1册，頁364－365。

③ 賀次君《點校説明》，《史記志疑》，第1册，頁3。

④ 梁玉繩撰、賀次君點校《史記志疑》，第1册，頁364。

⑤ 承南京師範大學蘇芃教授告示：《楚表》“取五城”句，水澤利忠（1918—2013）《史記會注考證校補》云：“三，景、井、蜀、紹、耿、慶、彭、毛、凌、殿 五。”（卷一四，頁46。臺北：廣文書局，1972年）。核景祐本、紹興本、黄善夫本（即慶本）、淩本、殿本確實是作“五”。“三”乃張文虎刊刻金陵書局本時徑改，中華書局點校本因據金陵本點校。（2014年7月29日電子郵件）如此一來，羅氏所看到的版本就是“取五城”，因而他指責此爲《史表》之歧誤自是站得住脚的。不過既然《吴世家》也作“取三邑”，自然表示史公也掌握了正確的史實。只是不知《史表》之歧誤，究竟是史公粗心錯寫，或後人傳鈔刊刻所譌改，今固已難明，但從常理來判斷，應是後者的可能性較高爲是。若是如此的話，以此質疑《史記》的史料價值，似也不盡公允。

⑥ 點校本此事繫於魯昭公十五年。

⑦⑨ 羅倬漢《史記十二諸侯年表考證》，頁77。

⑧ 梁玉繩撰、賀次君點校《史記志疑》，第1册，頁369。

從這些不當例證所衍伸者，則是貫徹羅書更爲深刻的學術立場，即是所謂《左傳》和《史記》的優劣和取捨問題。蓋羅氏既認爲《左傳》早於《史記》，其書中大部分的論證皆是欲證明史公作《史表》確曾參考或根據《左傳》，然二者又常常存在不一致之處，面對這樣的狀況，羅氏通常採取歸咎於《史記》的做法，他總結《史記》駁雜不純的原因有二，即"採摭之過博"和"詮次之偶疏"，且在他看來，"後者之病又因前者之紛拏而益甚"①。此外他又把《史記》之謬誤歸結爲三例：

> 大抵史公原誤，一也；後人妄改，二也；寫刻有譌，三也。此三者糾結，則更難分曉。所舉三例，第一例即或是《史記》原來之誤；第二例或是《史》與後人相重之誤；第三例或是後人改補寫刻之誤。②

後二者都是屬於後世傳抄刊誤所衍生的錯誤，是版本的問題，而非作者的問題。但羅倬漢對後二者討論殊少，或許正如他自己所體知的：

> 其中涉後人改補一事，則叢雜繽紛，更難理董。考史者貴於原本求真，一涉後人竄亂之迹，即無由據正。③

因此他主要關心的還是太史公作《史表》致誤之由，他在第四章中對此問題有如下的觀察：

> 班孟堅謂史公"采摭經傳，分散數家之事，甚多疏略，或有抵梧，亦其涉獵者廣博"（《漢書》本傳）。當天下遺聞古事散出之餘，太史公始爲掇拾編次，其不能歸一，亦勢所必爾也。《年表》旁行，雖效《周譜》，然猶屬於創意爲多。如十二諸侯，紛論錯雜，兼顧爲難。所據各書，又爲繁重之竹簡，對校非易。其年數由周王對比魯公，有《春秋》爲據，自是簡便，然《春秋》太略，《年表》必須補載事實，於是參考他書，取繁雜難稽之籍，散而之交互錯忤之表，稍不經意，不免乖違矣。故作表之難，過於作傳，何況事實相關，紀年各異，其數竟至十三者哉！④

羅氏所談的主要都是技術性的問題，作史者面對繁雜的史料，本就不易爲之。但若再加上作史者的粗疏輕率，當然更容易發生舛誤，羅氏就是從這個角度來批評司馬遷的，如其云：

> 此可見史公雖明言依據《左氏》，而不能字字悉合，蓋竹簡翻檢之勞，勢不能時時勘對，此殆崔東壁所謂"記憶失真之故也"（《考信録》〈提要〉卷上）。⑤

這樣的批評充斥全書，如"史公遂亦不加深考，遽將伐狄事亦錯入此年"（頁29）、"然《史》襲取他文，肆爲簡括，常致歧誤"（頁30）、"此則《史》之偶疏矣"

①② 羅倬漢《史記十二諸侯年表考證》，頁121。
③ 羅倬漢《史記十二諸侯年表考證》，頁124。
④ 羅倬漢《史記十二諸侯年表考證》，頁74。
⑤ 羅倬漢《史記十二諸侯年表考證》，頁67。

(頁 40)、"《史表》記事多誤據而誤合之,亦不足怪"(頁 45)、"《史表》於諸事關聯,所載甚略……窮其果而未溯其因,豈非作《表》時,偶因翻檢《左氏》,遂信手捋撦乎?"(頁 50－51)、"史公隨寫任意,實未細心"(頁 53)、"作《世家》時,則繙檢未周,致有參錯耳"(頁 58)、"《表》文粗略"(頁 68)、"然《春秋》言王入於成周,而《史表》竟誤記爲納於王城,又爲不精細矣"(頁 69)、"或因史公推勘未精"(頁 70)、"《史表》固多校之不精者矣"(頁 71)、"《史》之粗略也"(頁 72)、"故夫僅有一年之違異,其必一時偶不致意而錯入上下之年數"(頁 74)、"乃一時偶誤爾"、"《年表》排校易誤"(頁 75)、"乃知史公檢校《春秋》,誠多有未周也"(頁 77)、"其爲表格參雜,一時眼亂錯寫無疑矣"、"吾人已知《表》據《春秋》時,不免錯寫"(頁 78)、"知史公作史,頭緒太緊,殊難仔細檢正也"(頁 82)、"則《史表》如此粗略乖違處,隨在有之,自當依《傳》校正"(頁 84)、"因表格繁多,一時眩亂,錯入於鄰次之年,固勢所不免也"(頁 85)、"此殆爲史一時所忽視者矣"(頁 86)、"諒爲一時之錯誤也"(頁 102)、"或因簡約而致誤也"(頁 103)、"或由此而遂致誤讀授玉"(頁 104)、"或竟無所據而爲誤錯也"(頁 107)、"若謂馬遷作《史》根據《左氏》,於《左氏》隔年叙事,頭緒紛拏者,未及細勘"、"《表》或爲歧誤矣"(頁 108)、"因《左氏》繁雜,史公偶有不檢,以致事忤"(頁 114)、"此《史表》據《左》誤書之可考者也"、"當時實不及細檢,遂致此錯誤矣"(頁 117)、"緟貤紕謬,皆由按《左氏》編年,同時旁參各書,乃不及細檢之矣"(頁 118)、"此文自是誤讀《左傳》,誤憶《公羊》、《穀梁》而致歧互也"(頁 119)。

對史公的指責,可謂比比皆是,令人觸目驚心。若其所言屬實,則司馬遷"良史"之稱,與夫《史記》"實録"之美譽①,豈非虚言妄語?《史記》之所記載者,又如何可憑據? 如此一來,《史記》一書,又有何價值可言? 羅氏對《史記》的指控,令人困惑②。其在《左》、《史》對勘的情况下,明顯持信經背《史》的立場③,欲證成《左傳》成於《史記》之前,且《史表》根據《左傳》而作的論點,因而

① 《漢書・司馬遷傳》云:"然自劉向、揚雄博極群書,皆稱遷有良史之才,服其善序事理,辨而不華,質而不俚,其文直,其事核,不虚美,不隱惡,故謂之實録。"(班固撰、顏師古集注《漢書集注》[點校本,臺北:鼎文書局,1991 年 7 版],卷 62,頁 2738。)

② 《史記》於先秦史事記載較多缺誤,此是不爭之事實。然究竟其缺誤是因爲作史態度粗率,或所根據史料駁雜,來源不一,二者不可一概而論。藤田勝久《史記戰國史料研究》(曹峰、廣瀨薰雄譯,上海:上海古籍出版社,2008 年)雖指出《史記》中戰國史事的不少錯誤,但他對司馬遷寫史態度的謹慎還是高度認可的。在比對相關史料來源後,他傾向於認爲《史記》對戰國史事的誤記,是利用不同的史料所導致的結果。(頁 451－454)

③ 羅倬漢認爲《史記》既因"採摭之過博"和"詮次之偶疏"而"駁雜不純";復又因"史公原誤"、"後人妄改"及"寫刻有譌"等三個因素,更難以分曉。因而在他看來,"言《史表》之誤,益以見後出多歧,非同《左氏》之純簡。"(《史記十二諸侯年表考證》,頁 124)所以"後人參合各書以證明其誤,或據《史記》本書之矛盾以摘發其誤,均多可據。"(同上,頁 121)此外,他又從司馬遷作《史》取材根據的角度,認爲"史公作《年表》,尊重《春秋》,又特舉《左氏春秋》,故後之校《左》、《史》者,如《詩疏》及《左傳疏》偶發其違異,自據經以正《史》。《史記索隱》勘其違異最多,有時則謂爲《史》别有所據。《史記志疑》校其違異最多且精,則寧捨《史》而信經。"(頁 114)他這個態度是與梁玉繩一致的,梁氏嘗批評司馬貞《史記索隱》在面對《史記》與《春秋》和《左傳》記載不一致的情況,所採取的"與《經》、《傳》不協,未可强言"的處理方式,以及所謂"背《經》信《史》"的態度,而直言"信《史》不如信《經》"。(見(《史記志疑》,第 1 册,頁 362、374。)

將二者歧異之處俱歸咎於史公作《史表》之粗疏舛誤,然將一切皆諉過於《史記》及史公的做法,是否客觀公允?此亦不能不令人起疑。

其實,討論《左傳》與《史記》的關係,還有另一種可能也不能被排除,即《史記》取材是否還有其他史料的來源?羅氏對此也是頗有自覺的,在其書中反覆致意於此,如第二章第二十一則例證:

> 惠王二十五年,魯僖八年,宋桓公三十年,《表》云:"公疾,太子兹父讓兄目夷賢,公不聽。"按《春秋》書宋公御説卒在僖公九年,而僖公八年宋公疾事不見於二《傳》,獨《左傳》於此年云:"宋公疾,太子兹父固請曰:'目夷長且仁,君其立之!'公命子魚。子魚辭曰……"此非按年根據《左氏》而何?雖宋公不聽與目夷自辭不免乖戾,然《史》襲取他文,肆爲簡括,常致歧誤,又不足怪也。①

羅氏把這則例證放在第一組"年事全據《左傳》,不見他書者"中,但他也發現《史記》(《宋世家》與《年表》同)對此事的記載不完全與《左傳》相同,前者是宋桓公不聽,後者是目夷(即子魚)自辭,如此一來,就不能説《史記》一定是根據《左傳》而作,或許《史記》亦有獨立於《左傳》及《公》、《穀》(《二傳》不載此事)之外的其他史料來源也未可知。

羅倬漢在第五組"《史表》述事與《左傳》相違而有據《左傳》者"與第六組"《史表》亦略有不據《左傳》者"的例證中,其實已舉了不少這方面的例證,他也不排除史公多見"天下遺聞古事",而別有所據的可能②。但他仍從證據的數量來證明《史表》確是根據《左傳》而作。(見上節第六組證據)然而羅氏一則説:

> 若謂馬遷作《史》根據《左氏》,於《左氏》隔年敘事,頭緒紛拏者,未及細勘,遽以意爲之貫串,非不可能,然參《年表》與《世家》頗爲一致,即謂之爲更見《春秋》以外之紀年書,或不從《春秋》書甯喜弑君之語,亦未可知也。③

一則又説:

> 如此乖錯,使人頗疑史公別見燕之世系矣。……此例頗可證明史公生於天下古事遺文大出之際,於列國故記,或仍別有所見,亦不必據其"考信於六藝"一語,遂謂《史》必守《春秋》尺度,不敢稍軼其範圍矣。④

若史公確有參見"列國故記"或"《春秋》以外之紀年書"的可能,則如何堅執《史表》必然根據《左傳》而作的論點?且誠如梁玉繩《史記志疑》所云:

---

① 羅倬漢《史記十二諸侯年表考證》,頁 29-30。
② 羅倬漢《史記十二諸侯年表考證》,頁 94、106。
③ 羅倬漢《史記十二諸侯年表考證》,頁 108。
④ 羅倬漢《史記十二諸侯年表考證》,頁 120。

史公之于《尚書》，兼用今古文，復旁搜各本，薈萃成一家言，《索隱》所謂“博采經記而爲此《史》，不必皆依《尚書》”，是也。①

如果司馬遷之於《尚書》尚如此，其之於《左傳》更不必皆依之矣。因此，合理來説，史公作《史記》雖確有參考《左傳》，且《左傳》亦可能確如羅氏所説，爲其作《史表》的主要根據。但《左傳》不是其惟一的史料來源，在《左傳》之外，亦還廣泛參考了其他的載籍②。因而欲論證《左》、《史》關係，不必像羅氏一樣，凡二者有歧異處，就一律歸獄於《史記》，認爲是史公作史粗率所導致的種種舛誤。

最後就羅書撰作此書極爲關心的，欲總結以《左傳》真僞爲核心的今古文争論之“百餘年來之疑案”，羅書是否已對今文家説構成有效的反駁？試看顧頡剛在閱讀此書後之反應：

弟前受康、崔陶冶，總以爲《左傳》成書在西漢末，今讀大作，知司馬遷時，《左傳》本子即已如此，涣若發蒙。然左氏非魯人，其書不釋經，此前提弟仍堅持。然則何以有類似釋經之文廁入《年表》之中，而確與今本《左傳》相合？此一問題至堪玩味，亦大足悶人。③

顧頡剛的來書寫於1941年8月27日，然再參看其1942年在重慶中央大學歷史系講授“春秋戰國史”課時之講授内容，仍在劉逢禄的基礎上，闡發今文家“左氏不傳《春秋》”之説④，且更精細地分析《左傳》對原本《左氏》書之七種改

① 梁玉繩撰、賀次君點校《史記志疑》，第1册，頁11。

② 誠如趙生群云：“在司馬遷父子生活的年代，確實有很多古代史料流傳於世。衛宏《漢舊儀》稱：‘司馬遷父談爲太史，遷年十三，使乘傳行天下，求古諸侯史記。’《史記·天官書》説：‘余觀史記，考行事。’《自序》則稱：‘紬史記石室金匱之書。’都説明作者見到並運用了這些資料。”又云：“《史記》載春秋戰國時事，多有與《世本》、《春秋》、《左傳》、《戰國策》不同或爲它書所無者，有的也當取材於諸侯史記。”(見氏撰《史記文獻學叢稿》[南京：江蘇古籍出版社，2000年]，頁135、142。)近年來地下文獻的出土發現，更可以印證在現有已知載籍之外，仍存有不少記載春秋史事的文獻資料，如長沙馬王堆《春秋事語》、阜陽雙古堆漢簡《年表》及清華簡《繫年》等都是未見記載的載籍。馬王堆《春秋事語》多數學者雖認爲與《左傳》關係密切，但亦有不見於任何傳世古籍的記載，如第二章“燕大夫”章。(李學勤《〈春秋事語〉與〈左傳〉的傳流》，《簡帛佚籍與學術史》[南昌：江西教育出版社，2001年]，頁267－268。)阜陽漢簡《年表》更有不少與現有文獻大相徑庭的内容。(胡平生《阜陽漢簡〈年表〉整理札記》；《胡平生簡牘文物論集》[臺北：蘭臺出版社，2000年]，頁302、311；又參藤田勝久《史記戰國史料研究》，頁135。)至於清華簡《繫年》據李學勤所述，其所記史事上起西周之初，下到戰國前期，與《春秋》經傳和《史記》等對比，有許多新的内涵。(見氏撰《清華簡〈繫年〉及有關古史問題》，《初識清華簡》[上海：中西書局，2013年]，頁89。)沈建華亦言，清華簡《繫年》與《左傳》存在不少差異，“推測應屬於戰國民間流傳的另一類系的抄本”。(見氏撰《試説清華〈繫年〉楚簡與〈春秋左傳〉成書》，陳致主編《簡帛·經典·古史》[上海：上海古籍出版社，2013年]，頁165。)雖不能確知司馬遷作史時是否參考過這些資料，但這些資料的發現，還是多少提示在《左傳》之外，仍可能存在内容複雜多元的春秋史料世界，而這正是司馬遷寫史時可能取資的對象和史料的來源。

③ 顧頡剛《來書》，見羅倬漢《史記十二諸侯年表考證》，頁1。

④ 劉起釪《後記》，收入顧頡剛講授、劉起釪筆記《春秋三傳及國語之綜合研究》，頁117。

造方式[①]。似乎毫無退讓之意。反倒是顧頡剛"左氏非魯人"、"其書不釋經"這兩個堅持讓羅倬漢深感自身研究仍有未足之處,故其於 1946 年 10 月 21 日致書胡適時,自云"尚待本子之研究"[②],即對《左傳》文本仍需做深入的探究。

此外與羅倬漢研究課題相似者,還有徐仁甫(徐行,1901—1988)對《左傳》的研究,他在《記顧頡剛先生論〈左傳〉及對〈左傳疏證〉的期許》文中謂:

> 我的朋友蒙文通先生知道我要翻《左傳》的舊案,特意告訴我:"《左傳》問題關鍵,在《史記》一關攻不破;子能破《史記》關,則決勝矣。"因借時賢有關《史記》的論述而遍讀之。其中有羅倬漢《史記十二諸侯年表考證》,在《考證》的前面,有顧先生給他的信。……我讀此書,然後知蒙先生的話,是看了顧先生的信而說的。于是我用《左傳》採書而又改書的規律,來攻破《史記》這一關,結論是《左傳》另一大部分史料,乃修改《史記》而成。[③]

二人研究對象一致,也同樣運用考證的方法,但其所得結論卻南轅北轍。如此看來,欲從《左傳》的成書及真僞來總結此"百餘年來之疑案",似乎不是那麽容易取得共識的。

第五節、結論

由以上討論可知,羅倬漢此書在晚清民國以來《左傳》之論述史中之位置,當屬於洪業所謂之右派,而其在今古文争論中之論學態度與風格應當也是較接近"信守"一派的,而非"疑拒"的一派。

至於其價值,則可從時人評價和後人評價中略知端倪,前者除如錢穆、顧頡剛所云者外(見第三節所引),又如《高等教育季刊》第 3 卷第 2 期(1943 年 6 月)刊有朱師逖所撰《兩届學術獎勵的比較觀與綜合觀》及楚安所撰《教育部舉辦民國三十一年度著作發明及美術獎勵之經過》二文,其中有涉及羅倬漢著作者,文章中的觀點當反映了當時學審會對得獎作品的評審意見。朱師逖文涉及羅著者爲(楚文未涉及此書):

> 以科學方法整理國故是五四運動時代高唱入雲的口號,但在二十年以後的今天纔著有成效,纔有果實收獲,獎勵古代經籍研究一類,不祇是包括經書的研究而已,所有關於諸子百家以及古代專書的研究都列在其

---

① 此七種方式爲:一、本無年月日,而勉强爲之安插者。二、本爲一時事,而分插入數年中者。三、將《國語》中零碎記載加以修改并作一篇者。四、受西漢時代影響而加入者。五、受東漢時代影響而加入者。六、在杜預作《注》後加入者。七、《左傳》本有而後人删之者。(顧頡剛講授、劉起釪筆記:《春秋三傳及國語之綜合研究》,頁 60。)

② 羅倬漢《羅倬漢致胡適》,收入北京大學圖書館編《北京大學圖書館藏胡適未刊書信日記》,頁 136。

③ 徐文收入王煦華編《顧頡剛先生學行録》(北京:中華書局,2006 年),引文見頁 406。

內。……至《史記十二諸侯年表考證》與《方志今議》二書,一據《春秋左氏傳》立言,糾正一般人認《左》書爲晚出之誤;一據我國方志的體旨,提供現代修志之原則;於學術於實用,兩有貢獻。[①]

後者則可以李學勤的意見爲代表。在《東周與秦代文明》的《導論》中,他從司馬遷《史記》關於春秋史的叙述幾乎均出自《左傳》一書的角度,來證實《左傳》的史料價值,其印證的資料之一就是《史記十二諸侯年表考證》一書[②]。又如其在《春秋左氏傳舊注疏證續・序》中評論《左傳》係劉歆僞作説時,亦嘗如此説道:

一九四三年羅倬漢出版《史記十二諸侯年表考證》,説明《史記》實據《左傳》,"司馬遷時,《左傳》本子即已如此",這個問題的論争應該説已告結束了。[③]

他甚至還在演講中公開表彰此書:

對於《左傳》從歷史真實性方面懷疑,説《左傳》不足據的是日本學者津田左右吉,他 1936 年寫了一部書叫《左傳之思想史研究》。……有兩位學者對康有爲、崔適以至津田左右吉的著作進行研究,作出了批評。……第一位是錢穆先生,錢賓四先生在 1929 年完成了一部書,就是《劉向歆父子年譜》。……實際上,在《劉向歆父子年譜》出版之後,康有爲、崔適所談的那些問題基本上都已經解决了……第二個重要貢獻比這個要晚,正好是針對津田左右吉的。1936 年津田左右吉的《左傳之思想史研究》出版是在日本東京,……羅倬漢先生在看津田的書之後,就認爲這書是完全没有依據的。所以他就立志寫了一本書,名字叫《史記十二諸侯年表考證》。……錢穆先生序裏面有一段話……他説了這本書怎麽怎麽地好,主要的特點就是通過《史記》内容的分析證明了一個問題,就是司馬遷當時看到的《左傳》和我們今天看到的《左傳》的本子基本上相同,包括其中解經的部份,在《史記・十二諸侯年表》與各個《世家》裏都有,可見司馬遷看到的《左傳》就是我們今天看到的《左傳》,並不是有什麽其他的情况,劉歆割裂《國語》或者是僞造這些東西的説法統統煙消雲散。書中有明確的證據,證據不是一條兩條,而是有幾百條之多,是整本的書。而且他也分析了,哪些《史記》全據《左傳》,哪些《史記》採的是其他的説法,很客觀,都一條一條擺出來了。這是前輩學者給我們遺留下來的很重要的成果。[④]

這些贊揚羅書的評論意見,確實都提醒著學界應重新正視此書的價值與

① 朱師逖《兩届學術奬勵的比較觀與綜合觀》,《高等教育季刊》第 3 卷第 2 期(1943 年 6 月),頁 109。

② 李學勤《東周與秦代文明》(臺北:駱駝出版社,1983 年),頁 13、頁 16 注 6。

③ 李學勤《序》,見吴静安:《春秋左氏傳舊注疏證續》(長春:東北師範大學出版社,2005 年),頁 2。

④ 李學勤《李學勤講演録》(長春:長春出版社,2012 年),頁 62－64。

貢獻,使其能在現當代學術史發揮其應有的影響,以及尋求其合理的學術地位。然而弔詭的是,錢穆當年在爲羅書所寫的《序》中曾説了這樣一段話:

> 今使持羅君之書以示當世,當世之學者必有爲之怫然怒而嶄然沮者矣,亦必有爲之色然驚而俯然服者矣,亦必有爲之欣然和而儼然譽者矣。然使起古人而示之,姑毋遠引,使揖有清嘉道咸同之學者而正色告之曰:"太史公《十二諸侯年表》原本《左氏》,我考之明而證之詳矣。"則彼有啞然而笑,否則懵然而睡而已爾。何者? 彼固以爲此盡人知之,無所事乎考而證也。抑不徒此而已也,誠使數十年後,風尚已失,人心復定,一時之浮辯瞀説將如霧起於前而煙消於後,蓋未有能凝然常住者,則當是時而讀羅君之書,亦且笑羅君之不憚煩,否則如觀泥中之鬥迹,觀其迹而憫其用力之勤則已爾。①

李學勤由此樂觀地認爲:"錢先生的預言已經真的實現了。"②但是否也因如此而多少解消了羅書的價值與影響? 這個問題頗令人玩味。

不過或許只證明太史公《十二諸侯年表》原本《左氏》的確會給人盡人知之,無事乎考證的感覺,因爲這只證明了《左傳》成書於《史記》之前。但若欲以此證明《左傳》解經,甚至《左傳》没有經後人的改造,如顧頡剛所堅守的論點,只憑此論證,似尚未能釋持今文家説者,如顧頡剛等人之疑。因此李學勤認爲錢穆的預言已實現了,若僅單純地從《左》、《史》關係來看待的話,則或許可以成立;但若從今古文之争的學術格局來看的話,似仍不免給人有過度樂觀的感覺。

【作者簡介】 車行健,"國立政治大學"中國文學系教授,研究專長爲經典解釋學、漢唐經學、近代學術思想史。

---

① 錢穆《序》,見羅倬漢:《史記十二諸侯年表考證》,頁2。

② 李學勤《李學勤講演録》,頁64。

國家圖書館藏善本漢碑題跋輯録

盧芳玉

國家圖書館藏善本碑帖數量并不占優勢，只是有部分經名家遞藏的版本，多有藏家及其友朋鈐印題跋，這些題跋包括題簽、引首、題跋、批語、觀款、釋文、補文等不同形式，其中題跋、題記和觀款等，涉及考證史事，辨析文字，品評書藝，説明流傳經過等内容，雖不乏奉迎應酬之辭，但總體而言，多是前人研究碑拓的心得，而碑石存佚、得碑始末、遞藏經過等内容，則對拓本斷代和遞藏的研究很有幫助，具有相當高的文獻價值，多爲金石研究者所喜愛。現將國家圖書館藏部分漢代碑刻題跋整理出來，以饗學者。輯録以拓本上的先後爲序，每碑前加一簡短説明，介紹該碑大概情況及此拓版本信息。

梁啓超舊藏明拓《景君碑》

全稱《北海相景君碑》，東漢漢安二年(143)八月建，在山東省任城縣，後移置濟寧孔廟。隸書 17 行，行 33 字，額篆書題“漢故益州太守北海相景君銘”；碑陰題名四列，前三列 18 行，行 10 至 12 字不等，第四列 2 行，行 42 字。此本爲“商人空市”之“市”字尚存大半之明拓本。1 册，31 開，額 1.5 開，陽 15 開，陰 14.5 開，册高 28 厘米，寬 14 厘米。梁啓超舊藏，有梁啓超和印髯題簽，陶祖光、梁啓超題跋。鈐“鉢民辛亥以後所得”“采芝堂”“吴德滋印”等章。

陶祖光跋：

漢碑真宋拓絶少，尋常號稱宋拓者，皆明初拓耳。有明一代，書學但知帖而不知碑，末年始漸有考求之者，至乾嘉而臻極盛。故碑版精拓本大率乾嘉時物，求一明拓本，直不啻鳳毛麟角也。余嘗謂宋拓帖百不若明拓碑一，蓋深知甘苦之言也。此北海相景君銘，淵雅茂麗，爲漢碑正軌。觀其紙墨，是三百年前善本，較之史晨、禮器流傳廣博者，即同一明拓而得之難易迥殊，亦當舍彼而取此也。乙卯十一月陶祖光觀并記。

梁啓超跋：

隸書作始於東京而極盛於桓、靈，建寧、熹平以降萬態備矣。前此刻石若祀三公山，若是吾碑等，其捶輪也，篆之蜕而未化者也。景君銘立於

【基金項目】本文係國家社會科學基金重大項目“國家圖書館藏未刊稿整理與研究”(批準號：13&ZD107)、教育部人文社會科學重點研究基地重大項目“國家圖書館藏未刊稿整理與研究”(批準號：13JJD870002)階段性成果。

漢安三年,全碑陽陰垂及千字,可謂隸石不祧之初祖也已。已其書勢備含篆意,抑又可見祖之所自出也。兹拓"殘"字完好,"市"字尚見左上半,審爲明本無疑。吾家藏此碑三册,皆稱善本,此其最焉。丁巳十有二月,啓超記。

王季烈舊藏明拓《禮器碑》

又名《韓敕碑》,全稱《韓敕造孔廟禮器碑》。東漢永壽二年(156)九月立,碑存山東省曲阜市孔廟。隸書16行,行36字,尾韓敕等九人題名;碑陰三列,列17行,有六十二人題名;右側四列,列4行,有十七人題名;左側三列,列4行,有十五人題名。碑文贊美韓敕修飾孔廟和精緻禮器的事迹。

此本爲"亡于沙丘"之"于"略壞之明拓殘本,1册,21開,含墨本18.5開,跋2.5開;半開3行,行5字;册高28厘米,寬17厘米;墨心高22.3厘米,寬13.5厘米。黄繩祖、王季烈遞藏,有丁倫恩題簽,王季烈、瞿中溶、六湖居士等跋,柯昌泗觀款,鈐"丁倫恩""可廬五十後所得金石""六湖書畫""謐齋欣賞"等印。

老木跋:

"于"字左鉤上僅損指頂大,雖涂墨可見,審爲明拓無疑。丙寅八月七日,老木記。

王季烈跋:

可廬乃嘉定錢辛楣先生弟,可廬藏後又不知幾經易主,所謂人閲物、物閲人,又云大美忌完,睹此益信。乙丑十月晦日蚓廬記。

述古堂是孫淵如印。

又:

余既得孔宙舊搨,又獲此碑,爲近年阨境中第一快事。得佳拓貴在尋繹古人用筆起止及回鋒轉折,於爲得之,若僅僅賞其氈蠟之舊,較量筆畫之多,何異帖估伎倆。此本惜多刷少捺,致重墨淹漬不少,附志數語,以識所快。乙丑十一月初十日蚓廬。

六湖居士跋:

此明季未剜時拓本,第四行"亡于沙邱"之"于"字左旁僅泐如指頂,雖爲墨涂,四周白邊尚露。五行"修飭宅廟"之"廟"字,右月雖有泐痕,筆畫可辨,亦今日拓本所無,惟未裝時收藏,失所傷損八十餘字,爲可惜耳!壬午春日六湖居士識。

柯昌泗觀款:

丙寅秋七月既望,觀於漢草閣中。琅琊柯昌泗。

周進舊藏明拓《孔宙碑》

《孔宙碑》全稱《泰山都尉孔宙碑》，東漢延熹七年(164)七月造，原在孔宙墓前，清乾隆年間(1736—1795)移至曲阜孔廟。隸書15行，行28字；額篆書2行，行5字；陰三列，列21行；額篆書題“有漢泰山都尉孔君之碑”。碑有穿有暈。記孔子十八世孫、建安七子之一孔融父孔宙之事，書法精美，兩側皆後人題記。

此本爲周進舊藏“辭”字少損之明拓本，1册，26開，含墨本25開，跋1開。册高26厘米，寬12.5厘米。有馬家桐題簽，周進題跋。拓本有蟲蛀痕。鈐“于熙學印”“季木所得精品”“趙氏書邨珍藏金石”“叔弢經眼”等印。

周進跋(册首)：

此碑舊本尚較他漢刻易得，然若是之精者，殊不易覯耳！雖有蟲蝕，亦自可寶。丁巳秋記。

周梤跋(册尾)：

歲在丁巳夏六月，建德周梤審定明拓本。望日記。

孔廟漢碑，此與乙瑛碑兩刻舊本較易遇，若禮器碑則稀如晨星碩果矣。次日又記。

梁啓超舊藏清初拓《史晨前後碑》

碑立於山東省曲阜市孔廟，陰陽分刻爲前後碑，碑陽爲東漢建寧二年(169)三月七日之《魯相史晨祀孔子廟奏銘》，載奏請之章，是稱“史晨前碑”，17行，行36字；碑陰同年刻，14行，行36字，先述饗禮之盛和祭祀之人，後叙劉耽等人募捐勞力修路補墻之事，尾刻唐人題名，是稱“史晨後碑”。

此本爲清初拓本，1册，册高27厘米，寬14厘米，前碑14.5開，後碑13開。梁啓超舊藏，有梁啓超題簽和題跋，中多考證文字。鈐“周賡壽印”“仰山收藏金石文字印”“飲冰室藏”等印。

梁啓超跋：

此本當爲明拓，即不爾，亦清初拓也。乾隆後拓本每行三十六字，前此所拓皆三十五字，末一字失拓，以石未昇，末字在土中也。乾隆間“闡弘德政”之“弘”字口上損，“乾坤所挺西狩獲麟”之“乾”字左下角、“獲”字右上角損，“德亞皇代雖有褒成”之“代”字、“褒”字下損，“尊先師重教化”之“先”字、“化”字皆損，“矧乃孔子”之“孔子”二字泐，此本皆不爾，故知爲乾隆前舊物無疑。丁巳臘八啓超校竟記。

邊跋：

1. 乾嘉間拓本“酉”字下半全泐；

2. 乾嘉間拓本“和”字口上損；

3. “政”下“恢崇”二字未拓；

4. 道光後拓本“乾”字左上下角與右半皆損，乾嘉間拓本左上下角損，近拓“酉”字右上角損，“獲”字乾嘉間拓本右上角損，道光後僅餘右下半；

5. “故”下“孝”字未拓。

沈樹鏞舊藏明拓《孔彪碑》

全稱《博陵太守孔彪碑》，東漢建寧四年(171)立，在山東省曲阜市孔廟。碑高283厘米，寬99厘米。隸書18行，行45字，碑陰13行，額2行，行5字，篆書“漢故博陵太守孔府君碑”。額下有穿，圓首，有暈。記述孔子十九世孫孔彪政績。

此爲明拓本，1册，册高22厘米，寬14厘米；額單裱爲一紙，高52厘米，寬22.5厘米。沈樹鏞舊藏，有張運、鄧傳密等題簽，彭紹升、端方、李葆恂題跋。鈐“松江沈氏鄭齋考藏印”“李國松”等印。

彭紹升跋：

輕圓流逸如文家之隆萬，質重之風損矣。紹升。

端方跋：

元上碑近來剥蝕較甚，蘇齋時已推五字未損爲明拓本。梅巖先生此本得之沈韻初，紙墨俱舊，洵爲明季氈蠟，殆未可褻視也。光緒二十八年六月望日，端方記。

李葆恂跋：

孔彪碑歐陽公所得尚非精拓，故云名、字皆不可見。此明拓本，存字獨多，昔人所評爲仙人嘯樹者，庶幾遇之。外簽爲鄧守之分書，或完白山人故物也。顧云美塔影園所藏漢碑，乾隆中盡爲彭尺木先生所得，今猶在子嘉户部處，此本亦有先生小跋，其亦顧氏舊藏，復由彭而入鄧邪。觀内籤署“顧氏高齋藏”五字，隸勢遒美，信爲云美手書，守之小隸亦殊有父風，亦應移裝於内，庶不致摩損妙迹耳。

梅巖老弟收藏碑版多精品，傾承出示此本，因書數語以志墨緣。

光緒壬寅六月望，義州李葆恂題記。

顧沅舊藏孤本《東海廟碑》

東漢熹平元年(172)四月刻，隸書。在山東省海州，一説在江蘇東海。

石久佚，吴雲曾在焦山重刻，尾刻其正書跋。此本爲顧沅舊藏，殘存十字，并陰十七字。1册，高19.9厘米，寬19厘米，墨本4開，跋10開。梁章鉅題首，有錢泳、費屺懷、瞿中溶、韓崇、楊澥、嚴保庸、張開福、葉汝蘭、徐子晋、楊文蓀、沈曾植、劉鶚等題跋，錢泳、牛鑒、徐渭仁、高翔麟、王瓘、羅振玉、黄葆戊、吴讓之、魏源等觀款。鈐"吴讓之所槭秦漢六朝字""平齋考訂金石文字印""茝林曾觀""屺懷校記""吴式芬"等印。

牛鑒跋：

道光二十二年歲次壬寅三月朔日，武威牛鑒觀於上海行館之卿暉堂。

費屺懷跋：

一行十七字，其文曰："闕者秦始皇所立，名之秦東門闕，事在史記。"按：碑有云"□闕倚傾"，即此闕也。《天下碑録》云："秦始皇碑，東海相任恭修理祠，於碑背刻，在朐山，此陰是也。"碑缺任尹之名，趙氏、洪氏皆以爲惜，乃於此得之。　　録碑考

錢泳跋：

予於嘉慶二十一年七月遊雲臺山，適唐陶山方伯奉委來此，共訪是碑不得，據洪氏《隸釋》"一椽不存"之語，碑蓋久亡之矣。今得見此數字，爲之賞歎無已，惜方伯之不及見也。句吴錢泳觀，因題。

瞿中溶跋：

辛丑十月十日，湘舟顧君挾此漢東海廟碑過訪出示，老年眼福，得見奇寶，真幸事也！湘舟匆匆歸吴門，不克留此拓本於案頭，以當坐卧碑下，摩挲三日，聊識數語以志之。無不可翁老木中溶時届絳縣老人之歲書。

達受跋：

道光壬寅五月晦日，浙西方外六舟達受得未曾見，以志眼福。

翁大年跋：

"靈"字不從"雨"而從"庀"，惟見此碑。余曾借摹一本，以寄萊州翟文泉進士，采入《隸篇三續》，頃湘舟先生復見示於桃隖寓齋，因題。翁大年叔均，辛丑十月十又四日。

黄均、吴式芬觀款：

道光癸卯仲春，元和黄均、海豐吴式芬同觀。

張廷濟觀款：

四月廿三日嘉興張廷濟觀。

龔袗、李佑賢觀款：

道光丙午仲夏，仁和龔裕、利津李佑賢仝觀。

沈濤、許楗觀款：

道光廿有七年九月嘉興沈濤、杭州許楗同觀。

何紹基觀款：

庚戌五月道州何紹基獲觀。

韓崇跋：

東海廟碑并陰十七字，在朐山東海廟中，著録於洪、趙兩家。據顧氏藹吉《隸辨》云：“碑爲永壽元年東海相桓君修飾廟宇，部掾何俊等欲爲鎸石，桓君止之。熹平元年後相滿君惜其功績不著，乃爲作頌立碑。”葉氏奕苞《金石録補》云：“趙氏叙碑在永壽元年，不知永壽爲桓君爲相之時，若滿君立碑，則在熹平元年，相去已十八年矣。”洪丞相《隸釋》云：“余官京口日，將士往來朐山者云海廟一椽不存……不復見此刻。”按：朐山南宋時屬金，洪相並未親履其境，碑之不存，出於臆度，毀於何時，實無確據。唐陶山方伯牧海州時修輯州志，遍訪是碑，亦未寓目。兹本碑文可辨者九字，碑陰十七字完善無缺，碑文第一行爲“永壽元”三字，第二行第一“虜”字，考《隸釋》爲“凡尊虜祗”，第二“寔”字，爲“寔爲黔黎”，第三行“面并”二字，爲“四面并集”，第四行“芳”字，爲“芳烈永著”，惟一“史”字無可貫穿，騐其筆法、大小，實出一碑。朐山即今海州，崇偕顧君湘舟搜輯江左金石遺文，去夏湘舟親歷其地，遍搜此碑不得，今獲墨本於淮南田君季華所，適如其願，喜可知也。此本紙墨淳古，神彩焕然，雖斷璧殘璋，典型具在，爰書所見於尾，并從臾重摹一石，垂漢迹於無窮也。道光廿一年歲在辛丑五月廿日元和韓崇識。

高翔麟觀款：

道光辛丑冬十月朔高翔麟觀於金粟山房。

徐渭仁跋：

東海廟碑，歐陽公以爲難得、可寶，在今日豈非天球赤刀！湘舟搜集江南古刻，一旦獲之，可謂物聚所好矣。十月六日滬上徐渭仁得觀，因記。

楊澥跋：

漢代刻石存於宇内，在趙宋時早如辰星，況今日又出數百年後耶？此東海廟碑爲江南省中古刻，尤爲絶無僅有之品。按：王象之《輿地碑記目》有漢東海恭王廟碑，注云在山陽縣，有碑斷裂，僅有數十字，據此則碑在宋世已殘蝕，洪氏所著録亦從舊拓，詳言之耳。近時博考古碑如翁閣學覃谿、王司寇述菴諸家未論及此碑，惟於山陰楊先生大瓢所著《偶筆》中有云古碑之最難得莫如“秦東門”三字，此蓋李斯篆書，又據大瓢云，在海州馬耳山，摩崖刻也，今三字不可得見，而獲觀此東海廟碑古拓殘字，中有“秦東門”語，亦可以夸眼福之大矣！道光廿一年辛丑八月廿有七日書後。吴江楊澥龍石。

嚴保庸跋：

右漢東海相桓君海廟碑殘字，可辨者九，曰：永壽元，曰盧，曰寔，曰面並，曰芳，曰史。以洪氏釋文證之，前有“吏”字，末無“史”字，人以爲疑。按：《説文》：吏從一從史，史亦聲，意者借史爲吏，而裝背家誤移其次第與？碑陰十七字曰：“闕者，秦始皇所立，名之秦東門闕，事見《史記》。”據《碑録》謂係東海相任恭所刻，蓋是釋滿君頌中“□闕倚傾”之語。江南石刻此爲最古，而前明迄今，博古者率未見著録，蓋希如球璧矣。湘舟何幸而得之！丹徒嚴保庸觀並記。

張開福跋：

此刻爲江南之冠冕，惜石已佚。今從湘舟先生藝海樓藏本獲見之，它日得雙鈎付之梨棗，以垂不朽，如錢塘黄氏《小蓬萊閣金石文字》本，不亦快哉！壬寅四月十日張開福記。

葉汝蘭跋：

按此碑洪、趙兩家皆云在海州，當時已云海廟一椽不存，非四十年前舊物，不復見此刻矣，下云《集古録》中已屢言難得。今歐公《集古録》中并無此碑跋語，想歐公亦未見也。北宋歷今七百餘年，明迄國朝諸家著録皆未有此。道光辛丑重九秋士黄君邀黄穀原、毛一亭、齊玉谿諸君子讌集顧氏之辟疆小築，酒闌，湘舟三兄出此碑見賞，舉座傳觀，如獲異寶，適當風雨交作，恐延津之劍破壁飛去，亟爲書此以志眼福，此後幸勿輕易示人也。葉汝蘭。

徐子晋等觀款：

道光壬寅端二日，介休馬竹漁書城、澧州黄子湘文涵、高郵張春卿杏林、嘉興錢潔生景曾、同郡徐子晋康，集於顧氏賜研堂，湘舟出示金石書畫，見東海碑，得未曾有，書以志幸。子晋并書。

楊文蓀跋：

大江南北漢碑絶尠，余搜訪數十年，迄無所得，兹湘舟以東海廟碑殘字見示，真第一古刻也，其永寶之哉！壬寅三月望日，海寧楊文蓀觀因題。

魏源跋：

不見秦東門，猶逢漢殘石。三千幾百年，請配雲臺柏。邵陽魏源題。

吴讓之跋：

同治三年歲在甲子夏四月，小寓焦巖獲觀。儀徵吴讓之，時年六十有六。

張履跋：

江南古碑首推孔子題延陵季子墓，碑凡三，真僞聚訟，要皆趙宋及明代重摹本，其次則舊沛縣大風歌碑，世傳曹喜書，亦未審然。不此漢東海廟碑，寥寥僅存數字，確是古刻，自歐、趙著録後，更無人論及者，蓋皆未之見耳。今湘舟先生既獲是稀世之寶，儻重摹之以公同好，亦藝林盛事也。道光癸卯元宵前一日，震澤張履以事至吴門，過賜研堂，與蕭山金賦山石聲、海寧楊芝士文蓀、上海徐紫珊渭仁、同郡韓履卿崇、尤榕疇崧鎮同觀并識。

沈曾植跋：

《隸韻》、《字源》、《碑目》均録此碑，然“盧”字舍此而録堯廟，則疑兩家亦僅據古隸釋録之，未必親見此碑拓本也。歐陽公語當在《集古跋尾》佚文中。光緒壬寅孟秋，沈曾植借觀題記。

劉鶚跋：

此碑殘石錢梅溪、吴平齋二公均有摹刻，以此原搨校之，直有生死之别。

光緒壬寅七月暫歸抱殘守缺齋藏之。鐵雲識

王瓘觀款：

光緒丙午七月十一日，銅梁王瓘觀於京師。

羅振玉觀款：

光緒丙午七月二十三日，上虞羅振玉觀於抱殘守缺齋。

易儒觀款：

甲子八月十有七日，大厂居士承甫臣趙十三兄假觀來正信閣，知爲皖中彭君所藏，欣喜無已。

黄葆戉觀款：

庚午春日，長樂黄葆戉觀於海上蔗香館。

孫淵如舊藏清乾隆前拓《郙閣頌》

亦稱《李翕郙閣頌》，東漢建寧五年（172）刻，在陝西省略陽縣白崖壁間。仇靖撰文，仇紼隸書，記載李翕修理略陽棧道和開山造橋等事迹。19 行，前九行行 27 字，自第十行起左上角缺，末行存 17 字。

此本爲孫淵如舊藏清乾隆前拓本，1冊，22開；册高32厘米，寬13厘米。有孫氏釋文及跋，趙烈文、楊澥跋及趙烈文題簽。鈐"長生安樂趙烈文之印""天放樓""鎮庫""趙烈文所得三代以下金石文字""自聞聞齋收藏印""樂安"等印。

趙烈文題簽：

漢武都太守李翕造析里橋通郙閣道頌摩崖，明拓本，靈帝建寧五年，陝西略陽，天放樓鎮庫。

趙烈文邊跋：

光緒癸未趙次侯見貽。次侯有煮石山農《梅花卷》，就中江李眉生易番銀六百餅，余爲作緣，既成，以此及西狹頌疇數月筆札之勞也。原裝廿二葉，孫題一葉。天放樓記。

孫星衍跋：

建寧五(缺二字)月十八日癸(下缺)
時衡官(缺三字)仇審字孔信
從史位(缺四字)字漢德爲屯頌
故吏下辨(缺三字)子長書屯頌
時石師南(缺四字)威明
右五行刻書撰人及石師姓名，《隸釋》有。

乾隆四十八年癸卯除夕至四十九年甲辰正月四日，長歡居士以《隸釋》校録竟，凡今又缺四十四字，多識一"子"字，臺。

楊澥跋：

右郙閣頌舊拓本，向爲平津館主人孫觀察淵如先生所藏，闕字逐段注補，碑後年月題名五行，拓本每每闕佚，觀察據《隸釋》録附焉。仙壺翁從金陵獲歸，重裝什襲藏之，丙申七月十一日展讀一過，書此。吴江楊澥。

吴榮光舊藏明拓《楊淮表紀》

《楊淮表紀》又稱《司隸校尉楊淮表紀》，東漢熹平二年(173)刻，在陝西省勉縣褒城石門洞内西壁，摩崖高274厘米，寬73厘米。隸書7行，行25、26字不等。是卞玉經過石門時爲追述楊淮事蹟而刻。

此本爲"卞玉"二字未損之明拓本，1册，12開，册高26.5厘米，寬19厘米。吴榮光舊藏，有李文田題跋，王懿榮、黄紹箕、江標等觀款。鈐"荷屋所得古刻善本""筠清館印"等章。

李文田題签：

漢司隸校尉楊淮表紀　同治十年七月取所藏筠清閣本重裝之，此明拓也。順德李文田記。

王懿榮觀款:

同治甲戌七月福山王懿榮觀。

王懿榮跋:

此本"約身"字、"黄"字俱存,在舊本中爲最難得,後來吴清卿學使新得拓本俱有之矣。光緒辛卯六月懿榮再觀,是日同觀者爲江陰繆祐孫、嘉興沈曾桐、瑞安黄紹箕、元和江標,并牽連記之。

楊繼振舊藏清乾隆拓《白石神君碑》

東漢光和六年(183)立於河北省元氏縣。清乾隆二十九年(1764)陳奕禧訪得。隸書16行,行35字,尾有燕元璽三年程疪題字;額陽文篆書五字;碑陰二列,上列12行,下列11行,下半爲後人正書題名。此本爲沈梧、楊繼振舊藏,1册,册高21.5厘米,寬11.5厘米,碑文16開,額1.5開,跋1開。有沈梧題跋三則,鈐"旭庭鑒賞""緑江楊氏繼振珍藏書畫印記"等印。

楊繼振跋:

右《白石神君碑》,都五百三十一字,并無剥泐。三月十九校。

沈梧跋:

洪氏《隸釋》云:元氏縣有石塞、三公塞,石塞即白石山也。《河朔訪古記》云:縣西北三十里封龍山下有漢刻,白石神君碑是也。誠如翁氏《兩漢金石記》云,是碑之爲漢刻無可疑者,其以爲後人重刻,特出洪氏之疑,而吴山夫乃亦傅會之矣。吴又辨粟什五錢,是斗非升,以爲重刻之過,不知石本是"什"字,並非"升"也。又"捊損""捊"字,諸家作"抱",皆譌也。

又:

翁氏又引《公羊傳》曰:"山川有能潤于百里者,天子秩而祭之,觸石而出,膚寸而合,不崇朝而遍雨乎天下者,唯太山爾!"據此傳文初無"雲"字,唐人類書引此乃加一"雲"字,曰"唯太山雲爾",誤也。何休注曰:言其觸石理而出,無有膚寸而不合者。觀是碑,上言"幽贊長育",下言"澍雨沾洽",信知公羊二語之不指雲矣。農人以爲不然也,何休所注亦不了。按:雲者,山川之氣也,山川出雲,天降時雨,雨者,水從雲下也。《初學記》云:"山者,氣之包涵,所以含精藏雲,故觸石而出。""雲之爲言運也,動陰路觸石而起謂之雲,合陽而起以精運也。"陽制陰,故水爲雨。則碑所云出和二語,即謂出雲而合爲雨也,蓋未有不先雲起而得遍雨者耶。碑文特以太山爲比耳。《春秋傳》曰:"山澤通氣,雲行雨施。"《易》曰:"陰積不已,雲作淫雨。"《詩》曰:"興雲祁祁,雨我公田。"《祀三公碑》:"興雲膚寸,遍雨四維。"

《三公山碑》:"觸石出雲,不崇而雨。"《華山碑》:"觸石出雲,雨我農桑。"《開母闕銘》:"興雲降雨。"是皆可證,因略舉此以徵之。光緒十有六年歲次庚寅五月十日,書此以當消暑,旭叟時年六十有八。

又:

又《太室神道闕銘》云:"膚寸起雲,潤施源流。"乃但言雲以包雨,猶是碑舉雨以包雲,同意也。《封龍山頌》云:"烝雲興雨。"此與《開母闕銘》皆合雲雨一句言也。《泰山銘》云:"觸石吐雲,扶寸布雨。"此與三公諸碑分雲雨兩句言也。

姚華舊藏清初拓《曹全碑》

《曹全碑》全稱《郃陽令曹全碑》,漢碑名品之一,以書法秀美稱名藝林。東漢中平二年(185)十月立。王敏、王畢等立石。碑明萬曆(1573—1620)初年出土於陝西省合陽縣舊城莘里村,後移至合陽縣孔廟東門内,1956 年移至西安碑林。出土時字畫完好,一字不缺,至清康熙壬子(1672)後中部斷裂。隸書,20 行,行 45 字;碑陰捐資者題名五列:首列 1 行,二至五列 4 至 26 行不等。碑文記述曹全身世,從側面反映了張角起義的史實,爲證史之重要資料。

此本經陽城張氏、劉硯逸、姚華等遞藏,爲"乾"字未穿之清初拓本,1 册 26 開,墨本 24 開,跋 2 開;半開 3 行,行 6 字;册高 31 厘米,寬 16 厘米;墨心高 23 厘米,寬 11.7 厘米;有姚華題簽、題跋,鈐"姚華長年""芒父""覃溪鑒藏""容齋清玩""飲冰室藏""葉志詵審定記"等印。

姚華封面題簽及跋:

曹景完碑,"乾"字未穿本,丁巳二月題。

當書此簽時,尚藏陳敬民帖廬,乙未閏月敬民逝去,遂歸山齋矣。庚申四月三日記

姚華題跋:

曹景完碑極遒麗之致,以作武梁祠題榜觀,正如一手而展拓書之者,前人學此,往往得其秀美而失其肅括,得其謹嚴而失其舒展,故評書者至謂此在漢刻中爲小品,皆緣其弟子而罪其師,非平論也。唐賢古隸亦有嘗似此者,如王處士碣,然特顯稚氣,如此老辣之筆,非漢人不能。由此可悟書法無論巨細,必落筆高、取勢遠,疾處無不到,徐處無不肆,所以秀美而肅括、謹嚴而舒展,相反無不相兼也。近出漢簡,墨筆細書,如甫脱手,皆極重用力而疾起落,以彼證此,益得消息,是以能識此碑深處,而後盡漢刻之變。庚申四月,華。

又:

碑中往往露鉤剔,可參章草,今世《急就》無古本,正須借一籌耳。

又：

“祖母”、“繼母”、“騷擾”、“荆楊”、“郃陽”諸字，轉處并用小折，遂開代北諸刻之耑矣。近得唐史惟則開元天寶金籙之頌，臨一過，歎其为此碑支裔，因叜臨此，復有會心處，因知唐人固善學漢，然終不能及者，其故非一，而筆勢較近，則遒勁乃不如矣。

又：

今晨見一本，“因”字以筆墨修，飾使見完善，而“曰”已剜爲“白”，其紙墨正與此本同也。然估人作僞，欲以爲宋拓，首尾皆壓宣和半印，豈不可嗤乎哉！此本先入陽城張氏，或薦齋其人，後歸劉硯逸，并不可考。再由吾鄉陳敬民同年以歸於我，其淵源可記也。敬民名國祥，修文縣人，光緒丁酉舉貴州鄉試第二人，癸卯成進士，選庶吉士，散館授編修，加侍講銜，國變爲衆議院副議長，八年己未閏七月三日卒京師。備識於尾。辛酉今歷元辰蓮花盦臺芒父。

又：

碑字大小參用，有相差至半者，非讀整本不足見其行白，左撇中筆勢最多，一回讀自有一回領悟，惟不可爲淺嘗者道耳。乙丑端月十有九日，芒父。

又：

玩其用筆，多圓勁如篆勢，所以雖瘦而腴，且如以錐畫石，此中鋒之最顯者也。轉折兼用，而折筆有先提而後行者，有迤而下行者；而略停而再行與略斷而續行者相參，皆因勢之寬嚴爲之。至純用轉筆者，殆極罕見，故能遒麗獨出也。又結法有與尋常相反而見美者，如“月”字，左撇勢促而右直竪引而下行若懸鍼，偏旁中亦往往用之，舒斂皆與，當相忤而勢能相救，由此可悟其變。戊辰二月三日觀於燈下，因得此閑，亟書之。芒父殘辭。

姚華邊跋：

1.“扶風”邊跋：杯中轉處皆用提筆别出，此“風”字則以停蓄曳起行之，與“鳳”字又别是一勢，若“母”“陽”諸字用折勢，“焉”“爲”諸字用小轉，皆當其寬嚴疾徐，而行勢備異，此不可忽略看過。

2.“還右扶風”邊跋：“右”字首筆起勢向右而左更曲，而右作鳥喙之形，極爲可玩。

3.“七年三月”邊跋：“月”字損最後。

4.“咸曰君哉”邊跋：“咸曰君哉”，“咸”作“”，中“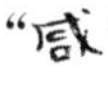”非二横。翁覃溪勘出，載《金石記》，翁云：“今石泐而其旁一小直畫不可見，遂是二小横畫。”此旁一小直畫適當紙皺，不全顯，然左出回折處尚可見，蓋在覃溪

所謂“今石”前拓本也。庚申四月二日。

5.“刊石紀功”之“功”邊跋:左撇有千里之勢,頗似《沈君闕》。

6.劉硯逸跋邊跋:“因氏焉”之“因”、“咸曰君哉”“曰”字,晚拓剜作“白”字,亦關考校。“金石泐”爲“今”之誤筆。劉硯逸不詳其人。

劉硯逸跋:

碑初出時止缺一“因”字,後乃中有斷裂,又後“乾”字中“曰”有穿連之直畫矣。今日得“乾”字未穿者,爲舊本也。又中間“咸曰君哉”“咸”字口上一畫是彎曲倒折之筆,金石泐而其旁一小直畫不可見,遂成二小横畫矣。硯逸記

朱彝尊舊藏明拓《曹全碑》

此本爲明拓“悉”字未損本。1冊,25開,墨本21開,跋4開;墨心高25厘米,寬11.5厘米;朱彝尊、翁方綱等遞藏,翁方綱題内簽,梁啓超題封面簽,有翁方綱、梁啓超題跋,趙懷玉札,李彦章觀款。鈐“彝齋”“覃溪鑒藏”“蘇齋金石文”“容齋清玩”“飲冰室藏”“葉志詵審定記”等印。

印髯書衣題簽:

明拓曹景完碑,悉字未損本,飲冰室藏。

梁啓超題封面簽:

朱竹垞舊藏本曹全碑,今歸飲冰室。

翁方綱題内簽:

曹全碑,曝書亭藏本。

翁方綱跋:

此本拓法已不爲精善,而較之近日所拓,神理渾淪可愛。

又:

此處有揭去一副葉之紙痕,蓋原有竹垞手跋,其家揭去之也。

又:

此本百年前所拓,“乾”字未穿外,尚有第一行“蓋周之冑”“周”字内左次畫、第三行“高祖父”“父”字上半、“武威長史”“史”字末筆、第四行“祖父”“父”字上二筆、第十行“棄”字下半、第十一行“同時并動”“時”字右土字、“并”字中内畫、“聖主”“主”字下畫、第十二行“撫”字右上内畫,皆較今日拓本尚未泐也。壬寅十月廿日。

又:

瘦同自陝得一舊本(瘦同本“主”字下畫已泐),紙墨拓手皆精,然“乾”字之頂小直畫已長出一分許,則是穿後修改本也。凡觀“乾”字未穿本,亦須以此定之爾,但恐人知此語,則又無不描之頂矣。十二月五日晨起書,天作微雪。

又:

戊午四月以蓮府壻所收細校,則此本已爲難得矣。信乎,竹垞先生之言不誣也!

又:

辛亥六月見靈石何氏所藏最初拓本,“因”字竟完好(亦是拓工以墨湊補其下畫耳),已揭記於所粘本内,并記於此。

又詩:

楮墨微昏畫未穿,已嗟氈蠟百年前。慈仁廟市霜紅下,諸老相看一騋然。莘里邨邊水磧頭,戟門苔緑汗來牛。如何漫許金陵客,轉瞬重鎸灌木樓。桂四連床又隔春,去年稾倹未遊秦,商暲漢隸臞翁品,那是林宗折角巾(朱竹垞八分如效折角巾,聊復爾爾,曲阜桂未谷語也)。壬寅正月四日方綱書於石墨書樓。

又:

此本“乾”字未穿,而石已中斷,竹垞跋言:“庚戌跋後越二年再至京師,從慈仁寺市買此碑,石已斷且漶者,此其是邪?”又云:“更歷數十年,必又歎此本爲難得。”以今摩挲私印,如遊曝書書櫝間,蓋信斯言,重有感矣!竹垞此跋在康熙十一年壬子,去今百有十年,而今日以精楮嘉墨洗石而審拓之,尚未至,甚相懸絶。此碑明神宗初年出土,距竹垞此跋時尚若竹垞至今之久,而乃云越二年再見,其石已斷,然則石之斷,在康熙十年内外間也。鄭谷口自跋臨本在癸丑,即竹垞跋此之次年,蓋其時諸老所見皆“乾”字未穿者,是可寶也。桐鄉金君介其妹壻趙舍人以是本見贈,舍人云此本的是竹垞所臨者,其里人言之甚悉,且云覃谿得之不可無跋也。予媿其意,爲略考其概而書之。壬寅正月三日齋宿祈穀壇歸書。北平翁方綱。

又:

見江秋史所藏未斷本,後有萬曆三十年題字,是以考定此跋。癸卯六月六日。

趙懷玉跋(書於紅紙信札,裱於册内):

此帖雖非初拓,的系竹垞先生臨本,其里人言之甚悉。大鑒家不可無一跋也。懷玉又啓。

李彦章觀款:

乙亥九月，蘇齋門人李彦章借觀。

梁啓超跋：

此本經朱竹垞、翁覃谿遞藏，竹垞原跋雖被揭去，然覃谿跋至再四，更媵以趙味辛一札，滋可寶也。乙丑正月二十六日，余五十三歲初度，與仲策摩挲竟日，輒題其後。新會梁啓超記於天津寓廬之飲冰室。

梁啓超録朱彝尊跋：

曝書亭集舊跋

按：碑文全爲隃麋侯相鳳之孫，鳳嘗上書言燒當事，得拜金城西部都尉，屯龍耆。而全以戊部司馬討疏勒，又定郭家之亂，信不愧其祖矣！時人語曰：重親致歡曹景完，蓋其孝友之性，尤人所難能也。嗚呼！今之爲吏者，雖遭父母之喪，必問其親生與否，投牒再三，始聽其去，而全以同産弟憂，得棄官歸。以此見漢代風俗之厚，其敦孝友若是。全以禁綱隱家巷者七年，可以補後漢史黨錮諸人之闕。史載疏勒王臣磐爲季父和得所射殺，而碑云和德弑父簒位，“德”與“得”，文亦不同；史稱討疏勒有戊己司馬曹寬，而不曰全；又云其後疏勒王連相殺害，朝廷亦不能禁，而碑云和德面縛，歸死司寇，蓋范蔚宗去漢二百餘年，傳聞失真，要當以碑爲正也。

據翁覃谿稱，竹垞原有手跋，爲其家人揭去，故依本集補録於此。乙丑正月廿八日，任公。

梁啓超舊藏清初拓《張遷碑》

全稱《蕩陰令張遷表》，東漢中平三年（186）二月上旬韋萌等立，孫興刊。山東省東平縣全榭山出土，今存泰安岱廟。隸書 15 行，行 42 字；額 2 行，篆書 12 字；碑陰三列，上中兩列各 19 行，下列 3 行，刻四十一人題名。

此爲清初精拓本，“東里潤色”之“色”字、“垂其仁君”之“君”字皆完好無損，“諱”字右下垂二筆尚存。1 册，32 開；册高 34.5 厘米，寬 19.5 厘米；半開 3 行，行 6 字；碑文 29 開，額 2 開，跋 1 開；墨心高 27 厘米，寬 15 厘米。鄭勉、倉兆彬、馮漢、梁啓超遞藏，孫元復、梁啓超題簽，有倉兆彬、彭元瑋、梁啓超等題跋四則。鈐“飲冰室”“王世仁”“馮漢”“曾在馮師韓處”“秦齋”等印章。

梁啓超題簽：

清初精拓張遷碑，飲冰室藏。

彭元瑋跋：

“韋”字下兩垂筆已磨滅數百年，此本獨存，足爲古拓之證。伯端。

又：

“其恩”之“其”字下半并“潤”字“玉”上之小黑塊均顔氏藏本所無，又

“色”字未壞，世間藏本不多覯矣！守璞識。

倉兆彬跋：

右碑乃鄭墨泉先生家藏。先生名勉，嘉慶辛酉拔貢，甲子舉人，工詩，善分隸，爲黄左田、阮芸臺、鐵冶亭諸名輩所推重，晚年主講上海書院。道光丙戌，余館先生家，授其文孫讀，課餘每借觀臨摹，先生哲嗣白山茂才（香）因以贈余，距今已四十六寒暑矣。流光箭速，故人宿草，重撫此本，能勿潸然！莒坪記。

梁啓超跋：

碑中異文奇字，如“羈”作“羈”，“蠶”作“蚕”，“際”作“㒩”，“算”作“笇”，“禽獸”作“禽狩”，“賓”作“殯”，“忠謇”作“中謇”，“佩韋”作“珮瑋”，“蔽芾”作“（弊上加艸）沛”，“八朞”做“八基”，或是俗體，或由音假，皆當時小學不講許叔重，所爲浩歎也。中“爰既且於君”一語最不可解，盧報經謂文爲“爰暨於君”，書者不解文義，將“暨”字析爲二，殆然也。兹搨“色”字未壞，“諱”字其字下半均完，當是明末清初本，碑陰則新拓配入耳。癸亥正月二十日，啓超跋。

【作者簡介】 盧芳玉，1972年生，供職於國家圖書館古籍館金石組，副研究館員，主要從事金石拓片編目整理工作。

王鐸手稿二種*

薛龍春　整理

一、《擬山園書札不分卷》稿本一册，國家圖書館藏(17731)

題記:《擬山園書札不分卷》稿本一册,收王鐸書札二件,皆致嗇庵者。其一作於崇禎十四年十二月,另一無年月,亦當在此年。崇禎十三年冬至十五年九月,王鐸因孟津城破,渡河寓懷州。時父母相繼下世,故自署孤哀子。嗇庵楊姓,懷州人,名無考,此際與王鐸過從甚密,王鐸致嗇庵書札、贈嗇庵詩作書作,多有傳世。第一札所及"拯落水羅漢",事極隱晦,或爲嗇庵爲王鐸董理書畫買賣,蓋此際王鐸攜家避難,日用拮据,賴懷州一地官員、友人幫襯甚多。第二札向嗇庵介紹親眷馬天衢,天衢爲馬從龍孫,王鐸妻侄,有文名,入《孟津縣志》文苑傳。此際來懷,或爲謀塾師一職以糊口,王鐸囑嗇庵代爲物色。

書札一

敬復。今蚤起,整衣盥漱,向北闕拜聖壽畢,讀《漢書》數葉,觀張芝草書,對數餅馥梅,啜茗,作詩二首。將命榜過東湖齋中,親翁手翰至,惶悚不敢當也。然諸文學踵相接,分減日日給之,亦一快事。領台愛,皆親翁之拯落水羅漢也,不孝弟何貪天乎?春至,襄事後閉門卻掃,澆花弄舟,次第報命,亦非難事。目前頗多紛擾,晝夜不暇,明日華筵不能撥開轇轕耳,敬此辭謝。我輩兄弟,遇無事輒策款段相訪,正不必拘拘也。寶齋素積古帖書法若干,列其數目,借一觀,即白日冗務,挑燈亦可怡神。此道深微之極,必厚其精力,追躋古人,不然濡墨灑翰,無足存也。春明相約探溪山之勝,萬萬不爽,留神留神!或引舍弟、小兒輩於巖泉,何如?弟孤哀子王鐸稽顙拜,辛巳十二月奉復嗇庵楊老親翁老友。

鈐"王"、"鐸"連珠朱文印。

---

* 【基金項目】本文係國家社會科學基金重大項目"國家圖書館藏未刊稿整理與研究"(批準號:13&ZD107)、教育部人文社會科學重點研究基地重大項目"國家圖書館藏未刊稿整理與研究"(批準號:13JJD870002)階段性成果。

書札二

不孝月來瀉痢、目疾，虛度伏枕，可爲浩歎。舍親馬天衢新至，前承翰教，斯柴枯之在罣黍者也。物展有疇，惟財察示之。孤哀王鐸拜泣奉。沖。

鈐"王鐸之印"白文印一。

二、《擬山園詩稿不分卷》，稿本一册，國家圖書館藏（13020）

題記：《擬山園詩稿不分卷》乃王鐸詩、札及對聯稿本，當更名《擬山園手稿不分卷》。除崇禎十四年寓居懷州時所作外，亦有補天啓七年主福建鄉試途中詩若干，崇禎九年南掌院期間詩若干。懷州詩作，皆在崇禎十四年八月以後，從中可窺王鐸其時的交遊圈，如盧江王（朱載堉之孫）、楊之璋（荆岫）兄弟、楊挺生（循如）父子、史應選（念沖）應聘（雲岫）兄弟、連璧（訥珍），及同時寓居懷州之寧浮玉、郭世元諸人。書札則有致韓爌、史應選、楊嗇庵、太行蘇氏兄弟者。與韓爌一札，勸其出山；與史應選札，爲鑒定所藏書畫；與蘇氏兄弟札，自稱壯心凋落，然于古人書、詩不能無望。知此際王鐸於詩文、書法極爲用心。手稿有王鐸爲史應選所撰十一字、十六字長聯各一，當日或曾書贈，此亦用於懸挂欣賞之對聯成熟於晚明之明證。手稿内容多不見於《擬山園選集》各刊本，頗具史料價值。

簽：王孟津詩抄，癸亥冬季言題。

辛巳八月起

介楊荆岫七旬

飧芝容未老，高歗自丘園。肯爲浮榮縛，不令古道尊。人英明室壁，天柱立崑崙。何日人區外，相携探海門。

哀雷樞垣

社裏知貧者，欻然四十年。世情憐汝厭，交道幾人全。兵擾臨山墓，蟲鳴負郭田。斗間猶寶氣，夜夜吼龍泉。

觀史念沖壁上仰生畫松

突兀巖巒氣，息深無動容。自能同雪處，不欲受人封。宇宙勞蛇蠋，風雷夾燭龍。虚堂安可閟，光怪着石淙。

甯浮玉、張飛卿至懷

旅客相看處，蕭蕭欲白頭。北都頻聽雨，玆日又逢秋。石室藏孤憤，金庭結遠游。智原休躑躅,吾道許麐州。

浮玉圖章有贈

古人非淺學,一事邃聲聞。《石鼓》幾時仿,金泥何代分。伊予藩圃意,驚汝尾波紋。頗喜藏身久,將無印練裙。

訥　珍

且欲移家去,深溪幾日還。幽光生谷裏,苦相避人間。花畎勾新溜,仙爐事異山。其中非寂寂,不貴一犁閒。

和荆岫詠桂花

霜气將敷令,恐爲凡卉疑。艱難初不避,顯默似深知。冷韻陽和退,孤馨化育隨。明年還作萼,幽賞莫遲遲。

答湯陰蘇、董、魏諸丈

僕歸,屢衝大寇,危厲可駭。方及懷州,未抵黑門,即有先君凶憫,不數月,先母繼之,聲欲瘖,面欲黧,幾幾乎剪肝焚腸,天降之厄,不及事二親,欲養不逮。摧剥楚毒,何忍復爲故人道也。棲托東湖上,寶刀無色,壯心凋落,何意人間事。但于古人書、詩不能無望焉。晝夜頷頷,欲資巢枝,生其毛翼,思如蕩陰松竹間,單絞斥幘,浩談歡笑,令足下耳熱,昔日樂事安可得乎?足下胸臆時有僕在,往還千里,豺狼在□,懇款至情,遐來弔唁,以九鼎□僕。嗟夫,此義古矣,惡得于今人中求此踔躙高邁之行哉?僕于書法,偶一漁田之耳,雖蝨魚于晋唐,無乃爲不龜手之藥,况衰纏中瑣尾流離,真作夢中事也。聊于燈影報命,應斯歡嗜,良不如誦《左》《史》數行爲不虛景光也。足下明堂棟隆之才,古爲櫨桷,今爲節目,磊砢英多,譬之蒼虯赤騆,駼驒無前,鱗鬣之間,皆具雲氣,一日千里,疇能尼之乎?兔絲□短草,不聞其絆汗血龍媒也。勉之,勿負故人此語矣。僕酸刻中有稿盈十寸,不及繕寫請益。北望林慮,悠悠我心。五篁略引軒渠,又拈雕蟲,習氣未盡,奈之何哉?

欲遠遊

食稻終何事,將爲方外遊。問人尋御宿,戴雪上羅浮。南北雙繩屐,海天一釣舟。賜衣不敢褻,生怕卞(?)龍虯。

其　二

遊踐非容易,童觀開曠心。督形逢外内,觸處有高深。倒水驚龍沫,祠神響瑀琴。必然師道者,藥井飯人葠。

答史念沖

前緑水淡蕩,樓上、舟中相對,山氣水煙,皆在衣袖間。以酒消受之,多取不爲貪,然對足下與子房,快談纚纚,歸而自覺傖父面目矣。沈山水幅恐贋,芙蓉出其腕,尚未躊躇滿志。厨中他册可從容一縱觀乎?觀畫如人,從台宕山來,眉目容髩皆帶有煙雲意,乃深於觀畫也。攬翠樓方作一首,驪龍有珠,徘徊於深淵之上,不可得,奈何?

或上:空林日暮見歸鴉,咫尺河陽去路賒。或上孤峰評怪石,獨行野寺見寒花。老來豪放無多處,亂後蕭條有幾家。幸借楊園觴橘柚,秋風誰論葛巾斜。

懷州旅情柬荆岫、循如

不意蕭疏紅葉沉,清虚纔覺變秋林。□吟自□娑娑影,□哭□□戰伐音。□□徒勞南磵夢,斷腸還繫故人心。淒涼世事如何説,艷艷芙蓉煙水深。

盧江清平園望山,同荆岫、晋侯、散木應教

嘉樹娑羅翠萬重,□□□□□山峰。此時旨酒留騷客,何處清飆起卧龍。閲世頗諳紅躑躅,傷心況對紫芙蓉。登車惆悵西郊暮,蕭瑟還聞水外鐘。

寄題天壇山

西風縹緲碧空吹,上界清虚安所之。自是諸塵俱不到,可容一杖竟無窺。靈光鑄鼎何人受,今古騎龍舊鬼知。濟水空明仍似練,軒轅萬劫有餘思。

其　二

聞説高深意不闌,羞言東觀舊仙官。自然洞外雲千頃,無事松間月一壇。地火生憎金鼓黯,天香偏耐毳袍寒。姓名贏得同樵父,更有何心跨紫鸞。

思枋口且姤諸公遊

暇時猿鳥來心上,姤君先遊秋内槎。舉酒盤桓瑟瑟石,題詩箕踞猩猩花。煙之頻夢雲無□,纔覺大叫水有涯。閒殺月明翠不了,緑濤錦樹占巘岈。

李應五、陳天目、鄒含香、董夷庚、王全初泳舟

又逢九月他鄉節,不共揚舲亦惘然。古水猶通城闕外,清尊況對翠微前。幾曾戎馬逢人笑,欲傍沙鷗盡日眠。紅蓼多情還勸客,含愁帶露近溪煙。

其　二

晴暉蕩漾菊華垂,面面秋山慰所思。親友悲歡非細故,滄浪辜負亦奚爲?千家落木雙洲水,四海孤舟□釣絲。想到故園頭欲白,吹笙緱嶺緑參差。

閑尋諫連訥珍

終日懷歸不得意,孤吟堤上且閑尋。懷人野客何相好,隔水群山底自深。

故里柴桑難寓目,中州寇盜易關心。年年玉几勞清問,孰殄心憂殿陸沉。

遊弘道寺遇楚人有懷

破寺逢人看蕣花,江南江北隔天涯。空留白月同秋事,不見丹楓老歲華。多病茂陵傷去國,哀歌杜曲嘆無家。玉華勝引渾難見,何日沅湘鬱島斜。

潯陽(補)

江上孤舟落日催,江城寂寞且徘徊。虎溪岸拒寒潮水,盆浦陂吹野廟灰。三國圖經凋霸業,九天松氣老秋畡。至今西望夷陵道,兵火荒荒誰爲哀?

黄州漫興(補)

城邊萬樹野鴉棲,客自蕭條鴉自啼。船去還侵漁潊内,雲水不斷畫樓西。猶憐赤壁魚還美,重覣青山賦更題。今古風流江影碧,楚天花雨使人迷。

送甯浮玉(卷三)

不知君又過南津,塔寺黄昏勸酒頻。劍氣峥嶸將秣馬,菊花猗儺似留人。去程岮峪逢殘臘,幾日鄠溪屬暮春。海内故交如聞訊,爲言張翰有秋蓴。

金陵(卷三)

國家初盛掃强胡,王氣依然滿舊都。江勢飛練浮舊楚,海光□□領中樞。鉦鼓南部煙花醉,□□□□運艬艫。豈料今朝同灞上,逍遥何以制封狐。

次鄂渚(補,卷三)

雨後輕帆落楚鄉,微寒逸興寄烟光。碑沉野岸通江夏,山帶孤城俯漢陽。趁月客情漁唱遠,連天秋色雁聲長。雲牙石乳壑還哨,湖海飄零思渺茫。

待旦(卷三)

雞聲之後啓明現,忽爾風高氣漸寒。兄弟多時書又少,兵戈幾日夢□□。孔痗天步私憂遠,維谷孤臣危行難。堯甸舜垓諮尚切,何心罨畫藝芳蘭。

願學(卷三)

忽聞欸乃在深烟,烟影蕭疏亦灑然。自宿芳洲明月裏,任吹野艇白雲邊。瓦盆酩酊寧拘數,荷葉鴛鴦不忍旋。風母更知何處是,□蓑緑水自年年。

牛首山同湛虚、静原(補)

一樽絶巘放高歌,回首禪房忘轊軻。旦樹晴分天目近,午帆氣挾海風多。山吞吴楚猶新燕,寺趁齊梁衹故蘿。莫管星辰朽不朽,吹簫何處倚嵯峨。

攝山頂 同湛虚、静原

盤回孤峭砥洪荒，王氣開基正未央。三月閒來敲古洞，五更蚤已先朝陽。誰傳蜃海伏神藥，心慕琪花不死方。欻爾春風吹白鶴，天根吾欲叩東皇。

贈郭潄六

往日銅鞮見舊宫，君家作賦幾人同。琴徽獨對山間月，鸞嘯長吹天外風。錦石佛壇懷水接，丹書狖洞太行通。明年相訂花紅處，斸藥還聞何澗鐘。

其　二

十年猶憶丘亭别，芳草離離半鼓鼙。書著羞逢楊得意，山深厭説魏無知。緑聲曉旦魚龍夜，香夢疏慵鴻雁時。更欲天台尋木石，多君詎忍負靈芝。

粤山上觀東南海（補）

灝元一望曠無痕，天地相嘘自有門。但見青紅駭水氣，寧知今古壽雲根。琉球共寶舟航遠，汗漫飛人羽翼尊。月姊日兄俱不老，萬年潮汐竟何言。

送李給事、王御史同時謫（補）

悲君秋日欲何之，緑柳紅橋感别離。啣命方知身已穩，防憂莫使淚空垂。烏啼寒渚雙舟杳，虎嘯深山羸馬遲。窮達不須嗟世路，主恩浩蕩正無涯。

登舊縣古觀瀾樓 孟津

河上高樓接昊天，觀兵坶野尚悽然。地形北去漂殘杵，濤勢東流咽暮煙。猱玃聲聞晴嶺外，鳧鷖影泛夕陽邊。至今扣諫思孤竹，古廟香林傍葦田。

贈楊荆岫

傍水深深結野亭，太行山色落郊坰。自憐囊底琅琊賦，不放齋中龍虎經。□鏡著霜才幾縷，吴鈎生鏽有千齡。莫言方朔金門事，料得花林不肯聽。

贈俠客汪子豹從軍

憐爾北遊不得意，洛陽劇孟是誰家。高原白骨悲歌壯，滿面紅塵意氣加。刃淬平胡恢鐵嶺，雪深較獵取龍沙。夷田開拓遐荒外，宋事金繒亦可嗟。

孫伯生、卜貴六、楊荆岫、荆田、楊循如、郭潄六、陳霞城登湖中□

襟期千載擅風流，疑是仙舟任去留。半夜菰蘆銀漢落，滿湖煙雨布帆秋。匣中老却蒼龍劍，座上羞談好時侯。閶闔曾排揮赤電，何如緑水共悠悠。

友人鄺子道祝融峰

方知名勝異中區，爲問虚無鼎峙殊。雒下飛心歸嶽麓，湖南靈氣滿蒼梧。

金書縹緲當年秘，石鼓雕鎪何代枯。李泌茅堂如許住，不辭天地一身孤。

恒山南道

道路駪駪已厭過，兵荒不復問烟阿。那知舊屋新田少，頻使黄沙白草多。鞠子過壕心霹築，饑鷹掠鳥下滹沱。前村定醉葡萄酒，醒眼將如風景何？

寄　園

城外逶迤渠上行，渠邊山翠又相迎。客懷已覺濃春暮，花意如憐短髮生。□處白雲偏灑淚，誰家黄犢且深耕。平生竇瑟思抛卻，俯仰豐壖潭柘明。

秋　思

邊峰失喜問霜旄，坐對青籬夜色高。靺鞨多年輕大將，江湖何地穩寒皋。秋來禱廟燒芻狗，老去歸山匿寶刀。爲報昔時同禄者，時微諫草莫辭勞。

睡起言

先愁白髮暗相欺，得不昏眠解所思。到眼即看芳草變，回頭恐過菊花時。三元寶曆夔龍集，諸塞軍符鎖鑰危。但使兵銷無一事，也堪田祖續新詩。

白馬寺洛陽

翻經猶説昔年寺，一夜東風黑霧遮。嗚咽春流曾飲馬，凋傷畫閣幾棲鴉。今朝無恙還山色，明歲多情有杏花。欲效包胥哭不得，杞人豈是爲離家。

重陽後

稗溪栗洞欲重尋，風落山山秋正深。薏苡酒杯休獨酌，芭蕉病體只閒吟。縱然丹井千年籙，不減軍書一片心。壺口缺殘莫更問，叫雲雲鶴有哀音。

下州楊公祠公諱源，以欽天監五官監劾劉瑾將爲不軌，杖斃，行孟縣下州死，墓且祠之

洋洋靈氣浩無窮，河上蒹葭有勁風。一命秩班能慷慨，千秋蒴拜惜英雄。陰沙鬼馬嘶寒水，夜雨金鏞泣故宫。爲歎死生真細事，幾人容易結長虹。

旗山古臺(補)

孤臺錯峙此天游，百粤光華淡不收。張子漢時摛賦麗，夷人今日祭風柔。潭腥龍睡山城暮，殿破神尊星斗愁。古往今來莫感慨，海中島樹幾經秋。

飲史雲岫西莊(補)

林深雉羽隔籬飛，滿地春風麥穗微。到處銜杯須共醉，古來作宦有誰歸。瓊簫緑草情何限，翠嶂丹花願不稀。無奈麗譙催客去，照人蘿月尚依依。

哭吕豫石

風黯城崩洛原水濆,憐君誓死不徒存。短牆裂爐沉書籍,枯樹棲烏泣墓門。百戰幾人圖國事,一灣流水吊孤魂。夜來霹靂蛟龍鬬,天意煌煌何忍言。

黄　梅

古驛沙稠多石田,晚風雨氣轉淒然。天吞夢澤餘空闊,水接潯陽入太玄。牢落羈懷千里外,浮沉世事一燈前。幾時家硼鼉鱗石,紅藥滿山醉裏旋。

懷　歸

數欲懷歸無可奈,豈知秋序暗相侵。梧桐落後琴書冷,鴻雁來時煙雨深。故里溪山那對眼,中州寇盜已經心。菊花不管人間事,白露天高響暮砧。

瓦官寺(補)

青臺古寺晝陰陰,望斷緑煙暮雨深。六代法鐘存舊塢,三春老鳳去高岑。金樞冷落袈裟地,玉篆淋漓翡翠林。頑日重遊頭恐白,江風吹動萬年心。

答史念沖

凫雁之筆,沈石田得意作也。僕亦有二白鵝立□于水傍,塗用淡墨,生動欲鳴欲飛。吕紀但工形似,不得神情,其位在廡外矣。今日覯龍岡詩,一何超然玄箸也。字秤情從,節喈體堅,中復悠然不盡,爲之喜者久之。視彼尖酸草弱,羽音窄小,了無經畫,爲宋元苦滅者,不頓天壤乎?風雅一派,大力負之,非細事。僕於鄴鄘之鄉,不能不願共樹此大業也。時口中含飯,又答寧、張詩字,其劇如斯,言之必大軒渠。

與嗇庵

花事爛熳,持數册唐詩吟其下。不知身之居止在于何處。

又:足下領袖煙月,提衡風雅,僕鐵牛耕石田也,具十二首,足下肯爲説法,令石點頭乎?

與蒲州韓象雲閣師

不孝生鐸夙蒙盼注,刻心莫忘,半生碌碌,無一報效,言之羞澀無地。一别師顔,風霜屢易。教言日遠,魂夢亦俗,每一念及,怦怦若擣也。近日世事,俊厨之禍,喬固是承,縉紳中無不滄桑之憂,視昔日師從國,猘猘狺狺,時出於鋒林劍樹中,豈爲易易。然今時非口舌之所能回挽也。惟是天心大佑二祖列宗之所護芘,啓泰有日,干羽化梗,鳳儀韶作,或有日乎?皇上睿明之極,弘照不遺微小,事事經心,燭機矢謨,迥出臣工之上,真天縱不世出者。但臣子不盡實力厝事,以負聖君,爲可歎耳。師山中習静,神遊八極,固心狎於鷗鶴,以松桂爲朋好，然而天下之望老師，如嘆思□霖，痾思善藥也。以如是之聖君，更得師出山，伊、傅薰摩，夔龍藻黻，國家中興之治可以約日而取。諸懷抱此，非不孝門生一己之私也，中外翕翕顒望于蒲輪誠若此。兹候師興居，考槃寤言中必不忘社稷，更爲之解遯思焉。不然，午橋獨樂園之勝與裴公君實得矣，如天下蒼生重爲倚賴，何況天下欲覯治平，舍夫子其誰哉？鐸躬等草木，年已五旬，空事章句，恒于印渚兄、中幹兄、八公兄、括蒼兄言念師席，恨不能日夜立雪侍于杖屨，親受指示，以不懵終身，空食大官之禄，玷辱于函丈之前，斯爲悵悵耳。鐸哀心如醉，待襄厥先事，必欲繇析城而西，展洪洞之先廬，策蹇過蒲，竭誠以候師，登中條之岑，下觀龍門，吊司馬子長。瀟瀟世外不才之木，自宜如是，于焉尋一山以雄長煙蘿，以畢筆墨墨(後"墨"爲衍字)之願，收拾熱腸，歸之寒巖冷石之間，老師聞癡弟子語，得不悠然而笑乎？因鴻上達，中心實不罄摇摇，如何？

龍岡寺偕冰壺、若水、雪厓、張道士、二衲

禪房寂歷遠相期，正是前林冒雨時。客久幾年尋罨畫，秋寒何處偃旌旗。毒龍潛伏丹河水，靈鷲參差寶樹枝。琴裏忽然雪欲落(龍岡道士操琴)，花溪寧辨在瑠璃。

廬江王

高風灑落見名藩，帝胄天孫不覺尊。漁浦詠懷隨畫舫，玉壺買醉在春園(園中有酒店)。淮南老桂精華發，稷下雕龍意氣存。帶礪千秋仙事闊，飧霞今欲與誰論。

代贈：道氣飄然遊太初，無心卧起自徐徐。閒梳鶴髮臨晴日，或伴僧人講舊書。貝母池邊人事絶，櫻桃館外月光虚。他年拜問長生訣，萬樹青霞一草廬。

與玉清觀道士

曾燒白石向蒼梧，盡日悠悠枕一壺。得道自然呈藥相，有書不欲獻皇都。謀夫翻笑爲狂客，稚子齊呼作酒徒。百歲還應吹鐵篴，不知何山月明孤。

雞鳴寺偕湛虚、静原遠望(補)

幾年樓閣落虚空，白日高風指顧中。人代六朝空寂寂，江鄉三楚遠濛濛。他時畫壁誰還健，此日經龕興不同。石磬一聲緑漵外，悠然何處落丹楓。

潼　關

堞勢孤懸接遠天，冥冥西笑望重玄。地形不改商山路，河氣猶縈華嶽烟。世事經心空歲月，人生得意在林泉。逡巡六國多遺事，俯仰高雲意惘然。

史念沖樓對聯

養心閉户畫圖人外何妨隱,乘興登樓丘壑胸中不是貧。

漁唱鷗聲非狷亦非狂顧盼湖亭多氣色,山青月白有詩兼有酒銷沉天地幾英雄。

楓橋問靈岩、天平

每逢煙水愜心期,浩浩波光去不遲。尋寺籃輿方矍鑠,入山短屐許追隨。心居獨鳥孤棲處,夢在千峰夕照時。待月須從漁子路,蘭舟仙侶未差池。

自題各像

衣服尋常不異人,偏從隨處見吾真。金華誤學昌言客,錫杖翻憐自在身。行李陰霾雷電過,居廬深岫虎鹿親。百齡不作陶朱事,流水空山花又春。

家南龍洞山

兵火年來短髮侵,偶然扶杖□登臨。良朋縮酒三年墓,古水高雲萬里心。不信乾坤妨嘯傲,休將身世論浮沉。崖花也有留人意,漠漠寒煙落照深。

再往龍岡

重經初地换陰晴,爲看梅花春意生。僧衲原爲泉石侣,木魚豈是市朝聲。數家烟火連雲住,一片溪山帶月行。自笑老來心不繫,孰知蘭若却關情。

遊白坡南紫嚴寺同家弟匡巒

寺門合遝兩光靈,若有深花送暗馨。僧外初雲縈絶壁,井中老蔓錯明星。兩河征戰塵逾暗,千里樵蘇樹不青。惆悵茅齋如可舍,雪峰辜負蕊珠經。

居清齋紀興

冬月深寒滯一身,垂楊垂柳禁光春。始知鳴磬閒聞處,正合繙書無用人。背搣自當休白首,癲憂不獨爲青燐。太平時日南訛後,鹿友甡甡狎水湑。

上廬山

霜楓點綴赤霞流,瀑布樽前莽不休。江勢西來鸚鵡没,地形東去鳳凰遊。青蒼下見桐城晚,寥廓遥吹彭蠡秋。開闢戈船何氣象,寒雲漠漠惹人愁。

木末亭同徐虞求、張湛虚

玄覽高暉春色催,鴻濛指點鬱高臺。樹吞姑熟蛟門伏,潮觸秦淮石脚來。□殿烟消五達出,群山風動九靈開。皇天燕及多周曆,悵望璿璣絶代才。

其　二

曉來青煒御微風，扶杖悠然若泛空。山屹東南雄地氣，人捫日月瞰龍宫。有情靈羽潭争緑，無數新花露欲紅。耆定中原多士在，飄飄天外一冥鴻。

哀　意

高堂笑語渺難還，晝夜悽悽天地間。敢向衣裳思舊日，猶聞羆虎嘯空山。噢咻萬物青天淚，跼蹐一身玄髩斑。宰木欲栽兵未輟，傷心河水自潺湲。

册後有叔言、姚詩志、耐園所藏三印。

民國十二年癸亥冬月，杜用章、李殿香、李栗亭、李蘭雪同觀于蔡坡公廨。

【作者簡介】 薛龍春，1971 年生，浙江大學文化遺産研究院教授，主要研究 16—17 世紀中國書法史及明清尺牘文獻。

黄子壽先生遺札

杜 萌 整理

整理者按:《黄子壽先生遺札》,撰者黄彭年(1824—1890),字子壽,號陶樓,晚號更生,貴州貴築(今貴陽市)人,道光二十七年進士。咸豐初入仕途,先後任湖北按察使、陝西布政使、江蘇布政使、湖北布政使等職,著有《三省邊防考略》、《金沙江考略》、《陶樓文鈔》等,曾應李鴻章聘,纂修《畿輔通志》。以下所録黄彭年手書信札六十七通,内容多涉江蘇一地之政務,故可推斷信札主體應爲光緒十一年至光緒十六年黄彭年任江蘇布政使期間所書。信中所稱竹石先生、竹石仁兄、竹翁仁兄,名朱之榛(?—1909),字仲蕃,浙江平湖人,以蔭授官,在江蘇任職凡四十年,對地方利病無不洞悉,故黄彭年於江蘇政務多有請教。另外,此次刊録文字中有多處闕文,大半因原紙水漬致字迹缺損,有礙文意之處,還請諒解。

一

前得来函後,南豐亦送高維嶽書至,大略相同。中有俱係得之人言亦難信實之語,易將一節,南豐□而慨諾,繼忽□致函高維嶽,謂應渠與山谷主裁。此本一段血誠,何□諉卻,遂就擬作大加□潤,披瀝□□。今日上達,并以南豐之意寄函高維嶽,請其主辦。知我罪我,一□□之所以盡心於地方者,如此而已。

二

竹石先生座右,俗冗未得趨叩。昨到滄浪亭,同朱□修应往觀後圃,屋五楹,桑徑桃園,小橋艸亭,殊有野趣。即以屋作韓蘄王祠,已召桐委,使修神座、備扁額。所費無多,而古迹都復,知乃必見許,故不待關白,亦鄙性躁急之一端也。又聞公家藏平戎鬲舊拓,世所希有,可使一觀,俾得雙鉤寶藏否?不敢相强,聊申請耳。敬頌曼福。彭年上。

【基金項目】本文係國家社會科學基金重大項目“國家圖書館藏未刊稿整理與研究”(批准號:13&ZD107)、教育部人文社會科學重點研究基地重大項目“國家圖書館藏未刊稿整理與研究”(批准號:13JJD870002)階段性成果。

三

君硯兄兩札奉繳，又與弟一札呈閱。金、焦風景，變幻不常，無怪君硯過慮也。楊守已晤，屬其速上飭提，亦慮復生他變耳。竹石仁兄大人左右。弟彭年頓首。

四

來示敬悉。陳令顢頇，不知事之輕重，經公指示，或當振動。吴令查件呈閱，語須謂令屍親具稟，痛弟情切，誤書致病。弟應之曰：我尚不知係因病致病，且安有令具稟之理。郭猾吏舉動，動輒露本相也。吴令言屍親已回，而楊守尚無往訊之信，亦可怪□。竹翁仁兄大人台安。弟彭年頓首。

五

王倅密查稟摺送閲，該倅未見案據，故姓名均不的確，存備查詢可耳。竹翁仁兄晚安。弟彭年頓首。

六

從前在湖北購律例，到金陵出闈，忽遽竟忘卻交辦，現擬函请許仙翁代交，赴鄂輪船代取。此項若由司詳院，由院批局，殊嫌周折。擬徑由司撥款，書到再行分給。但瞿觀察所开銀數清單，弟處遺忘，尊處如有存記，祈即查示，以便交金陵館員帶去。此請竹石仁兄大人台安。弟彭年頓首。

七

竹翁仁兄大人閣下，今日得晴，甚善，然稻綿已減色矣。足指結痂，著靴則裂，現仍續假。撫憲衙門巡捕等支項，欲在司領取，其裁去之款，存司備撥，言之數四。昨已將憲札諮移，未知貴局如何核辦，恐詢及。敬聞，祇頌台安。同事諸公乞代致。弟彭年頓首。

八

平戎鬲刻手太差，二拓呈鑒，欲別覓能手，數月不得。謹將尊藏本奉繳，屬題跋及書楹帖皆命兒子爲之，不敢謂雛鳳聲清，然不似老鳳之襤褸躑躅也。一笑。弟彭年启上，竹石尊兄左右。

九

我幸更生,君真篤念,譬猶枯禾得雨而蘇,其欣快爲何如也。冬防在即,故得魁、周兩守公牘,即稟請中丞迅賜批飭,以便楊營及早赴功工局中。應否轉詳,即請鈞酌爲荷。弟彭年謹復,竹石先生座右。

十

啓者:學古堂住院拾名,現借正誼□齋房居住,究竟微有區分,因思錢令款本在兩萬之外,若用以蓋齋房拾間,則局面完全未知。卓見以爲然否?如以爲可,即請與熾翁商定,弟亦無成心,有所見輒奉商耳。學古堂條規内即可删除"住正誼齋房"字樣也。現在酌擬,脱稿再請教。此即,竹石仁兄大人刻安。弟彭年頓首。

十一

局詳擬諮大意,批詳後,請酌是否可用。即請竹石先生台安。弟彭年頓首。

宜興縣令決計告歸,殊可佩敬。

十二

昨以劉光才留蘇,韋正後營楊守備飭任,電詢沅帥,頃得復電,謂飭劉到新任,亟盼履新,楊本不放心,又無人以易之。賈、樊兩帮办,張慎德極稱賈,劉光才又舉周姓。周未之見,賈亦中才,較楊稍勝。閣下在蘇久,知有可用者否?札尚未下,或即作罷論,請密示爲荷。兩渾。

十三

浙友來書,奉賢一案,確已由浙派員往查,蓋丁吴爲祟耳。瞿金魁嚴提速訊。兩渾。

十四

浙覆章程已到,惟於寬老少肩販一條異議,晚間從者見過,一談爲荷。此頌竹石仁兄大人台安。弟彭年頓首。

十五

竹翁先生左右,惠書并穀成太史函讀悉,函存録再繳。鈔律兩册,存俟校閱。奉復家書述及,弟謂刊之與《唐律》並行,使讀者考源流,穀老當不吝。方令道濟學治,所述屢及元律,不知所據本,晤時當並詢之。彭年頓首復。

十六

撫憲面諭,同里釐局請派礮船兩隻,請公酌定。南渡局請派壹隻,似係照章。竹石先生左右,彭年上。

十七

少翁奉中丞諭,擬稿交來,即照繕發。前半昨函已及,後半則憲慮周詳詢甯,最爲妥協。弟黄彭年上,竹石先生左右。

十八

过令釐差由局札委褚令總巡,即由弟處詳委聲明。署臬尚未到,由藩先行委,又另詳委改過,局委員仍責成褚令隨時照料,與中路對調矣。廣庵兄回信呈閲,《圖書集成》已帶到兩箱,可快也。大病一日而愈,尚未得走叩。弟彭年上,竹石尊兄左右。

十九

昨示敬悉。頃晤蔭老,以與玉局混爲嫌。弟言此牧仲舊式,若改作宋蘇長史祠,亦無不可。請公將匾紙尺寸送去,聽蔭老斟酌何如?弟彭年謹啓,竹石先生執事。

二十

竹石仁兄大人閣下,正誼藏書樓訪詢籌畫,僉謂藏書較多,恐非五間不足□下,可作官廳,則平屋可省。至看書之屋,即就樓下爲之,但須窗楹爽亮耳。兩小屋作茶房,并厠一間,均不可少。請委員看定。樓院須與舊齋房一院相通,則齋長書役均易安置。繪圖再奉陪諸君往勘,以便上詳。即頌台安,弟彭年謹啓。

二十一

酷熱甚於伏日，田乾禾槁，疫癘盛行，祈雨不降，奈何奈何。宋蘇長史舊祠聞在觀音堂之後。今其地大廳三間，似甚相宜。若置之五百名賢祠西偏小屋，恐太窄也。彭年□□，竹石先生座右。頃稟請憲札飭办河□《繁露·求雨》篇。

二十二

兩函書票收到，即赴雨壇，容再詳復。竹石先生左右，彭年上。

二十三

手示函稿，妥善之至，廣翁報書亦至。日内即交徐委帶去，報單領到。弟彭年復。竹石尊兄先生左右。

二十四

竹石仁兄大人閣下，蘇公神位擬去先賢二字，已於桐委禀單内批記，想閲過矣。在院晤滋齋兄，談及弟因言設主之屋似應有宋蘇公祠，牧仲舊題如此，扁額請蔭老書之，滋兄即云往請蔭老。謹以奉聞並請台安，弟彭年顿首。

二十五

顷晤曾道亨兄，言即日赴金陵，公請□局应俟廿後公還再定。此請竹石尊兄大人台安，弟彭年顿首。

長史祠成十三日，公局之便，司局數人各隨先後行禮，何如？

二十六

劉五一案擬請緩，末後數語以奉旨改監候爲詞，當不致駁。且由緩改實，即有議處，不過銷恩詔一級，未審尊意何如。謹以奉商，弟無成見也。奉賢一件，崧憲來文，有慰幽魂之語，將來若爲死者請恤，則翻案文字矣。弟意須首參活筆，如果係緝犯被害，自應請恤，現據云云，尚待查實，惟查緝私營之爲害民間云云，請參整頓。正摺以即係真監賊亦應送官云云嚴辦，卓見以爲然否？兩渾。

二十七

手示敬悉。陝牘惟專案尚有存稿，秋審只一名單，無從檢呈。幕友説帖奉繳，既准不致勾，即照所擬，亦無不可。仍將前册一葉照繕蓋印，改本銷去可也。“親親之義已絶”一語，自謂抉禮刑之精。習申、韓家言者，不知刑出於禮，難與争論。此案既准不致勾，又不值專奉耳，一笑。彭年頓首，竹石先生左右。

二十八

手示敬悉，批内只説浙既不收，自應在本境貲遣，後到者毋庸解。浙三縣會同江、震兩縣詢明各該民本籍，分别遠近，給予川貲，分起委員押解，不及他語，亦慮鄰封執以爲詞耳。肅復，即請晚安，名心泐。

二十九

函稿收到，安插極難，張清一帶已有土客不安之勢，故冬春辦賑於荆溪，格外從厚。其土著亦深恐客民生心，接濟不遺餘力，從此或弭前隙，溧、金尚屬相安。若强置客民，將來或致生釁，不可不慮，此層應留爲極後一著，此時密函，使其預備，吾輩先籌分别貲遣之法。聞有眷屬資本在浙者，官即不收，渠當自往。蘇亦不能代浙强留，其有願歸本籍者，給貲稍豐，分起押解。頃三首縣來，諭令與江、震合辦，以貲遣爲主。安插溧、金一層，未向提及，誠以後患可憂。爲浙謀不爲蘇謀，非計之得也；爲一時不爲久遠，亦非計之得也。大約貲遣之後，所餘無幾，即安插亦較易，不致爲患。弟輾轉思維，似總以貲遣爲先，公試再熟籌之，暫緩告三縣以函商之計。兩渾。

頃聞前去數起有數十人牽牛折回者，已派炮船住尹山橋攔阻，勿令來至城隅，批江、震稟，即飭與三縣會辦。

三十

瞿賡甫觀察來函並單呈閲，請照數籌解，湖北善後局今早據緝私營道稟，在奉賢緝獲私鹽，人船並獲。匪犯瞿金魁與裴得滐相識，請提省質訊，擬即批提。我輩初無成見，訊確定擬，一秉至公耳，高明當以为然。弟黄彭年上。竹石仁兄左右。

三十一

書院此次定章，須垂久遠，稍緩細酌奉商。裴令擅自發信，金、錫兩縣不候批示，擅令委員回省，應飭委員仍往守提(院無案應由貴衙門辦)。先將裴令及兩縣申飭，如敢徇庇，定與撤參。兩渾。

三十二

鎮帥來函送閱。肩挑背負，與欲盡徵之，蓋運商之言也。擬查例與諭旨，另函復之，何如？弟彭年頓首上，竹翁左右。

三十三

來翰並宮太保函讀悉。桐守記過，不過欲其振作，無他意也。近日官場遇事，不肯持正，專欲見好，以致民玩。即如劉蔭森一案，若非訪聞飭查，竟匿不報，以此類推，事尚可聞耶？桐守蓋見諸案認真，不免過慮，不知鄙人惟望其遇事振作，若不於事理講求，則亦辜負宮太保之盛意矣。原函並繳，敬請竹石仁兄大人台安，弟彭年頓首。

三十四

陝案鈔奉台覽，亦不甚對，其不能以擅殺擬之則一也。此頌竹石仁兄大人台安，弟彭年頓首。今年雲南牛叢一案相符，查存報可以。

三十五

李慶學治館課程，一經送閱，所論保甲各條，確有見地。遇總正出缺，請派充責以實行。此人讀書多，文章好，但有嗜好，姑節取之，如言不能行，亦棄材矣。此頌，竹石仁兄大人刻安，弟彭年頓首。

三十六

竹翁仁兄大人閣下，手示致悉，擬件極妥，妄增數字，乞酌，即請繕呈。敬即台安，不肖弟彭年頓首。

三十七

昨交兩函，所議書價是先交壹佰肆拾金取書票，到館取書，再交《申報》館伍拾金，以符原議壹佰玖拾金之數否？請明示，以便函懇賡翁代辦。竹石仁兄先生左右，弟彭年謹啓。

蔭甫先生昨見過，已告以書匾事矣。

三十八

竹石尊兄壽鑒，走視未得登堂，鎮帥復書，略改數字，皆浙規，無關蘇政。惟老少廢疾，酌定名數，此運司高人之妙算，亦姑聽之。已繕，候發至寧，再發彼件，較有次第。學古堂章程，昨始脱稿，請公與徽垣酌定，不妥處，删改勿客氣。

三十九

諸令已行，請由公發書局刊刻。三梟半月，有無弋獲，請飭電音。良帥南來確音，亦隨時見示爲望。弟彭年啓。

四十

手示致悉，章程漏寫一條，乞增入“博約堂祀高密、新安兩先生。每月朔望，學長同監院率齋長内課生行禮，畢，齋長内課生均向學長三揖”。此條列學規之首。臬台朱大人。

四十一

竹石先生左右，學古堂奉祀高密、新安兩先生，春秋致祭，擬請學長、委員、監院率齋長、住院諸生行禮。高密生日七月初五，新安生日九月十五，亦宜致祭。書院與學宫不同，無庸牲體祭品，惟備香燭及與祭茶點。每春秋祭，准銷洋一元，生日祭，備麵貳棹，准銷洋六元，又可園祀沈歸愚先生。滄浪亭蘇、韓兩祠，亦應有祀。每春秋令監院行禮，准銷一元，均於學古堂經費内支銷，請賜裁酌，如屬可行，當檄行存案。初次舉行兩生日祭，弟擬遍招堂内外諸生延觴學長，則弟自出貲，緣此等不可爲常份也。公謂然否？彭年頓首上。

昨晚飭稟臺基，則龍子在焉。既無他案，飭惠亟送還交帶清楚，但勿云已達上報而已。

四十二

曲轅老人來信送閲，該商等既有此善念，何以不由上海具呈？請兩兄酌示，以便函復。曲老或竟不答，何如？此頌請竹翁仁兄大人大公祖台安，弟彭年頓首。

四十三

覆示祗悉，桐守向來恇怯，在永平被合肥一叱而引疾，可哂也。子貞方伯來函，言鎮涇釐卡事，子貞非妄言，且係鎮帥已允之件，該委何以不遵。請賜飭查惠發，以便函答。子函中言陜事，兩山長爲人排擠，到處皆然。扶持善類之難，强可深慨。閒職如此，官場無足怪矣。彭年頓首，竹翁仁兄左右。

四十四

頃得宫太保來函，與致公函同。蓋慮鄙人過嚴，非疑足下爲難也。復禀時但言不過欲其整頓，别無他意，不著迹象最妙。兩渾。

四十五

宫保來書送閱，何以答之，容晤面商。即頌竹石仁兄大人晚安，彭年頓首。

四十六

幸尚未發，正在籌改，實得手示當並課銀數，俱參活筆也。鑄錢發市，濟用並悉。早間奉商之件，持論過激，又一小過。竹翁仁兄大人左右，弟彭年頓首。

四十七

竹石仁兄大人閣下，晋門放舠，候逾旬日，蕭艾之宜，鬱伊在懷。讀與月汀書，言越事倍艱於吴，買米充漕之策，恐不易辦。方共月汀評論，讀至紙尾數語，使人嗒焉若喪。已而轉念曰：我公當不其然。公宦吴數十年，駿聲既彰，一旦捨去，謂莫我知也。夫人既悔之，悔之且質言之。公又許之，不可以食言。弟與月汀謬蒙與交，公又以許夫人者許吾兩人，似尤不可想。然自公之行，惘惘如有所失，不獨兩局無能主持，群言亦少所折衷，日夕引領以望旆從之來。值此艱難，俟籌一箸，活人萬千。謹代吴民泥首百叩，務即命駕，以慰翘思，敬請台安，不肖弟黄彭年啓。

四十八

竹石仁兄大人閣下，送上童米山所擬札論兩通，請酌陳、李、章三令作，並呈閲有可采者，乞指示。章令文筆可愛，志氣亦不凡，加以閲歷，應是美才。此請台安，弟彭年頓首。

四十九

早間赴院,均如所請,及將牌示,查出部章各省每年調署,實缺不得逾十分之一。本年吴縣、長洲、金壇、上海四調署較定例已多半個,違例奉調,應鐫雙級,武青只好作罷論,先將毋宜牌示矣。中丞患痢不甚重,明日祀事已另派。此請竹石先生台安,弟彭年頓首。

五十

手示敬悉。初五公局遵照偏勞備柬爲荷。即請竹石仁兄大人台安,弟彭年頓首。

五十一

詳稿送閲,請改正發回飭繕。此頌竹石仁兄大人勛安,弟彭年頓首。

五十二

屬查之件送閲,初十堂期恐在假,不得奉陪。乞謁院時代爲禀達。此請竹石仁兄大人刻安,弟彭年頓首。

五十三

賜顧暢聆教言爲快。薛委開略甚明,辦理當必有效。摺繳以便飭局辦稿。即請竹石仁兄大人台安,弟彭年頓首。

五十四

竹翁仁兄大人閣下,旭初函奉繳。魏牧與魁守函,言崑山情形,而憲不信。周煦山製造局會辦,刻刻不忘。今日詢係侯憲札否?答云當由局札。請即飭褚令具稿。憲公留意人才,汲汲爲此,當其體也。敬請台安,弟名心叩。

五十五

下游釐局最爲緊要,請酌安妥人,即飭局辦稿,勿再推讓。非吾兩人之交,亦非任事之道也。

兩渾。

馮已牌示電傳。

五十六

手示擬稿敬悉,容即繕後。但期大局不致淆亂耳。偉慮之精,實所深佩。錢牧替人請出夾袋所儲,弟意中未有相當之人,俟明日承教。即頌竹翁仁兄大人刻安,弟彭年頓首。

賜函仍書稟字,使人不能安,似非恕道。

五十七

詳稿附詳各一件,外周、許兩信,房開清單,請尊兄代爲審定。鄭幕大難詳稿,即奉稿,尤不得仰仗老斲輪也。細審賤恙,非麻黄不達,故決意服之,請假避風。今日已見激效。知念并闻。敬请竹石仁兄大人台安,弟黄彭年顿首。

五十八

兩縣堅請善人轉呈一函,謂非免漕緩銀不可,詞甚迫,善人亦無主意,請代決之。或明早煩携函一商。中峰何如?封門不能走談,乞鑒原是荷。名心叩。付丙。

敝處十四方封門,而上面今日已揭曉。弟先期稟商,固站得住,然成笑柄矣,奈何奈何。

五十九

午间承代擬函稿,謝謝。後由《海運全書》内查出白糧一頃,有通融籌辦者,有分年帶運者。辦法本無定章,而遞年起運,有七萬、五萬、四萬、二萬之不同,足見隨漕增減,並無撥補之説,俟再查考的確稟覆,不敢隨風倒也。常昭紳正稟司,前此既經出示,此次惟有發批,如有刁徒藉端滋事,定即重辦。開漕無事一語,亦屬難行。今日奉札令司代定收租成數,顯與論旨不能報爲定數之語相違,亦難遵辦。民猶水也,狂飆不息,波瀾驟興,操舟者即把舵堅牢,能保不覆舟乎?有心人當同沈慨歎。名心泐。丙。沈函奉繳。

六十

電傳諭催冬賑,想已閱悉。已飭局書辦稿催辦,俟部文到院,札詳復,君硯有行來否?聞謝紳有猶病之説,確否?官賑若不定限制,恐難措手。三縣稟四條擬畫飭賑區,何如?任信奉繳,即頌竹翁仁兄大人晚安,弟彭年謹啓。

六十一

手示敬悉，承更正，極妥。此请係弟誤聽人言加入，非葉令之過也。幸經删去，否則貽笑鄰邦矣，謹謝。彭年拜上，竹石先生左右。

六十二

友人擬詳送閲，務乞大加删削，似宜先叙免漕，後叙徵銀，抗租一層，似只可略帶。若因抗租而免漕，則非政體矣。不合處甚多，統祈鑒酌。錢糧係藩司專政，若用局詳，則宜仍批司議，弟意亦不必多此周折。尊見以爲何？弟名心泐。

六十三

竹翁仁兄大人閣下，明早請台駕見過，有要件奉商。敬請晚安，弟名心叩。

六十四

竹石仁兄大人閣下，手示並培卿兄函敬已聆悉，請屬具公呈備案照辦可也。肅復。敬請台安，弟彭年頓首。培函並繳。

六十五

换詳終覺於詞不順，改爲另具簡詳。擬稿可用否，乞代酌，又幕以鎮關，兩千太少，欲減淞滬二千增入鎮江，可否？亦乞酌示，弟名心泐。

六十六

日昨賡曼壽之歌，飽君子之德，餘棻猶渥，感謝何涯。南豐昨函，金陵續籌三萬，以貳萬寄津，壹萬寄順。蘇屬似不可緩。擬司八千、蘇局五千、滬局七千，合二萬之數。公意何如？酌復後即當具詳。葉令已牌委賑局，尚須公文一件，副稿一件，祈用印，將公文擲還，弟面交札取書籍。由尊處徑交亦可。委員張晸，其副稿請存内，將來移交亦密封另交，不入册可也。此請，台安，弟名心泐。

六十七

員擬令朱令兼辦，薪津仍舊。若院局少暇，須另派，請酌定一人。非客氣，實思索不能周妥耳。敬上竹石仁兄大人左右，弟彭年頓首。

【作者簡介】 杜萌，1987 年生，國家圖書館古籍館館員，研究方向爲文獻學。

吴重憙致王懿榮尺牘

蘇揚劍　整理

【整理者案】《吴重憙中丞書劄》，國家圖書館藏稿本两册，第一册八通、第二册七通，凡十五通，係吴重憙致王懿榮尺牍。吴重憙（1838—1918），字仲飴，山東海豐（今無棣县）人，同治元年（1862）舉人，授工部郎中，清朝嘉、道時期金石學家吴式芬次子。王懿榮（1845—1900），字正儒，一字廉生，山東福山县（今煙臺市）古現村人，光緒六年（1880）進士，授翰林院編修，三爲國子監祭酒，晚清金石學家、書法家，爲發現和收藏甲骨文第一人。王懿榮次女崇煐適吴重憙次子吴崶，吴、王二氏爲姻親關係。書劄約作於光緒十五年至光緒二十年間，吴重憙時任河南陳州、開封知府，内容涉及河南水患、賑務軍情、切磋金石碑拓、友朋交往、《莊靖集》的刻印、雅集宴請、家人生活瑣事等諸多方面，有裨於研究吴重憙與王懿榮的交往及晚清士人學術、政治、社會生活。書劄以原手稿中的順序編排。全文别字一如原書，不作修改。

一

新四面碑足以壓倒舊四面碑，云有寫出釋文，不知可從言得見否？碑值順上，祈轉交。斛律幢銘碑，賈如有之，費心令送一分來爲企。引見爲吏書所捎，須下月十一日諸事反得從容，亦甚好也。《莊靖集》樣本并繳，暇時一指示爲望。敬請蓮生親家晚安。重憙頓首，卅日。

二

廉生親家太史：

新年大喜，自去年九月十六日秦文卿回陳，得惠一書，當於十月肅復一函交僕人李順之子帶往，不知曾送到否？嗣於鄭堪師書中言及姻表伯母大人偶受感冒，吾親家又於海道東歸，逮執事到家已早占勿藥，爲之欣慰，而此後遂未一得消息。憙亦以振[1]事煩難，左支右絀，未暇遞信至珂卿一慰，祗候至今。

【基金項目】本文係國家社會科學基金重大項目“國家圖書館藏未刊稿整理與研究”（批準號：13&ZD107）、教育部人文社會科學重點研究基地重大項目“國家圖書館藏未刊稿整理與研究”（批準號：13JJD870002）階段性成果。

① 振，原文如此，别字一如原書，不作修改，下同。

執事或在福山，或曾北上，了無聞知。然以河凍計之，恐總須二月北上耳。明年特開恩榜，考差在即，日盼英蕩蒞我中州也。昆兒去冬疹疥並行，迄無大愈，至腊月初遂困頓不支，初八日晚左掖瘡潰出膿，膿多沾數百紙，始得轉危爲安，飲食漸進，刻下幸已一切照常矣。陳州振務戊冬較丁冬其難數倍，危苦之狀，罄竹難書。今幸龍門已合，水勢日消，二三日間當可一律遣散。滄桑浩劫，身自驗之矣。春夏秋半年餘刱辦水運，獲料極多，迺以首其事者被彈，胥置諸不論，數十人辛苦付之東流，良可歎耳。憙於冬日上旬因振務到省，月底始歸，風雪衝途，爲感寒之疾，人至五旬外，耐勞殊不及從前矣。兹因會試公車，匆匆寄此。台駕如已到京，望速賜數行以慰馳念，專泐，敬請升安并賀春祺，統維諒察不宣。重憙頓首，己丑新正五日。信卿親家大人同此致賀，親家母夫人新喜，表姪元福。

三

廉生親家太史：

前荷费神代辦公屏，奉諭後并未及一脩謝札，時切悚媿。月之二日羅大令來奉惠札，知前有兩次書件，交楊、林兩便，至今尚未交到，令人悵悵。羅陶庵人果寒素，自當相機，早爲留意，况重以吾親家与可翁之相囑也。憙數日來勞薪不得少息，故久不得匆布一書，昨接博承給諫書，知再同親家近有清恙，殊令人馳系。今日午刻由城外辦重案回，未脱衣冠接到京電，驚悉鄭師忽于晦日騎箕，二十九年門生聞之怛痛難狀。先數日於同日得鄭師、蘭師兩書，蘭師書中述都中災民時在鄭師門前鳩集，想因賑務作難，致多焦急，可勝浩歎。歸路典禮自當優渥，特立表無人不知，如何處置？繼嗣何人？師母有定見否？統望一一示知，俾釋懇系，至盼至盼。即日有摺便行，冗中匆泐數行，敬請升安，諸惟悉照不備。重憙頓首。親家母夫人坤安，兩姪侍福。冬月三日未刻。

四

廉生親家太史：

半載以來，駒隙甚覺匆匆，以至久失箋候，惶恐惶恐。正月十九、四月十八潤甲帶所賜兩函於正月廿四、五月初六先後接到，知執事于二月杪与松畦太史結伴東歸，四月初五回京銷假，自姻表伯母大人以下依次平安，已爲姻表伯大人遷厝佳城，來往敉平，遠聞欣慰。惟京寓多患瘟熱，親母弟夫人尚未全好，此刻當一律占勿藥矣。憙自到汴以來，事繁才短，踵肘時形，尤爲難者迭承極刑重案，至此始真信其真不才也。日盼我親家与再同親家速來視學，以圖一回避他省而已。望江中丞於三月廿二日出省閲伍，廿八日即病於葉縣之保安驛，帶病校閲，至汝寧而萬分不能支持，始奏請回省調理，五月十八日到省，日形沉重，至六月十三出缺，勉力支拄，卒没于五事，甚爲可惨。已由廖方伯由驛馳奏，計十七日摺可到京。今年皇上二旬萬壽，内廷花衣不知若干日，倘二十日，則此摺不能遞矣，倘不能遞，望賜下一電信爲幸。放人後約何時出京，已望代詢，電示。如放外省者則勿謁矣。汴中初有旱象，自五月初九日一雨，從此無日不雨，直至六月初十日始晴定，街衙成河，河工日日長水，尤爲可怕。刻聞下游已開，愚岡水勢漸減，其後省署濕病甚多，初是三兒同病，既又三婦同病，日日醫藥，自己都不暇檢點，茲幸已同愈矣。郎琢庵大令春間已邀入讞局，因一時補薪水不得，又改計分汝寧府去。聞王懿山中翰因服西人安眠藥水，幾至不了，果有之否？茲因專便，敬泐數行，恭請大安，不莊。重憙頓首，兒輩侍叩，六月十四日。親家母夫人坤安，表姪侍福。

五

廉生親家祭酒：

重重大喜，久稽箋賀，風塵奔走，濡滯至今。迭聞入值以來天顏日近，奉命考定懋勤殿宋元舊本書籍並内藏金石書畫，此阮文達以來未有之盛事。天禄琳琅、西清、寧壽兩《古鑒》可望有推廣續收之著作，已屬千古奇緣，四庫之收若并能續輯，益爲人生幸見。第方冀右文，忽有海東之釁，兩月來風聲鶴唳，遠處并不得真情，聞封事日陳，必有勝算，惜外方不得而聞，但知清帥奏準督師，現住威海。葉軍之深入者，衹知平壤失利，近守安州之説。河南勇隊先將蔣提督尚均所統精鋭四營調往，現在已由鐵路出關，嗣又將劉鎮台（世俊）所統嵩武三營半、威靖兩營一并調往，定于九月初四日拔隊，河南共調往九營，三哨分紮，地方未免空虚，現擬三鎮各抽添練軍一營，省城又添募勇隊三營，一住永城之會亭，一住考城，以防山東曹州邊境，一住省城，以資彈壓。即此行軍加餉并添練六營，一年已需餉十五六萬矣。場事幸均平安，唯闻主考存眼高于頂之見，文無愜意者，至今僅刻文五篇也。尌兒夫婦奉其病母入都，亦属萬不得已之事，冒盛暑水陸跋涉五十三天，今幸得一入場，尚屬不幸之幸。心緒之亂如此，文思如何能静，衹一不忍誤其場事六字，便遭劫至此，良可慨歎。尌兒來書言場前晋謁台端亦僅匆匆兩面，值公務極忙，亦未能多談，想以録科之事，益增尊冗，場事畢後或可少間否？今年尊試差大考，前列皆未與，留以有待在槐棘間也。憙此次到省，未接印而先起波瀾，查件未清，場事即至，間以秋祭眠食都妨，兹於二十四日監頣出闈，免得日跑貢院，可望少息。聞有摺弁即行，匆匆寫此，補賀大喜，敬請台安不備。重憙頓首，甲午八月廿五日。親母夫人大喜，漢輔賢姪捷喜。

六

廉生表弟親家太史：

大喜。二月在省，匆復一函，交清帥摺便帶去，計早達覽，翼北姻表姪吉期在即，遥想德門多慶，好事重重，路遠無可達，誠聊附俗禮數事，幸其帶去。附來至好歸德醬菜一大罈，乞嘗之。賈魯河工程，道光年間費至百二十萬未能辦好，今僅有三五萬金，如何措手辦？好在委有李觀察國和總司其事，尚可稍卸仔肩。賑務須四月初方能遣散，山東省災民流至安慶，已見申報，河南災民卻無多出境者，亦無賣兒女者，然如此等賑真後難爲繼，不可再有事也，山東何能同日而語哉？《莊靖集》已動手描宋，俟刻有印樣即先莞存也。崑婦身子尚可上路，謹遵命如期往送，本擬令珽姪往，以時計之，留京下北闈，則爲日太長，旅費難繼，到京再回，則場期還甚遥，又苦道途僕僕。崑兒兩試東闈皆不利，心醴北闈，欲往一試，不欲沮其高興，姑今同來第，甲申前轍不能無愧，望有以約束之，至懇至戚。憙處賑務未完，賈魯河工又起，到署七日，於昨日又作西扶之行。崑兒夫婦看定三日初七日北上，計時必不能於署，故于客邸聊作數行，送回署中交寄，並總籤曾爲刻成否？幸勿忘卻。專此爲賀大喜，并請升安，并請親家母夫人禧安。重憙頓首，内子兒輩隨叩。己丑三月初一日泐於西華行館。

七

廉生親家太史：

前由鄭盦師處奉布一函，嗣接兒輩歷下來書，知台駕七月正駐明湖，兒輩尚獲奉謁，崑兒復獲諄諄教諭，指示場屋徑路，並賜與策问作法，八月初一日即行北上，計中秋前早到都矣。崑婦自正月以來即種種變證，至五六月始信，定是孕，特以其身體單弱，在之擔心，又恰值秋試之時，署中無人照料，因遣丰將嶔兒婦由海接回照料一切，於八月十三日甫到署，至八月十七日申刻崑婦添一孫女，氣力竟能支持，大小平安之至，小孩身箇雖小而極精神，可喜之至。八月惦念之意，至此如释重负矣。十三日雨中少正丈指砌秋葵日，同日一榦四花，詢是佳兆，逾三日而此女生，因取乳名四魁，並告以志喜。昆兒定於十六日出場，即起身，廿五日可到也。憙於十三日奉方伯調赴汴梁，議辦冬賑。因昆婦不放心，故遲遲未走，玆三數日内可以放心去矣。鄭口堵合垂成而敗，局面大變，固不待言，聞尚有議，其後者交清帥查復，結局正未可料也。清帥初五到汴，初八日接印，初十上工，聞諭示不許外省及本省人報工效力，先儘河工人用，有不足者，取之地方，擬長住壩頭，督飭口門不過餘四十丈，現在節氣已過秋分，若無意外之泛漲，新工可以保住，霜清後動工合龍尚可望成，惟陳州被水地方既廣且久，現已支持一年，若再半年，非但財絀，且慮人心不靖，此境殊屬危險，難以筆罄。沙河南堤幸可保住，項汝各屬不致波及，如晤曹仰之同年，可轉告之。弟此次不暇爲修書也。《莊靖集》已寄來否？專此馳報，匆匆不暇他及，敬請升安，並請親母夫人坤安。重憙頓首，十七日亥刻。

八

廉生親家太史：

前者御扆書名，曾泐紅箋上賀。嗣閲邸鈔知於三月十二日仰蒙召見，遥想天語垂詢諸存簡在，方冀星軺豸節，不日巡方。昨於四月初五日，在西平途次，喜聞日前大考榮列一等前名，爲之狂喜不寐，然未知名次第幾，初八日行至明港，始由署中迎頭送到來電，悉列第六，至今未見恩旨名次前五人爲誰，信未寫完電單至矣，未免極悶。上屆一等五人僅記得第一吴視學廣東，第二瞿視學四川，第三鈕視學山東，其二則堅不記憶，但祝蕩節遥臨即尹邢避面亦所深願也，向來吾東前列頗不多覯，萊山宫保後復見，今日非獨葭莩光，亦桑梓幸耳，至賀至賀。前問執事尚著意會房，恐外放不得富門墉桃李，今幸未入闈校閲諸公，既誤大考，又誤考差，一飲一啄，何非天定耶？憙不次趨遷，近在指顧，吾東省運近年遠不及前，今得執事起而振興之，地運有轉機矣。又知考差改於初五日，想見得意揮毫，雲煙滿紙，星軺三載，視道府等輕塵矣。惟是邊都於三月廿五日出勘，汝光兩屬秋審，四月初九日回申，又有趕入三起解信湯，補勘者尚未解到，征塵未浣，積牘繁如，殊無可詵。會試不知何日出榜，想亦正在日内。豳兒在京諸蒙指示，感切於懷，惟孺無知，童心未退。昨寄尊電至，並接次端來信，言除兩次已兑外，尚有三十餘處未到，伊亦有信上達台端，當先到矣。都中聞人多銀賤，凡百日益艱難，奇見奇聞，暇時可密示數行否？秋間隨中丞入都，祝暇尚可再沾。來場作踐，陋不可狀，無萬一了望，而策問之金文數條尚有能證積古誤識之處，然知其必看不到策問也。計其午節前總可到信，而豶兒又須料理起力矣。承詢去秋後路文章，憙先已有信致沈次端大令，託其將未到者再爲函催，信未回而辭典。憙回本任大約在八月内，悖運悖時莫此爲甚。下車匆匆，先此肅賀大喜，敬請升安不備。四月十一日重憙頓首。親家母夫人大喜，漢輔昆玉同賀。

九

廉生親家太史：

年前由日昇昌泐上一椷，當早入鑒。新春伏維上侍康娱，潭祺葉吉，兩表姪拔幟歸來，重闈豫悦，潜心根柢，青紫直芥子睰之矣。汴中塞河之役殊苦，稭料不足，聞柏曦祭酒條陳請用雜料，而河工不兼，成見在胸，總謂非稭料不能保重。轉眼春泛即來，爲日無幾，星使與河撫兩院均躁急非常，陳州本以災徑免其辦料，刻亦分設採買之廠，由周口漫水逆流而上，從上海辦淺水火輪二支，用以拖帶料船，約開即後可到，能否得力，尚難預知。省夫力欲安火車鐵路，省燭欲用電燈，電燈已到，火車尚未到，皆中丞一力籌畫也。憙於新正初七日由陳晋省奔馳，已四五日内往二次，一謁高陽，即速回郡舉辦春賑，並修築堤埝。二月内尚須府考，四月内院試。聞賑款存已無多，顧此啓鴻，深恐滋擾生事，其危境真有不可思議者，此時亦無偷巧之法，衹有平心做去，聽命而已。謝子吉兄代爲在鹿邑買米暨賑，與舍姪珽在鹿度歲，並未獲回署，辛苦之至。李子錚同年來京之便，託寄來子母醬油一簍十斤，又南蝦子腐乳一簍，是崑婦請購送者，祈督入。鄭師目疾，近想已大愈，久未得師札也，便中示及爲幸。敬請侍安，不莊。重憙頓首。新正十三日泐於汴恒三元店寓。姻表伯母大人尊前代請福安。

十

廉生親家太史：

九月十六日奉到八月十七日惠書，知台駕到都，正在公私繁冗之際，未得謁。知近事慰而且悶，憙公私兩困，今冬賑務竟萬難著手，外縣災民百有餘萬，淮、沈兩縣不靖尤多，現當新開粥廠，郡城之廠一擁而至者六萬人，來者仍絡繹，無論柴米不能預籌，即井水都頓爲之竭。現在各廠均先謀開井，鬧事刻刻在意中，虎尾春冰其危難喻。崑兒所得之女毛病極多，勉養匝月，於九月廿二日殤去，接連崑兒患瘟疥，並疥疾甚劇，服太康兄醫藥見好，崑婦又患胃肋疼痛，亦服兄藥，並用熨法，近始見效，可請勿念，而峋姪與嶔兒又復同病。沸南小寓來信云約須十月底方能動身，殊焦人也。豳兒親事荷關，切代爲留意黄子壽方伯孫女，此事憙急迫殊深，特以已提九蘭之女，成否必須有一復音，而九蘭故紆徐之不得確信，勢難兩處並提，祇好少遲再懇也。心緒惡劣，瑣事都不及述，敬請升安。醬菜做成，寄送一瓶鑒入。並請親家母大人坤安。信卿親家大人銓安，表姪侍祉。重憙頓首，十月十一日。

十一

昨夕快談慆甚，請三位老師定於十六日巳刻，已下帖矣。伯兮祭酒處假與何商？望先爲請示明白，以便遣去厨役僕人，竟達其處。憙是日引見，下來恐多倉促，不能周到也。此懇，敬上廉生親家太史。重憙頓首。

十二

昨夕高陽席上，同破新橙，想即粤東寄來。今又飽賜二十枚，可以饜老饕矣。吕君名紙收到，容到汴留心。明日赴和興約前，當先詣潭第，詩繕就即送。此謝。敬請廉生親家太史晚安。重憙頓首。

十三

請三師已定十六日巳刻，今晨吏部又傳十六日午刻在鴻臚謝恩，是不能挪移，只可將此局改十七日。但帖雖另下，此委曲難以上達，仍請於各帖中代致數語以便分送。至懇。敬請廉生親家太史大安。重憙頓首。

十四

廉生親家太史：

正月十一日得冬月四日惠書，十五日又由清帥處騈寄臘月初八、廿九二函，尚未及復，到省後又於二月四日奉到正月廿三日惠函，領悉。欣聞新年以來百凡迪吉，恩榜宏升考差在即，惟祝蕩節來莅中州，或可圖一番快晤，計日望之。兩表侄篤行勵學，聞之欣慕，今秋兩闈競秀戚郡之光，馳祝何似。執事於用功撰文之外，仍能不廢搜羅考訂之業，可謂精神四照。先晋冰銜再持冰鑒，何羡如之。前代物色之《莊靖集》不知曾否鈔得？此次到汴卻借得一明刻之《莊靖集》舊本，可即照以授梓，若再得他本一校亦甚佳也。《還山集》録副之舉，亦望玉成之。尊輯海岱人文疊收文襄、文簡及德州諸手迹，可謂物聚所好，敝邑老輩墨迹在家或可物色，在外則鞭長莫及，然不敢忘，逐處留心而已。憙所處之境極爲難堪，去冬之事記有一信略陳，已不記月日。自合龍後，賑務似稍有畔岸，三月底能否遣散，尚不可知，即賑務完竣，而查辦沙壓，疏通賈魯、雙洎兩河淤塞，亦在之爲難，工程絶大，款項絶無，且爲日無幾。麥秋將至，難題至此無以加矣。崑兒婦入正月來，病又如去春，到省後接來書，知他病漸愈，惟夜間發燒仍不能止，送其來京，憙處不患無人，須回署後看其身體能行，即可於三月就道趕表姪喜事前抵都也。憙此次來省，應酬之煩，倍於往昔，乃執事不請客、不應酬之反面，非甚好之，無可奈何耳。清帥累承招飲，使睹所藏，佳品固多，可疑者亦復時有，近復考得古玉釘頭，即琮，製説作册，少正丈因代收羅，竟得十枚之多，黄琮蒼璧羅列數十矣。清帥欲將所藏拓本千數百種付石印成一書，期以今年成之，一大觀也。嵚兒倖廁一頁，倖已極矣，乃嘉奬過當至於如此，可駭也哉。明日將回陳，旅舍冗兆，倚裝書此，歸後稍暇，再當謹布一切。敬請大安，諸惟垂照，不莊。親家母夫人坤福，表姪元祉。二月十六日夜，重憙頓首。醬菜爲河伯取去兩罈，幸後一次又有佳於此者，如有專車即可寄上也。

十五

昨日百冗中猶蒙貺臨，今日嚴寒廷試，想下筆千言如疾風之掃擇矣。日夕謝客歸，路過東萊，亟思入謝，深恐明日尚有磨勘之事，精神必須少加静折，未敢相溷。歸來迺知又荷枉過，並留示再同親家手教，匆赴伯兮祭酒之約，如此賈餘，可謂神勇，令人欽佩無地。會親之事，再翁既初五日有飯期，改至初七巳刻，似覺從容。申未又有闠城之嫌也。回門宜在何日？並祈轉爲請示於再翁，至女家應否？會親一節宜從京中風俗，容再探明奉復。瑣瑣奉瀆，敬請蓮生親家太史升安。重憙頓首。

【作者簡介】 蘇揚劍，1986 年生，北京大學中文系博士研究生，研究方向清代文學與文獻學。

英文目錄